Beschäftigungswirksame Arbeitszeitmodelle

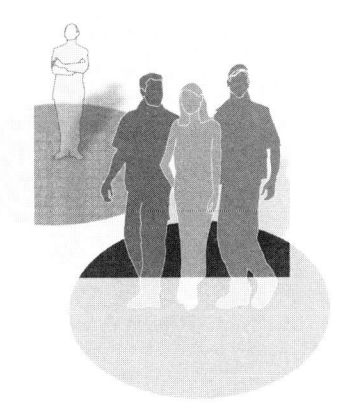

vdf
vdf Hochschulverlag AG
an der ETH Zürich

Eberhard Ulich (Hrsg.)

Beschäftigungswirksame Arbeitszeitmodelle

Mensch ▪ Technik ▪ Organisation   MTO Band 29

Eine Schriftenreihe
herausgegeben
von Eberhard Ulich,
Institut für Arbeitsforschung
und Organisationsberatung

Die Deutsche Bibliothek – CIP-Einheitsaufnahme

Beschäftigungswirksame Arbeitszeitmodelle /
Eberhard Ulich ....
– Zürich : vdf, Hochschulverl. an der ETH, 2001
(Mensch, Technik, Organisation ; Bd. 29)
ISBN 3-7281-2768-X

Das Werk einschliesslich aller seiner Teile ist urheberrechtlich geschützt. Jede Verwertung ausserhalb der engen Grenzen des Urheberrechtsschutzgesetzes ist ohne Zustimmung des Verlages unzulässig und strafbar. Das gilt besonders für Vervielfältigungen, Übersetzungen, Mikroverfilmungen und die Einspeicherung und Verarbeitung in elektronischen Systemen.

ISBN 3 7281 2768 x

© **2001, vdf Hochschulverlag AG an der ETH Zürich**

Der vdf im Internet:
www.vdf.ethz.ch

Inhaltsverzeichnis

Vorwort des Herausgebers 1

1 EBERHARD ULICH
Arbeitszeit und Beschäftigung – Vergangenheit und mögliche Zukunft ... 5

2 MARIANNE RESCH
Kürzer arbeiten – anders leben? 23

3 KERSTIN JÜRGENS
Volkswagen – Exportschlager in Sachen Arbeitszeit? 41

4 AXEL KOHFELDT, HUBERT RESCH, HELMUT SPITZLEY
Beschäftigungsbrücken zwischen Alt und Jung als Positiv-Summen-Spiel 65

5 JOHANNES STANGE
Teilzeit, damit Arbeitslose Arbeit finden 75

6 SANDRA PETER, NATHALIE PORTMANN, EBERHARD ULICH
Beschäftigungswirksame Arbeitszeitmodelle – Evaluation des
Solidaritätsmodells bei der Post 87

7 MIRKO DEGENER
Beschäftigungswirksame Arbeitszeitgestaltung mit Weiterbildungskomponente in einem schweizerischen Unternehmen der Baubranche ... 109

8 SANDRA PETER, OLIVER STROHM
Beschäftigungswirksame Arbeitszeitmodelle – Erfahrungen
aus dem Gesundheitsbereich 129

9 Herrad Höcker
Arbeitsumverteilung, Qualifizierung, Organisationsentwicklung und
Jobrotation in Dänemark 165

10 UWE BECKER
Ein liberal-korporatistisches Musterland? Beschäftigungs- und
Sozialstaatsentwicklung in den Niederlanden 213

11 Heinz Schüpbach, Martina Zölch, Katrin Soll
Arbeitszeitverkürzung und Arbeitszeitgestaltung – Gesetzliche
Rahmenbedingungen und betriebliche Projekte in Frankreich 251

12 Jürg Baillod
Teilzeitarbeit und Job Sharing in Führungspositionen 287

13 Frauke Melchers, Martina Zölch
Führungskräfte in Teilzeitarbeit: Beweggründe, Arbeitsorganisation,
Kommunikation 331

14 Nathalie Portmann, Corina Stofer
Topsharing in Schweizer Institutionen 353

Einleitung

Vorwort des Herausgebers

Das hier vorliegende Buch beschäftigt sich mit Arbeitszeitmodellen, deren Ziel es ist, die Entlassung von Beschäftigten zu vermeiden bzw. zusätzliche Einstellungen zu ermöglichen. In einem Land wie der Schweiz mag diese Fragestellung dem einen oder der anderen in einer Phase positiver konjunktureller Entwicklung und vergleichsweise niedriger Arbeitslosigkeit nicht mehr so vordringlich erscheinen wie noch vor wenigen Jahren. Wenn aber etwa der Chef der Abteilung Arbeitsmarkt/Arbeitslosenversicherung im Staatssekretariat für Wirtschaft in bezug auf Personalbestand und Programme der Regionalen Arbeitsvermittlungszentren erst neuerdings von "einem (früher oder später zu erwartenden) Wiederanstieg der Arbeitslosigkeit" spricht, dann wird die Notwendigkeit deutlich, die konkreten Erfahrungen mit Modellen beschäftigungswirksamer Arbeitszeitgestaltung zu dokumentieren. Interessant ist aber auch, dass solche Arbeitszeitmodelle im Sinne eines Personalmarketing inzwischen auch dazu benutzt werden, attraktivere Arbeitsbedingungen zu schaffen. Damit erhält der Begriff der Beschäftigungswirksamkeit eine zusätzliche, ursprünglich nicht intendierte Bedeutung.

Aus den Beiträgen zu diesem Band wird im übrigen deutlich, dass mit der behandelten Fragestellung eine zentrale Problematik der gesellschaftlichen Entwicklung angesprochen wird. Deshalb werden im ersten Beitrag auch 'Zukunftsweisende Anregungen aus der Vergangenheit' behandelt und deshalb folgt darauf auch der Beitrag von Marianne Resch zur Frage 'Kürzer arbeiten – anders leben?' Beide Beiträge stellen Beziehungen zwischen Verkürzungen bzw. Neugestaltungen der Arbeitszeit und Entwicklungen neuer Arbeits- und Lebensmodelle her. Konkret wird so etwas auch im Bericht von Kerstin Jürgens erkennbar, wenn sie beschreibt, dass eine verlässliche, planbare Vier-Tage-Woche bei jungen VW-Arbeitern das Interesse an einer aktiven Vaterrolle fördern und zu einer gleichgewichtigeren familialen Arbeitsteilung zwischen den Geschlechtern führen kann.

Problematik

In Deutschland gibt es aber nicht nur die spektakulären VW-Modelle, sondern z.B. auch ein erfolgreiches Altersteilzeitmodell bei der Bremer Strassenbahn, das Axel Kohfeldt, Hubert Resch und Helmut Spitzley unter dem an eine Generationenstafette erinnernden Titel 'Beschäftigungsbrücken zwischen Alt und Jung als Positiv-Summen-Spiel' beschreiben. Und Johannes Stange berichtet über einen tarifvertraglich abgesicherten Solidarpakt zur Beschäftigungsförderung in der niedersächsischen Metallindustrie, an dem sich im Rahmen eines Vereins zur Beschäftigungsförderung 19 Unternehmen, darunter auch die von ihm selbst vertretene AEG Lichttechnik, beteiligen. Mehr als eintausend Mitarbeiter haben ihre Arbeitszeit freiwillig abgesenkt und so die Einstellung von rund zweihunderfünfzig Arbeitslosen ermöglicht!

Die aus der Schweiz stammenden Berichte von Sandra Peter, Nathalie Portmann und Eberhard Ulich über das Solidaritätsmodell bei der Post und von Mirko Degener über Arbeitszeitverkürzung plus Weiterbildung in der Baubranche beschreiben Beispiele beschäftigungswirksamer Arbeitszeitmodelle, die als Pilotprojekte mit staatlicher Unterstützung durchgeführt werden konnten.[1] Der Beitrag von Sandra Peter und Oliver Strohm berichtet über Erfahrungen aus dem Gesundheitsbereich, in dem beabsichtigte Spitalschliessungen und geplanter Bettenabbau zur Einführung einer ganzen Palette beschäftigungswirksamer Arbeitszeitmodelle veranlassten.

Herrad Höcker konnte sich während ihrer Aufenthalte in Dänemark mit dort realisierten Modellen der Arbeitsumverteilung und Qualifizierung, insbesondere mit dem Jobrotation-Modell vertraut machen. Uwe Becker setzt sich konstruktiv-kritisch mit der oft zitierten, als nachahmenswert empfohlenen Entwicklung in den Niederlanden auseinander, der er in der Aussenwahrnehmung einen hohen 'Mythosgehalt' zuschreibt. Staatliche Entwicklungen anderer Art werden im Beitrag von Heinz Schüpbach, Martina Zölch und Katrin Soll über gesetzliche Rahmenbedingungen und betriebliche Projekte zu Arbeitszeitverkürzung und Arbeitszeitgestaltung in Frankreich beschrieben.

Die letzten drei Beiträge des hier vorliegenden Bandes beschäftigen sich mit der Frage, wie auch in Führungspositionen durch Teilzeitarbeit und Jobsharing Beschäftigungswirksamkeit erreicht bzw. neue Arbeits- und Lebensmodelle realisiert werden können. Jürg Baillod hat dazu ein 'state of the art' erstellt, Frauke Melchers und Martina Zölch berichten über eine deutsche Studie, in die Führungskräfte mit und ohne Jobsharing und diesen Führungskräften direkt unterstellte Mitarbeiter einbezogen wurden. Nathalie Portmann und Corina Stofer schliesslich haben in ihrer Untersuchung 'Top sharer' nach ihren Beweggründen und Erfahrungen befragt.

---

[1] Im Rahmen einer Neufassung des schweizerischen Arbeitslosenversicherungsgesetzes (AVIG) wurde mit dem Artikel 110a ein 'Pilotartikel' eingeführt, der erlaubt, entsprechende Projekte zu unterstützen, um Erfahrungen mit neuen arbeitsmarktlichen Massnahmen zu gewinnen.

Insgesamt enthält das Buch eine vergleichsweise breite Palette an Zugängen zur Thematik beschäftigungswirksamer Arbeitszeitmodelle in verschiedenen europäischen Ländern. Die in der Schweiz, in Dänemark und in Frankreich durchgeführten Untersuchungen und die Herausgabe dieses Buches wären nicht möglich gewesen ohne die grosszügige Unterstützung der Stiftung Dr. Robert und Lina Thyll-Dürr, deren Stiftungsratsmitglied Dr. Hubert Huschke die Projektarbeiten stets konstruktiv unterstützt hat. Dafür sagen alle Beteiligten herzlichen Dank. Der Dank gilt auch der Agnos-Stiftung, die aus ihren Mitteln insbesondere die Evaluation des Projekts in der Baubranche unterstützte. Für uns war es eine beglückende Erfahrung zu erleben, wie gesellschaftlich engagierte Bürgerinnen und Bürger uns von sich aus ihre Unterstützung anboten und so die Durchführung von Projekten ermöglichten, ohne die wichtige Erfahrungen nicht hätten gewonnen werden können.

Zürich, im Februar 2001   Eberhard Ulich

Arbeitszeit und Beschäftigung – Vergangenheit und mögliche Zukunft

Um zu verdeutlichen, dass Fragen, wie sie hier gestellt werden, und Antworten, wie sie hier gegeben werden, schon vor mehr als einem halben Jahrhundert benannt wurden, sollen hier zunächst einige historische Entwicklungen nachgezeichnet werden.

1. Zukunftsweisende Anregungen aus der Vergangenheit

Auf dem Höhepunkt der Weltwirtschaftskrise beschrieb der britische Ökonom John Maynard Keynes eine "neue Krankheit", die er als technologische Arbeitslosigkeit bezeichnete. "Das bedeutet Arbeitslosigkeit, weil unsere Entdeckung von Mitteln zur Ersparung von Arbeit schneller voranschreitet als unsere Fähigkeit, neue Verwendung für die Arbeit zu finden" (Keynes 1930; 1956, 267). Bereits zu dieser Zeit forderten Gewerkschaften in den USA konkret die Umverteilung von Arbeit: dauerhafte Massenarbeitslosigkeit sollte dadurch vermieden werden, dass die Produktivitätszuwächse zu deutlichen Arbeitszeitverkürzungen benutzt werden (Kasten 1).

> **Kasten 1: Erfahrungen mit der 30-Stunden-Woche vor 70 Jahren**
> (aus: Rifkin 1996)
>
> "Im Juli 1932 forderten die Gewerkschaften Präsident Hoover auf, eine Konferenz mit Arbeitnehmer- und Arbeitgebervertretern einzuberufen, die die 30-Stunden-Woche durchsetzen und so 'Arbeit für Millionen unbeschäftigter Menschen schaffen' sollte (zit.n. Bergson 1933, 7f.). Viele Unternehmer schlossen sich dem Appell an, da sie keine andere Möglichkeit sahen, um die Kaufkraft der Konsumenten wieder zu erhöhen. Einige große Unternehmen, darunter

> Kellog's, Sears Roebuck, Standard Oil und Hudson Motors, führten von sich aus die 30-Stunden-Woche ein, um ihre Beschäftigten halten zu können (Hunnicut 1988, 148).
> Am weitesten wagte sich Kellog's vor. W.K. Kellog, der Firmenbesitzer, rechnete vor, dass "wir mit vier Sechs-Stunden-Schichten (...) anstelle von drei Acht-Stunden-Schichten dreihundert Familienvätern mehr Arbeit und Löhne geben können" (zit.n. Hunnicut o.J., 9). Um das Lohnniveau und so die Kaufkraft der Beschäftigten zu erhalten, wurde das Mindesteinkommen der männlichen Arbeiter auf vier Dollar am Tag angehoben, die Stundenlöhne wurden um 12,5 % erhöht (ebd.).
> In den Erfahrungsberichten, die Kellog's in den folgenden Jahren veröffentlichte, hieß es, dass die verkürzten Schichten die Arbeitsfreude und die Leistungsfähigkeit der Beschäftigten erhöht hätten. In einer Studie von 1935 wurde aufgezählt, dass durch den Sechs-Stunden-Tag innerhalb von fünf Jahren die Gemeinkosten um 25 % und die Stückkosten um 10 % gesenkt werden konnten. Die Zahl der Arbeitsunfälle war um 40 % zurückgegangen und gegenüber 1929 arbeiteten 39 % mehr Beschäftigte bei Kellog's (zit.n. ebd., 22)" (Rifkin 1996, 36f.).

In seinem Buch über die 'Zukunft der Arbeit' konstatiert der französische Soziologe Friedmann (1953, 300): "In einem rationell geplanten, den technischen Möglichkeiten entsprechenden Produktions- und Verarbeitungssystem ... wird der Anteil des Menschen im Produktionsprozess fortschreitend bis auf einige Stunden am Tag vermindert werden können". In der Auseinandersetzung mit den 'Grenzen der Arbeitsteilung' stellt Friedmann (1959, 176) zudem Fragen wie diese: "Können die Tätigkeiten außerhalb der Arbeit und vor allem während der eigentlichen Freizeit die Arbeit ablösen und ihre psychologische Funktion übernehmen?"
In der ersten Hälfte der sechziger Jahre wird in den USA auch schon das Konzept eines vom Staat garantierten Einkommens zur Diskussion gestellt (Friedmann 1962, Theobald 1963, 1966). Dabei handelt es sich um ein garantiertes Jahresmindesteinkommen, ausgehend von dem Postulat, "dass die traditionelle Verknüpfung von Einkommen und Arbeit aufgelöst werden müsse. Da immer mehr Arbeit von Maschinen erledigt werde, müsse den Menschen ein von der Erwerbsarbeit unabhängiges Einkommen garantiert werden. Nur so könne man ihnen ihren Lebensunterhalt und der Wirtschaft ihre Kaufkraft sichern" (Rifkin 1996, 194). Bei Theobald findet sich dafür zunächst der Begriff "Due-income". Gemeint ist "an income sufficient to allow the individual to live with dignity whether or not he holds a conventional market-supported job; one of two fundamental requirements for realizing the potential of abundance" (Theobald

1963, 203). Dabei ist wichtig zu erfahren, was hier unter 'Würde' verstanden wird. "Human dignity includes the freedom to make one's own decisions, the freedom to stand up for what one believes to be right, and the freedom to dissent" (Theobald 1963, 150). Das zweite grundlegende Erfordernis "for realizing the potential of abundance" ist "the availability of meaningful activity for each individual". Gemeint ist damit "any form of activity that appears meaningful and valuable to an individual and which is not socially dysfunctional" (a.a.O.). Für den Psychoanalytiker Erich Fromm, der sich in dem von Theobald herausgegebenen Buch 'The Guaranteed Income' mit den psychologischen Aspekten des garantierten Mindesteinkommens beschäftigt hat, ist der wichtigste Grund für dessen Akzeptanz, "that it might drastically enhance the freedom of the individual" (Fromm 1966, 183).

Immerhin setzte Präsident Johnson 1967 eine aus Unternehmern, Gewerkschaftern und Persönlichkeiten des öffentlichen Lebens bestehende Kommission ein, deren nach zwei Jahren vorgelegtes Ergebnis das Postulat eines garantierten Mindesteinkommens eindeutig unterstützte. Der darauf basierende 'Family Assistance Plan' der Nixon-Administration wurde im Repräsentantenhaus im Jahre 1969 angenommen, vom Senat aber abgelehnt.

Von besonderem Interesse ist in diesem Zusammenhang das vom Department of Health, Education and Welfare initiierte groß angelegte SIME/DIME-Feldexperiment, mit dem in den Jahren 1971 bis 1979 in Seattle (Seattle Income Maintenance Experiment) und Denver (Denver Income Maintenance Experiment) die Auswirkungen einer ein Grundeinkommen sichernden negativen Einkommenssteuer auf den Umfang der Erwerbstätigkeit und die Stabilität der familialen Beziehungen untersucht wurde (Hunt 1985, 1991).[1] Die negative Einkommenssteuer (Negative Income Tax = NIT) wurde für einige Teilstichproben für die Dauer von drei Jahren, für andere für die Dauer von fünf Jahren garantiert. Einer weiteren Teilstichprobe von rund 200 Familien in Denver wurde eine Garantie von zwanzig Jahren schließlich abgekauft. Eine der zu beantwortenden Fragen lautete: Würde der Mensch, "wenn der Staat ihn mit einem Garantieeinkommen ausstattete, ... wie die Theorie vorhersagt, dann die rationale Wahl treffen, weniger zu arbeiten, da seine Freizeit ihn weniger kostete? Und wenn dem so wäre, wieviel weniger würde er arbeiten? Oder würde er, aus dem einen oder anderen Grund, soviel arbeiten wie zuvor und somit zeigen, dass diese grundlegende Annahme über das wirtschaftliche Verhalten der Menschen falsch ist?" (Hunt 1991, 267f.) Eine weitere zentrale Frage betraf die Auswirkungen einer derartigen Grundsicherung auf die Familienstabilität. Da das Experiment in erster Linie der Erarbeitung von Grundlagen zur Armuts-

---

[1] Ein ähnliches IME war auf Anregung des Office of Economic Opportunity während der Jahre 1968 bis 1972 in vier Städten des Staates New Jersey durchgeführt worden (Kershaw and Fair 1976).

bekämpfung dienen sollte, waren in den Stichproben besser bezahlte – und damit mit einer gewissen Wahrscheinlichkeit inhaltlich anspruchsvollere – Beschäftigungen nicht vertreten. Immerhin zeigte sich für "Schwarze und Chicano-Männer", dass sie den Umfang ihrer Erwerbstätigkeit deutlicher reduzierten als "weiße Männer. Vielleicht war das Nichtarbeiten für sie attraktiver, da sie schlechtere Arbeitsmöglichkeiten haben als weiße Männer" (Hunt 1991, 300). Zu den unerwarteten – und von einem Teil der Medien offenbar in den Vordergrund gerückten – Ergebnissen gehörte eine Zunahme der Scheidungsraten in den NIT-Familien. Eine der möglichen Erklärungen dafür ist, dass durch die negative Einkommenssteuer "Frauen in schlecht funktionierenden Lebensgemeinschaften ermöglicht wird, diesen zu entfliehen" (Hunt 1991, 302). Damit werden – hier nicht intendierte – mögliche emanzipatorische Effekte einer derartigen Maßnahme deutlich.

Damit waren bis Mitte der sechziger Jahre für die Arbeitswissenschaft höchst bedeutsame Annahmen und Lösungsansätze formuliert worden wie (1) die Annahme weiter abnehmender Erwerbsarbeit als Folge technologisch bedingter Produktivitätsschübe und weitergehender Substitution menschlicher Arbeit durch maschinelle Prozesse, (2) die Möglichkeit der Umverteilung der vorhandenen Erwerbsarbeit durch Arbeitszeitverkürzung, (3) die Möglichkeit der Sicherung einer menschenwürdigen Existenz durch ein, von Erwerbsarbeit unabhängiges, garantiertes Grundeinkommen bzw. eine negative Einkommenssteuer.

Zu grundlegenden Diskussionen in der Arbeitswissenschaft hat dieser Sachverhalt ebenso wenig geführt wie die in der ersten Hälfte der achtziger Jahre publizierten Beiträge von Philosophen, Soziologen, Wirtschafts- und Sozialwissenschaftlern (vgl. Gorz 1983, Schaff 1983, Dahrendorf 1983, Leontief 1983, Offe 1984). Dies überrascht um so mehr, als in der Arbeitspsychologie weitgehend Übereinstimmung darüber besteht, dass die Persönlichkeitsentwicklung des erwachsenen Menschen sich weitgehend in der Auseinandersetzung mit der Arbeitstätigkeit vollzieht. Gemeint war damit allerdings vor allem die Berufsarbeit, von der übrigens Sigmund Freud in seinem Essay über das Unbehagen in der Kultur (1930; 1992, 78) schon gesagt hat: "Keine andere Technik der Lebensführung bindet den Einzelnen so fest an die Realität als die Betonung der Arbeit, die ihn wenigstens in ein Stück der Realität, in die menschliche Gemeinschaft sicher einfügt."

Kaum rezipiert nannte auch Jahoda (1983, 160) schon "die Verkürzung der Tages-, Jahres- und Lebensarbeitszeit auf lange Sicht die konstruktivste Massnahme, sofern neue Technologien tatsächlich den Arbeitsaufwand verringern werden, der erforderlich ist, um der Bevölkerung einen respektablen Lebensstandard zu sichern." Die positiven psychologischen Effekte der Erwerbstätigkeit seien auch "nicht an einen Achtstundentag oder eine Vierzigstundenwoche gebunden. Sie würden sich auch in dem für dieses Jahrhundert unwahrscheinlichen Fall einstellen, dass die Arbeitszeit halbiert werden könnte, ohne dass der Lebensstandard gesenkt würde" (a.a.O.). Damit stellt sich die Frage nach den Möglichkeiten und Wirkungen beschäftigungsorientierter Arbeitszeitmodelle.

2. Beschäftigungsorientierte Arbeitszeitmodelle

Wie Teriet (1995) zu Recht bemerkt, kann es dafür kein Universalmodell geben. Immerhin lässt sich aber zeigen, dass Unternehmen mit einem relevanten Know-how "sich bei der Realisierung beschäftigungsorientierter Arbeitszeitregelungen leichter getan haben oder tun als jene ohne ein solches Grundlagenwissen" (Teriet 1995, 220).

Abgesehen von einem möglichst weitgehenden Abbau der Überstunden und der Umwandlung monetärer Überzeit-, Wochenend- und Schichtarbeitszuschläge in Freizeitguthaben, bieten sich im übrigen sehr unterschiedliche Modelle an, von denen einige im folgenden kurz skizziert werden sollen.

Das erste Modell lässt sich als Lebensarbeitszeit mit Zeit-Konten beschreiben. Dieses Modell ist vor allem durch Hewlett-Packard in Deutschland bekannt geworden, wird aber auch in anderen Unternehmen praktiziert. Das Modell geht davon aus, dass ein Teil der vertraglich zu leistenden Arbeitsstunden nicht ausbezahlt, sondern als Freizeitguthaben angelegt wird. Angenommen, die tarifvertraglich vereinbarte Arbeitszeit beträgt 37 Wochenstunden, die vom Betrieb 'benötigte' – und in einer Betriebsvereinbarung verabredete – Zeit 40 Wochenstunden. Die Differenz von 3 Wochenstunden gilt dann als Vorarbeitszeit und wird auf einem individuellen Freizeitkonto gutgeschrieben. Die Zeitgutschriften können als freie Stunden, halbe oder ganze freie Tage, Wochenend- oder Urlaubsverlängerung bezogen, aber auch für Langzeiturlaube (Sabbaticals) bzw. einen vorzeitigen oder gleitenden Übergang in den Ruhestand angespart werden. Ein Beschäftigungseffekt ist allerdings nur zu erwarten, wenn die Zeitentnahme zu längerdauernder betrieblicher Abwesenheit führt.

Das zweite Modell betrifft die erhebliche Verkürzung der Arbeitszeit. Das bekannteste Beispiel ist sicher die Verkürzung der wöchentlichen Arbeitszeit von 36 auf 28,8 Stunden, verbunden mit der Einführung der 4-Tage-Woche in den deutschen Werken der VW AG (vgl. Jürgens in diesem Band). Anstatt 30'000 Beschäftigte zu entlassen, einigten sich die Sozialpartner in nur fünf Verhandlungsrunden innerhalb von zwei Wochen auf dieses Modell. Dafür gab es verschiedene Gründe (vgl. Kasten 2).

> **Kasten 2: Arbeitszeitverkürzung anstatt Massenentlassung**
> (aus: Promberger et al. 1996).
>
> "Gegen eine radikale Lösung des Beschäftigungsproblems durch Massenentlassungen sprachen eine Reihe von Gründen: Zum einen hätten betriebsbedingte Massenentlassungen einen eindeutigen Bruch mit der betriebspolitischen 'political culture' der innerbetrieblichen Austauschbeziehungen bedeutet ... das gute Verhältnis zwischen Arbeitnehmervertretung und Management ist wiederholt als ein positiver Produktivitätsfaktor für das Unternehmen herausgestrichen worden. Massenentlassungen hätten den breiten Basiskonsens ... sicherlich in Frage gestellt – mit letztlich unkalkulierbaren Konfliktkosten für das Management.
>
> Zweitens war absehbar, dass das Unternehmen über die notwendige Sozialauswahl bei Massenentlassungen mit einer Verschlechterung der Belegschaftsstruktur konfrontiert gewesen wäre; im Zuge einer solchen Massnahme hätte man mit relativer Sicherheit zahlreiche jüngere Beschäftigte verloren, die für den Erfolg einer zukunftsgerichteten Unternehmensstrategie besonders wichtig gewesen wären ...
>
> Zusätzlich wäre auch diese Strategie, das Beschäftigungsproblem anzugehen, mit beträchtlichen Kosten verbunden gewesen. Legt man die bisherigen Standards zugrunde, wären bei der Entlassung von 30'000 Beschäftigten zunächst und kurzfristig Sozialplankosten in Milliardenhöhe angefallen, wohingegen der Entlastungseffekt erst mittelfristig spürbar geworden wäre" (Promberger, Rosdücher, Seifert & Trinczek 1996, 39).

Mit der Reduzierung der Arbeitszeit um 20 % – bei einer Reduzierung des Jahreseinkommens um rund 15 % – konnten "20'000 Beschäftigungsverhältnisse gesichert" werden (Hartz 1996). Die mit der Arbeitszeitverkürzung verbundenen Lohnreduzierungen haben direkte Kosteneinsparungen von ca. eineinhalb Milliarden DM zur Folge. Zudem gaben viele Beschäftigte in den von Promberger, Rosdücher, Seifert und Trinczek im Frühjahr 1996 durchgeführten Belegschaftsbefragungen an, "dass die kürzeren Arbeitstage wesentlich weniger anstrengend seien, obwohl sich teilweise das Stundenpensum erhöht habe" (Promberger et al. 1996, 81). Die Autoren schließen daraus, dass aufgrund kürzerer Schichtzeiten ausgeruhtere Beschäftigte zu höherer Produktivität beitragen. Allerdings lässt sich auch die Gefahr der Arbeitsverdichtung nicht übersehen (vgl. Jürgens in diesem Band).

Teriet (1995, 222) hat in diesem Zusammenhang auf einen psychologisch interessanten Sachverhalt aufmerksam gemacht. Teilzeitarbeit – als erfolgversprechende Variante beschäftigungsorientierter Arbeitszeitregelungen – hat in vielen Unternehmen noch immer einen negativen Beigeschmack. "Ein VW-Mitarbeiter mit einer 28,8-Stundenwoche steht demgegenüber als 'Vollzeitkraft' im Sinne des Tarifvertrages unangefochten da."

Seit dem 1.1.1996 gilt darüber hinaus, dass Mehrarbeit grundsätzlich durch bezahlte Freistellungen abzugelten ist. Dafür ist im Tarifvertrag ein 'Beschäftigungsscheck' vorgesehen (vgl. Kasten 3).

> **Kasten 3: Der Volkswagen-Beschäftigungsscheck (aus: Hartz 1996)**
>
> "Bei dem 'Volkswagen-Beschäftigungsscheck' handelt es sich um ein Zeit-Wertpapier. Die Verzinsung erfolgt durch Tariferhöhungen. Bei Entnahme von Freizeit mit dem 'Volkswagen-Beschäftigungsscheck' wird für die Monatsvergütung immer der aktuelle Wert zum Zeitpunkt der Freizeitentnahme zugrunde gelegt. Das gilt auch für Beschäftigungsschecks, die Jahre zuvor ausgestellt wurden. Damit ist sichergestellt, dass der Beschäftigungsscheck keinem Wertverlust unterliegt" (Hartz 1996, 127).

Das dritte Modell lässt sich am ehesten als Stafettenmodell bezeichnen. So enthält die Palette der von VW in Deutschland angebotenen Möglichkeiten der zeitlichen Strukturierung des Arbeitslebens seit dem 1.1.1996 zusätzlich eine "Stafette der Generationen": Mit Zustimmung des Unternehmens können ältere Beschäftigte in drei Schritten – von 24 über 20 bis auf 18 Wochenstunden – in den Ruhestand 'gleiten' und während dieser Zeit durchschnittlich 85 % ihres Vollzeiteinkommens beziehen.[2] Umgekehrt werden bei VW Ausgebildete nach der Abschlussprüfung grundsätzlich übernommen, haben aber für zwei Jahre zunächst nur einen Anspruch auf 20, für die folgenden eineinhalb Jahre auf 24 Wochenarbeitsstunden. Nach den Angaben von Promberger et al. (1996, 69) schätzen betriebliche Experten, dass das zunächst in Kraft gesetzte Modell des sukzessiven 'Hineinwachsens' der Ausgebildeten "seit 1995 etwa die Hälfte (ca. 1'400) aller ausgelernten Auszubildenden für kürzere oder längere Zeit" betroffen hat. Genauere Angaben in bezug auf den Beschäftigungseffekt waren wegen fehlender Informationen über die Konkretisierung in den einzelnen Werken noch nicht möglich. "Eine Einschätzung erlaubt jedoch einen gewissen Einblick in die Größenordnung, um die es dabei geht: Arbeiten 1'400 Beschäftigte ein Jahr lang nur 20 statt 28,8 Stunden pro Woche, so entspräche dies einem Beschäftigungs- bzw. Arbeitsplatzsicherungseffekt von rund 430 Vollzeitarbeits-

---

[2] Mit dem gleitenden Übergang in den Ruhestand kann nicht zuletzt der abrupte Lebensbruch vermieden werden, der in der Schweiz mit dem treffenden Begriff 'Altersgouillotine' bezeichnet wird. In dieser Hinsicht ist auch der Trend zur Frühpensionierung – nach Lehr (1988, 34) für viele Menschen "eine Danaer-Geschenk" – keineswegs unbedenklich, vor allem wenn die frühere Pensionierung unfreiwillig erfolgt und als Kontrollverlust erlebt wird. Tatsächlich sind auch die bisher vorliegenden Erfahrungen mit dem gleitenden Übergang in den Ruhestand überwiegend positiv (Delsen und Reday-Mulvey 1996).

plätzen (bei 28,8 Stunden/Woche) in einem ganzen Jahr" (Promberger et al., a.a.O.).
Gerade für schweizerische Verhältnisse ist vorstellbar, dieses Modell mit einem Paten- oder Göttiprinzip zu verknüpfen und daraus eine neue Art von Generationenvertrag zu entwickeln. Konkrete Erfahrungen liegen dazu noch nicht vor.

Das vierte Modell umfasst eine Reihe von Ansätzen, deren Gemeinsamkeit darin besteht, dass sie eine Art rotierender Arbeitslosigkeit vorsehen. So ist etwa in Dänemark mit dem 1. Januar 1994 ein sogenanntes Urlaubsgesetz in Kraft getreten, das jeder und jedem seit mindestens drei Jahren in einer festen Anstellung Beschäftigten das Recht auf ein Jahr bezahlter Freistellung von der Erwerbstätigkeit gibt. Die Finanzierung wird von der staatlichen Arbeitslosenkasse übernommen, sofern während dieser Zeit eine arbeitslose Person eingestellt wird. In der Zwischenzeit wurde das Gesetz dahingehend korrigiert, dass die freigestellten Personen sich während dieser Zeit an Aus- bzw. Weiterbildungsmaßnahmen beteiligen müssen. Damit wird die von Bergmann (2000) wiederholt eingeforderte Berücksichtigung von Maßnahmen der Kompetenzentwicklung in Zusammenhang mit Verkürzungen bzw. Umverteilungen von Erwerbsarbeit systematisch Gegenstand des Modells. Weitere Überlegungen betreffen ein "Vier-statt-drei"-Modell: Drei Erwerbstätige teilen ihre Vollzeitstellen mit einem bzw. einer Arbeitslosen; die drei Saläre und die monatliche Arbeitslosenentschädigung werden zu gleichen Teilen auf alle vier Personen, für die jeweils jede vierte Arbeitswoche frei ist, aufgeteilt (vgl. zu den dänischen Modellen insgesamt den Beitrag von Höcker in diesem Band).
In der Schweiz werden bzw. wurden alle bis hierher genannten Modelle an verschiedenen Orten eingeführt, so z.B. in der Verwaltung des Kantons Zürich, bei der ETH Zürich und bei der Post (vgl. Peter, Portmann und Ulich in diesem Band) sowie im Rahmen eines Pilotprojektes der Gesundheitsdirektion des Kantons Zürich (vgl. Peter und Strohm in diesem Band). Auch in anderen Verwaltungen und in Wirtschaftsunternehmen werden Modelle beschäftigungsorientierter Arbeitszeitregelungen konstruktiv diskutiert.
Dies gilt auch für das *fünfte Modell*, eine spezifische Form der Altersteilzeit. Beschäftigte im Bauhauptgewerbe, die 60 Jahre oder älter sind, können ihre Arbeitszeit bis zum Eintritt in den Ruhestand auf 50 % reduzieren, bei einer Lohnminderung von 10 %. 10 % werden vom Arbeitgeber übernommen und 30 % von der Arbeitslosenversicherung. Die Unternehmen müssen pro zwei Fällen von Altersteilzeit eine neue Lehrstelle schaffen oder pro vier Fälle von Altersteilzeit eine arbeitslose Person einstellen. Damit sich auch kleine Unternehmen daran beteiligen können, sind Poollösungen möglich.
Eine spezifische Form der staatlichen Unterstützung bietet das *sechste Modell*. Am 11. Juni 1996 hat die französische Nationalversammlung ein Gesetz verab-

schiedet, das einen neuen Weg zur Beschäftigungssicherung und -erweiterung bietet. Unternehmen, die die Arbeitszeit ihrer Belegschaft um mindestens 10 % reduzieren und dafür die Zahl der Beschäftigten um mindestens 10 % erhöhen, müssen im ersten Jahr 50 % und während der folgenden sechs Jahre je 40 bis 30 % weniger Sozialabgaben leisten. Damit werden die Lohnnebenkosten in einem bemerkenswerten Umfang reduziert. Dies geht mit einer Umschichtung der Staatsausgaben einher, nach dem Prinzip: Es ist sinnvoller, Arbeit zu subventionieren anstatt Arbeitslosigkeit. Offenbar werden die Möglichkeiten dieses Gesetzes – das nach seinem Verfasser auch 'Gesetz de Robien' genannt wird – bereits von einer beachtlichen Anzahl Unternehmen unterschiedlichster Größenklassen in Anspruch genommen. Wegen der Reduzierung der Sozialabgaben sind dabei die Verkürzungen der Arbeitszeit, zum Beispiel von 39 auf 32 Stunden, nicht notwendigerweise mit proportionalen Lohneinbußen verbunden (vgl. dazu und zum 'Gesetz Aubry' den Beitrag von Schüpbach, Zölch und Soll in diesem Band).

3. Beschäftigungsorientierte Arbeitszeitmodelle in der Schweiz

In der Schweiz werden seit Mitte der neunziger Jahre eine Reihe von beschäftigungsorientierten Arbeitszeitmodellen realisiert. Sie dienen teils der Vermeidung von Entlassungen, teils der Schaffung zusätzlicher Beschäftigungs- bzw. Ausbildungsmöglichkeiten. Da sich die Arbeitsmarktsituation im Verlauf des vergangenen Jahres massiv verändert hat und die Zahl der Arbeitslosen erheblich zurückgegangen ist, stellt sich an einigen Orten inzwischen die Frage, ob solche Modelle möglicherweise auch im Sinne des Personalmarketings genutzt werden können.

Eines der ersten Beispiele für *Arbeitszeitverkürzungen statt Entlassungen* wurde in der Druckvorstufe der TA-Media realisiert. Anstatt – in Zusammenhang mit technologischen Neuerungen und Veränderungen der Auftragslage – 10 % der rund 170 Beschäftigten zu kündigen, wurde gemeinsam mit einer aus Arbeitgeber- und Arbeitnehmervertretern gebildeten Arbeitsgruppe ein Beschäftigungssicherungsmodell erarbeitet, dass für alle Beschäftigten eine Reduzierung der Arbeitszeit um 10 % vorsah, bei einer Lohneinbuße von 6,66 % und einer Laufzeit der Vereinbarung mit Kündigungsschutz für die Jahre 1995 und 1996. Für die Reduzierung der Arbeitszeit von 40 auf 36 Wochenstunden wurden Optionen angeboten, die von 0,8 Stunden pro Tag über einen halben Tag pro Woche bis zu viereinhalb Wochen Zusatzferien im Jahr reichten. In einer von uns gewünschten und durchgeführten Befragung wurde das Modell von 74 % der in der Druckvorstufe Beschäftigten gutgeheißen und zum 1. Januar 1995 für alle eingeführt. Vor Ablauf der Kündigungsschutzfrist Ende 1996 wurde eine zweite Befragung durchgeführt, die sich auf die Erfahrungen und die daraus resultierenden Wünsche für die weitere Entwicklung bezog. Dazu wurde den Beschäftigten das Angebot gemacht, die reduzierte Arbeitszeit beizubehalten oder sogar noch weiter zu reduzieren, nunmehr allerdings mit voller, d.h. proportionaler Lohneinbuße. 53 % machten von diesem Angebot Gebrauch: 27 % entschieden sich 1997 für eine gegenüber 1994 auf 93,3 % reduzierte Arbeitszeit, 15 % für eine auf 90 % reduzierte Arbeitszeit und 11 % für Wochenarbeitszeiten zwischen 40 und 80 % der 'Normalarbeitszeit'. Damit bestätigt sich die Erkenntnis, dass die Erfahrungen mit größeren Freizeiträumen bei einem erheblichen Teil der Beschäftigten offensichtlich zu deren besonderer Wertschätzung führt.

Anders als bei der TA-Media geht es bei den Modellen, die die Schweizerische Post realisiert, um *zusätzliche Beschäftigungsmöglichkeiten durch das Solidaritätsmodell* und *zusätzliche Ausbildungsmöglichkeiten durch das Lehrlingsmodell*. Orientiert am Beispiel der Müllabfuhr in der dänischen Stadt Arhus, das der vom Generaldirektor der Post eingesetzten Expertengruppe neben einer Reihe anderer Modelle im Jahre 1997 vorgestellt wurde, sammelt die Post zur Zeit Erfahrungen mit dem von ihr so bezeichneten Solidaritätsmodell (vgl. Peter, Portmann und Ulich in diesem Band). Dieses sieht vor, dass je drei bei der Post bereits beschäftigte Personen ihre Arbeitszeit um 25 % reduzieren und eine vierte, bisher arbeitslose Person in ihre Gruppe aufnehmen. Die Reduzierung der Arbeitszeit wird so realisiert, dass jede der vier Personen – im Rotationsverfahren – jede vierte Woche arbeitslos ist und für diese Zeit aus der Arbeitslosenversicherung entschädigt wird. Das bedeutet, dass die Reduzierung der Arbeitszeit um 25 % mit einer tatsächlichen Lohnverminderung von maximal 10 % verbunden ist, bei vorliegenden Unterstützungsverpflichtungen sogar nur 7 %. Dies wurde möglich durch die Neufassung des Arbeitslosenversicherungsgesetzes (AVIG), das mit dem Artikel 110a einen eigentlichen 'Pilot'-Artikel erhielt. Dieser soll erlauben, Pilotprojekte zu unterstützen, die dazu dienen, Erfahrungen mit neuen arbeitsmarktlichen Maßnahmen zu gewinnen. Deshalb sind Umfang und Zeitraum der Realisierung der staatlich unterstützten Maßnahmen jeweils begrenzt. Die Post hat sich dazu verpflichtet, die zusätzlich eingestellten Personen nach Ablauf der Pilotphase, d.h. nach 12 oder 18 Monaten, weiterzubeschäftigen oder an andere Arbeitgeber zu vermitteln.

Angeregt durch das Stafettenmodell von VW wird bei der Post zur Zeit ein weiteres Modell realisiert, das zu einer raschen und deutlichen Zunahme des eingestellten Lernpersonals führt. Für das Jahr 1998 wurden nach dem Konzept 'Weiterbeschäftigung nach der Lehre zu 75 % für 2 bis 3 Jahre' anstelle der für die Lehrberufe Postangestellte/r bzw. kaufmännische/r Angestellte/r budgetierten 369 Lehrlinge tatsächlich 416 Lehrlinge angestellt. Das sind 47 Personen oder 13 % mehr als ursprünglich geplant. Wenngleich das selbstgesteckte Ziel der Post höher lag, zeigt dieser Ansatz doch, dass es möglich ist, die Anzahl der Lehrstellen durch attraktive Modelle zu erhöhen. Interessant ist dieses Modell für junge Menschen offensichtlich, weil es ihnen einerseits nach Abschluss der Lehre eine sichere Anstellung bietet, diese Anstellung andererseits aber für zwei bis drei Jahre mit jährlich drei Monaten Freizeit verbunden ist. Der von den Gewerkschaften stammende Vorschlag, das Salär in dieser Zeit nicht auf die neun 'Arbeitsmonate' zu verteilen, sondern gleichmäßig auf alle zwölf Monate des Jahres, erscheint in diesem Zusammenhang durchaus sinnvoll.

Im Januar 1997 ließ sich auch die Regierung des Kantons Zürich nach einer Intervention des Autors über beschäftigungswirksame Arbeitszeitmodelle informieren. Im Anschluss daran erteilte sie dem Personalamt den Auftrag, "*neue Arbeitszeitmodelle für die Kantonale Verwaltung* zu prüfen, welche der Beschäftigungsfrage Rechnung tragen sollen". Aufgrund der Vorschläge der zu diesem Zweck eingesetzten Arbeitsgruppe wurden durch Regierungsratsbeschluss die folgenden Modelle entweder definitiv oder versuchs- bzw. bereichsweise eingeführt:
- Förderung der Teilzeitbeschäftigung durch Reduzierung des Beschäftigungsgrades
- Zeitgutschriften anstelle finanzieller Vergütungen für Mehrzeitleistungen und Inkonvenienzzulagen
- Arbeitszeitverkürzung bei drohenden Entlassungen als Alternative oder Vorstufe zum Sozialplan
- Lebensarbeitszeit mit Zeitkonten.

Die Einführung eines Solidaritäts- und eines Stafettenmodells sollen zu einem späteren Zeitpunkt überprüft werden. Dabei sollen die Erfahrungen der Post und der Gesundheitsdirektion, die innerhalb des Kantons hier eine Vorreiterrolle übernommen hat (vgl. Peter und Strohm in diesem Band), berücksichtigt werden.

4. Alternative Arbeits- und Lebensmodelle

Grundsätzlich bleibt natürlich zu fragen, welche der genannten Modelle allenfalls als Übergangslösungen zu betrachten sind und welche anderen – z.B. das Stafettenmodell oder die Altersteilzeit – dauerhaft Bestand haben können, z.B. weil sie psychologischen – hier: entwicklungspsychologischen – Sachverhalten besser entsprechen als bisherige Regelungen. Diese Frage ist bisher ebensowenig beantwortet wie die von Jahoda (1983) gestellte Frage: "Wieviel Arbeit braucht der Mensch?".

In diesem Zusammenhang ist auch die Stellungnahme der beiden großen christlichen Kirchen in Deutschland "Für eine Zukunft in Solidarität und Gerechtigkeit" (EKD und DBK 1997) bemerkenswert. Sie enthält einerseits ein klares Bekenntnis zum "Menschenrecht auf Arbeit" als unmittelbarem "Ausdruck der Menschenwürde" (S. 62), unterstützt andererseits ebenso eindeutig den Grundgedanken "vom Teilen der Erwerbsarbeit ... in der Diskussion um die Bekämpfung der Arbeitslosigkeit" (S. 70) und folgert schließlich, dass es darauf ankomme, "die Dominanz der Erwerbsarbeit' zu überwinden und die verschiedenen Formen von Arbeit gesellschaftlich anzuerkennen und zu unterstützen" (S. 72). Hierzu sollten etwa auch jene Formen von 'Eigenarbeit' gehören, wie sie z.B. von Bergmann (1996, 1997) beschrieben werden. Wenn sich der Anteil der Erwerbstätigkeit für alle reduziert, nimmt auch die Möglichkeit zu, dass Frauen vermehrt erwerbstätig werden, ein eigenes Einkommen erzielen und dadurch unabhängiger werden.

Damit könnte – wie Lübbe (1997) dies formuliert hat – Berufstätigkeit zunehmend in Konkurrenz zu anderen sinnvollen und sinnstiftenden Lebenstätigkeiten treten. Überlegungen ähnlicher Art finden sich auch im Bericht der Kommission für Zukunftsfragen der Freistaaten Bayern und Sachsen (vgl. Kasten 4).

> **Kasten 4: Veränderungen im Verständnis sinnstiftender Lebenstätigkeiten**
>
> "Wenn die Wünsche der Menschen nach sinnvoller und gemeinschaftsorientierter Arbeit auch außerhalb der Erwerbsarbeit weiter zunehmen werden, dann wird es auch wichtig, diese Arbeitsbereiche aufzuwerten und gesellschaftlich zu unterstützen. Die starke Konzentration auf die Erwerbsarbeit und das Erwerbspersonenpotential könnten zurückgehen, wenn die gesellschaftliche Bedeutung der Arbeiten außerhalb der Erwerbsarbeit zunimmt. Dies wären erste Schritte in eine Tätigkeitsgesellschaft – allerdings ist bei diesem Szenario die Einkommensfrage klärungsbedürftig" (Kommission für Zukunftsfragen der Freistaaten Bayern und Sachsen 1997, 80).

Solche Überlegungen machen deutlich, dass sich der Stellenwert der Erwerbsarbeit im menschlichen Lebenszusammenhang möglicherweise grundlegend ändern wird. Damit bedarf die von Friedmann (1959) und Jahoda (1983) gestellte Frage nach den Möglichkeiten der Übernahme psychologischer Funktionen der Erwerbsarbeit durch andere (Arbeits-) Tätigkeiten dringend einer Antwort. Interessant ist in diesem Zusammenhang zunächst ein Hinweis von Jahoda auf Gesellschaften, in denen "Erwerbstätigkeit als Institution nicht existiert". Dort sorgen "Rituale, religiöse und gemeinschaftliche Praktiken ..." für die der Gesellschaft angemessenen Zeiterfahrungen, für gemeinsames Erleben, für die Anerkennung kollektiver Ziele, für eine klare Identität, und sie befriedigen das Bedürfnis nach einer Tätigkeit" (Jahoda 1983, 100). Die Autorin sieht darin die Annahme unterstützt, dass sehr verschiedenartige Institutionen in der Lage sind, "dauerhafte menschliche Bedürfnisse" zu befriedigen.

Bei Heinze und Keupp (1997) findet sich in bezug auf unsere Gegenwartsgesellschaft eine Position, die sich mit der von Jahoda skizzierten durchaus in Überstimmung bringen lässt (vgl. Kasten 5).

> **Kasten 5: Die Identitätsrelevanz erwerbsunabhängiger sozialer Tätigkeiten**
>
> "• Wenn Erwerbsarbeit die oben beschriebene identitätsstiftende Funktion erfüllt, dann können andere Tätigkeiten bzw. das freiwillige soziale Engagement duchaus partikularer und punktueller sein. Hier wird biographische Kohärenz weitgehend über Arbeit vermittelt.
> • Dort wo Erwerbsarbeit fehlt oder diese Funktionen nicht vermitteln kann, verlagern sich diese Erwartungen auf die anderen Lebensbereiche (die aber oft ebenfalls nicht in der Lage sind, diese Erwartungen zu erfüllen).
> • Die an Arbeit angelegten Sinnorientierungen (in denen der arbeitsinhaltliche und kommunikative Bezug dominieren) gelten allgemein, d.h. sie bilden auch das Qualitätsprofil für Tätigkeiten außerhalb der Erwerbsarbeit. Auch an diese werden, insbesondere wenn ein Engagement eine längerfristige Perspektive haben soll, ein Bündel an verschränkten Erwartungen angelegt: sie sollen die Person fordern, Spaß machen, kommunikativ sein, sichtbare und auch zurechenbare Ergebnisse bringen und Anerkennung vermitteln" (Heinze und Keupp 1997, 91).

Insbesondere für soziale Netzwerke gilt, dass sie weitgehend Funktionen übernehmen können, die wir üblicherweise der Erwerbsarbeit zuschreiben. Nach Heinze und Keupp (1997, 71) sind soziale Netzwerke nämlich Orte bzw. Gelegenheitsstrukturen
- für die Vermittlung von Information und sozialen Kontakten,
- für affektive, kognitive und materielle Unterstützungen,
- für die Organisation von Anerkennung und die Entwicklung von Identität,
- für soziale Kontrolle und
- für gruppenbezogenes Handeln und gemeinschaftliches, solidarisches Engagement".

Heinze und Keupp verstehen das so beschriebene Beziehungsgeflecht als "soziales Kapital ..., das einer Person zur Verfügung steht bzw. das sie im Laufe ihrer Biographie erwirbt und gestaltet" (a.a.O.). Sie machen aber auch darauf aufmerksam, dass dieses "soziale Kapital ungleich verteilt ist".

Noch grundsätzlicher ist allerdings die Frage, ob auch nur die Sicherung der materiellen Existenz weiterhin an Erwerbsarbeit gebunden bleiben kann oder soll. Als Alternative wird in jüngster Zeit vermehrt wieder ein erwerbsunabhängiges Grundeinkommen oder Bürgergeld diskutiert. Giarini und Liedtke (1998) – die im übrigen ein Mehrschichtenmodell, bestehend aus einer Kombination von Erwerbsarbeit, gemeinnützigen produktiven Tätigkeiten und Tätigkeiten in Eigenleistung postulieren – nennen in ihrem Bericht an den Club of Rome "Wie wir arbeiten werden" vielfältige Vorzüge einer solchen Lösung, mit der zugleich die staatlichen Sozialversicherungs- und Steuersysteme zusammengefasst und vereinfacht werden könnten: materielle Unabhängigkeit, insbesondere auch der Frauen von den Männern und der Arbeitnehmer von den Arbeitgebern, Steigerung der individuellen Risikobereitschaft und Innovationsfreudigkeit, aufgabenorientierte Arbeitsmotivation anstatt materieller Anreize als Hauptkriterium bei der Stellenauswahl, leichtere Durchsetzung technologischer Veränderungen wegen der geringeren Notwendigkeit des Erhalts von Stellen und Förderung der Wahrnehmung gesellschaftlich nützlicher Tätigkeiten wie etwa die Sorge für die eigenen Eltern. Schließlich könnten mehrere Personen ihre Grundeinkommen eine Zeit lang zusammenlegen und damit die Gründung eines gemeinsamen Unternehmens erleichtern. Die Autoren halten die Aussicht auf die Etablierung eines derartigen Grundeinkommens für zunehmend wahrscheinlich und die Einführung einer negativen Einkommenssteuer für eine praktikable organisatorische Lösung (vgl. dazu auch Dahrendorf 1992; Hengsbach 1997).[3]

Allerdings ist die Frage umstritten, ob ein Grundeinkommen an bestimmte Konditionen wie etwa die Beteiligung an "Bürgerarbeit" gebunden werden soll. Gorz, der in früheren Arbeiten auch schon ein minimales Grundeinkommen gefordert, dieses aber an die Beteiligung an gesellschaftlich nützlichen Aktivitäten gebunden hatte, schließt sich neuerdings "nach langem Widerstand ... den Anhängern eines *ausreichenden* (und nicht minimalen) Grundeinkommens an" (Gorz 2000, 126), dass *bedingungslos* zu gewähren sei.

Damit werden zugleich die bisherige Dominanz der Erwerbsarbeit und die Marginalisierung anderer Lebenstätigkeiten in Frage gestellt. Die Realisierung einer solchen Politik stellt schließlich "in Aussicht, dass auf Basis individueller Entscheidungen *nützliche Tätigkeiten außerhalb der Erwerbsarbeit* wieder Anerkennung und Bedeutung bekommen" (Senghaas-Knobloch 1998, 23).

Für die Arbeitswissenschaften, insbesondere auch für die Arbeitspsychologie, bedeutet dies, dass sie die ausschließliche Fokussierung auf die Erwerbsarbeit überwinden und sich einen erweiterten Arbeitsbegriff zu eigen machen muss

---

[3] Unter dem Begriff "Grundeinkommen ohne Arbeit" hat auch die katholische Sozialakademie Österreichs das Mindesteinkommen als einen emanzipatorischen "Weg zu einer kommunikativen Gesellschaft" beschrieben (Büchele und Wohlgenannt 1985).

(vgl. dazu u.a. Resch, Bamberg und Mohr 1997, Resch 2000 und in diesem Band, Richter 1999, Ulich 2000, 2001).

5. Eine persönliche Anmerkung zum Schluss

Über die Zukunft der Arbeit wird viel spekuliert und manch Erstaunliches feilgeboten. Da schreibt eine 'Zukunftsforscherin': "Wenn Sie immer noch auf den Faktor 'Sicherheit' setzen, werden Sie allerdings Probleme haben. Es gibt keine Sicherheit mehr, nur noch verschiedene Grade von Unsicherheit". Vermutlich weiß die Autorin nicht, dass ein gewisses Maß an existentieller und sozialer Sicherheit zu den Voraussetzungen der Entwicklung und des Erhalts von Vertrauen, Zuversicht und Gesundheit im weitesten Sinne gehört. Sicher hat sie auch keine Kenntnis von jenen Untersuchungen, die zeigen, dass 'employment security' zu den bedeutsamsten Erfolgsfaktoren unter den, gemessen an der langfristigen Entwicklung der Aktienkurse (!), besonders erfolgreichen US-amerikanischen Unternehmen gehört. Ein anderes Beispiel: da schreibt ein junger St. Galler Ökonom über die Zukunft der Arbeit und stellt eine "virtuelle Triade" vor, die "auf den Kernprozessen der Virtualisierung, Cyborgisierung und Bionisierung beruht". In diesem Zusammenhang ist dann auch die Rede von einer abnehmenden Bedeutung der "unmittelbaren, geographischen Nachbarschaft und der familiären Netzwerke" sowie von einer "schrittweisen Auflösung von althergebrachten gemeinschaftlichen Strukturen." Als Alternative bzw. Ergänzung zur nicht-virtuellen Lebenswelt sollen dann "neue soziale Räume in virtuellen Welten" entstehen.

Schöne neue Arbeitswelt? Schöne neue Lebenswelt? Wer will so etwas eigentlich und wem soll das dienen? Wer will – und wer kann – sein Leben wirklich als 'Patchworker' oder 'Lebensunternehmerin' verbringen? Wer will – und wer kann – als 'Infopreneur' zur 'one-person-company' werden? Was wird aus all jenen Menschen, die sich aus welchen Gründen auch immer nicht qualifizieren konnten? Was ist mit dem psychologischen Vertrag zwischen den Menschen und den Unternehmen, den Menschen und den Institutionen der Gesellschaft? Ich wünschte, dass wir mit der Zukunft unserer Gesellschaft weniger leichtfertig umgingen.

Literatur

Beck, U. (1997). Erwerbsarbeit durch Bürgerarbeit ergänzen. In: Kommission für Zukunftsfragen der Freistaaten Sachsen und Bayern, Erwerbstätigkeit und Arbeitslosigkeit in Deutschland. Teil III: Maßnahmen zur Verbesserung der Beschäftigungslage (S. 146–168). Bonn: Institut für Wirtschaft und Gesellschaft.

Bergmann, B. (2000). Kompetenzentwicklung im Arbeitsprozess. Zeitschrift für Arbeitswissenschaft 54, 138–144

Bergmann, F. (1996). Arbeitslosigkeit durch Automatisierung – Neue Arbeitszeitmodelle. In Arbeitswelten (Hrsg. B. Priddat), Band 1 (S. 139–154). Marburg: Metropolis.

Bergmann, F. (1997). Die neue Arbeit. Gewerkschaftliche Monatshefte, 48, 524–534.

Büchele, H. & Wohlgenannt, L. (1985). Grundeinkommen ohne Arbeit. Wien: Europaverlag.

Dahrendorf, R. (1983). Arbeit und Tätigkeit – Wandlungen der Arbeitsgesellschaft. In H. Afheldt & P.G. Rogge (Hrsg.), Geht uns die Arbeit aus? (S. 23–35). Stuttgart: Poller, Frauenfeld: Huber.

Dahrendorf, R. (1992). Der moderne soziale Konflikt. München: Piper.

Delsen, L. & Reday-Mulvey, G. (1996). Gradual Retirement in the OECD-Countries. Aldershot: Avebury Books.

Freud, S. (1930). Das Unbehagen in der Kultur. Abgedruckt in: Abriss der Psychoanalyse – Das Unbehagen in der Kultur. Frankfurt/M.: Fischer, 1992.

Friedman, M. (1962). Capitalism and Freedom. Chicago. Dtsch. Übers. (1976) Kapitalismus und Freiheit. München: Deutscher Taschenbuchverlag.

Friedmann, G. (1953). Zukunft der Arbeit. Köln: Bund-Verlag.

Friedmann, G. (1959). Grenzen der Arbeitsteilung. Frankfurt: Europäische Verlagsanstalt.

Fromm, E. (1966). The psychological aspects of the guaranteed income. In R. Theobald (Ed.), The Guaranteed Income (pp. 183–193). New York: Doubleday.

Giarini, O. & Liedtke, P.M. (1998). Wie wir arbeiten werden. Der neue Bericht an den Club of Rome. Hamburg: Hoffmann & Campe.

Gorz, A. (1983). Wege ins Paradies. Berlin: Rotbuch Verlag.

Gorz, A. (2000). Arbeit zwischen Misere und Utopie. Edition Zweite Moderne (Hrsg. U. Beck). Frankfurt/M.: Suhrkamp.

Hartz, P. (1996). Das atmende Unternehmen. Frankfurt: Campus.

Heinze, R.G. & Keupp, H. (1997). Gesellschaftliche Bedeutung von Tätigkeiten außerhalb der Erwerbsarbeit. Gutachten für die 'Kommission für Zukunftsfragen' der Freistaaten Bayern und Sachsen. München: Institut für Praxisforschung und Projektberatung.

Hengsbach, F. (1997). Ein neuer Gesellschaftsvertrag in den Zeiten der Globalisierung. In: W. Fricke (Hrsg.), Jahrbuch Arbeit und Technik 1997, (S. 182–195). Bonn: Dietz.

Hunt, M. (1985). Profiles of Social Research. The Scientific Study of Social Interactions. New York: Russel Sage Foundation. Dtsch. Übers. (1991): Die Praxis der Sozialforschung. Reportagen aus dem Alltag einer Wissenschaft. Frankfurt: Campus.

Jahoda, M. (1983). Wieviel Arbeit braucht der Mensch? Arbeit und Arbeitslosigkeit im 20. Jahrhundert. Weinheim: Beltz.

Kershaw, D. & Fair, J. (1976). The New Jersey Income-Maintenance Experiment. Vol. 1. New York: Academic Press.

Keynes, J.M. (1956). Wirtschaftliche Möglichkeiten für unsere Enkelkinder. Deutsche Übersetzung eines 1930 in Nation and Athenäum erschienenen Beitrages. In J.M. Keynes (1956). Politik und Wirtschaft, Männer und Probleme (S. 263–272). Tübingen: Mohr.

Kommission für Zukunftsfragen der Freistaaten Sachsen und Bayern (1997). Erwerbstätigkeit und Arbeitslosigkeit in Deutschland. Teil III: Maßnahmen zur Verbesserung der Beschäftigungslage. Bonn: Institut für Wirtschaft und Gesellschaft.

Lehr, U. (1988). Arbeit als Lebenssinn auch im Alter. Positionen einer differentiellen Gerontologie. In L. Rosenmayr & F. Kolland (Hrsg.), Arbeit – Freizeit – Lebenszeit (S. 29–45). Opladen: Westdeutscher Verlag.

Leontief, W. (1983). Den technologischen Schock dämpfen. Interview der IAO-Nachrichten, 1983, 19, No. 4.

Lübbe, H. (1997). Europäische Arbeitsphilosophie. Vortrag am 43. Kongress der Gesellschaft für Arbeitswissenschaft, Dortmund, 12.–14.3.1997.

Offe, C. (Hrsg.) (1984). "Arbeitsgesellschaft": Strukturprobleme und Zukunftsperspektiven. Frankfurt, M.: Campus.

Promberger, M., Rosdücher, J., Seifert, H. & Trinczek, R. (1996). Beschäftigungssicherung durch Arbeitszeitverkürzung. Berlin: Sigma.

Rat der Evangelischen Kirche in Deutschland und Deutsche Bischofskonferenz (1997). Für eine Zukunft in Solidarität und Gerechtigkeit. Gemeinsame Texte, Nr. 9. Hannover: EKD, Bonn: Deutsche Bischofskonferenz.

Resch, M. (2000). Veränderugen des Verhältnisses von Erwerbsarbeit und unbezahlter Arbeit – Probleme und Fragestellungen. Zeitschrift für Arbeitswissenschaft 54, 76–82

Resch, M., Bamberg, E. & Mohr, E. (1997). Von der Erwerbsarbeitspsychologie zur Arbeitspsychologie. In I. Udris (Hrsg.), Arbeitspsychologie für morgen – Herausforderungen und Perspektiven (S. 37–52). Heidelberg: Asanger.

Richter, P. (1999). Quo vadis – Arbeitspsychologie? – 10 Jahre danach. In C. Graf Hoyos & D. Frey (Hrsg.), Arbeits- und Organisationspsychologie. Ein Lehrbuch (S. 695–704). Weinheim: Psychologie Verlags Union.

Rifkin, J. (1996). Das Ende der Arbeit und ihre Zukunft. Frankfurt: Campus.

Schaff, A. (1983). Die Auswirkungen der mikroelektronischen Revolution auf die Gesellschaft. In: Der Weg ins 21. Jahrhundert (S. 163–171). Berichte an den Club of Rome. München: Molden/Seewald.

Senghaas-Knobloch, E. (1998). Von der Arbeits- zur Tätigkeitsgesellschaft? Feministische Studien 16, 9–30.

Teriet, B. (1995). Beschäftigungsorientierte Arbeitszeitregelungen. In Wege aus der Arbeits-losigkeit (S. 213–229). Beihefte der Konjunkturpolitik. Zeitschrift für angewandte Wirtschaftsforschung, Heft 43. Berlin: Duncker & Humblot.

Theobald, R. (1963). Free Men and Free Markets. New York: Potter.

Theobald, R. (Ed). (1966). The Guaranteed Income: Next Step in Socioeconomic Evolution? New York: Doubleday.

Ulich, E. (2001). Arbeitspsychologie. 5. Auflage. Zürich: vdf Hochschulverlag, Stuttgart: Schäffer-Poeschel.

Ulich, E. (2000). Arbeit. In J. Straub, A. Kochinka & H. Werbik (Hrsg.), Psychologie in der Praxis (S. 419–454). München: dtv.

2

Kürzer arbeiten – anders leben?

[handschriftlich: andere Fragestellung]

In der Diskussion um Arbeitszeitverkürzung spielen wirtschaftliche Fragen, insbesondere mögliche Beschäftigungseffekte, eine große Rolle. Weniger im Vordergrund stehen Überlegungen, die eine verkürzte Erwerbsarbeitszeit mit neuen Arbeits- und Lebensmodellen in Verbindung bringen. Hierbei geht es nicht (nur) um die schlichte Annahme, daß die Verfügung über mehr freie Zeit die Lebensqualität steigere, sondern um weitreichende Vorstellungen eines "anderen Lebens", in dem neben der fremdbestimmten *Erwerbsarbeit* vielfältige Formen nützlicher und gemeinwohlorientierter *Tätigkeiten* Raum haben. Als Beispiele für letzteres werden Eigen- oder Bürgerarbeit, ehrenamtliche oder gemeinnützige Aktivitäten – z.B. in Nachbarschaft, Vereinen, Initiativen oder karitativen Einrichtungen – auf der einen Seite und Arbeit im persönlich-familiären Bereich auf der anderen Seite genannt. In Konzepten zur Zukunft der Arbeitsgesellschaft finden sich entsprechend Vorschläge zu existenzsichernden Kombinationen von bezahlter Beschäftigung, Eigenarbeit und weiteren Formen unbezahlten gemeinwohlorientierten Engagements, die eine Alternative zu dem "normalen" kontinuierlich und in Vollzeit ausgeübten Beschäftigungsverhältnis bilden sollen (für einen Überblick zur aktuellen Diskussion vgl. z.B. Senghaas-Knobloch, 1999, sowie zur historischen Dimension Ulich, 1998, S. 502ff.).

Die Überlegungen zu möglichen neuen Arbeits- und Lebensformen einer "Tätigkeitsgesellschaft" thematisieren die psychosozialen Auswirkungen kürzerer Erwerbsarbeitszeiten auf die Beschäftigten. Dies ergänzt die Debatte um beschäftigungsorientierte Arbeitszeitmodelle um wichtige Aspekte. Klärungsbedürftig ist hier eine Reihe von Fragen, die sich nicht nur langfristig im Hinblick auf alternative Arbeits- und Lebensmodelle stellen, sondern sich bereits auf aktuelle und weniger weitreichende Veränderungen beziehen. So gilt es u.a. danach zu fragen, wie sich Erwerbsarbeit und ihre betriebliche Organisation infolge einer deutlichen Arbeitszeitverkürzung *inhaltlich* ändern und welche

Folgen hiermit für die arbeitenden Personen verbunden sind. Insbesondere für die Arbeitspsychologie besteht Forschungsbedarf im Hinblick darauf, ob sich bislang belegte Wirkungen der Erwerbsarbeit auf die Gesundheit und das Wohlbefinden der Beschäftigten auch unter den Bedingungen neuer Arbeitszeitmodelle finden lassen. Darüber hinaus ist weitgehend ungeklärt, welche Veränderungen der konkreten Alltagstätigkeiten außerhalb der Erwerbsarbeit solche Arbeitszeitmodelle mit sich bringen und unter welchen Bedingungen psychosoziale Funktionen der Erwerbsarbeit durch andere (Arbeits-) Tätigkeiten übernommen werden können.

Dieser Beitrag beschäftigt sich unter dem Titel "Kürzer arbeiten – anders leben?" insbesondere mit den zuletzt genannten Fragen. Es sollen zwei Perspektiven aufgegriffen werden, die sich mit einer spürbaren Verkürzung der Erwerbsarbeit ergeben können. Zunächst geht es um die (weniger populäre) Rolle der Haus- und Familienarbeit und damit verbunden um die Chancen für eine Neuverteilung bezahlter und unbezahlter Arbeit zwischen Frauen und Männern.

Die zweite Perspektive betrifft die Annahme, daß neue Formen gemeinwohlorientierter Tätigkeiten zunehmen und Bestandteil eines geänderten Lebensentwurfs werden. Diese neuen Tätigkeiten jenseits der Erwerbswirtschaft werden in der Regel positiv umschrieben, und nicht selten wird unterstellt, daß ein Lebensmodell, in dem Phasen der Erwerbsarbeit in vielfältiger Form mit anderen Aufgaben und Tätigkeitsbereichen verbunden sind, sich positiv auswirkt.

1. (Familien-) Alltag kostet Zeit: Ergebnisse einer Zeitbudgetstudie

Die Sorge um unser tägliches Wohlergehen sowie um die ältere und die nachfolgende Generation kostet Zeit. Der Großteil unbezahlter Arbeit wird im und für den privaten Haushalt verrichtet. Auf diesen Tatbestand hat insbesondere die Frauenbewegung bzw. Frauenforschung immer wieder hingewiesen (vgl. z.B. Bock & Duden, 1977) und zugleich die Ausklammerung der unbezahlten und überwiegend von Frauen erbrachten Arbeiten – in Haushalt und Familie, aber auch im Bereich des Ehrenamtes und der sozialen Dienste – kritisiert. Nach wie vor herrscht vielfach Unklarheit über Umfang und Inhalte der Haus- und Familienarbeit. Immer wieder erhofft(e) man sich, durch arbeitssparende Organisation, Technikeinsatz und Auslagerung von Aufgaben die Zeit der im Haushalt geleisteten Arbeit zu reduzieren.

Für die Bundesrepublik Deutschland liegt mit der repräsentativen Zeitbudgetstudie des Statistischen Bundesamts (Blanke, Ehling & Schwarz, 1996) erstmals ein umfassender Datensatz zur Zeitverwendung in privaten Haushalten vor. Grundlage sind per Tagebuch ermittelte Selbstaufschreibungen von Personen aus rund 7'200 Haushalten, die zum Zeitpunkt der Befragung älter als zwölf Jahre waren. Die subjektiven Schilderungen der Tagesabläufe wurden

anschließend einer differenzierten Aktivitätenliste zugeordnet. Vor diesem Hintergrund lassen sich Aussagen über Umfang und Inhalte unbezahlter und bezahlter Arbeit treffen (vgl. hierzu Schäfer & Schwarz, 1996).
Für das Jahr 1992 wurde für die bezahlte Erwerbsarbeit ein Jahresvolumen von 60 Milliarden Stunden errechnet, für die unbezahlte Arbeit hingegen ein Jahresvolumen von 95,5 Milliarden.[1] Eine weitere Analyse der Aufteilung der gesellschaftlichen *Gesamtarbeit (bezahlte und unbezahlte Arbeit)* ergibt folgendes Bild: 47 % der verwendeten Zeit geht auf das Konto sogenannter hauswirtschaftlicher Tätigkeiten (vom Abwaschen bis hin zur Kontoführung), bezahlte Erwerbsarbeit macht demgegenüber 38,5 % der Gesamtarbeit aus. 7 % der Zeit wird mit Betreuung und Pflege von Familienangehörigen verbracht, 5 % mit handwerklichen Tätigkeiten und lediglich 2,5 % mit sogenannten ehrenamtlichen Tätigkeiten oder sozialen Hilfediensten etwa im Rahmen der Nachbarschaftshilfe.
Die zur Haus- und Familienarbeit zählenden Tätigkeiten (hauswirtschaftliche und handwerkliche Tätigkeiten, Betreuung und Pflege) nehmen somit nicht nur einen Großteil der unbezahlten Arbeit ein, sondern liegen mit einem Anteil von 59 % des Jahresvolumens der geleisteten Gesamtarbeit deutlich über der Erwerbsarbeit.
Die Zeitbudgetstudie erlaubt darüber hinaus Angaben über die wöchentliche Zeitverwendung eines "Durchschnittsmenschen". In einer normalen Woche wird demnach pro Kopf knapp 27 Stunden unbezahlt, bezahlt hingegen nur 19 Stunden gearbeitet. Aufschlußreicher sind in diesem Zusammenhang Aussagen zur Zeitverwendung verschiedener Bevölkerungsgruppen oder Haushaltstypen. Frauen sind in der Woche durchschnittlich 35 Stunden mit hauswirtschaftlichen und handwerklichen Tätigkeiten, Pflege, Betreuung oder ehrenamtlichen Engagement beschäftigt, Männer hingegen 19 Stunden. Die Erwerbsarbeit einschließlich der Wegezeiten nimmt bei den männlichen Befragten im Schnitt 31 Stunden und bei den weiblichen Befragten 15 Stunden wöchentlich ein.
Bezahlte und unbezahlte Arbeit fällt insbesondere im Alltag Alleinerziehender mit kleinen Kindern sowie berufstätiger Eltern ins Gewicht. Die zuerst genannte Gruppe arbeitet mit über 77 Stunden wöchentlich 40 % mehr als der Durchschnitt. Bei berufstätigen Müttern liegt die Wochenarbeitszeit bei knapp 70 Stunden; berufstätige Väter kommen auf eine wöchentliche Gesamtarbeitszeit von 67 Stunden (vgl. zum Überblick Ehling & Schwarz, 1996).
Die Zeitbudgetstudie kann nicht auf Vergleichsdaten vorangegangener Jahre zurückgreifen, da es in der Bundesrepublik keine mit anderen Ländern vergleichbare Tradition der Zeitbudgeterhebungen gibt (vgl. Ehling et al., 1991).

---

[1] Direkt vergleichbare Zeitbudgetstudien aus anderen Ländern gibt es kaum. Allerdings verweist Schwarz (1996, S. 89ff.) darauf, daß die vorhandenen Angaben zum Gesamtumfang unbezahlter Arbeit in vielen Ländern erstaunlich wenig voneinander abweichen.

Aussagen zu quantitativen Veränderungen im Volumen der Haus- und Familienarbeit oder im Verhältnis von bezahlter und unbezahlter Arbeit liegen daher nicht vor. Anderen Untersuchungen, beispielsweise zum Technikeinsatz im Haushalt, ist jedoch zu entnehmen, daß sich der Umfang privat geleisteter Arbeit im Haushalt trotz Technisierung, Ausbau der Dienstleistungsgesellschaft und Auslagerung sogenannter produktiver Funktionen im Haushalt in den letzten Jahrzehnten nicht wesentlich geändert hat (vgl. z.B. Meyer & Schulze, 1993). Diese Strategien greifen insbesondere in den Haushalten nur begrenzt, in denen versorgungsbedürftige Personen leben. Die für Betreuung und Pflege erforderlichen Tätigkeiten haben sich in den letzten Jahrzehnten erheblich gewandelt, auch die Art der Organisation – nicht oder nur geringfügig jedoch der hierfür erforderliche zeitliche Aufwand.

Vor dem Hintergrund der Zeitbudgeterhebung des Statistischen Bundesamts läßt sich somit festhalten: Unbezahlte Arbeit wird in unserer Gesellschaft in erheblichem Umfang geleistet. Darüber hinaus bestätigt die Studie den immer wieder und von verschiedenster Seite vorgetragenen Tatbestand, daß die bezahlte und die unbezahlte Arbeit zwischen den Geschlechtern ungleich aufgeteilt sind. Vor diesem Hintergrund könnten Arbeitszeitmodelle, die mit einer spürbaren Senkung der Erwerbsarbeitszeit verbunden sind, insbesondere für Haushalte mit Kindern oder anderen pflegebedürftigen Personen eine attraktive Perspektive sein. Mit dieser Frage beschäftigt sich der folgende Abschnitt.

2. Kürzer arbeiten: (k)ein Königsweg der Vereinbarung von Beruf und Familie?

Daß Frauen mehr unbezahlt und weniger bezahlt arbeiten als Männer, daß sie im Beruf, aber auch im Haushalt oder im Bereich ehrenamtlichen Engagements andere Dinge tun, die mit weniger Status und weniger Einkommen verbunden sind, ist hinlänglich bekannt. Frauen tragen auch dann die Hauptlast der in Haushalt und Familie anfallenden Arbeiten, wenn sie selbst berufstätig sind. Die traditionelle Zuordnung von Haus- und Familienaufgaben in den Verantwortungsbereich von Frauen führt häufig zu sogenannten Patchworkbiographien, d.h. Frauen wechseln häufig zwischen beruflichen und familiären Aufgaben. Arbeitszeitreduzierung und zeitweise Unterbrechungen der beruflichen Tätigkeit sind nicht Ausnahme, sondern Normalfall. Teilzeitarbeit – für viele kurzfristig der Ausweg zur Vereinbarung von Beruf und Familie – ist eine Frauendomäne: rund 90 % der Teilzeitbeschäftigten in Deutschland sind weiblich (Wilke, 1998). Untersuchungen zu den Auswirkungen auf die geschlechtliche Arbeitsteilung zeigen, daß in Haushalten mit teilzeitarbeitenden Frauen traditionelle Aufteilungen der häuslichen Arbeit eher zementiert werden (vgl. z.B. Helfmann, 2000).

Diese geschlechtliche Arbeitsteilung und die damit verbundene Entlastung der Männer für ihr berufliches Engagement und Fortkommen ist unter den gegebenen Verhältnissen eine durchaus effiziente Lösung. Dies liegt zum einen an dem "Anderthalb-Personen-Beruf" (Beck-Gernsheim, 1981), d.h. der Tatsache, daß die Berufswelt auf die alltägliche Arbeit in einem Familienhaushalt keine Rücksicht nimmt und eine Vollzeitbeschäftigung die Zuarbeit durch eine weitere Person voraussetzt, die für die Organisation des Alltags und die Sorge für die nachwachsende Generation zuständig ist. Zum anderen verdienen Männer im Schnitt meist mehr als ihre Frauen,[2] Vereinbarkeit von Beruf und Familie wird überwiegend als ein "Frauenthema" angesehen und die vorhandenen Vereinbarkeitsangebote der Betriebe richten sich zumeist an Mütter, nicht an Väter (vgl. kritisch hierzu z.B. Hornung, 1993). So erscheint es logisch und fast unumgänglich, wenn "er" im Beruf Karriere macht und "sie" per Patchwork versucht, Beruf und Familie unter den vielzitierten Hut zu bringen.

Der in den letzten Jahren zu verzeichnenden Zunahme qualifizierter weiblicher Erwerbstätigkeit folgte denn auch keine spürbar höhere Beteiligung der Männer im unbezahlten Sektor. So hat beispielsweise der Anteil von Männern, die Erziehungsurlaub nehmen, in Deutschland die Zweiprozentgrenze nie überschritten. Längerfristig teilzeitarbeitende Männer oder Hausmänner waren und sind bislang Ausnahmen (vgl. z. B. Strümpel, Prenzel, Scholz & Hoff, 1988). Wenn überhaupt, dann ist eine Umverteilung der anfallenden Aufgaben innerhalb der Gruppe von Frauen zu beobachten: angefangen von der meist unentbehrlichen Großmutter über Tagesmütter bis hin zu Haushaltshilfen oder Aupair-Mädchen. Dies sind jedoch Lösungen, die erhebliche Kosten verursachen und nicht jedem zur Verfügung stehen.

"Kürzer arbeiten", um familiären Aufgaben nachzukommen, ist somit vor allem für viele Frauen bzw. Mütter bereits heute – nicht selten anstrengende – Realität. Diese Situation ist von der eingangs genannten positiven Vision eines "anderen Lebens" weit entfernt. Zu letzterem gehört, daß Frauen wie Männer die Chance haben, gleichberechtigt an beiden Sphären der Arbeit, d.h. der bezahlten Erwerbsarbeit als auch der unbezahlten Haus- und Familienarbeit, teilzuhaben.

Eine Voraussetzung hierfür ist, daß beschäftigungswirksame Arbeitszeitmodelle nicht nur zur Umverteilung der Erwerbsarbeit genutzt, sondern zugleich mit einer Umverteilung der unbezahlten Arbeit zwischen den Geschlechtern verbunden werden. Ein deutlich vermehrtes Angebot solcher Arbeitszeitmodelle kann zunächst mit dazu beitragen, die Akzeptanz verkürzter Arbeitszeiten bei Männern zu erhöhen. Dies gilt insbesondere, wie die Erfahrungen bei der Ein-

---

[2] Dieser höhere Verdienst ist zu einem wesentlichen Teil auf die unterschiedliche Bewertung von männertypischen und frauentypischen Arbeiten zurückzuführen (vgl. hierzu Katz & Baitsch, 1996).

führung der 28,8-Stunden-Woche bei der Volkswagen AG zeigen, für kollektive Angebote bei gleichzeitiger Beschäftigungsgarantie (vgl. Jürgens, 2000; Jürgens & Reinicke, 1998).

Von beiden Geschlechtern akzeptierte kürzere Arbeitszeiten sind ein wichtiger Schritt, um den Spielraum für egalitäre Arbeitsteilung und neue Wege der Vereinbarung von Beruf und Familie zu erhöhen. Darüber hinaus gilt es allerdings zu berücksichtigen, daß ein Abbau traditioneller Geschlechtsrollen und Arbeitsteilung nicht *nur* eine Frage der Zeit und des guten Willens ist. Probleme der Vereinbarung von Beruf und Familie werden sowohl in finanzieller Hinsicht als auch in bezug auf die damit verbundenen (nicht nur zeitlichen) Belastungen den einzelnen Individuen bzw. den privaten Haushalten aufgebürdet. Selbst wenn beide Partner eine Teilzeitbeschäftigung finden, ist die Summe zweier Teilzeiteinkommen meist niedriger als das Vollzeiteinkommen des Mannes. Teilzeitarbeit wird gerade für Arbeitsplätze höherer Qualifikationsstufen selten angeboten. Die Reduzierung im Bereich beruflicher Arbeit fällt in der Regel genau in die zeitliche Phase, in der (zumindest von Männern als Familienernährer) hohes Engagement und Bemühung um das berufliche Fortkommen erwartet wird. Einkommensverluste sowie finanzielle Abhängigkeiten innerhalb der sogenannten "Versorgerehe" gehen somit nicht selten mit Einschränkungen der beruflichen Möglichkeiten und Karriere einher. Die häufig "rund um die Uhr" erforderlichen Aufgaben der Kinderbetreuung sind zudem im Prinzip ohne verläßliche zusätzliche Hilfe mit keiner noch so kurzen Erwerbsarbeit vereinbar. Ungünstige Öffnungszeiten von Kindertagesstätten sowie wenig kalkulierbare Schulstundenpläne bilden daher nicht selten Stolpersteine für eine kontinuierliche Berufstätigkeit bzw. für den beruflichen Wiedereinstieg etwa nach dem Erziehungsurlaub. Gesellschaftliche Lösungen hierfür – etwa in Form der betreuten Schule oder in Form von Dienstleistungspools – befinden sich hierzulande noch in den Kinderschuhen.

Veränderungen der geschlechtlichen Arbeitsteilung werden von solchen Rahmenbedingungen, unter denen man im Erwerbsleben, aber auch im Haushalt handelt bzw. arbeitet, mehr oder weniger gefördert oder behindert. Ein Merkmal dieser Bedingungen – dem aus Sicht der Arbeitspsychologie wesentliche Bedeutung zukommt – ist das Ausmaß, in dem sie Möglichkeiten eröffnen oder verschließen, sich eigenständig Ziele zu setzen und diese auf unterschiedliche Weise (d.h. auch unter sich verändernden Bedingungen) allein oder gemeinsam mit anderen zu erreichen. Arbeitspsychologische Untersuchungen, die sich sowohl auf die Erwerbsarbeit als auch auf die Haus- und Familienarbeit beziehen, können daher mit darüber Aufschluß geben, auf Grundlage welcher Handlungsmöglichkeiten Entscheidungen über die Arbeitsteilung im Haushalt getroffen werden. Zugleich werden Folgen sichtbar, die die gewählte Arbeitsorganisation für die Individuen haben (vgl. ausführlicher z.B. Resch, 1994). Bereits ein kurzer Blick in die Hausarbeitsforschung zeigt, daß gerade in diesem Bereich ein Bedarf nach Analyse, Bewertung und Gestaltung der Arbeitsbedingungen existiert. Dies soll im folgenden verdeutlicht werden, in dem die Form der Beteiligung an Haus- und Familienarbeit aufgegriffen wird.

3. Formen der Beteiligung im Haushalt: Mithilfe oder Verantwortung?

Der Ruf nach mehr Engagement der Männer im Bereich des Haushalts ist seit langem zu hören. Angesichts der vielfältigen Formen des Zusammenlebens ist er jedoch zu allgemein. Die – gewünschte oder realisierte – höhere Stundenzahl der von Männern geleisteten Hausarbeit beinhaltet unterschiedliche Formen möglicher Beteiligung. Ein wesentlicher Gesichtspunkt hierbei ist die Frage, in welchem Umfang die alleinige Zuständigkeit von Frauen durch *gemeinsame* oder *abwechselnd übernommene Verantwortung* abgelöst wird.

Auf Grundlage handlungstheoretischer Überlegungen zur arbeitsbezogenen Kooperation und Kommunikation lassen sich vier Kooperationsformen zur Kennzeichnung familialer Arbeitsteilung unterscheiden (vgl. ausführlicher Resch & Gabriel, 1994):

- "Einzelarbeit" ist dadurch gekennzeichnet, daß ausschließlich eine Person für die Erledigung der Aufgabe zuständig ist und alle hierfür erforderlichen Tätigkeiten allein ausführt.
- "Rotationsarbeit" beinhaltet die abwechselnde Erledigung einer Aufgabe nach einer feststehenden Regel. Die beteiligten Personen führen selbständig und ohne weitere Absprachen die zugehörigen Tätigkeiten aus. Die Verantwortlichkeit hierfür ergibt sich aus impliziten oder expliziten Festlegungen, über die zu einem früheren Zeitpunkt entschieden wurde.
- "Arbeit unter Mithilfe" liegt vor, wenn eine Person Teile einer Aufgabe an andere Haushaltsmitglieder delegiert. Diese anderen Haushaltsmitglieder erledigen die (Teil-) Aufgaben nicht selbständig, sondern führen gelegentlich und nach entsprechender Aufforderung bzw. Anweisung Teile aus. Die Aufgabe ist jedoch an eine Person gebunden, die letztlich die Verantwortung trägt.
- "Kooperative Arbeit" setzt voraus, daß die beteiligten Personen sich abstimmen, wie bei der Ausführung der Aufgabe vorzugehen ist. Die Erfüllung der Aufgabe ist nicht an eine bestimmte Person gebunden – beide Personen übernehmen gemeinsam die Verantwortung.

Diese Unterscheidung kann dazu genutzt werden, der Frage nachzugehen, in welchem Ausmaß die Alleinzuständigkeit der Frauen durch andere Formen der Aufgabenbewältigung abgelöst ist. Als Indikator für die übernommene Verantwortung gilt der Umfang, in dem eine Person an Entscheidungen im Verlaufe der Bewältigung einer Aufgabe teilhat. Sowohl bei Einzelarbeit als auch bei Aufgaben, die in Form der Mithilfe erledigt werden, hat nur eine Person Verantwortung übernommen. Die mithelfende Person übernimmt keine oder nur geringe Verantwortung, da sie auf Anweisungen der letztlich für die Aufgabe zuständigen Person handelt. Rotationsarbeit und kooperative Arbeit erfüllen demgegenüber die Forderung nach verantwortlicher Übernahme der anfallenden Aufgaben durch beide Partner. Im ersten Fall wird dies über eine früher getroffene Festlegung, im zweiten Fall als Folge aktueller gemeinsamer Planungen und Entscheidungen realisiert.

Untersuchungen zu diesen Kooperationsformen geben somit ein differenziertes Bild des Umfangs sowie der Form der Beteiligung beider Geschlechter an der Haus- und Familienarbeit. Darüber hinaus lassen sich Zusammenhänge der gewählten Arbeitsteilung zu der zeitlichen Inanspruchnahme durch Erwerbsarbeit herstellen.

In einer 1995 in Berliner Haushalten durchgeführten Studie wurden 38 Personen aus unterschiedlichen Berufsgruppen zu ihrer Arbeits- und Alltagsorganisation befragt (vgl. Resch, 1999, S. 147ff.). Eingesetzt wurde das Verfahren AVAH zur Analyse von Arbeit im Haushalt, das eine theoriegeleitete Erhebung der Tätigkeiten erlaubt, denen eine Person außerhalb ihrer Erwerbsarbeit regelmäßig nachgeht. Die Arbeitsanteile dieses Alltagshandelns werden bestimmt, die Tätigkeiten der untersuchten Personen werden darüber hinaus im Hinblick auf verschiedene arbeitspsychologische Kriterien bewertet, so z.B. im Hinblick auf die Kooperationsform.

Vergleicht man die Kooperationsformen innerhalb der jeweils von Frauen und Männer übernommenen Hausarbeit, so zeigt sich, daß Frauen nicht nur absolut, sondern auch relativ mehr Einzelarbeit übernehmen. Sie sind somit innerhalb ihrer Arbeit deutlich weniger in kooperative Aufgabenbewältigung eingebunden als die untersuchten Männer innerhalb der von ihnen übernommenen Arbeiten. Insbesondere bei der – zeitlich schlecht planbaren – Betreuung von Kindern beteiligen sich die Männer sehr viel häufiger durch gemeinsame Familienaktivitäten, seltener durch allein übernommene Betreuungsaufgaben.

Darüber hinaus verweisen die Ergebnisse darauf, daß die einseitige Arbeitszeitreduzierung durch einen Partner in der Regel negative Folgen für die Verantwortungsübernahme im Haushalt hat. Insbesondere in den Haushalten, in denen die Frauen ihre Erwerbsarbeit unterbrochen haben, überwiegen die Formen der alleinigen Verantwortung für die Haus- und Familienarbeit. Die für die gesamte Stichprobe festgestellten Unterschiede in den Anteilen der Einzelarbeit und Kooperation verringern sich in den Haushalten mit berufstätigen Frauen und werden krasser in den "reinen" Hausfrauenhaushalten.

Zeitlich unterschiedliches Engagement in den jeweiligen Arbeitsbereichen Beruf und Familie geht somit häufig mit traditioneller Arbeits- und Rolleneinteilung in der Hinsicht einher, daß Frauen nicht nur mehr Haushalts- und Familienaufgaben übernehmen, sondern zugleich die Alleinverantwortung hierfür tragen. Das Fehlen kooperativer Bezüge im Haushalt selbst bedeutet darüber hinaus, daß Änderungen einer einmal entstandenen Arbeitsteilung nicht im gemeinsamen Handeln entstehen können, sondern immer eines abgehobenen Klärungsprozesses bedürfen (vgl. hierzu auch Resch, 1994).
Eine verläßliche und von beiden Geschlechtern realisierte Arbeitszeitverkürzung ist somit sowohl für die Umverteilung der Hausarbeit in quantitativer Hinsicht als auch für die Möglichkeiten kooperativer Aufgabenbewältigung eine wichtige Voraussetzung. Vor diesem Hintergrund kann es als Fortschritt gesehen werden, daß die Neufassung des Bundeserziehungsgesetzes in Deutschland ab Januar 2001 die Möglichkeit vorsieht, daß Mütter und Väter gemeinsam Erziehungsurlaub oder Teilzeitarbeit beantragen. Betreuungs- und Versorgungsaufgaben enden jedoch nicht mit dem Kindergarten- oder Schuleintritt. Weitere kollektive Angebote der Arbeitszeitreduzierung, die gemeinsam von beiden Geschlechtern wahrgenommen werden, könnten hier eine Lücke schließen. Damit diese Spielräume für neue Arbeits- und Alltagsorganisationen nicht auf die Gruppe der Besserverdienenden begrenzt bleibt und sich die Kluft zwischen kinderlosen Personen und Familien nicht noch weiter vergrößert, sind solche Angebote durch finanzielle Regelungen zu ergänzen – wie sie etwa in dem Modell der Elternschaftsversicherung oder in dem Gutachten zur "geschützten Teilzeitarbeit für Eltern" (Geissler & Pfau, 1990) vorgeschlagen werden.
Die bisherigen Überlegungen betonen vor allem die Notwendigkeit einer Umverteilung bezahlter *und* unbezahlter Arbeit zwischen den Geschlechtern. Nun beziehen sich die eingangs aufgeführten positiven Erwartungen im Zusammenhang mit Arbeitszeitverkürzung überwiegend nicht (nur) auf ein zeitlich höheres Engagement der Männer im Haushalt, sondern darauf, daß mit der Kombination verschiedener Arbeitsformen (wie z.B. im Mehrschichtenmodell von Giarini & Liedtke, 1998) positive Effekte verbunden sind. Diese Annahme soll zunächst für die Frage der Gleichzeitigkeit von Beruf und Familie diskutiert werden.

4. Beruf und Familie: Doppelbelastung oder neuer Lebensentwurf?

Die Beurteilung des "doppelten Lebensentwurfs", in dem Beruf und Familie integriert sind, ist widersprüchlich: Berufstätige Mütter gelten einerseits als doppel-, wenn nicht gar als dreifach belastet. Andererseits wird in den eingangs genannten Diskussionen zur Zukunft der Arbeit häufig die Annahme vertreten, daß die Kombination von Erwerbsarbeit und anderen Formen unbezahlter Arbeit positiv zu sehen sei. Zur Klärung dieser unterschiedlichen Einschätzungen sind Untersuchungen erforderlich, in denen die *gesamten* geleisteten Arbeitstätigkeiten differenziert erfaßt und etwa im Hinblick auf arbeitspsychologische Kriterien – wie z.B. die Beeinträchtigungsfreiheit oder Persönlichkeitsförderlichkeit – beurteilt werden.

Die Analyse der von einem Individuum erbrachten bezahlten *und* unbezahlten Arbeit ist ein eher vernachlässigtes Gebiet der Arbeitspsychologie. Ansätze finden sich z.B. im Konzept der "24-Stunden-Belastung", mit dem die tägliche Gesamtarbeitsbelastung erfaßt werden soll (vgl. z.B. Richter, 1997; Helfmann, 2000). Bezug genommen wird hierbei auf den in Schweden entwickelten "Total Work Load"-Ansatz (vgl. z.B. Frankenhäuser, 1991), der ebenfalls die Gesamtarbeit (als Summe von Erwerbs- und Hausarbeit) und das damit verbundene Streßgeschehen in den Blick nimmt.

Fragen der Potentiale oder positiv wirkenden Ressourcen einer Kombination verschiedener Arbeitsformen werden u.a. in den Gesundheitswissenschaften bzw. der Frauengesundheitsforschung aufgegriffen. Diskutiert wird hierbei, ob die Einbindung von Frauen in multiple Rollen (d.h. als Mutter, Hausfrau und erwerbstätige Frau) positive oder negative Effekte auf die Gesundheit hat. Überblicksartikel zu Untersuchungen der Gesundheit von berufstätigen Frauen im Vergleich zu Hausfrauen berichten inkonsistente Ergebnisse. In einigen Fällen zeigt sich, daß berufstätige Frauen bessere Gesundheitswerte aufweisen als Hausfrauen; in anderen Studien werden sie als Gruppe mit dem höchsten Krankheitsrisiko ausgewiesen (zum Überblick vgl. z.B. Kuhlmann, 1996, S. 38ff.). Die Inkonsistenz ist unter anderem auf methodische Probleme zurückzuführen. So wird z.B. in den Untersuchungen allzu häufig auf eine Erfassung verschiedener Aspekte der konkreten Arbeitsbedingungen verzichtet. Verschiedene Autorinnen fordern daher auch, in die Analyse der Wirkungen multipler Rollen sehr viel differenzierter auf die Qualität der verschiedenen Rollen einzugehen (vgl. z.B. Noor, 1995).

So unterschiedlich die genannten Ansätze auch sind, eines wird deutlich: Wenn man die Frage stellt, ob sich eine Kombination von Erwerbsarbeit und Familienarbeit positiv auf die persönliche Entwicklung und die psychosoziale Gesundheit auswirkt, so kommt man nicht umhin, die Qualität der Arbeitsbedingungen innerhalb der einzelnen Arbeitsbereiche zu untersuchen.

Geprüft wird damit, inwieweit der "doppelte Lebensentwurf" sich aus problematischen "Hälften" zusammensetzt. Studien zum geschlechtsspezifischen Arbeitsmarkt verweisen z.B. darauf, daß Frauenarbeitsplätze von dem Ziel gesundheits- und entwicklungsförderlicher Arbeit noch weit entfernt sind. In bestimmten Bereichen bieten die von Frauen ausgeübten Arbeitstätigkeiten selbst bei gleicher Hierarchiestufe und gleichem Tätigkeitsfeld geringere Chancen zur persönlichen Weiterentwicklung als die von Männern ausgeführten Tätigkeiten (vgl. Lüders & Resch, 1995). Anforderungsarme Aufgaben, in denen z.B. kaum eigenständige Entscheidungen gefordert werden, bieten wenig Ansatzpunkte für persönliche Befriedigung und intrinsische Motivation: Sofern Frauen unter solchen Bedingungen arbeiten bzw. gearbeitet haben, setzen sie denn auch – z.B. nach einem Erziehungsurlaub – seltener durch, wieder in den Beruf einzusteigen bzw. Beruf und Familie zu verbinden (vgl. z.B. Notz, 1991).

In bezug auf die Qualität des "Arbeitsplatzes Haushalt" gehen die Einschätzungen recht weit auseinander. Für die einen sind im Haushalt vielfach Managementaufgaben gestellt, mit der Möglichkeit, sich eigene Ziele zu setzen, über Arbeitsmittel sowie Zeiteinteilung frei zu entscheiden und dabei wichtige Koordinations- und Planungsaufgaben wahrzunehmen. Für die anderen ist Hausarbeit das Synonym für eintönige, routinehaft auszuführende und isolierte Arbeit. Arbeitspsychologische Untersuchungen, wie sie beispielsweise mit dem Verfahren AVAH möglich sind, bieten hier zwei Vorteile: Zum einen relativieren sie Einzelerfahrungen und -berichte, auf denen die genannten Aussagen häufig beruhen. Zum anderen muß präzise geklärt werden, was mit den jeweils unterstellten "besonderen Qualitäten" gemeint ist.

In der bereits genannten Studie mit Berliner Haushalten zeigte sich, daß viele Alltagstätigkeiten eher mit aktuell getroffenen und kurzfristigen Entscheidungen verbunden sind (vgl. Resch, 1999, S. 174f.). Weite Teile der zu leistenden Hausarbeit sind durch Routinetätigkeiten gekennzeichnet, wie z.B. Wäschewaschen, Bring- und Holedienste oder Aufräumen. Diese werden zumeist ungern erledigt, und für sie reduziert sich die Frage danach, wer sie übernimmt, leicht auf die Frage, wer nicht genügend Gründe hat, sie abzulehnen.[3] Aufgaben mit komplexeren und längerfristigen Zielstellungen – wie z.B. Umbau- oder Renovierungsvorhaben, Vorbereitung eines Auslandsaufenthalts oder Herstellung von Kinderspielzeug – werden überwiegend von den untersuchten Männern erledigt. Ein weiteres Ergebnis ist in diesem Zusammenhang bemerkenswert: Die untersuchten Familienhaushalte unterscheiden sich darin, ob neben der routinehaften Haus- und Familienarbeit "Projekte" bzw. Aufgaben mit längerfristigen Zielstellungen – wie z.B. der Aufbau einer selbstorganisierten Spielgruppe – verfolgt werden. Die genannten widersprüchlichen Einschätzungen der Hausarbeit erklären sich z.T. auch dadurch, daß auf unterschiedliche Aufgaben *sowie* auf verschiedene Alltags- und Arbeitsorganisationen innerhalb der Haushalte Bezug genommen wird.

Die Überlegungen lassen sich wie folgt zusammenfassen: Bei der Vereinbarung von Beruf und Familie und der Beurteilung eines "doppelten Lebensentwurfs" geht es nicht um die Quantität, sondern vor allem um die Qualität der Arbeit.

---

[3] Hier wird deutlich, daß die Abstinenz der Männer bei der Hausarbeit ihren rationalen Kern hat. Das, was zu verteilen ist, verbessert seine Qualität nicht dadurch, daß es auch von (Haus-) Männern getan wird.

Zu fragen ist darüber hinaus, ob positive Modelle der Vereinbarung von Familie und Beruf für Frauen wie Männer in gleicher Weise gelten, beispielsweise ob die von Frauen übernommenen Tätigkeiten ebenso Chancen für Selbstverwirklichung und persönliche Weiterentwicklung bieten wie die der Männer. Die vorliegenden Untersuchungen zum geschlechtsspezifischen Arbeitsmarkt unterstreichen die Notwendigkeit, sich um eine Humanisierung der Erwerbsarbeit für Frauen wie Männer zu bemühen. Systematische Analyse, Bewertung und Gestaltung der Arbeit ist zudem auch erforderlich für den "Arbeitsplatz Haushalt".

Wenn die gesamte (bezahlte und unbezahlte) Arbeit analysiert wird, ist noch ein weiterer Gesichtspunkt zu berücksichtigen. Erforderlich sind Bewertungskriterien für eine mehr oder weniger gelungene Verbindung. Die notwendige Koordinierung von Beruf und Familie kann Entwicklungschancen bieten, aber auch mit permanenten Zeitdruck einher gehen; die Existenz einzelner Aufgaben mit geringen Anforderungen etwa im Bereich des Haushalts oder die Bedeutung der oben genannten "Familienprojekte" sind im Gesamtkontext weiterer Aufgaben mit hohen Anforderungen anders zu beurteilen als in der Kombination mit restriktiven und anforderungsarmen Aufgaben (vgl. hierzu Resch & Rummel, 1993).

Ungeklärt ist darüber hinaus auch die Frage des Übergangs zwischen Aufgabenfeldern. Hier spielt zunächst die Frage der Planbarkeit solcher Übergänge eine Rolle, die von der Zeitautonomie im Bereich der Erwerbs- und der Hausarbeit entscheidend beeinflußt wird (vgl. hierzu z.B. Hornberger & Olpert-Bock, 2000). Darüber hinaus bedürfen Tätigkeitswechsel zwischen Bereichen, die sehr unterschiedlich strukturiert sind, ihrer eigenen Zeit. Ein Hinweis hierfür findet sich in einer Untersuchung von Becker-Schmidt, Brandes-Erlhoff, Rumpf & Schmidt (1983). Die von den Autorinnen befragten Frauen arbeiteten in der Fabrik meist im Akkord und hatten zu Hause kleine Kinder zu versorgen. In den Interviews wurde immer wieder die Widersprüchlichkeit der in den Bereichen geforderten Verhaltensweisen angesprochen. In der Fabrik gilt es, durch effizientes Arbeiten "Zeit zu gewinnen" – zu Hause im Umgang mit kleinen Kindern ist dagegen Geduld und "Zeit verlieren können" gefragt. Unter bestimmten Umständen mag man diesen oder andere Unterschiede als angenehmen Kontrast erleben. Häufig gelingt die Umstellung allerdings nicht reibungslos. Wenn es um eine Analyse und Bewertung der Gesamtarbeit einer Person in Beruf und Familie geht, so sollten auch solche Prozesse untersucht werden.

Im Vordergrund der bisherigen Überlegungen stand die Frage der Kombination von beruflichen und familiären Aufgaben. Im folgenden soll der Blick erweitert und die Annahme aufgegriffen werden, daß gemeinwohlorientierte Tätigkeiten z.B. in Vereinen oder Initiativen an Bedeutung zunehmen und wichtiger Teil alternativer Arbeits- und Lebensmodelle werden. Hierbei läßt sich Bezug nehmen auf die bereits geführte Diskussion um Haus- und Familienarbeit, die einen großen Teil der unbezahlten Arbeit ausmacht. Darüber hinaus spielt die Frage der geschlechtlichen Arbeitsteilung ebenfalls eine zentrale Rolle.

5. Eigen- oder Bürgerarbeit: mehr Autonomie und neuer Sinn?

Ehrenamtliches Engagement gibt es bereits sehr lange – jüngeren Datums und mit vielen Hoffnungen verbunden sind vielfältige neue Formen gemeinwohlorientierten Engagements. Im Unterschied zum "alten Ehrenamt", das durch dauerhafte Mitarbeit in Verbänden und Großorganisationen gekennzeichnet ist, ist hier eher ein zeitlich befristetes Engagement in thematisch abgegrenzten Projekten zu beobachten (vgl. z.B. Beher, Liebig & Rauschenbach, 1998).

Insbesondere die neuen gemeinnützigen Tätigkeiten werden in der Regel positiv umschrieben. So versteht z.B. Beck (1999) unter Bürgerarbeit eine projektgebundene, kooperative und selbstorganisierte Arbeit für Dritte, die Selbstbestimmung sowie Selbstverwirklichung in Form eines freiwilligen politischen und sozialen Engagements bis hin zum "organisierten, schöpferischen Ungehorsam" beinhalte. Gorz (2000) beschreibt den Sektor nützlicher Tätigkeiten jenseits der Erwerbsarbeit wie folgt: "Es geht dabei um künstlerische, politische, wissenschaftliche, ökosophische, sportliche, handwerkliche und Beziehungsaktivitäten, Selbstversorgungs- und Reparaturarbeiten, Restaurierungsarbeiten des natürlichen und kulturellen Erbes, um die Gestaltung des Lebensraums und Energieersparnisse, um 'Kinderläden', 'Gesundheitsläden', Netzwerke zum Austausch von Dienst- und Hilfeleistungen, gegenseitiger Unterstützung etc." (S. 144). Giarini und Liedtke (1998) heben für das von ihnen vorgeschlagene Mehrschichtenmodell hervor, daß die nichtentlohnten Arbeiten sowohl im Leben jedes Einzelnen als auch für die Gesellschaft als Ganzes eine wichtige Rolle spielen: "Auch wenn diese Tätigkeiten keinen unmittelbaren Beitrag zum monetisierten Teil der Wirtschaft leisten, verdienen sie Anerkennung, weil sie ebenfalls zum Wohlstand und Gemeinwohl der Menschen beitragen" (S. 210). Diese und andere positive Umschreibungen eines z.T. neu entstehenden unbezahlten Tätigkeitsbereichs stoßen vielfach auf große Zustimmung. Dies liegt sicherlich daran, daß die in gemeinnützigen Engagements zum Ausdruck gebrachte und sich mit ihnen weiter entwickelnde Solidarität ein wichtiger Bestandteil unserer Gesellschaft ist. Zudem besteht hier ein Freiraum bzw. Experimentierfeld z.B. für neue Formen der Zusammenarbeit oder für Tätigkeiten, die man in den engen Grenzen betrieblicher Realität und Rentabilitätsdenkens nicht findet.

Dennoch sind *allgemeine* Aussagen zur Qualität von Bürger- bzw. Eigenarbeit nicht möglich. Wie bereits für den Bereich der Haus- und Familienarbeit ge-

zeigt, laufen Aussagen hierzu Gefahr, einzelne Aspekte zu überhöhen, andere zu übersehen und mitunter widersprüchliche Einschätzungen zu formulieren. So wird etwa auf die Zeitsouveränität der freiwillig soziale Dienste leistenden Person verwiesen, obwohl die Tätigkeit der Pflege und Betreuung ganz offensichtlich häufig eine enge zeitliche Anbindung mit sich bringt. Oder es wird die menschliche Qualität der Sorgearbeit hervorgehoben, ohne zu erwähnen, daß jede Versorgung betreuungsbedürftiger Menschen nicht nur Gespräche und Zuwendungen verlangt, sondern auch mit einer Vielzahl anforderungsarmer und sich täglich in gleicher Weise wiederholender Tätigkeiten verbunden ist.
Übersehen werden auch die verschiedenen Arbeitstätigkeiten in Haushalt und Familie. Diese werden zwar häufig zu dem "informellen" Sektor jenseits der bezahlten Erwerbsarbeit gezählt, in den konkreten Schilderungen tauchen sie jedoch selten auf. Insbesondere Frauenforscherinnen verweisen daher kritisch darauf, daß die "teilweise epischen Schilderungen der Freuden dieses Sektors" (Becker, 1998, S. 260) mit dem hohen zeitlichen Umfang der z.T. repetitiven Hausarbeit nicht in Einklang zu bringen seien – es sei denn, man unterstellt, daß Frauen nach wie vor zusätzlich und im Hintergrund den Haushalt versorgen, Kinder betreuen und Alte pflegen.
Überschätzungen der Qualität unbezahlter Arbeit begründen sich noch in einem anderen Aspekt: Routinehafte, isoliert und unter eingeschränkter Zeitautonomie durchgeführte Tätigkeiten *im Betrieb* sind die Folge fremdbestimmter Arbeit im Sinne "spezifischer Partialisierung" (Volpert, 1975) bzw. tayloristischer Arbeitsteilung. Selbstbestimmte Arbeit *außerhalb des Betriebs bzw. der Erwerbswirtschaft* ist allerdings in bezug auf die genannten Kriterien nicht auf jeden Fall günstiger einzuschätzen. Es kann zwar – etwa aufgrund des Fehlens einer formalen Arbeitsorganisation oder eines Vorgesetzten – so erscheinen, als habe man jegliche oder zumindest mehr Möglichkeiten als im Beruf, z.B. hohe Entscheidungsspielräume bei der Bewältigung einzelner Aufgaben oder freie Wahl bei der Zeiteinteilung. Bei einer genaueren Betrachtung mag sich allerdings herausstellen, daß es sich gar nicht um immer wirklich aktuell zu treffende Entscheidungen, sondern um die Ausführung von in der Vergangenheit festgelegten Vorgehensweisen oder die Vergegenwärtigung von extern bedingten Zeitvorgaben handelt.
Abgesehen davon, daß gesellschaftliche Bedingungen – wenn auch vermittelt – das sogenannte "Reich der Freiheit" doch erheblich einschränken können, ist noch ein weiterer Gesichtspunkt zu beachten. Selbst wenn Spielräume existieren, bleibt zu fragen, ob und inwieweit diese von Personen genutzt werden, die selbst jahrelang unter partialisierten Erwerbsarbeitsbedingungen gehandelt haben – oder ob nicht die Gefahr besteht, daß bei der *selbst*bestimmten Arbeit Strukturen der *fremd*bestimmten Arbeit reproduziert werden.

Daß problematische Prinzipien der Arbeitsbewertung und Arbeitsteilung sich auch im Bereich freiwilligen Engagements wiederfinden, zeigt ein Blick auf die typischen Tätigkeitsbereiche von Frauen und Männern. So verweist eine Untersuchung der katholischen Frauengemeinschaft Deutschlands für den Bereich des "alten" Ehrenamts darauf, daß hier Männer sehr viel häufiger Leitungs- und Vorstandstätigkeiten ausüben als Frauen (vgl. Notz, 2000). Aber auch die neuen Arbeitsformen sind vor solchen Problemen nicht gefeit. So berichtet Becker (1998, S. 275) beispielsweise von einer Untersuchung über einen Tauschring in England. Dort wurde neben der Arbeitszeit auch der vereinbarte Wert der Arbeit als Äquivalenzmaß genutzt. Im Resultat verlangten die Männer für ihre Arbeit, die sie vorwiegend in als typisch männlich geltenden Bereichen anbieten, mehr als zweimal soviel wie Frauen. Das Tauschangebot der Frauen orientierte sich demgegenüber an tradierten und niedrig bewerteten Frauenarbeitsbereichen.

Diese Überlegungen und Hinweise machen deutlich, daß gemeinnütziges Engagement, Eigen- oder Bürgerarbeit nicht per se durch positive Merkmale wie etwa hohe Autonomie oder egalitäre Arbeitsteilung gekennzeichnet sind. Eine genaue Untersuchung der konkreten Tätigkeitsstrukturen und Überlegungen zu ihrer Gestaltung sind auch außerhalb der Erwerbswirtschaft unverzichtbar. Analysen dieser Art gibt es sowohl für die Haus- und Familienarbeit als auch für die sogenannten neuen Formen wie Eigenarbeit oder Bürgerarbeit noch zu wenig.

6. Fazit

Mit einer deutlichen Verkürzung der Erwerbsarbeit können zwei Zukunftsperspektiven verbunden sein. Die eine betrifft die Verteilung bezahlter und unbezahlter Arbeit in Beruf und Familie, die andere bezieht sich auf alternative Arbeits- und Lebensmodelle, in denen verschiedene bezahlte und unbezahlte Arbeitsformen miteinander kombiniert werden.

Aufgezeigt wurde, daß der weibliche Lebenszusammenhang bereits heute durch verkürzte Erwerbsarbeitszeiten und eine – nicht selten anstrengende und mit einer Reihe von Einbußen verbundene – Kombination bzw. einem Wechsel zwischen Beruf und Familie gekennzeichnet ist. Eine *neue* Perspektive kann sich daher in dieser Frage nur auf Grundlage einer höheren und mit Übernahme von Verantwortung verbundenen Beteiligung der Männer an der Haus- und Familienarbeit ergeben. Eine verläßliche und von Frauen *wie* Männern wahrgenommene Erwerbsarbeitszeitverkürzung ist hierfür ein wichtiger Schritt und erhöht den Spielraum für egalitäre Arbeitsteilung in Beruf und Familie.

Die Beurteilung von Kombinationsmodellen kann darüber hinaus nicht allgemein erfolgen, sondern hängt wesentlich von der Qualität der einzelnen Arbeitsbereiche ab. Insbesondere die pauschale Annahme, daß eine neue zeitliche Balance zwischen Erwerbsarbeit und unbezahlten Arbeiten sich positiv auswirke, ist zu hinterfragen. Sie beruht nicht selten auf einer Überschätzung der Qualität der neuen oder neu entstehenden Formen bürgerschaftlichen Engagements. Solche Annahmen sind durch sorgfältige Untersuchungen der konkreten Tätigkeiten und ihrer Bedingungen zu fundieren: Notwendig sind – dies gilt für die Hausarbeit sowie für die anderen Formen unbezahlter Arbeit – Analysen sowie Bewertungs- und Gestaltungskonzepte. Hierzu zählt auch eine Zusammenschau der Bereiche bzw. eine Beurteilung der Gesamtarbeit im Hinblick auf die Kriterien humaner Arbeit, die zentral sind für die persönliche Weiterentwicklung und das psychosoziale Wohlbefinden.

Überlegungen, die Erwerbsarbeitszeitverkürzung mit neuen Arbeits- und Lebensmodellen in Verbindung bringen, beinhalten noch eine Reihe weiterer Aspekte, die hier ausgeklammert oder nur am Rande erwähnt wurden. Hierzu zählt u.a. die Frage der Beteiligung an neuen Formen gemeinwohlorientierten Engagements. Über den aktuellen Umfang und das zukünftige Potential der Beteiligung werden recht unterschiedlich Aussagen getroffen. Man ist sich jedoch weitgehend einig darin, daß vor allem diejenigen Personen aktiv sind, die einer qualifizierten Erwerbsarbeit nachgehen und darüber hinaus Familie haben. Die Verfügung über Zeit – etwa bei Teilzeit oder Erwerbslosigkeit – ist somit kein alleiniger Garant für die vermehrte Aufnahme gemeinnütziger Tätigkeiten (vgl. z.B. Mutz, 1997; Beher, Liebig & Rauschenbach, 1998).

Eine weitere offene Frage betrifft die – im Zusammenhang mit der finanziellen Situation von teilzeitarbeitenden Eltern kurz gestreifte – Problematik der sozialen Absicherung. Hierzu gehört die (keineswegs neue) Diskussion um ein garantiertes Grundeinkommen, das für die Realisierungschancen alternativer Arbeits- und Lebensmodelle von zentraler Bedeutung ist (vgl. z.B. Opielka & Vobruba, 1986; Gorz, 2000). Nicht zuletzt muß in der weiteren Diskussion über die sogenannten neuen Formen gemeinnützigen Engagements sehr sorgfältig geklärt werden, welche gesellschaftlichen Aufgaben bezahlt und welche unbezahlt erledigt werden sollen. Als Beispiele für gemeinnützige Tätigkeiten werden häufig solche genannt, die Frauen heute (noch) als bezahlte Erwerbsarbeit etwa im Bereich der Pflege oder Beratung ausüben. Hier liegt die Befürchtung nahe, daß – trotz anderer Intentionen – die praktische Umsetzung mancher Konzepte auf eine monetäre Abwertung der Frauenerwerbsarbeit zu einem Niedriglohnsektor oder sogar auf die Verdrängung von Frauen aus dem Erwerbsleben hinausläuft (vgl. kritisch hierzu z.B. Klammer & Klenner, 1999).

Literatur

Beck, U. (1999). Schöne neue Arbeitswelt. Vision: Weltbürgergesellschaft. Frankfurt: Campus.

Becker, R. (1998). Eigenarbeit – Modell für ökologisches Wirtschaften oder patriarchale Falle für Frauen? In W. Bierter & U. v. Winterfeld (Hrsg.), Zukunft der Arbeit – welcher Arbeit? (S. 259–291). Berlin: Birkhäuser.

Becker-Schmidt, R., Brandes-Erlhoff, U., Rumpf, M. & Schmidt, B. (1983). Arbeitsleben – Lebensarbeit. Konflikte und Erfahrungen von Fabrikarbeiterinnen. Bonn: Neue Gesellschaft.

Beck-Gernsheim, E. (1981). Der geschlechtsspezifische Arbeitsmarkt. Zur Ideologie und Realität von Frauenberufen (2. Aufl.). Frankfurt: Campus.

Beher, K., Liebig, R. & Rauschenbach, T. (1998). Das Ehrenamt in empirischen Studien – ein sekundäranalytischer Vergleich (Schriftenreihe des Bundesministerium für Familie, Senioren, Frauen und Jugend, Stuttgart, Band 163). Stuttgart: Kohlhammer.

Blanke, K., Ehling, M. & Schwarz, N. (Hrsg.).(1996). Zeit im Blickfeld – Ergebnisse einer repräsentativen Zeitbudgeterhebung (Schriftenreihe des Bundesministerium für Familie, Senioren, Frauen und Jugend, Band 121). Stuttgart: Kohlhammer.

Bock, G. & Duden, B. (1977). Arbeit aus Liebe – Liebe als Arbeit. Zur Entstehung des Hausarbeit im Kapitalismus. In Gruppe Berliner Dozentinnen (Hrsg.), Frauen und Wissenschaft. Beiträge zur Sommeruniversität für Frauen (2. Aufl.) (S. 188–199). Berlin: Courage.

Ehling, M. & Schwarz, N. (1996). Zeit im Blickfeld – "Highlights" der Studie. In K. Blanke, M. Ehling & N. Schwarz (Hrsg.), Zeit im Blickfeld – Ergebnisse einer repräsentativen Zeitbudgeterhebung (Schriftenreihe des Bundesministerium für Familie, Senioren, Frauen und Jugend, Band 121) (S. 5–13). Stuttgart: Kohlhammer.

Ehling, M, v. Schweitzer, R. u.a. (Hrsg.). (1991). Zeitbudgeterhebung der amtlichen Statistik. Beiträge zur Arbeitstagung vom 30. April 1991 in Wiesbaden. Wiesbaden: Statistisches Bundesamt.

Frankenhaeuser, M. (1991). The psychophysiology of sex differences as related to occupational status. In M. Frankenhaeuser, U. Lundberg & M. Chesney (Eds.). Woman, Work, and Health. (pp. 39–64). New York: Plenum Press.

Geissler, B. & Pfau, B. (1990). Geschützte Teilzeit für Eltern. In Die Grünen (Hrsg.), Argumente (S. 15–68). Bonn: Selbstverlag.

Giarini, O. & Liedtke, P.M. (1998). Wie wir arbeiten werden (3. Aufl.). Hamburg: Hoffmann und Campe.

Gorz, A. (2000). Arbeit zwischen Misere und Utopie. Frankfurt: Suhrkamp.

Helfmann, B. (2000). Verkürzte Erwerbsarbeit – familienfreundliche und gesundheitsförderliche Alternative?, Arbeit, 3, 244–250.

Hornberger, S. & Olbert-Bock, S. (2000). Betriebliche Flexibilisierung der Arbeitszeit und Auswirkungen auf das Privatleben – Evaluation eines Pilotprojekts. In P. Knauth, S. Hornberger, S. Olbert-Bock & J. Weihert (Hrsg.), Erfolgsfaktor familienbewußte Personalpolitik (S. 135–159). Frankfurt: Verlag Peter Lang.

Hornung, U. (1993). Tarifliche und betriebliche Vereinbarungen zur Frauenförderung: Ein Weg zur beruflichen Gleichstellung der Geschlechter? In B. Aulenbacher & M. Goldmann (Hrsg.), Transformationen im Geschlechterverhältnis (S. 71–93). Frankfurt: Campus.

Jürgens, K. (2000). Das Modell Volkswagen – Beschäftigte auf dem Weg in die atmende Fabrik. Zeitschrift für Arbeitswissenschaft, 2, 89–96.

Jürgens, K. & Reinecke, K. (1998). Zwischen Volks- und Kinderwagen. Auswirkungen der 28,8-Stunden-Woche bei der VW AG auf die familiale Lebensführung von Industriearbeitern. Berlin: edition sigma.

Katz, C. & Baitsch, C. (1996). Lohngleichheit für die Praxis. Zwei Instrumente zur geschlechtsunabhängigen Arbeitsbewertung. Zürich: vdf.

Klammer, U. & Klenner, C. (1999). Hoffnungsträger 'Dritter Sektor' – neue Arbeit für Frauen? in B. Stolz-Willig & M. Veil (Hrsg.), Es rettet uns kein höh'res Wesen ... Feministische Perspektiven der Arbeitsgesellschaft (S. 59–93). Hamburg: VSA.

Kuhlmann, E. (1996). Subjektive Gesundheitskonzepte. Eine empirische Studie mit Professorinnen und Professoren. Münster: LTD Verlag.

Lüders, E. & Resch, M. (1995). Betriebliche Frauenförderung durch Arbeitsgestaltung. Zeitschrift für Arbeitswissenschaft, 4, 197–204.

Meyer, S. & Schulze, E. (1993). Technisiertes Familienleben. Blick zurück und Blick nach vorn. Berlin: edition sigma.

Mutz, G. (1997). Zukunft der Arbeit. Chancen für eine Tätigkeitsgesellschaft? Aus Politik und Zeitgeschichte, B 48–49, 31–40.

Noor, N. M. (1995). Work and family roles in relation to women's well-being: A longitudinal study. British Journal of Social Psychology, 34/1, 87–106.

Notz, G. (1991). "Du bist als Frau um einiges mehr gebunden als der Mann". Die Auswirkungen der Geburt des ersten Kindes auf die Lebens- und Arbeitsplanung von Müttern und Vätern. Bonn: Dietz.

Notz, G. (2000). Ehre(n)Amt und Arbeit. Wer ist der Engagierteste im Land? Forschungsjournal Neue Soziale Bewegungen, 13/2, 48–56.

Opielka, M. & Vobruba, G. (1986). Das garantierte Grundeinkommen. Entwicklung und Perspektiven einer Forderung. Frankfurt: Fischer.

Resch, M. (1994). Haus- und Familienarbeit – Verhandlungssache? In G. Tornieporth & R. Bigga (Hrsg.), Erwerbsarbeit – Hausarbeit. Strukturwandel der Arbeit als Herausforderung an das Lernfeld Arbeitslehre (S. 49–63). Baltmannsweiler: Schneider Verlag Hohengehren.

Resch, M.(1999). Arbeitsanalyse im Haushalt. Erhebung und Bewertung von Tätigkeiten außerhalb der Erwerbsarbeit mit dem AVAH-Verfahren. Schriftenreihe Mensch, Technik, Organisation (Hrsg. E. Ulich), Band 20. Zürich: vdf.

Resch, M. & Gabriel, U. (1994). Formen kooperativer Arbeit im Haushalt. Hauswirtschaft und Wissenschaft, 3, 113–120.

Resch, M. & Rummel, M. (1993). Entwicklungsförderliche Arbeitsbedingungen und weiblicher Lebenszusammenhang. In G. Mohr (Hrsg.), Ausgezählt. Theoretische und empirische Beiträge zur Frauenerwerbslosigkeit (S. 49–65). Weinheim: Deutscher Studien Verlag.

Richter, P. (1997). Arbeit und Nichtarbeit: Eine notwendige Perspektivenerweiterung in der Arbeitspsychologie. In I. Udris (Hrsg.) Arbeitspsychologie für morgen. Heidelberg, Asanger.

Schäfer, D. & Schwarz, N. (1996). Der Wert der unbezahlten Arbeit der privaten Haushalte – Das Satellitensystem Haushaltsproduktion. In K. Blanke, M. Ehling & N. Schwarz (Hrsg.), Zeit im Blickfeld – Ergebnisse einer repräsentativen Zeitbudgeterhebung (Schriftenreihe des Bundesministerium für Familie, Senioren, Frauen und Jugend, Band 121) (S. 15–69). Stuttgart: Kohlhammer.

Schwarz, N. (1996). Zeit für unbezahlte Arbeit. In K. Blanke, M. Ehling & N. Schwarz (Hrsg.), Zeit im Blickfeld – Ergebnisse einer repräsentativen Zeitbudgeterhebung (Schriftenreihe des Bundesministerium für Familie, Senioren, Frauen und Jugend, Band 121) (S. 70–91). Stuttgart: Kohlhammer.

Senghaas-Knobloch, E. (1999). Von der Arbeits- zur Tätigkeitsgesellschaft? Zu einer aktuellen Debatte, Arbeit, 2, 117–136.

Strümpel, B., Prenzel, W., Scholz, J. & Hoff, A. (1988). Teilzeitarbeitende Männer und Hausmänner. Berlin: edition sigma.

Ulich, E. (1998). Arbeitspsychologie (4. neu überarb. und erw. Aufl.). Zürich: vdf.

Volpert, W. (1975). Die Lohnarbeitswissenschaft und die Psychologie der Arbeitstätigkeit. In P. Groskurth & W. Volpert, Lohnarbeitspsychologie (S. 11–196). Frankfurt: Fischer.

Wilke, G. (1998). Die Zukunft unserer Arbeit. Hannover: Buchdruckerei und Verlag Niedersachsen.

3

Volkswagen – Exportschlager in Sachen Arbeitszeit?

Zusammenfassung

Fragen der Arbeitszeitgestaltung sind im Zuge anhaltender Massenarbeitslosigkeit ins Zentrum politischer Debatten gerückt. Im Vergleich zu seinen europäischen Nachbarn tun sich die arbeitspolitischen Akteure in Deutschland noch schwer, neuen Schwung in die Umverteilung von Arbeit zu bringen. Während die Arbeitgeber einer weiteren Reduzierung der kollektiven Regelarbeitszeit ablehnend gegenüberstehen, ringen auch Gewerkschaften um eine klare Richtungsentscheidung: Soll man an der weiteren Verkürzung der Arbeitszeit festhalten oder sich stattdessen auf die Regulierung der Arbeitszeitflexibilisierung konzentrieren, die sich in den letzten Jahren als neues Problemfeld herauskristallisierte? Das "Volkswagen-Modell" dient vor diesem Hintergrund als Exempel, an dem sich sowohl die Dilemmata im Arbeitszeitkonflikt als auch die Potenziale einer kollektiven Arbeitszeitverkürzung ablesen und Utopien entwickeln lassen. Der folgende Beitrag zeigt die Eckpfeiler des VW-Modells auf und resümiert die Forschungsergebnisse empirischer Studien, die aus je unterschiedlicher Perspektive die Folgewirkungen des "Tarifvertrags zur Beschäftigungssicherung" auf außerbetriebliche Lebenszusammenhänge von Mitarbeiterinnen und Mitarbeitern in den Blick genommen haben.

1. Arbeitszeit als neues altes Handlungsfeld

Angesichts einer anhaltenden Massenarbeitslosigkeit in Deutschland, von der fast vier Millionen Menschen direkt betroffen sind, die Lebenszusammenhänge ihrer Angehörigen jedoch nicht minder berührt werden, stehen die großen gesellschaftlichen Akteure vor der Aufgabe, Strategien zur Bekämpfung von Arbeitslosigkeit zu entwickeln. Die Frage, ob und wie die vorhandene Erwerbsarbeit so umverteilt werden kann und soll, dass mehr Menschen an ihr teilhaben und die Solidarkassen von den Folgekosten der Arbeitslosigkeit entlastet werden, ist in den letzten Jahren wiederholt ins Zentrum politischer und wissenschaftlicher Debatten getreten. Das Thema "Arbeitszeit" nimmt dabei eine Scharnierfunktion ein: Die Umverteilung von Erwerbsarbeit setzt idealtypisch voraus, dass Erwerbstätige ihre bezahlten Arbeitsstunden reduzieren und an andere Personen abgeben; dafür erhalten sie im Gegenzug mehr Zeit für private Interessen und nicht-erwerbsbezogene Aufgaben.

In der deutschen Gewerkschaftsbewegung ist die Idee einer kollektiven Arbeitszeitverkürzung stets als eine zentrale Voraussetzung erachtet worden, Arbeitslosigkeit zu bekämpfen bzw. zumindest abzubauen. Während in jüngster Zeit in anderen europäischen Staaten – wie die Beiträge in diesem Band zeigen – verschiedene Modelle zur Umverteilung von Erwerbsarbeit mittels kollektiver Arbeitszeitverkürzung initiiert wurden, stagniert in Deutschland die Debatte. Lediglich die Gewerkschaften greifen den Zusammenhang von Arbeitszeit und Beschäftigung sowie das Thema Arbeitszeitverkürzung auf, und selbst innerhalb des Deutschen Gewerkschaftsbundes (DGB) und seiner Mitgliedsgewerkschaften ist die Strategie einer weiteren Reduzierung der kollektiven Arbeitszeit umstritten. Welche Ursachen liegen hier zugrunde?

(1) Es liegt in der Spezifik des deutschen Modells industrieller Beziehungen begründet, dass Fragen von Arbeitszeitgestaltung und Beschäftigung vorrangig von Gewerkschaften behandelt werden. Die Besonderheit dieses Modells besteht in seiner dualen Struktur, die eine Interessenvertretung der ArbeitnehmerInnen erstens auf der Ebene kollektiver, branchenbezogener Flächentarifverträge sowie zweitens auf der Ebene konkreter Betriebsvereinbarungen vorsieht: Während die Tarifvereinbarungen die großen Leitlinien der Arbeitspolitik wie z.B. die Lohnhöhe, die Regelarbeitszeit oder die Arbeitsbedingungen festlegen, wird die konkrete Umsetzung dieser Verhandlungsergebnisse in den Betrieben zwischen Management und Betriebsrat verhandelt.[1] Zwar gibt es in Deutschland – wie auch bei den europäischen Nachbarn – ein Arbeitszeitgesetz, doch konzentrieren sich die Arbeitsbeziehungen stärker auf Gewerkschaften und Arbeitgeberverbände, die in Tarifverhandlungen u.a. über die Dauer der wöchentlichen Regelarbeitszeit in den einzelnen Branchen entscheiden. Im Unterschied zum französischen Modell (s. Schüppach/Soll/Zölch in diesem Band) bleibt "der Staat" – mit Ausnahme der Verhandlungen für den Öffentlichen Dienst – eher in einer Beobachterrolle und beteiligt sich allenfalls an Schlichtungsgesprächen, wenn Tarifverhandlungen scheitern und Arbeitskämpfe drohen. Dennoch bleibt

---

[1] Eine ausführliche Darstellung des deutschen Modells der industriellen Beziehungen liefert die Arbeit von Müller-Jentsch (1997).

diese grundsätzliche Tarifautonomie von der institutionalisierten Politik nicht völlig unabhängig: Sowohl das Arbeitszeitgesetz als auch die Steuerpolitik beeinflussen indirekt die Arbeitszeitpolitik der Tarifpartner und haben nicht zuletzt eine wichtige symbolische Bedeutung für gesellschaftspolitische Zielsetzungen. Der Vorsitzende der größten deutschen (und europäischen) Gewerkschaft, der IG Metall, hat daher 1995 einen Vorstoß unternommen, die Bundesregierung angesichts der anhaltenden Massenarbeitslosigkeit stärker als bislang in arbeitspolitische Fragen einzubinden: Klaus Zwickel initiierte ein "Bündnis für Arbeit", in dem sich die IG Metall u.a. zu lohnpolitischer Zurückhaltung bereit erklärte. Im Gegenzug sollte die damalige Bundesregierung aus CDU/CSU und FDP auf Kürzungen bei Arbeitslosengeld und Sozialhilfe, die Arbeitgeberseite auf betriebsbedingte Kündigungen verzichten (vgl. Bispinck/Schulten 1999). Keiner der beiden Adressaten ließ sich jedoch auf dieses Bündnis ein. Welche Ergebnisse der zweite Anlauf liefert, der nun unter Beteiligung einer rot-grünen Regierungskoalition stattfindet, bleibt aktuell noch abzuwarten.[2] Zwar laufen in bezug auf Fragen der Arbeitszeitgestaltung Gespräche über den Abbau von Überstunden sowie die Förderung von Teilzeitarbeit und Altersteilzeit, doch steht eine kollektive Reduzierung der Regelarbeitszeit nicht auf der Agenda.

(2) Auch innerhalb der Gewerkschaften ist die Strategie einer weiteren kollektiven Arbeitszeitverkürzung umstritten. Nachdem die IG Metall ausgehend von einem zähen Arbeitskampf in den 80er Jahren schließlich für 1995 die Einführung der 35-Stunden-Woche erreichen konnte, schien zunächst das "Ende der Fahnenstange" erreicht. Die IG Metall erlangte die niedrigste tarifliche Arbeitszeit in Deutschland, während andere Branchen noch um bis zu fünf Stunden höher liegen. Im Gegenzug für die Verkürzung mussten der Arbeitgeberseite jedoch erhebliche Flexibilisierungsoptionen eingeräumt werden, die auf der betrieblichen Ebene konkretisiert und mittlerweile auch in anderen Sektoren nachgeahmt wurden. Resultat sind eine generelle Entkopplung der Betriebsöffnungszeiten von den Arbeitszeiten der Beschäftigten sowie eine weitreichende Ausdifferenzierung von Arbeitszeitmustern. Sie haben zu Zeitkonflikten in den Betrieben geführt und stellen die gewerkschaftliche Interessenvertretung vor neue Aufgaben (s. 3.2). Die Strategie einer weiteren Arbeitszeitverkürzung steht daher in Konkurrenz zu einer Regulierung der Flexibilisierung.

In den letzten Jahren haben die Vorsitzenden der Gewerkschaften IG Metall, ÖTV (Öffentliche Dienste, Transport & Verkehr) und IG Medien einzelne Vorstöße in Richtung einer 32-Stunden-Woche unternommen, erhielten jedoch von ihrer Basis keine ausreichende Rückendeckung. Stattdessen

---

[2] In einer gemeinsamen Erklärung vom Juli 1999 halten Arbeitgeber und Gewerkschaften grundsätzlich an der "Wahrung der uneingeschränkten Tarifautonomie" fest und lehnen Eingriffe durch gesetzliche Regelungen einstimmig ab (vgl. Bispinck/Schulten 1999: 871).

rückt angesichts der Gewinne deutscher Unternehmen die Lohnpolitik wieder stärker in den Mittelpunkt und verdrängt das Arbeitszeitthema aus den aktuellen Tarifverhandlungen.[3]

Auch im Bündnis für Arbeit sind bislang keine Erfolge in bezug auf eine weitere Arbeitszeitverkürzung in Sicht. In ihrer gemeinsamen Erklärung vom Juli 1999 verständigten sich Arbeitgeber und Gewerkschaften zwar darauf, Produktivitätssteigerungen vorrangig für Beschäftigungsförderung zu nutzen, doch wird dieser Passus von beiden Seiten ganz unterschiedlich interpretiert: Während die IG Metall mit dieser Formulierung die Finanzierung weiterer Arbeitszeitverkürzungen und die Investition in Beschäftigung verknüpft, interpretiert der Arbeitgeber Gesamtmetall den Passus dahingehend, die Wettbewerbsfähigkeit der Unternehmen zu stärken (vgl. Bispinck/Schulten 1999).

Vor diesem Hintergrund sehen die Gewerkschaften – alternativ zur kollektiven Arbeitszeitverkürzung – die Vermeidung von Überstunden, den vorgezogenen Ruhestand, die Förderung von Sabbaticals und die Ausweitung von Teilzeitarbeit als ein Maßnahmenbündel, um den aktuellen Beschäftigungsstand zu erhalten und möglicherweise neue Beschäftigungspotenziale zu erschließen. Legt man die Berechnung der Forschungsinstitute WSI und ISO zugrunde,[4] könnten durch eine Umwandlung der Geld-Zuschläge für Nacht-, Wochenend- und Überstundenarbeit in einen Freizeitausgleich bereits 700'000–800'000 Vollzeitarbeitsverhältnisse geschaffen werden. Für den Abbau allein der bezahlten Überstunden von Beschäftigten mit mittlerer und niedriger Qualifikation ergibt sich ein Äquivalent von bis zu 300'000 Vollzeitarbeitsplätzen (Seifert 2000; Bundesmann-Jansen/Groß/Munz 2000). Auch die Ergebnisse des Instituts für Arbeitsmarkt- und Berufsforschung der Bundesanstalt für Arbeit (IAB) stützen in ihrem makroökonometrischen Modell diese Trendaussagen (s. bereits IAB-Kurzbericht 7/96). Angesichts dieser Beschäftigungspotenziale und der momentanen Stagnation in der Politik linearer Arbeitszeitverkürzung erlangen daher die verschiedenen Formen individueller Arbeitszeitreduzierung wieder vermehrt Aufmerksamkeit.

2. Potenziale individueller Arbeitszeitverkürzung

In Deutschland arbeiten mittlerweile rund ein Fünftel der abhängig Beschäftigten teilzeit. Bereits die konservativ-liberale Regierung startete aufgrund der desolaten Situation auf dem Arbeitsmarkt sogenannte "Teilzeit-Offensiven", mit

---

[3] So hat beispielsweise die IG Metall in ihren letzten Vereinbarungen vom Frühjahr 2000 keine weiteren Schritte zur kollektiven Reduzierung der Arbeitszeit vorgesehen.
[4] Das WSI ist das Wirtschafts- und Sozialwissenschaftliche Institut des DGB; das Institut zur Erforschung sozialer Chancen (ISO) führt kontinuierlich eine repräsentative Erhebung zu Arbeitszeitwünschen und -realitäten in Deutschland im Auftrag des Ministeriums für Arbeit, Gesundheit und Soziales des Landes Nordrhein-Westfalen durch.

denen ArbeitnehmerInnen zur individuellen Reduzierung ihrer Arbeitszeit motiviert werden sollten. Um die vorherrschenden Vorurteile gegenüber diesen Arbeitsverhältnissen abzubauen, wurde im Rahmen der Kampagne statt von "Teilzeit" nunmehr von "Mobilzeit" gesprochen. Die zeitliche Mobilität der Beschäftigten sollte positiv hervorgehoben und auch auf Seiten der Arbeitgeber die Akzeptanz einer von der Norm abweichenden Arbeitszeit erhöht werden. Der begriffliche Wechsel konnte jedoch über das Fortwirken der Nachteile von individueller Arbeitszeitverkürzung nicht hinwegtäuschen: Neben den Vorbehalten gegenüber Einbußen im aktuellen Einkommen sowie in der Sozial-, insbesondere in der Rentenversicherung sind oftmals innerbetriebliche Gründe die größeren Hindernisse. Aus Sorge, innerhalb des Unternehmens als weniger engagiert, belastbar oder verantwortungsvoll zu gelten, von Kommunikationsprozessen abgeschnitten und bei Aufstiegs- und Weiterbildungsangeboten benachteiligt zu werden, lehnen viele Beschäftigte eine Arbeitszeitverkürzung ab. Gerade bei hochqualifizierten Tätigkeiten ist es für Beschäftigte schwierig, eine Teilzeitpräferenz durchzusetzen: Trotz gewandelter Personalkonzepte wird von MitarbeiterInnen in leitender Tätigkeit häufig eine ständige Präsenz erwartet; geteilte Verantwortlichkeiten oder kooperative Führungsmodelle gelten noch immer als unvereinbar mit den innerbetrieblichen Hierarchien und Karrieremustern. Der wesentliche Nachteil dieser Beschäftigungsverhältnisse gegenüber kollektiver Arbeitszeitverkürzung wird somit offensichtlich: Der Wunsch nach einer verkürzten Arbeitszeit steht in Konkurrenz zu der Furcht vor Benachteiligung in bezug auf Beschäftigungs- und Aufstiegschancen.

Bislang sind es überwiegend Frauen, die eine Teilzeitbeschäftigung angenommen bzw. eine individuelle Verkürzung ihrer Arbeitszeit durchgesetzt haben. Als eine zentrale Ursache hierfür kann ein Bündel aus geschlechter- und familienpolitischer Schieflagen gesehen werden: Während sich ArbeitnehmerInnen ohne Kinder oder pflegebedürftige Familienangehörige noch vergleichsweise leicht an Dauer und Lage einer Vollzeitbeschäftigung anpassen können, gestaltet sich für Eltern, insbesondere für Frauen, die Abkehr vom "Normalarbeitstag" oftmals als einzige Möglichkeit, ihre Erwerbsarbeit überhaupt aufrechtzuerhalten. Zwar gibt es in Deutschland inzwischen einen gesetzlichen Anspruch auf einen Kindergartenplatz, doch sind Angebote für die Betreuung vor dem dritten Lebensjahr des Kindes sowie flexiblere Betreuungszeiten bislang rar.[5] Der Anteil teilzeitarbeitender Männer ist in Deutschland hingegen gering: Obwohl 20 % aller Erwerbstätigen teilzeitbeschäftigt sind, liegt die Teilzeitquote der Männer

---

[5] Vor allem in urbanen Zentren haben sich daher vielfältige Initiativen wie z.B. Tagesmütter-Netzwerke, Kinderläden und Horte etabliert, die auch jüngere Kinder aufnehmen und längere Öffnungszeiten anbieten. Für viele Eltern stellt nicht die Dauer, sondern die Lage ihrer Arbeitszeit (z.B. bei Schichtarbeit oder Wochenendarbeit) ein Hindernis für die Nutzung konventioneller Betreuungsangebote dar.

bei lediglich 3 %, gegenüber 39 % bei den Frauen (Bauer/Groß/Schilling 1996: 15).[6] Dabei fällt auf, dass sich Männer, die den Umfang der Erwerbsarbeit freiwillig reduzieren oder diese ganz unterbrechen, vorwiegend in den 'weichen' Bereichen des Erwerbslebens wie z.B. im öffentlichen Dienst beschäftigt sind. Darüber hinaus befinden sich in der Gruppe teilzeitarbeitender Männer überdurchschnittlich viele Ältere, die mit der Teilzeitarbeit einen behutsamen Übergang in den Ruhestand praktizieren, sowie viele junge Männer, die auf zeitlich reduzierten und befristeten Stellen im akademischen und wissenschaftlichen Bereich arbeiten oder eine Teilzeitbeschäftigung zur parallelen Weiterqualifizierung nutzen. Im Vergleich zu Frauen arbeiten Männer also nicht in der Familienphase teilzeit, sondern danach oder davor. Für männliche Biographien ist nach wie vor erwerbslebenslange Vollzeitbeschäftigung charakteristisch.[7]

Auch wenn sich die Motivationen für eine individuelle Arbeitszeitverkürzung unterscheiden und strukturelle Zwänge für bestimmte Arbeitszeitpräferenzen zugrundeliegen, bleiben die Beschäftigungspotenziale solcher Initiativen beachtlich. Die neueste Untersuchung des ISO zeigt auf, dass immerhin 8 % der Vollzeitbeschäftigten gern Teilzeit arbeiten würden (Bundesmann-Jansen/Groß/Munz 2000). Könnten die geschilderten Nachteile dieser Beschäftigungsformen abgebaut und Neueinstellungen durchgesetzt werden, ließen sich nicht nur alltägliche Zeitnöte vermeiden, sondern auch neue Arbeitsplätze schaffen. Als ein Problem von Teilzeitarbeit gilt jedoch nach wie vor die mit ihr verbundene Leistungsverdichtung: Vor allem bei qualifizierten Stellen wird häufig die Arbeitszeit, jedoch nicht das Aufgabenpensum reduziert. Für etwas mehr zeitliche Souveränität im Alltag verzichten die Beschäftigten also auf Einkommensanteile, ohne eine Entlastung im beruflichen Alltag zu erhalten.[8] Auch wenn sich das Gros der Beschäftigten "weniger eine Reduktion der vertraglichen als vielmehr eine der tatsächlichen Arbeitszeiten (nämlich um 2,3 Stunden)" wünscht, sind auch hier die Beschäftigungseffekte beachtlich: Der Einhaltung entspräche ein rein rechnerisches Arbeitsplatzäquivalent von 1,6 Millionen Vollzeitarbeitsplätzen (Bundesmann-Jansen/Groß/Munz 2000: 6).

---

[6] Auch beim gesetzlichen Erziehungsurlaub ist die Beteiligung der Männer gering (2 %). Neben einer anhaltend geschlechtsspezifischen Sozialisation und unzureichenden Angeboten in der öffentlichen Kinderbetreuung gilt das Bundeserziehungsgeldgesetz als Hauptursache für diese Schieflage. Da statt einer einkommensbezogenen Zuweisung ein fester Betrag ausgezahlt wird, stellt sich die Familie finanziell besser, wenn der/diejenige mit dem geringen Einkommen die Erwerbsarbeit unterbricht. Die geschlechtliche Segregation des Arbeitsmarktes wird insofern auch für die familiale Aufgabenteilung relevant.

[7] Obwohl innerhalb der jungen Generationen Lebensentwürfe an Bedeutung gewinnen, die eine Erwerbstätigkeit beider Elternteile und eine egalitäre Arbeitsteilung im Privaten vorsehen, ist die tatsächliche Realisierung solcher Modelle noch immer eine Ausnahmeerscheinung.

[8] Empirische Untersuchungen haben gezeigt, dass Teilzeitbeschäftigte in ihrer Arbeitszeit mehr leisten als Vollzeitbeschäftigte im gleichen Zeitraum (u.a. Pfau-Effinger/Geissler 1992).

Sowohl die Realisierung der tariflichen Arbeitszeit als auch die Förderung individueller Arbeitszeitverkürzungen können somit als zentrale Bausteine zur gesellschaftlichen Umverteilung von Arbeit angesehen werden.

3. Arbeitszeitverkürzung auf der Überholspur: das VW-Modell[9]

Während die IG Metall erst 1995 ihr lang ersehntes und bereits 1984 vereinbartes Ziel der tariflichen 35-Stunden-Woche erreichen konnte, überraschte im Herbst 1993 die Volkswagen AG (VW AG) die breite Öffentlichkeit: Die Tarifparteien bei Europas größtem Automobilhersteller vereinbarten für die sechs westdeutschen Werke die Einführung einer 28,8-Stunden-Woche und überholten mit ihrem Haustarifvertrag alle bis dahin diskutierten Konzepte kollektiver Arbeitszeitreduzierung.[10]

3.1 Die Krisenlösung: Kollektive Einkommensreduzierung statt Massenentlassungen

Auslöser des Tarifvertrags bei VW war eine zweifache Krisensituation. Zum einen stagnierten die Absatzzahlen auf dem internationalen Automobilmarkt und führten zu massiven Umsatzeinbußen in der gesamten Branche; zum anderen war die Volkswagen AG mit einer "hausinternen" Krise konfrontiert: Gegenüber anderen Herstellern bestand ein deutlicher Modernisierungsrückstand, der sich u.a. durch vergleichsweise hohe Einkaufspreise für Vorprodukte sowie entsprechend höhere Stückkosten negativ auf den Umsatz und das Betriebsergebnis des Konzerns auswirkte. Vor diesem Hintergrund forderte das Management eine deutliche Kostenreduzierung und errechnete einen Personalüberhang von rund 30.000 Beschäftigten (Hartz 1994: 19).

Um Massenentlassungen und deren negative Folgeeffekte zu vermeiden, wagten sich die Tarifparteien auf ein bis dato noch unbeschrittenes Terrain vor: Der Konsensorientierung der Arbeitsbeziehungen bei VW folgend vereinbarten die Akteure in einem neuen Haustarifvertrag eine kollektive Reduzierung von Regelarbeitszeit und Einkommen, für die im Gegenzug ein Verzicht auf betriebsbedingte Kündigungen für die Laufzeit des Tarifvertrags, d.h. für zunächst zwei Jahre, festgelegt wurde. Dieser Schritt in einem der erfolgreichsten Unternehmen der Nachkriegszeit, das auch in anderen Bereichen zahlreiche Leitbilder und Standards gesetzt hatte, wurde in Medien, Politik und Wissenschaften bald

---

[9] Dieses Kapitel ist bereits als Aufsatz in Heft 2/2000 der Zeitschrift für Arbeitswissenschaft erschienen.
[10] Die Beschäftigten der Volkswagen AG unterliegen nicht dem Flächentarifvertrag der IG Metall, sondern einem eigenen Haustarifvertrag, der zwischen der Bezirksleitung der IG Metall und dem Volkswagen Management vereinbart und in den einzelnen Werken mittels Betriebsvereinbarungen umgesetzt wird.

aufgrund seines solidarischen Charakters der Umverteilung von Arbeit als "Modell" bezeichnet und mit großer Aufmerksamkeit bedacht.[11]

3.1.1 Der "Tarifvertrag zur Beschäftigungssicherung"

Die sicherlich spektakulärste Veränderung bei VW war die Reduzierung der wöchentlichen Regelarbeitszeit von 36 auf 28,8 Stunden. Diese Verkürzung der Arbeitszeit erfolgte ohne vollen Lohnausgleich und zog somit für die Beschäftigten eine deutliche Absenkung ihres Einkommens nach sich. Durch eine geschickte Umverteilung aller bisher über das Jahr verteilten Zahlungen konnte jedoch das monatliche Entgelt der Beschäftigten stabilisiert werden: Das 14. Monatsentgelt sowie 75 % des Urlaubsgeldes wurden auf die einzelnen Monate verteilt, die Tariferhöhung vom 1.11.1993 um 3,5 % ebenso gestundet und auf die Arbeitszeit angerechnet wie die zum 1.8.1994 fällige Tariferhöhung um 1 %. Darüber hinaus wurden die Zuschläge für die Samstagsarbeit von 50 auf 30 % reduziert.[12] Die Beschäftigten haben auf diese Weise einen entscheidenden Beitrag zur Überwindung der Krisensituation bei VW geleistet.

Weitere, in der öffentlichen Darstellung meist vernachlässigte Eckpunkte des VW-Modells sind die "Stafette" und die "Blockzeit": Im Sinne eines Generationenpaktes sollen beim "Stafetten-Modell" ältere Beschäftigte gleitend, d.h. mit verkürzter Stundenzahl, in den Ruhestand gehen und dafür jüngeren ArbeitnehmerInnen, insbesondere Auszubildenden, den – ebenfalls gleitenden – Eintritt in ein Beschäftigungsverhältnis ermöglichen. Dieses Modell wird bislang jedoch nur eingeschränkt umgesetzt: Statt einer Reduzierung der Arbeitszeit im Sinne eines gleitenden Ausstiegs aus dem Erwerbsleben nutzen ältere Beschäftigte häufiger die vorhandenen Vorruhestandsregelungen. Das Blockzeitmodell sieht eine Qualifizierungsmöglichkeit für die Beschäftigten vor: In produktionsschwächeren Phasen sollen die ArbeitnehmerInnen die Weiterbildungsangebote der Coaching-Gesellschaft, einer Qualifizierungseinrichtung bei VW, nutzen. Das Blockzeitmodell ist maßgeblich für jüngere Beschäftigte vorgesehen und wird nur gewährt, wenn sich die einzelnen Fehlzeiten mit den betrieblichen Personalkapazitäten ausgleichen lassen (Hartz 1994: 79f.). Die Möglichkeit eines Personalausgleichs zwischen den Werken, d.h. einer Abordnung von Beschäftigten an andere VW-Standorte, stellt einen weiteren Baustein der Tarifvertrags dar, der den ArbeitnehmerInnen zwar eine Beschäftigungsgarantie, jedoch keine Arbeitsplatzgarantie zusichert.[13]

---

[11] Die Tarifvereinbarung bei VW galt für Angestellte ebenso wie für ArbeiterInnen, für Beschäftigte mit 'sicheren' Arbeitsplätzen ebenso wie von solchen in 'unsicheren' Bereichen oder Standorten und kann daher als beispielhaft für eine kollektiv-solidarische Lösung betrieblicher Umstrukturierungsmaßnahmen gelten.
[12] Ausführliche Darstellungen der einzelnen Komponenten des VW-Tarifvertrags und der Neuberechnung der Entgelte finden sich u.a. in: Bezirksleitung der IG Metall 1995: 9; Hartz 1994: 67f.
[13] Bislang waren nur Emder Beschäftigte von solchen Versetzungen betroffen. Sie wurden ins Nutzfahrzeuge-Werk Hannover geordert, um dortige Personalengpässe auszugleichen.

Der Tarifvertrag hatte eine Laufzeit von zunächst zwei Jahren und wurde in den darauffolgenden Verhandlungen mit jeweils leichten Modifikationen fortgeschrieben. 1997 wurde ein weiterer beschäftigungspolitischer Beitrag geleistet, den IG Metall und Betriebsräte vor dem Hintergrund der sich seit dem Krisenjahr 1993 alljährlich verdoppelten Konzerngewinne durchsetzen konnten:[14] die Altersteilzeit. Nach diesem Modell können ältere Beschäftigte ab dem 55. Lebensjahr eine fünfjährige Teilzeitvereinbarung mit dem Unternehmen treffen. Diese erlaubt ihnen, zunächst noch 2,5 Jahre weiterhin vollzeit zu arbeiten, um dann mit 57,5 Jahren in den Ruhestand zu gehen. Die Beschäftigten erhalten in dieser Phase durch eine zusätzliche 15 %ige Aufstockung von VW rund 85 %, in den unteren Einkommensgruppen sogar bis zu 95 % ihres bisherigen Netto-Entgelts.[15] Durch das vorzeitige Ausscheiden älterer Beschäftigter aus dem Betrieb konnten in der Folge alle Auszubildenen übernommen werden. Somit wird bei VW mit dem Tarifvertrag zur Altersteilzeit bereits erprobt, was aktuell in den Debatten des Bündnis für Arbeit übertariflich geregelt werden soll: die Option eines vorzeitigen Ausscheidens in den Ruhestand.

3.1.2 Akzeptanz bei den Beschäftigten

Trotz der Bezeichnung des VW-Abschlusses von 1994 als "Tarifvertrag zur Beschäftigungssicherung" hat sich zunächst die Erwartung, dass der Beschäftigungsstand gehalten wird, nicht umstandslos erfüllt: Vor allem direkt nach seiner Einführung fand partiell eine – wenngleich sozialverträgliche – "Freisetzung" von Beschäftigten durch Auflösungsverträge und Vorruhestandsregelungen statt, so dass der Beschäftigungsstand sank und erst im Zuge einer verbesserten Absatzlage später wieder anstieg. Gleichwohl darf nicht außer acht gelassen werden, dass durch die Neuregelung drohende Massenentlassungen vermieden werden konnten. Die Auswirkungen einer solchen traditionellen Krisenstrategie hätten für die betroffenen Regionen, insbesondere für die VW-geprägte Stadt Wolfsburg, aufgrund der bekannten negativen psycho-sozialen Folgen von Arbeitslosigkeit und der wirtschaftlichen Kettenreaktionen eines immensen Kaufkraftverlusts einen enormen Rückschlag bedeutet. Die Akzeptanz der Einführung einer einkommensmindernden Arbeitszeitverkürzung war daher – dies zeigt eine repräsentative Beschäftigtenbefragung von Promberger, Rosdücher, Seifert und Trinczek (1996, 1997) – ausgesprochen hoch: Die schriftliche Befragung von 2.767 Beschäftigten an den VW-Standorten Wolfsburg, Emden und Braunschweig ergab, dass 49 % der befragten ArbeiterInnen und

---

[14] Nach Abschluss der 28,8-Stunden-Woche konnte VW wieder Gewinne einfahren und seine Position auf dem Weltmarkt deutlich ausbauen: Lag der Gewinn 1994 bereits bei 150 Millionen DM, stieg er 1996 auf 680 Millionen an (Bezirksleitung der IG Metall 1997: 15).
[15] Zur Altersteilzeitregelung vgl. Bezirksleitung der IG Metall 1997: 12ff. Ein ähnliches Modell wurde bereits von der IG Chemie Anfang 1996 aufgrund der Abschaffung der bis dato gültigen gesetzlichen Vorruhestandsregelung eingeführt.

Angestellten "zufrieden" bzw. "sehr zufrieden" mit der 28,8-Stunden-Woche waren. Lediglich 16 % zeigten sich "unzufrieden" bzw. "sehr unzufrieden" (Promberger u.a. 1997: 39ff.). Frauen waren dabei durchschnittlich zufriedener als Männer (58 % gegenüber 47 %); sie hatten schon zuvor größere Probleme, Familien- und Erwerbsleben miteinander zu vereinbaren, und bewerteten daher die Arbeitszeitverkürzung als Entlastung vom alltäglichen Zeitmangel und von Synchronisationsschwierigkeiten.

Als entscheidender Einflussfaktor für die Akzeptanz des neuen Modells erwiesen sich die für die jeweiligen Standorte prognostizierten Personalüberhänge: Im Werk Emden, für das ein Überhang von 48 % berechnet wurde, waren 55 % der Befragten (sehr) zufrieden mit dem Tarifvertrag, in Wolfsburg und Braunschweig traf dies für 48 bzw. 49 % zu (ebd.: 44). Die Sicherheit des Arbeitsplatzes nahm folglich bei den Beschäftigten oberste Priorität (72 %) ein (ebd.: 40). Die Akzeptanz ist darüber hinaus von der Statusgruppe abhängig: Arbeiter waren mit 53 % häufiger (sehr) zufrieden mit der 28,8-Stunden-Woche als Angestellte (37 %) (ebd.: 62). Die subjektive Arbeitsplatzbedrohung sei, so Promberger u.a., bei den Angestellten deutlich niedriger, da ihre Statusgruppe in den vergangenen Jahren trotz insgesamt rückläufiger Beschäftigtenzahlen zunahm.

Auffällig waren ambivalente Haltungen, die in einer hohen Zahl von "teil-teils"-Einschätzungen zum Ausdruck kamen. Sie verweisen darauf, dass sich aus der Vielzahl und Differenziertheit betrieblicher Veränderungen ein komplexes Wirkungsgefüge entwickelt hat.

3.2 28,8-Stunden-Woche, Vier-Tage-Woche, Volkswagen-Woche – neue Unübersichtlichkeiten der Arbeitszeitgestaltung

Eine der größten Schwierigkeiten bei der Analyse und Bewertung des VW-Modells liegt in seiner Komplexität. Nach den Medienberichten Mitte der 90er Jahre konnte man zunächst vermuten, dass tatsächlich in den niedersächsischen VW-Werken für alle Beschäftigten tatsächlich eine "Vier-Tage-Woche" eingeführt, also ein ganzer Arbeitstag aus dem Wochenplan gestrichen würde. Diese Form der Umsetzung des Tarifvertrags war jedoch nur eine von vielen und galt nur für eine Minderheit der VW-Beschäftigten. Lediglich am Standort Emden galt aufgrund des geschätzten Personalüberhangs von 48 % für das gesamte Werk phasenweise eine solche Vier-Tage-Woche, bei der am Freitag das Gros der Beschäftigten zu Hause blieb.

Durchgesetzt hat sich in der Folge die Bezeichnung "28,8-Stunden-Woche". Sie weist darauf hin, dass die Arbeitszeit der Beschäftigten im Durchschnitt 28,8-Stunden betragen soll, aber ganz variabel verteilt sein kann: Tägliche Arbeitszeitverkürzung ist demnach ebenso möglich wie Wechsel von Arbeitswochen und ganzen Freiwochen. Maßgeblich im VW-Werk Wolfsburg wurden die Möglichkeiten, diese 28,8 Stunden auf vielfältigste Weise flexibel zu verteilen, ausgeschöpft und brachten vorübergehend über 130 Arbeitszeitmodelle hervor. Dabei lassen sich jedoch vier Grundtypen unterscheiden: eine reale Vier-Tage-Woche; eine täglich verkürzte Arbeitszeit; ein Modell von vierwöchiger Erwerbsarbeit, einer Woche Freizeit; Mehrarbeit, die in Blockfreizeiten ausgeglichen wird.

Von dieser flexiblen Verteilung der (durchschnittlichen) 28,8 Wochenstunden unterscheidet sich nochmals die sogenannte "Volkswagen-Woche". Dieses Kürzel erfasst nicht mehr lediglich spezielle Modelle der Verteilung von Arbeitszeit innerhalb der Woche oder des Monats, sondern ist Inbegriff einer darüber hinausgehenden Flexibilisierung der Arbeitszeit, die einen an Auftragsschwankungen angepassten Personaleinsatz vorsieht. Der Arbeitsdirektor der VW AG, Peter Hartz, sieht diese "Volkswagen Woche" als zentralen Baustein eines "atmenden Unternehmens", einer konsequent an Marktrhythmen orientierten betrieblichen Personalplanung (vgl. Hartz 1996: 99). Bereits im ersten Tarifvertrag von 1994 ist eine *auf das Jahr bezogene durchschnittliche* Wochenarbeitszeit von 28,8 Stunden festgeschrieben. Die Verteilung des jährlichen Arbeitsvolumens auf die einzelnen Wochen wird dagegen zwischen jeweiligen Unternehmensleitungen und den Betriebsräten vereinbart. Zwar ist die "wöchentliche Arbeitszeit [...] grundsätzlich auf 4 Arbeitstage in der Regel von Montag bis Freitag zu verteilen, doch kann eine "Verteilung auf 5 Tage [...] vereinbart werden, wenn dies betrieblich erforderlich ist" (§ 2.3 des Tarifvertrags).

Die konkreten Arbeitszeitmodelle sind somit abhängig von der aktuellen Nachfrage nach den jeweils von den Werken produzierten Fahrzeugmodellen, -teilen oder -komponenten sowie von Produktivitätsentwicklungen, Umstrukturierungen und Produktionsverlagerungen innerhalb des Konzerns. Sie variieren nicht nur zwischen den VW-Standorten, sondern auch innerhalb der einzelnen Werke, und können sich relativ kurzfristig ändern, wenn Unternehmensleitung und Betriebsrat dies aufgrund von Nachfrageschwankungen beschließen. Die tatsächliche wöchentliche Arbeitszeit kann also zeitweilig deutlich über 28,8 Stunden liegen, als Mehrarbeit auf Arbeitszeitkonten verbucht und in Geld bzw. Freizeit ausgeglichen werden.[16] Da diese Möglichkeit in den letzten Jahren vor dem Hintergrund verbesserter Absatzzahlen zunehmend ausgeschöpft wurde, lagen die durchschnittlichen Arbeitszeiten deutlich über der 28,8-Marge: Sie betrugen z.B. 1996 in Wolfsburg und Kassel 31, in Emden 33, in Salzgitter 34 und in Hannover sogar 35,5 Stunden. Diese durchschnittlichen Arbeitszeiten lagen gleichwohl noch immer deutlich unter den Vergleichszahlen in der Fläche bzw. der üblichen Normalarbeitszeit und haben dazu geführt, dass 1997 – vor

---

[16] Die Mehrarbeit konnte nicht, wie § 4.3 des Tarifvertrags von 1994 bestimmt, "grundsätzlich durch bezahlte Freistellung von der Arbeit" ausgeglichen werden, sondern sie wurde – wie die "Sonderfall-Regelung" zulässt – phasenweise und anteilig ausbezahlt.

dem Hintergrund der positiven Auftragslage bei VW – rund 3.000 Neueinstellungen durchgesetzt werden konnten.

Insgesamt besteht ein breiter Spielraum zwischen der tariflichen Vereinbarung einerseits, ihrer konkreten Ausgestaltung andererseits. Eine tatsächliche Verkürzung der individuellen Arbeitszeiten hat nicht für alle VW-Beschäftigten stattgefunden und fiel insgesamt geringer aus, als bei Abschluss des Tarifvertrags erwartet worden war. Die Arbeitszeiten der ArbeitnehmerInnen differenzieren sich dabei nicht mehr nur hinsichtlich ihrer *Lage* aus. Auch der *Umfang* der Arbeitszeit variiert je nach aktueller Auftragslage des einzelnen VW-Standortes bzw. der Werks-Bereiche. Das "VW-Modell" ist somit qua Tarifvertrag ein kollektives Modell, bot aber auch Raum für eine weitreichende Pluralisierung von Arbeitszeitregelungen und individuellen Arbeits(zeit)realitäten.

3.3 Nebenfolgen der Arbeitszeitveränderung

Vor einer genaueren Betrachtung der Folgewirkungen veränderter – verkürzter bzw. flexibilisierter – Arbeitszeiten gilt es zunächst zu prüfen, was sich durch den neuen Tarifvertrag bzw. in dessen Umfeld in der Arbeitssituation der Beschäftigten verändert hat. Diese Modifikationen können als "Nebenfolgen" der 28,8-Stunden-Woche bezeichnet werden, die den Umgang mit und die Reaktionen auf die neuen Arbeitszeiten beeinflussen.

Den wohl größten Einfluss auf die Akzeptanz der neuen Arbeitszeiten nimmt die Frage des *Einkommens*: Durch die Umverteilung von bislang gezahlten Jahresleistungen wurde das monatliche Einkommen der Beschäftigten zwar beibehalten, doch steht der 20 %igen Verkürzung der Regelarbeitszeit immerhin eine 16 %ige Reduzierung des Jahreseinkommens gegenüber. Zuvor durch Jahressonderzahlungen finanzierte Urlaubsreisen oder Investitionen in Haus bzw. Wohnung müssen daher nun über monatliche Rücklagen abgesichert werden, so dass sich entsprechend das zur Verfügung stehende Haushaltsbudget reduziert. Die Einkommensminderung wird also de facto auch monatlich spürbar und muss von den Beschäftigten (und ihren Angehörigen) durch ein sparsameres Wirtschaften aufgefangen werden.

Als weitere Nebenfolge des Tarifvertrags ist die oben bereits angedeutete *Flexibilisierung* der Arbeitszeit zu nennen. Vom Unternehmen geforderte flexible Mehrarbeit am Tag, in der Woche oder im Monat reduziert – aus Arbeitnehmersicht – die Verlässlichkeit der Arbeitszeit und stellt darüber hinaus veränderte Anforderungen an die Beschäftigten: Indem sowohl der Tarifvertrag als auch die jeweiligen Umsetzungsmodelle in den Werken lediglich eine 28,8-Stunden-Woche als "durchschnittliche Regelarbeitszeit" vorsehen, müssen die Arbeitszeiten zunehmend innerhalb der Arbeitsgruppen, d.h. am einzelnen Arbeitsplatz zwischen KollegInnen bzw. zwischen Beschäftigten und direkten Vorgesetzten verhandelt werden. Auf diese Weise sind Fragen der Arbeitszeitorganisation häufiger den einzelnen Beschäftigten überantwortet und führen tendenziell zu einer Individualisierung des Arbeitszeitkonflikts (vgl. auch Hermann u.a. 1999). Aus Sicht der ArbeitnehmerInnen birgt diese Entwicklung Ambivalenzen in sich: Einerseits wird eine stärkere Einflussnahme auf die Gestaltung der individuellen Arbeitszeit möglich und könnte mitunter die Arbeitsmotivation deutlich erhöhen, ja sogar ansatzweise zu einer Art "Wiederaneignung" der Arbeit führen. Andererseits stehen individuelle Arbeitszeitinteressen häufig in Widerspruch zu betrieblichen Nutzungsinteressen wie z.B. einem an schwankende Auftragslagen angepassten Personaleinsatz. Vor dem Hintergrund einer Beschäftigungskrise auf dem Arbeitsmarkt und ihrer je konkreten (Verhandlungs-) Position im Betrieb müssen die Beschäftigten also abwägen, ob sie es sich "leisten" wollen und/oder können, für ihre Interessen offensiv einzutreten und beispielsweise Mehrarbeit abzulehnen, auch wenn aktuell Personalknappheit in der Abteilung besteht.[17] Eine zunehmende "Zerfaserung" (Negt 1984) verstärkt diese Entwicklung: Die Vielzahl von Arbeitszeitmodellen reduziert die kollektive Erfahrung bestimmter Arbeitszeiten. Probleme im Umgang mit betrieblichen Arbeitszeitregelungen werden verstärkt als individuelles Dilemma interpretiert; empirische Ergebnisse deuten eine Verlagerung der Konfliktbearbeitung von der kollektiven Interessenvertretung auf die Ebene einzelner Beschäftigter an (Jürgens/Reinecke 1998; Hielscher/Hildebrandt 1999).

Wichtigstes Instrument der betrieblichen Arbeitszeitflexibilisierung sind "Arbeitszeitkonten": Auf ihnen werden geleistete Mehrarbeitsstunden verbucht und zu bestimmten Anteilen in Freizeit bzw. Geld ausgeglichen – die konkreten Regelungen hierzu sind in den einzelnen VW-Werken unterschiedlich. Mit diesem Instrument verbunden sind zwei Problemlagen: Zum einen benötigen die Beschäftigten die Kompetenz, mit diesen Konten umzugehen. Durch die komplexen Arbeitszeitregelungen gibt es bei VW z.T. vier Arbeitszeitkonten pro Beschäftigte/n, auf denen je unterschiedliche Stunden verbucht werden. Während bei einigen Mehrarbeitsstunden die ArbeitnehmerInnen entscheiden können, auf welches Konto die Stunde verbucht wird, sind andere Stunden bereits klar festgelegt. Indem die Entnahmemöglichkeiten von den jeweiligen Konten unterschiedlich sind, müssen in der Folge die Beschäftigten nicht nur – wie von Mehrarbeit bekannt – abwägen, ob sie überhaupt Mehrarbeit leisten, sondern auch, was mit diesen Stunden geschehen soll.

---

[17] Diese Sichtweise schließt an die Thesen von Pongratz/Voß (1998) an, die den "Arbeitskraftunternehmer" als neuen strukturellen, idealtypischen Typus von Arbeitskraft sehen. Die Autoren vertreten die These, dass es im Zuge der Verbreitung neuer Arbeitsformen, veränderter Rahmenbedingungen von Erwerbsarbeit und "offeneren" Unternehmenskulturen (Kooperation, Zielvereinbarung) zu einer erweiterten Selbstkontrolle der Beschäftigten kommt. In der Folge finde eine forcierte "Ökonomisierung eigener Fähigkeiten" statt sowie eine "Verbetrieblichung der alltäglichen Lebensführung". Auch Pongratz/Voß sehen eine Zweischneidigkeit dieser Entwicklung: Sie identifizieren Gewinner und Verlierer dieses Prozesses und plädieren für eine stärkere sozial-, tarif- und arbeitsrechtliche Absicherung sowie eine bildungspolitische Offensive, um die Beschäftigten für die neuen Anforderungen zu qualifizieren.

Zum anderen ergeben sich Schwierigkeiten in der Freizeitentnahme. In Zeiten guter Auftragslage werden die Möglichkeiten der MitarbeiterInnen, Freizeit vom Konto abzurufen, vom Unternehmen eingeschränkt. Hinzu kommt, dass die Beschäftigten meist selbst bereits antizipieren, wann sie im Betrieb fehlen können, ohne Probleme mit der Gruppe oder den Vorgesetzten zu bekommen, so dass sie ihre Urlaubszeiten an die Rhythmen der Produktion anpassen. Insofern verinnerlichen sie die Logik der "atmenden Fabrik" und ordnen private Zeitinteressen diesen Anforderungen unter (vgl. auch Voß/Pongratz 1998). Ein Arbeitszeitkonto kann sich folglich für Beschäftigte als "Konto ohne Vollmacht" erweisen.

Darüber hinaus wurde parallel zur Einführung der 28,8-Stunden-Woche eine weitreichende *Leistungsintensivierung* bei VW vorgenommen. Im Zuge betrieblicher Rationalisierungsprozesse wurden Gruppengrößen verkleinert und/oder pro Arbeitsstunde zu leistende "Stückzahlen" heraufgesetzt, so dass sich die Arbeit deutlich verdichtete und in der Folge zu einer erhöhten Arbeitsbelastung führte. Leistungsintensivierung kann – und dies haben auch bereits andere Studien z.B. für Angestellten-Tätigkeiten bestätigt – die Vorteile einer Arbeitszeitverkürzung konterkarieren und deren Akzeptanz erheblich beeinträchtigen.

3.4 Ergebnisse sozialwissenschaftlicher Forschung

Neben Veröffentlichungen, die sich auf die direkten tarif- und arbeitsmarktpolitischen Effekte des VW-Modells konzentrieren sowie seine mögliche Vorbildfunktion für andere Großbetriebe und Branchen (vgl. Peters u.a. 1994; Promberger u.a. 1996, 1997; Bezirksleitung der IG Metall 1995, 1997; Hartz 1994, 1996) haben sich drei sozialwissenschaftliche Forschungsprojekte gesellt, die – mit je unterschiedlichen Untersuchungsperspektiven – die Folgewirkungen der Arbeitszeitveränderungen auf außerbetriebliche Lebenszusammenhänge bzw. soziale Lebensbezüge in den Mittelpunkt gerückt haben.[18] Die Ergebnisse dieser Studien sollen im Folgenden skizziert und abschließend zu zentralen Schlussfolgerungen aus dem VW-Modell zusammengeführt werden.

3.4.1 Auswirkungen auf kommunale Zeitpolitik

Eberling/Henckel vom Deutschen Institut für Urbanistik (difu) untersuchten am Beispiel von Wolfsburg die Reaktionen der Stadt auf neue Arbeitszeitmodelle.[19] Wolfsburg ist aufgrund seiner Geschichte in jeder Hinsicht ein sehr

---

[18] Die Projekte wurden von der Hans-Böckler-Stiftung im Rahmen des Forschungsschwerpunktes "Perspektiven der Arbeitsgesellschaft" gefördert und sind mittlerweile in der Reihe "Arbeitszeit im Wandel" bei der Edition Sigma (Berlin) veröffentlicht. Als Ergebnis der Arbeit in einem projektbegleitenden Forschungsverbund erscheint demnächst im gleichen Verlag ein Sammelband, in dem diese je unterschiedlichen Untersuchungsperspektiven auf das VW-Modell nochmals gebündelt werden (Hildebrandt 2000).

spezifisches Untersuchungsfeld: In keiner anderen deutschen Stadt prägt ein einziger Arbeitgeber so stark das gesamte kommunale Geschehen wie in Wolfsburg. Dies zeigt sich insbesondere an den schichtarbeitsfreundlichen Angeboten von Vereinen, Volkshochschule und anderen Dienstleistern, vor allem aber in den Werksferien: Geschäfte und Gaststätten schlossen oder hatten stark reduzierte Öffnungszeiten (Eberling/Henckel 1998: 26).[20] Die Einführung der 28,8-Stunden-Woche und die dadurch forcierte Arbeitszeitflexibilisierung waren hier daher – im Vergleich zu allen anderen VW-Standorten – am einschneidendsten.

Aufgrund der Vielzahl von Umsetzungsmodellen hat insgesamt eine Ausdifferenzierung individueller Zeitnutzungen stattgefunden, die die Synchronisation von Sozialzeiten ganz erheblich erschwert: Mannschaften in Vereinen "fusionieren" mangels verlässlich anwesender SpielerInnen; Individualsportarten finden verstärkt Zulauf. Probleme ergeben sich auch für Transport- und Dienstleistungsangebote: Während der Fuhrpark im öffentlichen Nahverkehr auf Stoßzeiten zu Schichtanfang und -ende ausgerichtet war, verstetigt sich nun der Verkehrsfluss, wird jedoch aufgrund der Vielzahl von neuen Arbeitszeiten auch individualisiert:[21] Man steigt auf den PKW um bzw. fährt statt mit KollegInnen nun individuell, da Fahrgemeinschaften aufgrund unterschiedlicher Arbeitszeiten zerbrechen. Problematisch gestaltet sich darüber hinaus die öffentliche Kinderbetreuung: Die Zunahme von Arbeitszeiten außerhalb "normaler" Betreuungszeiten, d.h. am Samstag und in den Abendstunden, erschwerte insbesondere für Frauen die Erwerbstätigkeit, so dass häufig sogenannte "Auflösungsverträge" abgeschlossen wurden.[22]

Insgesamt verliert die bis dahin prägende Wirkung der Schichtwechsel, des Wechsels von Arbeitswoche und Wochenende an Bedeutung. Auch im Alltagsleben werden daher neue Abstimmungen notwendig: Die alltäglichen Zeitrhythmen werden zunehmend entstrukturiert und müssen von den Individuen neu organisiert und konstruiert werden. Die Folgewirkungen der vergleichsweise plötzlichen Flexibilisierung in Form der variablen 28,8-Stunden-Woche wurden dabei nach Ansicht der Forscher weder beim VW-Management, noch in der Kommune rechtzeitig antizipiert. Aufgrund der generellen Flexibilisierung der Arbeits- und Sozialzeiten seien auch im kommunalen Feld die zeitlichen Vernetzungen komplexer geworden, so dass eine bessere und aktivere Koordination der innerhalb der Kommune gültigen Zeiten erforderlich werde.

---

[19] Als Vergleichsgruppe beziehen sie in ihrer Studie die Städte Bonn, Karlsruhe und Münster ein.
[20] Die kollektiven Werksferien sind mittlerweile durch einen "Urlaubskorridor" ersetzt worden.
[21] Im Nahverkehr gingen in der Folge 25 BusfahrerInnen in den Ruhestand bzw. wurde versetzt (Eberling/Henckel 1998: 28).
[22] Der ohnehin niedrige Frauenanteil reduzierte sich in dieser Zeit im Werk Wolfsburg auf 12 % (Eberling/Henckel: 31).

Diese Einschätzung wird auch in der Wolfsburger Kommunalpolitik geteilt und fand Eingang in eine Vielzahl von Maßnahmen.[23] Die Forscher plädieren jedoch darüber hinaus für eine strategischere "Zeitpolitik der Kommune", in die – nach italienischem Vorbild[24] – alle zeitrelevanten AkteurInnen der Stadt systematisch in eine zentrale Zeitgestaltung eingebunden werden.

1999 erhielt der Standort Wolfsburg wiederholt besondere Aufmerksamkeit, als das Management eine Reduzierung der hohen Zahl unterschiedlicher Schicht- und Arbeitszeitmodelle ankündigte und dies in den Medien als "Rücknahme von Arbeitszeitflexibilisierung", als "Abschied von der Vier-Tage-Woche" aufgegegriffen wurde. Auch diese Neuregelung ist als ambivalent zu bewerten: Einerseits wird die Anzahl der Arbeitszeitmodelle verringert, werden Schichtanfangs- und -endzeiten in den unterschiedlichen Abteilungen stärker angeglichen, so dass Fahrgemeinschaften wiederbelebt werden. Andererseits ist im Gegenzug für diese Re-Synchronisation das Drei-Schicht-System zulasten des Zwei-Schicht-Systems ausgebaut worden, um mit größerer Belegschaftsstärke zu produzieren: Die Beschäftigten erhalten somit homogenere Arbeitszeiten, müssen dafür jedoch regelmäßige Nachtschichtarbeit leisten und die mit einem Drei-Schicht-Rhythmus einhergehenden Belastungen in Kauf nehmen. Die Interpretation dieser Entwicklung als Rücknahme von Flexibilisierung ist somit irreführend und führt tendenziell zur Beschönigung der Folgewirkungen für die Beschäftigten.

3.4.2 Auswirkungen auf die Familie

In einem soziologischen Forschungsprojekt der Universität Hannover wurde an den drei VW-Standorten Emden, Salzgitter und Hannover überprüft, inwiefern sich die neuen Arbeitszeitmodelle auch im Familienleben, d.h. in bezug auf die Elternrolle, die Paarbeziehung und die Arbeitsteilung zwischen den Geschlechtern, auswirken (Jürgens/Reinecke 1998). Durch die Auswahl der Werke konnten dabei – im Unterschied zu anderen Studien – die Folgewirkungen der Arbeitszeitflexibilisierung mit denen einer verlässlich und dauerhaft verkürzten Arbeitszeit verglichen werden, da nur am Standort Emden tatsächlich eine reale Vier-Tage-Woche für große Teile der Belegschaft und über einen Zeitraum von fast zwei Jahren hinweg galt. In einem qualitativen Methodenmix wurden 78 Einzelinterviews mit VW-Arbeitern und deren Partnerinnen sowie Gruppendiskussionen mit insgesamt rund 260 Beschäftigten durchgeführt. Da

---

[23] Am Standort Wolfsburg wurden rund 4'500 Beschäftigte in den vorzeitigen Ruhestand geschickt, für die ein "Runder Tisch für kreative Freizeitgestaltung" eingerichtet wurde sowie ein "Markt der Möglichkeiten", der Überblick über die Wolfsburger Freizeitangebote bietet (Eberling/Henckel: 30).

[24] In Modena/Italien wurde bereits in den 80er Jahren durch ein Kommunalreformgesetz die Aufgabe fixiert, die Zeitverwendung in der Kommune zu synchronisieren und strukturelle Probleme der Zeitkoordination abzubauen.

die Zusammenhänge von weiblichem Lebenszusammenhang und Arbeitszeitverkürzung (Teilzeitarbeit) bereits ausreichend erforscht sind (z.B. Quack 1993), richtete sich der Fokus explizit auf die Reaktionen der Männer. Somit konnte erstmals ex post untersucht werden, wie Männer im Familienleben mit einer – in diesem Fall: "unfreiwilligen" – Arbeitszeitverkürzung umgehen.

Im ersten Auswertungsschritt analysierten wir zunächst die in der VW-Arbeiterschaft anzutreffenden Muster der Vereinbarkeit von Familienleben und Schichtarbeit. In diesem Zusammenhang wurde offenkundig, dass sich auch innerhalb einer nach sozialstatistischen Merkmalen sehr homogenen Gruppe von Schichtarbeitern unterschiedliche Modelle der Vereinbarkeit von Familien- und Erwerbsleben finden: Die Männer arbeiten alle Vollzeit bei VW, verfügen über eine ähnliche Qualifikation und haben vergleichbare Arbeits- und Einkommensbedingungen; alle haben Kinder im betreuungsintensiveren Alter, doch ihre Familienorientierung und ihre konkrete Beteiligung an der Familienarbeit schwankt deutlich. Eine Typologie familialer Lebensführung zeigt auf, dass traditionelle Arbeitsteilungsmuster und Elternrollen fortexistieren, aber parallel dazu Paarbeziehungen anzutreffen sind, in denen sich Männer an sämtlichen Familienarbeiten beteiligen und eine vergleichsweise aktive Vaterrolle einnehmen.[25] Familie besitzt übergreifend an sich bereits einen sehr hohen Stellenwert, doch das konkrete Engagement der Männer variiert erheblich: Während Männer mit traditioneller Orientierung eine eher rigide Aufgabenteilung vornehmen und die Familienarbeit als weiblichen Arbeitsbereich deklarieren, beteiligen sich die Männer der zweiten Gruppe an der Kinderbetreuung. Gruppe drei übernimmt darüber hinaus auch die im Zuge der Betreuung anfallenden Arbeiten wie Mahlzeiten zubereiten oder das Anziehen der Kinder; in der vierten Gruppe beteiligen sich die Männer – und dies zum Teil in bewußter Abgrenzung zum eigenen Vater – an allen Arbeiten, die im privaten Alltag anfallen. Zwar bleibt auch in diesen Familien der Anteil aufgrund der Vollzeit-Schichtarbeit geringer als der der Partnerin, doch ist das Engagement unter den gegebenen Bedingungen beachtlich.

Hinter einer äußerlich gleichen Lebensform verbergen sich also unterschiedliche Lebensmuster. Besondere biographische Hintergründe der Männer sowie das Qualifikationsniveau und die Erwerbsorientierung der Frau sind hier die wesentlichen Einflußfaktoren.

Was verändert sich nun durch die 28,8-Stunden-Woche? Bei einer verlässlichen, planbaren Vier-Tage-Woche wird nach einem längerer Erfahrungsdauer die bei allen zunächst anzutreffende Skepsis durch eine breite Akzeptanz abgelöst: Das Familienklima und das Verhältnis zu den Kindern verbessern sich, die Schicht-

---

[25] Die Erarbeitung einer Typologie familialer Lebensführung bot in unserer Studie die Möglichkeit, die in qualitativen Interviews gewonnenen Ergebnisse zu interpretieren und vergleichbare Einstellungen und Verhaltensmuster so zu bündeln, dass über den Einzelfall hinausgehend Aussagen getroffen werden können.

arbeit wird besser verkraftbar, die Arbeitsteilung zwischen den Geschlechtern gleichgewichtiger. Zwar hätte keiner der Männer vor der Einführung des Modells eine Arbeitszeitverkürzung für sich in Erwägung gezogen, doch führen der kollektive Charakter, die andauernde Erfahrung mit einer verlässlich verkürzten Arbeitszeit und die Beschäftigungsgarantie zur breiten Akzeptanz eines – aus männlicher Sicht – eher weiblichen Arbeitszeitmodells von unter 30 Wochenstunden. Auch bei jungen Industriearbeitern lässt sich dabei ein Interesse an einer aktiven Vaterrolle feststellen, das zwar in der Regel nicht offensiv vertreten, jedoch durch eine verlässliche Vier-Tage-Woche gefördert wird – einem Modell, das durch seinen kollektiven Charakter das bislang übliche "Paradiesvogel-Image" von familienorientierten Männern, die ihre Arbeitszeit individuell verkürzen, vermeidet.

> *"Zuerst war natürlich Zeit über, und dann, mein Gott, was fängst du denn an? Und dann hat sich das so eingebürgert, dann sind wir öfter mal weggefahren, erst mal nur so, und dann hat man mehr Zeit einfach. Ich selber war ausgeglichener, ich weiß nicht, irgendwo war das ein ganz neues Erlebnis, plötzlich mehr Zeit. Und das Komische war, eigentlich wollte ich das gar nicht ... hab ich darüber geschimpft ... und dann, nach geraumer Zeit, dann war das 'ne schöne Sache."* (Produktionsarbeiter)

Die Arbeitszeitflexibilisierung und die Verlängerung der Arbeitszeit ab ca. Mitte 1996 lösen demgegenüber eher entgegengesetzte Effekte aus. Kommen zu den generellen Belastungen durch Leistungsintensivierung nun noch Mehrarbeit am Wochenende hinzu oder kurzfristige Änderungen der Arbeitszeit, erfährt das Familienleben eine deutliche Traditionalisierung: Die Frauen übernehmen nahezu die Alleinverantwortung für die Familienarbeit, und selbst Männer, die sich während der stabilen Vier-Tage-Woche noch an der Hausarbeit beteiligten, nutzen die Freizeit fast ausschließlich zur Entspannung. Das Verhältnis zu den Kindern wird wieder distanzierter, Konflikte nehmen zu. Die Studie macht somit offenkundig, dass sich Zusammenleben nicht – wie das häufig benutzte Schlagwort der "Pinbrettfamilie" assoziiert – auf das Organisieren des Alltags reduzieren lässt, sondern konkret erfahrbar und (je nach aktuellen Lebensbedingungen und Bedürfnissen) zumindest partiell individuell gestaltbar sein muss: Soziale Beziehungen speisen sich auch aus zeitlichem Lebensraum, Planbarkeit und Verlässlichkeit und scheinen sich nur begrenzt spontan oder gar unter Zeitdruck herstellen zu lassen.

> *"Es ist dann nicht so schön, weil er dann nicht da ist. Die Aktivitäten sind halt eingeschränkt am Wochenende. Wenn er da gearbeitet hat, ist er natürlich fertig, dann ist er am Ende ... das wirkt sich dann schon aus, dass er schlechte Laune hat, müde ist und so. Das find ich dann auch nicht so gut! (Partnerin eines Produktionsarbeiters)*

3.4.3 Auswirkungen auf ökologische Nachhaltigkeit

Als Ausgangspunkt ihrer Befragung von Wolfsburger VW-Beschäftigten formulierten Hielscher/Hildebrandt (1999) die Arbeitshypothese, dass von der Einführung einer einkommensmindernden Arbeitszeitverkürzung möglicherweise ein positiver Impuls für ressourcenschonendere Lebensstilelemente – so z.B. im Bereich von Konsum und Mobilität – ausgehen könnte. Mithilfe qualitativer Interviews wurde dazu der Frage nachgegangen, in welchem Verhältnis Arbeit und Ökologie im Bewusstsein von Beschäftigten zueinander stehen und welche alltagspraktischen Handlungsmuster hiermit verbunden sind.[26]

Da eine langfristig verlässliche Arbeitszeitverkürzung am Untersuchungs-Standort Wolfsburg jedoch nicht stattgefunden hat, überlagern die Flexibilisierung der Arbeitszeit und die partielle Ausbezahlung von Mehrarbeitsstunden die erwarteten Effekte einer Arbeitszeitverkürzung. Die Intensivierung und Flexibilisierung "fressen" durch den erhöhten Aufwand für alltägliche Koordination und Synchronisation einen Teil der gewonnen Freizeit. Die Möglichkeit der Einkommensaufstockung durch bezahlte Mehrarbeit führt dazu, dass etablierte Konsumgewohnheiten weitgehend unberührt bleiben und der – im Vergleich zu anderen Regionen – hohe Lebensstandard gehalten werden kann.[27] Dieser wird auch in bezug auf Fragen der Nachhaltigkeit relevant: Zwar ist durchaus ein ökologisches Bewusstsein anzutreffen, doch werden die "wohlständigen Grundmuster der Lebensführung" nicht in Frage gestellt; die Distanz zu politischem Engagement bzw. einer politisierten Sichtweise von Ökologie ist groß (ebd.: 254). Formen einer "nachhaltigen Lebensführung" wie z.B. die gemeinschaftliche Nutzung von PKW, vorausschauende Müllvermeidung oder umweltverträglicher Konsum ließen sich nur in Einzelfällen identifizieren. "Grüne ArbeitnehmerInnen" sind meist Einzelpersonen aus dem höheren Angestelltenbereich. Eine Analyse der Haltungen zeigt jedoch auf, dass im Alltag von Arbeiterfamilien durchaus umweltrelevante Verhaltensmuster wirksam sind, auch wenn diese nicht bewusst ökologisch intendiert sind: Man achtet auf die Qualität und die Lebensdauer von Produkten und geht sorgsam mit diesen um.[28]

Eine Neuorientierung der Lebensführung hin zu ökologischem Engagement als Folge des VW-Modells können die empirischen Ergebnisse nicht belegen. Als

---

[26] In dieser qualitativen Studie wurden 43 Einzelinterviews mit VW-Beschäftigten am Standort Wolfsburg sowie rund 70 Expertengespräche innerhalb und außerhalb des Betriebes geführt.

[27] Ein Eigenheim oder eine eigene Wohnung, eine hochwertige Inneneinrichtung, ein PKW und ein längerer Jahresurlaub zählen demnach zum Standard (Hielscher/Hildebrandt 1999: 248).

[28] Schichtarbeiter erzielen zwar durch die flexible Lage ihrer Arbeitszeit ein vergleichsweise höheres Einkommen als Beschäftigte mit gleicher Tätigkeit in Normalschicht, doch ist die Möglichkeit für eine Erwerbstätigkeit beider Partner eingeschränkt und die Einkommensabsicherung somit auf ein Familienmitglied reduziert. Schichtarbeit und Elternschaft lassen sich unter den gegebenen Bedingungen öffentlicher Kinderbetreuung meist nur dann miteinander vereinbaren, wenn ein Elternteil, und dies ist meist die Frau, die Erwerbstätigkeit ganz erheblich reduziert oder unterbricht.

wesentliches Hindernis hierfür werden – wie auch bei Eberling/Henckel – die Intensivierung und Flexibilisierung der Arbeitszeit gesehen, die mögliche Effekte einer kürzeren Arbeitszeit zu überlagern scheinen: Sowohl im Betrieb als auch im privaten Lebenszusammenhang werden die Abläufe verdichtet, werden Handlungs- und Lebensrhythmen desynchronisiert und lassen für die Thematisierung von Umweltfragen kaum noch Raum. Auch Hielscher/Hildebrandt kritisieren die mangelnde Verarbeitungsfähigkeit, das Ausbleiben einer Reaktion auf veränderte Problemlagen – zum einen seitens des Unternehmens und der Stadt Wolfsburg, zum anderen seitens der Wohngebietsorganisation der Gewerkschaft.[29] Das jahrzehntelang gültige Wohlstandsmodell Wolfsburg hat offenkundig zu einer gewissen Trägheit geführt, die erst im Zuge der aktuell voranschreitenden Flexibilisierungsdynamik von konkreten Reaktionen im kommunalen Umfeld (durch kommunale Zeitprojekte wie z.B. runde Tische, flexiblere Freizeit- und Kinderbetreuungsangebote) abgelöst wird.

4. Lernen von Volkswagen?

Angesichts der Stagnation in der aktuellen Debatte über kollektive Arbeitszeitverkürzung wird das VW-Modell wiederholt zu Rate gezogen, um Vor- und Nachteile arbeitszeitpolitischer Strategien abzuwägen. Durch die Vermischung von Erfahrungen mit einer verlässlichen Vier-Tage-Woche und den daran geküpften Chancen zur Umverteilung von Arbeit einerseits, den Nebenfolgen von Arbeitszeitflexibilisierung und Leistungsintensivierung andererseits bildet das Beispiel VW das Spektrum von "Zeitfragen" ab. Dennoch hat VW bislang nur bedingt als wirkliches Vorbild für weitere Initiativen zur Umverteilung von Arbeit dienen können: Aufgrund des im Vergleich zum Flächentarifvertrag hohen Einkommensniveaus bei VW konnten andere Firmen (und andere Branchen) das Modell nicht nachahmen. Vor allem im Einzelhandel, wo vielen Beschäftigten trotz einer Vollzeitbeschäftigung kaum noch finanzieller Gestaltungsspielraum bleibt, würde eine Arbeitszeitverkürzung ohne Lohnausgleich das in den USA verbreitete Phänomen der 'working poor' auch in Deutschland vorantreiben.

Auf der symbolischen Ebene gingen gleichwohl wichtige Impulse vom VW-Modell aus: Um Entlassungen zu vermeiden, haben einzelne Betriebe kollektive Arbeitszeitverkürzungen vereinbart und damit eine Umverteilung von Arbeit innerhalb der Belegschaft vorgenommen. Auch in der niedersächsischen Metallindustrie hat VW seine Spuren hinterlassen. Seit 1.1.1999 gilt der "Tarifvertrag zur Beschäftigungsförderung", mit dem nicht nur bestehende Arbeitsplätze erhalten, sondern auch zusätzliche geschaffen werden sollen. Das Arbeitsvolumen kann dabei um maximal 50 % reduziert werden; freiwerdende Stunden

---

[29] Als Hauptursache für die Schwäche der Wohngebietsorganisation sehen die Forscher die Konzentration auf die Interessenvertretung innerhalb des VW-Werks (Hielscher/Hildebrandt 1999: 251).

fließen in eine Art Stundenpool und werden verbindlich in Neueinstellungen umgesetzt. Der besondere Anreiz für eine solche individuelle Verkürzung der Arbeitszeit liegt in finanziellen Ausgleichszahlungen: Aus einem von beiden Tarifparteien finanzierten Fonds erhalten die betroffenen Beschäftigten eine Prämie, die zwischen 70–90 % des Einkommensverlusts ausgleicht.[30] Aufgrund seiner direkten Beschäftigungswirksamkeit kann somit auch der niedersächsische Metall-Tarifvertrag einen wichtigen Beitrag für die Strategiediskussion des "Bündnis für Arbeit" liefern.

Die Ergebnisse der vorgestellten Forschungsprojekte haben aufgezeigt, dass eine tatsächliche, langfristig verlässliche Verkürzung der Arbeitszeiten in vielerlei Hinsicht neue Gestaltungsspielräume eröffnet. Sowohl im Bereich der Familienarbeit als auch im Bereich von ökologischer Nachhaltigkeit werden zwar in erster Linie nur bereits vorhandene Orientierungen verstärkt, doch liegen auch hierin emanzipatorische Effekte und verweisen auf die Potenziale einer kollektiven Reduzierung der Normalarbeitszeit. Vor dem Hintergrund der Krisensituation bei VW und einem Einkommensverlust von 16 % bedeutete die Abkehr von der gewohnten Vollzeit-Norm der 36-Stunden-Woche für alle Beschäftigten zunächst eine massive Verunsicherung. Keiner der in den Studien befragten Beschäftigten hatte zuvor eine individuelle Arbeitszeitverkürzung in Erwägung gezogen. Die konkrete und andauernde Erfahrung mit dem neuen Modell verlässlicher Arbeitszeitreduzierung konnte jedoch Arbeit und Freizeit in ein neues Verhältnis rücken. Der kollektive Charakter des Modells hat – zumindest für die Beschäftigten in der Produktion – die mit einer Teilzeitarbeit verbundenen Nachteile ausgeschlossen und die Akzeptanz positiv beeinflusst.

Die Untersuchungen zeigen aber ebenso deutlich auf, dass zwischen tariflicher Vereinbarung und tatsächlicher Arbeitszeit der Beschäftigten ein erheblicher Gestaltungsspielraum liegt, über den vor allem das Unternehmen verfügt. Die eingangs skizzierten Nebenfolgen des Modells – insbesondere die Intensivierung und Flexibilisierung der Arbeit – überlagern und relativieren die von einer Arbeitszeitverkürzung erwartbaren positiven Effekte. Die Erfahrungen mit dem VW-Modell verweisen somit auf zweierlei: Zum einen hat sich eine kollektive Arbeitszeitverkürzung als Instrument der Krisenbewältigung in der Praxis bewährt und zu einer breiten Akzeptanz innerhalb der Belegschaften geführt. Zum anderen aber haben Leistungsintensivierung und Flexibilisierung viele der im Modell angelegten zukunftsfähigen Folgewirkungen konterkariert. Diese Potenziale und Hindernisse zu thematisieren, bleibt die zentrale Aufgabe der arbeitspolitischen Akteure in Deutschland und Europa.

---

[30] Inzwischen haben durch die auf diesem Tarifvertrag bauenden Betriebsvereinbarungen rund 120 Arbeitslose einen Arbeitsplatz erhalten. Eine explorative Studie am Institut für Soziologie der Universität Hannover (Muscheid/Reinecke) liefert bereits erste Ergebnisse zu diesem Tarifvertrag: Zwar nutzen vor allem Frauen die Möglichkeit der Arbeitszeitverkürzung, doch reduzieren auch männliche Beschäftigte (unterschiedlicher Alters- und Lohngruppen sowie Qualifikationsstufen) freiwillig ihre Arbeitszeit.

Literaturverzeichnis

Bauer, Frank / Groß, Hermann / Schilling, Gabi (1996): Arbeitszeit '95. Arbeitszeitstrukturen, Arbeitszeitwünsche und Zeitverwendung der abhängig Beschäftigten in West- und Ostdeutschland. Im Auftrag des Ministeriums für Arbeit, Gesundheit und Soziales des Landes Nordrhein-Westfalen. Neuss: Neusser Druckerei

Bezirksleitung der IG Metall (1995): Die Zeit müssen wir uns nehmen. Hannover: Union Druckerei

Bezirksleitung der IG Metall (1997): Altersteilzeit. Das Modell der IG Metall bei Volkswagen. Hannover: Union Druckerei

Bielinski, Harald (2000): Erwerbswünsche und Arbeitszeitpräferenzen in Deutschland und Europa. Ergebnisse einer Repräsentativbefragung. In: WSI-Mitteilungen. Frankfurt a.M.: Bund-Verlag. Heft 4. S. 228–237

Bispinck, Reinhard / Schulten, Thorsten (1999): Tarifpolitik und Bündnis für Arbeit. In: WSI-Mitteilungen. Frankfurt a.M.: Bund-Verlag. Heft 12. S. 870–884

Bundesmann-Jansen, Jörg / Groß, Hermann / Munz, Eva (2000): Arbeitszeit ´99. Im Erscheinen. Neuss: Neusser Druckerei

Eberling, Matthias / Henckel, Dietrich (1998): Kommunale Zeitpolitik. Veränderte Arbeits- und Betriebszeiten – kommunale Handlungsmöglichkeiten. Berlin: Edition Sigma

Hartz, Peter (1994): Jeder Arbeitsplatz hat ein Gesicht. Die Volkswagen-Lösung. Frankfurt a.M.: Campus

Hartz, Peter (1996): Das atmende Unternehmen. Jeder Arbeitsplatz hat einen Kunden. Frankfurt a.M.: Campus

Hermann, Christa / Promberger, Markus / Singer, Susanne / Trinczek, Rainer (1999): Forcierte Arbeitszeitflexibilisierung. Die 35-Stunden-Woche in der betrieblichen und gewerkschaftlichen Praxis. Berlin: Edition Sigma

Hielscher, Volker / Hildebrandt, Eckart (1999): Zeit für Lebensqualität. Auswirkungen verkürzter und flexibilisierter Arbeitszeiten auf die Lebensführung. Berlin: Edition Sigma

Hildebrandt, Eckart (Hg.) (2000): Reflexive Lebensführung. Berlin: Edition Sigma. Im Erscheinen

Instituts für Arbeitsmarkt- und Berufsforschung der Bundesanstalt für Arbeit (1996): Kurzbericht. Heft 6. Nürnberg

Jürgens, Kerstin / Reinecke, Karsten (1998): Zwischen Volks- und Kinderwagen. Auswirkungen der 28,8-Stunden-Woche bei der VW AG auf die familiale Lebensführung von Industriearbeitern. Berlin: Edition Sigma

Jürgens, Kerstin (2000): Das Modell Volkswagen. Beschäftigte auf dem Weg in die atmende Fabrik. In: Zeitschrift für Arbeitswissenschaft. Heft 2. Im Erscheinen

Müller-Jentsch, Walther (1997): Soziologie der Industriellen Beziehungen. Eine Einführung. Frankfurt a.M.: Campus

Negt, Oskar (1984): Lebendige Arbeit, enteignete Zeit. Politische und kulturelle Dimensionen des Kampfes um die Arbeitszeit. Frankfurt a.M./New York: Campus

Peters, Jürgen / Schwitzer, Helga / Volkert, Klaus / Widuckel-Mathias, Werner (1994): Nicht kapitulieren – trotz Krise und Rezession. Der Weg zur Sicherung der Beschäftigung bei Volkswagen. In: WSI-Mitteilungen. Frankfurt a.M.: Bund-Verlag. Heft 3. S. 165–171

Pfau-Effinger, Birgit / Geissler, Birgit (1992): Institutionelle und sozio-kulturelle Kontextbedingungen der Entscheidung verheirateter Frauen für Teilzeitarbeit. In: Mitteilungen aus der Arbeitsmarkt- und Berufsforschung. Heft 3. S. 358–369

Pongratz, Hans J. / Voß, G. Günter (1998): Der Arbeitskraftunternehmer. Eine neue Grundform der Ware Arbeitskraft? In: Kölner Zeitschrift für Soziologie und Sozialpsychologie. Opladen: Westdeutscher Verlag. Heft 1. S. 131–158

Promberger, Markus / Rosdücher, Jörg / Seifert, Hartmut / Trinczek, Rainer (1996): Beschäftigungssicherung durch Arbeitszeitverkürzung. Vier-Tage-Woche bei VW und Freischichten im Bergbau. Berlin: Edition Sigma

Promberger, Markus / Rosdücher, Jörg / Seifert, Hartmut / Trinczek, Rainer (1997): Weniger Geld, kürzere Arbeitszeit, sichere Jobs? Soziale und ökonomische Folgen beschäftigungssichernder Arbeitszeitverkürzungen. Berlin: Edition Sigma

Quack, Sigrid (1993): Dynamik der Teilzeitarbeit. Implikationen für die soziale Sicherung von Frauen. Berlin: Edition Sigma

Seifert, Hartmut (2000): Arbeitszeit nach Wunsch verkürzen? In: WSI-Mitteilungen. Frankfurt a.M.: Bund-Verlag. Heft 4. S. 237–246

4

Beschäftigungsbrücken zwischen Alt und Jung als Positiv-Summen-Spiel

– Das erfolgreiche Altersteilzeitmodell der Bremer Straßenbahn AG –

Viele ältere Mitarbeiterinnen und Mitarbeiter wünschen sich kürzere Arbeitszeiten, während gleichzeitig junge Menschen Erwerbsarbeit und Aufstiegschancen suchen. Diese Ziele können zusammengebracht werden. Im folgenden soll an einem Beispiel gezeigt werden, wie die Interessen eines Unternehmen mit den Wünschen von Mitarbeiterinnen und Mitarbeitern und mit dem gesellschaftlichen Ziel der Minderung von Erwerbslosigkeit verbunden werden können. Es zeigt Möglichkeiten, beschäftigungspolitische Positiv-Summen-Spiele zu inszenieren und win-win-win-Situationen zu schaffen.[1]

1. Ziele des Altersteilzeitmodells der Bremer Straßenbahn AG

Das neue Altersteilzeitgesetz bietet Unternehmen in Deutschland ein wichtiges personalpolitisches Instrument, mit dem sie den Bedürfnissen der Beschäftigten entgegenkommen und gleichzeitig unternehmerische Ziele umsetzen können. Die Bremer Straßenbahn AG (BSAG) hat dieses Instrument umfänglich genutzt. Ausgehend von der ursprünglichen Erwartung, daß nach Abschluss einer entsprechenden Betriebsvereinbarung lediglich etwa 40 Mitarbeiter interessiert wären und das Angebot nutzen würden, begann das Unternehmen zunächst mit entsprechend kleinem organisatorischen Einsatz mit der Umsetzung.

---

[1] Zur theoretischen Begründung und für weitere Beispiele siehe auch H. Spitzley (2000): Beschäftigungsorientierte Arbeitszeitgestaltung als Positiv-Summen-Spiel. In: Zeitschrift für Arbeitswissenschaft H. 2 / 2000, S. 67–75.

Dabei wurden folgende Ziele verfolgt (die Reihenfolge spiegelt keine Wertung wider):

- *Verringerung der gesundheitlichen Belastungen insbesondere im Schichtdienst*

Bei der BSAG arbeiten 76 % der Mitarbeiter im Schichtdienst und sind entsprechenden sozialen und gesundheitlichen Belastungen ausgesetzt. Wenn die Altersteilzeit so organisiert wird, daß die Nutzer beispielsweise jede zweite Woche von der Arbeit freigestellt sind, können sie diese Zeit nutzen: einerseits zur körperlichen und geistigen Regeneration, andererseits für ein – auch psychologisch gebotenes – langsames Gleiten in den Ruhestand. Sowohl von den Mitarbeitern wie auch vom Unternehmen wurden von Anfang an individuelle, auf die jeweilige Person bezogene Arbeitszeitmodelle bevorzugt. Das Blocken der Freizeit am Ende des Arbeitslebens, d.h. ein vollzeitiges Arbeiten bis zum abrupten Ausscheiden, wurde – insbesondere aus gesundheitspolitischen Gründen – von Arbeitgeberseite nicht favorisiert.

- *Sicherung des Know-how-Transfers durch gleitenden Ausstieg aus dem Arbeitsleben*

Dies bedeutet, daß die neu eingestellten Mitarbeiter und auch das Unternehmen auf das Know-how der älteren und erfahrenen Mitarbeiter länger zurückgreifen können als es bei einem (etwa gesundheitlich bedingten) vorzeitigen Ausscheiden der Fall wäre. Die Mitarbeiter, die Altersteilzeit in Anspruch nehmen, sind zwar nicht permanent im Unternehmen anwesend, dennoch bleiben sie prinzipiell als Ansprechpersonen für ihre Kollegen und auch als Personalreserve für das Unternehmen verfügbar.

- *Reduzierung der Personalkosten*

Als Reaktion auf die Verminderung kommunaler Zuschüsse und auf erhöhten Konkurrenzdruck für Nahverkehrsunternehmen waren zuvor – unabhängig vom Alterteilzeitmodell – in einem Haustarifvertrag niedrigere Einstiegslöhne für neue Mitarbeiter vereinbart worden. Konkret bedeutet dies, daß Mitarbeiter in Altersteilzeit mit einer langen Betriebszugehörigkeit und einem Stundenlohn von 29,18 DM durch Mitarbeiter ersetzt werden, die mit einem Stundensatz von 21,14 DM beginnen. Außerdem konnten durch die Neueinstellungen von Arbeitslosen und die Übernahmen von Auszubildenden finanzielle Unterstützungen der Bundesanstalt für Arbeit genutzt werden.

- *Förderung des Nachwuches*

Neben den sogenannten "normalen" Arbeitnehmern gingen auch Vorgesetzte bis hin zu stellvertretenden Abteilungsleitern (dritte Ebene des Unternehmens) in Altersteilzeit. Aufgrund einer sogenannten Kettenbildung konnten Auszubildende "nachrücken". Mit der Kettenbildung ist gemeint, daß aufgrund von Altersteilzeit freiwerdende Arbeitsplätze in höheren und besser bezahlten Positionen mit aufrückenden Mitarbeitern besetzt werden können. Das Freiwerden einer höheren Position kann also für die berufliche Karriere verschiedener schrittweise aufrückender Personen (bis hin zur Einstellung von Arbeitslosen oder der Übernahme von im Unternehmen ausgebildeten jungen Menschen) nützlich sein.

- *Abbau regionaler Arbeitslosigkeit*
Durch Besetzung der als Folge von Altersteitzeit freiwerdenden Stellen konnte das Unternehmen einen beachtlichen Beitrag zum Abbau der regionalen Arbeitslosigkeit leisten.

2. Aktueller Stand

Bei der BSAG waren am 01.12.1999 2'501 Mitarbeiter beschäftigt, davon arbeiteten ca. 1'900 Mitarbeiter im Schichtdienst. Von den Gesamtbeschäftigten sind 1'625 MitarbeiterInnen (65 %) im Fahrdienst, 515 MitarbeiterInnen (20 %) in den Werkstätten und Kolonnen und 247 (10 %) in der Verwaltung tätig. Außerdem beschäftigt die BSAG 114 Auszubildende und Praktikanten.

2501	Mitarbeiterinnen und Mitarbeiter		
	davon entfielen		
1625	Fahrdienst	=	65,0 %
515	Werkstätten / Kolonnen	=	20,6 %
247	Verwaltung	=	9,9 %
114	Auszubildende / Praktikanten	=	4,6 %

Stand 31.12.1999

Abbildung 1: Gesamtzahl der Beschäftigten nach Köpfen

Eine wichtige Besonderheit der Bremer Straßenbahn AG ist der mittlerweile hohe Anteil von Teilzeitbeschäftigten. Die Entwicklung von 1994 bis 1999 von 398 Teilzeitbeschäftigten auf 558 Teilzeitbeschäftigte belegt, daß über 20 % der Mitarbeiter in Teilzeit beschäftigt sind.
In der Altersteilzeit waren 1997 insgesamt 48 Mitarbeiter beschäftigt. Bis Ende 1999 stieg die Zahl bereits auf 157 Mitarbeiter. Ende 2000 nutzten 162 Personen das Altersteilzeitprogramm und es lagen bereits weitere 128 Anträge auf Altersteilzeit vor. Als Folge des Programms konnten bis Ende Mai 2000 schon

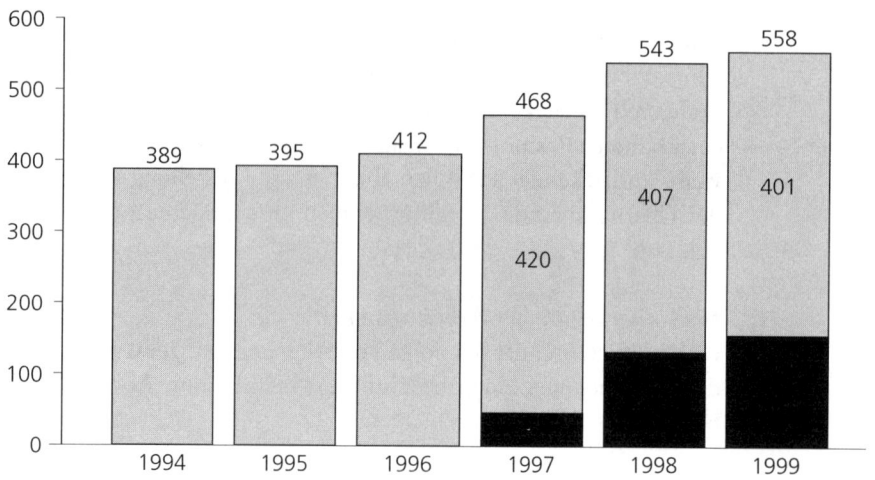

Beschäftigtenzahl jeweils zum 31.12. (ohne Auszubildende)

☐ Teilzeitbeschäftigte
■ Altersteilzeitbeschäftigte

Abbildung 2: Teilzeitentwicklung

62 Mitarbeiter vorzeitig in Rente gehen. Weitere 68 Mitarbeiter werden bis Juli 2004 folgen. Diese Zahlen zeigen, daß das Altersteilzeitmodell auch quantitativ zu guten Ergebnissen führt. Die hohe Inanspruchnahme durch die Beschäftigten auf der einen Seite und die Zahl der entsprechenden Neueinstellungen auf der anderen Seite belegen, daß das Modell sowohl personal- als auch beschäftigungspolitisch erfolgreich ist.

3. Warum läuft es so gut?

Dieser positive Verlauf hat verschiedene – miteinander in Wechselbeziehung stehende – Voraussetzungen.

(1) Altersstruktur
Eine wesentliche Basis für die gute Resonanz bei den Mitarbeitern und die Möglichkeit der praktischen Umsetzung durch das Unternehmen ist die vorhandene *Altersstruktur*. Altersteilzeit kann nur dann sinnvoll angewandt werden, wenn auch Mitarbeiter in den entsprechenden Altersgruppen vorhanden sind. Beim Inkrafttreten des Altersteilzeitgesetzes im Jahre 1997 waren rund 720 Mitarbeiter der BSAG in der Altersgruppe, die bis Mitte 2004 Altersteilzeit in Anspruch nehmen kann.

(2) Ausführliche Informationsgespräche
Bei der ersten Ankündigung durch das Unternehmen und in den ersten Gesprächen zwischen Personalleitung und Mitarbeitern wurde klar, daß ein sehr hoher und individuell differenzierter Informationsbedarf bei den Beschäftigten besteht. Für die Personalabteilung, die zunächst nur von ca. 40 Personen ausgegangen war, die Altersteilzeit beantragen würden, war die unerwartet hohe Zahl der Interessierten und der daraus resultierende große Beratungsbedarf Anlaß, das Informationsgespräch zu formalisieren. Dieses Gespräch dauert nun in der Regel bis zu einer Stunde und gibt den Mitarbeitern die erforderliche individuelle Beratung und Handlungssicherheit. In der Personalabteilung wurde dafür eine spezielle Stelle eingerichtet, die sich den Mitarbeitern als fester und verlässlicher Ansprechpartner anbietet. Im ausführlichen Informationsgespräch werden folgende Punkte geklärt:
- die gesetzlichen Rahmenbedingungen
- die Höhe der Netto-Gehalts-Garantie
- individuelle Arbeitszeitwünsche
- Unterstützung bei der Rentenberechnung
- Urlaubsansprüche
- steuerliche Konsequenzen z.B. Erläuterung des Progressionsvorbehaltes
- Höhe des betrieblichen Ruhegeldes
- Krankengeldansprüche.

(3) Akzeptables Einkommen: 85 %-Garantie
Die Beschäftigten in Altersteilzeit erhalten bei der BSAG für eine um auf die Hälfte verminderte Arbeitszeit eine 85 %-Einkommensgarantie. Diese 85 %-Garantie bzw. das fiktive Vollzeit-Netto wird ermittelt aus dem durchschnittlichen Entgelt der letzten drei Monate ohne Überstunden und ohne steuerfreie

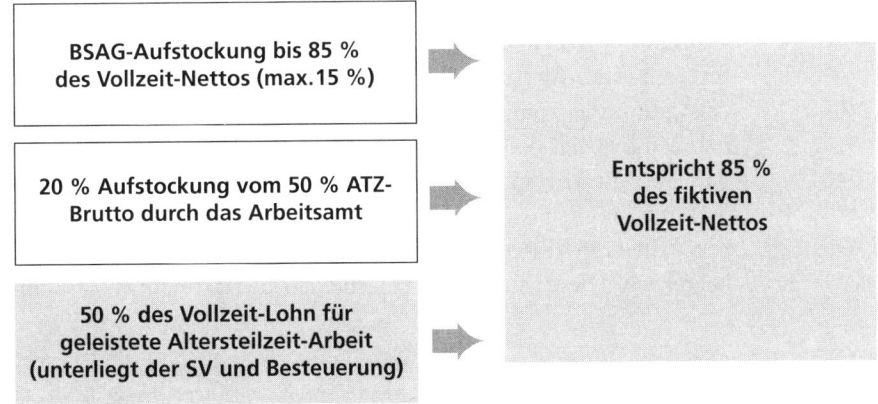

Abbildung 3: Akzeptable 85 %-Garantie

Zuschläge (ein erhebliches Manko für Schichtdienstmitarbeiter) sowie je 1/12 des tariflichen Weihnachts- und Urlaubsgeldes. Hiervon erhalten die Mitarbeiter 50 % vom fiktiven Vollzeit-Netto für die geleistete Altersteilzeit-Arbeit (sozialversicherungs- und steuerpflichtig). Dieser Betrag wird vom Arbeitsamt um 20 % aufgestockt und durch das Unternehmen bis zur Erreichung der 85 % des Vollzeit-Netto-Entgelts weiter erhöht (daher max. 15 %).

(4) Betriebliche Altersversorgung
Die Mitarbeiter, die die Altersteilzeit nutzen wollen, werden vom Unternehmen in ihrer Entscheidung positiv beeinflußt, da ihnen mit Beginn der Altersrente eine zusätzliche Betriebsrente zusteht. Diese Betriebsrente kann die als Folge der Altersteilzeit entstehenden Rentenabschläge ausgleichen. So kann z.B. nach 25 Jahren Betriebszugehörigkeit ein Fahrdienstmitarbeiter rd. 545 DM, ein Werkstattmitarbeiter rd. 593 DM, ein kaufmännischer Angestellter rd. 591 DM Betriebsrente beziehen. Die Rentenverluste in der gesetzlichen Rentenversicherung von bis zu 450 DM im Monat werden dadurch ausgeglichen.[2]

(5) Individuelle, flexible Altersteilzeitmodelle
Da die Bremer Straßenbahn AG als Nahverkehrsunternehmen eine große Erfahrung mit flexiblen Schichtplanmodellen hat, kann den Mitarbeitern weitgehend entgegengekommen und ihren Wünschen – unter Berücksichtigung der betrieblichen Belange – in der Arbeitszeitplanungen entsprochen werden. Die Abbildungen 4 und 5 zeigen, wieviele verschiedene Arbeitszeitmodelle gegenwärtig umgesetzt werden. Bei der BSAG werden bisher folgende Altersteilzeit-Modelle am häufigsten genutzt: 45 % der Mitarbeiter in Altersteilzeit favorisieren einen Arbeitszeitrhythmus von eine Woche arbeiten / eine Woche frei, 27 % "blokken" ihre Freizeit am Ende ihres Berufslebens (Tendenz steigend!), 10 % arbeiten drei Tage in der Woche, 7 % arbeiten im Vier-Wochen-Rhythmus und 5 % im Zwei-Wochen-Rhythmus. Diese auf individuelle Bedürfnisse passgenau abgestimmten Arbeitszeitmodelle sind sicherlich ein wichtiger Grund für die Attraktivität des Altersteilzeitmodells.
Aus gesundheitspolitischen Überlegungen wird das Blockmodell vom Unternehmen kritisch beurteilt und daher nicht präferiert. Es ist aber festzustellen, daß die Mitarbeiter mittlerweile zunehmend das Blockmodell wählen, da es dadurch möglich ist, mit 60 Jahren aus dem meist mit Schichtdienst verbundenen Arbeitsprozess entgültig auszuscheiden und trotzdem den Rentenverlust zu begrenzen. Diese Mitarbeiter entscheiden sich dafür, mit 57 1/2 Jahren die Alters-

---

[2] Unter dem Strich betrachtet nehmen die Mitarbeiter, die in Altersteilzeit gehen, aber dennoch einen Abschlag an der ihnen insgesamt zustehenden Altersversorgung von bis zu 450 DM in Kauf, da sie in den Genuß der Betriebsrente auch dann gekommen wären, wenn sie Altersteilzeit nicht in Anspruch genommen hätten.

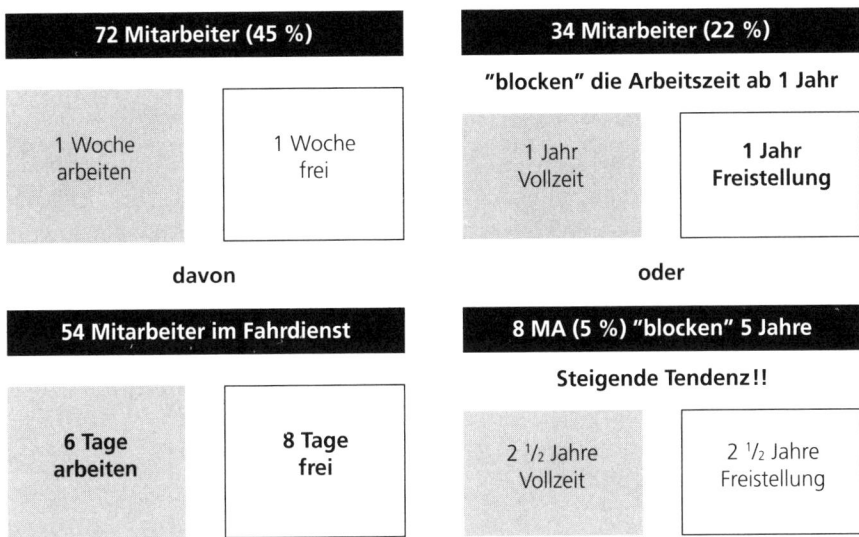

Abbildung 4: Individuelle, flexible ATZ-Modelle

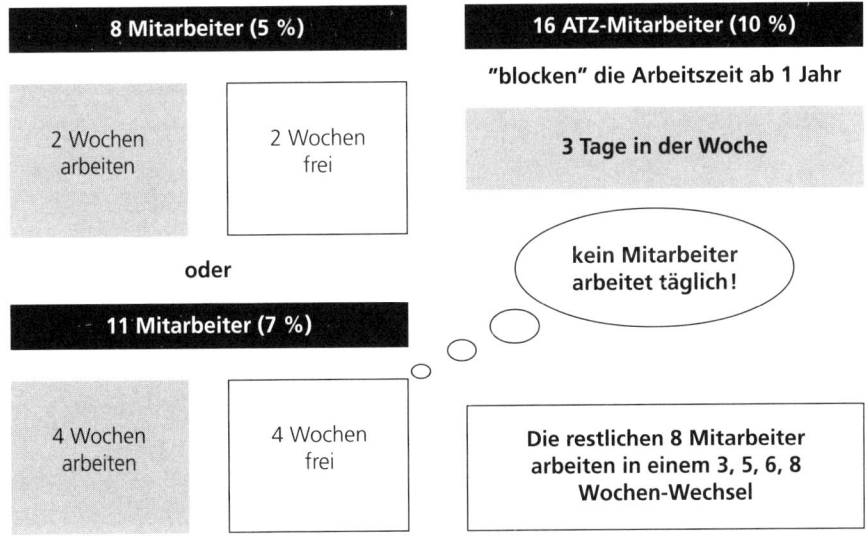

Abbildung 5: Individuelle, flexible ATZ-Modelle

teilzeit zu beginnen, zweieinhalb Jahre vollzeit weiterzuarbeiten (= blocken) und ab 60 den Freizeitblock zu nutzen. Mit 62 $^1/_2$ Jahren verlassen sie auch formell das Unternehmen und beziehen Rente.[3]

(6) Altersteilzeit als gemeinsame Initiative von Arbeitgeber und Betriebsrat
Von Anfang an war die Einführung des Altersteilzeitmodells eine gemeinsame Initiative von Arbeitgeber und Betriebsrat. Als erstes wurde eine beidseitig akzeptierte und Vertrauen schaffende Betriebsvereinbarung geschlossen. Seit 1999 gibt es einen Haustarifvertrag, der auch die Blockung in einem Fünf-Jahres-Zeitraum zuläßt. Im Unternehmen besteht ein positives Klima für neue Arbeitszeitmodelle, wenn diese sowohl dem Unternehmen als auch den Mitarbeitern nutzen. Abbildung 6 zeigt die Entlassungsjahrgänge in der Altersteilzeit, aufgestellt nach den Gruppen Angestellte, Fahrdienstmitarbeiter und Werkstattmitarbeiter.

ATZ bis: Stand 31.05.2000	Angestellte	Fahrdienst inkl. Hofdienst	Sonstige	Werkstatt	Gesamtergebnis
1998	3	0	0	1	4
1999	15	16	2	12	45
2000	13	20	2	7	42
2001	11	27	3	7	48
2002	2	14	4	6	26
2003	5	15	1	4	25
2004	8	8	4	5	25
2005	2	14	2	6	24
2006	5	8	2	2	17
2007	2	3	1	1	7
2008	2	4	1	5	12
2009	3	1	1	10	15
Gesamtergebnis	71	130	23	66	290

Abbildung 6: Entlassungsjahrgänge in der Altersteilzeit

(7) Kooperation mit dem Arbeitsamt
Wichtig war auch die gute praktische Zusammenarbeit mit dem Arbeitsamt sowohl bei der Beurteilung der Kettenbesetzung als auch bei der Nutzung der verschiedenen Förderungsmöglichkeiten.

---

[3] In der Vergangenheit konnten auch hochbelastete Mitarbeiter, wenn sie nicht schwerbehindert oder erwerbsunfähig waren, mit 60 Jahren noch nicht in Rente gehen. Diese Möglichkeit besteht nun. Sie können mit Hilfe der Altersteilzeit die sehr harte und belastende Tätigkeit als im Schichtdienst tätige Bus- und Straßenbahnfahrer mit 60 Jahren beenden.

4. Probleme bei der Altersteilzeit

Die Inanspruchnahme von Teilzeitmodellen ist gebunden an deren finanzielle Ausgestaltung. Dabei geht es aus Arbeitnehmersicht letztlich um die Höhe ihrer Nettobezüge. Die steuerlichen Rahmenbedingungen sind daher von erheblicher Bedeutung und können zunächst wenig beachtete Umsetzungsprobleme verursachen. Am Anfang wurde beispielsweise der Progressionsvorbehalt unterschätzt, der gerade bei Höherverdienenden auf das Jahr bezogen eine Steuernachzahlung von bis zu 2'500 DM verursachen kann. Das Unternehmen hat über den Senator für Finanzen in Bremen beim Bundesfinanzministerium auf dieses Problem aufmerksam gemacht und versucht, auf eine Korrektur hinzuwirken. Diese steuerliche Problematik kann ein wesentliches Anwendungshemmnis darstellen und ist auszuräumen, wenn – etwa im Rahmen eines gesellschaftlichen "Bündnisses für Arbeit" – die Attraktivität und praktische Anwendbarkeit von Altersteilzeit weiter verbessert werden soll.[4]

Es können aber auch betriebliche Organisationsprobleme und Reibungsverluste aus der Anwendung von Altersteilzeitmodellen entstehen, zum Beispiel als Folge der individuellen Altersteilzeitmodelle, wie "drei Tage in der Woche arbeiten", "zweieinhalb Tage in der Woche arbeiten" oder "zwei Wochen arbeiten, zwei Wochen frei". Diese Reibungsverluste entstanden in der Vergangenheit insbesondere in Arbeitseinheiten, bei denen am Anfang versäumt wurde, die Vertretungsregelung und Aufgabenverteilungen von Altersteilzeitmitarbeitern eindeutig zu klären. Hierauf können aber Personalleitungen und Betriebsräte Einfluss nehmen, so daß derartige Organisationsprobleme bei gutem Willen aller Beteiligten in aller Regel einvernehmlich gelöst werden können.

5. Altersteilzeit ist auch ökonomisch vorteilhaft

Das Modell der Altersteilzeit bei der Bremer Straßenbahn AG kann – trotz des betrieblichen Einkommenszuschusses von 15 % – als insgesamt für das Unternehmen mindestens kostenneutral betrachtet werden. Diese positive Einschätzung hat mehrere Gründe:
- Obwohl es bislang nicht quantitativ belegt werden kann, ist anzunehmen, daß als Folge von Altersteilzeit gesundheitliche Belastungen gesenkt und Fehlzeiten reduziert werden können.

---

[4] Auf zwei weitere aktuell ungelöste Probleme der praktischen Anwendung soll hingewiesen werden: zum einen auf die unter Gesundheitsaspekten eher nachteilige Bevorzugung des Blockmodells durch die Beschäftigten und zum anderen auf die Rentenabschläge, die dann entstehen, wenn die Vertrauensschutzregelung bei Erreichen von 45 Pflichtbeitragsjahren (nur Geburtsjahrgänge bis einschließlich 1941) ausläuft. Diese Regelung bewirkt eine Rente mit 60 ohne Rentenabschläge. Es gibt viele langjährige Mitarbeiter, die schon über 40 Jahre bei der Bremer Straßenbahn AG tätig sind und ohne diese Regelung nur unter erschwerten Bedingungen Altersteilzeitmodelle nutzen könnten.

- Durch die Alterteilzeit und die dadurch ermöglichten Neueinstellungen kann eine Verjüngung der Belegschaft mit einer Reihe von positiven Folgen (Stärkung der Innovationskräfte, Verbesserung von Karrieremöglichkeiten, erhöhte Mitarbeiterzufriedenheit ...) erreicht werden.
- (Alters-) Teilzeit und Neueinstellungen erhöhen die Kopfzahl der Belegschaft und damit die Personalreserven und die Einsatzflexibilität des Unternehmens.
- Im konkreten Fall hilft die Einstellung neuer und jüngerer Mitarbeiterinnen und Mitarbeiter, Personalkosten zu senken, da die Tarifabschlüsse der vergangenen Jahre niedrigere Einstiegsgehälter vorsehen. Daraus ergeben sich Kostenminderungen für das Unternehmen, wenn die Entgelte von zwei Altersteilzeitmitarbeitern und einem Neueingestellten verglichen werden mit den Kosten für zwei "Alt-Beschäftigte".
- Die Bremer Straßenbahn AG stellt vor allem Langzeitarbeitslose sowie Jugendliche nach dem Sonderprogramm der Bundesregierung ein, so daß deren Ausbildungskosten vom Arbeitsamt übernommen und Einstellungszuschüsse der Bundesanstalt für Arbeit in Anspruch genommen werden können.[5]

Auf dieser Grundlage konnte das Unternehmen im Rahmen einer auch ökonomisch vorteilhaften Personalstrategie bis zum Mai 2000 insgesamt 79 Arbeitslose und 21 Auszubildende zusätzlich einstellen.

6. Chancen in der Zukunft

Das Unternehmen wird auch weiterhin die Sonderprogramme für Langzeitarbeitslose und Jugendliche nutzen, um seinen durch die Anwendung von Altersteilzeit entstehenden Einstellungsbedarf sowohl unter unternehmenspolitischen als auch sozialen Erwägungen zu decken.[6]
Die Bremer Straßenbahn AG ist stark an der Fortführung des Altersteilzeitmodells interessiert und geht davon aus, daß das vorgestellte Modell sowohl dem Unternehmen als auch den Mitarbeitern und Mitarbeiterinnen nutzt und einen Beitrag leistet zum Abbau der hohen regionalen Arbeitslosigkeit.

---

[5] Die Erfahrungen mit dem Sonderprogramm für Jugendliche und Langzeitarbeitslose sind zu 95 % positiv. Bis Mai 2000 wurden 30 Jugendliche und 23 Langzeitarbeitslose eingestellt.
[6] Auch wird die Einführung der Altersteilzeit für Teilzeitbeschäftigte geprüft. Hierzu müssen allerdings zunächst tarifvertragliche Änderungen erfolgen.

5

Teilzeit, damit Arbeitslose Arbeit finden

1. Hintergrund

Viele Jahre schon schauen Regierung, Gewerkschaften und Arbeitgeberverbände gebannt auf die monatlich erscheinenden Arbeitsmarktstatistiken in Deutschland. Da keine der Parteien weiß, wie sie kurzfristig und nachhaltig den Beschäftigungsstand anheben kann, schließt man sich zu Bündnissen für Arbeit zusammen, um gemeinsam gegen Arbeitslosigkeit vorzugehen und um die Wettbewerbsfähigkeit zu stärken.
Auch wenn die Maßnahmen und Ergebnisse dieser Bemühung, verbunden mit einer anziehenden Konjunktur, teilweise eine gewisse Entlastung des Arbeitsmarktes erkennen lassen, bleibt ein hohes Maß an Besorgnis über die bestehenden Arbeitslosenzahlen, vor allen Dingen im produzierenden Bereich.
Produktivitässteigerung, Einsatz von Informationstechnologien, Verlagerung in Billiglohnländer, werden auf Dauer stärker sein als die gesamtwirtschaftlichen Gegenmaßnahmen. Hinzu kommt noch der Konzentrationsprozeß der Unternehmen und der nicht zu unterschätzende Effekt, daß beinahe mit jeder Ankündigung von Personalabbau der Aktienwert der Unternehmen steigt.
Selbst wenn es gelingen sollte, die Massenarbeitslosigkeit auf lange Sicht zu mildern, bleibt doch die Frage, wie den Menschen zu helfen ist, die jetzt und in den nächsten Jahren ganz bestimmt keinen Arbeitsplatz haben werden.
In vielfältiger Weise haben die Tarifpartner versucht, durch direkte oder indirekte Absenkung der Arbeitszeit, Entlastung zu schaffen (s. Abb. 1). Das hat jedoch seine Begrenzung in der Kostenbelastung.
Bemerkenswert ist daher der neue Ansatz in der niedersächsischen Metallindustrie, durch einen tariflich abgesicherten Solidarpakt zwischen Gewerkschaften, Arbeitgebern und MitarbeiterInnen Arbeitsplätze zu schaffen. Seit dem 09.11.1998 gibt es hier einen "Tarifvertrag zur Beschäftigungsförderung", bei

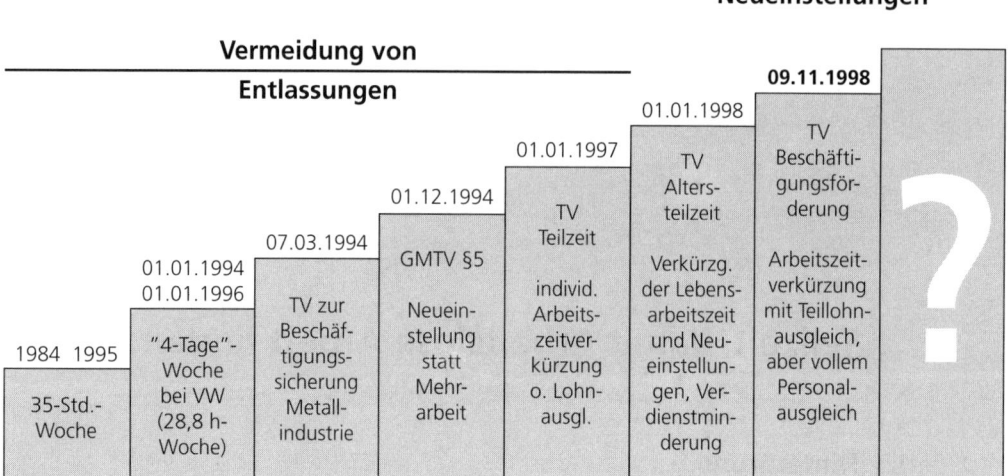

Abbildung 1: Tarifpolitik zur Sicherung und Schaffung von Arbeitsplätzen

dem ArbeitnehmerInnen freiwillig auf Arbeit verzichten können, wenn dafür Arbeitslose eingestellt werden.

2. Tarifvertrag zur Beschäftigungsförderung

Am 22. Juli 1998 haben die Tarifvertragsparteien der niedersächsischen Metallindustrie Eckpunkte für einen Tarifvertrag zur Beschäftigungsförderung festgelegt: Teilzeit soll durch Zahlung an die Mitarbeiter gefördert werden, wenn aufgrund der Teilzeitvereinbarung arbeitslose Arbeitnehmer eingestellt werden. Außerdem sollen mit dem Vermögen des Vereins[1] (siehe auch Abbildung 2) benachteiligte Jugendliche gefördert werden.

Folgende Eckpunkte wurden vereinbart:

(1) Die Tarifvertragsparteien gründen einen Verein zur Förderung der Beschäftigung. Dieser Verein soll in das Vereinsregister eingetragen werden. Die Gemeinnützigkeit im Sinne von § 52 Abgabenordnung wird angestrebt. Die Satzung einschließlich der näheren Festlegung des Vereinszwecks der Geschäftsordnung und weiterer Einzelheiten werden in den Verhandlungen

---

[1] Am 09.11.98 wurde in Hannover der "Verein zur Beschäftigungsförderung in der niedersächsischen Metallindustrie Niedersachsen" gegründet.

Abbildung 2 : Der Verein zur Beschäftigungsförderung in der Metallindustrie Niedersachsen

geregelt. Der Vorstand besteht aus zwei Personen, die jeweils von der IG Metall und dem Verband der Metallindustriellen vorgeschlagen werden. Der Verein wird durch diese beiden Vorstandsmitglieder in Gemeinschaft vertreten.

(2) Der Verband der Metallindustriellen stellt dem Verein nach erfolgreichen Verhandlungen einen Betrag von 10 Mio. DM zur Förderung der Beschäftigung zur Verfügung.

(3) Zweck des Vereins ist die Förderung von Einstellungsmöglichkeiten in den Mitgliedsbetrieben des Verbandes. Zu diesem Zweck gehört insbesondere die Förderung von Teilzeit, daneben auch die berufliche Ersteingliederung von benachteiligten Jugendlichen, die Förderung der Ausbildung etc. Um die Förderung von Teilzeitarbeit zu erreichen, können Betriebsrat und Geschäftsleitung in einer freiwilligen Betriebsvereinbarung die Arbeitszeit absenken. Dies ist möglich für den gesamten Betrieb oder Teile von ihm. Auch für einzelne Mitarbeiter kann die Arbeitszeit abgesenkt werden.

(4) Diese Mitarbeiter erhalten eine Prämie (siehe Abbildung 3), ohne daß ein Rechtsanspruch gegen den Verein besteht. Voraussetzung für die Zahlung

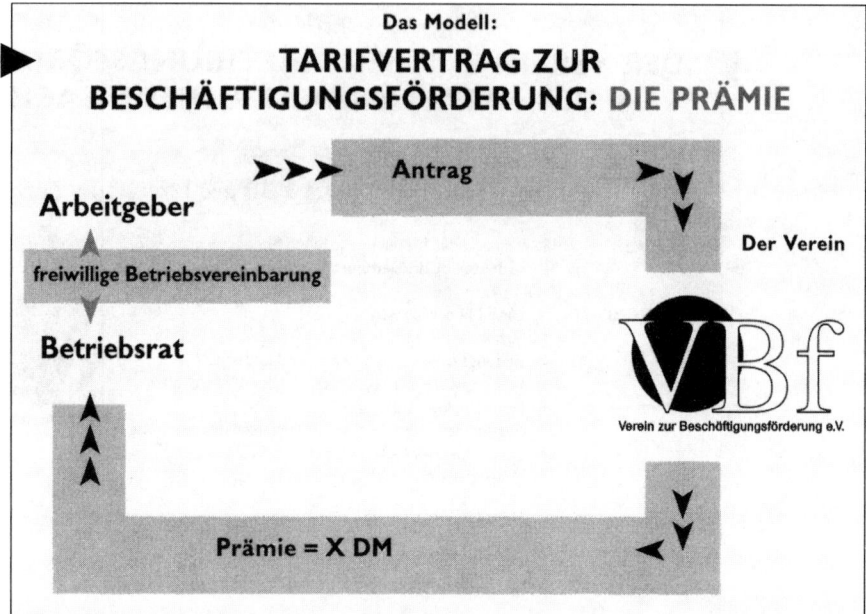

Abbildung 3 : Das Modell TV zur Beschäftigungsförderung – Die Prämie

der Prämie ist, daß infolge der Vereinbarung von Teilzeit Arbeitnehmer, insbesondere Langzeitarbeitslose, eingestellt werden. Diese Prämie ist vom Betriebsrat und der Geschäftsführung des Unternehmens gemeinsam zu beantragen. Die Höhe und Staffelung der Prämie wird auf Grundlage von § 3 Ziff. 9 Einkommensteuergesetz von den Tarifvertragsparteien festgelegt.

(5) Die Kontoführungsgebühr gem. § 7 Abs.2 GMTV (Anmerk.: DM 2.50 pro Pers./Mon.) entfällt für die Mitgliedsunternehmen des Verbandes zum Zeitpunkt, an dem der Betrag gem. Ziff. II dem Verein übertragen wird.

(6) Die Parteien verpflichten sich, Verhandlungen in kooperativer Zusammenarbeit zu führen.

(7) Die Tarifvertragsparteien werden auf die entsprechenden Stellen der Politik auf Bundes- und Landesebene zugehen, um eine möglichst effektive Zahlung der Gelder zu ermöglichen.

Diese Vereinbarung setzte die Einsicht beider Seiten voraus, daß eine generelle Arbeitszeitverkürzung unbedingt vermieden werden muß, da diese sich negativ auf die Arbeitskosten auswirken würde. Jedoch kann es im Rahmen einer gezielten individuellen Teilzeit mit ganz unterschiedlichen Arbeitszeiten der einzelnen Mitarbeiter oder Gruppen – vor allem in den Bereichen, in denen kein

Arbeitskräftemangel besteht – durchaus sinnvoll sein, die Arbeitszeit freiwillig und vorübergehend abzusenken, um Arbeitsplätze zu schaffen.

Daher wurde in Erfüllung des Verhandlungsergebnisses am 09. November 1998 nicht nur der Verein zur Beschäftigungsförderung gegründet, sondern parallel hierzu auch ein Tarifvertrag abgeschlossen. Dieser Tarifvertrag beinhaltet die Rahmenbedingungen einer angestrebten Beschäftigungsförderung:

- Als grundsätzliche Laufzeit für die Betriebsvereinbarung zur Senkung der Arbeitszeit wurde eine Frist von 2 Jahren gesetzt, die aber auch überschritten werden kann.
- Sonderzahlungen, wie Urlaubsgeld oder tarifliches Weihnachtsgeld, können monatlich verteilt werden, um eine Absenkung der Monatslöhne und Gehälter zu vermeiden.
- Arbeitnehmer haben nach Ablauf der Betriebsvereinbarung ein Rückkehrrecht auf einen Vollzeitarbeitsplatz. Gleichzeitig endet das Arbeitsverhältnis der neu eingestellten Arbeitnehmer.
- Arbeitgeber, Arbeitnehmer und Betriebsrat können beim Verein zur Beschäftigungsförderung die Zahlung der Prämie beantragen. Die Höhe der Prämie (siehe Abbildung 4) richtet sich nach dem Bruttomonatsentgelt.

Bruttomonatsentgelt (ohne Mehrarbeit)	➡	Prämienhöhe in % des Nettoausfalls
bis 3.330 Mark	➡	90,0 %
bis 3.800 Mark	➡	87,5 %
bis 4.300 Mark	➡	85,0 %
bis 4.800 Mark	➡	82,5 %
bis 5.300 Mark	➡	80,0 %
bis 5.800 Mark	➡	77,5 %
bis 6.300 Mark	➡	75,0 %
bis 6.800 Mark	➡	72,5 %
über 6.800 Mark	➡	70,0 %

Abbildung 4: Staffelung der Prämienzahlung in %

Dieser Tarifvertrag läßt den Betriebsparteien weitgehende Gestaltungsmöglichkeiten. Es wird kein Zwang ausgeübt. Er bietet Optionen, die unternehmensspezifisch von den Betriebsparteien genutzt werden sollen.

Regelungen aus dem Beschäftigungssicherungsvertrag wurden übernommen, der vor vier Jahren ebenfalls in Hannover erstmalig abgeschlossen worden ist und sich seither in vielen Fällen bewährt hat. Danach konnte die Arbeitszeit abgesenkt werden, um Arbeitsplätze zu erhalten. Nunmehr können Unternehmen durch freiwillige Betriebsvereinbarung die Arbeitszeit absenken, um Neueinstellungen zu ermöglichen.

3. Betriebliche Umsetzung der Beschäftigungsförderung

Die Grundidee des Tarifvertrages zur Beschäftigungsförderung besteht darin, die vorhandene Arbeit auf mehr Köpfe zu verteilen. Mit diesem Tarifvertrag wird eine Basis geschaffen, Arbeitszeitreduzierung für Arbeitnehmer atraktiv zu machen und gleichzeitig Arbeitslose im Betrieb einzustellen. Mitarbeiter verzichten auf Arbeitszeit, und für diese ausgefallene Kapazität werden Arbeitslose eingestellt.
Folgende oder ähnliche Modelle sind denkbar:

Abbildung 5: Reduzierung der Arbeitszeit von 35 Stunden auf 28 Stunden in der Woche

Außer diesen drei Beispielen bestehen noch zahlreiche andere Möglichkeiten, wie die Arbeitszeit abgesenkt werden kann. Es ist aber zu beachten, daß für die ausgefallene Arbeitszeit Arbeitslose eingestellt werden, die dann die gleiche Wochenarbeitszeit haben, wie die Arbeitnehmer, die ihre Arbeitszeit abgesenkt haben.

Abbildung 6: Reduzierung der Arbeitszeit von 35 Stunden auf 30 Stunden in der Woche

Abbildung 7: Reduzierung der Arbeitszeit von 35 Stunden auf 32 Stunden in der Woche

4. Tarifliche Rahmenbedingungen

Grundlage für die Durchführung des Modells ist der Tarifvertrag zur Beschäftigungsförderung für die Beschäftigten in der niedersächsischen Metallindustrie, der im folgenden auszugsweise abgebildet ist:

**Tarivertrag
zur Beschäftigungsförderung
für die Beschäftigten in der niedersächsischen Metallindustrie**

Auszug: §2
Absenkung der Arbeitszeit

(1) Um Einstellungen zu ermöglichen, können Arbeitgeber und Betriebsrat durch freiwillige Vereinbarung die Dauer der Arbeitszeit absenken, grundsätzlich auf bis zu 17,5 Stunden in der Woche. Dies kann einheitlich oder unterschiedlich vereinbart werden, sowohl für den ganzen Betrieb als auch für Teile des Betriebes oder Gruppen von Beschäftigten oder für einzelne Arbeitnehmer. Ebenso kann die Laufzeit der Vereinbarung einheitlich oder unterschiedlich geregelt werden.
Für neu eingestellte Arbeitnehmer ist grundsätzlich die abgesenkte Arbeitszeit zu vereinbaren, mindestens jedoch 17,5 Stunden.
Für Beschäftigte mit einer individuellen regelmäßigen wöchentlichen Arbeitszeit von weniger als 35 Stunden kann die Arbeitszeit gleichfalls weiter abgesenkt werden, jedoch nicht unter 17,5 Stunden.

(2) Die Monatslöhne und -gehälter sowie die weiteren tariflichen und betrieblichen Leistungen wie zusätzliches Urlaubsgeld, Sonderzahlung, vermögenswirksame Leistung etc. vermindern sich entsprechend der verkürzten Arbeitszeit.

(3) Um die Absenkung der Monatslöhne und -gehälter zu vermeiden oder zu vermindern, können die Betriebsparteien eine monatliche anteilige Zahlung der zusätzlichen Urlaubsvergütung, der Jahressonderzahlung etc. vereinbaren.

(4) Die freiwilligen Betriebsvereinbarungen zur Absenkung der Arbeitszeit sollen die Laufzeit von 2 Jahren nicht überschreiten. Die Betriebsvereinbarungen haben keine Nachwirkungen.

(5) Mit Ablauf der Betriebsvereinbarung haben Arbeitnehmer mit abgesenkter Arbeitszeit Anspruch auf Beschäftigung und Bezahlung der Arbeitszeit, die vor Abschluß der Betriebsvereinbarung vereinbart war. §4 des Tarifvertrages zur Förderung der Teilzeitarbeit findet keine Anwendung.

Das Arbeitsverhältnis der neu eingestellten Arbeitnehmer endet, ohne daß es einer Kündigung bedarf, mit Ablauf der Betriebsvereinbarung.

§3
Prämienzahlung

Arbeitgeber, Arbeitnehmer und Betriebsrat beantragen beim Verein zur Beschäftigungsförderung in der Metallindustrie Niedersachsens eine Prämienzahlung für diejenigen Arbeitnehmer, die ihre Arbeitszeit abgesenkt haben. Voraussetzungen, Höhe und Auszahlungszeitpunkte der Prämie legt der Verein zur Beschäftigungsförderung in der Metallindustrie Niedersachsens in seiner Geschäftsordnung fest.

Bilanz Januar 2001

Arbeitnehmer (AN), die ihre Arbeitszeit reduziert haben

Anzahl Firmen	Zahl der AN	Wo/Std.	Neueinstellungen	1. Verlängerung
1	85	von 35 auf 28	21	x
2	60	von 35 auf 28	15	x
3	92	von 35 auf 32,5	9	
4	69	von 35 auf 28	18	x
5	48	von 35 auf 28	10	
6	46	von 35 auf 28	14	x
7	102	von 35 auf 28	23	x
8	12	von 35 auf 28	3	
9	45	von 35 auf 28	9	
10	53	von 35 auf 28/17,5	14	
11	17	von 35 auf 17,5	6	x
12	12	von 35 auf 17,5	5	
13	2	von 35 auf 17,5	1	
14	8	von 35 auf 25	2	
15	4	von 35 auf 28	1	
16	18	von 35 auf 28	5	
17	44	von 35 auf 28	11	
18	6	von 35 auf 30	1	
19	59	von 35 auf 28	21	x

Abbildung 8: Bilanz Januar 2001[2] Arbeitnehmer, die Ihre Arbeitszeit reduziert haben

Zusammenfassende Betrachtung Stand Januar 2001:
    19   Firmen nehmen bislang teil
      7   Firmen haben ihre Betriebsvereinbarung bereits verlängert
 1049   Mitarbeiter haben ihre Arbeitszeit abgesenkt (einschl. Verlängerung)
  249   Arbeitslose wurden eingestellt (einschl. Verlängerung)

---
[2] Quelle: Info Verein zur Beschäftigungsförderung vom 05.01.2001

Der Tarif zur Beschäftigungsförderung hatte Versuchscharakter. Die Praxis hat gezeigt, das viele Beschäftigte das Modell in Anspruch genommen haben. Da es eine große Akzeptanz findet, wird sich über kurz oder lang die Frage stellen, wann der Fonds des Vereins in Höhe von 10 Mio. DM erschöpft ist. Dann steht die Entscheidung an, ob der Tarifvertrag, welcher bereits bis zum 31. Dezember 2001 verlängert wurde, noch ein weiteres Mal verlängert wird und wie der Fonds, aus dem zur Zeit noch Mittel zur Verfügung stehen, wieder aufgefüllt werden kann. Denkbar wäre, daß bei den jährlichen Tarifrunden nicht nur über die Erhöhung der Löhne und Gehälter verhandelt wird, sondern auch über finanzielle Ausstattung des Vereins zur Beschäftigungsförderung.[3]

Erfahrungen mit der Umsetzung des Beschäftigungsförderungsmodells bei der AEG Lichttechnik GmbH in Springe.

Verzicht auf Arbeitszeit, um Arbeitslose einzustellen
Grundlage für die Ausgestaltung des Modells ist der dargestellte Tarifvertrag der niedersächsischen Metallindustrie zur Beschäftigungsförderung. In diesem Modell arbeiten MitarbeiterInnen verkürzt, um Arbeitslosen eine gleiche Teilzeitarbeit zu ermöglichen.
Bei der AEG Lichttechnik GmbH in Springe zeigten auf befragen 137 MitarbeiterInnnen Interesse, in dem Modell mitzumachen und ihre Arbeitszeit freiwillig abzusenken, um dadurch die Einstellung von Arbeitslosen durch freigewordene Arbeitszeit zu ermöglichen.

Zu prüfen war:
Wie kann die Arbeitskapazität auf mehr Köpfe verteilt werden?
Welche MitarbeiterInnen haben vergleichbare Arbeitsinhalte?
Wie lange dauert es, neue MitarbeiterInnen in die vorhandenen Arbeitsgruppen zu integrieren?
In welchen Abteilungen kann das Modell durchgeführt werden?
In welchem Schichtmodell kann gearbeitet werden?
Im Betrieb erfolgte dann eine sehr umfangreiche Aufklärung der MitarbeiterInnen über die zu erwartende Prämie, den Verlust, den jeder individuell entsprechend dem Bruttoeinkommen zu erwarten hatte und in welchem Schichtmodell gearbeitet würde. Der Nettoverlust beträgt bei den MitarbeiterInnen, die ihre Arbeitszeit abgesenkt haben, ca. 30 DM bis 50 DM.
Als Ergebnis kam heraus, daß von den 137 interessierten MitarbeiterInnen bei 85 MitarbeiterInnen das Modell im gesamten Fertigungsbereich realisiert werden konnte. Der kaufmännische und der technische Bereich konnten nicht be-

---
[3] Zitat Jürgen Peters & Hartmut Meine, IG Metall Bezirk Hannover, WSI-Mitteilungen Heft 9/1998

rücksichtigt werden, da die Arbeitsaufgaben und -inhalte in diesen Bereichen zu umfangreich und zu individuell ausgerichtet waren. Eine Verlagerung der Aufgaben auf neu eingestellte Arbeitslose wäre mit einem sehr hohen Aufwand verbunden gewesen.

Die 85 MitarbeiterInnen senkten ihre Arbeitszeit jeweils von 35 Stunden in der Woche auf 28 Stunden ab, um damit 21 Arbeitslosen mit einer wöchentlichen Arbeitszeit von ebenfalls 28 Stunden einen Arbeitsplatz zu bieten.

Innerhalb einer Woche wurden 21 Arbeitslose gefunden, mit denen ein befristeter Arbeitsvertrag für 1 Jahr geschlossen wurde. Das Modell wurde bei der AEG Lichttechnik GmbH sehr gut angenommen und im Januar 2000 um ein weiteres Jahr bis zum Februar 2001 verlängert. Vorab wurde wiederum eine Befragung der Mitarbeiter durchgeführt, mit dem Ergebnis, daß 65 Mitarbeiter weitermachen, 20 Mitarbeiter aus verschiedenen Gründen wieder 35 Stunden arbeiten möchten und 20 Mitarbeiter neu in das Modell eingestiegen sind.

Aussagen zu dem Modell:
"Das funktioniert recht gut: 4 MitarbeiterInnen verzichten auf einen Tag und haben immer unterschiedlich Montag, Dienstag, Mittwoch, Donnerstag, Freitag frei. Und dafür stellen wir einen neuen Mitarbeiter ein, der vorher arbeitslos war und der diese Tage ausfüllt."

"Die Motivation der MitarbeiterInnen ist durch das Bewußtsein, nunmehr persönlich sichtbaren Arbeitslosen geholfen zu haben, sowie die geringere zeitliche Beanspruchung deutlich gewachsen."

"Das Motiv war zunächst einmal das Interesse der MitarbeiterInnen an Teilzeit. Dies war uns schon seit langem bekannt. Hemmnis dafür war der hohe Einkommensverlust, der mit einer Teilarbeitszeit verbunden ist. Dies ist durch die gezahlte Prämie deutlich gemildert."

"Das Modell wird von der Belegschaft sehr gut angenommen. Eigenmotive stehen im Vordergrund: Ich verkürze und habe mehr Zeit für meinen Haushalt und die Familie, ich kann die Zeit in mein Hobby investieren, ich verkürze und kann die Zeit für eine berufliche Weiterbildung nutzen, es kommt meiner Gesundheit zugute, ich habe einen Tag in der Woche mehr, um meine Kinder zu betreuen. Aber auch: Ich finde es gut, wenn ich als ältere Mitarbeiterin einem jungen Arbeitslosen einen Arbeitsplatz freimachen kann."

Auf Grund der überwiegend positiven Erfahrungen, die sowohl MitarbeiterInnen als auch die AEG Lichttechnik GmbH mit dieser Form des Teilzeitengagements gemacht haben, ist beschlossen worden, die Betriebsvereinbarung das 2. Mal bis 2002 zu verlängern.

6

Beschäftigungswirksame Arbeitszeitmodelle – Evaluation des Solidaritätsmodells bei der Post

1. Einleitung

Die Schaffung zusätzlicher Beschäftigungsmöglichkeiten für erwerbslose Personen war das Ziel eines Pilotprojekts, das von der Schweizerischen Post von 1998 bis Ende 2000 in vier Kantonen (Zürich, Freiburg, Jura und Tessin) erprobt und als Solidaritätsmodell bezeichnet wurde.

Im Rahmen des Solidaritätsmodells reduzieren 3, 4 oder mehr Personen ihre Arbeitszeit und integrieren eine erwerbslose Person in ihren Arbeitsbereich. Die praktische Umsetzung ist so zu charakterisieren, dass jeweils alle Teammitglieder drei Wochen arbeiten und eine Woche frei haben. Dem Gewinn an Freizeit steht eine Lohneinbusse von 7 % für Beschäftigte mit Unterstützungspflichten und 10 % für Beschäftigte ohne Unterstützungspflichten gegenüber.

Das Solidaritätsmodell bei der Post wird als Pilotprojekt in Zusammenarbeit mit dem Staatssekretariat für Wirtschaft durchgeführt.

2. Methoden und Stichprobe

An dem Pilotprojekt nehmen 16 Gruppen mit insgesamt 64 Personen teil. Die Geschlechter sind ungefähr gleich vertreten. Die Tätigkeitsbereiche der Gruppen liegen im Transportdienst, Zustelldienst, Schalterbereich und in der Administration der Post.

Im Rahmen einer ersten Evaluation (Mai bis Juli 1999) wurden Gruppeninterviews mit den Solidaritätsgruppen, Einzelinterviews mit den ehemals erwerbslosen neuen MitarbeiterInnen und Einzelinterviews mit Vorgesetzten in den drei grossen Sprachregionen durchgeführt (vgl. Tab. 1).

Tabelle 1: Anzahl Gruppen- und Einzelinterviews mit am Solidaritätsmodell der Schweizerischen Post beteiligten Personen

	Anzahl Interviews mit Solidaritätsgruppen	Anzahl Interviews mit neuen MitarbeiterInnen	Anzahl Interviews mit Vorgesetzten	Total Interviews
Anzahl Interviews in der deutschsprachigen Schweiz	4	4	4	12
Anzahl Interviews in der französischsprachigen Schweiz	10	10	6	26
Anzahl Interviews in der italienischsprachigen Schweiz	2	2	2	6
Total Interviews	16	16	12	44

Die neuen MitarbeiterInnen waren auch an den Gruppeninterviews mit den Solidaritätsgruppen beteiligt. Das zusätzliche Einzelinterview, das in der Regel vor dem Gruppeninterview durchgeführt wurde, bot die Möglichkeit, sehr persönliche Fragen zur Erwerbslosigkeit und zu den Erfahrungen in der Solidaritätsgruppe zu stellen. Für die Interviews wurde die halbstrukturierte Form gewählt (Wittkowski 1994), die es erlaubt, neben den vorgegebenen Fragen im Interviewleitfaden je nach Gesprächsverlauf Zusatzfragen zu stellen. In Tabelle 2 sind die Inhalte der verschiedenen Interviewleitfäden beschrieben. Es wurde darauf geachtet, dass die InterviewerInnen die jeweilige Landessprache als Muttersprache hatten. Die Gespräche dauerten zwischen 45 und 90 Minuten.

Die Gespräche wurden auf MiniDiscs aufgenommen und anschliessend transkribiert oder schriftlich protokolliert. Die Transkripte und Protokolle wurden inhaltlich strukturiert und inhaltsanalytisch ausgewertet (Mayring 1995).
Zusätzlich zu den Interviews wurden 23 MitarbeiterInnen der Post aus der Deutschschweiz mittels Fragebogen befragt. Diese MitarbeiterInnen hatten sich ursprünglich für das Projekt interessiert, entschieden sich schliesslich aber gegen die Teilnahme. Aus den beiden anderen Sprachregionen standen keine entsprechenden Personangaben zur Verfügung.
In den folgenden Abschnitten werden die wichtigsten Ergebnisse der qualitativen Auswertung der Interviews beschrieben. Aufgrund der ungleichen Verteilung der Gruppen über die drei Sprachgebiete werden die Ergebnisse integriert dargestellt, d.h. es wird nicht nach Landesteilen unterschieden. Im Abschnitt 10 werden die wichtigsten Ergebnisse der schriftlichen Befragung berichtet.

Tabelle 2: Inhalte der Interviewleitfäden zur Evaluation der Erfahrungen mit dem Solidaritätsmodell in der Schweizerischen Post

Gruppeninterview mit Solidaritätsgruppen Einzelinterview mit Vorgesetzten	Einzelinterview mit neuen MitarbeiterInnen
• Auftrag/Aufgaben der Gruppe	• Dauer, Grund und Erleben der Erwerbslosigkeit
• allg. Erfahrungen mit dem Solidaritätsmodell und Zufriedenheit damit	• Auswirkungen der Erwerbslosigkeit auf Freizeitverhalten, Familienleben und finanzielle Situation
• Konkrete Realisierung des Solidaritätsmodells und Schwierigkeiten	• Art und Weise, wie vom Solidaritätsmodell erfahren
• Teilnahmemotivation der Gruppe	• Teilnahmemotivation
• Erwartete Auswirkungen bezüglich: Veränderung des Arbeitsinhalts, Kommunikation und Koordination, Zusammenarbeit und Kollegialität, Arbeitsqualität, Arbeitsmotivation, Arbeitsproduktivität	• allg. Erfahrungen mit dem Solidaritätsmodell
	• Erwartungen bezüglich: Arbeitsinhalt, Kommunikation und Koordination, Zusammenarbeit und Kollegialität, Arbeitsqualität, Arbeitsmotivation, Arbeitsproduktivität
• Erlebte Auswirkungen bezüglich: Veränderung des Arbeitsinhalts, Kommunikation und Koordination, Zusammenarbeit und Kollegialität, Arbeitsqualität, Arbeitsmotivation, Arbeitsproduktivität	• Erfahrungen bezüglich: Arbeitsinhalt, Kommunikation und Koordination, Zusammenarbeit und Kollegialität, Arbeitsqualität, Arbeitsmotivation, Arbeitsproduktivität
• Freizeitaktivitäten	• Erlebte Veränderungen bezüglich Freizeitverhalten, Familienleben und Qualifikationen
• Vorteile und positive Auswirkungen des Solidaritätsmodells	• Perspektiven
• Nachteile und Problembereiche des Solidaritätsmodells	
• Realisierte Umstellungen/Anpassungen (organisatorisch, qualifikationsbezogen, technisch-infrastrukturell)	
• Veränderungsvorschläge	
• Gesamtbeurteilung des Projektes	

3. Gründe für das Interesse an einer Teilnahme am Solidaritätsmodell

Die Frage nach der Teilnahmemotivation wurde sowohl in den Gruppeninterviews als auch in den Einzelinterviews mit den neuen MitarbeiterInnen und den Vorgesetzten gestellt.

Tabelle 3: Teilnahmegründe nach Angaben der am Solidaritätsmodell der Schweizerischen Post beteiligten Personen

	Neue MitarbeiterInnen	Solidaritätsgruppen	Vorgesetzte	Total
Attraktives Verhältnis von Freizeitgewinn und Lohneinbusse	0	11	0	11
Solidarität mit Erwerbslosen	0	10	0	10
Viel Freizeit	1	2	6	9
Erwerbslosigkeit beenden	8	0	0	8
Gute Stelle mit Perspektiven	4	0	0	4
Bei der Post arbeiten	3	0	0	3
Etwas Neues unterstützen	0	2	0	2
Total Nennungen	**16**	**25**	**6**	**47**

Für 8 **neue MitarbeiterInnen** lag der Hauptgrund der Teilnahme vor allem im Bedürfnis, eine Anstellung zu haben und damit die Erwerbslosigkeit zu beenden (vgl. Tab. 3). Ein weiterer wichtiger Grund lag darin, dass mit dem Solidaritätsprojekt nicht irgendein Arbeitsplatz, sondern einer mit guten Konditionen und Perspektiven geschaffen wurde. Drei der neuen MitarbeiterInnen wollten schon länger bei der Post arbeiten und ergriffen daher auch diese Gelegenheit. Folgende weitere Gründe wurden jeweils einmal genannt:
- Möglichkeit sozialer Integration
- Interesse am Projekt an sich
- Mehr Erholungsmöglichkeiten
- Vorsorge (Pensionskasse)

Auf die Bedeutung des Begriffs "Solidarität" angesprochen, meinten fünf neue MitarbeiterInnen, dass es sich um ein Hilfsangebot der Beschäftigten für den neuen Mitarbeiter handle. Für vier neue MitarbeiterInnen bedeutet Solidarität "eine Chance bekommen". Sieben weitere MitarbeiterInnen sahen hinter dem Begriff Solidarität eher ein Austauschverhältnis und ein Teilen von Arbeit. Mit zwei Ausnahmen waren alle ehemals Erwerbslosen der Meinung, dass ihre TeamkollegInnen aus Solidarität Einschränkungen auf sich nehmen.

11 **Gruppen** betonten den Vorteil, dass bei einem Minimum an Lohneinbussen ein Maximum an Freizeit entsteht. Zweimal wurde zudem die vermehrte Freizeit als Hauptgrund genannt. 10 Gruppen erwähnten die Solidarität mit Erwerbslosen als Teilnahmegrund. Für zwei Gruppen war auch die Unterstützung des neuen Modells ein Teilnahmegrund.

Aus der Sicht der Hälfte der **Vorgesetzten** beteiligten sich die MitarbeiterInnen vor allem wegen der vermehrten Freizeit. Auf ihre eigene Teilnahme angesprochen meinten vier Vorgesetzte, in ihrer Position sei die Teilnahme an diesem Modell unmöglich. Zwei davon sagten sogar, dass sie als Chef unersetzbar wären. Sechs andere Vorgesetzte würden auch gerne mitmachen, glauben aber, dass es schwierig wäre, sie zu ersetzen oder Leute auf derselben Hierarchiestufe zu finden, die so eng zusammenarbeiten würden. Zwei Vorgesetzte wären vorbehaltlos dazu bereit. Alle Vorgesetzten wiesen darauf hin, dass sie als Mitarbeiter ohne Vorgesetztenfunktion auch mitmachen würden.

4. Gründe und Erleben der Erwerbslosigkeit

Die neuen MitarbeiterInnen waren zwischen 1 Monat und 4 Jahren erwerbslos, wobei alle, die mehr als ein Jahr erwerbslos waren, zwischendurch temporäre Stellen hatten. Die Gründe für die Erwerbslosigkeit waren unterschiedlich. In sieben Fällen fehlten nach abgeschlossener Lehre die nötigen Erfahrungen, um eine erste Anstellung zu finden. In vier Fällen waren die MitarbeiterInnen Rationalisierungsopfer oder wurden nach dem Konkurs des Arbeitgebers erwerbslos. Je einmal wurde auch eine Kündigung wegen Überqualifizierung, wegen fehlender Berufserfahrung oder wegen persönlichen Problemen mit dem Arbeitgeber erwähnt.

Auf die finanziellen Probleme während der Erwerbslosigkeit angesprochen, erwähnten vor allem diejenigen Personen Probleme, die nicht direkt von der Lehre kamen und sich schon einen gewissen Lebensstandard aufgebaut hatten. Diese mussten z.B. eine billigere Wohnung suchen oder sich von Bekannten Geld leihen.

Auf die Frage, wie sie ihren Tagesablauf während der Erwerbslosigkeit gestalteten, drückten zwei Personen deutlich aus, dass sie sich bewusst einen regelmässigen Tagesrhythmus angewöhnt hatten. Zwei andere hingegen nutzten regelmässig die Gelegenheit, länger ausschlafen und "faulenzen" zu können. Fast alle berichteten, viel Zeit in die Jobsuche investiert zu haben. Die restliche Zeit wurde auf Familie, Hausarbeit, Hobbies und Pflege von Freundschaften gleichermassen verteilt. Eine Person erwähnte, dass sie in dieser Zeit gelernt hat, Saxophon zu spielen, und ein anderer Mitarbeiter hat intensiv deutsch gelernt und nebenbei einen PC-Kurs absolviert.

5. Erwartungen an das Projekt

In der folgenden Tabelle 4 sind die Erwartungen der am Solidaritätsmodell beteiligten Personen zusammengefasst.

Tabelle 4: Erwartungen nach Angaben der am Solidaritätsmodell der Schweizerischen Post beteiligten Personen

	Neue MitarbeiterInnen	Solidaritätsgruppen	Vorgesetzte	Total Nennungen
Kollegschaft und gute Zusammenarbeit	11	0	1	12
Allg. positive Erwartungen	4	5	0	9
Angst, dass sich der/die Neue nicht einsetzt	0	1	3	4
Die eigenen Fähigkeiten unter Beweis stellen	3	0	0	3
Eigenen Horizont erweitern und Image der Post verbessern	0	0	3	3
Vielfältige Arbeit	2	0	0	2
Einfache Arbeit	2	0	0	2
Angst vor Rivalitäten	2	0	0	2
Keine Veränderung des Arbeitsinhaltes	0	2	0	2
Angst, dass der/die neue MitarbeiterIn besser sein wird als Gruppenmitglieder und statt derer eingestellt wird	0	1	0	1
Total Nennungen	24	9	7	40

Auf die Frage, was sie von diesem Projekt erwarten, antworteten die **neuen MitarbeiterInnen** weniger projekt- als arbeitsplatzspezifisch. Die meistgenannten Erwartungen sind gute Zusammenarbeit bzw. Kollegschaft, allgemein positive Erwartungen und die Möglichkeit, ihre Fähigkeiten unter Beweis stellen zu können. Zwei neue MitarbeiterInnen erwarteten eine abwechslungsreiche Arbeit, zwei andere stellten sich hingegen auf eine einfache bzw. "monotone" Arbeit ein. Zwei MitarbeiterInnen erwähnten, dass sie Rivalitäten mit anderen Beschäftigten der Post vermeiden wollten. Alle beschrieben sich aber als sehr motiviert.

Auffallend waren neben der positiven Grundhaltung der **Gruppe** zum Projekt verschiedene Ängste. So hoffte eine Gruppe, dass sich das neue Teammitglied schnell integrieren kann und nicht zum Erschwernis wird (davor hatte auch drei der befragten Vorgesetzten Angst). Ein anderer Mitarbeiter aus einer Gruppe befürchtete, dass er selber nach Ablauf des Projekts durch den neuen Mitarbeiter ersetzt würde, falls dieser besser arbeitete als er selbst. Zwei anderen Gruppen war es wichtig, dass sich der Arbeitsinhalt durch das Projekt nicht veränderte.

Drei **Vorgesetzte** sahen die Möglichkeit für sich und die MitarbeiterInnen, den eigenen Horizont zu erweitern, die Einstellung zu den Erwerbslosen zu verändern und gleichzeitig auch das Image der Post positiv verändern zu können. Ein weiterer Vorgesetzter war eher skeptisch und erhoffte sich nicht viel vom Solidaritätsmodell – war aber zum Zeitpunkt der Befragung inzwischen sehr begeistert.

6. Erfahrungen mit dem Solidaritätsmodell

6.1 Positive Erfahrungen und erlebte Vorteile

Die positiven Erfahrungen und erlebten Vorteile nach Angabe der am Solidaritätsmodell beteiligten Personen sind in der Tabelle 5 zusammenfassend dargestellt.

Tabelle 5: Positive Erfahrungen und erlebte Vorteile nach Angaben der am Solidaritätsmodell der Schweizerischen Post beteiligten Personen

	Neue MitarbeiterInnen	Solidaritätsgruppen	Vorgesetzte	Total Nennungen
Kollegiales Team	13	2	1	16
Entlastung	2	4	2	8
Erhöhte Motivation	0	3	5	8
Arbeit haben	2	1	4	7
Allg. gute Erfahrung	2	2	3	7
Soziale Erfahrungen und erlebte Solidarität	1	4	2	7
Mehr Freizeit	1	5	0	6
Mehr Personalressourcen	0	3	3	6
Gute Projektinformationen	1	0	5	6
Erfahrungen sammeln	4	0	0	4
Erholungswert der Freizeit	0	2	2	4
Keine Probleme: gute neue MitarbeiterInnen gefunden	0	0	4	4
Erhöhte Lebensqualität	1	2	0	3
Verbesserte Arbeitsqualität	0	1	2	3
Gute Projektorganisation	0	0	2	2
Erhöhte Produktivität	0	2	0	2
Sensibilisierung für Themen Arbeitszeit und Arbeitslosigkeit	0	0	2	2
Total Nennungen	27	31	37	95

Mehr als drei Viertel der **neuen MitarbeiterInnen** betonten die erlebte Kollegialität im Team. Nur ein neuer Mitarbeiter erlebte die Aufnahme ins Team als recht schwierig (vgl. Tab. 6). Im weiteren betonten einige den Vorteil, dass sie Erfahrungen sammeln können und einen Wiedereinstieg in die Welt der Erwerbstätigkeit gefunden haben. Die Tatsache, eine Arbeit zu haben und allgemein gute Erfahrungen mit dem Modell gemacht zu haben waren für je zwei neue MitarbeiterInnen positive Aspekte. Weitere positive Erfahrungen bezogen sich auf die mit dem Modell verbundene Möglichkeit, sich im Team gegenseitig entlasten zu können und mehr Freizeit zu haben. Je ein neuer Mitarbeiter erwähnte die erlebte Solidarität in der Gruppe und die erhöhte Lebensqualität ausserhalb der Arbeit als positive Erfahrungen. Die erhöhte Lebensqualität führte er vor allem darauf zurück, dass er wieder erwerbstätig ist.

Was den neuen Tagesablauf anbelangt, schätzten die neuen MitarbeiterInnen den strukturierenden Rahmen der Arbeit. Sie waren aber auch froh, dass ihnen das Modell gewisse Freiräume lässt, die sie während der Erwerbslosigkeit schätzen gelernt hatten. So betonten mehrere, dass es schön sei, während der Wochentage einkaufen gehen zu können und sich nicht am Samstag in die Menschenmassen stürzen zu müssen.

> **Kasten 1: Beispielhafte Auszüge aus Geprächen mit neuen MitarbeiterInnen**
>
> "Sicher ist es ein Vorteil, dass ich wieder integriert bin, wegen der Kommunikation. Ich habe wenigstens das Leben um mich herum. Der Tag ist nicht mehr inhaltslos, ich habe eine Aufgabe. Ich hatte vielleicht früher in meiner Arbeit etwas weniger physische Belastung, aber der psychische Druck war da, immer mehr und immer mehr. Ich habe nun wieder eine Aufgabe. Ich weiss, warum ich am Morgen aufstehe, und ich weiss, warum ich am Abend müde bin. Und es ist für mich wichtig, dass ich ein soziales Umfeld habe, dass alles um mich herum ein bisschen abgedeckt ist, dass ich nicht im Regen stehe, wenn etwas passiert, dass ich meine Arbeit mache, dass ich nicht mehr auf Stellensuche gehen muss." (Mitarbeiter im Zustelldienst)
>
> "Am Anfang hatte ich schon ein bisschen Angst, dass ich einen Fehler machen könnte. Wir müssen auf unseren Touren immer sehr pünktlich sein. Ich hatte Angst, dass ich zu spät komme, aber es läuft gut." (Mitarbeiter im Transportdienst)
>
> "Also ich habe bis jetzt nur gute Erfahrungen gemacht. Ich war nie unmotiviert, ich habe nie Bedenken über das Modell geäussert. Ich habe es nie bereut. Für mich könnte es auch zwei Jahre weitergehen, so begeistert bin ich." (Mitarbeiter im Zustelldienst)

> "Seit ich diese Arbeit mache, bin ich sehr zufrieden. Ich verstehe mich auch mit meiner Frau besser. Vorher war ich immer nervös weil ich sah, dass ich keine Arbeit hatte und meine Frau auch nicht. Sie war krank, die Zeit verlief und es wurde nicht besser. Ich fühle mich jetzt sehr gut." (Mitarbeiter im Transportdienst)
>
> "Von den Kollegen im Modell haben mich alle unterstützt, damit ich den Job besser verstehe und gut machen kann. Wenn ich Probleme hatte, wusste ich, an wen ich mich wenden muss. Alle haben mich unterstützt: Die Kollegen, der Rampenchef, der Personalchef." (Mitarbeiter im Transportdienst)

Diejenigen, die sich während der Erwerbslosigkeit vermehrt um die Familie und den Haushalt gekümmert hatten, können dies weiterhin tun. Es wurde auch betont, dass nun mehr Geld da ist, um die Freizeit zu gestalten. Eine Person beklagte, dass es durch die vielen Schichtwechsel schwierig geworden sei, sich regelmässig mit Freunden zu treffen. Für zwei Ehefrauen hat sich dadurch, dass der Ehemann jede vierte Woche zuhause ist, die Möglichkeit ergeben, einen Nebenjob anzunehmen. Der Ehemann kümmert sich während ihrer Abwesenheit um die Kinder.

Für fünf **Gruppen** war die nach drei Arbeitswochen freie Woche ein wichtiger Vorteil des Projektes. Im weiteren schätzten auch einige Gruppen die Möglichkeit der gegenseitigen Entlastung und den Erholungswert der zusätzlichen Freizeit. Weitere positive Erfahrungen waren:

- **Soziale Erfahrungen**
  - Eine welsche Gruppe sah im Projekt den Vorteil, dass sich eine neue Solidarität in einer neuen Schweiz eröffnet.
  - Bsp.: "Man sieht in der freien Woche, wie es wäre, wenn man selbst erwerbslos wäre."
- **Erhöhte Motivation** zu arbeiten
  - Bsp.: Ein Mitarbeiter arbeitet motivierter, weil er sich schon auf die nächste freie Woche freut oder noch ausgeruht von der letzten freien Woche ist.
- **Erhöhte Produktivität** und **verbesserte Arbeitsqualität**
  - Bsp.: "Wir leisten mehr."
  - Bsp.: "Die Arbeit wird besser gemacht."
- **Vermehrte Personalressourcen**
  - Bsp.: Da alle Teammitglieder alle Routen gut kennen, kann flexibel getauscht und abgelöst werden.
  - Man ist ausgeruhter.
- **Erhöhte Lebensqualität**
  - Bsp.: "Ich bin zufriedener mit dem Leben".
  - Bsp.: "Mein Familienleben hat sich verbessert".

Kasten 2: Beispielhafte Auszüge aus Gruppeninterviews

Mitarbeiter A: "Ich habe eigentlich gute Erfahrungen gemacht. Das ist sogar sehr positiv. Ich möchte es fast nicht mehr missen. Wo ich auf längere Sicht nicht ganz mithalten kann, ist beim Lohn. Wenn man Schicht arbeitet, wie wir es tun, ist es nur ein Gewinn. Vor allem kann man wieder an der Gesellschaft teilnehmen."

Mitarbeiter B: "Also ich muss sagen, für mich ist es auch sehr positiv. Ich bin Vater von zwei Mädchen, und als ich in das Solidaritätsmodell eingestiegen bin, bin ich zum zweiten Mal Vater geworden. Es ist natürlich auch für meine Frau positiv gewesen, dass ich mehr Zeit haben kann. Die Einbusse von 7 % tönt nicht nach viel Geld, aber es sind eben 7 %, die einem fehlen. Bei mir ist es immerhin die Krankenkassenprämie für die ganz Familie, die mir eigentlich wegfällt. Ich muss es irgendwie einsparen, aber es ist tragbar gewesen und es ist ein Gewinn gewesen. Man ist wieder flexibel, man kann wieder mit Kollegen etwas abmachen. Wenn man im Schichtbetrieb arbeitet, wie wir es tun, dann ist man einfach zu unflexibel. Man kann keine Kurse besuchen und überhaupt nichts machen. Und nun hat man einfach jede vierte Woche frei, und von dem her ist es schon ein Gewinn gewesen. Man ist auch entspannt, man kommt viel ruhiger zur Arbeit. Gerade wir, wo als Chauffeure in der hektischen Zeit auf der Strasse eigentlich permanentem Stress ausgesetzt sind. Man wird einfach ruhiger. Es ist schon angenehmer, so zu arbeiten. Drei Wochen arbeiten und eine Woche frei. Man hat mehr Zeit für die Familie und auch noch für seine persönlichen Hobbys und Freizeitaktivitäten. Man ist meistens müde, wenn man nach dem Arbeiten nach Hause kommt. Es ist eigentlich angenehmer, so zu arbeiten. Also ich finde, man müsste solche Arbeitszeitmodelle noch viel mehr ausdehnen, viel flexiblere Modelle entwickeln. Gerade in der heutigen Zeit gäbe es mit Sicherheit Mitarbeiter, die gerne ihr Arbeitspensum reduzieren würden. Man sollte einfach ein verträgliches Lohnniveau haben, damit die Lohneinbusse im Rahmen bleibt. In der heutigen Zeit müsste man schon einmal darüber diskutieren, ob die 36 Stunden-Woche nicht sinnvoll wäre und ob das nicht am Ende billiger wäre, wenn die Leute ihr Arbeitspensum mit einer ganz kleinen Lohneinbusse reduzieren könnten, aber dafür die Arbeit auf mehr Hände verteilt werden könnte."

Mitarbeiter A: "Dann aber die Freizeit am Stück und nicht jeden Tag eine Stunde weniger."

Mitarbeiter B: "Oder vielleicht jeden Freitag frei oder jeden Montag, oder die Zeit sammeln und zusätzlich mal zu den Ferien pro Jahr ein bis zwei Monate frei machen."

Mitarbeiter A: "Es hat viele Kollegen, die diese Variante auch bevorzugt hätten."

Mitarbeiter B: "Wir sind drei Festangestellte, die sich entschlossen haben, an diesem Projekt mitzumachen, und das heisst mit anderen Worten, wir schaffen nur 75 % und ermöglichen damit einem Arbeitslosen den Einstieg zu 75 % Tätigkeit."
Mitarbeiter C: "Wir haben jetzt einfach einen kleinen Turnus für unsere Gruppe. Wir haben immer die gleichen drei Touren."
Mitarbeiter A: "Im Gesamten gibt es ca. 150 Touren. Es braucht beinahe vier Jahre bis man alle Touren einmal gemacht hat. Mit dem Modell ist es natürlich besser. Man ist nicht so gestresst. Man kommt da alle drei Wochen wieder zur gleichen Tour. Das ist viel einfacher, als wenn man jede Woche einen neuen Dienst hat, den man vielleicht gar nicht mehr kennt."
Mitarbeiter C: "Es hat ja auch Interessenten gehabt, die abgesprungen sind, als sie festgestellt haben, dass man den Dienst nicht mehr so oft tauschen kann."
(Gruppeninterview mit 4 Mitarbeitern im Transportdienst)
Mitarbeiter A: "Die Erfahrungen an sich sind gut. Die freie Woche bringt jedem etwas, wenn er bereit ist den Einkommensverlust hinzunehmen. Man muss den Lebensstandard anpassen. Ich habe zwei Kinder und für mich hat es schon grössere Einschnitte, als wenn jemand keine Kinder hat. Gut, ich habe nur 7 % statt 10 % Lohneinbusse, aber auch das ist mit der Zeit markant. Sagen wir mal, man merkt den fehlenden Betrag am Ende des Monats schon. Wobei das der finanzielle Punkt ist. Vom gesundheitlichen Punkt kann man sagen, dass es auf jeden Fall empfehlenswert ist. Die Post ist in den letzten fünf Jahren nur noch strenger geworden, die Touren sind vergrössert worden. Von dem her, vom körperlichen her, ist es sicher positiv, dass wir die Woche frei machen können."
Mitarbeiter B: "Was ich eben auch noch wichtig finde, ist der moralische Punkt. Es ist nicht so, dass es uns psychisch schlecht gegangen ist. Es ist einfach ein Motivationsschub, wenn man eine Woche frei hat. Wenn ich am Montag arbeiten gehe, weiss ich, in drei Wochen habe ich wieder eine Woche frei. Ich finde, die Arbeitsmoral steigt an."
Mitarbeiter C: "Ich bin damit auch einverstanden. Ich finde es jetzt auch gut."
(Gruppeninterview mit 4 Mitarbeitern im Zustelldienst)
Mitarbeiter A: "Also grundsätzlich sind es für mich gute Erfahrungen. Ich kann die Freizeit gut gebrauchen, auf den Teil Lohn kann ich verzichten, jetzt sicher mal beschränkt auf ein Jahr. Auf die ganze Lebenszeit müsste man das sicher anschauen. Ich hab damit eigentlich ganz gute Erfahrungen gemacht. Ich bin nach wie vor überzeugt, da mitzuwirken."
Mitarbeiter B: "Ja, die Freizeit konnte ich auch sehr gut nutzen. Die 10 % Lohnreduktion konnte ich in Kauf nehmen. Ich finde es ein gutes Angebot. Ich hatte kein Problem mit dem Modell."

> Mitarbeiter C: "Das Angebot war sehr gut für mich, da es auch sehr gelegen gekommen ist. Ich konnte meine Hobbys, die Kollegschaften, also das Lebensumfeld ausbauen. Ich finde, dasss auch meine Lebensqualität damit gesteigert wurde. Ich konnte mich auch viel mehr auf diese Woche freuen, konnte in dieser Woche ohne Stress etwas erledigen. Zugleich stieg auch die Arbeitsqualität. Ich habe drei Wochen gearbeitet, und dann konnte ich mich wieder voll auf eine Woche Freizeit konzentrieren. Ich war besser ausgeruht, konzentrierter und machte auch weniger Fehler."
> Mitarbeiter C: "Ja, das haben wir tatsächlich beobachtet, denn wir hatten ja immer die gleichen drei Touren."
> Mitarbeiter A: "Ich glaube das hat damit zu tun, dass wir immer in den gleichen drei Touren sind, was eine gewisse Routine gibt, und damit automatisch weniger Fehler passieren. Dazu kommt die Motivation, die Kollege C angesprochen hat."
> Mitarbeiter C: "Ich war zufriedener mit mir selbst, und auch mit dem Leben und allem. Man muss einfach auch die Lohnreduktion in Kauf nehmen, aber da ich alleinstehend bin, spielt es nicht so eine grosse Rolle."
> Mitarbeiter A: "Die Reduktion vom Lohn und die zusätzliche Freizeit stehen ganz sicher in einem guten Verhältnis."
> Mitarbeiter C: "Wobei es beim Lohn darauf ankommt, in welcher Lohnklasse man ist. Wir sind in einer höheren Lohnklasse." (Gruppeninterview mit 4 Mitarbeitern im Transportdienst)

Die Erfahrungen der **Vorgesetzten** entsprechen im grossen und ganzen den positiven Erfahrungen der Gruppen und der neuen MitarbeiterInnen. Für fünf Vorgesetzte ist die gestiegene Motivation der MitarbeiterInnen eine wichtige positive Erfahrung. Auch die gute Information über das Projekt, die gute Projektorganisation und die Erfahrung, dass keine organisatorischen Probleme auftauchten, wurden als positive Aspekte erwähnt. Zwei Vorgesetzte bewerteten die Möglichkeit, soziale Erfahrungen zu machen, sehr positiv. Einer von ihnen sagte, dass ihm das Projekt gefalle, weil man lernen müsse, sich anderen Leuten zu öffnen. Zwei Vorgesetzte sahen in dem Projekt auch den Vorteil, dass die MitarbeiterInnen für die Themen Arbeitszeit und Arbeitslosigkeit sensibilisiert werden.

> **Kasten 3: Beispielhafter Auszug aus einem Vorgesetzteninterview**
> "Am Anfang war ich etwas pessimistisch. Ich muss aber sagen, dass es dank dem guten neuen Mitarbeiter sehr gut geklappt hat. Das ist das Positive. Wenn wir einen anderen Mitarbeiter bekommen hätten, der nicht so gearbeitet hätte, sich nicht so im Betrieb integriert hätte, dann hätten wir

> mehr Probleme gehabt. Es ist sicher abhängig vom neuen Mitarbeiter. Es ist sehr wichtig, dass man für so ein Projekt auch den richtigen Mitarbeiter findet. Bei unserem Mitarbeiter hat man gemerkt, dass das Interesse da war, etwas zu lernen. Das sehen wir natürlich auch in seiner geleisteten Arbeit. Wenn etwas für ihn neu ist, informiert er sich selbständig. Wir haben z.B. beim Fahrplanwechsel, als die Touren gewechselt haben, gesehen, dass er sich sogar in seiner Freizeit informiert hat, wo seine neuen Routen durchführen und diese abgefahren ist. Ich habe das Gefühl, dass wir froh wären, wenn wir ihn sofort fest einstellen könnten. Also, ich bin eigentlich positiv überrascht. Wenn wir es so schaffen könnten, dass wir solche Leute hätten, dann ist das doch eigentlich gut. Aus dieser Sicht wären wir eigentlich froh, wenn wir den Mitarbeiter nach einem halben Jahr fest einstellen könnten. Wir müssen uns schliesslich nach dem Betrieb ausrichten und schauen, dass wir genügend gute Leute haben." (Vorgesetzter einer Gruppe im Transportdienst)

6.2 Negative Erfahrungen und erlebte Nachteile

Die negativen Erfahrungen und erlebten Nachteile nach Angabe der am Solidaritätsmodell beteiligten Personen sind in der Tabelle 6 zusammenfassend dargestellt.

Tabelle 6: Negative Erfahrungen und erlebte Nachteile nach Angaben der am Solidaritätsmodell der Schweizerischen Post beteiligten Personen

	Neue MitarbeiterInnen	Solidaritätsgruppen	Vorgesetzte	Total Nennungen
Anfangsschwierigkeiten	9	6	3	18
Probleme bei Ressourceneinsatz	0	1	5	6
Erschwerte Kommunikation/Informationslücken	3	1	1	5
Akzeptanzprobleme/Unterstützungsprobleme	0	3	2	4
Lohneinbusse	1	2	1	4
Schwierigkeit bei Teambildung	1	1	2	4
Ungenügende Informationen über das Projekt	0	1	2	3
Wenig Kontakt im Team	2	0	1	3
Fehlende Qualifikationen der neuen MitarbeiterInnen	0	1	2	3
Ungenügende Einführung der neuen MitarbeiterInnen	1	1	1	3
Total Nennungen	17	17	20	53

Die Einarbeitungszeit wurde von mehr als der Hälfte der **neuen MitarbeiterInnen** als sehr schwierig und anstrengend empfunden, und deshalb waren die neuen MitarbeiterInnen dankbar für die Unterstützung und die Hilfestellungen, die durch die Arbeitskollegen geboten wurden (vgl. Tab. 5). Zwei Personen fühlten sich auch zum Zeitpunkt des Interviews noch sehr gefordert (oder überfordert), und eine Person bewertete die Einführung als mangelhaft. Sie hatten Mühe mit dem zeitlichen Druck und hatten auch Mühe, die drei Routen, die sie lernen mussten, im Kopf zu behalten. Ein Teilnehmer (vom Zustelldienst) erwähnte, dass er an den Sonntagen die Strassen abfährt, die er in der nächsten Woche kennen muss. Drei neue MitarbeiterInnen fühlten sich z.T. schlecht informiert. Sie hatten das Gefühl, dass sie während ihrer einwöchigen Abwesenheit wichtige Informationen nicht mitbekommen und bei Arbeitsbeginn diesen "hinterherrennen" müssen. Zwei TeilnehmerInnen bemängelten, dass sich das Team zu wenig sieht, weil immer eine Person die freie Woche hat.

Für sechs **Gruppen** waren ebenfalls die erste Zeit und die damit verbundenen Schwierigkeiten eine nachteilige Erfahrung. In dieser Zeit kam es zu Überzeiten anstatt zur erwarteten zusätzlichen Freizeit. Eine Gruppe machte schlechte Erfahrungen mit dem Vorgesetzten. Dieser wollte sie während der freien Woche zum Arbeiten einspannen (Überzeit), da er mit Personalengpässen zu kämpfen hatte. Der Vorgesetzte sieht im Projekt Personalressourcen.

> **Kasten 4: Beispielhafte Auszüge aus Gruppeninterviews**
>
> Mitarbeiter C: "Am Anfang mussten wir schon mehr tun, wenn der neue Mitarbeiter langsamer war."
> Mitarbeiter A: "Wir sind locker auf zwölf Stunden gekommen."
> Mitarbeiter C: "Wir haben zwölf Stunden gearbeitet. Ich habe sogar mal dreizehn Stunden gearbeitet."
> Mitarbeiter A: "Die offizielle Arbeitszeit ist 42 Std. in der Woche. Früher habe ich um fünf oder sechs Uhr morgens angefangen. Jetzt habe ich immer um fünf Uhr angefangen und abends bis um fünf Uhr gearbeitet. Das erste dreiviertel bis halbe Jahr – bis er es mal hatte – war relativ arbeitsintensiv. Dazu kamen die Samstage. Die Samstage konnte er am Anfang nicht allein machen. Da mussten wir zusätzlich kommen. Wir haben normalerweise jeden zweiten Samstag frei, und dann hat es geheissen, dass alle drei Samstage im Monat arbeiten müssen. Mich hat es jedesmal getroffen. Normalerweise arbeite ich zwei pro Monat. Mit ihm habe ich dann drei pro Monat gearbeitet. Aber auch das haben wir abgestellt. Wir haben gesagt, dass wir im Februar einen Test machen, er macht es allein, ich komme nur schauen. Er hat es bestanden, und ab diesem Zeitpunkt hiess es, dass er den Samstag alleine macht. Wir haben ihm eine Anlaufzeit gegeben. Danach ist es tipptopp gelaufen, und von diesem Zeitpunkt weg haben wir unsere Stunden redu-

zieren können. Wir haben begonnen, unter der Woche zu reduzieren. Das haben wir mit unserem Personalchef abgesprochen. Wir haben ihm immer weniger geholfen, und dann konnte er es auch langsam durchziehen, selber alles zu erledigen. Er hat es gemeistert, und es ist immer besser gegangen. Wir haben es gesehen und unseren Arbeitsaufwand auch reduziert. Wir sind von 10 bis 12 Stunden wieder auf acht oder neun Arbeitsstunden pro Tag runtergekommen."

Mitarbeiter C: "Man muss aber auch sagen, dass wir am Anfang zwei oder drei Kandidaten hatten, die nach einem oder zwei Tagen wieder gegangen sind. Ich habe den Eindruck, diesen ist es mit dem Modell schlecht ergangen. Es waren vielfach Leute, die eine andere Erwartung hatten, und überfordert gewesen sind." (Gruppeninterview mit 4 Mitarbeitern im Transportdienst)

Mitarbeiter A: "Man muss wissen, dass die Arbeit hart ist. Es gibt 20- oder 30-Jährige, die es nicht schaffen. Die kommen und bleiben keine Woche, weil es ist so streng. Wir haben gedacht, dass es mit einem neuen Mitarbeiter über 50 – wie in unserem Fall – schwierig ist. Wir haben ihm drei Monate Zeit gegeben, und wir haben angefangen, ihn langsam aufzubauen. Mit der Zeit hat er sich gesteigert. Dann ist es gegangen. Jetzt läuft das Modell gut. Jeder macht seine Wochen, und wenn es Probleme gibt, sind wir da. Man kann auch mal abtauschen, kann mal sagen 'kannst du für mich …?' Es ist recht gut." (Gruppeninterview mit 4 Mitarbeitern im Zustelldienst)

Mitarbeiter A: "Wir hatten zu Beginn das Gefühl, dass unser Chef dagegen war. Es gab immer einen gewissen Widerwillen. Als dann unsere Gruppe geschaffen worden war hiess es auch schon, dass wir die einzige Gruppe sind, die immer die gleichen Touren hat. Die Touren werden normalerweise nach dem Alphabet zugeteilt. Das ist einfach und unkompliziert. Wir sind dann eigentlich auf grossen Widerwillen gestossen, und auch immer so ein bisschen abschätzend behandelt worden. Erst kürzlich gab es die Aussage, dass das Modell überhaupt nicht verlängert wird. Angesichts des Personalmangels, den wir auch im Transportdienst haben, soll der neue Mitarbeiter fest eingestellt werden. Es wird dann vom Chef her gar nicht mehr diskutiert, ob wir das Modell verlängern wollen oder nicht. Es ist klar, nach einem Jahr ist es fertig Schluss. Aus."

Mitarbeiter C: "Wobei ich wäre bereit, wenn es weitergeht. Ich würde sofort unterschreiben, wenn es fünf Jahre lang geht, weil ich überzeugt bin von diesem Projekt. Ich hätte keine Probleme."

Mitarbeiter A: "Da sind wir schon auf Gegenwehr gestossen, und sind uns dann quasi als abschätzend vorgekommen. Man zieht es aber durch, weil man muss." (Gruppeninterview mit 4 Mitarbeitern im Transportdienst)

Zwei andere Gruppen hatten mit dem Neid anderer MitarbeiterInnen der Post zu kämpfen, die Mühe damit hatten, dass die Mitglieder der Solidaritätsgruppen bei grösserem Freizeitanteil fast ebensoviel wie sie selbst verdienen. Dies betonen auch die jeweiligen Vorgesetzten der Solidaritätsguppen als negative Erfahrung. Eine vom Projekt sehr motivierte Gruppe bedauerte, dass der Vorgesetzte das Projekt und somit das Team nicht richtig unterstützte. Einige Teammitglieder, die vorher 100 % verdient haben, merken die 7 bis 10 % Lohneinbusse. Weitere Einzelnennungen waren:
- Erschwerte Kommunikation im Team
- Schwierigkeiten bei Teambildung
- Fehlende Qualifikationen des neuen Mitarbeiters: Es passieren zu viele Fehler
- Ungenügende Informationen über das Projekt
- Paradoxon, dass weniger Geld zur Verfügung steht, das in der Freizeit gebraucht werden könnte.

Für fünf **Vorgesetzte** bestand die Hauptschwierigkeit im Ressourceneinsatz. Während drei Vorgesetzte mit der Personalplanung Mühe hatten und vor allem bei krankheitsbedingten Abwesenheiten vor Problemen standen, hatten zwei Vorgesetzte mit Personalengpässen zu kämpfen. Zwei Vorgesetzte bemerkten, dass das Projekt 2 Jahre zu spät komme. Die grosse Erwerbslosigkeit sei vorbei. Sie würden die neuen MitarbeiterInnen lieber schon heute als morgen zu 100 % einstellen, da sie Personalressourcenprobleme haben. Ein Vorgesetzter verdächtigte die MitarbeiterInnen des Arbeitens während der freien Woche. Damit wäre der Zweck des Projektes nicht erfüllt, da sie mit diesem Nebenerwerb einer anderen erwerbslosen Person einen Arbeitsplatz wegnähmen. Ausserdem wäre dies ein lukratives Geschäft: man bekommt 90 % Lohn für 75 % Arbeit und kann zusätzlich 25 % arbeiten, hat also einen Gesamtlohn von 115 %.

> **Kasten 5: Beispielhafter Auszug aus einem Vorgesetzteninterview**
> "Also meine Erfahrungen sind folgende. Ich habe sehr Mühe mit dem Modelleinsatz. Der Grund ist folgender: Wir leiden sehr an zu wenig Personal, und dann habe ich Mühe, wenn ich drei Dienste auf vier Personen verteilen muss. Also das Modell würde gut funktionieren bei einem Betrieb, der Vollbesatzung hat. Wenn ich aber immer Unterbestand habe, bin ich gezwungen, quasi die Leute in ihrer Freiwoche zu fragen, ob sie arbeiten kommen, und das ist ja dann quasi gegen das Modell, oder? Schlussendlich arbeiten sie doch 100 %." (Vorgesetzter einer Gruppe im Transportdienst)

Ein Vorgesetzter sah im gestiegenen Planungsaufwand einen Nachteil. Andere negative Erfahrungen entsprechen den bereits erwähnten Erfahrungen der Gruppen und der neuen MitarbeiterInnen (vgl. Tab. 6).

7. Gegenüberstellung von Erwartungen und Erfahrungen

In der nächsten Tabelle werden die Erwartungen der am Solidaritätsmodell beteiligten Personen mit ihren gemachten Erfahrungen bis zum Zeitpunkt der Befragung gegenübergestellt.

Tabelle 7: Erwartungen und Erfahrungen nach Angaben der am Solidaritätsmodell der Schweizerischen Post beteiligten Personen

Erwartungen	Wirkungsrichtung	Erfahrungen
Kollegschaft und gute Zusammenarbeit	j	Sehr gute Kollegschaft
Allg. positive Erwartungen	k	Gruppe: positive Erfahrungen
	l	Vorgesetzte: z.T. noch skeptisch
Angst, dass sich der Neue nicht einsetzt	i	Sehr gute Leute gefunden
Die eigenen Fähigkeiten unter Beweis stellen	l	Harte Einarbeitungszeit und teilweise Überforderung Anfängliche Schwierigkeiten
Eigenen Horizont erweitern und Image der Post verbessern	k	Soziale Erfahrungen und Sensibilisierung
Vielfältige Arbeit	k	Herausforderung, z.T. Überforderung in erster Phase
Einfache, monotone Arbeit	j	Herausfordernde Arbeit
Angst vor Rivalitäten	k	Neid anderer MitarbeiterInnen
Angst, dass der neue Mitarbeiter besser sein wird als Gruppenmitglieder und statt derer eingestellt wird	i	Befürchtung hat sich nicht bestätigt

8. Verbesserungsvorschläge

Im folgenden werden die in den Interviews vorgetragenen Verbesserungsvorschläge aufgelistet:

- **Verbesserte Kandidatenselektion**: Ein Vorgesetzter betonte, dass die Kandidatenselektion besser sein sollte. Auch sollten die neuen MitarbeiterInnen eine bessere Ausbildung bei der Post bekommen, damit in der Anfangsphase weniger Fehler passieren und die Kundenbetreuung nicht leidet. (Es ist in mehreren Gruppen vorgekommen, dass bis zu dreimal der neue Mitarbeiter ersetzt werden musste, da er für das Projekt als ungeeignet befunden wurde).
- **Erhöhte Zeitautonomie**: Anstatt eine freie Woche nach drei Wochen hätte eine Gruppe lieber einen Tag pro Woche frei. Eine Gruppe fände Monatsarbeitszeit à 75 % besser als einen fixen Turnus.

- **Stafetten-Modell:** Ein Vorgesetzter schlug ein Solidaritätsmodell zu Gunsten älterer MitarbeiterInnen vor (Staffetten-Modell). Da der Zustelldienst für Arbeiter ab 55 Jahren sehr beanspruchend sei, sollen ihnen Jüngere solidarisch Arbeit abnehmen, ohne dass die Älteren Lohneinbussen haben.
- **Information über das Projekt:** Leider wurde die Frage danach, wie gut Vorgesetzte und Teammitglieder über das Solidaritätsmodell informiert worden sind, nur in einzelnen Fällen beantwortet. Soweit beurteilbar, waren vor allem diejenigen Vorgesetzten und Teammitglieder, deren Personalabteilung das Projekt gefördert hat, gut informiert. Vorgesetzte, die nur schriftliche Informationen vom Arbeitsmarktzentrum (AMZ) hatten, fühlten sich ungenügend informiert. Es scheint, dass sich diese Informationslücken auch auf die mangelnde Akzeptanz und Skepsis einiger Vorgesetzter ausgewirkt haben.
- **Vorbereitungskurse** verbessern: Es wurde von den neuen MitarbeiterInnen, den Gruppen und den Vorgesetzten gleichermassen gewünscht, dass die Vorbereitungskurse effizienter und vor allem tätigkeitsspezifischer sein sollten. Mehr als die Hälfte der neuen MitarbeiterInnen fühlten sich nicht gut auf den neuen Job vorbereitet (vor allem nicht das Schalterpersonal).
- **Wahl des Zeitpunktes des Projektbeginnes:** Mehrere MitarbeiterInnen des Zustelldienstes fanden den Zeitpunkt des Projektbeginnes (Herbst) schlecht gewählt, da es um diese Jahreszeit bei der Post recht hektisch zugehe, was den Einstieg für die neuen MitarbeiterInnen erschwert habe. Deshalb habe es für viele Teammitglieder in der Anlernphase des neuen Mitarbeiters/der neuen Mitarbeiterin regelmässig Überzeit gegeben.
- **Dauer der Projektlaufzeit:** Ein Vorgesetzter und ein neuer Mitarbeiter fanden die Projektidee zwar gut, waren aber der Meinung, dass ein Jahr Laufzeit ausreichen würde.

Aus den erlebten Nachteilen des Projekts leiten die Befragten folgende Verbesserungsvorschläge ab:
- **Informationsfluss verbessern k erhöhte Kommunikationserfordernisse:** Es ist wichtig, dass alle **betroffenen** Teammitglieder alle Informationen erhalten (auch diejenigen, die gerade ihre freie Woche beziehen). Ein organisiertes Informationssystem muss aufgebaut werden.
- **Sozialen Kontakt und Informationsaustausch ermöglichen:** Da alle Beteiligten die Wichtigkeit der Gruppe und der Kollegialität (vor allem in der Anfangsphase) betonen, ist es wichtig, dass sich die Gruppenmitglieder tatsächlich regelmässig treffen können. Dadurch würde auch das oben beschriebene Problem des Informationsverlustes eingedämmt werden.

9. Blick in die Zukunft

Acht Vorgesetzte haben mit den neuen MitarbeiterInnen bereits abgemacht, dass diese nach Ablauf des Projektes zu 100 % eingestellt werden. Auch die anderen Teammitglieder werden wieder 100 % arbeiten. Zwei Vorgesetzte wollen das Projekt im selben Sinne fortsetzen, falls möglich und falls alle beteiligten MitarbeiterInnen dies auch wollen. Nur ein Vorgesetzter weiss noch nicht, was mit dem Team und dem neuen Mitarbeiter nach Ablauf der Projektverlängerung geschehen soll. Ein Vorgesetzter ist der Meinung, dass das Solidaritätsmodell allen MitarbeiterInnen der Post zur Verfügung stehen sollte.

10. Schriftliche Befragung bei Nichtteilnehmern

Zusätzlich zu den TeilnehmerInnen des Solidaritätsprojektes wurden 24 MitarbeiterInnen der Post mittels Fragebogen befragt. Diese MitarbeiterInnen hatten sich anfänglich für das Projekt interessiert, entschieden schliesslich aber, sich doch nicht am Solidaritätsmodell zu beteiligen.

10.1 Gründe für das ursprüngliche Interesse am Solidaritätsmodell

Wie die ProjektteilnehmerInnen nannten auch die NichtteilnehmerInnen die Solidarität zu einer erwerbslosen Person als wichtigsten Grund dafür, weshalb sie sich für das Solidaritätsmodell interessierten. Weitere Gründe sind in Tabelle 8 erwähnt.

Tabelle 8: Gründe für das Interesse an einer Teilnahme am Solidaritätsmodell nach Angaben von ursprünglich am Solidaritätsmodell interessierten MitarbeiterInnen der Post

Solidarität, d.h. einer erwerbslosen Person die Chance zum Wiedereinstieg ins Berufsleben geben, die Arbeit mit anderen teilen	18
Attraktives Verhältnis von Freizeitgewinn und Lohneinbusse	6
Mehr Freizeit für Familie, sie selbst und Sport	6
Zuviel Stress, Entlastung	3

Weitere Einzelnennungen waren:
- Lebensfreude und Qualität für alle
- Erweiterung des Teams
- Arbeitszeitverkürzung für Weiterbildung
- Mehr Motivation durch mehr Freizeit

10.2 Gründe für die Nichtteilnahme

Die wichtigsten Gründe dafür, dass sich zuvor interessierte Postangestellte gegen eine Teilnahme am Solidaritätsmodell entschieden habe sind die folgenden:

Tabelle 9: Gründe für die Nichtteilnahme nach Angaben von ursprünglich am Solidaritätsmodell interessierten MitarbeiterInnen der Post

Keine Unterstützung der Vorgesetzten	5
Es wurde keine geeignete erwerbslose Person gefunden	4
Keine Teilnahmebewilligung bekommen bzw. nicht berücksichtigt worden	3
Interner Wechsel der Arbeitsstelle	2
Fehlende Motivation der Kollegen: kein Team zustande gebracht	2
Verbot, während der freien Woche einer Nebenbeschäftigung nachzugehen	2

Weitere Einzelnennungen waren:
- Interne Reorganisation hatte Vorrang
- Lohnreduktion
- Unklare Abläufe zur Integration der erwerbslosen Person
- Teilnehmer am Modell wären "Puffer" bei Personalknappheit gewesen

Zum Zeitpunkt der Befragung hätten sich 11 der 24 NichtteilnehmerInnen am Solidaritätsmodell beteiligt, wenn die Möglichkeit bestünde, und nur zwei schlossen eine Teilnahme weiterhin aus. Sechs MitarbeiterInnen wussten es nicht, wie sie entscheiden würden, und die übrigen machten keine Angaben zu dieser Frage.

10.3 Vorteile des Solidaritätsmodells

Trotz der Nichtteilnahme trug diese Gruppe denselben **Argumenten für das Solidaritätsmodell** Rechnung wie die TeilnehmerInnen:
- Individuelle Arbeitszeitwünsche können besser berücksichtigt werden (16 Nennungen).
- Durch das Modell können Arbeit, Familie und Freizeit besser in Einklang gebracht werden (15 Nennungen).
- Durch das Solidaritätsmodell kann ein wesentlicher Beitrag zur Reduktion von Erwerbslosigkeit gestellt werden (9 Nennungen).
- Mehr Freizeit ist wichtiger als mehr Lohn. Die vorgesehene Lohnreduktion hatte praktisch keinen Einfluss auf den Entscheid, nicht am Solidaritätsmodell teilzunehmen (4 Nennungen).

10.4 Nachteile des Solidaritätsmodells

Der am häufigsten erwähnte Nachteil war die erwartete unzureichende Kompetenz des neuen Mitarbeiters, da er ungenügend ausgebildet sein wird (5 Nennungen). Weitere Nachteile waren die Schwierigkeit, Kollegen für eine Modellteilnahme zu finden (4 Nennungen), die zeitliche Befristung der Projektdurchführung (3 Nennungen) und dass das Kader nicht hinter dem Versuch stehe (1 Nennung). Im weiteren wurde bedauert, dass man alle drei Wochen eine Woche frei hat (2 Nennungen). Besser wäre ein freier Tag pro Woche.

11. Fazit

Die bisherigen Erfahrungen mit dem Solidaritätsmodell werden von den Beteiligten recht übereinstimmend beschrieben. Das Solidaritätsmodell bot den ehemals Erwerbslosen eine Gelegenheit, im Erwerbsleben wieder Fuss zu fassen, wirkte sich aber auch positiv auf das Arbeitsklima in den Gruppen, auf die Arbeitsmotivation, die Arbeitsqualität, auf die Produktivität in den Gruppen und die erlebte Lebensqualität der Beteiligten insgesamt aus. Die Erfahrungen der beteiligten Personen zeigen aber auch, dass ein Verbesserungspotential vorliegt. Neben umfassenderen Informationen vor der Einführung, einer verbesserten Kandidatenselektion und der Verlängerung der Einarbeitungszeit wird z.B. auch der regelmässige Informationsaustausch innerhalb der Solidaritätsgruppe genannt. Einige Verbesserungsvorschläge betreffen das Modell an sich und beziehen sich auf die Lage und Dauer der Freizeit. Die Realisierung der Verbesserungsvorschläge würde aus der Sicht der Beteiligten die erlebten Nachteile hinfällig machen. Zudem ist die Unterstützung der Vorgesetzten ein wichtiges Element für den Projekterfolg.

Entsprechend den Erfahrungen mit dem Solidaritätsmodell und unter Berücksichtigung der Veränderungsvorschläge scheint es für die Beteiligten sinnvoll, das Solidaritätsmodell auch nach der Erprobungsphase und auf einer breiteren Ebene anzubieten.

Literatur

Mayring, P. (1995). Qualitative Inhaltsanalyse: Grundlagen und Techniken. Weinheim: Deutscher Studienverlag.

Wittkowski, J. (1994). Das Interview in der Psychologie. Interviewtechnik und Codierung von Interviewmaterial. Opladen: Westdeutscher Verlag.

7

Beschäftigungswirksame Arbeitszeitgestaltung mit Weiterbildungskomponente in einem schweizerischen Unternehmen der Baubranche

In der Schweiz war in den letzten Jahren ähnlich wie in Deutschland die Anzahl der in der Baubranche Beschäftigten dramatisch gesunken (vgl. Kasten 1)[1]. Der Nachfragerückgang hatte weitreichende Konsequenzen nicht nur für grosse, sondern vor allem auch für kleinere Unternehmen. Zunehmend häufiger wurden Mitarbeiter nur noch während der klassischen Bauzeiten – also Frühjahr bis Anfang Winter – beschäftigt (vgl. econcept 1999). Manche Betriebe haben ausserdem die Zahl ihrer Angestellten auf jene der Stammbelegschaft reduziert, die das Minimum darstellt, um bei der Vergabe von Bauaufträgen weiterhin konkurrenzfähig zu bleiben. Qualifizierte Beschäftigte wurden so in die Arbeitslosigkeit gedrängt, und gerade in strukturschwachen Regionen fehlten oft Möglichkeiten, einer anderen Erwerbsarbeit nachzugehen.

> **Kasten 1: Anzahl der Beschäftigten in der Schweizer Bauwirtschaft in den Jahren 1990 bis 1999**
>
> Die Zahl der Beschäftigten in der Schweizer Bauwirtschaft ist seit Beginn der 90er Jahre drastisch gesunken:
>
> | | | |
> |---|---|---|
> | | 1990 | 164.000 Beschäftigte |
> | | 1991 | 100.000 Beschäftigte |
> | | 1992 | 94.500 Beschäftigte |
> | Kanton Schwyz | | |
> | | 1990 | 3.300 Beschäftigte |
> | | 1991 | 2.100 Beschäftigte |
> | | 1992 | 1.930 Beschäftigte |

---

[1] Die Zahlen entstammen einem Vortrag von Dr. G. Käppeli im Rahmen einer Veranstaltung des Netzwerk Arbeitsgesellschaft am 20. Januar 2000 in Zürich

Vor dem Hintergrund der skizzierten Situation der Baubranche, aber auch mit Blick auf die gesellschaftliche Diskussion zum Stellenwert von Arbeit, Arbeitszeitflexibilisierung und der Rolle von Arbeit in der Lebensbiographie ist gerade auch dort nach Konzepten und Lösungen zu suchen, die vorhandene Arbeit auf "mehrere Schultern" zu verteilen und die gewonnene Zeit sinnvoll zu nutzen. Aber auch unter wirtschaftlichen Aspekten drängte es sich auf, nach alternativen Lösungen zu Entlassungen zu suchen, um die unbefriedigende Auftragslage zu überbrücken.
Nachfolgend wird eine derartige Alternative am Beispiel eines schweizerischen Bauunternehmens vorgestellt, die ein Jahr lang erprobt und vom Institut für Arbeitsforschung und Organisationsberatung Zürich evaluiert wurde.[2]

Das Pilotprojekt ArbeitPlus

Ein in der Baubranche der Zentralschweiz tätiges Unternehmen, das zum Zeitpunkt der Evaluation eine Holdingstruktur aufwies und aus mehreren Aktiengesellschaften bestand, beschäftigte Anfang 1998 rund 350 Arbeitnehmer. Aufgrund der schlechten Auftragslage wurde die Entlassung von 60 bis 70 Beschäftigten erwogen. Um den Abbau von Arbeitsplätzen in diesem Umfang zu verhindern, entschlossen sich die Unternehmensleitung und die Gewerkschaft Bau und Industrie (GBI) gemeinsam, die vorhandene Arbeit auf alle Beschäftigten zu verteilen und somit Entlassungen zu vermeiden.
Das Pilotprojekt, das zu diesem Zweck entwickelt wurde, hatte zwei Zielsetzungen: (1) den Erhalt der bedrohten Arbeitsplätze und damit die Verhinderung von Stellenabbau, (2) die Verbesserung der Arbeitsmarktfähigkeit durch gezielte Weiterbildung (ArbeitPlus). Das Pilotprojekt stellt eine konkrete Anwendung des Artikels 110a des revidierten Arbeitslosenversicherungs-Gesetzes dar. Nach diesem Gesetz können Pilotprojekte gefördert werden, die Erfahrungen mit neuen arbeitsmarktlichen Massnahmen liefern oder die durch Flexibilisierung der Arbeitszeit einen Beitrag leisten, Arbeitsplätze zu erhalten oder zu schaffen.
Die Rahmenbedingungen des Pilotprojektes ArbeitPlus sind zusammenfassend im Kasten 2 dargestellt:

---

[2] Die Evaluation der relevanten wirtschaftlichen Aspekte und der Bildungsangebote wurde von der econcept AG wahrgenommen (econcept 1999).

> **Kasten 2: Rahmenbedingungen des Pilotprojektes ArbeitPlus in einem Bauunternehmen der Zentralschweiz**
> - anstatt 20 % der Beschäftigten zu entlassen, wird die Gesamtarbeitszeit um maximal 20 % reduziert
> - die Lohnreduktion für die Beschäftigten beträgt 5 %; weitere 5 % werden vom Arbeitgeber und die restlichen 10 % Prozent von der Arbeitslosenversicherung übernommen
> - der Lohn bleibt in voller Höhe versichert
> - in der durch die Reduktion der Arbeitszeit frei gewordenen Zeit nehmen die Beschäftigten an einer stufengerechten beruflichen Weiterbildung teil (Arbeit<u>Plus</u>)
> - die Arbeitslosenversicherung trägt die Kosten für die Weiterbildungsmassnahmen
> - es besteht ein unveränderter Ferienanspruch
> - während das Pilotprojekt läuft, sind betriebsbedingte Kündigungen ausgeschlossen
> - während der Projektdauer können und sollen die Teilnehmer jederzeit wieder vollumfänglich in den Arbeitsprozess integriert werden, wenn neu eingehende Aufträge dies ermöglichen
> - das Pilotprojekt wird ein Jahr lang erprobt (1.1.1998–31.12.1998)

Alle Beschäftigten unterschrieben eine entsprechende Änderungskündigung, da sich die Anstellungsmodalitäten durch dieses Pilotprojekt verändert hatten. Der Bildungsteil, der von allen Teilnehmern in der "arbeitsfreien" Zeit in Anspruch genommen werden musste und in Zusammenarbeit mit 14 verschiedenen Kursveranstaltern realisiert wurde, war nach dem Baukastenprinzip strukturiert und gliederte sich in fünf Lernbereiche mit den Themen Allgemeinbildung, Arbeitssicherheit, Beruf–Theorie, Beruf–Praxis und Sprachen. Die Beschäftigten hatten zu Beginn des Pilotprojekts die Möglichkeit, sich bei für sie besonders interessanten Kursen anzumelden. Ihre Wünsche konnten aber nicht immer berücksichtigt werden, weil bestimmte Kurse mangels zu geringer Teilnehmeranzahl nicht stattfanden oder entfallen mussten, weil sich das Arbeitsvolumen plötzlich erhöhte und die Beschäftigten keine "arbeitsfreie" Zeit nehmen konnten. Die geplante Konzentration der Weiterbildung auf die weniger arbeitsintensiven Monate im Winter war ebenfalls nicht immer möglich.

Nach Ablauf des Pilotprojektes im Dezember 1998 wurden die Erfahrungen der Beteiligten aller Ebenen in Form einer ersten Evaluation systematisch gesammelt und Schlussfolgerungen abgeleitet.[3] Eine zweite Evaluation erfolgte

---

[3] Die Ergebnisse der ersten Evaluation sind in einem Ergebnisbericht zusammengefasst, vgl. dazu Affentranger & Degener (1999).

nach einem Zeitraum von einem Jahr nach Beendigung des Pilotprojektes ArbeitPlus im Februar 2000.

Stichprobe und Methode

Alle zum Zeitpunkt der ersten Evaluation noch in der Holding Beschäftigten[4] hatten die Möglichkeit, sowohl an Gruppeninterviews teilzunehmen als auch einen Fragebogen auszufüllen. Es wurden 17 Gruppeninterviews mit 104 Teilnehmern in deutscher Sprache durchgeführt. Für die schriftliche Befragung wurden 150 Fragebögen verteilt. Die Rücklaufquote betrug 66 %. Von den 100 auswertbaren Fragebögen stammten 40 von ausländischen Beschäftigten. Altersverteilung und Familienstand der an der ersten Fragebogenerhebung beteiligten Personen sind in Tabelle 1 dargestellt. Bei 12 Personen fehlten die entsprechenden Angaben.

Tabelle 1: Altersverteilung und Familienstand der an der ersten Fragebogenerhebung zum Pilotprojekt ArbeitPlus teilnehmenden Personen (n= 88)

Altersverteilung in Jahren	Familienstand			
	ledig	verheiratet	Geschieden	verwitwet
bis 25 Jahre	10			
26 bis 40 Jahre	13	23	1	
41 bis 55 Jahre	1	27	1	
56 bis 65 Jahre		11		1

Sowohl an den Gruppeninterviews als auch an der schriftlichen Befragung nahmen nur männliche Beschäftigte teil.

Die Gruppeninterviews wurden an den einzelnen Standorten der Holding durchgeführt. Jeweils 6 bis 8 Personen nahmen an einem Gruppeninterview teil, das von zwei Interviewern mit Hilfe eines Interviewleitfadens durchgeführt wurde und ca. 2 Stunden dauerte. Die Gruppeninterviews wurden mit einem Minidiskgerät aufgezeichnet. Schwerpunkte der Gruppeninterviews waren die Teilnahmemotivation der Beschäftigten, die Erfahrungen der Mitarbeiter mit ArbeitPlus, Vor- und Nachteile des Pilotprojekts sowie Auswirkungen und Verbesserungsvorschläge.

Der Fragebogen, der für die Evaluation von ArbeitPlus verwendet wurde, setzte sich aus offenen und geschlossenen Fragen zusammen. Der Einsatz des Fra-

---

[4] Per Ende Juni 1998 wurden 3 Betriebe mit insgesamt 150 MitarbeiterInnen aus der Holding verkauft. Diese MitarbeiterInnen nahmen an der Evaluation nicht teil.

gebogens erfolgte anonym. Zum Ausfüllen der Fragebögen versammelten die Betriebsleiter der einzelnen Betriebe der Holding jeweils mehrere Teams in einem geeigneten Raum. Die Fragebögen wurden nach dem Ausfüllen von den Beschäftigten in neutrale Briefumschläge gesteckt und direkt an das Institut für Arbeitsforschung und Organisationsberatung weitergeleitet. Schwerpunkte des Fragebogens waren allgemeine Fragen zum Pilotprojekt ArbeitPlus, arbeitszeitbezogene Einstellungsfragen und Fragen zum Thema Weiterbildung.

Die Auswertung der Gruppeninterviews und der offenen Fragen erfolgte über qualitative Inhaltsanalysen, die Auswertung der geschlossenen Items aus dem Fragebogen mittels Statistikprogramm SPSS.

Zum Zeitpunkt der zweiten Evaluation im Februar 2000 hatten wiederum alle noch in der Holding[5] Beschäftigten die Möglichkeit, sowohl an Gruppeninterviews teilzunehmen als auch einen Fragebogen auszufüllen. Es wurden zwei Gruppeninterviews mit 14 Teilnehmern in deutscher Sprache durchgeführt. Für die schriftliche Befragung wurden 68 Fragebögen verteilt. Die Rücklaufquote betrug 58 %. Von den 40 auswertbaren Fragebögen stammten 7 von ausländischen Beschäftigten. Altersverteilung und Familienstand der an der Fragebogenerhebung beteiligten Personen sind in Tabelle 2 dargestellt. Bei 7 Personen fehlten die entsprechenden Angaben.

Tabelle 2: Altersverteilung und Familienstand der an der zweiten Fragebogenerhebung zum Pilotprojekt ArbeitPlus teilnehmenden Personen (n= 33)

Altersverteilung in Jahren	Familienstand			
	ledig	verheiratet	Geschieden	verwitwet
bis 25 Jahre	2			
26 bis 40 Jahre	3	6		
41 bis 55 Jahre		8	2	
56 bis 65 Jahre	5	6		1

Sowohl an den Gruppeninterviews als auch an der schriftlichen Befragung nahmen nur männliche Beschäftigte teil.

Das organisatorische Vorgehen und die inhaltliche Durchführung der Gruppeninterviews sowie der Einsatz des Fragebogens ist analog der ersten Evaluation.

---

[5] Per Ende des Jahres 1999 wurden weitere Betriebe aus der Holding verkauft, so dass sich die Anzahl der Beschäftigten auf gegenwärtig 68 MitarbeiterInnen reduzierte und nur noch diese an der zweiten Evaluation teilnahmen.

Allgemeine Erfahrungen und ausgewählte Ergebnisse des Pilotprojektes ArbeitPlus

Von Seiten der Unternehmensleitung wurde festgestellt, dass das Pilotprojekt ArbeitPlus praxistauglich und im betrieblichen Alltag realisierbar sei. Die Akzeptanz bei den Mitarbeitern war hoch, was zu Beginn des Projektes so nicht erwartet wurde. Arbeitsplätze konnten erhalten werden und die Beschäftigten konnten durch die Weiterbildungsmassnahmen ihre Chancen auf dem Arbeitsmarkt verbessern. Durch die Arbeitszeitflexibilisierung, die mit einem hohen administrativen Aufwand für die Besetzung der Weiterbildungskurse verbunden war, wurden neue Anforderungen an die Führungskräfte gestellt. Die Organisation des Weiterbildungsteiles im Rahmen des Projektes ArbeitPlus erfolgte durch eine eingesetzte Programmkommission, in der zwei Mitglieder des Ausschusses der Trägerorganisation sowie jeweils ein von der Geschäftsleitung der Holding bestimmter Vertreter aus jedem ihrer Betriebe war. In zehn Sitzungen wurde das Kursprogramm definiert, geplant und auch kontinuierlich weiterentwickelt. Insgesamt wurden 49 Kurse von den Beschäftigten besucht, die Anzahl der Kursteilnehmertage betrug 719. Die 49 Kurse unterteilten sich in 2 Sprachkurse, 34 Berufsbildungskurse (Beruf–Theorie, Beruf–Praxis), 9 Kurse Arbeitssicherheit sowie 4 Kurse Sozialinformation. Zwischen einem Viertel und einem Drittel der gesamten Ausfallzeit wurde für die Aus- und Weiterbildung verwendet. Im Bereich der Arbeitszeitflexibilisierung wurden wertvolle Erfahrungen gesammelt und umfangreiche Erkenntnisse gewonnen. Bemängelt wurde, dass die Dauer des Projektes von 12 Monaten zu kurz war und dass es Widerstände und Anfeindungen aus der Branche gab. Die Erfahrungen zeigten auch, dass solche Modelle für die Kunden gewöhnungsbedürftig sind. Das heisst: Informationen von Seiten des Unternehmens an die Kunden sind sehr wichtig, um Missverständnissen, z.B. bezüglich der Einhaltung von Terminvorgaben auf den Baustellen, vorzubeugen.

Von besonderem Interesse sind hier die Erfahrungen der Beschäftigten, die sich an diesem Pilotprojekt beteiligt haben. Im folgenden Abschnitt werden die Ergebnisse der **ersten Evaluation** vorgestellt.

Auf eine offene Frage im Fragebogen nach den drei wichtigsten Gründen, an ArbeitPlus teilzunehmen, antworteten 86 Befragte mit 149 Nennungen. Die erhaltenen Antworten wurden ungewichtet zu 11 Kategorien zusammengefasst (vgl. Tabelle 3).

Tabelle 3: Verteilung der Nennungen in den Kategorien bezüglich der drei wichtigsten Gründe, an ArbeitPlus teilzunehmen

Kategorie	Anzahl Nennungen
Kündigungsschutz	66
Weiterbildung	22
Sanfter Zwang	15
Solidarität/Loyalität	14
Geringe Lohneinbussen	9
Innovation	8
Schlechte Arbeitslage	5
Mehr Freizeit	5
Reduzierte Arbeitszeit	2
Keine Nachteile	2
Schlechtwetteralternative	1

In den Gruppeninterviews spiegelte sich ein ähnliches Bild wider. Im Kasten 3 sind beispielhaft Auszüge aus den Gruppeninterviews dargestellt.

Kasten 3: Beispielhafte Auszüge aus Gruppeninterviews

Mitarbeiter A: "Wir sind eingestiegen, weil wir gewusst haben, das ist ein Jahr, wo man uns nicht kündigen kann, egal wie die Wirtschaftslage ist. Das war der positive Punkt. Die Arbeit ging spürbar zurück, und wenn wir nicht in ArbeitPlus gewesen wären, dann wäre es bestimmt zu Kündigungen gekommen. Wir konnten zu einem kleinen Prozentsatz vom Lohn auch an Kursen teilnehmen. Es waren Kurse, von denen man profitieren konnte. Die Kurse waren sehr gut und sicher zu empfehlen."

Mitarbeiter B: "Für mich ist es wieder ein Jahr, in dem ich nicht gekündigt werden kann. Wenn man Kurse besuchen kann, an denen man interessiert ist, dann finde ich es gut, aber nicht, wenn man die Leute einfach schickt. Das bringt nichts. Ich fand es gut, dass gefragt wurde, wohin man will. Für mich und viele meiner Kollegen war die Weiterbildung sehr wichtig im Rahmen des Pilotprojektes ArbeitPlus, sie fanden das sinnvoll und haben sich deshalb beteiligt."

Zusammenfassend lässt sich feststellen, dass die Gründe an ArbeitPlus teilzunehmen besonders den Kündigungsschutz und die Möglichkeit zur Weiterbildung betreffen.

In diesem Zusammenhang sind natürlich auch die Bedenken der Beschäftigten bezüglich einer Teilnahme an ArbeitPlus, die sie bei Projektbeginn hatten, interessant. Auf eine offene Frage im Fragebogen nach den drei grössten Bedenken im Hinblick auf eine Teilnahme an ArbeitPlus antworteten 70 Befragte mit 104 Nennungen. Die erhaltenen Antworten wurden ungewichtet zu 11 Kategorien zusammengefasst (vgl. Tabelle 4).

Tabelle 4: Verteilung der Nennungen in den Kategorien bezüglich der drei grössten Bedenken, an ArbeitPlus teilzunehmen

Kategorie	Anzahl Nennungen
Unsichere Zukunft/Ängste	28
Lohneinbussen	28
Reaktionen der Konkurrenz/Bevölkerung	8
Grosse, undurchsichtige Administration	7
Probleme mit der Kurskoordination	7
Keine Bedenken	7
Unfaire/ungleiche Behandlung	5
Organisations-/Koordinationsprobleme	5
Verschlechterung des Arbeitsklimas	4
Finanzierung	2
Projektlaufzeit	2

Die Verteilung der Nennungen in den Kategorien bezüglich der drei grössten Bedenken, an ArbeitPlus teilzunehmen, spiegeln sich auch in den Ergebnissen der Gruppeninterviews wider (vgl. Kasten 4).

Kasten 4: Beispielhafte Auszüge aus Gruppeninterviews

Mitarbeiter A: "Das wurde schon diskutiert. Wir hatten praktisch keine Vorbereitungszeit gehabt, niemand wusste so richtig, was da auf uns zu kommt und was danach kommt. Das Projekt wurde in eine hektische Zeit hineingeschlagen, es wurden kurzfristige Entscheidungen getroffen. Es wusste auch niemand, in welchem Ausmass ArbeitPlus benützt würde. Viele dachten, dass die Arbeit dann schon kommt."

Mitarbeiter B: "Gegenüber den Lohneinbussen war ich sehr skeptisch. Wenn man Familie hat und ein Haus hat, dann muss man ganz genau schauen und rechnen."

Neben den Bedenken der Beschäftigten, an ArbeitPlus teilzunehmen, stellt sich die Frage nach der Einschätzung der Vor- und Nachteile des Pilotprojekts ArbeitPlus. Mit der Frage nach den Vor- und Nachteilen von ArbeitPlus wurden die Teilnehmer aufgefordert, das Pilotprojekt rückblickend zu bewerten. Auch hier sollten jeweils die drei grössten Vorteile sowie die drei grössten Nachteile des Pilotprojektes durch die Teilnehmer charakterisiert werden. Die Antworten wurden auch hier ungewichtet in der Auswertung berücksichtigt.

Auf die offene Frage im Fragebogen nach den Vorteilen von ArbeitPlus antworteten 72 Befragte mit 116 Nennungen. Die erhaltenen Antworten wurden ungewichtet zu 9 Kategorien zusammengefasst (vgl. Tabelle 5).

Tabelle 5: Verteilung der Nennungen in den Kategorien bezüglich der drei grössten Vorteile von ArbeitPlus

Kategorie	Anzahl Nennungen
Arbeitsplatzsicherung	51
Weiterbildungsmöglichkeiten	27
Geringe Lohneinbusse	9
Mehr Freizeit	8
Solidarität	7
Reduktion bzw. Flexibilisierung der Arbeitszeit	5
Keine Vorteile	3
Schlechtwettervariante	2
Restkategorie	4

Im Kasten 5 sind exemplarisch Auszüge aus den Gruppeninterviews auf die Frage nach den Vorteilen von ArbeitPlus.

Kasten 5: Beispielhafte Auszüge aus Gruppeninterviews

Mitarbeiter A: "Als Vorteil sehe ich sicher an, dass es der Arbeitsplatzsicherung dient, auch für mich persönlich. Die Weiterbildungsmöglichkeiten sehe ich auch als Vorteil an. Ein weiterer Vorteil ist für mich auch die Freizeit."

Mitarbeiter B: "Ein Vorteil ist sicher die Weiterbildung. So viel hätten wir ohne ArbeitPlus sicher nicht. Dann müsste man die Kurse am Abend besuchen. Dass sie nicht kündigen konnten, weil ArbeitPlus ein Pilotprojekt war, dass war der zweite Punkt."

Deutlich wird, dass von den Teilnehmern u.a. die definierten Rahmenbedingungen des Projekts ArbeitPlus, die Arbeitsplatzsicherung und die Möglichkeit zur Weiterbildung im Rahmen des Pilotprojekts als die grössten Vorteile angesehen werden.

Auf die offene Frage im Fragebogen nach den drei grössten Nachteilen von ArbeitPlus antworteten 66 Befragte mit 116 Nennungen. Die erhaltenen Antworten wurden ungewichtet zu 16 Kategorien zusammengefasst und sind in Tabelle 6 dargestellt.

Tabelle 6: Verteilung der Nennungen in den Kategorien bezüglich der drei grössten Nachteile von ArbeitPlus

Kategorie	Anzahl Nennungen
Lohneinbussen	26
Ungeeignetes Modell (Ausnutzungsgefahr)	14
Mangelnde Akzeptanz bei Kunden und Bevölkerung	12
Fehlende Zeitautonomie	11
Probleme mit der Kurskoordination	9
Unfaire Behandlung	8
Undurchsichtige Administration	7
Organisations- und Koordinationsprobleme	6
Probleme im Umgang mit der Zeit	6
Verschlechterung des Arbeitsklimas	5
Unsichere Zukunft	2
Beanspruchungen	2
Informationsmangel	2
Zeitliche Beschränkung des Projekts	2
Finanzierung	2
Keine	2

Zusammenfassend lässt sich feststellen, dass die Lohneinbussen als grosser Nachteil angesehen werden. Aber auch eine gewisse Ausnutzungsgefahr wird problematisiert und als Nachteil empfunden, die das Modell für manche Befragten in sich birgt. Hinter dieser Kategorie stecken Äusserungen wie, "es besteht zu wenig Druck für die Arbeitnehmer, die sich nicht anstrengen", "Überstunden werden auf ArbeitPlus geschrieben" oder etwa "man hat das Gefühl, das Kader schickt lieber jemanden nach Hause, als sich um Arbeit zu bemühen".

In den Gruppeninterviews wurde ein weiterer Nachteil angesprochen, der in Tabelle 5 nicht enthalten ist. Offenbar führte das Projekt ArbeitPlus für einige Mitarbeiter zu einer beträchtlichen Arbeitsverdichtung, was von diesen Mitarbeitern als sehr negativ erlebt wurde. Mitarbeiter berichteten, dass sie z.T. lieber auf Ausfallstunden oder -tage verzichtet hätten, weil sie die Arbeit nachher innerhalb kurzer Zeit wieder aufholen mussten. So konnte es sein, dass man nach zwei freien Tagen mit Überzeit belastet wurde. Gleichzeitig äusserten die Mitarbeiter auch, dass es sich dabei um ein grundsätzliches Problem der Baubranche handelt, da die Auftraggeber starken Zeitdruck ausüben.

Die Anzahl der Ausfallstunden (Stunden, die die Mitarbeiter nicht vor Ort auf der Baustelle waren) ist bei den Beschäftigten unterschiedlich verteilt. Bei 72,2 % der Beschäftigten ist Arbeitszeit während der Durchführung des Pilotprojektes in einer Grössenordnung von 30 bis 300 Stunden ausgefallen, 27,8 % hatten keinen Arbeitsausfall.

Auf die Frage nach der Wichtigkeit von Weiterbildung für Bauarbeiter ohne Vorgesetztenfunktion antworten 71,6 %, dass Weiterbildung wichtig bis sehr wichtig sei, und nur 18,2 % erachten sie als unwichtig. Mit Blick auf die Verbesserung der eigenen Qualifikation durch die besuchten Weiterbildungskurse spiegelte sich folgendes Bild wider (Abbildung 1).

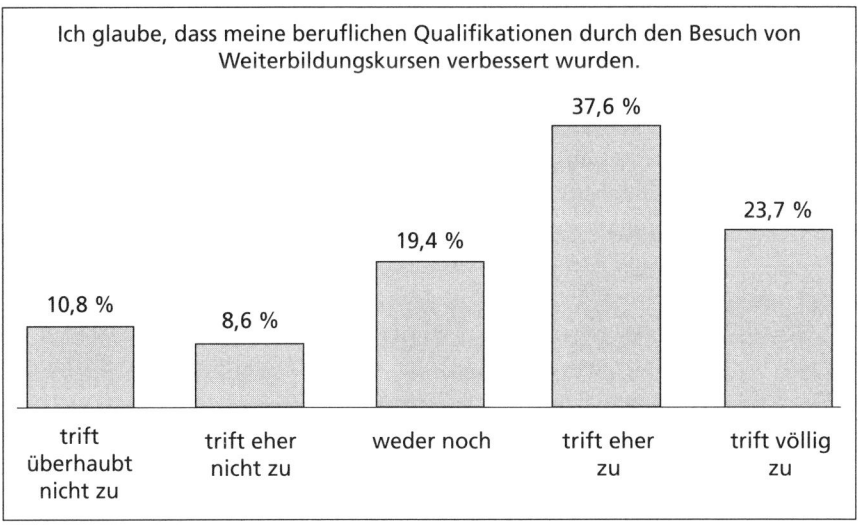

Abbildung 1: Einschätzung der Bedeutung von Weiterbildungsmassnahmen für die Verbesserung der beruflichen Qualifikation nach Angaben von 93 Arbeitern eines schweizerischen Bauunternehmens

Der Nutzen der Weiterbildungsmassnahmen für die tägliche Arbeit wird von 48,2 % als hoch und von 24,1 % als sehr hoch eingeschätzt. Aber auch der

Nutzen der Weiterbildungsmassnahmen für die allgemeine Verbesserung der eigenen beruflichen Qualifikation wird von 37,6 % als hoch und von 23,7 % als sehr hoch eingeschätzt.

Auch in den Gruppeninterviews unterstrichen viele Beschäftigte, dass sie die Möglichkeiten der Weiterbildung im Rahmen des Projekts ArbeitPlus und den persönlichen Nutzen für sich sehr schätzen. Einige wenige Mitarbeiter bezweifelten – vor allem altersbedingt – den direkten Nutzen der Massnahmen. Problematisch fanden die meisten Mitarbeiter hingegen die Organisation und die Koordination der Kurse. Zusammenfassend lassen sich folgende Kritikpunkte auflisten:

- Die ersten Monate des Jahres (Januar bis März) 1998 wurden sehr wenig für Weiterbildung genutzt, obwohl in dieser Zeit wenig Arbeit vorhanden war. Dies ist vor allem auf die zu kurze organisatorische Vorlaufzeit zurückzuführen.
- Einige Kurse fanden in den Sommermonaten statt, wo die meisten Mitarbeiter mit Arbeit ausgelastet waren. Dies wurde von vielen Beschäftigten bemängelt und stiess auf Unverständnis.
- Generell wäre ein flexiblere Kursorganisation vorzuziehen. Oft herrschte in den Kursen auch ein unterschiedliches Ausgangsniveau an vorhandenen Kenntnissen und Fertigkeiten bei den Beschäftigten, welches bei der Gestaltung der Inhalte und Übungen in den Weiterbildungsveranstaltungen nicht berücksichtigt wurde. Auch sollte sich die Weiterbildung verstärkt auf die Wintermonate konzentrieren.
- Gegen Ende des Projekts ArbeitPlus wurde deutlich, dass das vereinbarte Drittel an Weiterbildung noch nicht ausgeschöpft war. Daraufhin wurden Mitarbeiter in Kurse geschickt, für die sie sich gar nicht angemeldet hatten. Es kam auch vor, dass einige Mitarbeiter nur Weiterbildungsstunden und keine Ausfallstunden in Form von Freizeit hatten.

Von den Beschäftigten wurde mehrheitlich der Wunsch geäussert, auch über das Projektende hinaus, regelmässig Weiterbildungsveranstaltungen besuchen zu wollen.

Der Erfolg des Projektes wurde wesentlich durch die sehr kooperative und vertrauensvolle Zusammenarbeit zwischen dem Unternehmen, der Gewerkschaft Bau und Industrie (GBI) und den Beschäftigten erzielt. Für die Mitarbeiter hat ihr Arbeitgeber mit diesem Projekt ein deutliches Zeichen zur Bekämpfung der Arbeitslosigkeit gesetzt. Zu dieser Einschätzung kamen 48,9 % der Befragten in der Antwortkategorie "trifft eher zu" und 37,2 % in der Antwortkategorie "trifft völlig zu". In den Gruppeninterviews wurde ebenfalls mehrfach betont, dass viele Mitarbeiter stolz darauf waren, dass der Chef ihres Unternehmens diese Idee hatte, und sie wollten diese Idee auch unterstützen und mittragen.

Neben den persönlichen Meinungen und Einstellungen zum Pilotprojekt ArbeitPlus wurden die Beschäftigten auch zu den ihnen bekannten Einstellungen von Freunden und Kollegen sowie der Familie gegenüber dem Pilotprojekt befragt.

Auf die offene Frage im Fragebogen zu den Einstellungen der Freunde und Kollegen gegenüber dem Pilotprojekt ArbeitPlus antworteten 85 Befragte mit 82 Antworten. Die erhaltenen Antworten wurden zu 5 Kategorien zusammengefasst und sind in Tabelle 7 dargestellt.

Tabelle 7: Verteilung der Nennungen in den Kategorien bezüglich der Einstellungen von Freunden und Kollegen gegenüber ArbeitPlus

Kategorie	Anzahl Nennungen
Eher positiv	28
Eher negativ	17
Keine Meinung	16
Teils-teils	12
Unklar	9

Ähnliche Ergebnisse wurden auch in den Gruppeninterviews sichtbar. Besonders die letzten drei Kategorien machen deutlich, das Freunde und Kollegen oft sehr wenig über das Projekt ArbeitPlus wussten oder Einschätzungen und Bewertungen der Freunde und Kollegen den Teilnehmern an ArbeitPlus nicht bekannt waren.

Auf die offene Frage im Fragebogen zu den Einstellungen der Familie gegenüber dem Pilotprojekt ArbeitPlus antworteten 82 Befragte mit 58 Antworten. Die erhaltenen Antworten wurden zu 5 Kategorien zusammengefasst und sind in Tabelle 8 dargestellt.

Tabelle 8: Verteilung der Nennungen in den Kategorien bezüglich der Einstellungen der Familie gegenüber ArbeitPlus

Kategorie	Anzahl Nennungen
Eher negativ	22
Eher positiv	20
Keine Meinung	6
Teils-teils	6
Notlösung (temporär)	4

Die häufigsten Nennungen lassen sich der Antwortkategorie zuordnen, die eine eher negative Einstellung der Familie gegenüber ArbeitPlus nach Einschätzung der Beschäftigten charakterisiert. Diese Tendenz wurde auch in den Gruppeninterviews deutlich. Zu dieser Kategorie gehören Antworten wie "die Familie hält nicht viel davon", "die Familie findet es nicht gut" oder "sie verstehen es nicht". Gründe für die eher negativen Einstellungen liegen darin, dass "Lohnkürzungen in Kauf genommen werden müssen" und eine gewisse Skepsis gegenüber dem Modell besteht. Es bestehen Ängste, dass es sich nur um eine Verzögerung der Kündigung handelt. Zudem wurde in den Gruppeninterviews darauf verwiesen, dass Ungewissheit und Existenzängste die negativen Einstellungen hervorrufen.

Die an zweiter Stelle folgenden eher positiven Einstellungen beinhalten Antworten wie "besser, als Leute zu entlassen" oder "Gute Idee, wenn damit Arbeitsplätze erhalten werden können".

Vor allem in den Gruppeninterviews wurde immer wieder deutlich, dass sowohl die Familien als auch die Freunde und Bekannten über sehr wenig qualifizierte Informationen über das Pilotprojekt verfügten und somit stellenweise unbegründete Vorurteile und Spekulationen zum Projekt ArbeitPlus vorhanden waren. In diesem Zusammenhang wurde verstärkt in den Gruppeninterviews der Wunsch geäussert, zukünftig viel mehr über diese Projekte vor Projektbeginn aber auch kontinuierlich während der Durchführung zu informieren.

Während für einen grossen Teil der Mitarbeiter eine erneute Teilnahme am Projekt ohne Frage wäre, würden einige Mitarbeiter ihre erneute Teilnahme von bestimmten Bedingungen abhängig machen, z.B. von einer längeren Laufzeit, aber auch von der Beseitigung organisatorischer Schwierigkeiten, die ein Pilotprojekt fast immer beinhaltet.

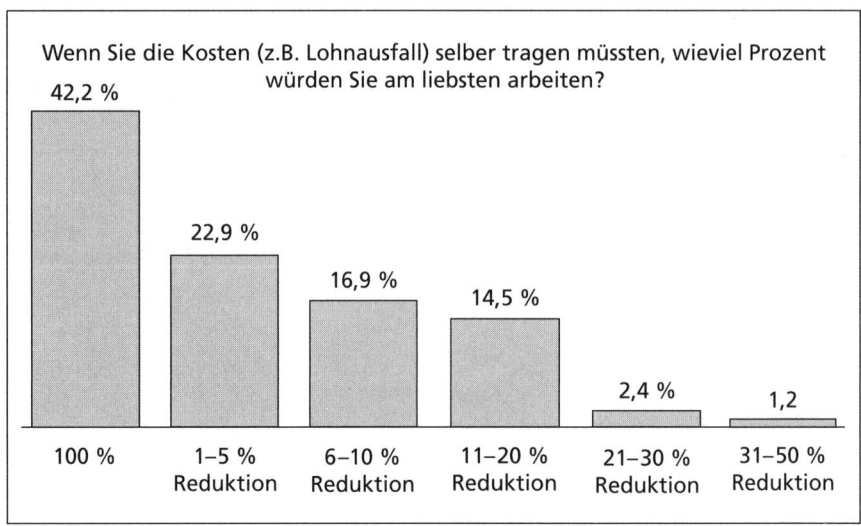

Abbildung 2: Gewünschter Beschäftigungsgrad nach Angaben von 83 Beteiligten am Projekt ArbeitPlus

Eine Reihe von Beschäftigten wäre auch über das Projektende hinaus bereit, die eigene Arbeitszeit unter Hinnahme von Lohneinbussen zu reduzieren, um so die vorhandene Arbeit auf mehrere Personen zu verteilen. In Abbildung 2 sind die vorstellbaren Reduktionsmöglichkeiten der Beschäftigten dargestellt. Auch in den Gruppeninterviews wurde deutlich, dass für viele Mitarbeiter die 100 %-Variante die ideale Lösung ist, weil sie sich im Prinzip keine Lohneinbussen leisten können. Wenn diese Möglichkeit aber nicht gegeben ist, schätzten viele Beschäftigte Modelle zur Arbeitszeitflexibilisierung als eine akzeptable und sinnvolle Alternative. Deutlich wurde in den Interviews, dass individuelle Vorstellungen bezüglich der Reduktion der eigenen Arbeitszeit bei Übernahme eines Teils der Kosten u.a. sehr stark von Variablen wie Alter, Zivilstand und Anzahl der Kinder moderiert werden.

Vor dem Hintergrund möglicher Reduktionswünsche der Beschäftigten bezüglich der Arbeitszeit, aber auch durch die Erfahrungen aus dem Pilotprojekt, soll abschliessend die Frage nach der Freizeitverwendung beantwortet werden.

Auf die entsprechende offene Frage im Fragebogen gab es 86 Antworten, wobei einige Mitarbeiter mehrere Antworten gaben. In 27 Fragebögen blieb die Frage unbeantwortet. Die erhaltenen Antworten konnten ungewichtet 11 verschiedenen Kategorien zugeordnet werden (Tabelle 9).

Tabelle 9: Verteilung der Nennungen in den Kategorien bezüglich der Freizeitbeschäftigungen

Kategorie	Anzahl Nennungen
Hobbys	24
Haus-/Familienfreizeit	18
Haus-/Familienarbeit	18
Erholung	10
Unspezifisch	4
Konsumation	4
Lernarbeit/Weiterbildung	4
Ersatzarbeit	3
Kontaktpflege	2
Fernsehen	2
Nacharbeit	1

Ein wichtiger Aspekt, der in der Darstellung der Rangreihe der Freizeitbeschäftigungen nicht zum Ausdruck kommt, aber vor allem in den Interviews immer wieder erwähnt wurde, ist folgender: Viele Mitarbeiter waren der Meinung, dass die Ausfallstunden nicht wirklich mit herkömmlicher Freizeit zu vergleichen und auch nicht als solche nutzbar sind. Einerseits wussten die Mitarbeiter z.T. sehr spät, wann sie überhaupt frei hatten.[6] Oft erschienen sie am Morgen zur Arbeit und erfuhren dann, ob sie Arbeit hatten oder wieder nach Hause gehen konnten. Dadurch war die Planbarkeit möglicher Freizeitaktivitäten sehr eingeschränkt. Zudem waren einige Mitarbeiter der Meinung, dass sie die Ausfallstunden nicht wirklich nutzen konnten, da sie mehr oder weniger auf Abruf einsatzbereit sein mussten. Obwohl die fehlende Autonomie in bezug auf die Zeitgestaltung für viele problematisch war, verstanden die Mitarbeiter grösstenteils, dass sie im Interesse des Geschäfts dann einsatzbereit sein müssen, wenn die Arbeit vorhanden ist. Zudem war dies auch eine Rahmenbedingung des Projekts.

Nachfolgend werden einige ausgewählte Ergebnisse der **zweiten Evaluation** dargestellt.

Im Zentrum der zweiten Evaluation stand die Frage der Nachhaltigkeit des Pilotprojekts ArbeitPlus. Ziel war es, rückblickend auf das Pilotprojekt Arbeit Plus, Gedanken, Meinungen und Erfahrungen der Beschäftigten zu sammeln und somit ein Reflexion über positive und negative Seiten des Pilotprojekts zusammenzutragen.

In den Gruppeninterviews wurde auf die Eingangsfrage nach den Erfahrungen mit dem Pilotprojekt ArbeitPlus deutlich, dass die Idee, die hinter dem Projekt stand, immer noch als sehr gut eingeschätzt wurde. Arbeitszeit zu reduzieren bei einer geringen Lohneinbusse und die Möglichkeit zur Weiterbildung wurden als ein Ansatz charakterisiert, der als durchaus zukunftsfähig angesehen wird. Die Weiterbildungsangebote wurden so eingeschätzt, dass sie dazu beitrugen, die Chancen auf dem Arbeitsmarkt zu erhöhen. Die vorhandene Arbeit wurde verteilt, niemand musste entlassen werden.

Auf die offene Frage im Fragebogen nach den Vorteilen von ArbeitPlus antworteten 39 Befragte mit 32 Nennungen. Die erhaltenen Antworten wurden ungewichtet zu 6 Kategorien zusammengefasst (vgl. Tabelle 10).

Tabelle 10: Verteilung der Nennungen in den Kategorien bezüglich der drei grössten Vorteile von ArbeitPlus

Kategorie	Anzahl Nennungen
Weiterbildungsmöglichkeiten	12
Mehr Freizeit	8
Arbeitsplatzsicherung	6
Solidarität	3
Innovation	2
Geringe Lohneinbusse	1

---

[6] Das Vorgehen war je nach Betrieb innerhalb der Holding unterschiedlich.

Im Kasten 6 sind exemplarisch einige Äusserungen zu den Vorteilen des Pilotprojekts aufgeführt.

> **Kasten 6: Beispielhafte Auszüge aus Gruppeninterviews**
> Mitarbeiter A: "Die Weiterbildung ist der grösste Vorteil gewesen. Durch die Weiterbildung hat man höhere Chancen auf dem Markt. Die Kurse waren gut und lehrreich, ich kann sie in der Firma brauchen."
> Mitarbeiter B: "Ich konnte in meiner Freizeit an meinem Haus arbeiten und Sachen erledigen, die ich unter der normalen Arbeitszeit nicht erledigen könnte."

Zusammenfassend wird deutlich, dass die Weiterbildungskomponente eine noch grössere Bedeutung hat als bei der ersten Evaluation (Platz 2). Des weiteren rückt die Problematik Freizeit stärker in den Fokus der rückwirkenden Betrachtungen (vorher Platz 4).

Auf die offene Frage im Fragebogen nach den drei grössten Nachteilen von ArbeitPlus antworteten 40 Befragte mit 34 Nennungen. Die erhaltenen Antworten wurden ungewichtet zu 12 Kategorien zusammengefasst und sind in Tabelle 11 dargestellt.

Tabelle 11: Verteilung der Nennungen in den Kategorien bezüglich der drei grössten Nachteile von ArbeitPlus

Kategorie	Anzahl Nennungen
Probleme im Umgang mit Zeit	7
Organisationsprobleme	6
Ungeeignetes Modell	5
Probleme mir Kurskoordination	4
Imageverlust der Firma	3
Informationsmangel	2
Undurchsichtige Administration	2
Unfaire Behandlung	2
Verschlechterung Arbeitsklima	1
Zeitliche Beschränkung des Projekts	1
Finanzierung	1
Beanspruchung	1

In den Gruppeninterviews spiegelte sich ein ähnliches Bild wieder (vgl. Kasten 7).

> **Kasten 7: Beispielhafte Auszüge aus Gruppeninterviews**
>
> Mitarbeiter A: "Einen Nachteil sehe ich in der freien Zeit. Man konnte nichts planen. Die Frau hat sich ab und zu genervt, wenn ich um 8.00 Uhr wieder zu Hause war. Die Kollegen arbeiten ja, mit denen konnte man auch nichts unternehmen. Vielleicht wenn einer ein Hobby hat oder für sich selber etwas scheffeln konnte, war das sicher gut."
>
> Mitarbeiter B: "Wenn einer viel Geld hat, kann Freizeit schon viel wert sein. Wenn man aber Familie und Haus hat, geht das nicht. Ferien nimmt man gerne, auch das Wochenende hat man gerne, aber sonst ist arbeiten gut und normal. Der Mensch ist ja ein Gewohnheitstier. Viele können sicher nicht einfach die ganze Zeit zu Hause sitzen."

Probleme im Umgang mit der Zeit und Organisationsprobleme innerhalb des Pilotprojekts ArbeitPlus stehen bei der zweiten Evaluation an vorderster Stelle. Besonders in den Gruppeninterviews wurde mehrfach betont, dass die neue Zeitsouveränität und der sinnvolle Umgang mit der zusätzlichen Freizeit zu Unbehagen bei den Beschäftigten, aber auch bei den Freunden und der Familie führte. Die wurde auch besonders mit Blick auf die Bevölkerung und die Konkurrenz verbalisiert. Vor allem aber auch Organisationsprobleme werden beklagt, z.B. die ungerechte Verteilung der ArbeitPlus-Stunden, gewünschte Kurse konnten nicht besucht werden, das Erscheinen am Morgen im Unternehmen, obwohl für diese Mitarbeiter ArbeitPlus angesetzt war, was sie dann oft erst dort erfuhren sowie mangelnde Informationspolitik nach aussen mit Blick auf Konkurrenten, Bevölkerung und Presse.

Trotz dieser Schwierigkeiten ist die grosse Mehrzahl der Beschäftigten nach wie vor bereit, an solchen oder ähnlichen Modellen zur Arbeitszeitflexibilisierung teilzunehmen. Kasten 8 verdeutlicht einige Aussagen aus den Gruppeninterviews.

> **Kasten 8: Beispielhafte Auszüge aus Gruppeninterviews**
>
> Mitarbeiter A: "Gott sei Dank haben wir einen Chef, der so was probiert und nicht einfach den Überschuss an Leuten entlässt. Wir würden es wieder machen. Wir konnten wenigstens Arbeiten und an Kursen teilnehmen. Man müsste es vielleicht besser organisieren. Es wäre sicher machbar. Durch die Kurse sind wir sicher nicht dümmer geworden."
>
> Mitarbeiter B: "Ich würde es noch einmal genau gleich wollen, wenn wieder eine schwierige Zeit kommen würde, ja. Man müsste es einfach besser organisieren. Die Leute sind flexibler. Auch bei den Ausländern, die wollen auch nicht mehr nur arbeiten. Man müsste sich auch andere Modelle überlegen."

Zusammenfassend kann man auf der Grundlage der ersten und zweiten Evaluation feststellen, dass das Pilotprojekt ArbeitPlus ein interessantes und für alle Beteiligten anregendes Projekt war. Arbeitsplätze wurden erhalten und die beteiligten Arbeitnehmer erhöhten durch die Möglichkeit der Weiterbildung ihre Chancen am Arbeitsmarkt. Das Unternehmen konnte das vorhandene Qualifikationspotential erhalten und erweitern. Und nicht zuletzt konnten wichtige Erfahrungen im Bereich der Arbeitszeitflexibilisierung gewonnen werden, die anregend für die ganze Branche sein könnten. Die Projektidee, die mit dem Pilotprojekt ArbeitPlus verbunden war, bewerten die Beschäftigten auch eineinhalb Jahre nach dem Projektende als sehr attraktiv und interessant, wie dies im Rahmen einer zweiten Evaluation in Gruppeninterviews deutlich wurde.

Im Vergleich mit dem branchenüblichen Instrument der Kurzarbeit wird deutlich, dass ArbeitPlus mit dem Einbau der Weiterbildung eine zusätzliche Dimension erhält: "Die Verbesserung der Vermittelbarkeit durch Weiterbildung erhöht die Nachhaltigkeit der arbeitsmarktlichen Massnahme und somit wird ArbeitPlus zu einer potentiell zukunftsweisenden Massnahme" (econcept 1999, 98). Unter der Voraussetzung eines angepassten und gut strukturierten Weiterbildungsprogrammes ist das Konzept ArbeitPlus nach Angaben der ökonomischen Begleitforschung schliesslich auch für die Arbeitslosenversicherung kostengünstiger als die Finanzierung der Arbeitslosigkeit im Falle von Entlassungen.

Literatur

Affentranger, S. & Degener, M. (1999). Ergebnisbericht zur Evaluation von ArbeitPlus. Institut für Arbeitsforschung und Organisationsberatung Zürich (iafob). Zürich.

Econcept (1999). Schlussbericht Evaluation Pilotprojekt ArbeitPlus. Zürich.

Mayring, P. (1995). Qualitative Inhaltsanalyse: Grundlagen und Techniken. Weinheim: Deutscher Studienverlag.

Wittkowski, J. (1994). Das Interview in der Psychologie. Interviewtechnik und Codierung von Interviewmaterial. Opladen: Westdeutscher Verlag.

8

Beschäftigungswirksame Arbeitszeitmodelle – Erfahrungen aus dem Gesundheitsbereich

Zusammenfassung

Im Rahmen des Pilotprojektes "Beschäftigungswirksame Arbeitszeitmodelle (BAM)" der Gesundheitsdirektion des Kantons Zürich wurden Erfahrungen in 5 Gesundheitsbetrieben gesammelt. Mit der Beteiligung von über 170 Beschäftigten sämtlicher Berufsgruppen bzw. der Ärzteschaft, der Pflege, dem medizinisch-therapeutischen Fachpersonal sowie dem Personal aus Technik, Hauswirtschaft und Verwaltung wurden 14 Stellen erhalten oder geschaffen. Die Erfahrungen wurden in einer Längsschnittstudie analysiert und bewertet.

Die Ergebnisse zeigen insgesamt eine positive Bewertung der praktischen Erfahrungen. 91 % der TeilnehmerInnen würden sich wieder an einem BAM beteiligen und 33 % werden auch nach dem Pilotprojekt reduziert arbeiten. Im einzelnen zeigte sich, dass die Teilnahme an einem BAM positive Auswirkungen auf das Wohlbefinden der Beschäftigten hatte, ebenso auf die Zusammenarbeit und Kollegialität, die Arbeitsmotivation, die Arbeitsqualität und die Produktivität. Neben diesen positiven Effekten zeigte sich bei allen Modellen allerdings auch ein zusätzlicher Aufwand für die Administration, die Führung und die Koordination.

1. Ausgangslage

Im Verlauf des Jahres 1998 wurde in Spitälern des Kantons Zürich aufgrund von Kapazitätsanpassungen die Anzahl Betten und Stellen reduziert. Neben Spitalschliessungen hatte dies sowohl die Verkleinerung als auch die Fusion von Spitälern zur Folge. Aus arbeitswissenschaftlicher Perspektive stellt sich in diesem Zusammenhang u.a. die Frage, wie solche Anpassungsprozesse in einer gleichermassen sozial und ökonomisch verantwortbaren Form gestaltet werden können.

Aus verschiedenen Ländern und Unternehmen ist bekannt, dass über die Realisierung "Beschäftigungswirksamer Arbeitszeitmodelle (BAM)" dieser anspruchsvollen Zielsetzung erfolgreich Rechnung getragen werden kann (Hartz 1996; Rifkin 1997; Ulich et al. 1998). BAM zielen über eine Flexibilisierung und Reduktion von Arbeitszeiten auf eine optimierte Verteilung von Erwerbsarbeit ab.

2. Konzeptionelle Basis von BAM

Die ganzheitliche Umsetzung Beschäftigungswirksamer Arbeitszeitmodelle erfordert die Berücksichtigung der Ebenen Individuum, Familie, Unternehmen und Gesellschaft. Bisherige Untersuchungen konzentrieren sich meist jedoch auf ganz spezifische bzw. ebenenspezifische Einzelfragestellungen (Ulich et al. 1998).

- Arbeits-, arbeitszeit- und gesellschaftsbezogene Werte
- Berufs-, familien- und freizeitbezogenes Verhalten
- Individuelle Biographien
- Psychosoziales Wohlbefinden und Gesundheit
- ...

- Rollenteilung und Rollenverhalten in der Familie
- Erziehungsstil und -verhalten
- Familienförderliche Einkommens- und Zeitstrukturen
- Familienbiographien
- ...

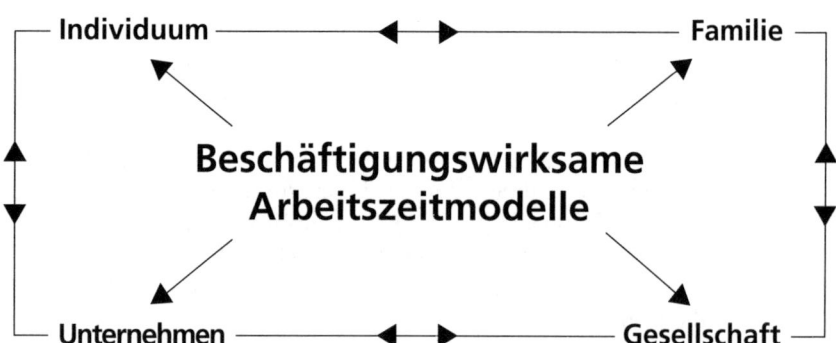

- Personalpolitik und -strategie
- Arbeitsorganisation, Führung, Technikeinsatz und -nutzung
- Betriebs- und Arbeitszeiten, Entlohnungskonzept
- Produktivität, Flexibilität, Rentabilität, Beschäftigungswirksamkeit
- ...

- Beschäftigungs- und Sozialpolitik
- Sozialversicherungssysteme
- Gesellschaftliche Wertesysteme
- Erwerbs- und Arbeitslosenquote
- ...

Abbildung 1: Wichtige Themen und Wirkungsfelder bei der Umsetzung und Erforschung von "Beschäftigungswirksamen Arbeitszeitmodellen" (nach Angaben von Ulich et al. 1998)

Insgesamt ist die bislang verfügbare Datenbasis für eine umfassende arbeitswissenschaftliche Bewertung noch ungenügend. Dieser Sachverhalt hat u.a. damit zu tun, dass die Anzahl empirischer Fälle mit einer systematischen Umsetzung Beschäftigungswirksamer Arbeitszeitmodelle eher klein ist (Rifkin 1997; Ulich 2001). Die bei den VW-Werken realisierten Modelle stellen dabei nach wie vor eines der am besten bekannten und untersuchten Beispiele dar (vgl. Hartz 1996; Jürgens & Reinecke 1998; Promberger et al. 1996).

Die hier berichtete Untersuchung ist Teil eines umfangreichen Vorhabens, das sich zum Ziel gesetzt hat, die Wechselbeziehungen der verschiedenen Ebenen und Einflussgrössen Beschäftigungswirksamer Arbeitszeitmodelle empirisch zu untersuchen (vgl. Abb. 1). Im folgenden Abschnitt sind die in Abbildung 1 skizzierten Ebenen sowie einige der wichtigsten Fragestellungen dargestellt.

2.1 Ebene des Individuums

Immer mehr erwerbstätige Menschen begrüssen Wahlmöglichkeiten zwischen Freizeit und Lohn. Verschiedentlich wird ein Wandel von der Geldkultur hin zur Zeitkultur konstatiert. Arbeitszeitverkürzungen werden in Teilen der Bevölkerung als sinnvolle Strategie gegen die Beschäftigungskrise angesehen (Aznar 1993; Opaschowski 1993; Ottavi & Tuchszirer 1996). In den untersuchten Populationen finden sich jedoch auch Unterschiede in bezug auf den Stellenwert von Arbeit und Freizeit und den qualitativen Wert von Arbeit (Imbert 1994; Mothe 1994; Rosenstiel 1989). Dies sind Anzeichen eines Wertewandels, der – sowohl als Voraussetzung als auch als Konsequenz der Einführung Beschäftigungswirksamer Arbeitszeitmodelle – ein bedeutsamer Untersuchungsgegenstand sein muss. Auf individueller Ebene stellen sich daher u.a. folgende Fragen:

- Verändern sich durch Beschäftigungswirksame Arbeitszeitmodelle arbeits-, arbeitszeit- und gesellschaftsbezogene Werte bei den Beschäftigten?
- Verändert sich das berufs-, familien- und freizeitbezogene Verhalten durch Beschäftigungswirksame Arbeits- und Arbeitszeitmodelle?
- Verändern sich individuelle Biographien?
- Haben Beschäftigungswirksame Arbeits- und Arbeitszeitmodelle Auswirkungen auf das psychosoziale Wohlbefinden und die Gesundheit?

2.2 Ebene der Familie

Die Realisierung Beschäftigungswirksamer Arbeitszeitmodelle kann auch Auswirkungen auf das Familienleben haben. Garhammer (1995) geht der Frage nach, wann Arbeitszeiten als familienfreundlich zu bezeichnen sind. Ein erstes Kriterium ist, ob die Erwerbsarbeitszeit genügend Raum für Familienzeit bietet. Jürgens und Reinecke (1998) weisen darauf hin, dass der Umgang mit Anforderungen, die sich aus der Abstimmung von Familie und Erwerbsarbeit stellen, stark vom Typ der familialen Lebensführung abhängt. Sie berichten, dass die mit dem VW-Modell der 28,8 Std.-Woche verbundene Arbeitszeitreduktion meist geschätzt wird, die Anpassungsfähigkeit der Familie an die Flexibilisierung von Arbeitszeiten jedoch ihre Grenzen hat und von den individuellen Gegebenheiten des Familiengefüges abhängt (vgl. dazu Jürgens in diesem Buch). Auf der Ebene der Familie stellen sich u.a. folgende Fragen:

- Verändern sich die Rollenteilung und das Rollenverhalten in der Familie durch Beschäftigungswirksame Arbeitszeitmodelle?
- Verändern sich durch Beschäftigungswirksame Arbeitszeitmodelle der Erziehungsstil und das Erziehungsverhalten?
- Welche Einkommens- und Zeitstrukturen können im Zusammenhang mit Beschäftigungswirksamen Arbeitszeitmodellen als familienförderlich bezeichnet werden?
- Haben Beschäftigungswirksame Arbeitszeitmodelle Einfluss auf den Verlauf von Familienbiographien?

2.3 Ebene des Unternehmens

Auf betrieblicher Ebene steht eine grosse Auswahl innovativer Modelle zur Flexibilisierung von Dauer, Lage und Verteilung der Arbeitszeit zur Verfügung (Baillod et al. 1989; Baillod et al. 1997; Holenweger & Conrad 1998; Knauth 1992). Voraussetzungen für den Erfolg Beschäftigungswirksamer Arbeitszeitmodelle sind u.a. Anpassungen in der Organisation, in der Personalentwicklung sowie in der Lohngestaltung (Aznar 1993; Betrand & Azoulav 1996; Clauzel & Sarra 1994). Deshalb sollte der hier vertretene ganzheitliche Ansatz auf betrieblicher Ebene u.a. folgende Fragestellungen berücksichtigen:

- Durch welche Personalpolitik und -strategie sind Unternehmen mit Beschäftigungswirksamen Arbeitszeitmodellen gekennzeichnet?
- Welche Formen der Arbeitsorganisation, der Führung sowie des Technologieeinsatzes werden damit verbunden bzw. werden dadurch erforderlich?
- Welche Arbeitszeitmodelle, Betriebszeiten und Entlohnungskonzepte werden in solchen Unternehmen praktiziert?
- Mit welchen Effekten bezüglich Produktivität, Flexibilität, Rentabilität und Beschäftigungswirksamkeit gehen Beschäftigungswirksame Arbeitszeitmodelle einher?

2.4 Ebene der Gesellschaft

Die Realisierung Beschäftigungswirksamer Arbeitszeitmodelle stellt einerseits Anforderungen an die gesellschaftliche Ebene und hat andererseits auch Auswirkungen bzw. Rückwirkungen auf gesellschaftlicher Ebene. Im Sinne der Wechselwirkungen stellen sich u.a. folgende Fragen:

- Welche Formen von Beschäftigungs- und Sozialpolitik fördern die Umsetzung Beschäftigungswirksamer Arbeitszeitmodelle?
- Welche Sozialversicherungssysteme werden durch Beschäftigungswirksame Arbeitszeitmodelle erforderlich und fördern solche Modelle?
- Welche gesellschaftsbezogenen Grundhaltungen und -werte erleichtern die Umsetzung Beschäftigungswirksamer Arbeitszeitmodelle und wie verändern sich solche Grundhaltungen und Werte durch solche Modelle?
- Welcher Zusammenhang besteht in Volkswirtschaften zwischen dem Umsetzungsgrad Beschäftigungswirksamer Arbeitszeitmodelle und Indikatoren wie der Erwerbs- und Arbeitslosenquote?

2.5 Zwischenfazit

Aus den skizzierten Fragestellungen wird deutlich, dass der postulierte Mehrebenenansatz ein Untersuchungskonzept erfordert, das einerseits interdisziplinär ausgerichtet ist sowie andererseits neben einem retrospektiven, querschnittsorientierten Zugang auch einen prozessbegleitenden, längsschnittsorientierten Untersuchungsansatz verfolgt.

3. Untersuchungsfeld und erprobte Modelle

3.1 Modelle und Rahmenbedingungen

Im August 1997 wurden im Rahmen einer Kick off-Veranstaltung Vertreterinnen und Vertreter der Gesundheitsbetriebe sowie der Verbände und Gewerkschaften durch die Gesundheitsdirektorin und den Projektleiter des Instituts für Arbeitsforschung und Organisationsberatung (iafob) über das Projekt BAM informiert und zur Beteiligung aufgefordert. Im September entschieden sich die Spitalleitungen von fünf Betrieben zur Projektteilnahme. Bei der Konstitution der Projektorgane wurde ein intensiver Einbezug verschiedener Interessenvertretungen verfolgt.

In Abbildung 2 wird die Projektorganisation mit den wichtigsten Gremien und Mitgliedern des Projektes dargestellt. Im Rahmen der Projektarbeit wurden von Dezember 1997 bis Juni 1998 verschiedene BAM bezüglich ihrer Anwendungsmöglichkeit im Spitalbereich geprüft. Dabei wurden die in Kasten 1 beschriebenen BAM konkretisiert und anschliessend für eine einjährige Erprobungsphase freigegeben.

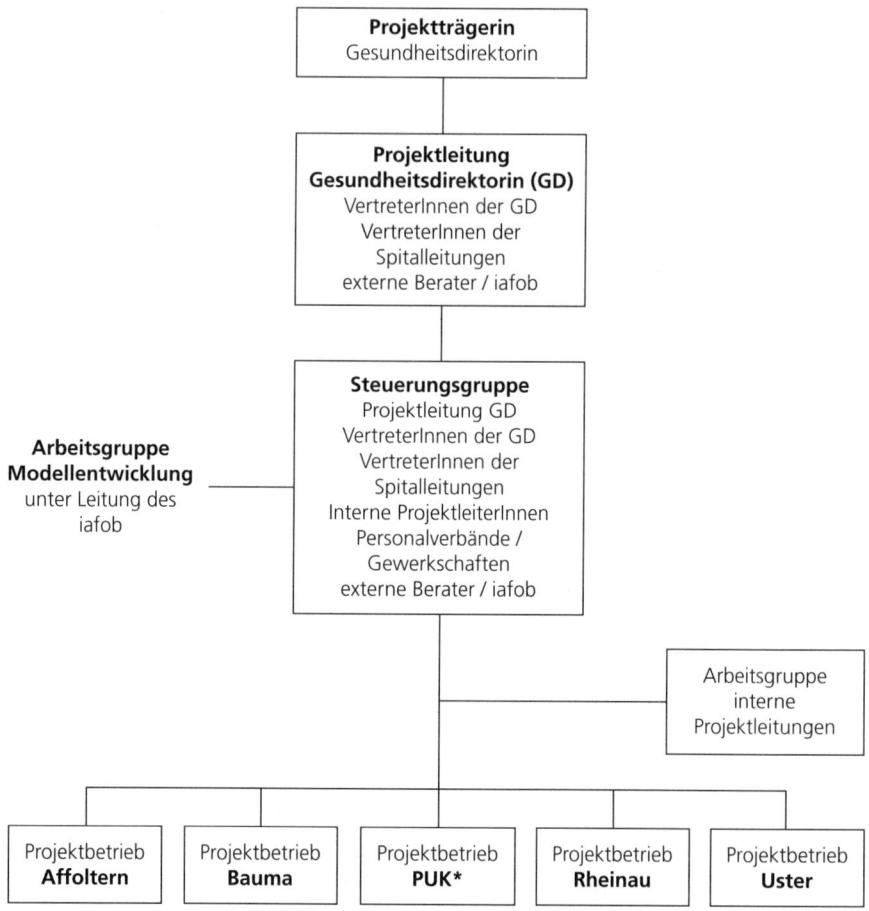

Abbildung 2: Projektorganisation des BAM Projektes im Gesundheitsbereich des Kantons Zürich

Kasten 1: Zur Erprobung freigegebene Beschäftigungswirksame Arbeitszeitmodelle im Gesundheitsbereich des Kantons Zürich

- Arbeitszeitreduktion
  Die Beschäftigten reduzieren ihre individuelle Arbeitszeit in einem gewünschten Rahmen (mindestens 5 %) oder – bei Neuanstellungen – werden mit einer reduzierten Arbeitszeit angestellt.
- Zeit statt Lohn
  Spezifische Zulagen werden nicht monetär, sondern in Freizeit vergütet.

> - **Solidaritätsmodell**
>   3, 4 oder mehr Personen reduzieren ihre Arbeitszeit und integrieren eine erwerbslose Person in ihren Arbeitsbereich.
> - **Job-Sharing**
>   Zwei oder mehrere Personen teilen sich eine gemeinsame Aufgabe und die damit verbundenen Stellenprozente.
> - **Stafettenmodell**
>   Ältere MitarbeiterInnen wachsen sukzessive aus dem Arbeitsprozess heraus, jüngere MitarbeiterInnen wachsen sukzessive in den Arbeitsprozess hinein.
> - **Kadermodell**
>   Kaderpersonen reduzieren ihre Arbeitszeit und ermöglichen die Einstellung von z.B. Führungs-assistentInnen, Kadernachwuchs im Umfang der frei werdenden Mittel.

Die finanziellen und versicherungstechnischen Rahmenbedingungen sowie die für die Erprobung vorgeschlagenen Modelle wurden weitgehend auf Beschlüsse der kantonalen Regierung abgestellt, welche für die Realisierung von BAM in Betrieben des Kantons Zürichs erarbeitet worden waren. An der Erarbeitung der Modelle und der kantonalen Rahmenbedingungen war das Institut für Arbeitsforschung und Organisationsberatung massgeblich beteiligt (vgl. Ulich in diesem Buch). Für die Modellerprobungen gelten die in Kasten 2 dargestellten Rahmenbedingungen.

Wegen der nicht möglichen Überversicherung bei der Arbeitslosenversicherung wurde den Beschäftigten für die Zeit der Modellerprobung – mit Ausnahme von leistungs- und verhaltensbezogenen Kündigungsgründen – eine Anstellungs- und Beschäftigungsgarantie zugesichert. Ausserdem erhielten die Beschäftigten eine Anstellungs- und Beschäftigungsgarantie auf dem Beschäftigungsgrad vor Beginn der Modellerprobung bis 6 Monate nach deren Abschluss zugesichert.

> **Kasten 2: Rahmenbedingungen der BAM-Erprobung im Gesundheitsbereich des Kantons Zürich**
>
> **Lohnreduktion** — Bei einer Arbeitszeitreduktion bis 20 % übernimmt die Arbeitgeberin $1/3$ der Lohnreduktion, die Arbeitnehmer/innen $2/3$; bei einer Arbeitszeitreduktion über 20 % übernehmen die Arbeitnehmer/innen für diesen Prozentanteil die gesamte Lohnreduktion. Analog dazu gibt die Arbeitgeberin beim Zeit- statt Lohn-Modell einen $1/3$ Freizeitzuschlag dazu. Beim Solidaritätsmodell wird die Hälfte der Lohnreduktion durch die

	Arbeitgeberin getragen, beim Kadermodell übernehmen die Arbeitnehmer/innen die gesamte Lohnreduktion.
Alters- und Hinterbliebenenversicherung (AHV)[1]	Das Versicherungsniveau der AHV reduziert sich auf das Niveau der Arbeitszeitverkürzung; auf diesem Niveau werden die üblichen Anteile von Arbeitnehmer/innen und Arbeitgeberin entrichtet.
Arbeitslosenversicherung (ALV)	Gleich wie AHV
Unfallversicherung (UVG)	Gleich wie AHV
Betriebliche Versicherungs- bzw. Pensionskasse (BVK)	Die Beschäftigten können sich auf einem 100 %-Niveau versichern lassen; auf dem gewünschten Versicherungsniveau werden die üblichen Anteile von Arbeitnehmer/innen und Arbeitgeberin entrichtet; der Arbeitgeberanteil wird auf einer maximalen Höherversicherung von 20 % entrichtet.
Projektlaufzeit	12 Monate

3.2 Realisierte Modelle

An der Modellerprobung beteiligten sich 5 Spitäler der Gesundheitsdirektion des Kantons Zürich. Die Teilnahme an den Modellen war freiwillig. Sie erfolgte in sämtlichen Berufsgruppen bzw. in der Ärzteschaft, in der Pflege, beim medizinisch-therapeutischen Fachpersonal sowie in den Bereichen Technik, Hauswirtschaft und Verwaltung. Mit der Modellerprobung wurde mehrheitlich im Herbst 1998 begonnen. In einzelnen Fällen erwies sich die Suche nach neu einzustellenden Personen jedoch als schwierig, was den tatsächlichen Start zum Teil verzögerte. Obwohl alle der in Kasten 1 beschriebenen Modelle zur Erprobung frei gegeben worden waren, konnten nicht alle realisiert werden. In der Zeit zwischen der ersten und der zweiten Untersuchungsphase wurde allerdings ein weiteres Modell (TUPF: Teilbezahlter Urlaub in der Pflege) von den Beschäftigten selbst entwickelt, das im Kasten 1 nicht erwähnt wird. In Tabelle 1 werden die an der Erprobungsphase beteiligten Spitäler sowie die realisierten BAM dargestellt. Das BAM "Zeit statt Lohn", das ursprünglich bei einer Gruppe von Assistenzärzten eingeführt werden sollte, konnte bis zum Ende der Erprobungsphase nicht umgesetzt werden.

---

[1] AHV; ALV, UVG und BVK sind in der Schweiz obligatorische Lohnbestandteile

Tabelle 1: Realisierte BAM in 5 Pilotspitälern im Gesundheitsbereich des Kantons Zürich

Realisierte BAM	Anzahl beteiligte Personen	Beschäftigungseffekt
Spital Affoltern		
Solidaritätsmodell bei Pflegeassistentinnen	4	0,8
Arbeitszeitverkürzung im Labor	5	0,5
Arbeitszeitverkürzung in der Pflege	2	0,3
Solidaritätsmodell im Hausdienst	7	0,9
	18	2,5 Stellen
Krankenheim Bauma		
Solidaritätsmodell im Hausdienst	4	0,8
	4	0,8 Stellen
Psychiatrische Universitätsklinik Zürich (PUK)		
Arbeitszeitverkürzung in der Physiotherapie	3	0,3
Arbeitszeitverkürzungen in der Pflege (Teilbezahlter Urlaub in der Pflege TUPF)	116	7,2
Arbeitszeitverkürzung in der Sachbearbeitung	2	0,2
Arbeitszeitverkürzung im Sekretariat	2	0,3
Arbeitszeitverkürzung in der Forschung	1	0,1
Solidaritätsmodell in der Informatik	3	0,4
	127	8,5 Stellen
Psychiatrische Klinik Rheinau		
Solidaritätsmodell im Transportwesen	4	0,8
Arbeitszeitverkürzung bei Assistenzärzten	4	0,4
Arbeitszeitverkürzung bei Arbeitstherapeuten	7	0
Arbeitszeitverkürzung bei Spezialtherapeuten	7	0,4
	22	1,6 Stellen
Spital Uster		
Stafettenmodell in der Notfallstation	1	0,4
	1	0,4 Stellen

3.3 Fragestellungen, Stichproben und methodisches Vorgehen

3.3.1 Fragestellungen

Ein wesentliches Ziel des BAM-Projektes der Gesundheitsdirektion bestand darin, die Praxistauglichkeit von BAM und deren Wirkungen systematisch zu untersuchen. Für diesen Zweck wurde ein längsschnittorientiertes Konzept mit drei Untersuchungsphasen entwickelt, die sich mit unterschiedlicher Schwerpunktsetzung auf die Ebenen Beschäftigte, Familien, Spital, Gesundheitsdirektion sowie Gesellschaft erstreckten.

Im Rahmen der ersten Untersuchung standen die Ebenen Beschäftigte und Spital im Vordergrund. Die Einstellungen, Erwartungen, persönliche bzw. arbeits- und lebensbezogene Wertvorstellungen und – soweit bereits vorliegend – Erfahrungen der Beschäftigten bzgl. BAM wurden zu Vergleichszwecken in 3 verschiedenen Untersuchungsgruppen analysiert. Mit der zweiten Untersuchungsphase – drei bis fünf Monate nach der Einführung der BAM – sollten allfällige Veränderungen in der Teilnahmemotivation, in der Einstellung gegenüber den Modellen oder im Arbeits- und Freizeitverhalten analysiert werden. Hauptgewicht lag auf den ersten Erfahrungen mit den BAM und den damit verbundenen Veränderungen. Dementsprechend standen in der zweiten Untersuchungsphase die Ebenen Beschäftigte, Spital und Gesundheitsdirektion im Vordergrund. Die dritte Untersuchungsphase wurde am Ende der Projektlaufzeit durchgeführt. Schwerpunkt waren u.a. der Versuch einer ökonomischen Kosten-Nutzen-Analyse der Modelle sowie die Bearbeitung der Fragestellungen, die Veränderungen betreffen (z.B. Wertewandel) und somit die geforderte Längsschnittbetrachtung verlangen. Die Erhebungen auf der Ebene der Beschäftigten galten der Veränderung der Teilnahmemotivation, den Vor- und Nachteilen der Modellteilnahme, den Auswirkungen auf die Arbeitsmotivation und das psychosoziale Wohlbefinden sowie allfälligen Veränderungen in der Auftragserfüllung. Das Interesse galt zudem veränderten Wertorientierungen. Zusätzlich wurden in der dritten Phase auch Familien der Beteiligten einbezogen, wobei hier das Interesse vor allem den Auswirkungen der Modellteilnahme auf das Familienleben galt. Auf der Ebene der Spitäler interessierten die Auswirkungen der BAM auf die Kunden-/Patientenorientierung, auf Kommunikation, Koordination, Zusammenarbeit und Kollegialität, auf Arbeitsqualität und Produktivität. Auf der Ebene der Gesundheitsdirektion galt das Interesse den finanziellen Wirkungen der BAM, der Beurteilung des Projektverlaufs und der Einschätzung der weiterführenden Realisierbarkeit von BAM im Gesundheitsbereich. Auf der Ebene der Gesellschaft interessierte das Kosten-Nutzen-Verhältnis der Erprobungsphase für die Arbeitslosenversicherung.

3.3.2 Stichproben

Tabelle 2 zeigt die Verteilung der fünf Untersuchungsgruppen – 3 aus der ersten, je 1 aus der zweiten und dritten Untersuchungsphase – bzgl. Alter, Geschlecht, Zivilstand, Anstellungsgrad, Berufszugehörigkeit sowie Salär. Es ist ersichtlich, dass sich die drei Untersuchungsgruppen aus der ersten Untersuchungsphase (Querschnitts-Betrachtung) vor allem bezüglich Geschlechterverteilung, Anstellungsgrad, Berufszugehörigkeit und Bruttosalär unterscheiden. Interessanterweise zeigt sich, dass sich an den BAM zwar mehr Frauen als Männer beteiligt haben, im Vergleich zum Anteil Männer in der Teilzeitgruppe jedoch relativ viele Männer an dem Pilotprojekt mitwirkten. Hinsichtlich der

Tabelle 2: Unterschiede zwischen den Untersuchungsgruppen der Phase I, II und III in der Evaluation der Erfahrungen mit BAM in 5 Pilotspitälern im Gesundheitsbereich des Kantons Zürich (*p<0.05, **p<0.01, ***p<0.001)

Merkmale	Nicht-BAM-Gruppe (N=46)	Untersuchung Teilzeit-Gruppe (N=58)	BAM-Gruppe (N=62)	Untersuchung II BAM-Gruppe (N=60)[2]	Untersuchung III BAM-Gruppe (N=39)[3]
Durchschnittsalter	42 Jahre	40 Jahre	40 Jahre	41 Jahre	43 Jahre
Geschlecht***					
weiblich	41 %	91 %	58 %	57 %	62 %
männlich	59 %	9 %	42 %	43 %	38 %
Zivilstand					
ledig	26 %	29 %	36 %	42 %	33 %
getrennt/geschieden/verwitwet	17 %	14 %	16 %	11 %	18 %
verheiratet	57 %	57 %	48 %	47 %	49 %
Anstellungsgrad vor BAM***	100 %	66 %	90 %	83 %	85 %
Anstellung während BAM			78 %	79 %	75 %
Berufszugehörigkeit***					
Ärzte	2 %	0 %	16 %	2 %	3 %
Pflegepersonal	46 %	73 %	31 %	51 %	24 %
Fachmed./therapeut. Personal	4 %	10 %	16 %	16 %	43 %
Personal in Dienstleistungsber.	48 %	17 %	37 %	31 %	30 %
Durchschnittl. 100 %-Salär*	77'000 Fr.	67'000 Fr.	67'000 Fr.	66'200 Fr.	64'000 Fr.

Berufszugehörigkeit der BAM-Beteiligten ergibt sich, dass sich relativ viele Mitarbeiterinnen und Mitarbeiter aus den Dienstleistungsbereichen bzw. den Bereichen Hauswirtschaft, Technik, Logistik und Verwaltung an einem BAM beteiligten.

Das heisst auch, dass nicht etwa vorzugsweise die Besserverdienenden sich daran beteiligten. Erwartungsgemäss ist der Unterschied zwischen den drei BAM-Gruppen (Längsschnitt-Betrachtung) gering. Dennoch ist zumindest auf einige Veränderungen der Stichproben hinzuweisen. Die Verteilung der Personen der BAM-Gruppe Phase II hat sich bezüglich der Berufszugehörigkeit deutlich verändert. Während der relative Anteil der Ärzte gesunken ist, hat der Anteil des

---

[2] alle Beschäftigten aus der BAM-Gruppe, die an der zweiten Untersuchung teilgenommen haben
[3] reine Längsschnittgruppe: Beschäftigte, die sowohl an der ersten als auch an der dritten Untersuchung teilgenommen haben

Pflegepersonals deutlich zugenommen. Die Zunahme ist damit zu erklären, dass – wie bereits erwähnt – im Verlauf des Projektes das TUPF-Modell realisiert wurde, welches ausschliesslich im Pflegebereich Anwendung findet. Der geringe Unterschied der Anstellungsprozente vor und während der Projektlaufzeit in der BAM-Gruppe Phase II ist ebenfalls darauf zurückzuführen, dass in dieser Gruppe – mit der Einführung des TUPF-Modells – der Anteil des Pflegepersonals stark gestiegen ist. Gerade im Pflegebereich waren jedoch Teilzeitbeschäftigungen auch vor dem BAM-Projekt stark verbreitet.

3.3.3 Methoden

Neben Einzel- und Gruppeninterviews wurde eine Fragebogenerhebung durchgeführt (vgl. Tab. 3). Für die Interviews wurde die halbstrukturierte Form gewählt (Wittkowski 1994).

Tabelle 3: Methoden und Anzahl beteiligte Personen in den Untersuchungsphasen zur Evaluation der Erfahrungen mit BAM in 5 Spitälern im Gesundheitsbereich des Kantons Zürich

Merkmale	Untersuchungsphase I			Untersuchungsphase II	Untersuchungsphase III
	Gruppe I Nicht-BAM-Gruppe	Gruppe II Teilzeit-Gruppe	Gruppe III BAM-Gruppe	BAM-Gruppe	BAM-Gruppe
Methoden					
Anzahl Einzelinterviews mit Vorgesetzten	5	7	8	8	8
Anzahl Gruppeninterviews mit Beschäftigten	8	9	13	14	15
Anzahl Familieninterviews					7
Anzahl Fragebögen	46	58	62	60	57

In Tabelle 4 sind die Inhalte der verschiedenen Interviewleitfäden beschrieben. Ein Interview dauerte ca. 60 Minuten. Der Gesprächsinhalt wurde schriftlich protokolliert. Die Protokolle wurden anschliessend inhaltlich strukturiert (vgl. Mayring 1995) und inhaltsanalytisch ausgewertet. Die für die inhaltliche Strukturierung relevanten Hauptkategorien wurden aus den Fragestellungen abgeleitet. Der eingesetzte Fragebogen besteht aus verschiedenen thematischen Teilen (vgl. dazu Tab. 5). Im Teil 1 wurde eine Kombination von offenen und geschlossenen Fragen formuliert, die das gewählte BAM, den aktuellen Beschäftigungsgrad, die Art des Freizeitbezugs und der Freizeitaktivitäten sowie die arbeitszeitbezogenen Perspektiven betreffen. Im Teil 3 wurden Skalen aus dem validierten "Fragebogen zu Lebenszielen und zur Lebenszufriedenheit (FLL)" von Kraak und Nord-Rüdiger (1989) übernommen.

Tabelle 4: Inhalte der Interviewleitfäden zur Evaluation der Erfahrungen mit BAM in 5 Spitälern im Gesundheitsbereich des Kantons Zürich

Inhalte	Gruppeninterview mit an BAM-Beteiligten	Einzelinterview mit Vorgesetzten	Familieninterview
Phase I	• Auftrag/Aufgaben des Bereichs • Erprobte BAM und konkrete Realisierung • Umstellungen/Anpassungen (organisatorisch, qualifikationsbezogen, technisch-infrastrukturell) • Anforderungen, Veränderungen für den Vorgesetzten • Erwartete Vorteile und positive Auswirkungen von BAM • Erwartete Nachteile und Problembereiche von BAM • Erwartete Auswirkungen bezüglich: Patientenorientierung, Kommunikation und Koordination, Zusammenarbeit und Kollegialität, Arbeitsqualität, Arbeitsmotivation, Arbeitsproduktivität • Gesamtbeurteilung des Projektes		
Phase II	wie Phase III – ohne Familieninterviews		
Phase III	• Veränderungen in der Auftragserfüllung (Probleme, Chancen) • Konkrete Realisierung der BAM und Schwierigkeiten • Realisierte Umstellungen/Anpassungen (organisatorisch, qualifikationsbezogen, technisch-infrastrukturell) • Eingetretene Veränderungen für Vorgesetzte • Erlebte Vorteile und positive Auswirkungen der BAM • Erlebte Nachteile und Problembereiche • Erlebte Auswirkungen bezüglich: Patientenorientierung, Kommunikation und Koordination, Zusammenarbeit und Kollegialität, Arbeitsqualität, Arbeitsmotivation, Arbeitsproduktivität • Gesamtbeurteilung des Projekts und Veränderungen der Beurteilung • Teilnahmebereitschaft • Veränderungsvorschläge		• Erfahrungen mit BAM • Besprochene Argumente für und gegen Teilnahme • Veränderungen des Familienlebens bezüglich: Aufgabenteilung, Freizeitverhalten, persönl. Beziehung • Veränderungen in der Kindererziehung • Vorteile des BAM für Familie • Nachteile des BAM für Familie • Reaktionen des Umfeldes • Auswirkungen auf finanzielle Situation der Familie • Merkmale familienfreundlicher Arbeitszeitmodelle

Die Items der anderen Teile sind in Form von Aussagen formuliert und die Antwortmöglichkeiten, die von "trifft überhaupt nicht zu" bis "trifft völlig zu" reichen, liegen in Form einer fünfstufigen Likertskala vor.

Tabelle 5: Fragebogenteile und Themen im Fragebogen zur Evaluation der Erfahrungen mit BAM in 5 Spitälern im Gesundheitsbereich des Kantons Zürich

Teile	Themen
Teil 1	Fragen zur konkreten Umsetzung des gewählten BAM
Teil 2	BAM-bezogene Einstellungen
Teil 3	Persönliche Wertvorstellungen
Teil 4	Erlebte Wirkungen von BAM
Teil 5	Erlebte Beanspruchungen
Teil 6	Fragen zur Person

Darüber hinaus enthält der Fragebogen eine Reihe von Fragen zu Personmerkmalen wie Geschlecht, Lebensalter, Nationalität, Familienstand, Wohnverhältnisse sowie zur Berufsausbildung und zum Bruttoeinkommen. Der Fragebogen blieb über die drei Erhebungszeitpunkte unverändert mit der Ausnahme, dass der Teil 4 zu erlebten Wirkungen von BAM erst in der letzten Erhebung hinzugefügt wurde.

4. Ergebnisse der Untersuchungen

4.1 Individuelle Ebene

4.1.1 Zeitbezogene Perspektiven

Tabelle 6 zeigt die Verteilung der zeitbezogenen Perspektiven der Beschäftigten aus den BAM-Gruppen. Bezüglich der Perspektive nach BAM ist in Tabelle 6 eine deutliche Veränderung zu beobachten. Die Häufigkeitsverteilungen zeigen, dass sich die vorherrschende offene Perspektive in der ersten Erhebung bei der letzten Erhebung deutlich konkretisiert hat. Am Ende der Erprobungsphase wollen 49 % der Befragten aus der BAM-Längsschnittgruppe wieder in das alte Anstellungsverhältnis zurückkehren. Die Gründe für die Rückkehr sind unterschiedlich. In vier Fällen wurde erwähnt, dass bei Projektbeginn die Rückkehr als Abmachung festgelegt wurde. Von vier Befragten wurden aber auch finanzielle Gründe erwähnt. Weitere Gründe betreffen die mangelnde Unterstützung durch Vorgesetzte, die in drei Fällen eine Aufrechterhaltung der Reduktion des Beschäftigungsgrades nicht dulden oder – in vier Fällen – nicht bereit sind, den Arbeitsumfang der Reduktion entsprechend anzupassen, damit es nicht zu einer Arbeitsverdichtung kommt. 33 % der Befragten werden auch nach der Pilotphase weiterhin reduziert arbeiten.

Tabelle 6: Arbeitszeitbezogene Perspektiven von an BAM beteiligten MitarbeiterInnen in 5 Spitälern im Gesundheitsbereich des Kantons Zürich

Arbeitszeitbezogene Perspektiven nach BAM	Phase I (N=62)	Phase II (N=60)	Phase III (N=39)
Rückkehr in das alte Anstellungsverhältnis	13 %	36 %	49 %
Weiterhin zeitliche Reduktion nach BAM	18 %	19 %	33 %
Offene Perspektive	60 %	36 %	2 %
Sonstiges	9 %	9 %	16 %

Die Beschäftigungsgrade dieser Personen variieren zwischen 50 % und 95 %, wobei sich die Mehrzahl für einen Beschäftigungsgrad von 80 % oder 90 % entschieden hat. 16 % der Befragten beantworteten die Frage mit "sonstiges", wobei immerhin die Hälfte dieser Befragten darauf hinwies, dass sie ihr Anstellungsverhältnis gekündigt haben und beim neuen Arbeitgeber eine Teilzeitanstellung aufnehmen werden. Zusammenfassend kann gesagt werden, dass ca. die Hälfte der Befragten weiterhin in einem reduzierten Anstellungsverhältnis beschäftigt sein wird oder den Wunsch danach äussert. Zudem würden 91 % der Teilnehmenden eine Beteiligung an ihrem BAM wiederholen.

4.1.2 Förderliche und hinderliche Bedingungen für eine BAM-Beteiligung

In der ersten Untersuchungsphase interessierte Bedingungen, die für die BAM-Beteiligung förderlich oder hinderlich waren. Als förderlich stellten sich folgende Bedingungen heraus:

- **Allgemein positive Beurteilung von BAM im Gesundheitsbereich**
  Grundsätzlich wurde immer wieder betont, dass BAM vor dem Hintergrund der anstehenden Veränderungen im Gesundheitsbereich eine sinnvolle personal- und gesellschaftspolitische Strategie darstellen.
- **Persönlicher Nutzen durch BAM**
  Als förderlich kam ebenfalls immer wieder zum Ausdruck, dass BAM sehr viel individuellen bzw. persönlichen Nutzen mit sich bringen können. Dies gilt z.B. dann, wenn eine reduzierte Arbeitszeit den Bedürfnissen nach mehr Zeit für die Familie, für Hobbys, für Erholung oder für die Aus- und Weiterbildung Rechnung trägt.

- **Haltung und Engagement der Spitalleitung, der Bereichsführung, der internen Projektleitung/-gruppe**
  Als ein entscheidender Faktor hat sich die Einstellung und das konkrete Verhalten der Führungskräfte und Projektverantwortlichen erwiesen. Förderlich wirkte in diesem Zusammenhang vor allem, wenn Führungskräfte die Beteiligung an BAM aktiv gefördert haben, sich daran selber beteiligen und/oder bereits selbst in einer reduzierten Anstellung beschäftigt sind. In diesem Sinne stellte vor allem auch die Haltung und das konkrete, projektbezogene Verhalten des internen Projektleiters einen wichtigen Einflussfaktor dar.
- **Spitalübergreifende Projektorganisation/-gestaltung**
  Die zielgerichtete und systematische Projektorganisation und -gestaltung und dabei vor allem der regelmässige Wissens- und Erfahrungsaustausch der internen Projektleiter wurde vor allem von den Projektverantwortlichen als wichtig und förderlich gewertet.
- **Engagement und Verhalten der Projektleiterin der Gesundheitsdirektion**
  Die Form der übergeordneten Projektgestaltung und -führung durch die Projektleiterin seitens der Gesundheitsdirektion wurde vor allem von den Projektverantwortlichen als förderlich und gut beurteilt.
- **Deanonymisierte Form der Schaffung oder des Erhalts von Stellen**
  Ein aus der Sozialpsychologie lang bekanntes Phänomen, dass prosoziales Verhalten vor allem in deanonymisierten Situationen stattfindet, hat sich auch in diesem Projekt als Einflussfaktor erwiesen. So wurde eine Beteiligung an einem BAM eher dann gefördert, wenn die Person bekannt war, für die eine Stelle erhalten oder geschaffen werden sollte und/oder auch ein Mitspracherecht bei der Personalauswahl bestand. Dagegen haben allgemeine Solidaritätsappelle eher keine förderliche Wirkung erreicht.
- **Pilotcharakter des Projektes**
  Der Pilotcharakter des Projektes und damit die Möglichkeit, über ein Jahr eine alternative Arbeitszeitform selbst zu erproben und die Garantie zu haben, nach dieser Erprobungszeit wieder in die alten Anstellungsbedingungen zurückkehren zu können, wirkte auf die Beschäftigten in der Regel als attraktive Möglichkeit und daher förderlich für eine Beteiligung.

Negativ auf eine BAM-Teilnahme wirkten folgende Bedingungen:
- **Stand der Spitalliste**
  Die Tatsache, dass über die Spitalliste – entgegen der Annahme zu Projektbeginn bis zur weitreichenden Realisierung des Projektes – vom Bundesrat noch nicht entschieden ist, hat auf die Beteiligungsbereitschaft der Beschäftigten eher hinderlich gewirkt, da dadurch eine proaktive Einstellung und eine eher anonymisierte Schaffung oder Erhaltung von Stellen eingefordert wurde.

- **Situation auf dem Arbeitsmarkt**
  Vor dem Hintergrund des Standes der Spitalliste hat sich bzgl. einer BAM-Beteiligung die hinderliche Situation verstärkt, dass bestimmte Stellen nicht besetzt bzw. bestimmte Berufe und Funktionsträger auf dem Arbeitsmarkt nicht rekrutiert werden konnten. Dies führte u.a. dazu, dass Solidaritätsmodelle und Formen der Arbeitszeitverkürzung – trotz der Bereitschaft dazu – nicht realisiert werden konnten.
- **Arbeitsbelastung in den Spitälern**
  Grundsätzlich zeigte sich, dass die eher hohe Belastung in den Spitälern mit dem Tagesgeschäft und Projekten auf eine Projektbeteiligung eher erschwerend wirkte.
- **Haltung und Engagement der Spitalleitung, der Bereichsführung, der internen Projektleitung/-gruppe**
  Neben Pro-Haltungen in der Führung und bei den Projektverantwortlichen gab es bei diesen Funktionsträgern auch unklare oder eindeutige Contra-Haltungen zu BAM in ihrem Spital oder Bereich. So ergaben sich auch Situationen, die nicht nur hinderlich wirkten, sondern zur abrupten Beendigung der Diskussion über BAM führten. Dies war vor allem dann der Fall, wenn z.B. Vorgesetzte eine Beteiligung an BAM abwerteten oder explizit verboten haben.
- **Wenig Vorbilder in der Führung**
  Grundsätzlich zeigte sich, dass neben der Einstellung vor allem auch das arbeitszeitbezogene Verhalten der Führungskräfte selbst eher hinderlich wirkte. Die Tatsache, dass in der Führung nach wie vor 100 % gearbeitet wird und eine Beteiligung der Führung an BAM in sehr eingeschränkter Form erfolgte, wirkte auf die Beschäftigten negativ. In diesem Zusammenhang wurde auch immer wieder eingebracht, dass die finanziellen Möglichkeiten für eine Beteiligung an BAM ja vor allem in der Führung gegeben wären.
- **Konservatismus**
  Ein in den Spitälern bestehender Konservatismus bzgl. innovativen Arbeits- und Organisationsformen und damit zusammenhängend das eingeschränkte Gewähren von Vertrauensvorschuss für alternative Wege – z.B. bei der Arbeitszeitgestaltung im ärztlichen Bereich – hat eher hinderlich gewirkt.
- **Langer Entscheidungsprozess bis zu den definitiven Rahmenbedingungen**
  Der lange Entscheidungsprozess bis zu den definitiven finanziellen und versicherungstechnischen Rahmenbedingungen hat auf die projektbezogene Motivation und das Projektengagement zum Teil sehr hinderlich gewirkt. In diesem Zusammenhang wurde auch verschiedentlich eine schlechte projektbezogene Informationsversorgung bemängelt.

- **Entscheid des Bundesamtes für Wirtschaft und Arbeit (BWA)**
  Der Entscheid des BWA – heute Staatssekretariat für Wirtschaft (SECO) – das Pilotprojekt der Gesundheitsdirektion nicht zu unterstützen, wirkte in zweierlei Hinsicht hinderlich. Einerseits wurde damit ein nicht unproblematisches Signal für das Projekt gesetzt, andererseits wurden die finanziellen Rahmenbedingungen in der Form beeinflusst, dass entgegen der Hoffnung einer gleichmässigen $1/3$-Teilung zwischen Arbeitnehmern, -gebern und Arbeitslosenkasse im Sinne einer Subvention von Arbeit nun $2/3$ der Lohneinbussen durch die Arbeitnehmer übernommen werden mussten.
- **Rahmenbedingungen beim BAM-Projekt der GD – z.B. im Vergleich zur Post**
  Vor dem Hintergrund des Entscheides des BWA stellte sich nun auch die Situation, dass z.B. die finanziellen Bedingungen der BAM der GD schlechter sind als z.B. bei der Post, wo ein Solidaritätsmodell durch das BWA finanziell unterstützt wird (vgl. Ulich in diesem Buch). Diese ungleiche Situation wurde von den Beschäftigten zum Teil als ungerecht erlebt und wirkte auf eine Beteiligung eher hinderlich.
- **Finanzielle Einbussen**
  In diesem Zusammenhang zeigte sich auch, dass die finanziellen Einbussen durch eine Beteiligung an einem BAM häufig als zu hoch eingestuft wurden und damit hinderlich wirkten.
- **Unsicherheit und Angst bei den Beschäftigten – doppelte Botschaften: Sparen versus Anreize im Rahmen der BAM**
  Eine psychologische Barriere ergab sich auch dadurch, dass eine Reihe von Beschäftigten einerseits den Spardruck im Gesundheitswesen und andererseits die finanzielle Unterstützung von mehr Freizeit im Rahmen des BAM-Projektes nicht miteinander vereinen konnten oder wollten. Diese Barriere wirkte vor allem in den Spitälern mit ungewisser Zukunft hinderlich. Hier wurde auch häufig die Angst artikuliert, dass BAM u.U. doch eine versteckte Sparstrategie darstellt.
- **Zum Teil bereits weitreichende Realisierung von Teilzeitformen**
  Vor allem im Pflegebereich wurde immer wieder betont, dass hier traditionsgemäss schon viel Teilzeit geleistet wird und dass bei einer weiterführenden Arbeitszeitreduktion die Kontinuität in der Patientenbetreuung und/oder die Umsetzung neuer Formen der Pflege wie z.B. die Bezugspflege gefährdet wären.
- **Ungleiche Rahmenbedingungen für BAM-Beteiligte und "normale" Teilzeiter**
  Mit dem zuvor genannten Punkt zusammenhängend wurde auch verschiedentlich dargelegt, dass die Situation von ungleichen finanziellen und versicherungstechnischen Rahmenbedingungen für BAM-Beteiligte und "normale" Teilzeiter das Teamgefüge strapazieren und in kontraproduktiver Weise beeinflussen könnte und daher eher als hinderlich wirkte.

- **Eingeschränkter Zeitrahmen**
  Der Zeitrahmen von der Bekanntgabe der definitiven Rahmenbedingungen bis zum Beginn der Pilotphase wurde vor allem für die Personalrekrutierung als eher zu knapp und zum Teil als hinderlich eingestuft. Die zeitliche Verzögerung bis zur definitiven Festlegung der Rahmenbedingungen wurde u.a. durch den Negativentscheid des Bundesamtes für Wirtschaft und Arbeit verursacht, das Pilotprojekt der Gesundheitsdirektion Zürich finanziell nicht zu unterstützen.

Interessanterweise hatte ein niedriges Lohnniveau der Beschäftigten keine eindeutig negative Wirkung auf eine Beteiligung an BAM. Vielmehr zeigte sich, dass sich mehr Beschäftigte aus sogenannten unteren Einkommensklassen an einem BAM beteiligten.

4.1.3 Hintergründe der Beteiligung an einem BAM

Abbildung 3 zeigt die Häufigkeitsverteilung der wichtigsten Teilnahmegründe nach Angaben der BAM-TeilnehmerInnen. Daraus ist ersichtlich, dass persönliche Motive wie z.B. mehr Freizeit, Erholung und Lebensqualität bei der Beteiligung an einem BAM eindeutig im Vordergrund standen. Eine allgemeine, solidarische Orientierung wie auch die Möglichkeit, Erwerbslose zu integrieren oder einen Beitrag gegen den Abbau von Stellen zu leisten, wurde ebenfalls relativ häufig genannt. Schliesslich spielten familiäre Gründe, die von den Männern häufiger genannt wurden als von den Frauen, wie auch der finanzielle Anreiz der verschiedenen Modelle bei einigen Beschäftigten eine bedeutsame Rolle.

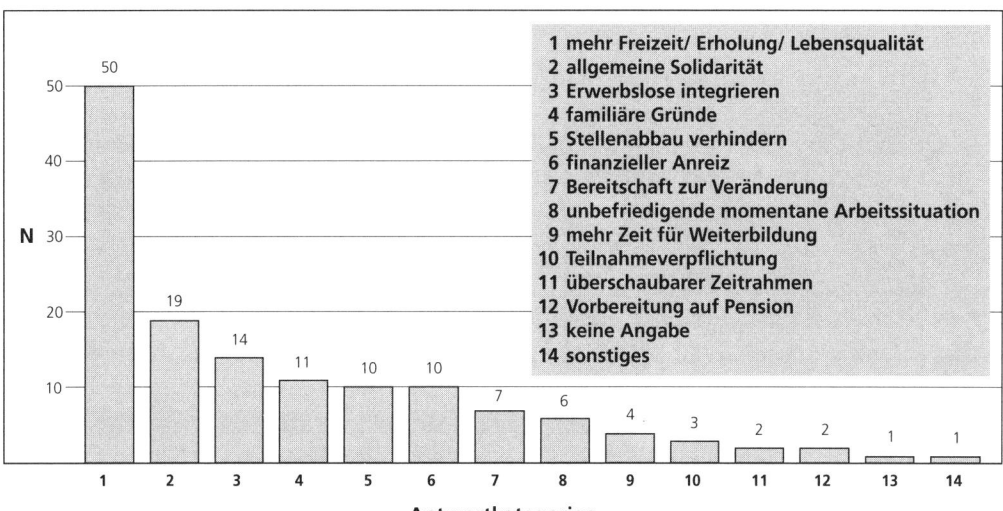

Abbildung 3: Wichtigste Gründe für eine Teilnahme nach Angaben von an BAM beteiligten MitarbeiterInnen in 5 Spitälern im Gesundheitsbereich des Kantons Zürich (Mehrfachnennungen möglich; nach Angaben von 62 Personen)

Die Häufigkeitsverteilung zu den grössten Bedenken bezüglich einer BAM-Beteiligung (vgl. Abb. 4) zeigt, dass der Aspekt der finanziellen Einbussen hier eindeutig überwiegt.

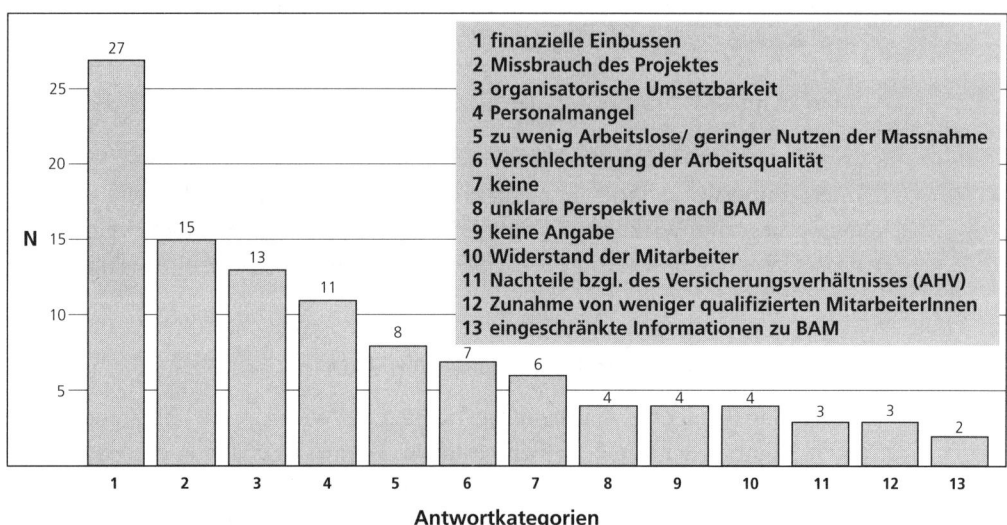

Abbildung 4: Zentrale Bedenken bzgl. einer Beteiligung nach Angaben von an BAM beteiligten MitarbeiterInnen in 5 Spitälern im Gesundheitsbereich des Kantons Zürich (Mehrfachnennungen möglich; nach Angaben von 62 Personen)

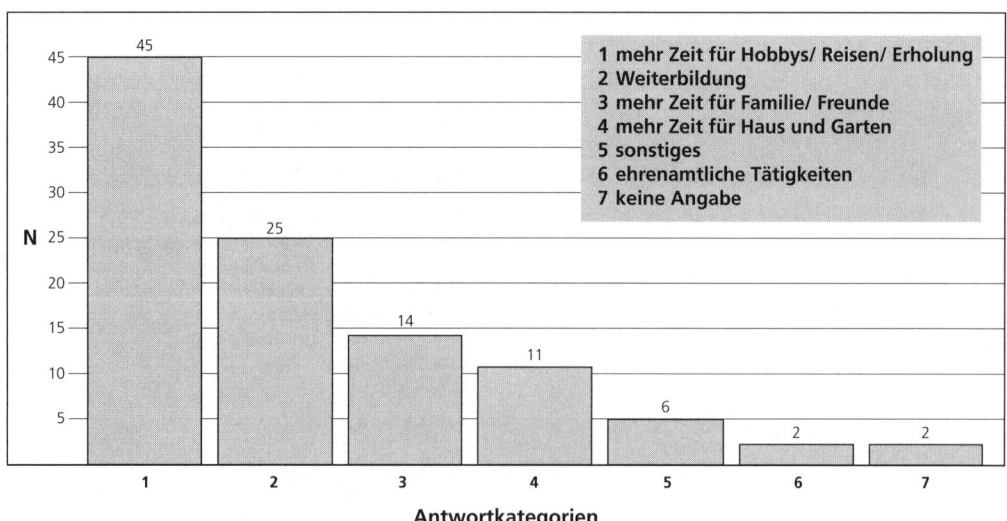

Abbildung 5: Vorgesehene Nutzung der zusätzlichen Freizeit nach Angaben von an BAM beteiligten MitarbeiterInnen in 5 Spitälern im Gesundheitsbereich des Kantons Zürich (Mehrfachnennungen möglich; nach Angaben von 62 Personen)

Aber auch Bedenken bzgl. Missbrauch des Projekts (z.B. als Möglichkeit zum Stellenabbau), der organisatorischen Umsetzbarkeit der BAM sowie der Gefahr von Personalmangel wurden hier relativ häufig genannt. Abbildung 5 zeigt schliesslich die Vorstellungen dieser Gruppe von Beschäftigten darüber, für welche Aktivitäten sie die im Rahmen der BAM-Beteiligung gewonnene Freizeit nutzen wollen.

Aus Abbildung 5 ist ersichtlich, dass die Beschäftigten die gewonnene Freizeit vor allem für persönliche Aktivitäten und Weiterbildung nutzen wollen. Mehr Zeit für die Familie/Freunde sowie Aktivitäten im Haus und Garten wurde vor allem von den Frauen genannt.

4.1.4 Einstellung zu BAM und Erfahrungen damit

Im Längsschnitt wurde auch der Frage nachgegangen, wie sich über eine BAM-Teilnahme die Einstellungen zu BAM selbst veränderten. Dazu kann festgehalten werden, dass sich die BAM-unterstützenden Einstellungen der TeilnehmerInnen nicht verändert haben mit der Ausnahme, dass der Lohn wichtiger wurde als die Freizeit (vgl. dazu Abb. 6). Damit wird deutlich, dass die Bewertung von materiellem und zeitlichem Wohlstand in Abhängigkeit von der konkreten Lohn-Zeit-Situation variiert und sich situativ verändert.

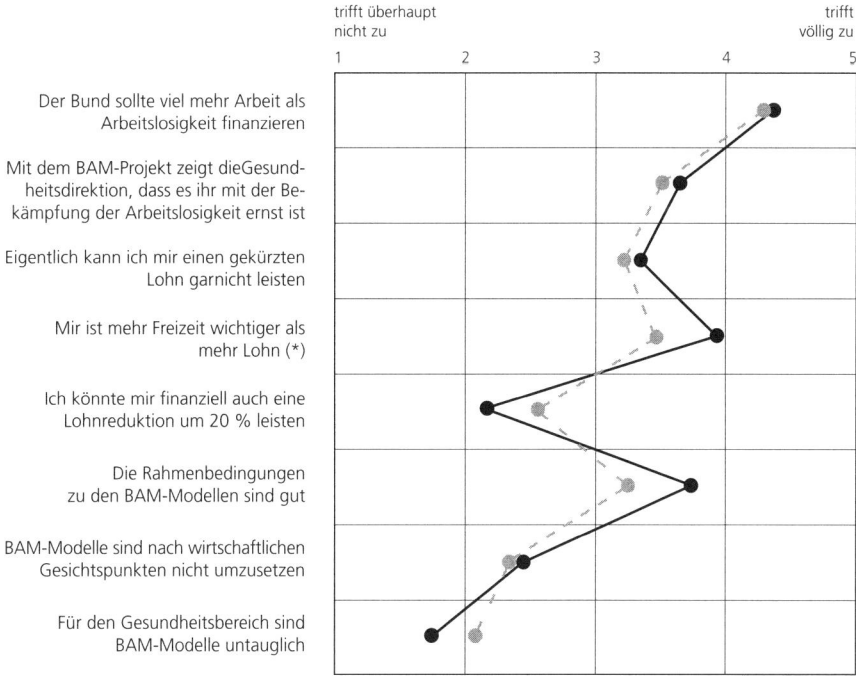

*Abbildung 6: Veränderung der BAM-bezogenen Einstellungen nach Angaben von an BAM beteiligten MitarbeiterInnen in 5 Spitälern im Gesundheitsbereich des Kantons Zürich (BAM-Längsschnittgruppe N=39, *p<0.05)*

Die konkreten BAM-bezogenen Erfahrungen bzgl. Arbeitsqualität, Patientenbetreuung, Koordinationsaufwand etc. am Ende der Modellerprobung sind in der Regel positiver als die diesbezüglichen Erwartungen und Befürchtungen zu Beginn der Erprobung (vgl. dazu Abb. 7). Die Arbeitsmotivation ist im Durchschnitt für die TeilnehmerInnen nicht in dem von ihnen erwarteten Ausmass gestiegen, wird aber positiv bewertet. Detailliertere Auswertungen zeigen, dass dieses Ergebnis nur für TeilnehmerInnen des Arbeitszeitverkürzungsmodells zutrifft. Bei den TeilnehmerInnen der übrigen BAM ist die Motivation im erwarteten Mass gestiegen (vgl. dazu auch Tab. 11).

Mit einer offenen Frage im Fragebogen wurden in der letzten Befragungsrunde die positiven und negativen Erfahrungen der TeilnehmerInnen erhoben. Die mehrfachgenannten positiven und negativen Erfahrungen sind in den Tabellen 7 und 8 nach Modelltyp zusammengefasst.

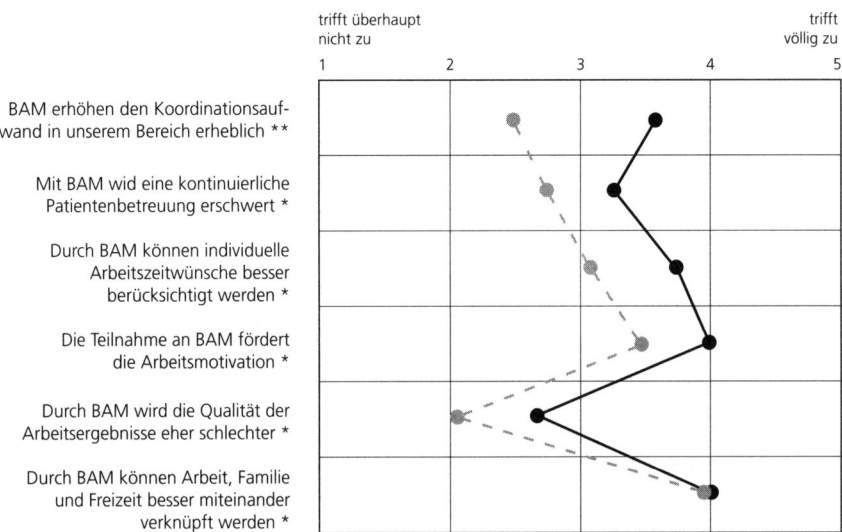

Abbildung 7: Erwartungen an BAM bei Projektbeginn und erlebte Wirkung bei Projektende nach Angaben von an BAM beteiligten MitarbeiterInnen in 5 Spitälern im Gesundheitsbereich des Kantons Zürich (BAM-Längsschnittgruppe N=39, *p<0.05, **p<0.01)

Tabelle 7: *Erlebte positive Erfahrungen bzw. Vorteile nach Angaben von an BAM beteiligten MitarbeiterInnen in 5 Spitälern im Gesundheitsbereich des Kantons Zürich, die an der dritten Befragung teilgenommen haben.*

	Arbeitszeit- verkürzung (N=24)	Solidaritäts- modell (N=19)	Stafetten- modell (N=1)	TUPF- Modell (N=34)	Total Nennungen
Erholter/ entspannter	4	2	1	12	19
Mehr Freizeit	6	2	0	7	15
Zeit für anderes/ persönliche Bedürfnisse	4	4	0	5	13
Job bekommen	2	4	0	0	6
Erhöhte Arbeitsmotivation	1	2	0	3	6
Zeit für Familie	2	2	0	2	6
Gute Arbeitsteilung/ Entlastung	1	0	0	4	5
Allg. gute Erfahrungen	0	2	0	2	4
Zeit für sich selbst	2	0	0	2	4
Verbesserte Befindlichkeit	1	0	1	1	3
Verhältnis von Freizeit und Lohneinbusse	0	0	0	3	3
Zeit für Weiterbildung	1	1	0	1	3
Finanziell akzeptabel	1	0	0	1	2
Frischer Wind durch neuen Mitarbeiter	0	2	0	0	2
Attraktiver als unbezahlter Urlaub	0	0	0	2	2
Total Nennungen	25	21	2	45	93

Tabelle 8: *Erlebte negative Erfahrungen bzw. Nachteile nach Angaben von an BAM beteiligten MitarbeiterInnen in 5 Spitälern im Gesundheitsbereich des Kantons Zürich, die an der dritten Befragung teilgenommen haben.*

	Arbeitszeit- verkürzung (N=24)	Solidaritäts- modell (N=19)	Stafetten- modell (N=1)	TUPF- Modell (N=34)	Total Nennungen
Arbeitsverdichtung	5	0	0	7	12
Lohneinbusse	1	2	1	8	12
Erhöhter Koordinationsaufwand	5	1	0	0	6
Befristung des Projekts	1	0	0	3	4
Fehlende Unterstützung der Vorgesetzten	2	1	0	0	3
Kontinuität hat gelitten	2	0	0	1	3
Schleichende Distanzierung unter den der Mitarbeitern	2	1	0	0	3
Qualitätseinbusse	1	1	0	0	2
Total Nennungen	19	6	1	19	45

4.1.5 Persönliche Wirkungen von BAM

Eine zentrale Frage im Rahmen der Evaluation bezog sich auf die Frage nach der erlebten Beanspruchung und deren Veränderung durch eine BAM-Teilnahme. Bezüglich dieser Fragestellung zeigten sich interessante Effekte. Die persönlichen Beanspruchungswerte der BAM-TeilnehmerInnen sind bei insgesamt niedrigen Ausgangswerten bei Projektende signifikant niedriger als beim Beginn der Modellerprobung (vgl. dazu Abb. 8).

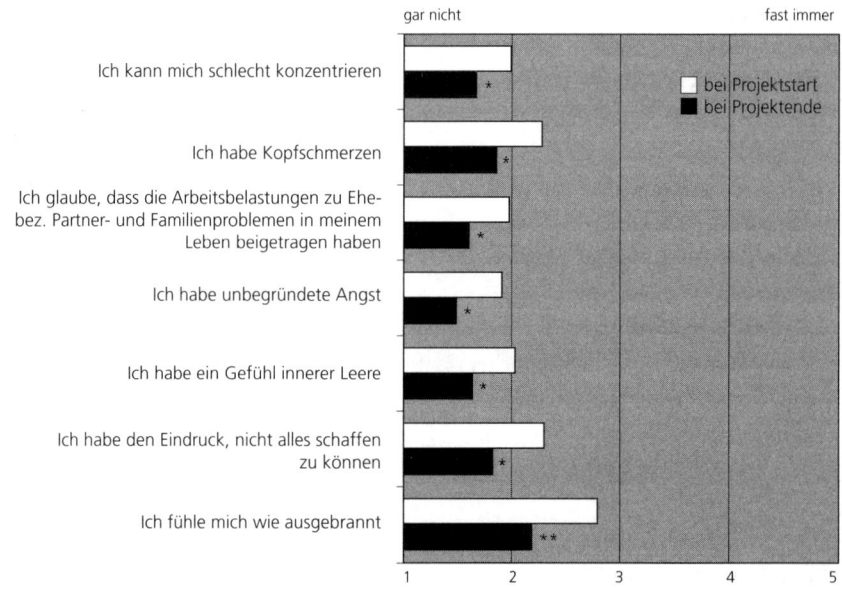

Abbildung 8: Veränderungen spezifischer Beanspruchungen nach Angaben von an BAM beteiligten MitarbeiterInnen in 5 Spitälern im Gesundheitsbereich des Kantons Zürich (BAM-Längsschnittgruppe N=39, $*p < .05$, $**p < .01$)

4.1.6 Persönliche Wertvorstellungen

In der ersten Untersuchung stellte sich die Frage, ob sich die drei Untersuchungsgruppen bezüglich ihrer persönlichen bzw. der arbeits- und lebensbezogenen Wertvorstellungen unterscheiden. In den Tabellen 9 und 10 sind die jeweiligen Wertehierarchien dargestellt. Besonders hervorzuheben ist der Unterschied beim Wert "ein Beruf, der viel Freizeit lässt". Für die BAM- und die Teilzeitgruppe ist diese arbeitsbezogene Wertvorstellung wichtiger als für die Nicht-BAM-Gruppe.

Tabelle 9: Hierarchie der arbeitsbezogenen Werte nach Angaben der drei Untersuchungsgruppen der ersten Befragung (*p < .05, **p < .01).

Teilzeit-Gruppe (N=58)	Rang	BAM-Gruppe (N=62)	Rang	Nicht-BAM-Gruppe (N=46)
Umgang mit Menschen im Beruf	1	Ein gutes Betriebsklima	1	Ein gutes Betriebsklima
Ein gutes Betriebsklima	2	Meine berufliche Arbeit sinnvoll finden	2	Meine berufliche Arbeit sinnvoll finden
Meine berufliche Arbeit sinnvoll finden	3	Gute Arbeitsbedingungen	3	Gute Arbeitsbedingungen
Gute Arbeitsbedingungen	4	Umgang mit Menschen im Beruf	4	Umgang mit Menschen im Beruf
Meine Arbeit mitgestalten können	5	Abwechslung bei der Arbeit	5	Meine Arbeit mitgestalten können
Abwechslung bei der Arbeit	6	Meine Arbeit mitgestalten können	6	Abwechslung bei der Arbeit
Im Team arbeiten können	7	Anerkennung für meine Arbeit	7	Im Team arbeiten können
Berufliche Verantwortung haben**	8	Im Team arbeiten können	8	**Berufliche Verantwortung haben****
Anerkennung für meine Arbeit	9	Mich beruflich weiterbilden	9	Anerkennung für meine Arbeit
Mich beruflich weiterbilden	10	**Berufliche Verantwortung haben****	10	Mich beruflich weiterbilden
Ein Beruf, der viel Freizeit lässt**	11	**Ein Beruf, der viel Freizeit lässt****	11	Gut verdienen
Beruflich erfolgreich sein	12	Beruflich erfolgreich sein	12	Beruflich erfolgreich sein
Gut verdienen	13	Gut verdienen	13	**Anweisungen geben können***
Die Arbeitsstelle wechseln können	14	Die Arbeitsstelle wechseln können	14	Die Arbeitsstelle wechseln können
Anweisungen geben können*	15	Aufstiegschancen haben	15	**Ein Beruf, der viel Freizeit lässt****
Aufstiegschancen haben	16	**Anweisungen geben können***	16	Aufstiegschancen haben

Bezüglich der lebensbezogenen Wertvorstellungen zeigte sich, dass der Wert "Familie" für die Teilzeitgruppe wichtiger ist als für die beiden anderen Gruppen.

Tabelle 10: Hierarchie der lebensbezogenen Werte nach Angaben der drei Untersuchungsgruppen der ersten Befragung (*p < .05, **p < .01)

Teilzeit-Gruppe (N=58)	Rang	BAM-Gruppe (N=62)	Rang	Nicht-BAM-Gruppe (N=46)
Familie**	1	Gesundheit	1	Arbeitsbedingungen
Gesundheit	2	Arbeitsbedingungen	2	**Familie****
Arbeitsbedingungen	3	**Familie****	3	Gesundheit
Sicherheit	4	Sicherheit	4	Sicherheit
Persönliche Entwicklung	5	Persönliche Entwicklung	5	Persönliche Entwicklung
Freizeit	6	Freizeit	6	Freizeit
Lebensorientierung	7	Lebensorientierung	7	Lebensorientierung
Berufliche Situation	8	Berufliche Situation	8	Berufliche Situation
Soziales und politisches Handeln	9	Lebensstandard	9	Lebensstandard
Lebensstandard	10	Soziales und politisches Handeln	10	Soziales und politisches Handeln

Die Frage nach der Wichtigkeit bestimmter Aspekte in der Arbeit und im Lebenskontext bringt auch die Frage nach der tatsächlichen Umsetzung dieser Aspekte mit sich. Können als wichtig beurteilte Aspekte in der Arbeit oder im gesamten Lebenskontext nicht realisiert werden, wird von Defiziten bzw. von einem subjektv erlebten Handlungsbedarf gesprochen. In der Tabelle 11 sind die erlebten arbeitsbezogenen Defizite der drei Untersuchungsgruppen der ersten Befragung dargestellt.

Es zeigt sich (vgl. Abb. 9), dass die BAM-Gruppe – im Vergleich zu den anderen Gruppen – ein deutlich grösseres Defizit im Wert "ein Beruf, der viel Freizeit lässt" verzeichnet. Dieses Ergebnis unterstützt die Aussage, dass ein wichtiges Motiv zur BAM-Teilnahme die vermehrte Freizeit war. In der Abbildung 10 sind alle lebensbezogenen Aspekte abgebildet, bei denen sich die Defizitwerte der drei Untersuchungsgruppen signifikant unterscheiden.

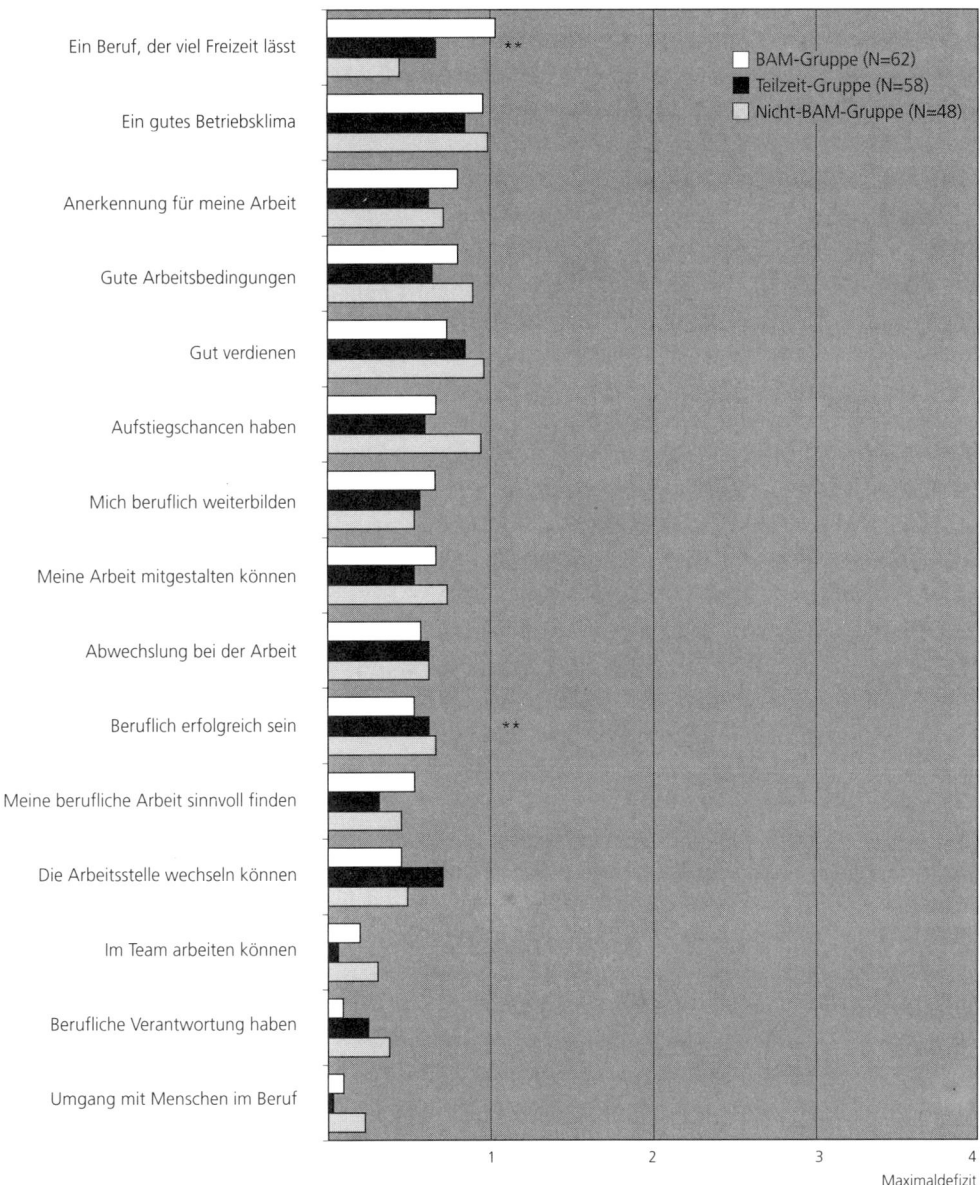

Abbildung 9: Erlebte Defizite in der Arbeit nach Angaben der drei Untersuchungsgruppen der ersten Befragung ($p < .05$, **$p < .01$)*

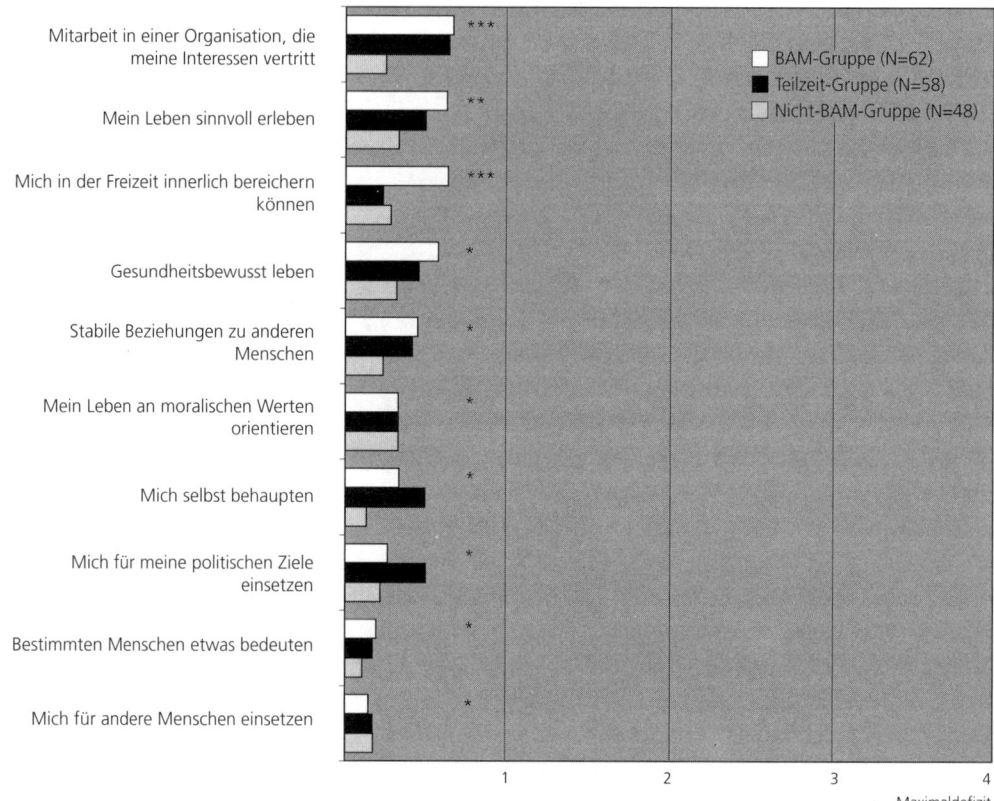

Abbildung 10: Lebensbezogene Defizite nach Angaben der drei Untersuchungsgruppen der ersten Befragung in 5 Spitälern im Gesundheitsbereich des Kantons Zürich (*p < .05, **p < .01 ***p < .001)

Die Gewichtung der arbeits- und lebensbezogenen Werte blieb über die Erprobungsphase bestehen. Vier der von der BAM-Gruppe erlebten arbeits- und lebensbezogenen Defizite veränderten sich im Verlauf der Erprobungsphase (vgl. Abb. 11). Obwohl es sich bereits bei Projektbeginn um geringe Defizitwerte handelte, sind alle vier Defizite über die Erprobungsphase signifikant kleiner geworden.

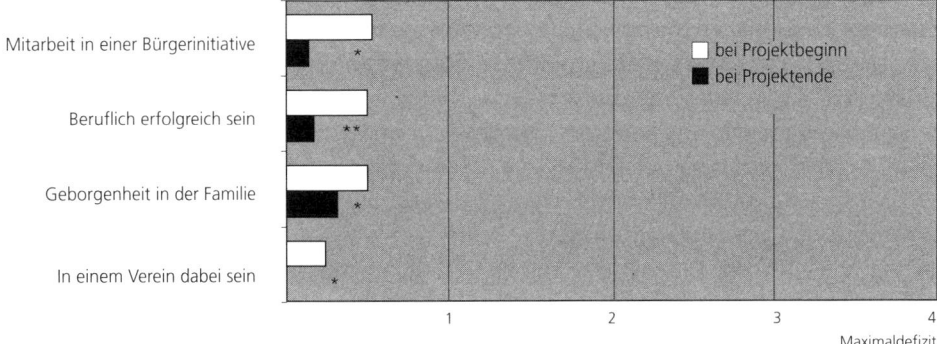

Abbildung 11: Veränderte arbeits- und lebensbezogene Defizite nach Angaben von an BAM beteiligten MitarbeiterInnen in 5 Spitälern im Gesundheitsbereich des Kantons Zürich (BAM-Längsschnittgruppe N=39, *p < .05, **p < .01)

4.1.7 Erfahrungen in den Familien

In den Familiengesprächen zeigte sich, dass die zusätzliche Freizeit vor allem in denjenigen Familien für gemeinsame Aktivitäten verwendet wurde, in denen beide Partner erwerbstätig sind und sich auch beide an der Haus- und Familienarbeit beteiligen. In diesen Fällen wurden als Hauptvorteile vor allem der Erholungswert der Freizeit und die Möglichkeit gemeinsamer Aktivitäten genannt (vgl. Kasten 3).

> **Kasten 3: Zusammenfassung eines Gesprächs mit einer fünfköpfigen Familie, wovon die Mutter an einem Solidaritätsmodell beteiligt war**
>
> Die Familie einer Frau, die sich an einem Solidaritätsmodell beteiligte, stellte sich zu einem Gespräch zur Verfügung. Im Rahmen der Modellbeteiligung reduzierte die Frau ihren Anstellungsgrad von 100 auf 80 % und bezog die Freizeit in Form von ganzen Tagen. Am Gespräch beteiligten sich auch die beiden älteren der drei Kinder (18-, 15- und 4-jährig), welche aus sprachlichen Gründen das Gespräch hauptsächlich führten und für ihre Eltern Übersetzungsarbeiten übernahmen. Die Familie beschreibt die Erfahrungen mit dem Solidaritätsmodell wie folgt:
> Die Teilnahme der Mutter am Modell hat dazu geführt, dass mehr Zeit für das Familienleben zur Verfügung steht. Während normalerweise jedes Familienmitglied für sich selber das Frühstück zubereitet, wird am BAM-Tag ein gemeinsames Frühstück eingenommen, welches von der Mutter zubereitet wird. Die beiden älteren Kinder (18- und 15-jährig) schätzen es sehr, dass am BAM-Tag auch ein gemeinsames Mittagessen eingenommen wird, was sonst

> nur an Wochenenden der Fall ist. Obwohl die Mutter an ihrem freien Tag auch mehr Hausarbeit übernimmt – welche sonst unter allen Familienmitgliedern aufgeteilt wird, da alle Familienmitglieder zu 100 % engagiert sind – bleibt immer noch Zeit für andere Aktivitäten wie z.B. Spaziergänge mit dem Ehemann. Zudem verbringt sie mehr Zeit mit dem jüngsten Kind (4-jährig), welches sonst von einer Tagesmutter oder von den Geschwistern betreut wird. Als ideal erwies sich die Tatsache, dass die Festlegung der freien Tage mitbestimmt und somit auf den Schichtplan des Ehemanns abgestimmt werden konnte.
>
> Neben den zusätzlichen Familienaktivitäten erfahren die Kinder ihre Mutter als erholter, weniger nervös und fröhlicher. Diese Erfahrungen sind für die Kinder eine Bestätigung, dass der Freizeitgewinn die Lohneinbusse bei weitem überwiegt. Dementsprechend wünschen sie sich, dass das Modell weitergeführt werden könnte, da es für die Familie nur Vorteile gebracht hat.

In den eher traditionell organisierten Familien, in denen die Ehefrau für den Haushalt und die Kindererziehung zuständig ist, veränderte sich wenig an der familialen Arbeitsteilung. Nur in einer Familie fand ein beschränkter Rollenwandel statt: Der Ehemann sorgte an seinem freien Tag für das Kind und die Ehefrau ging ihrer Erwerbstätigkeit nach. Die Erprobungsphase der BAM traf in diesem Fall mit der Geburt des Kindes zusammen und die Teilnahme am Modell bot sich geradezu an. In den eher traditionell organisierten Familien lag der Hauptvorteil der Modellteilnahme vor allem im grosszügigeren Umgang mit der Freizeit und in der Möglichkeit, bisherige Freizeitaktivitäten auszubauen. Im Familiengespräch mit einer ehemals erwerbslosen Person stellte sich heraus, dass die Möglichkeit, im Solidaritätsmodell mitzumachen, der Ausweg aus der fast zweijährigen Erwerbslosigkeit war. Die Wiederaufnahme der Erwerbstätigkeit wirkte sich positiv auf die zuvor angespannte Partnerbeziehung aus und die Freizeit wurde hauptsächlich für gemeinsame Aktivitäten eingesetzt (vgl. Kasten 4).

> **Kasten 4: Zusammenfassung des Gesprächs mit einem Paar, wovon der Partner in einem Solidaritätsmodell als neuer Mitarbeiter aufgenommen wurde**
>
> Ein zweites Gespräch wurde mit einem Paar geführt, wovon der Partner in einem Solidaritätsmodell als neuer Mitarbeiter aufgenommen wurde und damit die beinahe 2-jährige Erwerbslosigkeit zu einem Ende kam. Im Rahmen der Modellbeteiligung war er zu 80 % angestellt und hatte pro Woche einen Tag frei, welcher je nach Dienstplan variierte. Nur einer der Kollegen aus

> dem Solidaritätsmodell wollte einen fixen freien Tag pro Woche. Am Gespräch beteiligte sich die Lebenspartnerin. Das Paar beschreibt die Erfahrungen mit dem Solidaritätsmodell wie folgt:
> Die Teilnahme am Modell war eine Chance, den Wiedereinstieg ins Erwerbsleben zu schaffen und damit auch wieder Stabilität in die Beziehung zu bringen. Für die Zeit der Erwerbslosigkeit hatte das Paar einen Rollentausch geplant, der vorsah, dass der Partner sich vor allem dem Haushalt widmen würde. Er konnte jedoch nicht dazu stehen und hatte nach aussen mit der "Hausmann-Rolle" Mühe. Hinzu kam ein Gefühl der Nutzlosigkeit, welches beinahe in Depressionen und Aggressionen endete. Als Folge bekam auch die Partnerin mit der Situation Mühe, da sie die Doppelbelastung von Erwerbstätigkeit und Hausarbeit alleine zu bewältigen hatte. Für die Partnerin fiel mit der Modellteilnahme eine grosse Last weg, da er wieder einer geregelten Arbeit nachgehen konnte und sein Selbstwertgefühl wieder anstieg. Aus seiner Sicht war diese Möglichkeit der letzte Strohhalm. Zwei Monate später wäre er ausgesteuert worden.
> Die Teilnahme am Modell erfahren beide als sehr positiv. Neben der Möglichkeit, erwerbstätig zu sein, hat sie ihm den Blickwinkel erweitert, weil er eine Arbeit näher kennen- und schätzengelernt hat, die er drei Jahre früher abgelehnt hätte. Zudem stieg mit der Modellteilnahme auch sein Verständnis und die Wertschätzung für Dienstarbeitszeiten, welche er zuvor bei seiner Partnerin als unvorteilhaft erlebte. Insgesamt beschreibt er sich als toleranter und ist überzeugt, dass dies der positive Nebeneffekt einer Veränderung ist, die unter Druck stattgefunden hat. Das Modell erleben beide als äusserst attraktiv. Die zusätzliche Freizeit, die er selber mitgestalten kann und daher auch auf ihren Dienstplan abstimmbar ist, ist die Lohnreduktion bei weitem wert. Der freie Tag ist für beide wertvoller als ein 100 %iger Anstellungsgrad. Sie nutzen ihre Freizeit für gemeinsame Aktivitäten. Nach der BAM-Erprobungsphase wird er im Betrieb eine neue Funktion mit Führungsaufgaben übernehmen. Er hat sich auf diese intern ausgeschriebene Stelle beworben und den Zuschlag erhalten. Für ihn war das Modell mehr als eine Möglichkeit, wieder Fuss zu fassen.

4.2 Ebene der Spitäler

4.2.1 Umstellungs- und Anpassungserfordernisse

Die Erfahrungen mit den verschiedenen Modellen zeigen, dass die Erprobung in den meisten Fällen ohne beträchtliche Umstellungen bzw. Anpassungen qualifikationsbezogener oder infrastruktureller Art erfolgte. Organisationsbezogene Anpassungen waren z.T. beim *Arbeitszeitverkürzungsmodell* erforderlich. Bei diesem Modell musste die Stellvertretung bzw. die Arbeitsverteilung während der Abwesenheit frühzeitig organisiert werden. Die Arbeitsumverteilung bzw. die Verteilung eines bestehenden Arbeitsvolumens auf mehr Personen ist das wesentliche Merkmal des *Solidaritätsmodells*. Darin besteht zusammenfassend auch der grosse Vorteil des Solidaritätsmodells im Vergleich zum Arbeitszeitverkürzungsmodell. Beim Arbeitszeitverkürzungsmodell besteht die Gefahr, dass keine Anpassung des Arbeitsvolumens erfolgt. Dies war besonders in den Fällen problematisch, in denen das Modell nicht zur Schaffung, sondern zur Erhaltung von Stellen eingesetzt wurde. Die Folge der fehlenden Anpassung des Arbeitsvolumens an die reduzierten Stellenprozente war Arbeitsverdichtung. In den Modellen, in denen erwerbslose Personen integriert wurden, waren die Erfahrungen durchwegs positiv und führten zur Relativierung der Vorurteile gegenüber erwerbslosen Personen.

4.2.2 Aufwand für die Vorgesetzten

Bei allen Modellen erhöhte sich der Aufwand für die Vorgesetzten. Der zusätzliche Führungsaufwand war einerseits durch die Einstellung neuer MitarbeiterInnen bedingt, andererseits durch die Planung und Koordination einer grösseren Anzahl von MitarbeiterInnen. Die konkreten Erfahrungen von Vorgesetzten mit den BAM führten bei den Führungskräften dennoch durchwegs zu einer positiven Kosten-Nutzen-Beurteilung, da sie die MitarbeiterInnen bei der Arbeit ausgeruhter und motivierter erlebten.

4.2.3 BAM als Personalmarketinginstrument

Während der Erprobungsphase ergab sich eine für alle Beteiligten unerwartete Veränderung der Arbeitsmarktlage im Gesundheitswesen. Deshalb wurde der Zeitpunkt der Erprobungsphase zum Teil auch in Frage gestellt. Gerade im Pflegebereich, in dem der Arbeitsmarkt inzwischen besonders "ausgetrocknet" ist, hatte aber das TUPF-Modell einen positiven Effekt für das Personalmarketing. Vorgesetzte berichteten, dass sie einerseits MitarbeiterInnen länger halten und andererseits BewerberInnen wegen der Möglichkeiten des TUPF-Modells für diesen Betrieb gewinnen konnten.

4.2.4 Beurteilung der vier Modelle im Vergleich

Tabelle 11 enthält eine vergleichende Beurteilung der vier Modelle auf der Basis der subjektiven Einschätzungen der befragten Beschäftigten und ihrer Vorgesetzten.

Tabelle 11: *Vergleichende Beurteilung der Modelle nach Angaben von an BAM beteiligten MitarbeiterInnen (N=51) und ihren Vorgesetzten (N=8) in 5 Spitälern im Gesundheitsbereich des Kantons Zürich*

Modelle Kriterien	Arbeitszeit- verkürzung		Solidaritäts- modell		Stafetten- modell		TUPF- Modell	
	Vorg.	Ma	Vorg.	Ma	Vorg.	Ma	Vorg.	Ma
Kunden-/ Patienten-orientierung	+/-	+/-	+/-	+/-	+/-	+/-	+/-	+/-
Arbeits- und Ergebnisqualität	+	+/-	+/-	+	+	+	+	+
Produktivität	+	+	+	+	+	+	++	+
Kommunikation	-	- -	+/-	+/-	-	-	-	-
Flexibilität	+		+		+		++	
Zusammenarbeit und Kollegialität	+	+/-	+	+	+	+/-	+/-	+
Arbeitsmotivation	+	+/-	+	++	+	++	++	++
Aufwand für Führung und Koordination	-		-		-		- -	
Aufwand für Administration	-		-		-		- -	

++ sehr positiver Effekt	+ eher positiver Effekt	+/- kein erkennbarer Effekt	- eher negativer Effekt	- - sehr negativer Effekt

Aus der Beurteilung wird ersichtlich, dass keines der Modelle negativ bewertete Auswirkungen mit sich bringt. Gleichzeitig wird sichtbar, dass die Beurteilungen der Beschäftigten und der Vorgesetzten weitgehend deckungsgleich sind.

4.3 Ebene der Gesundheitsdirektion und gesellschaftliche Ebene

4.3.1 Beschäftigungsbezogene und finanzielle Wirkungen der BAM

Mit dem Pilotprojekt wurden 14 Stellen erhalten oder durch zusätzliche Personen besetzt. Die Rahmenbedingungen der Modellerprobung und die Tatsache, dass die Beschäftigungswirksamkeit von den Beschäftigten und dem Arbeitgeber ohne Beteiligung der Arbeitslosenversicherung finanziert wurde, bringen keine Kostenneutralität für den Arbeitgeber mit sich. Sicherlich wird ein Teil der Kosten durch die in Tabelle 11 dargestellten Leistungsverbesserungen kompensiert. Eine Quantifizierung dieser Effekte erwies sich jedoch als schwierig bis unmöglich. Es bleibt festzuhalten, dass mit den 14 Stellen und der diesbezüglichen Lohnsumme in unterschiedlicher Form Arbeit erhalten bzw. Arbeitslosigkeit vermieden wurde.

5. Fazit

Aus den Ergebnissen anderer Untersuchungen und den Erfahrungen mit den BAM in Betrieben des Gesundheitsbereichs können folgende Schlussfolgerungen gezogen werden:
- Die Realisierung von BAM ist in verschiedenen Bereichen und Berufsgruppen in Betrieben des Gesundheitswesens möglich.
- BAM haben u.a. positive Wirkungen auf die BAM-bezogenen Einstellungen, die erlebte Beanspruchung und das Wohlbefinden der Beschäftigten wie auch auf verschiedene Leistungsmerkmale der Arbeit.
- Für die BAM-TeilnehmerInnen scheint Freizeit tendenziell wichtiger zu sein als für ihre KollegInnen, die nicht an BAM teilgenommen haben. Die BAM werden daher auch als Gelegenheit genutzt, erlebte Defizite in Bezug auf Freizeit zu reduzieren.
- Die Erfahrungen mit der Integration erwerbsloser Personen waren durchwegs positiv und führten zur Relativierung diesbezüglicher Vorurteile.
- Der Aufwand für die Führung, Koordination und Administration wird durch die Realisierung von BAM erhöht. Die konkreten Erfahrungen von Vorgesetzten mit BAM führen bei den Führungskräften dennoch zu einer positiven Kosten-Nutzen-Beurteilung.
- BAM haben eine direkte Beschäftigungswirksamkeit. Mit einer Beteiligung des BWA bzw. der ALV wie im Fall Käppeli (vgl. in diesem Buch) wären für die Gesundheitsdirektion des Kantons Zürich und für die Gesellschaft vermutlich auch finanziell positive Ergebnisse zu verzeichnen gewesen.

Die Gültigkeit dieser Schlussfolgerungen ist jedoch nur unter Berücksichtigung weiterer Erfahrungen aus dem Pilotprojekt zu bewerten:
- Die in Abschnitt 3 dargestellten finanziellen und sozialversicherungstechnischen Rahmenbedingungen der BAM in diesem Fall stellen für die Mehrheit der Beschäftigten eine Mindestvoraussetzung dar.
- Die Modellspezifikation muss bereichsspezifisch und unter frühzeitigem Einbezug der Beschäftigten erfolgen.
- Die Rahmenbedingungen der BAM müssen rechtzeitig festgelegt und verbindlich kommuniziert werden.
- Der zielgerichteten Anpassung der Arbeitsorganisation ist grosses Gewicht beizumessen. Besonders wenn die Modelle nicht zur Schaffung, sondern zur Erhaltung von Arbeitsplätzen im Rahmen von Kapazitätsanpassungen eingesetzt werden, muss der Arbeitsauftrag sorgfältig überprüft werden.

- Die Führungskräfte müssen die Umsetzung der BAM unterstützend und mit Vertrauensvorschuss begleiten. Die eigene Teilnahme stellt dazu die beste Voraussetzung dar.

Bezüglich des zuletzt genannten Aspektes bleibt zu bedenken, dass die Umsetzung von BAM sensible und vertrauenskritische Prozesse beinhaltet und daher Entwicklungen zu vermeiden sind, die bei den Beschäftigten den Eindruck erwecken, dass ihre solidarische Orientierung zu einer verdeckten Rationalisierungsstrategie missbraucht wird. Die positiven Erfahrungen mit den bislang in der Schweiz umgesetzten BAM zeigen, dass diese Projekte in seriöser und glaubwürdiger Form zur Erhaltung und Schaffung von Arbeitsplätzen beitrugen.

Literatur

Aznar, G. (1993). Le „Partage du Travail, un enjeu trahi". Pour, 137(38), 191–195.

Baillod, J., Davatz, F., Luchsinger, C., Stamatiadis, M. & Ulich, E. (1997). Zeitenwende Arbeitszeit. Zürich: vdf Hochschulverlag.

Baillod, J., Holenweger, T., Ley, K. & Saxenhofer, P. (1989) Handbuch Arbeitszeit. Perspektiven, Probleme, Praxisbeispiel. Zürich: vdf Hochschulverlag.

Betrand, H. & Azoulav, N. (1996). Réduire la durée légale du travail pour créer des emplois: à quelles conditions: Enseignements d'une simulation micro-économique. Travail et emploi, 66, 97–112.

Clauzel, I. & Sarra, J. P. (1994). Et si l'aménagement du temps travail n'était pas une question d'horaire? Gestions hospitalières, 338, 520–523.

Garhammer, M. (1995). Sozialverträglichkeit im Umfeld der Deregulierung. In: Büssing, A. & Seifert, H. (Hrsg.), Sozialverträgliche Arbeitszeitgestaltung (S. 53–79). München: Hampp.

Hartz, P. (1996). Das atmende Unternehmen. Frankfurt: Campus.

Holenweger, T. & Conrad, H. (Hrsg.) (1998). Arbeit und Zeit. Neue Arbeitszeitmodelle aus der Praxis. Zürich: Kontrast.

Imbert, M. (1994). Variations sur le thème du travail. Pour, 142, 75–80.

Jürgens, K. & Reinecke, K. (1998). Zwischen Volks- und Kinderwagen. Auswirkungen der 28,8-Stunden-Woche bei der VW AG auf die familiale Lebensführung von Industriearbeitern. Düsseldorf: Edition Sigma.

Knauth, P. (1992). Innovative Arbeitszeitmodelle für Frauen. Personal, 44(12), 566–571.

Kraak, B. & Nord-Rüdiger, D. (1989). Fragebogen zu Lebenszielen und zur Zufriedenheit (FLL). Göttingen: Hogrefe.

Mayring, P. (1995). Qualitative Inhaltsanalyse: Grundlagen und Techniken. Weinheim: Deutscher Studienverlag.

Mothe, D. (1994). Le mythe du temps libéré: La France et son chômage. Esprit, 204 ,52–63.

Opaschowski, H. W. (1993). Mehr Zeit zum Leben? Wie sich Arbeitszeitverkürzungen auf Lebensstil und Lebenssinn auswirken. Universitas, 4, 335–349.

Ottavi, A. & Tuchszirer, C. (1996). Le point de vue des agens de L'ANPE: La réduction du temps de travail. Futuribles, 205, 35–38.

Peter, S., Strohm, O., Anderegg-Tschudin, H. & Ulich, E. (1999). Beschäftigungswirksame Arbeits- und Arbeitszeitmodelle im Gesundheitsbereich des Kantons Zürich. Ergebnisse der Endevaluation. Zürich: Institut für Arbeitsforschung und Organisationsberatung.

Promberger, M., Rosdücher, J., Seifert, H. & Trinczek, R. (1996). Akzeptanzprobleme beschäftigungssichernder Arbeitszeitverkürzungen. Mitteilungen aus der Arbeitsmarkt- und Berufsforschung, 2 ,203–218.

Rifkin, J. (1997). Das Ende der Arbeit und ihre Zukunft. Frankfurt: Campus.

Rosenstiel, L. v. (1989). Selektions- und Sozialisationseffekte beim Übergang vom Bildungs- ins Beschäftigungssystem. Ergebnisse einer Längsschnittstudie an jungen Akademikern. Zeitschrift für Arbeits- und Organisationspsychologie, 33, 21–32.

Ulich, E. (2001). Arbeitspsychologie. 5. Auflage. Zürich: vdf Hochschulverlag, Stuttgart: Schäffer-Poeschel.

Ulich, E., Strohm, O., Vogel, J., Affentranger, S., Baillod, J. & Schär Moser, M. (1998). Beschäftigungsorientierte Arbeits- und Arbeitszeitmodelle. Ergebnisse einer Literatur-Studie. Zürich: Institut für Arbeitsforschung und Organisationsberatung.

Wittkowski, J. (1994). Das Interview in der Psychologie. Interviewtechnik und Codierung von Interviewmaterial. Opladen: Westdeutscher Verlag.

9

Arbeitsumverteilung, Qualifizierung, Organisationsentwicklung und Jobrotation in Dänemark

Korporatismus als Basis der Beschäftigungspolitik

Die dänische Arbeitspolitik der neunziger Jahre konzentrierte sich auf Maßnahmen zur Arbeitsumverteilung, eine Qualifizierungsoffensive, familienpolitische Maßnahmen, eine verstärkte Aktivierung der Arbeitslosen, besonders auch der Jugendlichen, sowie in jüngster Zeit auf Anreize zur Organisationsentwicklung in den Unternehmen. Die Beteiligung der Sozialparteien an Planung und Umsetzung ist auf allen politischen und administrativen Ebenen institutionell gesichert.

Für die aktive Arbeitsmarktpolitik sind in erster Linie die staatlichen Arbeitsvermittlungen verantwortlich, beziehungsweise im Falle der nicht versicherten Arbeitslosen die Kommunen. Den 14 regionalen Arbeitsvermittlungen sind drittelparitätisch besetzte Beiräte mit Planungs- und Bewilligungskompetenzen beigeordnet.

Die Arbeitslosenversicherung wurde 1907 auf freiwilliger Basis von den Gewerkschaften gegründet, und die den jeweiligen Einzelgewerkschaften nahestehenden "A-Kassen" wurden bis in die siebziger Jahre hinein ausschließlich von Gewerkschaften organisiert. Heute gibt es auch 2 A-Kassen für Selbständige, die den jeweiligen Verbänden der Selbständigen nahestehen. Die Gewerkschaftsmitgliedschaft ist keine Voraussetzung für den Eintritt in eine A-Kasse, und die A-Kassen sind juristisch gesehen unabhängige Einrichtungen, die vom Staat anerkannt werden müssen. In der Praxis trägt dieses System jedoch auf der einen Seite zu dem enorm hohen gewerkschaftlichen Organisationsgrad von über 80 % bei und auf der anderen Seite zu einem sehr starken Engagement der Gewerkschaften für Arbeitslose. Obwohl die Arbeitslosenversicherung bis heute freiwillig ist, liegt Dänemark mit einem Deckungsgrad von 85 % Leistungsempfängern gemessen an allen Arbeitslosen an der Spitze der EU-Länder (1991 – OECD 1994: 188).

Die dänische Variante der Jobrotation, die hier schwerpunktmäßig vorgestellt wird, darf nicht mit der rein betriebsinternen Jobrotation verwechselt werden. Sie ist streng genommen kein abgegrenztes Modell für sich, sondern kombiniert Maßnahmen für Beschäftigte mit Maßnahmen für Arbeitslose. Darin spiegelt sich der ganzheitliche Politikansatz wider, der in den neunziger Jahren in Dänemark verfolgt wurde. Nachdem Dänemark infolge der Ölkrisen der siebziger Jahre zunächst ähnliche wirtschaftliche Probleme hatte wie viele andere Staaten, gelang es hier – nach einer Phase der Haushaltskonsolidierung in den achtziger Jahren – die Arbeitslosigkeit von 10,1 % (1993) auf 5,1 % (1998) zu halbieren. Die Umbrüche, die in der Beschäftigungs- und Arbeitsmarktpolitik in dieser Zeit stattfanden, sind erheblich. Während bis 1985 der Versorgungsaspekt im Mittelpunkt stand, wurde in den Jahren 1985–1993 das Instrumentarium deutlich ausgebaut, und es gab erste Ansätze zu mehr Marktorientierung, Dezentralisierung und Liberalisierung in der Arbeitsmarktpolitik. 1994 erfolgte eine "Freistellungsoffensive" (siehe unten) sowie eine sehr viel weiter führende umfassende Arbeitsmarktreform, deren 3. Stufe im Jahr 2000 umgesetzt wurde.

Der Erfolg dieser Strategie gründet sich auf ein Maßnahmenbündel verschiedener Politikzweige und auf politisch-gesellschaftliche Strukturen, durch die die Segmentation der Gesellschaft weniger ausgeprägt wird als dies in Deutschland der Fall ist. In dieser Bündelung werden Angebots- und Nachfrageseite gleichermaßen berücksichtigt, ausgeprägte ordnungspolitische Regelungen marktwirtschaftlichen Elementen gegenübergestellt.

Wesentliche Charakteristika sind
- sehr starke korporatistische Strukturen und Konsensorientierung
- eine hohe Fluktuation auf dem Arbeitsmarkt, da kein Kündigungsschutz existiert
- vergleichsweise großzügige soziale Absicherung bei Arbeitslosigkeit und arbeitsmarktpolitische Maßnahmen basierend auf dem Recht-Pflicht-Prinzip
- ein weitgehend öffentlich finanziertes modulares Erwachsenenbildungssystem mit landesweit anerkannten Abschlußzertifikaten
- eine hohe Staatsquote bei geringen Einkommensunterschieden (Gini-Koeffizient 0,22) (Finanzministeriet, 1999)

Ein traditionell wichtiger Bereich ist die Erwachsenenbildung, die Mitte des 19. Jahrhunderts durch erste "Heimvolkshochschulen" der Landbevölkerung zugänglich wurde. Die Notwendigkeit von lebenslanger Weiterbildung wurde erst in der jüngeren Zeit auch mit dem Erhalt der Konkurrenzfähigkeit begründet. In erster Linie wird jedoch immer noch ihre Bedeutung für die Demokratie durch Steigerung der Demokratiefähigkeit des Einzelnen gesehen. Umfragen der EU spiegeln wider, daß diese dänische Weiterbildungskultur mit der höchsten Akzeptanz des Lebenslangen Lernens innerhalb der Europäischen Union einher geht.

Tab.1: Bereitschaft zum lebenslangen Lernen*

	EWBevölkerung (15–64 J.)	Beschäftigte	Arbeitslose
DK	91	93	92
UK	82	85	84
F	80	83	80
S	76	79	72
FIN	74	81	71
P	67	71	84
I	66	72	76
D	58	64	55
A	47	49	38

*Prozent derjenigen, die das Prinzip des lebenslangen Lernens bejahen.
Quelle: Eurobarometer 44.0/Herbst 1996, zitiert nach Schömann/Mytzek/Gülker (1998)

Seit den sechziger Jahren wird die Weiterbildung überwiegend in öffentlich finanzierten, modularen Kurs-Systemen angeboten, die Beschäftigten und Arbeitslosen, in weiten Teilen auch Nicht-Erwerbspersonen offenstehen. Fast alle Module werden zertifiziert und landesweit anerkannt. Mit der Förderung von gering qualifizierten Beschäftigten (VUS) wurde 1989 erstmals ein nachfrageorientiertes Programm eingeführt. Damit konnten anspruchsberechtigte Personen eine steuerfinanzierte Unterstützung in Höhe des maximalen Arbeitslosenunterstützungssatzes für bis zu 16 Wochen Vollzeitqualifizierung plus eventuellen Zuschüssen zu Teilnahmegebühren erhalten. Heute wird dieser Personenkreis sogar mit bis zu 80 Wochen Vollzeitqualifizierung gefördert. Die Freistellung muß – dem Konsensprinzip folgend – vom Arbeitgeber genehmigt werden. Mindestens die Hälfte der 80wöchigen Förderung muß studien- oder berufsqualifizierend sein, wobei betriebsinterne oder -spezifische Weiterbildungsinhalte nicht gefördert werden. Weit verbreitet sind aber – wichtig gerade für die Zielgruppe der gering Qualifizierten – persönlichkeitsstärkende und kreative Fächer.

Quantitativ wesentlich umfangreicher war jedoch die "Freistellungsoffensive" von 1994, die zu einer unmittelbaren Entlastung des Arbeitsmarktes beitrug. Auch diese ist steuerfinanziert und besteht aus einem Bildungsurlaub, einem Kindererziehungsurlaub und einem reinen Sabbatical. Zu den Regelungen im Einzelnen siehe Kasten 1.

Kasten 1: Die Freistellungsregelungen im Überblick

Weiterbildungsförderung für gering Qualifizierte (Lov om voksenuddannelsesstøtte, VUS)
- eingeführt am 1.10.1989 (befristet), seit 1.7.1992 permanent
- für Erwerbstätige (Arbeitnehmer, Selbständige und mitarbeitende Ehepartner) zwischen 25–60 Jahren,
- die beim gegenwärtigen Arbeitgeber seit mindestens 26 Wochen durchgehend beschäftigt sind
- und nur eine kurze Schulbildung und kurze oder keine Berufsausbildung haben.
- Zustimmung des Arbeitgebers Voraussetzung
- Freistellungsmöglichkeit für Weiterbildung von anfangs 1–16 Wochen Dauer Vollzeit (oder entsprechend länger bei Teilzeit) innerhalb von 2 Jahren, 1994 verlängert auf 40 Wochen Vollzeit-Förderung und 1997 auf 80 Wochen Vollzeitförderung (sic).
- VUS wird nicht gewährt für betriebsinterne und -spezifische Weiterbildung und auch nicht für höhere Ausbildungen (wenige Ausnahmen); mindestens die Hälfte der 80wöchigen Förderung muß studien- oder berufsqualifizierend sein.
- Unterstützung der Teilnehmer in Höhe des maximalen Leistungssatzes der Arbeitslosenunterstützung (z. Zt. 2.690 DKK pro Woche = ca. 670 DM; die Arbeitgeber können auf vollen Lohn aufstocken; Zuschuß zu Teilnahmegebühren möglich;
- VUS und Bildungsurlaub zusammen ermöglichen heute gering Qualifizierten eine Bildungsförderung bis zu annähernd 3 Jahren.

Bildungsurlaub
- für alle arbeitslosenversicherten Erwerbstätigen (einschließlich der Selbständigen) über 25 Jahre, mit mindestens dreijähriger Erwerbstätigkeit innerhalb der letzten fünf Jahre
- Von 1 Woche bis zu einem Jahr innerhalb von 5 Jahren
- Unterstützung der Teilnehmer in Höhe des maximalen Leistungssatzes der Arbeitslosenunterstützung; die Arbeitgeber können auf vollen Lohn aufstocken;

- Die förderfähigen Bildungsmaßnahmen sind auf einer speziellen "Positivliste" eingetragen.
- Bei Beschäftigten muß der Arbeitgeber die Freistellung genehmigen.
- für Arbeitslose bis 1998 ganz ähnliche Bedingungen; ab 1.1.1998 wurden ihre Rechte eingeschränkt und liegen jetzt für Kurzzeitarbeitslose bei 6 Wochen. Es bestehen aber andere Qualifizierungsmöglichkeiten durch die Arbeitsbehörde.

Kindererziehungsurlaub
- für alle Erwerbspersonen einschließlich der Sozialhilfeempfänger mit Kindern unter 9 Jahren
- individueller Rechtsanspruch für jeweils beide Elternteile pro Kind mit einer Dauer von bis zu 13 Wochen bzw. bis zu 26 Wochen bei Kindern unter 1 Jahr
- bis zu einem Jahr Urlaub möglich für Erwerbstätige bei Zustimmung des Arbeitgebers
- für Arbeitslose entsprechende Möglichkeiten des individuellen Rechtsanspruchs und mit Genehmigung der Arbeitsbehörde bis zu einem Jahr
- Unterstützung der Elternurlauber anfangs 80 % der höchsten Arbeitslosenunterstützung (für Sozialhilfeempfänger in Höhe ihrer bisherigen Sozialhilfe), heute 60 % des Maximalsatzes
- kann die Arbeitsvermittlung keine passenden Stellvertreter finden, so darf der Arbeitgeber die Freistellung zum Elternurlaub um bis zu 26 Wochen verschieben
- eingeschränkte Nutzung öffentlicher Kindergartenplätze während des Elternurlaubs

Sabbaturlaub
- von 13 Wochen bis zu einem Jahr Vollzeit seit 1995 (vorher Teilzeit möglich)
- sukzessive von 80 % auf 60 % herabgesetzter Leistungssatz
- nur versicherte Beschäftigte über 25 Jahre bei Zustimmung des Arbeitgebers
- Einstellung eines zuvor *Langzeit*arbeitslosen (seit 1995) als Stellvertreter obligatorisch
- Die gesetzliche Regelung zum Sabbaturlaub lief im März 1999 aus!

Laut Bacher et al. (1994) waren 1994 rund 60 % der Bevölkerung über 25 Jahre zu *mindestens einer* der Urlaubsformen berechtigt, wobei die meisten einen Anspruch auf Bildungsurlaub hatten. Allerdings gab und gibt es lediglich beim Elternurlaub einen *individuellen* Rechtsanspruch auf maximal ein halbes Jahr. Einem längeren Elternurlaub sowie Bildungs- und Sabbaturlaub generell muß der jeweilige Arbeitgeber zustimmen. Der einzelne Arbeitnehmer muß sich also mit seinem Arbeitgeber absprechen, wann, wie lang und eventuell mit welchen Qualifizierungsinhalten er seinen "Urlaub" wahrnimmt. Im umgekehrten Fall motiviert der Arbeitgeber seinen Arbeitnehmer zur Qualifizierung, oder Arbeitsvermittlung oder Bildungsträger treten von außen mit Angeboten an die Unternehmen heran. Die förderfähigen Bildungsmaßnahmen des Bildungsurlaubs sind allerdings durch eine Positivliste festgelegt – eine rein betriebliche Weiterbildung wird nicht gefördert.

Auch auf betrieblicher Ebene setzt sich also das Konsensdenken als eines der ganz fundamentalen Prinzipien der dänischen Arbeitmarktpolitik und der dänischen Arbeitsbeziehungen überhaupt fort. Der Staat zeigt sich großzügig, aber nur, wenn Arbeitgeber und Arbeitnehmer sich einigen, und dieses Prinzip wird bis auf die individuelle Ebene hinunter durchgehalten. Damit sollen die Interessen beider Seiten gewahrt werden. Aber auch unter dem Aspekt der Flexibiliät – sei sie auf örtlich/betrieblich unterschiedliche Bedürfnisse oder im Lauf der Zeit schwankende Notwendigkeiten bezogen – ist dies eine äußerst kluge Lösung. Denn bekanntlich ist nichts so schwer wieder zu reduzieren wie einmal etablierte öffentliche Güter. Durch dieses stark dezentralisierte Konsensprinzip erfolgt die Bedarfsanpassung jedoch auf einer Ebene, die weit weniger konfliktanfällig ist als die spitzenpolitische Arena, da sie beidseitig eher an konkreten Problemlagen orientiert ist als an Ideologien. Und vor allem müssen auf dieser Ebene keine landesweiten "Durchschnittslösungen" für möglicherweise vollkommen heterogene Situationen angeboten werden.

Bemerkenswert ist zudem, daß bei den dänischen Freistellungsprogrammen die Finanzierung vom Staat garantiert wird, während die Ausgestaltung dezentralisiert ist. (Die Tendenzen der sozialen Politik gingen in vielen Ländern in den letzten Jahren eher in die umgekehrte Richtung: Der Staat dezentralisierte zwar Ausgestaltung und damit Verantwortung, gab den damit beglückten Institutionen aber nicht die Mittel zur Finanzierung.) Die Regierung stellte 1996 für die Programme insgesamt 6,8 Mrd. DKK bereit, ging aber davon aus, daß die Modelle aufgrund eingesparter Arbeitslosenunterstützung für sie kostenneutral sein würden – eine Prognose, die zutraf (Arbejdsministeriet 1996).

Die tatsächliche Nutzung der Freistellungsprogramme gibt Tabelle 2 wieder. Dabei muß berücksichtigt werden, daß Bildungsurlaub und VUS bei weitem nicht die gesamte öffentlich geförderte Weiterbildung darstellen, sondern lediglich den nachfragegesteuerten, teilnehmerorientierten Teil.

Tab. 3: Freistellungen in Personenjahren:

	1992	1993	1994	1995	1996	1997	1998
VUS	...	...	...	...	1.210	1.042	996
Bildungsurlaub	75	500	11.280	31.030	30.710	22.980	21.858
Elternurlaub	500	4.000	30.398	38.955	29.664	22.062	19.504
Sabbaturlaub	–	–	2.401	4.344	1.542	595	459
Insgesamt	575	4.500	44.079	74.329	63.126	46.679	42.817
In % der Ewp.*	...	0,2	1,5	2,6	2,2	1,6	1,5
Arbeitslose	318.300	348.800	343.400	288.400	245.600	220.200	182.700

* In Prozent der Erwerbspersonen
Arbejdsministeriet (1996, 1997): Orlovsordningerne 1995, 1997; AMS (1997): Årsberetning 1996; Produktionsstatistik, AMPORegistret, div. Jahre; VUS-sekretariatet: VUS-Statistik 1996–1998; OECD; Eigene Berechnungen;

Das Jobrotationsmodell

Die Besonderheit der Freistellungsoffensive lag jedoch nicht darin, daß ein großer Anteil der Erwerbspersonen – Beschäftigte, Arbeitslose und Selbständige – freigestellt wurde und damit den Arbeitsmarkt entlastete, sondern daß die freiwerdenden Stellen zu einem hohen Prozentsatz durch Arbeitslose befristet wiederbesetzt wurden. Damit baute die Freistellungsoffensive auf Erfahrungen auf, die während einer Pilotphase in den Jahren 1991 bis 1993 gewonnen wurden. Aus der Kombination zielgruppenorientierter Maßnahmen der Beschäftigungs- wie der Arbeitsmarktpolitik entstand eine staatliche Rahmengesetzgebung, die die befristete Freistellung von Beschäftigten flexibel auf betrieblicher Ebene ermöglichte und gleichzeitig die nötige Infrastruktur bot, um Arbeitslose auf die befristet freiwerdenden Stellen hin zu qualifizieren und zu vermitteln.

Das Modell

- trägt damit unmittelbar zur Umverteilung von Arbeit bei
- beinhaltet eine Qualifizierungsoffensive
- ermöglicht Problemlösungen vor Ort durch individuelle Absprachen
- erlaubt familienfreundliche und individuelle Lebensarbeitszeitmodelle
- fördert neue zwischenbetriebliche Strukturen (vor allem bei mittelständischen Betrieben), die eine langfristigere Personal- und Organisationsentwicklung unterstützen
- trägt generell zur Flexibilisierung der Arbeit und Arbeitszeiten bei, indem es den Sozialstandard verbessert und nicht verringert.

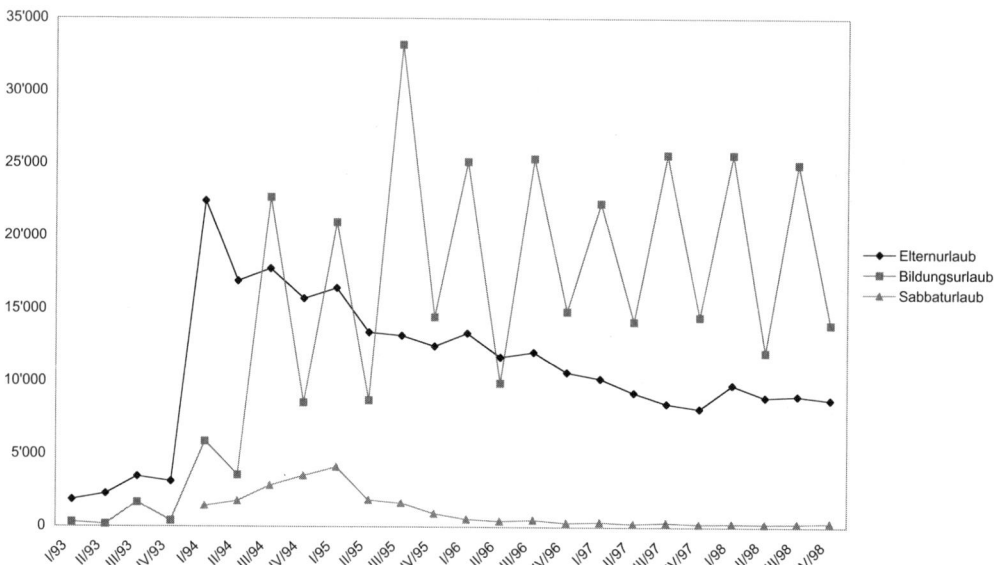

Grafik 1

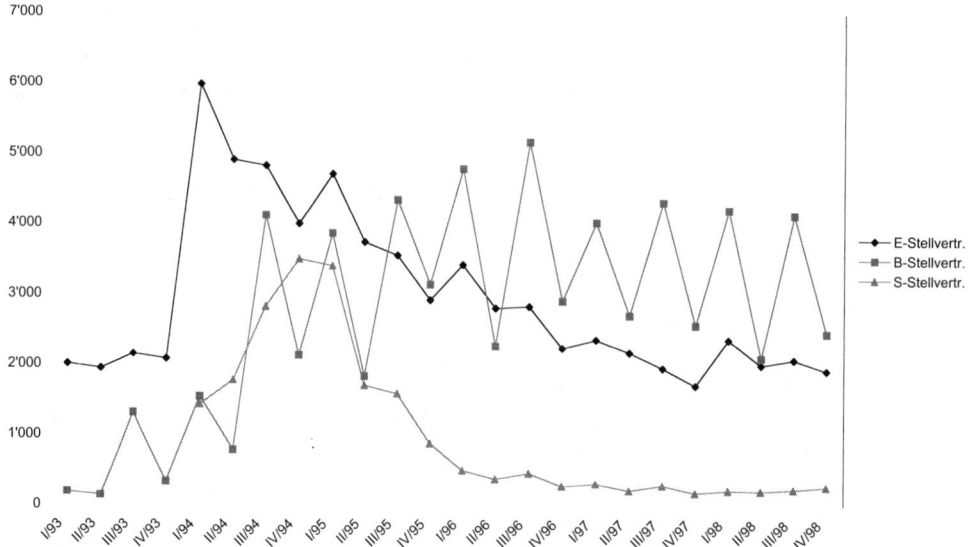

Grafik 2

Der "Bedarf an Stellvertretern" gibt die vorab angemeldeten Wünsche der Arbeitgeber nach Stellvertretern wider. Er ist daher leider nur ein sehr ungenauer Indikator für die tatsächlich eingesetzten Stellvertreter.
Quelle: AMS Produktionsstatistik

Die Wiederbesetzung durch Arbeitslose gilt nicht nur für den Sabbaturlaub, bei dem die Stellvertretung durch Arbeitslose obligatorisch ist, sondern auf freiwilliger Basis auch für Kindererziehungs- und Bildungsurlaub sowie VUS und alle sonstigen regulären Qualifizierungsmaßnahmen. Auch wenn die Wiederbesetzung nur befristet ist, führt dies ganz unmittelbar zu einer Umverteilung von Arbeit. Darüberhinaus haben diese Stellvertreter gute Chancen, im Anschluß an die Stellvertretung übernommen zu werden oder in ein anderes Unternehmen vermittelt zu werden.

Ferner wird durch die Grafiken 1 und 2 deutlich, daß die Entlastung des Arbeitsmarktes durch diesen radikalen Einsatz sehr kurzfristig erreicht wurde. Längerfristige und unter Umständen negative Auswirkungen der Programme wie etwa eine dauerhafte Ausgrenzung der Frauen (deren Anteil an den Elternurlaubern bei etwa 95 % liegt) aus dem Arbeitsmarkt wurden zeitweise diskutiert, stehen aber angesichts der niedrigen Arbeitslosigkeit nicht mehr unmittelbar auf der Tagesordnung. Allerdings wird eine flexiblere Anwendung des Elternurlaubs (kürzere Mindestdauer, Teilzeit, Sandwich-Prinzip usw.) überlegt.

Der Vorteil dieser Regelungen gegenüber einer pauschalen Arbeitszeitverkürzung liegt darin, daß das System flexibler auf den tatsächlichen Bedarf reagiert. Die Kombination von Bildungsurlaub plus Stellvertretung kommt außerdem dem Bedarf mittelständischer Betriebe entgegen, die Probleme haben, ihre Beschäftigten zur Qualifizierung freizustellen. Für die Stellvertretung können unter Umständen auch Lohnzuschuß-Programme genutzt werden. Der Bildungsurlaub für sich genommen – wie das öffentliche Weiterbildungssystem überhaupt – kann aber auch von Betrieben zur Überbrückung von Phasen mit schlechter Auftragslage sinnvoll genutzt werden oder zur Vorbereitung und Unterstützung einer neuer Arbeitsorganisation, wie in den Fallbeispielen deutlich wird.

Dem Vollbeschäftigungsziel "Alle, die arbeiten wollen, sollen eine Arbeit bekommen" nähert sich dieses Modell über einen wohlfahrtsstaatlichen Umverteilungsansatz, der auch den individuellen Bedarf berücksichtigt: "Allen, die ihre Arbeit temporär aufgeben wollen, soll diese Möglichkeit gegeben werden, ohne daß sie ihre Einbindung ins Erwerbsleben aufs Spiel setzen müssen und ohne allzu große finanzielle Einbußen."

Das Müllmänner-Modell – Jobrotation pur mit Sabbaturlaub

Außerhalb Dänemarks wurde besonders eine Variante der Jobrotation bekannt, das sogenannte Müllmänner-Modell. Dieses von einer Gruppe Müllmänner vorgeschlagene Modell sah vor, daß 3 Arbeiter ihre Arbeit mit einem Arbeitslosen teilten, indem jeder von ihnen in einem rollierenden Verfahren jede 4. Woche arbeitslos war und dann Arbeitslosenunterstützung erhielt. Dies – so ihre

Argumentation – würde die Arbeitslosigkeit ohne zusätzliche Kosten reduzieren beziehungsweise sozialverträglich umverteilen.

Das Konzept wurde zwar von vielen Arbeitnehmern positiv aufgenommen, nicht jedoch von Politikern und Sozialparteien. Angesichts der hohen Arbeitslosigkeit 1993 waren 71 % der Arbeitnehmer bereit, ihre Arbeit mit anderen zu teilen, zwei Drittel davon ohne vollen Lohnausgleich. Arbeitslosigkeit wird in Dänemark also viel stärker als eine gesellschaftliche Aufgabe empfunden, die solidarisch gelöst werden muß, während die Verantwortung in Deutschland viel stärker dem einzelnen Betroffenen und der Arbeitsverwaltung zugeschoben wird. Für die politische Seite erhob sich jedoch die grundsätzliche Frage nach der Funktion der Arbeitslosenversicherung. Diente sie nur der sozialen Sicherheit des Einzelnen bei Arbeitslosigkeit oder sollte sie auch Einkommensverluste bei solidarischen Teilzeitmodellen abfedern und damit indirekt öffentlich finanzierte Lohnerhöhungen bei dieser Form der Arbeitsteilung ermöglichen? Letztendlich wurde das Modell aufgrund des massiven gesellschaftlichen Drucks von unten im Rahmen des neu eingeführten Sabbaturlaubs akzeptiert. Im Fall der Müllmänner hieß das also als ein Teilzeit-Sabbatical mit anteiliger 80 %iger Arbeitslosenunterstützung (EIRR 241).

Die Umsetzung dieser Form von Arbeitsteilung geschah auf sehr vielfältige Weise. Möglich waren 1994 im Grunde alle Varianten einer flexiblen Arbeitszeitgestaltung. Auch bei drohenden Entlassungen konnten Beschäftigte ein kollektives Teilzeit-Sabbatical wählen und so "die Entlassungen umverteilen". (Um als Stellvertreter zu gelten, genügte 1994 ein einziger Tag Arbeitslosigkeit.)

Aus der umgekehrten Situation heraus, nämlich Arbeitsüberlastung nach dem Inkrafttreten der großen Arbeitsmarktreform 1994, wählten auch Mitarbeiter der Arbeitsbehörde ein Teilzeitsabbatical, um die hohe Belastung auf mehr Personen zu verteilen. In allen diesen Fällen mußte der Arbeitgeber dem Sabbatical zustimmen. Genutzt wurden diese Teilzeit-Sabbaticals überwiegend im öffentlichen Sektor. Die finanziellen Einbußen, die die Beteiligten dabei hinnehmen mußten, waren vergleichsweise gering, den Arbeitgeber kostete es gar nichts. Trotz des Anklangs, den diese Form der Arbeitsteilung fand, begrenzte die Regierung aufgrund ihrer oben genannten Bedenken im November 1994 diese Möglichkeiten. Das Teilzeit-Sabbatical wurde abgeschafft – die Mindestdauer betrug von 1995 an 13 Wochen Vollzeit-Sabbatical –, und der Stellvertreter mußte nun aus der Langzeitarbeitslosigkeit kommen. Insbesondere diese letzte Bedingung – daß es sich bei dem Stellvertreter um einen Langzeitarbeitslosen handeln mußte –, hatte sich während der Pilotphase als eine der größten Barrieren für das Jobrotationsmodell herausgestellt. Mit der Wiedereinführung dieses Kriteriums machte die Regierung damals schon deutlich, daß das Sabbatical keine ungeteilte Unterstützung erfuhr. Gleichzeitig wurde die Lohnersatzrate reduziert. Arbeitgeberverband und auch die meisten Gewerkschaften unterstützten diese Einschränkungen. Aufgrund der stark gesunkenen Arbeitslosigkeit und der Sorge vor Engpässen auf dem Arbeitsmarkt wurde der Sabbaturlaub zum März 1999 ganz abgeschafft.

Kann man die politischen Bedenken angesichts des phantasievollen Einsatzes des Teilzeit-Sabbaticals noch nachvollziehen, da dieses die Funktionsweise der Sozialpartnerschaft und der Arbeitslosenversicherung in ihrem Fundament hinterfragte sowie eventuelle schlechte betriebliche Arbeitsbedingungen hinter der Scheinlösung des Teilzeit-Sabbaticals verschwinden ließ, so bleibt die komplette Abschaffung des Modells in seiner zuletzt gültigen Form unverständlich. Finanziell rechnet sich das Sabbatical für die öffentliche Hand, denn die Unterstützung für den Sabbat-Urlauber ist deutlich niedriger als die Arbeitslosenunterstützung, die ansonsten für den Stellvertreter weiterhin zu zahlen wäre. Die Bedingung der Einstellung eines Langzeitarbeitslosen als Stellvertreter erschwert die Durchführung zwar erheblich, eröffnet aber trotzdem einer marginalisierten Gruppe zusätzliche Chancen auf dem Arbeitsmarkt. Mitnahmeeffekte sind extrem unwahrscheinlich. Da das Modell in jedem einzelnen Fall vom Arbeitgeber genehmigt werden muß, werden kaum Arbeitnehmer mit Mangelqualifikationen freigestellt werden. Nach dem Motto "klein aber fein" könnte das Sabbatical in dieser Gestalt also durchaus einen qualitativ interessanten Akzent unter den arbeitsmarktpolitischen Maßnahmen für Langzeitarbeitslose setzen.

Wie die repräsentativen Umfragen von Employment Options of the Future (1998) zeigen, besteht auch europaweit ein beträchtliches Interesse an der Möglichkeit eines Sabbaticals (vgl. Anhang Tab.3). In den EU-Ländern plus Norwegen würden demnach im Durchschnitt 39 % der Befragten auch dann ein Sabbatical wahrnehmen, wenn sie in dieser Zeit keine Unterstützung erhielten. In Deutschland sind das 40 % der Befragten. Auch die in Deutschland von Lehrern vielgenutzten Freistellungsmöglichkeiten zeigen, daß nicht die Lohnersatzleistung, sondern die Rückkehrgarantie in die Berufstätigkeit die primär zu gewährleistende Sicherheit ist. Die Frage der Lohnersatzleistung kommt zusätzlich vor allem bei Geringverdienern und Erwerbstätigen mit hoher familiärer Belastung ins Spiel, wenn die Grundvoraussetzung der Rückkehrmöglichkeit gegeben ist.

Jobrotation plus Qualifizierung – der Renner

Anders als das reine Sabbatical entwickelten sich VUS und Bildungsurlaub zur Jobrotationsgrundlage par excellence. Denn auch auf politischer Ebene erfuhren diese beiden Förderprogramme ungeteilte Zustimmung, und Jobrotation wird in etlichen Ländern Europas vor allem in Kombination mit Bildungsurlaub erprobt.[1]

---

[1] So wurden im Rahmen von u.a. ADAPT von 1995 bis 1999 in etlichen EU-Ländern Pilotmodelle entwickelt und durchgeführt. Vgl. Schmid & Schömann (1998), Ulich/Peter & Degener (2000) sowie Peter & Strohm (2000).

Jørgensen et al. (1995: 41) kommen in ihrer umfragebasierten Untersuchung auf Stellvertreterquoten von 53 % für VUS-Teilnehmer und 45 % für Bildungsurlauber. Da jedoch bei längeren Freistellungen weit öfter Stellvertreter eingesetzt werden, rechnen Jørgensen et al. bezogen auf die Arbeitsstunden realiter mit einer Stellvertreterquote von mindestens 76 % bei VUS bzw. 74 % bei Bildungsurlaub.

Den offiziellen Statistiken zufolge sind die Stellvertreterquoten bei VUS-Teilnehmern in den vergangenen 3 Jahren stark gefallen, und zwar von 57 % (1996) über 46 % (1997) auf 36 % (1998), wobei hierbei der öffentliche Sektor erheblich über dem Privatsektor liegt. Ebenso ist der Anteil derjenigen Arbeitgeber, die ihren Mitarbeitern die VUS-Unterstützung auf den vollen Lohn aufstocken, von 75 % (1996) auf 50 % (1998) gesunken (SUstyrelsen/VUS-sekretariat 1999). Beim Bildungsurlaub ist der angemeldete Stellvertreterbedarf von rund 52 % (1994) auf etwa 38 % (1996) gesunken, blieb auf dieser Höhe seither aber in etwa stabil (AMS Produktionsstatistik). Deutlich wird daran vermutlich weniger eine tatsächlich geringere Stellvertretungsrate, sondern ein anderer Umgang mit dem Modell. Von den knapp 22.340 Personen, die 1998 an einem der 237 Jobrotationsprojekte im Privatsektor teilnahmen, waren 90 % Beschäftigte und nur 10 % arbeitslose Stellvertreter. Das heißt, ein Stellvertreter vertritt durchschnittlich 9 freigestellte Beschäftigte, und die Stellvertretungsphasen sind dementsprechend neunmal so lang wie die Freistellungsphasen der Beschäftigten.

Ein festes Modell läßt sich für die Bildungsjobrotation nicht feststellen. Motivationen, Initiativen und Modellgestaltungen sind eher noch vielfältiger als beim Sabbatical, und die Projekte werden in zunehmend komplexere Zusammenhänge eingebettet. Ähnlich wie bei den ersten Sabbatical-Modellen sind bei VUS Teilzeitmaßnahmen oder Wechselqualifizierungen (d.h. Qualifizierungseinheiten und Arbeitsphasen im Wechsel) möglich. Beim Bildungsurlaub erfolgt die Abrechnung durch Voucher im Wert von einer Woche. Kurzqualifikationen von nur 2–3 Tagen Dauer werden unter anderem durch das AMU-System durchgeführt und finanziert.[2] Alle diese Angebote werden außerdem auch von Teilzeit arbeitenden Beschäftigten wahrgenommen. Abhängig von Qualifizierungsinhalt und -umfang sowie Qualifikationsniveau und Arbeitszeit des freizustellenden Beschäftigten variieren auch die Jobrotationskonstruktionen, wobei betriebliche und regionale Bedingungen und die Lage auf dem Arbeitsmarkt für weitere Differenzierungen sorgen.

Exemplarisch werden im Folgenden Projekte vorgestellt, die verschiedene Phasen der Entwicklung der Jobrotation kennzeichnen, aber auch betriebstypisch ganz unterschiedliche Akzente setzen.

---

[2] Die Lohnersatzrate für die Teilnehmer ist in allen Fällen die gleiche.

Das Qualifizierungskarussell

Das Qualifizierungskarussell wurde erstmals im April 1992 in Gang gesetzt und beruht auf der Kombination eines 16wöchigem VUS-Qualifizierungsverlaufs für die Beschäftigten mit einer Qualifizierung plus 9monatigem subventioniertem Arbeitsangebot für die Arbeitslosen (vgl. Kasten 1 und Grafik 3). In der Region Viborg Amt[3], in der dieses Modell auf Initiative eines Vertrauensmannes hin entwickelt wurde, gibt es überdurchschnittlich viele gering Qualifizierte, und das Modell wurde gezielt zur Hebung des allgemeinen Qualifizierungsniveaus verbreitet.

Nach der Einführung des VUS-Programms 1989 wurde eine korporatistische VUS-Informationsgruppe gebildet, um eine abgestimmte Informations- und Motivationsstrategie zu entwickeln. Außerdem wurde in Verbindung mit Jobrotation Ende 1992 eine gut funktionierende Kooperation zwischen der Bildungsabteilung von Viborg Amt (gesetzlich zuständig für das VUS-Programm) und der regionalen Arbeitsbehörde (zuständig für die Stellvertreter) etabliert. Diese beinhaltete u.a. eine Arbeitsteilung, bei der die Mitarbeiter der Arbeitsbehörde die 100 größten privaten Unternehmen der Region hinsichtlich Qualifizierungsplanung und Rotation persönlich kontaktierten und der VUS-Konsulent von Viborg Amt schwerpunktmäßig Gewerkschaften, Beschäftigte und Führungskräfte über das Qualifizierungskarussell informierte, hauptsächlich in sogenannten "Feierabendtreffen".

Zur Steuerung eines jeden Karussells wird immer eine Lenkungsgruppe gebildet, bestehend aus Vertretern des Arbeitgeberverbandes DA, der Dachgewerkschaft LO, der Arbeitsvermittlung, von Viborg Amt, der Kommune (soweit Sozialhilfeempfänger beteiligt sind) und der beteiligten Unternehmen. Derartige Lenkungsgruppen als übergeordnete Planungs- und Kontrollorgane sind generell Usus bei Jobrotatonsprojekten und keine Besonderheit der Karussellvariante. Für die Projektdurchführung ist eine Projektleitung verantwortlich, die der Lenkungsgruppe berichtet.

Die Besonderheit der Karussell-Konzeption gegenüber einer einfachen Jobrotation liegt im Wesentlichen in 3 Punkten begründet:
- Arbeitslose und Beschäftigte durchlaufen zunächst *gemeinsam* eine 16wöchige VUS-Qualifizierungsmaßnahme. Die erste Runde wird also *ohne* Stellvertreter gedreht.
- An einem Karussell sind mehrere Betriebe beteiligt.
- Ein Karussell dreht mehrere Runden. Ab der zweiten Runde dienen die Arbeitslosen der vorigen Runde als Stellvertreter.

---

[3] Dänemark ist aufgeteilt in 14 sogenannte Amtskommunen. Diese politischen wie administrativen Einheiten sind verantwortlich für die Umsetzung des VUS-Programms.

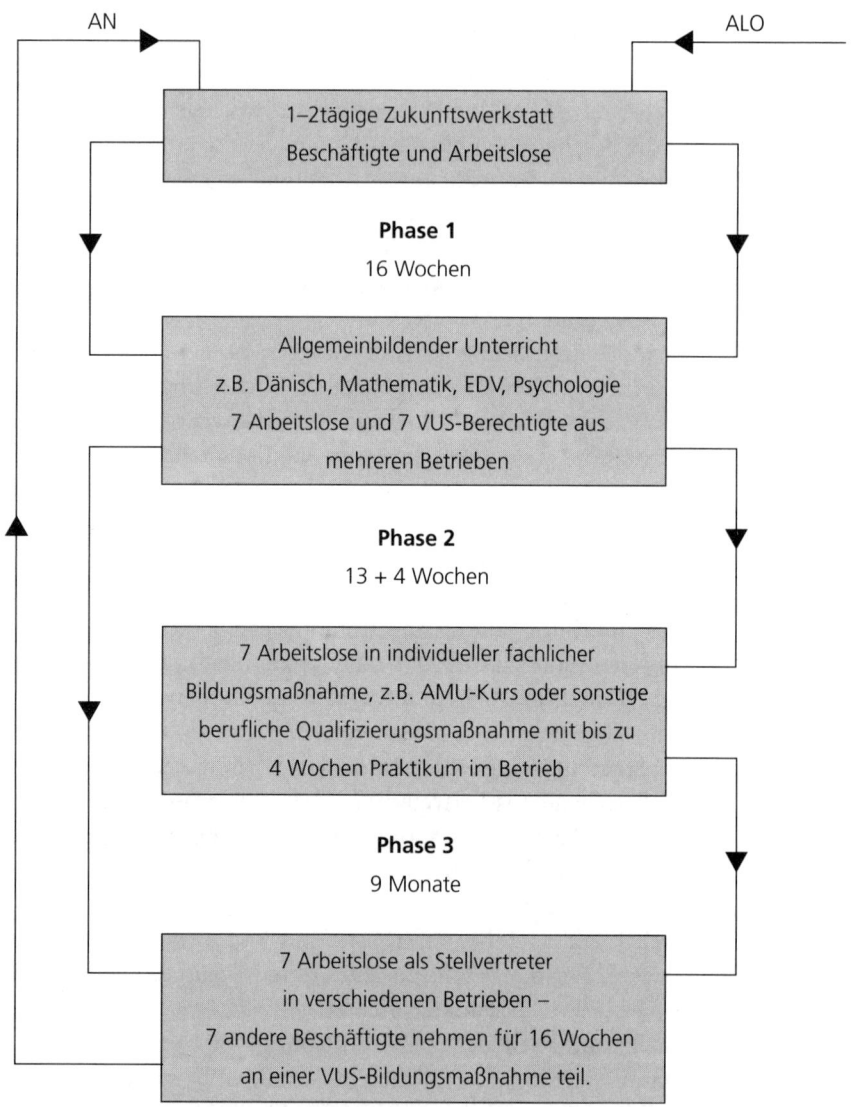

Grafik 3: Schematische Darstellung des Qualifizierungskarussells[1]

---

[4] Die Angaben zur Dauer der verschiedenen Phasen sind hier an den Förderbedingungen von 1993 orientiert.

Eine ein- bis zweitägige Zukunftswerkstatt mit Beschäftigten und Arbeitslosen, um Fragen, Wünsche, Kritik, Besorgnisse, u.ä. zu thematisieren, gibt das Startsignal für das Karussell. Die Methode der Zukunftswerkstatt wurde durch Robert Jungk entwickelt und hat hier das erklärte Demokratieziel der Selbstbestimmung und Selbstfindung des eigenen Qualifizierungsbedarfs durch die Karussellteilnehmer. Solide Informationen zu Beginn über die Möglichkeiten im Rahmen von VUS und über die Angebote der Bildungsträger haben sich nach den Erfahrungen der ersten Zukunftswerkstatt als notwendig erwiesen. Zu diesen Möglichkeiten gehört eine breite Palette an Kursen, die über "allgemein qualifizierend" weit hinausreicht und zudem den Bedürfnissen und Ängsten von lernungewohnten und lange schulentwöhnten Erwachsenen Rechnung tragen. Wie groß die Barrieren bei gering Qualifizierten gegenüber Weiterbildung sind, spiegeln Ergebnisse aus den Zukunftswerkstätten wider:
In einem kritischen Brainstorming der allerersten Zukunftswerkstatt ist mit Abstand am stärksten gewichtet "Angst, wieder zur Schule zu gehen". In der Zukunftswerkstatt der dritten Runde liegen "Mangel an Selbstvertrauen stoppt viele" und "Einige Lehrer sind zu schlecht, die Schüler zu motivieren, vielmehr nehmen sie ihnen das Selbstvertrauen" auf den beiden ersten Rängen. Bei gering Qualifizierten mit oft schlechten Erfahrungen mit und Erinnerungen an Schule ist dies nicht überraschend. "Rechtschreibschwache werden zu wenig gestützt" und "zu wenig Solidarität mit den Arbeitslosen" sind weitere hochbewertete Punkte, aber auch "Der Betrieb ist nicht bereit, daß man das in fachlichen Kursen Gelernte anwenden kann" (Viborg Amt 1993, Bilag).
Im Ergebnis nahmen in fast allen Karussellen in allen Runden der Dänisch-Unterricht und die kreativen Fächer den größten Raum ein. In oben bereits benannter dritter Runde des Ur-Karussells mit 4 beteiligten Betrieben sah der Lehrplan beispielsweise folgendermaßen aus:
Dänisch – 114 Stunden
Englisch – 75 Stunden
Rechnen/Mathematik – 75 Stunden
Informatik – 40 Stunden
Psychologie – 40 Stunden
Kreative Fächer (Bewegung, gesunde Lebensweise/Essen,
Überlebenstour u.a.) – 96 Stunden

Zumindest das Informatik-Modul macht aber auch deutlich, daß zum einen die dänische Bezeichnung der Allgemeinbildung weit gefaßt wird und gleichzeitig, daß selbstgewählte Kurse durchaus harte, betriebsrelevante Inhalte haben können. Ein ganz wesentlicher Anreiz für Beschäftigte wie Betriebe zum Belegen von Kursen mit *allgemeinen* Inhalten war die Erfahrung, daß Beschäftigte den fachlich-beruflich ausgerichteten AMU-Kursen nicht ausreichend folgen konnten – nach Meinung von AMU-Lehrern mangels allgemeiner Kenntnisse wie Mathematik und Dänisch. Doch von betrieblicher Seite wurden vor allem die *weichen persönlichkeitsstärkenden* Qualifikationen hoch eingeschätzt, wie aus der Stellungnahme eines Produktionschefs hervorgeht:

... Effektivitätssteigerungen oder ein anderes kreatives Denken bei den Mitarbeitern, so etwas kommt ja nicht von einem Tag auf den anderen, sondern ist eben ein Prozeß. Das, was wir in letzter Zeit merken konnten, ist, daß unsere Umsatzsteigerung um etwa 40 % vollkommen schmerzlos vor sich ging. [...] Und das empfinde ich als eine "Kulturänderung", die ganz nebenbei erfolgte, wo die Zusammenarbeit ins Zentrum rückte. Das hängt auf der anderen Seite damit zusammen, daß wir via Qualitätssteuerung mehr delegiert haben. Die Mitarbeiter wissen genau, innerhalb welcher Rahmen sie ihre Entscheidungen frei treffen können. Und dafür müssen sie gerüstet sein! Diese Qualifikationen sind es, die sich die Mitarbeiter im Karussell holen. Dank unserer Umsatzsteigerung haben wir unsere ATB-Personen [= Stellvertreter], die im ersten Karussell teilnahmen, behalten können – 3 gut arbeitende Leute, die nun fest bei uns angestellt sind. (Viborg Amt 1993: 30)

Der Schwerpunkt auf prozeßunabhängiger Qualifizierung und persönlicher Entwicklung machte die Arbeitnehmer zu aktiven Teilnehmern an der betrieblichen Organisationsentwicklung. Obwohl das Karussell-Modell keine formulierte Absicht hatte, eine Organisationsentwicklung einzuleiten, die die Arbeitsabläufe grundsätzlich neu ordnet, war dies dennoch ein sozusagen "erfreulicher Nebeneffekt".

Auch die Reaktionen der Beschäftigten sind positiv. Da die Hauptmotivation zur Teilnahme der Wunsch nach einem stärkeren Selbstvertrauen war, erwies sich die projektorientierte Arbeitsform im Kurs als passende Methode, die sehr gut aufgenommen wurde. Gleiches galt für den Austausch zwischen Beschäftigten und Arbeitslosen, der durch die gemeinsame Teilnahme ermöglicht wurde, sowie Exkursionen zu den teilnehmenden Betrieben, wodurch die Teilnehmer verschiedene Betriebskulturen kennenlernten.

Für die Stellvertreter schloß sich an den allgemein qualifizierenden VUS-Verlauf noch eine rund 4monatige Qualifizierung (einschließlich Praktika) in regulären AMU-Kursen an. In der Regel hatten die Stellvertreter bereits vor der VUS-Qualifizierung an Auswahlgesprächen in den Betrieben teilgenommen, so daß der *fachliche* Qualifizierungsbedarf des Einzelnen für die jeweilige Stellvertretung lange vorher abgeklärt wurde und Plätze in den jeweiligen Kursen gebucht werden konnten. Positiv hervorgehoben wurden von den Stellvertretern vor allem die Praktika, die ihnen das Eingewöhnen in den Unternehmen erleichterten, in denen sie anschließend ihre Stellvertretung wahrnahmen.

Eines der Unternehmen machte von vornherein deutlich, daß die Stellvertreter unter den gleichen Bedingungen arbeiten müßten wie die übrigen Mitarbeiter.

Würden sie das nicht schaffen, müßten sie aufhören. Aus diesem Grund waren die Praktika unerläßlich, um die Stellvertreter entsprechend einzuarbeiten. Wie sich dann zeigte, war es Dank der Praktika einfacher, die Stellvertreter anzulernen als es bei normal neu eingestellten Mitarbeitern der Fall war.

Unter den Beteiligten herrschte Einigkeit darüber, daß die hohe Qualität des Karussells mit den für dänische Verhältnisse langen Qualifizierungen sowohl für Beschäftigte wie Stellvertreter zusammenhängt. Mehrere der teilnehmenden Unternehmen haben daher an mehreren Runden teilgenommen und den Wunsch nach weiterer (und auch anderer) Qualifizierung ihrer Beschäftigten geäußert.

Das Qualifizierungskarussell erreichte in dieser Anfangszeit[5] eine anschließende Vermittlungsquote der Stellvertreter von über 50 %. Dies ist angesichts der damals noch sehr hohen Arbeitslosigkeit von 13 % und bei der beteiligten Zielgruppe (Langzeitarbeitslose im unteren Qualifikationssegment) ein hervorragendes Ergebnis. Trotzdem erwies es sich als notwendig, die anschließend nicht vermittelten Stellvertreter aufzufangen, zumal die Erwartungen der Stellvertreter, übernommen zu werden, oft sehr hoch waren.

Noch aus einem anderen Grund werden in Jobrotationsprojekten inzwischen zusätzliche Maßnahmen für die beteiligten Arbeitslosen angeboten. Da immer wieder Arbeitslose aus den vorangehenden Qualifizierungsmaßnahmen abspringen, weil sie entweder anderweitig eine Arbeit finden, krank werden oder aus sonstigen Gründen, werden heute eigentlich immer mehr Arbeitslose als potentielle Stellvertreter in die Maßnahme aufgenommen als das Jobrotationsprojekt tatsächlich erfordert. Für die nicht als Stellvertreter vermittelten Teilnehmer müssen daher Folgemaßnahmen angeboten werden, um alternative Perspektiven aufzuzeigen.

> *"Das ist vollständig banal. Es liegt kein einziger neuer Gedanke darin. In Wirklichkeit liegt es zum Greifen nahe, man muß nur in Gang kommen damit. Und das erfordert teuflisch viel Knochenarbeit."* (Netzwerkinitiator)

Das Netzwerk Westfünen[6]

Das Netzwerkkonzept

Ein anderes Beispiel der Bildungsjobrotation, das Netzwerk Westfünen, fokussiert auf zwischenbetriebliche und regionale Kooperation. Es entstand aus der Zusammenlegung zweier getrennter Netzwerke, bestehend aus jeweils 4 Betrie-

---

[5] Über die weitere Entwicklung liegen mir leider keine Informationen vor.
[6] siehe auch Anhang

ben der Metallbranche. Das Netzwerk West-Fünen I wurde 1993 mit dem Ziel gemeinsamer Qualifizierungsplanung, orientiert an den Problemen kleiner und mittelständischer Unternehmen, gegründet. Ein Jahr später schlossen sich weitere 4 Betriebe zum Netzwerk West-Fünen II zusammen. Nach Zusammenlegung der Netzwerke West-Fünen I und II besteht das Netzwerk heute aus 7 Betrieben[7], ist aber außerdem eingebettet in ein Netz bestehend aus Gewerkschaften, Arbeitsbehörde, A-Kassen, Kommunen und Bildungsträgern. Eine zentrale Rolle spielt der Bildungsverband der Arbeiter in der Region, der AOF Fünen, der die Netzwerke initiierte und die Koordinationsaufgaben wahrnimmt. Die Zusammenlegung erfolgte, um leichter ganze Kurse aus dem Netzwerk heraus belegen zu können. Möglicherweise müssen zukünftig noch weitere neue Mitglieder gewonnen werden, um das auch weiterhin zu erreichen. Gelingt dies, würde es bedeuten, daß das Netzwerk einen eigenen, eingebauten Multiplikatoreffekt entwickelt. Die Betriebe beschäftigen zusammen rund 1.760 Mitarbeiter (davon rund 1.040 auf Positionen als Un- und Angelernte[8]) und haben in etwa den gleichen Qualifizierungsbedarf.

Das Netzwerk kooperiert im Einzelnen bei der Weiterbildungsplanung und Qualifizierung ihrer Beschäftigten, in Verhandlungen mit Bildungsträgern, Arbeitsbehörde und Kommunen, im Auswahlprozeß der Stellvertreter. Die korporatistische Steuerung ist dabei ein Grundprinzip; ein weiteres, daß sich für alle beteiligten Partner ganz konkrete Vorteile durch die Mitarbeit ergeben müssen.

Das Projekt ist in seiner Gänze ein Jobrotations- und Qualifizierungsprojekt, dessen Hauptziel es ist, sowohl die Produktivität und damit die Konkurrenzfähigkeit der beteiligten Betriebe zu steigern als auch die lokalen Beschäftigungsmöglichkeiten zu verbessern.

Obwohl sich das Netzwerk auf Qualifizierung und Jobrotation konzentriert, können die Betriebe durchaus andere Motivationen zur Teilnahme haben. Ein Produktionschef bezeichnet die Netzwerkeinbindung als ein Mittel zur Öffnung seines Unternehmens hin zu anderen Unternehmen als zentrales Kriteri-

---

[7] Zwei Betriebe schieden aus (ein Konkurs, eine Produktionsverlagerung ins Ausland), ein Betrieb kam neu dazu.

[8] Die Zuordnung von Beschäftigten zu den verschiedenen Statusgruppen und diese wiederum zu bestimmten Arbeitsaufgaben ist gleichermaßen abhängig von formalen und tatsächlichen Fähigkeiten eines Arbeitnehmers, innerbetrieblichen Machtverhältnissen zwischen den vertretenen Gewerkschaften und von dem Arbeitsvertrag, den der Betrieb einem Arbeitnehmer anbietet (Arbeiter oder Angestellter). Kristensen/Høpner beschreiben dies an einem Fall so: Die Orientierung der Arbeitsorganisation am Arbeits*platz* (und nicht am Arbeiter) wird mitbestimmt durch das [undurchschaubare] System, das die Gewerkschaftsbeziehungen reguliert. Die Arbeitsplätze sind den verschiedenen Gewerkschaften zugeordnet, also deren Domäne. Es ist an und für sich gleichgültig, ob die Person, die den Platz erhält, ursprünglich Facharbeiter oder Ungelernter ist. Der, der den Platz erhält, wird in der zum Platz gehörenden Gewerkschaft organisiert. Dabei können die Arbeitsaufgaben bzw. ein Arbeitsplatz eines Ungelernten durchaus identisch sein mit denen eines Facharbeiterkollegen.

um. Dieses Unternehmen ging aus einer Schmiedewerkstatt hervor, die mit der Produktion von Anhängern über sich selbst hinauswuchs. Erst 1992 erfolgte die Umwandlung des bis dahin abgeschotteten Handwerkbetriebs in eine AG. Der nach der Umbildung gekommene Produktionschef sah in den letzten Jahren seine Hauptaufgabe darin, den bis dahin traditionellerweise "betriebsblinden Betrieb" nach außen zu öffnen und in Kontakt und Austausch mit anderen Unternehmen zu bringen. Befürchtungen, daß auf diesem Weg Produktionsgeheimnisse nach draußen dringen, hat er nicht. "Man muß sich neuen Entwicklungen und der Konkurrenz stellen, um selbst konkurrenzfähig zu bleiben."

Die Qualifizierungsplanung

Die Basis des Projektes war in den ersten Jahren eine systematische Qualifizierungsbedarfsanalyse einschließlich Stellenbeschreibungen (Arbeitsaufgaben) mittels einer von der Arbeitsbehörde entwickelten Methode. In dieser Phase wird Klarheit darüber geschaffen, welche Arbeitsaufgaben und Stellen es im Betrieb gibt; welche Anforderungen diese Arbeiten an die damit betrauten Mitarbeiter stellen und welche Qualifikationen diese haben. Darauf aufbauend wird ein Qualifizierungsplan mit Prioritätensetzung erarbeitet, auf dem sowohl die Qualifizierungsmaßnahmen für die Beschäftigten entwickelt werden, als auch die notwendigen Vorabqualifikationen für die Stellvertreter festgestellt werden. Die Qualifizierungsmaßnahmen werden zwischen den Betrieben so abgestimmt, daß das Netzwerk gegenüber den Bildungsträgern die Verhandlungsposition eines Großbetriebes einnehmen kann und es außerdem möglich ist, die notwendigen qualifizierten Stellvertreter zu bekommen, so daß die Produktion auf normalem Niveau aufrecht erhalten werden kann. Die Organisation in ganzen Kursen und nicht einzelnen Kursplätzen hat überdies zum Ziel, sich nicht den Zeitschemata der Bildungsträger unterwerfen zu müssen. Die Intention mit der Netzwerkstrategie charakterisierte der AOF-Netzwerkinitiator und mehrjährige AOF-Vertreter im Lenkungsgremium folgendermaßen:

> So, daß wir zu den Bildungsträgern hingehen können und sagen, wir wollen diesen Inhalt hier, wir wollen ihn auf die und die Weise zurechtgelegt haben, und wir wollen im übrigen nichts dafür bezahlen. Wir wollen ihn über reguläre [öffentliche] Mittel finanziert haben oder woher ihr nur immer Mittel dafür besorgen könnt.

Die dahinterstehende Grundüberlegung ist: An der mittelständischen Wirtschaftsstruktur in Dänemark läßt sich und soll sich nichts ändern, ergo muß sich der (halb) öffentliche Service ändern, zu dem auch die Bildungsträger gehören. Davon profitieren auch die Bildungsträger. Angesichts der langfristigen Perspektive, die das Netzwerk hat, ist bei den Trägern zeitlich noch alles verfügbar, da sie ihre Kurse kurzfristiger festlegen, und derartige Großaufträge sind selbstverständlich willkommen. Ferner bedeutet der gute Kontakt zu den Unternehmen auch Entwicklungsaufträge für neue Kursinhalte, die vor allem auf die Bedürfnisse der mittelständischen Unternehmen ausgerichtet sind. Diese werden im Falle des Netzwerks West-Fünen in der Regel vom regionalen Arbeitsmarktrat finanziert. Sie können unter Umständen später in das reguläre Kursangebot übernommen werden. Beispiele hierfür sind ein Teambildungskurs, der eng an die Bedürfnisse der Netzwerkbetriebe angepaßt wurde, und ein Kurs zur Fehlerfindung. Letzterer wird teilweise in einem der Betriebe an der dort vorhandenen technischen Ausrüstung durchgeführt. Einzelplatzkäufe fallen darüber hinaus zusätzlich an. Die Nachfrage des Netzwerkes gibt also ein gutes geschäftliches Rückgrat für die Träger ab.

Nach Einschätzung des Netzwerkkordinators unterschätzte man allerdings den Aufwand, der mit regelmäßigen systematischen Qualifizierungsbedarfsanalysen verbunden ist. Dieses Netzwerk-Kriterium ist nun aufgeweicht. Die Netzwerkbetriebe wenden unterschiedliche Methoden der Bedarfsanalyse an – Fragebögen für die Mitarbeiter, die recht schematischen Erhebungsinstrumente der Arbeitsbehörde oder einfach die Daumenpeilung. Im Ergebnis sieht der Koordinator allerdings keinen Unterschied. Er kann nicht sagen, daß eines der Instrumente besonders gut wäre, oder ein Betrieb besonders innovativ in dieser Hinsicht.

In einem der Unternehmen wird der betriebliche Qualifizierungsbedarf beispielsweise vom Produktionschef bestimmt und im Netzwerk ausgehandelt. Weder die Vertrauensleute noch die Mitarbeiter selbst sind daran beteiligt. Es wird also kein individueller Qualifizierungsplan für den einzelnen Mitarbeiter gemacht, sondern für den Betrieb als Ganzes. Die Mitarbeiter können lediglich unter den vom Produktionschef ausgehandelten Kursangeboten auswählen. Die Teilnahme ist freiwillig, Sanktionen bei einem 'Nein' gibt es nicht. Nach Angabe des Produktionschefs lehnen zur Zeit noch 25 % der Arbeiter ein Qualifizierungsangebot ab. Seine Prognose lautet aber: "Wir kommen runter auf 10 %, einfach, weil es durchsickert und die positiven Erfahrungen sich 'rumsprechen." Dies gilt für diejenigen Kurse, die im Netzwerk insgesamt angeboten werden. Gesonderte Maßnahmen für besondere Probleme einzelner Mitarbeiter können außerhalb der Netzwerkangebote ohne weiteres wahrgenommen werden, darunter Kurse für Lese/Rechtschreibschwache, aber z.B. auch ein Entzug für Alkoholiker. Barrieren zur Teilnahme an derlei Maßnahmen liegen, wie der Vertrauensmann meint, eigentlich nur bei den Mitarbeitern selbst, eventuell noch verstärkt durch arrogante Kollegen; der Betrieb stellt sie jedoch ohne weiteres frei. Der Vertrauensmann sieht es als eine seiner sozialen Aufgaben an, die betreffenden Leute über entsprechende Maßnahmen wie beispielsweise VUS zu informieren und nach Möglichkeit zu motivieren. In diesem Sinne führen die

Gewerkschaften auch Schulungen ihrer Vertrauensleute durch. Was die Betriebskultur im allgemeinen erlaubt, kann allerdings im Einzelfall und bei beruflich höher qualifizierenden Vorhaben durchaus durch einen Werkführer blockiert werden, wie der Vertrauensmann selbst erfuhr.
Der Zielgruppe der ganz Schwachen wird aber durchaus auch durch Kurse im Netzwerk Rechnung getragen. Ein besonderer Einsatz auf Netzwerkebene wurde schon mal angesprochen, aber bisher nicht weiter konkretisiert. Offensichtlich gibt es gerade in diesem Bereich auch erhebliche Spannungen (s.u.).

Die korporatistische Steuerung

Zur Steuerung des Netzwerks wurde ein korporatistisch zusammengesetztes Lenkungsgremium geschaffen, an dem je 1 Vertreter der beteiligten Betriebe, 5 Gewerkschaftsvertreter, je 1 Repräsentant des AOF-Fyn und der Kommune Middelfart und je 1 Beigeordneter des regionalen Arbeitsmarktausschusses und der Arbeitsbehörde Middelfart teilnehmen. Der Netzwerkkordinator nimmt als neutraler Beobachter ohne Stimmrecht an den Sitzungen des Leitungsgremiums teil.
Ferner gibt es einen geschäftsführender Ausschuß (2 Betriebsvertreter, 2 gewerkschaftliche Repräsentanten, der Netzwerkkoordinator, je 1 Beigeordneter des regionalen Arbeitsmarktausschusses und der Arbeitsbehörde Middelfart) und eine Betriebsgruppe.
Das Netzwerk hat sich bewußt dagegen entschieden, in das Lenkungsgremium Vertreter der Bildungsträger aufzunehmen. "Wir haben die Erfahrung gemacht, daß gerade bei dieser Kombination [mit Bildungsträgern] kein halbes Jahr vergeht ... so sind es die Bildungsträger, die das Ganze steuern. Das ist genau das, was vermieden werden soll.", so der AOF-Vertreter. Fundierte Einwände gegen Qualifizierungsvorhaben seitens der Bildungsträger werden aber natürlich akzeptiert.
Das einzige Gegenargument gegen die korporatistische Form der Steuerung, das der AOF-Vertreter für halbwegs stichhaltig hält, ist ihre Schwerfälligkeit. Gleichzeitig sei es jedoch außerordentlich wichtig, daß die beteiligten Partner (Arbeitnehmer und Arbeitgeber) *selbst erkennen und sagen*, was sie wollen. Wie beim Karussell-Ansatz wird hier vehement die Auffassung vertreten, daß auch gering Qualifizierte durchaus in der Lage sind, zu beurteilen, was sie für Kurse brauchen und sich selbst wünschen. Allerdings gibt es keine institutionalisierte Motivationsphase für die einzelnen Arbeitnehmer, die mit der Zukunftswerkstatt des Karussells vergleichbar wäre, so daß die tatsächliche individuelle Mitbestimmung sehr betriebsabhängig ist. Lediglich ihre Vertretung im Lenkungsgremium ist gesichert. Das kam immerhin zum Tragen, als die Unternehmer 1998 versuchten, die Kurse mit allgemeinem Inhalt abzuschaffen. Die Gewerkschaften leisteten Widerstand dagegen, denn persönlichkeitsstärkende Kurse

stehen in den verbindlichen Richtlinien des Netzwerks und können nicht gegen den gewerkschaftlichen Willen abgeschafft werden. Diese Situation war für die Gewerkschaften der Anlaß für die Einberufung eines betriebsübergreifenden Treffens der Vertrauensleute, um Informationen auszutauschen.

Dies stieß auf große Resonanz bei einem Vertrauensmann des oben erwähnten Betriebes, der die Netzwerkinformationen durch das Management als unzureichend empfand. Und zwar nicht, weil das Management gemauert hätte, sondern in erster Linie, weil er gar nicht wußte, wonach er konkret fragen sollte. Die Top down-Methode der in diesem Unternehmen verfolgten Qualifizierungsplanung enthält keine *aktive* Informationskomponente, und offensichtlich findet auch im Kooperationsausschuß keine ausreichende Beteiligung der Mitarbeiter statt. Auch auf überbetrieblichem Niveau sind diese Vertrauensleute nicht in den Planungsprozeß involviert, was ebenfalls bedauert wird.

Da die Arbeitgeber eigentlich eine Informationspflicht gegenüber den Vertrauensleuten haben, entwickelten die Gewerkschaften ihrerseits keine ausreichende Strategie, den notwendigen Informationsstand bei allen Vertrauensleuten zu sichern. Dies änderte sich mit dem betriebsübergreifenden Treffen. Dabei zeigte sich, daß die Einbeziehung der Vertrauensleute von Betrieb zu Betrieb sehr unterschiedlich ist und manche Vertrauensleute aus anderen Betrieben deutlich besser informiert worden waren.

Bemerkenswert ist dieser Aspekt vor allem auch deshalb, da die Einbeziehung von Schlüsselpersonen in den Betrieben (Arbeiter wie Angestellte) in eine ressortübergreifende Strategieformulierung und Qualifizierungsplanung in den Richtlinien des Netzwerkes als Ziel eindeutig definiert ist. Demzufolge wurde in jedem Unternehmen ein paritätischer Qualifizierungsausschuß gebildet, der ein innerbetriebliches Qualifizierungsabkommen aushandelte und einen internen wie externen Informationsplan entwerfen sollte. In den Qualifizierungsabkommen legten zum Beispiel alle beteiligten Betriebe fest, daß die Mitarbeiter während der Qualifizierung vollen Lohn bekommen – in Dänemark keine Selbstverständlichkeit, denn die öffentliche Unterstützung liegt beim maximalen Arbeitslosensatz, die Differenz muß das Unternehmen zuschießen. Doch die Rolle des Qualifizierungsausschusses über den Abschluß des Abkommens hinaus ist Sache der Betriebe.

Ferner soll laut Netzwerk-Richtlinien *neuen* Netzwerkbetrieben eine Qualifizierung für Schlüsselpersonen angeboten werden, damit diese als "Projekt-Botschafter" im Betrieb, als innerbetriebliche Multiplikatoren wirken können.

Projektbeschreibung

Der äußere Rahmen für die Netzwerkarbeit ist sowohl organisatorisch als auch zeitlich einigermaßen festgelegt und hat sich über die Jahre nicht nennenswert geändert. Es gibt 3–4 Jobrotationsdurchgänge pro Jahr, die aufgrund des ein-

jährigen Planungshorizonts für die Mitarbeiterqualifizierungen in einem "Projekt" zusammengefaßt werden. Je nach Bedarf und Situation kann ein Unternehmen bei einzelnen Rotationen durchaus mal pausieren oder besonders viele Kurse belegen.
Der Koordinator bespricht mit den Betrieben deren (angemeldeten) Qualifizierungsbedarf. Dies dient der Absicherung, daß die Kurse wirklich gebraucht und dann auch belegt werden. Dazu müssen sich die Betriebe konkret unter Angabe der Platzanzahl verpflichten – nach früheren schlechten Erfahrungen, daß es sich die Betriebe nach der doch recht langen Planungsphase plötzlich anders überlegt hatten und keinen Bedarf mehr sahen. Die Planungsdauer bis zur endgültigen Festlegung der Kurse liegt bei etwa einem halben Jahr. In allen Betrieben werden anschließend Listen über die angebotenen Kurse ausgehängt, woraus die Beschäftigten wählen können. Normalerweise haben die Kurse 15 Teilnehmer. Überzählige freie Plätze können die Bildungsträger selbst besetzen.
Im Unterschied zum Karussell-Modell gibt es im Netzwerk Westfünen keine 1:1-Stellvertretung. So waren für 1999 drei Durchgänge geplant. Für die Mitarbeiter wurden 66 Kurse mit 27 verschiedenen Kursinhalten angeboten, die überwiegend jeweils 1 Woche dauerten. Insgesamt ergibt das 617 Kursplätze, wobei es ganz unterschiedlich sein kann, wieviele Kurse die einzelnen Mitarbeiter belegen. Es ist anzunehmen, daß erheblich mehr Mitarbeiter als Stellvertreter an einem Projekt teilnehmen. Umgerechnet auf die *Dauer* der Weiterbildung bzw. Stellvertretung ist jedoch der Stellvertretungsanteil etwas höher.
Der Stellvertreter wird nach Tarif entlohnt; die Betriebe erhalten einen Lohnzuschuß. Die Stellvertreter durchlaufen zunächst eine 14-wöchige Qualifizierung mit allgemeinen und fachlichen Inhalten einschließlich zweiwöchigem Betriebspraktikum, woran sich eine Stellvertretung von einem halben Jahr anschließt. Um sicherzustellen, daß genügend geeignete Stellvertreter zur Verfügung stehen, werden in Zusammenarbeit mit der Arbeitsbehörde, Kommunen und Arbeitslosen-Kassen etwa 25 % mehr Arbeitslose ausgewählt, als Stellvertreter tatsächlich benötigt werden.
Die Stellvertretervorbereitung beginnt in der Regel mit einem 6-wöchigen allgemeinen, einführenden Kurs auf der AOF-Tageshochschule[9]. Im Rahmen dieses Kurses finden auch die Führungen in den Betrieben statt. Die Arbeitslosen wählen auf dieser Basis den Betrieb, in den sie vorzugsweise wollen. Danach wird die Auswahl derjenigen vorgenommen, die tatsächlich im Projekt fortsetzen können. Die Auswahl wird durch den Anstellungsausschuß, bestehend aus Betriebsvertretern und dem Koordinator, vorgenommen, wobei die letzte Entscheidung über die Aufnahme eines Stellvertreters der jeweilige Betrieb selbst fällt.

---

[9] Die Tageshochschulen bieten schwerpunktmäßig weiche Qualifizierungsmaßnahmen an wie Kommunikationstraining, Teamarbeit, persönlichkeitsstärkende Maßnahmen u.ä.

Nach dem Auswahlverfahren folgen 4 Wochen berufsfachliche Kurse (z.B. Grundkurs Metall und Verstehen technischer Zeichnungen), dann nochmals 2 Wochen auf der AOF-Tageshochschule und schließlich 2 Wochen Betriebspraktikum als Überleitung zur Stellvertretung. Dieses Modell kann von Mal zu Mal etwas variieren, doch die Gesamtdauer der Qualifizierung, die Anteile fachlicher und allgemeiner Inhalte und die Stellvertretung liegen fest.

Die Stellvertreter haben nicht immer die gleichen Aufgaben wie die freigestellten Mitarbeiter. Dies ist bei Akkordarbeiten im Team aufgrund von Bonusleistungen entsprechend der Gesamtproduktion eines Teams problematisch – neue Mitarbeiter sind in der Regel langsamer als eingearbeitete alte Kollegen. Daher werden die Stellvertreter meist auf Positionen eingesetzt, bei denen derlei Konflikte nicht auftreten können. Größere Probleme mit den Stellvertretern gibt es normalerweise nicht. Nach Meinung eines Produktionschefs ist während der Stellvertretung allerdings eine Betreuung nötig.

Die Teilnehmer erhalten nach zufriedenstellender Teilnahme und Durchführung von sowohl Qualifizierung als auch Stellvertretung Kurszertifikate und Projektteilnehmerbelege (Empfehlungen) von den Betrieben. Diese Teilnehmer werden, wenn sie nicht gleich übernommen werden oder anderweitig reguläre Arbeit finden, in eine "Jobbank" aufgenommen, die die Arbeitsbehörde verwaltet. Soweit sie nach wie vor Anspruch auf Qualifizierung und Lohnzuschuß haben, können sie im weiteren Projektverlauf erneut teilnehmen und dadurch den für sie von der Arbeitsbehörde aufgestellten "Handlungsplan" absolvieren. Als Gegenleistung für die maßgeschneiderten Rotationsprojekte müssen die Betriebe die Stellvertretungsplätze zur Verfügung stellen. Ferner müssen sie sich verpflichten, die für sie passend qualifizierten Stellvertreter einzustellen, wenn sie neue Arbeitskräfte brauchen, eventuell von der mit den nicht gleich übernommenen Stellvertretern errichteten "Jobbank".

Finanzierung

Wie das Zitat zur Verhandlungsposition des Netzwerkes recht plastisch verdeutlicht, wird das Netzwerkvorhaben öffentlich finanziert. Der Anteil *netzwerkspezifischer* öffentlicher Finanzierung ist jedoch geringer als der erste Anschein vermuten läßt, denn Weiterbildung ist in Dänemark eben generell weitgehend öffentlich finanziert (teils durch Steuern, teils durch Umlagefinanzierung/Beiträge).

Abgesehen von der unmittelbaren Initiativ- und Aufbauphase durch den AOF wird der Koordinator netzwerkspezifisch aus Fonds-Mitteln des regionalen Arbeitsmarktrates finanziert, ist dabei dem Lenkungsgremium berichtspflichtig und bei dem AOF-Middelfart angestellt. Diese Konstruktion soll dazu beitragen, den Koordinator in einer möglichst neutralen Position zwischen den vielen beteiligten Akteuren zu halten.

Die Qualifizierung der Beschäftigten wird weitestgehend über die öffentlichen Weiterbildungsangebote sowie die passenden Freistellungsregelungen finanziert. In geringem Umfang kommen Mittel des regionalen Arbeitsmarktrates zum Einsatz (netzwerkspezifische Neuentwicklung von Kursen u.ä.). Lediglich bei den Löhnen haben die Betriebe gewisse Anteile zu tragen.

Die regionale Arbeitsbehörde übernimmt außerdem die Kosten für Qualifizierung, den Lohnzuschuß während der Stellvertretung und Transportzuschuß für die Stellvertreter in Bezug auf das Gesetz zur aktiven Arbeitsmarktpolitik. Entsprechendes gilt für die Kommunen bezüglich des Gesetzes zur kommunalen Aktivierung, soweit Sozialhilfeempfänger beteiligt sind. Beides sind reguläre öffentliche Aufgaben.

Die Gelbe-Rüben-Methode

Wie oben erwähnt, ist neben der korporatistischen Steuerung ein weiteres Grundprinzip dieses Modells, daß alle Beteiligten ganz konkrete Vorteile aus dem Projekt beziehen. Beim AOF wird dies als Gelbe-Rüben-Methode bezeichnet, und wie sich ein AOF-Vertreter ausdrückte: "Wenn wir nicht einige Beutel mit so vielen Gelbe-Rüben packen können, daß es für alle Partner wirklich attraktiv ist, so glaube ich nicht, daß sie sich von der Stelle bewegen." Diese Beutel sind folgendermaßen gefüllt:

Betriebe:
- Systematische Qualifizierungsbedarfsanalyse
- Bevorzugte Qualifizierung zum passenden Zeitpunkt (je nach Produktionsverlauf), damit u.U. Vorbeugen bzw. Abhilfe bei Mangelqualifikationen
- Möglichkeit, währenddessen qualifizierte Ersatzarbeitskräfte zu erhalten
- Möglicherweise beträchtliche Einsparungen bei den Rekrutierungskosten durch die Stellvertreter
- Folgend daraus einen geringeren Krankenstand, höhere Produktivität, Konkurrenzfähigkeit und Gewinnmöglichkeit

Mitarbeiter:
- Qualifizierung mit Inhalten, bei denen sie eine reelle Mitsprache haben; demzufolge nicht strikt betriebsbezogen, sondern auch auf persönliche Bedürfnisse ausgerichtet
- Qualifizierung kann damit auch mehr arbeitsmarktbezogen sein (bester Schutz gegen Arbeitslosigkeit, da höhere Mobilität möglich)
- Mitsprachekultur im Betrieb ist Qualität für sich

Arbeitslose:
- Zielgerichtete, passgenaue Qualifizierung, deren Bedeutung für den Arbeitsmarkt durch systematische Bedarfsanalysen gesichert ist.
- Sehr hohe Wahrscheinlichkeit für nachfolgendes "Jobtraining"[10] (Stellvertretung) im Betrieb auf "richtigem" Arbeitsplatz
- Gute Vermittlungschancen hinterher

---

[10] Das Jobtrainingsprogramm beinhaltet Lohnzuschüsse im privaten wie öffentlichen Sektor.

Arbeitsbehörde und Arbeitslosen-Kassen:
- zusätzliche Jobtrainingsplätze im privaten Sektor (die knapp sind und aufgrund hoher Übernahmequoten arbeitsmarktpolitisch sehr hoch bewertet werden)
- sehr enger Kontakt zu Betrieben, und zwar zu allen Führungsebenen
- präzisere Vermittlung (und Qualifizierung) möglich als bei Betrieben, bei denen keine Bedarfsanalyse durchgeführt wurde
- hohe dauerhafte Vermittlungsquote in diese Betriebe

Gewerkschaften (LO):
- Erprobung von Modellen, für die die LO seit Jahren gekämpft und geworben hat, namentlich die "entwickelnde Arbeit" (s.u.) unter den Vorzeichen engerer Zusammenarbeit zwischen Arbeitern, Angestellten und Führungspersonal, wobei alle Seiten ihre Verantwortung wahrnehmen.
- Systematische Bildungsplanung und ein größerer Einsatz für Weiterbildung sind ebenfalls alte Forderungen der Gewerkschaften.

Kommunen:
- Die gleichen Vorteile wie für die Arbeitsbehörde, nur in Bezug auf Sozialhilfeempfänger
- Sinkende Arbeitslosigkeit und konkurrenzfähige Betriebe sind auch steuerlich (u.a.) starke Anreize für die Kommunen zur Teilnahme.

Bildungsträger:
- Alle haben ihren Anteil am Kuchen erhalten; anfangs mit eher zu großen Stücken als verkraftbar, weshalb in nachfolgenden Jobrotationsdurchgängen die Qualifizierungsmaßnahmen mehr sukzessive durchgeführt wurden.

Resultate

Bei den verschiedenen Jobrotationsdurchläufen des Netzwerkes zeigten sich für die Stellvertreter Übernahme- bzw. Vermittlungsquoten in reguläre Arbeitsverhältnisse zwischen 60 und 70 %. Von den 66 Arbeitslosen, die am allerersten Jobrotationsprojekt 1994/95 des Netzwerkes West-Fünen I beteiligt waren, kamen 46 Personen (70 %) in reguläre Arbeit. Auch beim jüngsten Projekt zeichnen sich wieder Übernahmequoten zwischen 63 % und 70 % pro Rotation ab.

Diese Zahlen belegen einen beachtlichen Qualifizierungsbedarf, aber auch ein Qualifizierungspotential bei mittelständischen Betrieben, die im allgemeinen nicht für ein allzu großes Qualifizierungsengagement bekannt sind. Der externe Anstoß und Koordinierungseinsatz, die hervorragende Infrastruktur öffentlicher Bildungsträger und die öffentlichen Freistellungsprogramme ermöglichen über Jahre die Durchführung eines recht komplexen Netzwerkes, das ein beachtliches Potential zur Schaffung befristeter wie dauerhafter neuer Arbeitsplätze freisetzt.

Auch die Betriebe ziehen ein positives Fazit: Ihre Produktivität steigt und die Krankenrate sinkt. Die Teilnehmer an den Netzwerkkursen haben hinterher im großen Ganzen eine positive Meinung dazu, kritisiert wurde teilweise allerdings die nur kurzfristige Vorbereitung für den Einzelnen, da der Betrieb Informationen über die Durchführung (wo, wann genau, Abfahrt usw.) viel zu kurzfristig gebe.

Nicht erfolgreich war das Netzwerk mit seiner ursprünglichen Intention, auch Mitarbeiter der unteren/mittleren Führungsschicht zu erreichen, vorrangig weil diese mit der Begründung der "Unersetzlichkeit" selbst die Teilnahme blockierten. Die Entwicklung des auf die Netzwerkbetriebe zugeschnittenen Teambildungskurses und die Belegungsintensität deuten jedoch darauf hin, daß zumindest 3 der 7 Unternehmen die Netzwerkkurse auch zur Unterstützung einer Organisationsentwicklung nutzen, die zwangsläufig auch die Führungsstrukturen hinterfragt und neu definiert.

In einem Betrieb wird die umfassende Einführung von Gruppenarbeit derzeit eher noch als Zukunftsvision gesehen, obwohl in der Versand-/Lieferabteilung und in den Abendschichten bereits in dieser Form gearbeitet wird. Dort gibt es keinen Vorarbeiter, sondern lediglich einen Gruppenleiter, der für die Arbeitsplanung und -verteilung verantwortlich ist und bei dem die Informationen zusammenlaufen. Die Entlastung der Vorarbeiter von diesen Aufgaben ist für den Produktionschef am wichtigsten, um diese stärker bei Entwicklungsaufgaben einsetzen zu können. Wobei er aber darauf hinweist, daß die Verantwortung für Kündigungen bei den Vorarbeitern bleiben müsse, denn dies könne keine Gruppe in Selbstverwaltung tun.

Der Vertrauensmann erwartet die Gruppenarbeit eher als einen "Nebeneffekt" der bevorstehenden Einführung eines neuen Lohnsystems, in dem die Vorarbeiter "verschwinden" und die Hierarchien flacher werden. Das derzeitige Lohnsystem sei zutiefst ungerecht für die stundenweise entlohnten Arbeiter (kein gleicher Lohn für gleiche Arbeit).

Jobrotation und Organisationsentwicklung

In einer relativ frühen Phase der Jobrotation (1993) wurden von dem Gewerkschaftsdachverband LO sechs private Unternehmen unter dem Aspekt von Organisationsentwicklung begleitet und evaluiert (LO 1994a). In fünf Fällen nahmen Mitarbeiter an allgemein und persönlich qualifizierenden Kursen mit VUS teil, ein Betrieb nutzte die Qualifizierung als Teil der Qualitätszertifizierung nach ISO 9000.

Anlaß für die Maßnahmen waren allgemein die steigenden Qualitätsanforderungen, die gleichzeitig Änderungen des Informationsganges, des Arbeitszuschnitts, der Arbeitsorganisation und der Zusammenarbeit am Arbeitsplatz erfordern; ebenso die Einbeziehung der Mitarbeiter in die notwendigen Änderungspläne auf verschiedene Art und mit unterschiedlichem Einfluß. Eine

Verbesserung des Informationsflusses und der Kommunikationsfähigkeit wurde vor allem von den VUS-Kursen erwartet.

Dabei zeigte sich, daß der Weiterbildungsbedarf bei den Qualitätskursen weitgehend vom Management bestimmt wurde. Die VUS-Kurse wurden dagegen oft von den Vertrauensleuten inspiriert. Zur Bedarfsabklärung der Mitarbeiter wurden Fragebögen in Kooperation mit dem Management ausgearbeitet, Zukunftswerkstätten und Beratungen durch Lehrer der Bildungsträger abgehalten sowie innerbetriebliche Diskussionen geführt.

Vor Beginn der Maßnahmen wurden Qualifizierungsabkommen geschlossen mit einer Beschreibung der Ziele, Inhalte und Bedingungen der Teilnahme. Die Evaluatoren bemängelten anschließend, daß sich die Zielsetzung oft nur auf die Entwicklung der Teilnehmer richtete und nur indirekt den Zusammenhang zwischen dieser Qualifizierung und der Arbeitsorganisation herstellte. Der persönliche Gewinn für die Teilnehmer schien unbestreitbar, aber der betriebliche Aspekt wurde erstaunlich wenig berücksichtigt. Die Teilnehmer waren enttäuscht, daß die Entwicklung der betrieblichen Arbeitsorganisation nicht mit ihrer eigenen koorespondierte und sie ihre neuen Fähigkeiten nicht im Betriebsalltag umsetzen konnten. Das Hauptproblem lag nach Meinung der Teilnehmer beim mittleren Management, das die untergebenen Mitarbeiterinnen und Mitarbeiter nicht in Verantwortung und Planung einbezog. Dem mittleren Management mangelten Kenntnisse und Anreize, Instrumente wie Delegieren von Aufgaben, Information/Konsultation oder Rotation anzuwenden.

Lediglich in dem Betrieb mit ISO 9000-Qualitätskursen wurde zwischen den 3 Qualitäts-Modulen (Produktionssteuerung und Teamarbeit, Qualitätsbewußtsein, Qualitätsteuerung) die Thematik durch Gruppenarbeit zur betriebsrelevanten Problemformulierung und -lösung während der Arbeitszeit vertieft und damit unmittelbar in den betrieblichen Alltag integriert. Aufgaben dieser Gruppenarbeiten waren unter anderem die Ausarbeitung eines Personalhandbuches, die Einrichtung einer Personalvereinigung, ein Mitarbeiterblatt, um sicherzustellen, daß Mitarbeitervorschläge tatsächlich beim Management ankommen und auch wahrgenommen werden, Berichte über den Krankenstand und die Jobrotation sowie Vorschläge zur betriebsinternen Jobrotation. Eine Besonderheit bei der Konzeption dieses Projekts war die Zusammensetzung der Kurse in abteilungs- und hierarchieübergreifenden Gruppen. Da die gesamte Belegschaft (zeitversetzt) an den Kursen teilnahm, fanden sich auch die Manager bis zum Direktor in diesen gemischten Gruppen wieder. Diese Organisationsweise wurde als so positiv empfunden, daß die ursprüngliche Planung, das 3. Modul homogen nach Abteilungen zusammenzusetzen, zugunsten des hierarchieübergreifenden Prinzips aufgegeben wurde. Allein dieses Prinzip dürfte zu einem wesentlich verbesserten Informationsfluß und gegenseitigem Verständnis im Betrieb beigetragen haben.

Im Hinblick auf die Finanzierung bestand in allen diesen Projekten generelle Einigkeit zwischen Arbeitgebern und Vertrauenspersonen darüber, daß ein entscheidender Anreiz zur Teilnahme der Mitarbeiter die Beibehaltung des vollen Lohns war, d.h. die Betriebe die öffentliche VUS-Unterstützung auf das volle Lohnniveau aufstockten. Darüber hinaus besteht ein großer Bedarf an externen Einrichtungen zur Information, Beratung und Koordination; hier waren hauptsächlich die Arbeitsbehörde, die VUS-Sekretariate der Regionen, gewerkschaftliche Bildungsreferenten und Bildungsträger involviert.

Organisationsentwicklung im Privatisierungsprozess – die Post Danmark

Die Post DK ist ein unabhängiges öffentliches Unternehmen mit einem Vorstand und einer vierköpfigen Direktion als oberstem Leitungsorgan. Der für die Post DK verantwortliche Minister wahrt als Repräsentant des Staates in den jährlichen Unternehmensversammlungen die Eigentümerinteressen, die normalerweise einer Hauptversammlung in einer Aktiengesellschaft zukommen. Die gesetzlichen Grundlagen hierfür wurden im Januar 1995 geschaffen. Diese ermöglichen der Post auch wie ein reguläres privates Unternehmen zu agieren. Der seither laufende Privatisierungsprozeß bringt naturgemäß starke Umbrüche mit sich.

Der Personalstand stieg nach der Privatisierung 1995 stark an und konnte erstmals 1998 wieder um 2 % (rund 500 Personenjahren entsprechend) reduziert werden, was auf höhere Effizienz und Externalisierung von Peripherieleistungen zurückzuführen ist. Gleichzeitig konnte auch der Überstundenanteil auf 2,3 % gegenüber 2,6 % (1997) gesenkt werden.

Sehr hoch – besonders für (halb) öffentliche Unternehmen – ist der Personalumsatz mit 26,7 % bezogen auf eine Gesamtbeschäftigung von 31.000 Arbeitnehmern (1998). Dies läßt sich vor allem auf den traditionell hohen Anteil befristeter Beschäftigter auch im Postverteilungsdienst zurückführen, während die Fluktuation bei den fest Angestellten nur bei etwa 10 % liegt.

Dieser hohen Fluktuation soll durch die Einführung von Gruppenarbeit, eine stärkere Berücksichtigung der Mitarbeiterbelange und eine sorgfältige Einstellungspolitik mit entsprechenden Qualifizierungsmaßnahmen und Karrieremöglichkeiten begegnet werden. Die hierarchischen Strukturen des Staatsunternehmens Post werden damit weitgehend abgeschafft oder zumindest in andere Zusammenhänge gebracht.

Neben Investitionen in Logistik und Technologie wurde also massiv auf Weiterbildung der Mitarbeiter, neue Arbeitsmodelle und Entwicklung einer neuen und anderen Corporate Identity gesetzt, wodurch man den geänderten Produktionsbedingungen in einem marktwirtschaftlich arbeitenden Unternehmen gerecht werden will.

Produktionsgruppen im Postverteilungsdienst

Ein Jobrotationsprojekt in der Postverteilung bildete einen ersten großen Baustein dafür. Größere Effizienz, besserer Service und gleichmäßigere Arbeitszeiten für die Mitarbeiter waren die wesentlichen Ziele, die mit der Reorganisation des Postverteilungsdienstes angestrebt wurden. Die Einführung einer vollautomatischen Briefsortierung unterstützte auf der technischen Seite diese Reorganisation. Durch sie wurden rund 2.000 Arbeitsplätze eingespart; die Mitarbeiter wurden für andere Aufgaben umgeschult.

Im August 1996 löste für die Briefträger eine feste Arbeitszeitregelung das bis dahin praktizierte Zeit-Akkord-System ab, wo die Briefträger bei wenig Post kurze und bei viel Post lange Arbeitstage hatten. Gemäß der neuen Regelung ist der Arbeitstag auf durchschnittlich knapp 7,5 Stunden festgelegt. Dafür variieren die Verteilungsmuster und die personelle Besetzung je nach Postmenge, was eine größere fachliche Flexibilität von den Beschäftigten in den neu zu errichtenden Produktionsgruppen verlangt. Dazu wurde zwischen den Gewerkschaften und der Post ein Arbeitszeitabkommen abgeschlossen, das aus einer befristeten Übergangsregelung und einer ständigen Vereinbarung besteht, die spätestens zum 1. August 1997 eingeführt werden sollte. Zuvor sollten Systeme zur Planung der Arbeitsorganisation und der Kontrolle der Arbeitszeit entwickelt werden. Diese Systeme umfaßten u.a. die Registrierung des tatsächlichen Zeitbedarfs auf den Routen mittels elektronischer Fahrtenbücher und Scannern von Strichkodierungen. Außerdem wurden verschiedene Melde- und Vorwarnsysteme eingeführt, die den Verteilungszentren im Voraus einen Überblick über die Postmengen und die zu erwartenden Arbeitsbelastungen gibt. Bis zur Einrichtung der Systeme wurde gemäß dem befristeten Arbeitszeitabkommen noch mit traditionelleren Mitteln und einer größeren Schwankungsbreite der Arbeitszeit gearbeitet.

Außerdem sollten die betroffenen Mitarbeiter im Rahmen eines Jobrotationsprojekts vorher eine 5-tägige Weiterbildung durchlaufen, die den rund 11.000 Mitarbeiter die Grundregeln von Zusammenarbeit und Kommunikation sowie die ökonomischen Rahmenbedingungen für Produktionsgruppen zu vermitteln suchte. Um die 5tägigen Freistellungen zu ermöglichen, waren landesweit rund 300 Stellvertreter nötig, die im 2. Quartal 1996 in einer 9wöchigen Maßnahme vorbereitet wurden. Die Qualifizierungsmaßnahme für die Stellvertreter war als ein ständiger Wechsel zwischen meist 5 Tagen Theorie und 5 Tagen Praktikum aufgebaut. Die Theorie wird teils durch das AMU-System, teils durch das posteigene Bildungszentrum durchgeführt. Die Finanzierung sollte über die regionalen Arbeitsmarkträte erfolgen. Nach einem zufriedenstellenden Verlauf bietet die Post den Stellvertretern eine Jobtrainingsstelle und/oder reguläre Einstellung im Verteilungsdienst an. Die Qualifizierungen der Mitarbeiter konnten dann erst im Zeitraum 3. Quartal 1996–3. Quartal 1997 stattfinden, was zu

Verspätungen in der Einführung der neuen ständigen Arbeitszeitregelung und damit verbundenen Produktionsgruppen führte. Auch eine Reihe technischer Systeme und Weiterbildungsmaßnahmen konnten erst verspätet in Gang gesetzt werden, was den Überstundenanteil zunächst steigen ließ. Generell ist der Überstundenanteil der Post jedoch eher gering.

Die Umstellung auf diese neue Arbeitsorganisation ging nicht ganz reibungslos vonstatten: Auch wenn sich eine Qualitätsverbesserung in der Briefzustellung schnell erreichen ließ, zeugten phasenweise hoher Krankenstand und zahlreiche kürzere Arbeitsniederlegungen von den Problemen und dem Unmut unter den Beschäftigten angesichts der Umstellungen in ihrem Arbeitsablauf.

TQM plus Business Excellence

Ernsthafte Schwierigkeiten in der Realisierung von Effizienzsteigerungen führten dazu, daß die Managementgrundlagen 1997 gründlich untersucht wurden. Dies resultierte in der Entscheidung für das "TIK-Programm", wobei TIK für "Total Involvering i Kvalitet" steht. Es handelt sich also um ein Total Quality Management Projekt, mit dem gleichzeitig nach dem Konzept der European Foundation for Quality Management das Business Excellence Modell eingeführt wird. Die Umstellung erfolgte von Januar 1998 bis Juni 1999. Stand bis dahin überwiegend eine effektive Qualitätssteuerung und -kontrolle im Zentrum, wird mit TIK jetzt auf das Management und eine ganzheitliche Unternchmensstrategie abgehoben.

Anfang 1998 erlebte die Post DK die schwierige Einführung des vollkommen neuen Arbeitszeitsystems im Verteilungsdienst, kombiniert mit Uneinigkeiten zwischen den Arbeitnehmervertretungen Dansk Postforbund und SiD über die Tarifgebiete, nachdem seit April 1997 keine Beamten mehr eingestellt werden. Dansk Postforbund brach Anfang 1998 jede Zusammenarbeit mit der Post DK ab und trat aus allen Kooperationsorganen aus. Das TIK-Programm sei jedoch bei den Führungskräften und unter den Mitarbeitern und deren Organisationen außerordentlich gut aufgenommen worden. Es habe darüber hinaus dazu beigetragen, daß sich die Zusammenarbeit im Lauf des Jahres normalisiert hat – auch mit Dansk Postforbund, der im Herbst wieder in alle Kooperationsorgane eintrat, – und daß sich gleichzeitig mit einer Qualitätssteigerung effektivere Strukturen umsetzen ließen. (vgl. Post DK 1998: 5f.)

Gemäß den Regeln des Konzepts nehmen in diesem Projekt tatsächlich alle Beschäftigten an einer Qualifizierungsmaßnahme teil, die als eine "Qualifizierungskaskade" über die verschiedenen Hierarchiestufen von oben nach unten durchgeführt wird. Die Maßnahmen dauern 2–3 Tage und geben zunächst eine Einführung in das Total Quality Management und die Art und Weise, wie mit Qualität, Qualitätssteuerung, Qualitätszielen, Qualitätspolitiken, Bedarf und Erwartungen von Kunden und Mitarbeitern sowie kontinuierlichen Verbesserungen umgegangen wird. Weiter soll ein konkreter Bezug zur täglichen Arbeit durch einen "Handlungsplan" für die Zeit nach dem Kurs aufgestellt werden.

Teil des TIK-Programmes ist ferner der weitere Aufbau von Gruppen, die administrative und planungsmässige Aufgaben eigenverantwortlich lösen. Dadurch werden die Anforderungen an das Management geändert. TIK soll vor allem die unteren Führungskräfte erreichen und das Bewußtsein hinsichtlich Human Resources schärfen sowie neue Führungsformen in einem ziel- und ergebnisorientiertem Management vermitteln, die den eigenverantwortlichen Teams gerecht werden. Dies betrifft in der Alltagsarbeit vor allem die 1.500 Distributions- und Filialleiter (3. Führungsebene), die in den anschließenden 2–3 Jahren möglichst alle eine weitergehende interne Qualifizierung für Führungskräfte durchlaufen sollen.

Die Ziel- und Ergebnissteuerung

Das TIK-Projekt arbeitet mit einer Variante des Business Excellence Modells. Als Konsequenz hieraus soll eine Ziel- und Ergebnissteuerung eingeführt werden, die durch das Eingehen von verbindlichen Absprachen mit konkreten Zielvorgaben und (An-) Forderungen für die einzelne Führungskraft unterstützt und abgesichert wird. Damit löst das BE-Modell die "lokale ökonomische Steuerung" ab, die in einer ersten Abkehr von reiner Kameralistik den einzelnen Postbezirken mehr ökonomisch-finanzielle Verantwortung übertragen hatte. Diese beruhte jedoch lediglich auf Verträgen zwischen den Postbezirken und der Postzentrale und war nicht vertraglich durch sämtliche Leitungsebenen hindurch individualisiert. Durch Beschränkung auf einige ökonomische Grunddaten wurden damals weiche Parameter wie Kunden- oder Mitarbeiterzufriedenheit ausgeblendet.

Die ergebnisorientierte Steuerung beinhaltet:

- Das Aufstellen klarer, zusammenhängender und relevanter Ziele und Ziel-/ Meßpunkte
- Kommunizieren und Verpflichtungen schaffen, um diese Ziele zu erreichen
- Überprüfung der Zielerfüllung ausgehend von abgesprochenen Ziel-/ Meßpunkten
- Reagieren auf diese Meßergebnisse

Die ziel- und ergebnisorientierte Steuerung soll die bisherige Kontroll- und Regelsteuerung ablösen (vgl. aber die verschärfte Zeitkontrolle für die Briefträger) und darüber hinaus einen Zusammenhang zwischen Einsatz und Lohn ermöglichen. Voraussetzung ist, daß die Ziele im gesamten Unternehmen aufeinander abgestimmt sind. Dieser Logik müssen auch die einzelnen Vertragsabschlüsse folgen, die alle Leitungsebenen abdecken. Sie basieren auf gleichartigen Zielabsprachen, sind aber der individuellen Leitungsebene und -funktion angepaßt.

Ein weiteres Grundprinzip ist der Fokus auf Zielen, die "gemessen" werden können, um eine Kommunikation basierend auf Tatsachen und nicht auf Vermutungen und Annahmen zu erreichen. (Durch Umfragen werden bei der Evaluation durchaus auch weiche Faktoren berücksichtigt.) Insgesamt werden nach diesem Muster rund 1.800 Verträge in der Post DK geschlossen.

Eine ziel- und ergebnisorientierte Absprache ist ein persönlicher Vertrag für den Manager. Letzterer führt jedoch – entweder im Rahmen von Mitarbeitergesprächen oder in Gruppentreffen – einen Dialog über die Ziele und damit auch über die Zielsetzung für die Mitarbeiter, um eine für die erfolgreiche Umsetzung nötige Akzeptanz zu erreichen. Denn der Vertrag des Managers muß zwangsläufig Zielvorgabe für seine ganze Abteilung sein.

> Dialog ist das Schlüsselwort, wenn Ziele festgesetzt werden. Der Manager soll entscheidenden Einfluß darauf haben, was gemessen wird. Die abgesprochenen Rahmen, Ziele und Forderungen gehen aus dem Managementvertrag zwischen den Parteien hervor. Der Vertrag soll nicht nur konkret formulierte Ziele/Teilziele an harten und weichen Parametern enthalten, sondern ergänzt sein um Informationen darüber, wie und wann "gemessen" wird und wie die Analyse-Daten erhoben werden.
> Dem Vertrag muß ein Plan beigefügt sein, wie die Ziele erreicht werden sollen, so daß in allen Abteilungen und auf allen Ebenen "lokale Hauptpläne" aufgestellt sind.
> Belohnungen/Sanktionen sind möglich:
> Bei Zielerfüllung: Lohnerhöhung, Einmalleistung, befristeter/dauerhafter Zuschlag, Resultatlohn, Bonuslohn, Karriere.
> Bei Nicht-Erfüllung: Lohnrückgang, Wegfall von Zuschlägen, Wegfall von Resultatlohn/Bonuslohn, Versetzung, Degradierung, Kündigung.
> (TIK: Mål- og resultatstyring i Post Danmark)

Ein wichtiges Element der ziel- und ergebnisorientierten Leitung sind jährlich 3 prozeßbegleitende Gespräche zwischen der vertragsgebundenen Führungskraft und ihrem Vorgesetzten, in denen die erreichten Ziele und Ergebnisse dokumentiert werden, und Problemlösungen für Schwachstellen besprochen werden können. Desgleichen mögliche Konsequenzen (Belohnungen, Sanktionen) sowie eventuelle grundlegende Änderungen der Voraussetzungen für und damit nötige Korrekturen des lokalen Plans.

Kontrolle durch Evaluation

Die ziel- und ergebnisorientierten Leitung ist eng verbunden mit der jährlichen "Evaluation der Qualität im Arbeitsleben". Die Evaluation legt ihren Schwerpunkt darauf, wie die Mitarbeiter Qualität in ihrem Arbeitsumfeld erleben und wie sie ihre unmittelbaren Vorgesetzten u.a. in Bezug auf die "Lebensregeln" empfinden, die als Leitfaden für das Unternehmen aufgestellt wurden. (Darin ist unter anderem festgelegt, daß mit den einzelnen Mitarbeitern Pläne für ihre eigene Weiterentwicklung aufgestellt und die Mitarbeiter in der Verfolgung ihrer gesteckten Ziele unterstützt werden.) Sie wird von einer externen Firma ausgewertet, um die Vertraulichkeit sicherzustellen, und besteht aus 6 Berichten mit verschiedenen Schwerpunkten und Zielgruppen. Der Kooperationsausschuß ist begleitend in Planung und Durchführung der Analyse involviert, sowie in die aus der Analyse resultierenden Maßnahmen (Behandlung der Berichte in Gruppen).

Dieser Evaluation wird überaus großes Gewicht beigemessen. Schon im Vorfeld werden alle gründlich über ihre Bedeutung und die Durchführungsmodalitäten informiert und die Ergebnisse anschließend auf allen Ebenen und in allen Gruppen ausführlich diskutiert.

Der Dialog in den Gruppen mit den unmittelbaren Vorgesetzten über die (Gruppen-) Ergebnisse soll sich in konkreten Aktivitäten zur Erhöhung der Zufriedenheit niederschlagen und zwar auf Vorschläge der Mitarbeiter hin und nicht durch Verfügungen von oben. Die Führungskräfte sollen allerdings den Prozeß initiieren und absichern und die Umsetzung der beschlossenen Aktivitäten gewährleisten. Die Gruppentreffen sind obligatorisch für alle Mitarbeiter – finanziert durch TIK-Mittel mit 2 Stunden pro teilnehmendem Mitarbeiter.

Die vereinbarten Aktivitäten werden abschließend in einer "Aktivitätsabsprache" zusammengefaßt. Wenn möglich soll darin auch das von der Gruppe angestrebte "Zufriedenheitsniveau" für jedes ausgewählte Thema fixiert sein. Wenn Einigung über die Aktivitätsabsprache erreicht wurde, gibt der Leiter sie weiter an den Abteilungsleiter. In den Abteilungen werden gruppenübergreifende Aktivitäten in Gang gesetzt. Die Abteilungsaktivitäten und die der Gruppen werden außerdem in den Kooperationsausschüssen behandelt. Entsprechendes wird auf Bereichsebene, in der Direktion und dem Hauptkooperationsausschuß nachvollzogen.

Die erste Evaluation dieser Art wurde Ende 1998 so durchgeführt, daß es Ergebnisberichte auf Produktionsgruppenniveau gab, wodurch jede Führungskraft bewertet wurde. Die Analyse basiert allerdings nur auf 14'000 Antworten (knapp die Hälfte der Befragten). Dansk Postforbund hatte im Zuge seines damaligen Kooperationsboykotts seinen Mitgliedern von der Teilnahme an der Befragung abgeraten, was zu der niedrigen Rücklaufquote maßgeblich beigetragen haben dürfte. Die allgemeine Zufriedenheit lag demnach relativ hoch – 3 von 4 Mitarbeitern sehr zufrieden oder zufrieden –, aber die Analyse enthielt auch einige Punkte der Unzufriedenheit, die Gegenstand für den nachfolgenden Dialog und Handlungspläne wurden. (Post DK 1998: 5)

Die Evaluation der Qualität im Arbeitsleben ist eine kontinuierliche Evaluation, die jährlich wiederholt werden soll. Die Auswertung soll daher 1999 in die Selbst-Evaluation eingehen, die die Bereiche in Übereinstimmung mit dem Business Excellence-Modell ausarbeiten sollen. Die Arbeit mit den aus der ersten Auswertung resultierenden Aktivitäten soll ebenfalls in das Audit der Bereiche eingehen.

Im Lauf des Jahres 1998 sind auch Systeme zur Messung der Kundenzufriedenheit entwickelt worden, die Anfang 1999 erstmals durchgeführt wurden und zukünftig in den größeren Postfilialen laufend über die Jahre fortgesetzt werden.

Die Stellvertreter

Neben diesen wirklich umfassenden Maßnahmen zur Organisationsentwicklung nehmen sich die Maßnahmen für die Stellvertreter merkwürdig losgelöst aus. Die Arbeitslosen fungieren in diesem Projekt allerdings auch nur im Bereich der Postverteilung als Stellvertreter. Sie erhalten einen AMU-Vorbereitungskurs zur persönlichen Entwicklung und die Grundqualifizierung der Post und werden bei Eignung regional unterschiedlich mit oder ohne Lohnzuschuß eingestellt auf den Positionen und mit den Aufgaben, die sie zu diesem Zeitpunkt als Neueinsteiger bewältigen können – meist als Briefträger. Obwohl auch dieses Projekt in Dänemark als Jobrotationsprojekt bezeichnet wird, geht es in Wirklichkeit eher um die Deckung des laufenden Personalbedarfs der Post. Beschäftigte anderer Bereiche haben während der Qualifizierung, die ja nur 2 Tage dauert, keinen Stellvertreter.
Im Großraum Kopenhagen werden die geeigneten Arbeitslosen nach der Qualifizierung regulär bei der Post angestellt. Hier wollte die Post keine Langzeitarbeitslosen in Jobtraining mit Lohnkostenzuschuß rekrutieren, sondern statt dessen lieber ressourcenstärkere Arbeitslose, was angesichts eines überdurchschnittlich hohen Krankenstands im Großraum Kopenhagen verglichen mit den Regionen nachvollziehbar ist. Von den ausgewählten Arbeitslosen fallen im Durchschnitt 4 von 20 Teilnehmern schon während oder nach der Qualifizierung weg, entweder von sich aus oder weil die Post sie für ungeeignet hält. Landesweit übernimmt die Post 60 % der Teilnehmer. Der Umfang der Neueinstellungen geht noch um einiges über die des vorangegangenen Jobrotationsprojektes hinaus. Allein in Kopenhagen sollen insgesamt 240 Arbeitslose vermittelt werden.
Seitens der Arbeitsbehörde ist die Post gerade wegen ihres hohen Turn-overs ein Betrieb, der Joböffnungen auch für unter Umständen schwer vermittelbare oder gering qualifizierte Arbeitslose bietet, ähnlich wie auch die öffentlichen Verkehrsbetriebe. Neben den vielen Studenten, die nur vorübergehend bei der Post jobben, arbeiten sich die Postbeschäftigten nach Einschätzung einer Arbeitsvermittlerin in bessere Stellen auch außerhalb der Post hoch.

Finanzierung:

Wie die Projekte der mittelständischen Unternehmen ist auch das TIK-Projekt zum größten Teil öffentlich finanziert. Die Post finanzierte lediglich die Qualifizierungen der Direktion und der zweiten Managementebene selbst, sowie den

1. Tag des mittleren Managements, da diese postspezifische Inhalte hatten. Die gesamten übrigen Kurse wurden über das AMU-System abgewickelt und finanziert, einschließlich der entsprechenden AMU-Leistungen für die Teilnehmer. Die Post bezahlte lediglich die Differenz zwischen AMU-Leistung und dem vollen Lohn. Pro Tag und Mitarbeiter waren das 260 DKK. Die Kosten für die Qualifizierung der Arbeitslosen trug selbstverständlich die Arbeitsbehörde.

Bewertung

Ob die Einführung des Business Excellence Modells Bestand haben wird, läßt sich derzeit noch nicht sagen. Die Ansprüche daran sind enorm hoch, und die Umsetzung unter dem Druck der Privatisierung bringt vermutlich schmerzhafte Lernprozesse mit sich. Auch wenn die Kooperationsorgane auf den verschiedenen Ebenen ihr Placet gaben, so beruht das TIK-Projekt (wie schon das vorangegangene Projekt im Postverteilungsdienst) auf einer Top-Down-Planung, bei der die Schaffung von Akzeptanz Teil des Projektes selbst ist und nicht der Planung.

Wie die verantwortliche Projektkoordinatorin selbst meinte, waren die Mitarbeiter vor Beginn des TIK-Projektes sehr skeptisch, weil die Post bekannt dafür ist, so viele Kurse durchzuführen, daß der Sinn schon nicht mehr erkannt wurde. Die problematischen Umstellungen im Postverteilungsdienst, in dem der größte Teil der Beschäftigten arbeitet, dürften eine schlechte Startgrundlage für TIK gewesen sein. Nach dem Beginn der Kurse sei das Projekt jedoch positiv bewertet worden.

Organisationsinnovation durch "Entwickelnde Arbeit"

Vom Gewerkschaftsdachverband LO wird seit 1991 die Vorstellung der "Entwickelnden Arbeit" vorangetrieben, einer dänischen Variante der lernenden Organisation. Dabei wird Qualifizierung als Eckpfeiler gesehen, jedoch im Sinne einer ganzheitlichen Betrachtungsweise nicht nur mit dem Ziel der Produktivitätssteigerung und Konkurrenzfähigkeit, sondern auch mit dem Ziel eines guten Betriebsklimas und erhöhter Lebensqualität für den Einzelnen. Umzusetzen sei dies am Arbeitsplatz durch Kooperation mit dem Management, den lokalen Gewerkschaften und dem einzelnen Mitarbeiter. Die Gewerkschaftsstrategie strebt damit auch eine Verbesserung der funktionalen Flexibilität gegenüber der numerischen an, um eine größere Arbeitsplatzsicherheit zu erreichen. Dies führt gerade Gewerkschaften in ein gewisses Dilemma, da ein geringerer Turn-over den Arbeitslosen das Finden von Arbeit zwangsläufig erschwert. Das Modell der Jobrotation bietet sich als Königsweg aus dem Dilemma an, da es gleichzeitig eine Organisationsentwicklung und den Zugang zum Arbeitsmarkt für die Stellvertreter erleichtert.

In ihrem Konzept-Band "Die Entwickelnde Arbeit und Personalpolitik" beklagt die LO jedoch, daß in der Realität nicht viele ihrer Mitglieder in einem Betrieb mit einer entwickelten Personalpolitik beschäftigt sind. Viele Arbeitsplätze hätten keinerlei schriftlich festgelegte Personalpolitik, und von den Arbeitsplätzen, die eine vielleicht angemessene Personalpolitik vereinbart hätten, kämen viele den damit verbundenen Intentionen nicht nach. Und schließlich umfasse Personalpolitik oft nur Einstellungen und Kündigungen und keine Personalentwicklung (LO, 1994b). Dies ist sicherlich eine zu erwartende Begleiterscheinung des nicht vorhandenen Kündigungsschutzes. Die numerische Flexibilität dominiert die funktionale aufgrund ihrer größeren Bequemlichkeit. Erstaunlicherweise machen sich die Dänen trotz des hohen Turn-overs innerhalb der EU am wenigsten Sorgen um ihren Arbeitsplatz und sehen verständlicherweise am wenigsten Probleme darin, im Bedarfsfall eine neue Stelle zu finden (vergleiche Anhang Tab. 3).

Tatsächlich ist das Direktionsrecht der Arbeitgeber, zu dem der Einsatz der Arbeitskräfte gehört, für den Dachverband der Arbeitgeber (DA) nach wie vor unantastbar. Der DA verbietet seinen Mitgliedern, Übereinkünfte mit Einschränkungen des Direktionsrechts ohne seine Zustimmung zu schließen. Außerhalb des DA-Bereichs sind Einschränkungen des Direktionsrecht häufig zu finden. Doch auch im DA-Bereich wurden die Bestimmungen zum Direktionsrecht in den letzten Jahren moderater, und da die Definition von Direktionsrecht nicht eindeutig ist, ist in der Praxis vieles möglich. Die Kooperationsvereinbarung zwischen LO und DA verpflichtet Betriebe mit mehr als 35 Beschäftigten immerhin, einen Kooperationsausschuß zu etablieren, wenn eine der beiden Seiten es wünscht.

Entsprechende Regeln zur Zusammenarbeit gelten auch im öffentlichen Sektor. Unter dem Schlagwort "dynamische Sicherheit" verfolgen insbesondere die Kommunen eine offensive Politik und gelten als Vorreiter bei modernen Organisationsformen und der Anwendung vieler verschiedener Instrumente zur Personalentwicklung.

Eine *adäquate* Personalpolitik kann nach Auffassung der LO denn auch nur in enger Zusammenarbeit zwischen Management und Mitarbeitern entwickelt werden, wo letztere auch Verantwortung übernehmen. Die Mitarbeiter werden dadurch Teil des Führungssystems. Zur Stärkung dieser Zusammenarbeit hat die LO auch konkrete Instrumente der Personal- und Organisationsentwicklung erarbeitet und vertreibt diese in Form von "Werkzeugkisten", die teilweise auf den Methoden organisationalen Lernens von Chris Argyris aufbauen.

Die Bemühungen zur entwickelnden Arbeit richten sich naturgemäß in erster Linie auf die Betriebe. Ein anderer Aspekt ist jedoch, wie die Infrastruktur der Bildungsträger mit den neuen Anforderungen umgeht. Eine Kompetenzentwicklung, die den neuen Modellen betrieblicher Arbeitsorganisation gerecht wird, mußte selbst erst entwickelt werden, was – wie das DTI (1997) in seiner Studie zum Lernen am Arbeitsplatz befürchtet – den formalisierten Bildungssystemen trotz pädagogischer Innovation schwerfallen würde.

In innovativen Bereichen wie der Jobrotation, den Kooperations- und Koordinationsaufgaben betrieblicher Netzwerkbildung und der Entwicklung neuer Qualifizierungsangebote mit weichen, persönlichkeitsorientierten Inhalten haben sich in den vergangenen Jahren die privaten "Bildungsverbände" profiliert. Diese sind vergleichsweise schwach in die öffentliche, standardisierte Weiterbildung eingebunden und haben stattdessen in diesen neuen Bereichen eine Marktnische für sich gefunden. Dabei sind sie jedoch keineswegs die Einzigen und auch nicht in allen Regionen gleichermaßen präsent. Auch die "normalen" formalisierten Bildungsträger haben mit teilweise großem Einsatz in diese Bereiche investiert, und seitens der Politik wird durch die Förderung von Pilotmodellen die betriebliche Organisationsentwicklung mit allen begleitenden Maßnahmen einschließlich der Forschung angeregt.

So wurde in der Region Fünen eine Beratungsinstitution "Bildungsplan Fünen" ("Uddannelsesplan Fyn") ins Leben gerufen, die zumindest zu einer soliden betrieblichen Qualifizierungsbedarfsplanung beitragen soll.

In einem landesweiten Pilotprojekt "Entwicklung, Zusammenarbeit, Resultate" wird – basierend auf den Prinzipien der Entwickelnden Arbeit – unter anderem die Erweiterung der erwachsenenbildungspädagogischen Kompetenzen der Bildungsträger zu "Prozeßberatern" in der betrieblichen Organisationsentwicklung erprobt und aufgebaut.

Dies ist wichtig, um die Kontinuität des Lernens in Organisationen zu sichern. Laut DTI (1997) nutzen Betriebe, die eigenverantwortliche Gruppenarbeit eingeführt haben, häufig formalisierte Weiterbildung zur Unterstützung der Gruppenbildung. Es sei diesen Betrieben also bewußt, daß eine einleitende Teambildung notwendig für das spätere Funktionieren der Gruppe sei. Sie seien aber überrascht darüber, wie lange es dauere, bis die Gruppen planmäßig arbeiten. Im Hinblick auf funktionierende Gruppen fehlten Instrumente und Kenntnisse über Prozesse, die den Gruppen helfen, ihre Erfahrungen zu erinnern, zu speichern und zu reflektieren, so daß ein kontinuierlicher Lernprozeß stattfinden kann.

Die zuvor beschriebenen Beispiele haben alle eine mehr oder weniger starke Komponente der Organisationsentwicklung. Bei der Post Danmark steht diese im Zentrum, wobei die Post als Großunternehmen über die notwendigen eigenen Planungs- und Entwicklungskapazitäten verfügt und aus der speziellen Situation der Privatisierung heraus handelte. Das TIK-Projekt würde im Wesentlichen vermutlich genauso aussehen, wenn es keine öffentlich organisierte Infrastruktur an Bildungsträgern und Förderungsmöglichkeiten gäbe.

Anders verhält es sich mit den anderen Modellen, die zwar auf die Bedürfnisse mittelständischer Betriebe ausgerichtet, aber nicht auf einen bestimmten festgelegt sind. Sie sind als Angebot für alle Interessenten gedacht. Ausgangspunkt für die regionalen Akteure dieser Projekte war primär die Personalentwicklung. Aufbauend auf der Tradition öffentlich organisierter Weiterbildung erlaubt diese nun einen Zugang zur bisher innerbetrieblichen Domäne der Arbeitsorganisation. Der Einsatz von Kursen mit Schwerpunkt auf affektiven Lernprozessen für Beschäftigte des untersten Qualifikationssegments deutet ferner darauf hin, daß eine Organisationsentwicklung nicht nur Top-down als "Qualifizierungskaskade" wie bei der Post Danmark umgesetzt werden kann, sondern auch durch eine "Qualifizierungsfontäne" von unten nach oben erfolgen kann.

Netzwerke und Multiplikatoren

Auch wenn das Modell der Jobrotation inzwischen fest etabliert ist, sich bewährt hat und insofern in Dänemark schon nicht mehr als innovativ gilt, ist der hohe Kooperations- und Planungsaufwand geblieben. Dieser ist jedoch modellimmanent. In einem guten lokalen Netzwerk läßt er sich zwar leichter bewältigen, aber nicht ganz umgehen.
In der Phase der Modellentwicklung sind die arbeitsmarktpolitischen Akteure in den Regionen verschiedene Wege gegangen. Einer 1995 durchgeführten landesweiten Befragung der 5 wichtigsten arbeitsmarktpolitischen Akteurstypen zufolge war eine *formalisierte* Zusammenarbeit zur Förderung der Jobrotation in den einzelnen Regionen noch nicht sehr weit verbreitet.[11] Interessanterweise wurde die allgemeine Zusammenarbeit bei Jobrotation generell schlechter bewertet als bei anderen arbeitsmarktpolitischen Instrumenten; besonders kritisch waren jedoch gerade die Akteure, die für Jobrotation *keinen* besonderen Einsatz leisteten, während die an Jobrotation beteiligten Akteure genau umgekehrt urteilten. Jobrotation steht also in engem Zusammenhang mit einer guten regionalen Vernetzung – sei sie informell oder bereits institutionalisiert. Ohne Zusammenarbeit zwischen Arbeitsbehörde, A-Kassen und Gewerkschaften, Bildungsträgern, Kommunen und natürlich den Betrieben läßt sich dieses Modell nicht umsetzen. Umgekehrt trägt Jobrotation aber auch zu besserem gegenseitigen Verständnis und damit größerer Kooperationsbereitschaft bei, da alle Seiten von ihr profitieren. Die Entwicklung der letzten Jahre ging dahin, daß durch Formalisierung und Institutionalisierung die Verbreitung des Modells verbessert werden sollte.
Zweifellos sind die dänischen Gewerkschaften und Vertrauensleute aufgrund des hohen gewerkschaftliche Organisationsgrades und der betrieblichen Schlüsselfunktionen der Vertrauensleute prädestiniert zur Verbreitung derarti-

---

[11] Die befragten Akteure waren Arbeitsbehörden, A-Kassen, Bildungsträger, Kommunen und Amtskommunen. Teilweise unveröffentlichte Ergebnisse zu Larsen et al. (1996a/b).

ger Modelle in den Unternehmen. Die ausgeprägten Konsensstrukturen Dänemarks unterstützen diese Rolle. Dabei setzen die Gewerkschaften auf zusätzliche Qualifizierung ihrer Vertrauensleute und entwickelten verschiedene Modelle und Hilfen zur Motivation von Beschäftigten und Unternehmern, darunter die bereits erwähnten Werkzeugkisten mit verschiedenen Ausrichtungen.
Die Gewerkschaft der un- und angelernten Frauen, KAD, setzt zur Unterstützung ihrer Mitglieder auf Qualifizierungsmotivation und Beratung. Dazu gehören die sehr erfolgreichen Qualifizierungswerkstätten und das Botschafter-Modell. Die Qualifizierungswerkstätten beruhen wie die Zukunftswerkstätten des Karussellmodells auf einem zusammenhängenden Programm an Aktivitäten zur Abklärung der eigenen Stärken und Defizite in Bezug auf Qualifizierung sowie Beratung und Information. Damit sollen bei den KAD-Mitgliedern die Barrieren zur Teilnahme an Weiterbildung und Jobrotation abgebaut werden, vor allem aber Ressourcen zur gegenseitigen Motivierung bei dieser bildungsmäßig schwierigen Klientel aufgebaut werden. Die Teilnehmer wirken dann als Botschafter in ihren Betrieben, wobei hauptsächlich Vertrauensleute als Multiplikatoren eingesetzt werden.
Die Funktion der Vertrauensleute ändert sich mit der Verbreitung der entwickelnden Arbeit. Sie sind nicht mehr primär Kontrolleure zur Wahrung der Mitarbeiterrechte (Polizist-Modell), sondern haben zunehmend Beratungs-, Motivations- und Moderationsaufgaben (Berater-Modell).

6. Ausblick

Die Intentionen, die mit Jobrotation verbunden waren, wurden inzwischen erweitert. War der Grundgedanke zu Beginn der Jobrotations-Ära noch Umverteilung von Arbeit unter dem Druck hoher Arbeitslosigkeit und unter dem Aspekt einer flexiblen Jahres- oder Lebensarbeitszeit, so wandelten sich die Prioritäten im Lauf der Jahre. Unangefochten ist nach wie vor die Bedeutung des lebenslangen Lernens und Jobrotation ist ein Modell, das die Freistellung zur Weiterbildung erleichtert. Der Elternurlaub wird heute fast ausschließlich als das diskutiert, was er ist, nämlich eine familienpolitische Maßnahme, und nicht als ein Mittel zur Bekämpfung von Arbeitslosigkeit. Das Sabbatical ist gar kein Thema mehr.
Aus der Sicht der Arbeitsmarktpolitik ist das Jobrotationsmodell eine gute Möglichkeit, Öffnungen im ersten Arbeitsmarkt zu finden. Angesichts der derzeit niedrigen Arbeitslosigkeit, eröffnet dies selbst schwervermittelbaren Personen eine Chance. Doch auch bei einer hohen Arbeitslosigkeit sind die mit dem Modell verbundenen engen Beziehungen zu den Betrieben für die Arbeitsbehörden von großem Wert, da sie Einblicke in den tatsächlichen Qualifizierungsbedarf der Unternehmen erlauben.

Gesamtgesellschaftlich gesehen ist das Modell eine Möglichkeit, über die Ursprungsform des "Freistellen & Einstellen" bzw. "Qualifizieren & Einstellen" hinaus, Haltungen und Normvorstellungen sowohl der Arbeitgeberseite als auch der Beschäftigten zu verändern.

In diesen Kontext ist das Konzept der Entwickelnden Arbeit und die Förderung innovativer Organisationsmodelle einzuordnen. Im Zentrum steht ein ganzheitlicher Ansatz, der nicht mehr nur der Arbeitsumverteilung dient, sondern Personalentwicklung und Organisationsentwicklung umfaßt und durch die Bildung regionaler Netzwerke eine ganzheitliche regionale Entwicklung und regionale Identität stärkt. Dabei muß sich noch zeigen, ob Dänemark seine bestehende Infrastruktur der öffentlichen Weiterbildung dauerhaft ausbaut zu einem regulatorischen System der Organisationsentwicklung. Dieses wäre eingebettet in eine korporatistisch bestimmte dezentralisierte Gesellschaft, in der der Staat Rahmenbedingungen und Mindeststandards festlegt, die flexible Implementation jedoch nicht nur von der öffentlichen Hand, sondern auch von Verbänden dezentralisiert begleitet wird. Anzeichen hierfür gibt es.

Literatur

AF – Storkøbenhavn: Kvartalsredegørelse 4/94. København 1994.

AMS: Arbejdsmarkedsrådenes vurdering af udviklingen på arbejdsmarkedet (diverse Ausgaben). København.

AMS: Årsberetning (diverse Jahre).

AMS: Nye love vedrørende beskæftigelses- og uddannelsesområdet 1993. København 1993.

AMS: Produktionsstatistik

AMU-Center Århus: Jobrotation. Rekruttering af ledige til jobrotationsprojekter. (Force-projekt 94), Århus 1994.

AMU-Center Randers: Rotation på arbejdsmarkedet og voksen erhvervsuddannelse. Udarbejdet af L.Harringe og K.Søholm Lehmkuhl. Randers 1993.

Anker, Niels/Dines Andersen: Efteruddannelse. København 1991.

Arbejdsmarkedspolitisk agenda, hgg. von Dansk Arbejdsgiverforening (diverse Nummern).

Arbejdsministeriet (1994): Arbejdsmarkedspolitisk årbog 1994.

Arbejdsministeriet (1996): Angebote an Arbeitslose und Urlaubsregelungen.

Auer, Peter: Further Education and Training for the Employed (FETE): European Diversity. A description of country models and an analysis of European Labour Force Survey Data. Discussion Paper FS I 92:3 Wissenschaftszentrum Berlin für Sozialforschung 1992.

Bacher, Peter et al. (1994): Orlovsordninger. Udviklingscenteret for folkeoplysning og voksenundervisning, København, Notat 12. august 1994.

CASA/AMS (1993): Uddannelses- og jobrotationsprojekter. En analyse af omfang, karakter og perspektiver. Delrapport 1 og 2. København.

Csonka, Agi/Anne Mette Jepsen/Birgit Christensen/Berit Friis (1994): Virksomhederne og uddannelsesorloven, København, Socialforskningsinstituttet, Arbejdsnotat 1994:1.

DA/Ledergruppen (1993): De nye orlovsordninger pr. 1. januar 1994. Dansk Arbejdsgiverforening 21. oktober 1993.

DA (1994): Kort om orlov – til uddannelse, børnepasning, sabbat (med tillægg). Dansk Arbejdsgiverforening.

DA (1994b): Orlovsprognose uge 44 (14. november 1994).

DA (1994a): Status for udviklingen i orlovsordningerne – prognose for 1994. Dansk Arbejdsgiverforening 22. juni 1994.

DA (1999): Arbejdsmarkedsrapport. Tal og diagrammer/Sammenfatning.

Det Nationale Kompetenceregnskab, LO, Februar 1999.

DTI (1997): Læring på arbejdspladsen. Virksomhedsintern uddannelse og læring i teori og praksis. Udarbejdet for Landsorganisationen i Danmark.

DTI (1999): HK-arbejdsmarked under forandring. Sammendrag af analyseresultater.

EIRR (European Industrial Relations Review), diverse Nummern.

Employment Options of the Future (1998): Representative Survey in all 15 EU Member States and in Norway. Field Report and Cross Tabulations. Prepared by Infratest Burke Sozialforschung, München.

Employment Options of the Future (1999): High Demand for New Jobs in Europe – High Interest in Non-Standard Work-Forms. First Results from a Representative Survey in all 15 EU Member States and in Norway. Prepared by Infratest Burke Sozialforschung, München.

Finansministeriet (1999): Finansredegørelse 1998/99.

Geysner, Martin (1995): Information og motivation til uddannelse for kortuddannede, beskæftigede voksne. Udviklingscenteret for folkeoplysning og voksenundervisning, København, Notat 5. december 1995.

Höcker, Herrad/Bernd Reissert, Hg. (1995): Beschäftigungsbrücken durch Stellvertreterregelung in Dänemark und Schweden. Arbeitsmarktpolitische Schriftenreihe der Senatsverwaltung für Arbeit und Frauen, Berlin Bd.9.

Höcker, Herrad (1992): Berufliche Weiterbildung für Beschäftigte in Dänemark. Discussion Paper FS I 92-8, Wissenschaftszentrum Berlin für Sozialforschung.

Höcker, Herrad (1994): Reorganisation der Arbeitsmarktpolitik – Weiterbildung für Arbeitslose in Dänemark. Discussion Paper FS I 94:202 Wissenschaftszentrum Berlin für Sozialforschung.

Höcker, Herrad (1998): Wege zur Entlastung des Arbeitsmarktes in Dänemark. In: M. Neufeldt/E. Preusche/E. Schreiber (Hg.): Arbeitsmarktpolitik und Beschäftigungspolitik in West- und Osteuropa, Chemnitz.

Høgelund, Jan/Anders Rosdahl (1992): De nye Rotationsordninger – nogle foreløbige erfaringer. København, Socialforskningsinstituttet, Arbejdsnotat 1992:5.

Høyrup, Stefan/Christian Kjærsgaard (1998): Konsulentens opgaver og kvalificering i USR-projektet. 1.delrapport fra forskningsprojektet ‚Nye læringsformer i arbejdslivet'.

Jørgensen, Klaus/K. Holm Larsen/P. Løvgreen/T. Louise Olsen (1995): VUS og uddannelsesorlov 1994. Udviklingscenteret for folkeoplysning og voksenundervisning, Kopenhagen.

Larsen, Flemming/N. Ejler/C. Hansen/H. Höcker/H. Jørgensen/M. Lassen (1996): Aktivering og aktørvurderinger. CARMA, Aalborg.

Larsen, Flemming/B. Bagge/C. Hansen/H. Höcker/H. Jørgensen/M. Lassen (1996): Implementering af Regional Arbejdsmarkedspolitik. CARMA, Aalborg.

LBK nr.66 af 1.februar 1999: Bekendtgørelse af lov om en aktiv arbejdsmarkedspolitik.

Lind, Jens, Hg. (1998): Trade Unions in Denmark at the Turn of the Century. In: J. Lind, Hg., Denmark and Down Under. Essays on Labour Market Regulation, LEO-serien nr. 17, Aalborg Universitet.

LO (1993): Arbejdsmarkedsreformen og den regionale arbejdsmarkedspolitik. København.

LO, Hg. (1994): Det udviklende arbejde – en vision indenfor rækkevidde. Uddannelse og jobrotation i 6 private virksomheder, Kopenhagen.

LO, Hg. (1994): Det udviklende arbejde – Koncept Personalepolitik, København.

LO, Hg. (1997a): Det udviklende arbejde – Koncept Nye Lederroller, København.

LO, Hg. (1997b): Case. En visionær udviklingsproces, Sjællandske Kraftværker Division Øst. København.

Madsen, Per Kongshøj (1994): Danmark: Arbejdsmarkedsreform og orlovsordninger. Ms., København.

MISEP (1992): Basisinformationsbericht Dänemark, Kommission der Europäischen Gemeinschaften.

OECD (1994): The OECD Jobs Study. Evidence and Explanations. Part II – The Adjustment Potential of the Labour Market, OECD.

OECD (1994–1999): Employment Outlook

Peter, Sandra/Oliver Strohm (2000): Beschäftigungswirksame Arbeitszeitmodelle – Erfahrungen aus dem Gesundheitsbereich. In: Zeitschrift für Arbeitswissenschaft 02/2000.

Post Danmark (1998/1997/1996/1995): Årsberetning og regnskab.

Regeringen (1999): Arbejde og service, København.

Schömann, Klaus/Ralf Mytzek/Silke Gülker (1998): Institutionelle und finanzielle Rahmenbedingungen für Jobrotation in neun europäischen Ländern. Discussion Paper FS I 98-207, Wissenschaftszentrum Berlin für Sozialforschung.

SUstyrelsen/VUS-sekretariat (1999): VUS-ordningen i 1998

TIK: Mål- og resultatstyring i Post Danmark (Projektmaterial o.J.)

Uddannelse & Udvikling (1996): Særudgave marts 1996, LO-Messekatalog.

Uddannelse & Udvikling (1998): "Kan din viden bogføres?" En debatavis om Det Udviklende Arbejde og videnregnskabet; LO marts 1998.

Uddannelse og arbejdsmarked (diverse Nummern).

Ulich, Eberhard/Sandra Peter/Mirko Degener (2000): Beschäftigungsorientierte Arbeitszeitmodelle in der Schweiz. In: Zeitschrift für Arbeitswissenschaft 02/2000.

Viborg Amt (1993): Rapport om "karrusellerne" i Viborg amt under VUS-lovgivningen april 1992-december 1993 og Bilag.

Voksenuddannelse. Undervisningsministerens og arbejdsministerens redegørelse til Folketinget, København 1994.

Anhang

Abkürzungen

AF	Arbejdsformidling – Arbeitsbehörde (regionale und lokale Ebene)
A-Kassen	Arbeitslosenkassen
AMS	Arbejdsmarkedsstyrelse – Arbeitsbehörde (nationale Ebene)
AMU	Arbejdsmarkedsuddannelser – modulares Weiterbildungssystem des Arbeitsministeriums
AOF	Arbejdernes Oplysningsforbund – Bildungsverband der Arbeiter
ATB	Arbejdstilbud – subventioniertes Arbeitsangebot für Langzeitarbeitslose (bis 1994)
DA	Dansk Arbejdsgiverforening – Dänische Arbeitgebervereinigung (Dachverband)
HK	Handel & Kontor – größte Einzelgewerkschaft
KAD	Kvindelige Arbejdere i Danmark – Gewerkschaft für un- und angelernte Frauen
LO	Landsorganisationen i Danmark – Gewerkschaftsdachverband
SID	Specialarbejderforbund i Danmark – Gewerkschaft der Un- und Angelernten
TIK/TQM	Total Involvering i Kvalitet/Total Quality Management
UDY	Uddannelsesydelse – Bildungsleistung
UTB	Uddannelsestilbud – Qualifizierungsangebot (bis 1994)
VUS	Voksenuddannelsesstøtte – Bildungsleistung für gering qualifizierte Beschäftigte

Das Netzwerk West-Fünen

Beteiligte Betriebe:

Beschäftigte	Insgesamt	Un- und Angelernte	Facharbeiter	Angestellte
Walker Danmark A/S Middelfart	432	320	30	82
Variantsystemet A/S Middelfart	150	100	20	30
MH-Stålmøbler A/S Middelfart	76	50	6	20
NKT-Trådværket A/S Middelfart	440	300	40	100
Brenderup Trailers A/S Nr. Aaby	220	100	60	60
Dinex A/S Middelfart	140	70	30	40
Nyborg Vaskerimaskiner A/S Tommerup St.	295	100	35	110 plus 50 Techniker/Monteure

Tab. 4: Repräsentative Befragungen zu Stellensicherheit und Sabbatical in Europa

	EU 15+NOR	A	B	DK	FIN	F	D	GR	IRL	I	LUX	NL	P	E	SW	UK	NOR
Sorge über Arbeitsplatzsicherheit (Qu.39)																	
Ja	33	23	25	9	17	28	36	60	19	48	22	20	12	63	20	26	15
Nein	66	77	75	90	83	72	63	39	81	52	78	80	84	36	80	74	85
Keine Antwort	1	0	0	0	1	1	1	1	0	1	0	1	4	2	0	0	0
Neue Stelle finden (Qu.40)																	
Leicht	35	40	38	68	29	23	31	20	56	28	42	56	31	28	39	45	68
Schwierig	48	48	46	25	52	60	52	62	29	55	50	34	54	48	45	36	25
Praktisch unmöglich	12	9	12	4	12	14	14	10	12	13	6	8	11	13	10	12	4
Weiß nicht	5	3	4	3	7	3	3	6	3	4	1	3	4	10	5	7	3
Keine Antwort	0	0	0	-	-	0	0	1	-	0	0	-	1	2	1	1	-

Qu.39: Do you worry about the "security" of your present job?
Qu.40: If you were looking for a new job now: Would it be easy, difficult or practically impossible for you to get a job you would find acceptable?

	EU 15+NOR	A	B	DK	FIN	F	D	GR	IRL	I	LUX	NL	P	E	SW	UK	NOR
Sabbatical nützlich (Qu.64)																	
Ja	57	58	48	68	60	52	53	49	79	59	48	62	67	38	76	69	79
Nein	40	40	47	29	39	46	45	48	20	39	50	36	30	51	24	28	20
Keine Antwort	3	2	5	3	1	2	2	4	1	2	2	2	3	11	1	3	1
Aktivitäten während Sabbatical (Qu.65)																	
Weiterbildung	24	39	14	38	17	33	28	32	15	19	32	17	22	26	21	13	30
Ehrenamtl./pol. Arbeit	4	7	4	2	1	4	6	12	2	5	1	0	3	3	0	2	2
Do-it-yourself Arbeit	13	18	12	11	9	9	18	23	11	14	12	13	5	4	10	13	12
Kinderbetreuung	11	14	20	15	7	12	13	26	8	9	12	5	10	5	7	10	9
Betreuung Älterer u.a.	3	8	3	1	2	2	6	5	1	1	1	0	4	3	1	1	2
Reisen, Entspannung	64	67	55	58	60	51	70	69	66	57	49	71	64	70	66	70	67
Sonstiges	9	12	8	9	3	10	10	14	9	7	-	9	7	9	11	8	21
Keine Antwort	3	2	2	3	6	5	2	-	3	2	1	3	5	4	4	5	2
Bevorzugte Länge (Qu.66)																	
bis zu 3 Mon.	73	68	68	67	68	53	74	83	69	89	60	81	77	68	71	77	61
bis zu 6 Mon.	14	20	13	20	20	20	17	6	20	5	20	13	10	8	19	12	18
bis zu 12 Mon.	7	8	4	8	8	18	5	2	9	3	14	2	3	4	7	7	16
länger als 12 Mon.	3	1	10	1	1	6	2	4	2	0	5	1	2	2	3	2	3
keine Antwort	3	2	6	4	2	2	2	5	1	2	2	4	8	18	1	2	1
Wahrnehmung von Sabbatical wenn ohne Lohn (Qu.68)																	
Ja	39	48	41	35	28	29	40	30	58	32	46	50	29	41	25	48	32
Nein	52	43	50	52	57	65	52	51	36	50	40	42	56	46	71	44	57
Nicht sicher	9	9	10	12	14	6	7	16	6	17	14	7	15	12	5	7	11
Keine Antwort	1	0	0	0	0	0	0	3	0	1	-	0	1	1	-	0	-

Qu.64: Apart from your regular holidays – do you think that from time to time it would be useful to have a longer break of several weeks or months in your paid work in order to do other things? Afterwards you would have the right to return to your job.
Qu.65: What do you think you would like to do during such a break?
Qu.66: What would be a reasonable length of time for such a break?
Qu.68: Provided that your employer would offer you such a break, would you make use of it if you were to receive NO PAY for this period, i.e. it would be unpaid leave?
(Die Fragen 65–68 wurden nur denjenigen gestellt, die Frage 64 mit "ja" beantwortet hatten.)

Quelle: Employment Options of the Future (1998)

10

Ein liberal-korporatistisches Musterland? Beschäftigungs- und Sozialstaatsentwicklung in den Niederlanden

Seit einigen Jahren rufen die Niederlande großes internationales wirtschafts- und sozialpolitisches Interesse hervor. Anlaß sind die seit Mitte der achtziger Jahre kontinuierlich steigende Beschäftigung und der rapide Rückgang der registrierten Arbeitslosigkeit, und dies im Rahmen eines trotz Kürzungen immer noch großzügigen Systems sozialer Sicherheit. Nach wiederholtem Lob aus dem Ausland ist die öffentliche Meinung im Lande selbst von Selbstzufriedenheit gekennzeichnet. Der Tenor ist, daß die wirtschaftliche Lage ausgezeichnet ist und daß andere Länder dem niederländischen Beispiel folgen sollten, insbesondere im Aufbau eines partnerschaftlichen Verhältnisses von Arbeit und Kapital sowie, daraus hervorgehend, in der maßvollen Lohnpolitik der Gewerkschaften. Und da der Beschäftigungszuwachs vor allem den Frauen zugute gekommen ist, setzt sich mehr und mehr das Bild einer in den Geschlechterverhältnissen egalitären Doppelverdienergesellschaft durch.

Es ist nicht zu bestreiten, daß Wirtschaft und Arbeitsmarkt der Niederlande sich seit Jahren in kräftigem Aufwind befinden. Dennoch hat das geschilderte Gesamtbild einen hohen Mythosgehalt. Die Beziehungen der Tarifparteien sind keineswegs aller Machtverhältnisse ledig, und der Kausalzusammenhang von Lohnmäßigung und Beschäftigungsaufschwung – obwohl passend ins herrschende angebotstheoretische Paradigma des wirtschaftswissenschaftlichen Modellplatonismus – ist fragwürdig. Die Beschäftigung hat rasant zugenommen, aber die tatsächliche, von der sogenannten registrierten Arbeitslosenzahl verschleierte, Arbeitslosigkeit hat kaum abgenommen. Der Zuwachs der Beschäftigung war zunächst eine Einholbewegung, ging in hohem Maße auf das Konto einer im internationalen Vergleich auf Rekordhöhe ansteigenden weiblichen Teilzeitbeschäftigungsquote und hat eine Gesellschaft von Eineindrittelverdienerhaushalten herbeigeführt.

Daher ist es an der Zeit, die niederländische Entwicklung einer kritischen Betrachtung zu unterziehen. Die These, daß Lohnmäßigung dem Beschäftigungszuwachs zugrunde liegt, ist empirisch-komparativ zu hinterfragen. Gibt es weitere Faktoren, welche die besondere Entwicklung der Niederlande während der neunziger Jahre vielleicht plausibler machen? Diskussionsbedürftig ist auch das idyllische Bild des Korporatismus dieses Landes. Diese Punkte stehen im Zentrum dieses Beitrags. Zudem soll eingegangen werden auf den sehr umfassenden niederländischen Sozialstaat und den eventuellen Effekt der Kürzung von Sozialleistungen auf das Beschäftigungswachstum sowie auf die Position der Frauen auf dem Arbeitsmarkt. Die übergreifende Frage ist, ob tatsächlich von einer modellhaften Entwicklung gesprochen werden kann.

1. Aspekte der Niederländischen Entwicklung

1.1 Zur Durchsetzung des Modell-Diskurses

1990, nach mehr als zehn Jahren der Lohnmäßigung, kam noch niemand auf den Gedanken, die Niederlande als "Modell" hinzustellen. Andere Länder, in denen der Lohnanstieg weniger oder gar nicht moderat war, zeigten bis zu diesem Zeitpunkt eine der niederländischen nicht nachstehende Arbeitsmarktentwicklung, und für einige, unter anderen auch die Schweiz, gilt dies bis zum gegenwärtigen Zeitpunkt – zumindest wenn man berücksichtigt, daß von einem höheren Ausgangsniveau der Beschäftigung her kaum mehr spektakuläre Zuwächse erwartet werden können.

In einer von der liberalen Tageszeitung *NRC Handelsblad* 1994 veranstalteten Diskussion zwischen Vertretern aus Politik und Wirtschaft zur zukünftigen ökonomischen Entwicklung wurden Japan, die USA und sogar Deutschland als Modelle genannt, aber niemand sprach besonders positiv über die Niederlande. Und das damals neu angetretene sozialliberale Kabinett – das erste in der niederländischen Geschichte ohne christdemokratische Beteiligung – setzte sich zum Ziel, den Einfluß der Institutionen von Arbeit und Kapital sowie die Bedeutung der oftmals trägen, auf den Konsensus möglichst vieler Gruppen angelegten Konsulationsrunden zu vermindern (V. Empel 1997, 16). Daß gerade die korporatistische *Stiftung der Arbeit* drei Jahre später den Carl-Bertelsmann-Preis "für innovative Konzepte und nachahmenswerte Lösungsansätze für zentrale gesellschaftspolitische Problembereiche" bekommen sollte und international vom "niederländischen Modell" gesprochen werden sollte, konnte sich 1994 offenbar noch niemand vorstellen.

Heute wird im nachhinein der Eindruck geweckt als sei dieses "Modell" nach Jahren wirtschaftlichen Niedergangs im November 1982 geboren worden als Arbeit und Kapital sich im Haager Vorort Wassenaar auf die Formel Lohnverzicht gegen Arbeitszeitverkürzung einigten. "The now well-known polder model was born in the early 1980s", heißt es in einer englischsprachigen Beilage des *NRC Handelsblad* (1.7.1999) zur internationalen Präsentation der Niederlande. In jenen Jahren gab es jedoch mehrere solcher Vereinbarungen, von denen keine von besonderer Aufmerksamkeit begleitet wurde. Sie alle waren "limited in scope", schrieb der Spezialist der niederländischen "Industrial relations", Steven Wolinetz (1989, 93). Nach ihrem Tiefpunkt 1983–84 ging es wieder aufwärts mit der Beschäftigung. Wassenaar 1982 paßt da gut als Startzeichen für den Aufgallopp und als Basis eines niederländischen, nach den geographischen Eigenheiten des Landes auch mit Präfixen wie Delta und Polder versehenen "Modells".

Die Lohnmäßigung hat jedoch nicht 1983, sondern bereits 1978 begonnen. In einem damals aufsehenerregenden "special" des *Economist* vom 30.1.1982 über Wirtschaft und Sozialstaat in den Niederlanden, "Raffles on the Calm", wird berichtet von freiwilliger Lohnmäßigung der Gewerkschaften in den Jahren 1978 und '79 sowie von bindenden Lohnrichtlinien der Regierung in den folgenden drei Jahren, von fallenden Lohnstückkosten, aber auch eben von steigender Arbeitslosigkeit. Und einige Jahre später kritisierte beispielsweise W. Fortuijn (1985, 10ff.) das "Lohn-Gewinn-Arbeit-Argument", da jahrelange Mäßigung keine neuen Arbeitsplätze gebracht hatte. Zu diesem Zeitpunkt kam derlei Kritik jedoch weitgehend zum Verstummen, der Neoliberalismus triumphierte, und kritische Ökonomen begaben sich, von nur wenigen Ausnahmen abgesehen, in den "Winterschlaf" (Therborn und Koole 1989, 25f.). Die Lohnmäßigung ging weiter, sozialstaatliche Kürzungen begannen, Beschäftigung und registrierte Arbeitslosigkeit entwickelten sich positiv, wegen eines sehr niedrigen Ausgangsniveaus ersterer zwar nicht außergewöhnlich, aber doch überdurchschnittlich.

Hellhörig wurde die Welt, wenngleich mit einiger Verzögerung, als die Niederlande sich nach 1990–92 nicht nur positiv von Italien und Frankreich absetzten, sondern ebenso von Schweden und Deutschland, wo die Beschäftigungsentwicklung stagnierte und die Arbeitslosigkeit in die Höhe zu schießen begann. *Business Week* (7.10.1996) meinte: "The Dutch make it look easy"; Bundesbankpräsident Tietmeyer nannte die Flexibilisierung des niederländischen Arbeitsmarkts beispielhaft (*NRC Handelsblad*, 21.12.1996); *Die Zeit* (10.1.1997) sprach von der "Genesung auf holländisch"; *Capital* (Februar 1997) vom "miracle hollandais", und die *Wirtschaftswoche* (20.2.1997) schrieb: "die Holländer demonstrieren, wie man den erstarrten Wohlfahrtsstaat zukunftstauglich macht".

Im Land selbst blieb dieses Lob nicht unbemerkt. Im Dezember 1996 (14.12.) titelte das *Financieel Economische Magazine* einen Beitrag "Nederland voorbeeldland", und nachdem in den achtziger Jahren die wirtschaftswissenschaftliche Fachdebatte schon weitgehend eingeschlafen war, geschah nun dasselbe in den Massenmedien. Beinahe überall setzte sich die Meinung durch, daß der Weg der Niederlande, insbesondere der der Lohnmäßigung, der richtige ist und daß weniger erfolgreiche Länder diesem Beispiel folgen sollten. Einige jüngere Beispiele der Berichterstattung über Deutschland mögen dies belegen. Beim Abtritt Lafontaines sprach der Deutschlandkorrespondent der noch vor einigen Jahren links-sozialdemokratischen *Volkskrant* (13.3.1999) die Hoffnung aus, daß die "veralteten sozialistischen Ideen" nun auch abtreten, schrieb ein anderer Journalist desselben Blattes (auch am 13.3.), daß die jüngsten deutschen Tarifabschlüsse die Konkurrenzposition Deutschlands "verschlechtert" haben und berichtete der ökonomische Kommentator (immer noch 13.3.), daß der niederländische Finanzminister vergeblich versucht habe, Lafontaine "zu erziehen". Und im Sommer 1999 meldete die Korrespondentin des *NRC Handelblad* (15.7.): "Nach niederländischem Vorbild hofft Schröder Staat, Gewerkschaften und Unternehmer festzulegen auf eine langfristige Politik der Lohnmäßigung im Tausch gegen Arbeitsplätze".[1]

Daß ein Tausch von Lohnmäßigung gegen Arbeitsplätze stattgefunden hat und daß dies *das* Rezept ist, das ist ausgemachte Sache. Der Erfolg scheint allen, die dies behaupten, Recht zu geben. Wirtschaftlich herrscht eine ausgesprochene Jubelstimmung, und diese hat sich nicht nur niedergeschlagen in steigendem Konsumentenvertrauen, sondern auch in allgemeiner Zufriedenheit der Bevölkerung. Das Vertrauen in Politik, Unternehmen, Gewerkschaften, Polizei, Medien usw. ist so hoch wie in keinem anderen Land der EU (vgl. Eurobarometer 48, 1998, B 4–6 und 27) und offenbar von keinem Skandal zu zerstören. Normativer Anspruch und Realität scheinen einander zu decken.

Im Bereich der Wirtschaft- und Sozialpolitik drohen die Niederlande sich momentan in Richtung einer eindimensionalen Gesellschaft ohne Opposition zu bewegen. Die regierenden Sozialdemokraten, Liberalen und Sozialliberalen sind die Protagonisten des "Poldermodells", die oppositionellen Christdemokraten sind die traditionelle Partei der Lohnmäßigung, die kleinen christlichen Parteien und die Grünen haben kaum ein wirtschafts- und sozialpolitisches Profil, der kleinen – kritischen, aber konzeptionslosen – sozialistischen Partei fehlt die öffentliche Resonanz. Und beinahe täglich wird die Bevölkerung mit neuen positiven Daten gefüttert, nur unterbrochen von zeitweilig aufflackernden Diskussionen über die hohe Anzahl der Arbeitsinvaliden oder die hohe Arbeitslosigkeit unter ethnischen Minderheiten. In diesem Kontext ist es schwer geworden, eine kritische Haltung einzunehmen.

---

[1] Die Repräsentativität dieser, nur zweier Zeitungen entnommener, Beispiele kann hier natürlich nicht bewiesen werden. Aber immerhin gibt es nur drei landesweit erscheinende Tageszeitungen in den Niederlanden. Die dritte ist die christliche *Trouw*, deren Berichterstattung traditionell eher wohlwollend gegenüber dem Staat und den relevanten gesellschaftlichen Institutionen ist. Die Wochenblätter und die audiovisuellen Medien befassen sich dagegen nur sehr spärlich mit den hier behandelten Themen.

1.2 Übersicht der Arbeitsmarktentwicklung

Im vergangenen Jahrzehnt verringerte sich oder stagnierte die Erwerbstätigkeit in vielen europäischen Staaten. Und die Arbeitslosigkeit stieg. Die Niederlande sind eines der wenigen Länder mit umgekehrter Entwicklung. Harmonische Kooperation von Arbeit und Kapital sowie insbesondere die "maßvollen" Tarifabschlüsse werden als Schlüssel zum Verständnis dieses Prozesses gesehen. An dessen Beginn, der kurz nach der zweiten Ölkrise datiert wird, überschritt die registrierte Arbeitslosenrate, auch durch den stark erhöhten Zustrom von Frauen auf den Arbeitsmarkt seit Ende der siebziger Jahre, die Marke von 12 %. Heute (Februar 2000) ist sie, legt man die nationale Definition zugrunde, niedriger als 3 %. Zugleich stiegen Beschäftigung und Erwerbsbevölkerung (= Beschäftigung plus Arbeitslose) stark an, nicht nur absolut, sondern auch relativ zur wachsenden (um 11 % zwischen 1979 und 1997; Salverda 1999, 224) Bevölkerung.

Tabelle 1: Erwerbsbevölkerung und Beschäftigung in ausgewählten Ländern (in Prozent der Altersgruppe 55–64 Jahre soweit nicht anders angegeben; Teilzeitraten in Prozent der Beschäftigten[2]) 1983–1998

	Erwerbs-bevölkerung		Frauen		55–64 Jahre	Beschäftigung			In Teilzeit				Teilzeit, Frauen		
	83	98	83	98	98	83	90	98	83	90	96	98	83	96	98
A	65,6	71,3	49,7	62,5	29,9	62,9	65,5	67,4	8,4	8,9	14,9	11,5	20,0	28,8	22,8
B	60,5	63,2	44,5	53,8	23,8	53,5	54,7	57,3	8,0	10,9	14,0	16,3	19,7	30,5	32,2
CH		82,3		74,2	73,8		78,5	79,3		25,4	27,4	24,2		52,2	45,8
D	67,5	70,1	52,5	60,9	44,5	62,2	64,8	64,1	12,6	15,2	16,3	16,6	30,0	33,8	32,4
DK	79,6	79,3	72,8	75,0	53,1	71,8	77,1	75,3	23,3	23,3	21,5	17,0	43,7	34,5	25,4
F	67,4	67,4	55,6	60,8	36,1	62,0	60,4	59,4	9,6	11,9	16,0	14,8	20,1	29,5	25,0
GB	75,9	75,9	62,5	67,8	51,0	67,0	73,7	71,2	18,9	21,3	22,1	23,0	41,3	42,7	41,2
I	60,1	57,8	40,1	43,9	28,3	55,0	54,9	50,8	4,6	4,9	6,6	11,8	9,4	12,7	22,7
NL	59,0	72,9	40,2	62,9	34,1	52,0	61,7	69,8	21,0	31,6	36,5	30,0	49,7	66,1	54,8
S	83,0	78,1	78,3	75,5	67,5	80,2	84,4	71,5	24,8	23,3	23,6	13,5	45,9	39,0	22,0
US	75,2	77,4	63,5	70,7	59,3	68,0	74,3	73,8	18,4	16,9	18,3	13,4	28,1	26,9	19,1

Quelle: OECD 1999; OECD 1997a für die Teilzeitraten bis 1996

---

[2] Nicht alle Daten dieser Tabelle sind auf derselben Berechnungsgrundlage zustande gekommen. Abgesehen von den divergierenden nationalen Erhebungen, die die Basis der Tabelle sind, gibt es zuweilen "statistische Brüche". Genannt werden sollten jene in Dänemark und vor allem Schweden nach 1990. In Schweden verschlechterte sich die Arbeitsmarktsituation damals rapide, aber nicht derart heftig wie die Daten zur Beschäftigungsentwicklung nahelegen. Mit der alten Erhebungsmethode wären die schwedischen Beschäftigungsdaten nach 1990 höher gewesen. Ähnliches, wenngleich in weniger drastischem Ausmaß, gilt für Dänemark.
Bei den Teilzeitdaten präsentiert die OECD seit 1997 die abweichend berechneten Eurostat-Daten, rückwirkend allerdings nur bis 1990, so daß ein Vergleich mit 1983 nicht möglich ist. Daher werden die neuen Daten für 1998 in der letzten Kolumne gesondert aufgeführt.

Beim Zuwachs von Erwerbstätigkeit und Beschäftigung nehmen die Niederlande eine Außnahmeposition ein. Nirgendwo sonst gab es eine derartig imposante Entwicklung. Aus Tabelle 1 wird allerdings ersichtlich, daß diese auf einem sehr niedrigen Niveau begann: 1983 war die Beschäftigungsrate 52 %. Nur in Belgien und Italien war diese Rate ebenfalls niedriger als 60 %; in Deutschland betrug sie 62 %, in den USA 68 % und in der Schweiz und Skandinavien sogar mehr als 70 %. Gegenwärtig ist die niederländische Rate leicht höher als die der Bundesrepublik, aber das dänische, schweizerische oder US-amerikanische Niveau ist noch nicht erreicht. Zudem ist das Beschäftigungswachstum der Niederlande aufgrund des starken Anstiegs der Teilzeitarbeit beinahe zur Hälfte auf die Umverteilung von Voll- auf Teilzeitstellen zurückzuführen. Die Teilzeitbeschäftigung wuchs bis zu beginn der neunziger Jahre und stabilisierte sich bis 1996 bei einer Rate von ca. 36 % (nach 1996 verzeichnet die OECD-Statistik einen Bruch, vgl. Anm. 1). 1983 betrug die Teilzeitrate noch 21 %.

Will man Aufschluß über das Ausmaß der niederländischen Beschäftigungsentwicklung im internationalen Vergleich erhalten, dann ist bei den unterschiedlichen Teilzeitraten der einzelnen Länder ein gemeinsamer Nenner erforderlich. Eine Umrechnung aller Stellen in Vollzeitäquivalente stellt diesen Nenner her. Arbeitet man dabei nicht mit absoluten Zahlen, sondern mit den Beschäftigungs- und Teilzeitraten, dann erhält man relative Beschäftigungs- oder Arbeitsvolumina, das heißt Arbeitsvolumina in Relation zur gesamten 15- bis 64jährigen Bevölkerung.

Da die durchschnittliche Arbeitszeit der Teilzeitbeschäftigten während der gesamten Periode von 1983 bis 1996 knapp die Hälfte der Regelarbeitszeit betrug (SCP 1998a, 369), ergibt sich anhand der Daten aus Tabelle 1 für die Niederlande im Jahre 1983 ein relatives Arbeitsvolumen von 46,5 %. Bis 1990 steigerte es sich auf 51,9 %, 1996 erreichte es 54 %.[3] In der ersten Phase ist dies eine Zunahme von knapp 12 %, in der zweiten von 4 %. Nimmt man an, daß die durchschnittliche Arbeitszeit Teilzeitbeschäftigter in anderen Ländern auch ungefähr der Hälfte der Regelarbeitszeit entspricht (leider fehlen mir genaue Daten), dann kann ein grober internationaler Vergleich der niederländischen Entwicklung stattfinden. Als Land, in dem die Beschäftigung seit 1992 stagniert, bietet sich hierzu Deutschland an. Andere interessante Vergleichs-

---

[3] Das relative Arbeitsvolumen ergibt sich aus der Addition von a) dem Anteil der wirklichen Vollzeitstellen in der Beschäftigungsrate und b) dem Teilzeitanteil multipliziert mit der durchschnittlichen Arbeitszeit Teilzeitbeschäftigter im Verhältnis zur Regelarbeitszeit. Beispiel: die niederländische Beschäftigungsrate war 52 % im Jahre 1983, die Teilzeitrate 21 %. 21 % von 52 sind 10,9, daher entfallen 52 – 10,9 = 41,1 % auf Vollzeitbeschäftigte. Bei der durchschnittlich halben Regelarbeitszeit der Teilzeitbeschäftigten entspricht die relative Teilzeitrate von 10,9 einem Vollzeitäquivalent von 5,4. Die Addition von 41,1 und 5,4 ergibt das relative Arbeitsvolumen von 45,5 %. Das *Sociaal en Cultureel Planbureau* (vgl. z.B. SCP 1998a, 360 und 384) berechnet leider nur die absoluten Veränderungen und trägt dem in den OECD-Daten verdiskontierten Bevölkerungswachstum keinerlei Rechnung.

fälle sind Dänemark und die USA an, Länder mit je eigenen "Beschäftigungswundern". Untenstehend sind die Prozentsätze der relativen Arbeitsvolumina der Niederlande sowie dieser Länder aufgeführt:

	Niederlande	Deutschland	Dänemark	USA
1983	46,5	58,3	63,5	61,8
1990	51,9	59,9	68,1	68,0
1996	54,0	58,7	66,7	68,1

Wegen statistischer Brüche (Dänemark nach 1990; vgl. Anm. 1) und der nur angenommenen durchschnittlichen Arbeitszeit Teilzeitbeschäftigter in den drei Vergleichsländern sind diese Werte nicht exakt. Aber immerhin erhellen sie, daß das relative Arbeitsvolumen bis 1990 in allen vier Ländern zunahm und daß in den neunziger Jahren nur noch die Niederlande eine deutlich positive Entwicklung verzeichnen. Zugleich wird aber auch sichtbar, daß das niederländische Arbeitsvolumen immer noch niedriger ist als das deutsche (übrigens auch niedriger als das britische und das schwedische) und noch weit entfernt ist vom Niveau der beiden anderen Länder (wie auch vom schweizer). Die Niederlande hatten 1996 – und haben auch gegenwärtig trotz anhaltenden überdurchschnittlichen Beschäftigungswachstums – nicht einmal das Niveau, das die drei anderen Länder bereits 1983 erreicht hatten.
Die Niederlande sind zunehmend im Begriff, eine Teilzeit- und Freizeitgesellschaft zu werden. Im Durchschnitt arbeiteten die Arbeitnehmer 1998 dort weniger als 1400 Stunden, während ihre amerikanischen Kollegen es auf nahezu 2000 Stunden brachten (ihre britischen auf 1700 und ihre deutschen auf ca. 1500; für die Schweiz, 1579 Stunden im Jahre 1997, liefert die OECD nur Daten für alle Erwerbstätigen einschließlich der Selbständigen; vgl. OECD 1999, 241). Diese Zahlen spiegeln nicht nur divergierende Regelarbeitszeiten, sondern eben auch ein unterschiedliches Ausmaß von Teilzeitarbeit. Teilzeitarbeit ist keineswegs minderwertig, aber im Ländervergleich muß beachtet werden, welcherart das Beschäftigungswachstum ist. Das vergleichsweise hohe Gewicht der Teilzeitarbeit zeigt sich auch darin, daß vom durchschnittlichen jährlichen Beschäftigungswachstum von 1,99 % im Zeitraum von 1987 bis 1997 0,84 % auf Rechnung der Teilzeitarbeit ging und 1,15 % auf die der Vollzeitbeschäftigung. In den USA dagegen sind die Prozentsätze 1,42 respektive 0,12 und 1,30.
Betrachtet man die Entwicklung der Frauenerwerbstätigkeit gesondert, dann ist der Unterschied noch extremer: 0,84 % Zuwachs der Teilzeitstellen gegenüber 0,47 % der Vollzeitstellen in den Niederlanden; 0,09 gegenüber 0,70 % in den USA (OECD 1999, 36). Hierin kommt zum Ausdruck, daß der Anstieg der Teilzeitarbeit eng verbunden ist mit der großen Zunahme der Frauenbeschäftigung, die ihren Grund in einschneidenden Veränderungen der gesellschaftli-

chen Position der Frauen in den bis zu anfang der sechziger Jahre sehr konservativen Niederlanden hatte. Auf diese Veränderungen wird noch einzugehen sein. Auf dem Arbeitsmarkt riefen sie einen "Nachholbedarf" hervor. Und wenn gegenwärtig auch die männliche Teilzeitbeschäftigung höher als in anderen Ländern ist, dann spiegelt dies zumindest partiell den Einfluß einer auf Touren gekommenen Teilzeitökonomie, die neue Arbeitsplätze sehr oft nur in Form von Teilzeitstellen anbietet. Insbesondere Jugendliche und Arbeitslose beiderlei Geschlechts sind hiervon betroffen. So ist Teilzeitarbeit die Bestimmung von 75 % der arbeitslosen Frauen sowie von immerhin 40 % der arbeitslosen Männer – soweit sie denn eine Stelle finden (O'Reilly und Bothfeld 1996, 23).

Die enorme Ausweitung der Teilzeitarbeit relativiert den niederländischen Beschäftigungsaufschwung, aber macht ihn nicht weniger beindruckend. Bei der Arbeitslosigkeit ist die Situation vielschichtiger. Hier nehmen die Niederlande entgegen dem ersten Anschein (Tabelle 2) eine weniger herausragende Stellung ein. In Europa hat Dänemark im hier behandelten Zeitraum eine mehr oder weniger ähnliche Entwicklung durchlaufen, und in der Schweiz, Norwegen und Österreich ist die registrierte, von der OECD standardisierte Arbeitslosigkeit immer auf relativ niedrigem Niveau verblieben. Im ehemaligen Modellstaat Schweden stieg sie nach 1990 dagegen erheblich an und begann erst 1997 wieder zu sinken. In Deutschland, dem wichtigsten Handelspartner der Niederlande, erreichte sie 1997 beinahe 10 % (die monatlich von der OECD publizierten Daten – vgl. www.oecd.org – geben Aufschluß über die jüngste Entwicklung; die Niederlande fehlen in diesem Bestand allerdings). Bis Anfang der neunziger Jahre war die registrierte Arbeitslosigkeit in den Niederlanden allerdings noch höher als in Deutschland bzw. der alten Bundesrepublik. Die Schere hat sich hier erst in den letzten Jahren geöffnet.

Tabelle 2: Registrierte Arbeitslosigkeit in ausgewählten Ländern

	Allgemein; standardisiert			Frauen		15–24 Jahre		Langzeit		N.Q.
	83	90	98	83	98	83	98	83	98	94
A			4,7	5,1	5,6		7,5		0,2	4,9
B	12,1	7,2	8,8	17,8	11,7	23,9	20,4	64,8	62,6	12,5
CH			4,2*		4,3		5,8		34,8	5,1
D	7,7	4,8	9,4	8,8	8,7	11,0	9,4	41,6	52,2	13,9
DK			5,1	10,4	6,4	18,9	7,2	44,3	28,7	17,3
F	8,3	8,9	11,7	10,6	13,9	19,7	25,4	42,2	44,1	14,7
GB	12,4	6,9	6,3	11,5	5,3	19,7	12,3	45,6	33,1	13,0
I	8,8	10,3	12,2	14,3	16,4	28,9	32,1	58,2	66,7	8,4
NL	12,0	7,5	4,0	13,7	5,5	21,1	8,2	48,8	47,9	8,2
S	3,5	1,6	8,2	3,6	8,0	8,0	16,8	10,3	33,5	8,8
US	9,5	5,6	4,5	9,2	4,7	17,2	10,4	13,3	8,0	12,6

Quellen: OECD 1999, 242; N.Q. = niedrig Qualifizierte; * 1997 statt 1998

Der Prozentsatz der niederländischen Arbeitslosen muß jedoch ins rechte Licht gerückt werden. Die Grundlage der standardisierten Zahlen der OECD bilden die nationalen Daten zur registrierten Arbeitslosigkeit. Als registrierte Arbeitslose gelten in der regierungsamtlichen niederländischen Statistik aber nur jene Arbeitslosen, die aktiv eine Stelle von 12 oder mehr Wochenstunden suchen. Zudem ist das Begriff "registrierte Arbeitlose" hier irreführend, da diese nicht registriert sind, sondern in monatlichen Umfragen ermittelt werden. Die Anzahl der Beschäftigungslosen ist weit höher. Sie umfaßt:

- Viele Frührentner. Nur ein Drittel der 55–64jährigen zählte 1998 zur Erwerbsbevölkerung (siehe Tabelle 1). Die Niederlande weichen in diesen Punkt nicht vom "Normalfall" der kontinentaleuropäischen EU-Länder ab, der kontrastiert zur Situation in der angelsächsischen Welt, Skandinavien und der Schweiz. Bezüglich ersterer spricht G. Esping-Andersen (1996, 76) von "Rentnerstaaten".

- Eine große Zahl von Arbeitslosen, die die Arbeitssuche aufgegeben haben, langjährige Arbeitslosengeldempfänger sind oder mittlerweile von der Sozialhilfe leben, wenngleich sich die Situation aufgrund zunehmender Knappheit am Arbeitsmarkt in den letzten Jahren verbessert hat. Im Jahresschnitt gab es 1998 604'000 Empfänger von Arbeitslosengeld (im November war diese Zahl auf 550'000 gesunken; 1996 waren es noch 785'000), und die Arbeitsämter meldeten für 1998 einen Durchschnitt von 657'000 beschäftigungslosen Arbeitssuchenden (1996 waren es 867'000). Die vom statistischen Amt per Umfrage erhobene, "registrierte" Arbeitslosigkeit umfaßte dagegen nur 287'000 Personen (1996 noch 440'000, im Januar 2000 nur noch 198'000; vgl. Witteloostuijn u.a. 1998, 305 und *NRC Handelsblad* vom 18.11.1999). Zudem gab es 1996 der Organisation der Arbeitsämter zufolge 419'000 eingeschriebene Langzeitarbeitslose, 16.000 weniger als 1984 (SCP 1998a, 401; 1984 waren Erwerbstätigkeit und Bevölkerung jedoch ca. 10 % niedriger). Anhand der OECD-Daten, denen die niederländischen Umfrageergebnisse zugrunde liegen, käme man für 1996 nur auf ein Drittel dieses Umfangs. Die registrierte Arbeitslosenzahl ist also nicht nur nicht registriert, sondern auch äußerst fragwürdig. Die unter den ca. 450'000 (1997; SCP 1999, 68) Sozialhilfeempfängern versteckten Langzeitarbeitslosen würden zu einer weiteren Relativierung der "offiziellen" Daten führen.

- Eine ebenfalls sehr große und steigende Zahl von Arbeitsinvaliden. Gegenwärtig gibt es deren 920'000, zum Ende des Jahres 2000 wird mit 932'000 gerechnet (*NRC Handelsblad*, 11.2.2000). Relativ ist dies (mehr als) doppelt so viel wie in vergleichbaren Ländern mit Ausnahme Italiens (Ferrera 1996, 26; *NRC Handelsblad*, 28.1.1999). Es ist davon auszugehen, daß sich hinter dieser Zahl ungefähr eine halbe Million Langzeitarbeitslose verbergen. Ein ehemaliger Staatssekretär im Sozialministerium meint gar, daß bei veränderter Politik in 15 Jahren nur noch 250'000 Arbeitsinvaliden übrig bleiben würden (*de Volkskrant*, 24.7.1999). Daraus leitet sich eine noch höhere Zahl Langzeitarbeitsloser ab. Einen "hohen Deich, der das Arbeitslosenheer der Sicht entzieht, so daß wir miteinander in Harmonie leben können", nannte der Kolumnist Maarten Huygen die Invaliditätsversicherung WAO im *NRC Handelsblad* vom 27.4.1999.

Zusammengenommen gibt es in den Niederlanden eine sehr große, die Millionengrenze erreichende Gruppe versteckter Langzeitarbeitsloser gegenüber 1999 nicht einmal mehr 100'000 "registrierten" Arbeitslosen dieser Kategorie. Die faktische Arbeitslosigkeit ist seit ihrem Höhepunkt 1983/84 kaum weniger geworden. Sie hat sich größtenteils nur verlagert von der "registrierten" zu anderen Formen. Damit korrespondiert auch die Aussage des vorigen Direktors des Wirtschaftsministeriums, V. Wijnbergen (1998, 4): "Einmal arbeitslos bedeutet hier noch zu oft: immer arbeitslos". Die von der OECD verwendete Kategorie der "breiten Arbeitslosigkeit" weist in dieselbe Richtung (Graphik 1). Von 1985 bis 1996 blieb sie konstant auf einem Niveau von ungefähr 24 %. Von 1983 bis 1985 fiel sie leicht, und wahrscheinlich ist das wieder der Fall für die Zeit nach 1996. Ein interessantes Detail der Graphik ist unten rechts zu sehen: 1995 fällt die Zahl der Empfänger von Arbeitslosengeld infolge einer Verschärfung der Zugangsbedingungen abrupt, aber ebenso abrupt wächst die Zahl der Sozialhilfeempfänger.

Die breite Arbeitslosigkeit ist allerdings auch problematisch und einige Prozentpunkte niedriger anzusetzen als die Graphik nahelegt, weil sie unter anderem partielle Arbeitslose und Arbeitsinvaliden sowie auch die Besetzer subven-

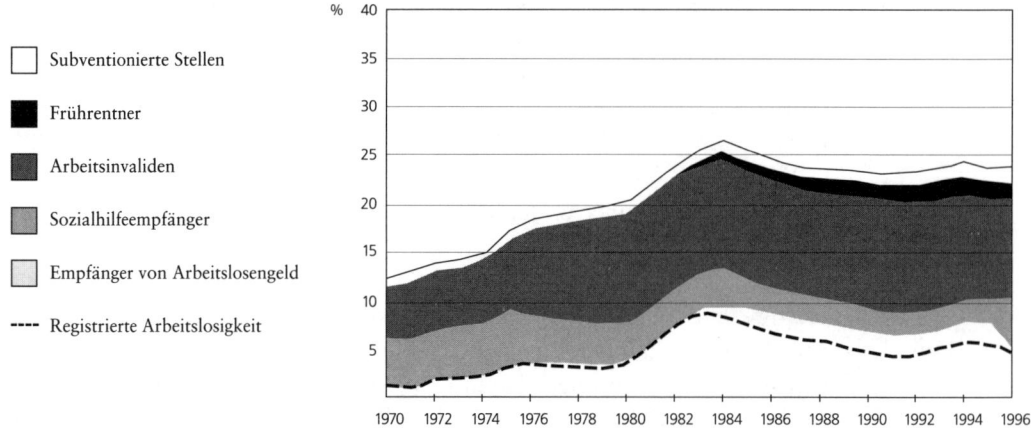

Graphik 1: "Breite Arbeitslosigkeit" in den Niederlanden 1970–1996   Quelle: SCP 1998a, 382

tionierter Arbeitsplätze umfaßt. Aber das war 1983 nicht anders als 1996 und ändert kaum etwas an der Konstanz der breiten Arbeitslosigkeit. Daher stellt sich die Frage, welchen Wert die "registrierte" Arbeitslosigkeit eigentlich hat; eine Frage allerdings, die bezüglich beinah aller Länder gestellt werden kann, denn von der außergewöhnlich hohen Zahl der Frühinvaliden abgesehen ist die versteckte Arbeitslosigkeit keine niederländische Besonderheit.

Schließlich sollten hier noch zwei bemerkenswerte Sachverhalte erwähnt werden. Erstens: Mit der allgemeinen Entwicklung haben sich auch die Beschäftigungschancen der Jugendlichen verbessert. Deren Arbeitslosigkeitsrate ist relativ niedrig, nicht nur im Vergleich zu den katastrophal hohen Werten der mediterranen Länder. Sie ist auch niedriger als in den USA und entspricht mittlerweile ungefähr den Raten der deutschsprachigen Staaten mit ihrem dualen Ausbildungssystem. Mehr als ein Drittel der niederländischen Jugendlichen ist allerdings flexibel oder in Teilzeit beschäftigt (SCP 1998b, 61) – "Job-hoppen" gehört zu ihrem Alltag. Dem Aufbau einer Arbeits- und Lebensperspektive ist dies nicht förderlich. Und Jugendliche, die zu Mindestlohnbedingungen einer (flexiblen) Teilzeitbeschäftigung nachgehen, haben auch ein niedriges Einkommen. Der Brutto-Jugendmindestlohn beträgt im Jahre 2000 in Gulden: 830 für 16jährige, 950 für 17jährige, 1095 für 18jährige, 1263 für 19jährige, 1480 für 20jährige, 1745 für 21jährige und 2045 für 22jährige.

Zweitens: Die Position ethnischer Minderheiten auf dem niederländischen Arbeitsmarkt ist geradezu schlecht. Die Niederlande sind berühmt für ihre Toleranz. Vergleichende Umfragen bestätigen das (vgl. *Eurobarometer* 48, 1998, B. 67, 71, 75 und 77). Aber diese Toleranz ist die einer traditionell segmentierten Gesellschaft, in der die Segmente einander zwar großzügig tolerieren, aber auch weitgehend nebeneinander existieren. Toleranz tendiert so zu gegenseitiger Gleichgültigkeit und erschwert Integration. Zudem wurde die Eigenheit der Minderheiten gerade gefördert, z.B. durch die Errichtung islamitischer Schulen. Dies ist der Kontext, in dem die Arbeitslosigkeit türkischer und marokkanischer Männer sechsmal so hoch ist wie die einheimischer (bei den, weit weniger berufstätigen, Frauen aus Minderheitsgruppen ist die Situation etwas günstiger; SCP 1998a, 247). Insgesamt, einschließlich der Erwerbstätigen aus westlichen Ländern, ist die Arbeitslosigkeit der Immigranten dreimal so hoch wie die der ethnischen Niederländer (in Frankreich und Deutschland ist sie 60–70 % höher, in den USA sogar niedriger; *NRC Handelsblad*, 17. Oktober 1998). Diese Daten weisen hin auf einen stark dualisierten Charakter des niederländischen Arbeitsmarkts. Dem Kernbereich der 25–55jährigen einheimischen Männer stehen überwiegend in Teilzeit und zum Teil auch flexibel beschäftigte Frauen (14,9 % im Jahre 1995, in der EU haben nur Spanien und Finnland höhere Werte; Maier 1997, 21), ebenso in überdurchschnittlich hohem Maße in Teilzeit und flexibel beschäftigte Jugendliche sowie von außergewöhnlich hoher

Tabelle 3: Erwerbstätigkeit, Arbeitsvolumen, Arbeitslosigkeit und "non-employment" in ausgewählten Ländern

	B	CH	D	DK	F	GB	I	NL	S	US
Erwerbstätigkeit	N	H	M/N	H	N	M	N	M/N	M/H	H
Arbeitsvolumen	N	H	M/N	H	N	M	N	N	M/H	H
Registrierte Arbeitslosigkeit	H	N	H	N	H	M	H	N	M	N
"Nonemployment"	H	N	H	N	H	M	H	H	M	N

N = niedrig; H = hoch; M = mittlerer Wert

Arbeitslosigkeit betroffene ethnische Minderheiten gegenüber. Und ältere Arbeitnehmer sowie insbesondere schwer vermittelbare Arbeitslose verschwinden in Regelungen versteckter Arbeitslosigkeit. Teilweise mag diese Entwicklung durchaus der individuellen Wahl der Betroffenen entsprechen, aber vielen läßt der niederländische Arbeitsmarkt keine andere Wahl. Die Dualisierung zeigt sich auch bei den Löhnen. Jugendlichen ohne höheren Schulabschluß (ein duales System gibt es nur für einige Spezialberufe) wird oftmals nur der gesetzliche Jugendmindestlohn bezahlt, die ethnischen Minderheiten sind, wie anderswo, konzentriert in den schlechtbezahltesten Berufen, und die Frauen haben ihren Einkommensrückstand gegenüber den Männern nicht verringert.

Unterm Strich kann man sagen, daß die Entwicklung der Beschäftigung und der – problematischen – "registrierten" Arbeitslosigkeit in den Niederlanden beeindruckend und erklärungsbedürftig ist, aber keineswegs einem Mirakel gleichkommt. Der Arbeitsmarkt zeigt starke Dualisierungstendenzen, das Arbeitsvolumen ist immer noch niedrig und die gesamte, als "non-employment" umschreibbare Arbeitslosigkeit ist sehr hoch. In global-vergleichender Übersicht faßt Tabelle 3 den gegenwärtigen Stand dieser Entwicklung noch einmal zusammen.

1.3 Zur Position der Frauen auf dem niederländischen Arbeitsmarkt

Die Niederlande haben gegenwärtig die Reputation eines sehr individualistischen, anti-autoritären, weltanschaulich progressiven und wenn nötig aufmüpfigen Landes, in dem egalitäre und libertäre Werte dominant sind – auch hinsichtlich der Beziehungen zwischen den Geschlechtern. Inwieweit diese Reputation zutrifft, sei im Moment dahingestellt. Sicher ist aber, daß die Niederlande bis zur Mitte der sechziger Jahre ein sehr konservatives Land mit, ähnlich wie Italien, Spanien und Irland, starkem christlichen Einschlag waren. Es war die Zeit von "overheid" (Obrigkeit) und "onderdaan", in der Paternalismus und Gehorsam den Alltag regulierten und alles seine (hierarchische) Ordnung und seinen Platz hatte.

Mehr als in den umringenden Ländern war es selbstredend, daß der Haushalt der Platz der Frauen war. Erst 1956 wurden Frauen geschäftsfähig, und bis 1957 verloren weibliche Beamte bei Heirat sogar automatisch ihren Arbeitsplatz (Bruyn-Hundt 1988, Kap. 1). Da verheiratete Frauen weitgehend abwesend waren auf dem Arbeitsmarkt, war die weibliche Partizipationsrate bis Mitte der siebziger Jahre nur etwas höher als 25 % (in Deutschland war sie seit Kriegsende und kriegsbedingt ca. 40 %, die angelsächsischen und skandinavischen Ländern sowie die Schweiz passierten diese Marke in den siebziger Jahren). Ausdruck der untergeordneten Rolle der Frau war unter anderem die Bezeichnung der Lehrkräfte an Schulen: Lehrer wurden "meester" genannt, Lehrerinnen "juf" (Fräulein). Genau wie das Wort "overheid" sind diese Ausdrücke zwar immer noch nicht ganz außer Gebrauch, aber heutzutage haben sie ihre buchstäbliche Bedeutung verloren.

Die Wende wurde eingeläutet von den kulturellen Veränderungen der sechziger Jahre, die in kaum einem Land so heftig waren wie in den Niederlanden. Die christlich-konservative Ordnung machte der "permissive society" platz – Amsterdam wurde eine Art Mekka –, Demokratisierungswellen durchzogen die Gesellschaft, die Säkularisierung machte diese innerhalb zweier Jahrzehnte zu einer der am wenigsten religiösen Europas (SCP 1994, 27–33) und Feminismus und Frauenbewegungen florierten. Wirtschaftliche Unabhängigkeit für die Frau war, wie in anderen Ländern, eine ihrer zentralen Forderungen, und mit einer gewissen Zeitverzögerung erfaßten diese Veränderungen auch den Arbeitsmarkt. In der Folgezeit stieg die weibliche Erwerbstätigkeit rapide, innerhalb von 20 Jahren auf mehr als das Doppelte. Daß Teilzeitanstellungen dabei mehr als anderswo überwiegen, mag zu tun haben mit der Geschwindigkeit des Nachholprozesses sowie dem Angebot solcher Arbeitsplätze. Und auch mit der an den Mindestlohn gebundenen Grundrente, die den individuellen Aufbau einer Alterssicherung weniger notwendig macht. Diese Faktoren erklären jedoch nicht alles.

Betrachtet man vergleichende Umfragedaten zu den Auffassungen über die Arbeitsteilung zwischen den Geschlechtern, dann ist kaum mehr vorstellbar, wie konservativ die Niederlande vor etwas mehr als dreißig Jahren waren. Und man bekommt den Eindruck, daß die wirtschaftliche Gleichstellung der Geschlechter in den Niederlanden weit fortgeschritten ist. Wie Tabelle 4 zeigt, sind in der EU (EU-12, ohne Schweden, Finnland und Österreich) emanzipatorische Werte außer in Dänemark und Ostdeutschland (mit seiner speziellen Geschichte) nirgendwo so stark vertreten wie in den Niederlanden. Ganz im Gegensatz zu den Niederlanden steht Westdeutschland, wo traditionelle Auffassungen ähnlich stark sind wie in Griechenland und Portugal, Länder, die wirtschaftlich rückständiger und weit weniger als Deutschland individualisiert und säkularisiert sind. Die Tabelle skaliert diese Werte von 1 bis 5, wobei 1 das

Tabelle 4: Auffassungen über die Geschlechterrollen in der EU-12, 1994 (ohne Luxemburg)

	B	DK	W-D	O-D	GB	GR	F	IRL	I	NL	P	S	EU
a)	3,35	2,95	4,01	2,87	3,11	3,91	3,49	3,23	3,55	3,21	3,80	3,13	3,46
b)	3,36	2,65	3,07	2,17	2,73	3,20	3,12	3,12	3,10	2,55	2,97	2,58	2,91
c)	2,93	2,93	2,95	2,01	2,83	3,10	2,78	3,07	2,51	2,50	2,89	2,40	2,71
d)	2,95	1,92	2,98	2,15	2,34	3,02	2,50	2,64	2,62	2,20	2,97	2,31	2,57
e)	2,84	2,26	3,15	2,91	2,57	3,68	2,66	2,84	2,98	2,25	3,68	2,54	2,83

Quelle: *Eurobarometer* 42, 1995, B.55

emanzipatorisch-egalitäre Extrem darstellt und 5 das traditionelle. Die der Tabelle zugrundeliegenden Thesen sind:
(a) Ein Kind im Vorschulalter wird wahrscheinlich darunter leiden, wenn seine Mutter arbeitet.
(b) Erwerbstätigkeit ist gut, aber was die meisten Frauen wirklich wollen, ist ein Heim mit Kindern.
(c) Das Hausfrauendasein befriedigt ebensosehr wie Erwerbstätigkeit.
(d) Die Aufgabe eines Mannes ist, Geld zu verdienen, die Aufgabe einer Frau ist, nach Haus und Kindern zu sehen.
(e) Es ist nicht gut, wenn der Mann sich um Haus und Kinder kümmert, während die Frau berufstätig ist.

Nun gibt die Tabelle Auffassungen wieder. Diese reflektieren immer mehr oder weniger die öffentliche und veröffentlichte Meinung, der Respondenten in Umfragen geneigt sind, sich anzupassen. Aber individuelle Überzeugung oder öffentliche Meinung, über die in den präsentierten Ländern herrschenden Werte informiert die Tabelle. Eine Eigenart von Werten ist allerdings, daß sie nicht besonders aussagekräftig über die Realität sein müssen. Normen – das was selbstredend und normal ist – und Werte weichen regelmäßig voneinander ab. So ist es auch in den Niederlanden, und zwar in nicht geringem Maße.

Die Erwerbstätigkeit der Frauen ist zwar stark gestiegen, aber wegen des sehr hohen Anteils der Teilzeitarbeit dürfte nur eine Minderheit das Ziel wirtschaftlicher Unabhängigkeit erreicht haben. Zudem ist der Anteil der Frauen mit flexiblen Arbeitskontrakten (Abruf, befristet) mit 14,9 % (1995) relativ hoch (in der EU sind die Prozentsätze nur in Spanien und Finnland höher; vgl. Maier 1997, 21). Wenn *de Volkskrant* vom 17.3.1999 anläßlich neuer Daten des statistischen Amtes einen Beitrag titelt: "Kostwinner is nu echt passé. Uitsterven dreigt" (sinngemäß: das Ernährerprinzip ist vom Aussterben bedroht), dann ist das eher ein Zeichen von "Polderblijheid" (Polderfreude; Salverda 1999) denn von Realitätssinn. Tags zuvor stand in derselben Zeitung schon, daß in 1997 96 % der Paare ohne Kinder Doppelverdiener sind. Diese Paare sind jedoch

nicht das klassische Terrain der Hausfrauenehe mit Ernährer, und selbst bei
ihnen ist zu fragen, ob ein gleichgewichtiger Beitrag zum Haushaltseinkommen
gegeben ist.

Geht man näher ins Detail, dann zeigt sich, daß der Mann 1994 in 62 % der
Haushalte von Paaren Allein- (36 %) oder Hauptenährer (26 %) war und daß
nur 14 % dieser Haushalte im buchstäblichen Sinn Doppelverdienerhaushalte
waren. Trotz der enormen Zunahme der Frauenbeschäftigung ist ersterer Wert
nicht wesentlich niedriger als 1982, als es 66 % mehr oder weniger traditionelle Hausfrauenpaare mit Hauptenährer gab. Von denen waren allerdings noch
53 % Alleinverdiener. Und die Zahl der Doppelverdienerhaushalte belief sich
auf 10 %. Der Großteil der Haushalte mit zweifachem Einkommen bestand
1994 aus sogenannten Anderthalbverdienern mit männlichem Hauptenährer
(26 von 43 %; vgl. SCP 1998a, 225).

So verwundert es kaum, daß der weibliche Beitrag zum Haushaltseinkommen
durchschnittlich, also einschließlich der Paare ohne Kinder, nur knapp 30 %
beträgt (26 % bei Paaren mit minderjährigen Kindern, 32 % bei Paaren ohne
minderjährige Kinder; *NRC Handelsblad*, 17.4.1999). In Dänemark und Schweden ist diese Rate höher als 40 % (Doorne-Huiskes 1997, 217). Dem muß man
hinzufügen, daß die unterschiedlichen Beiträge zum Haushaltseinkommen von
Paaren auch der geringeren Bezahlung von Frauen entspringen. Nach einem
geringen Anstieg in den 80er Jahren sind die relativen Stundenlöhne von Frau-
en in den Niederlanden im folgenden Jahrzehnt sogar wieder gefallen. Betrugen sie 1991 noch 77 % derer der Männer (ILO 1992), so sprechen die jüngsten, vielleicht nicht ganz vergleichbaren, Daten von *Eurostat* von 70,6 %, ein
Wert, der im negativen Sinn in der EU nur von Griechenland übertroffen wird
(*de Volkskrant*, 9.6.1999).

Dänemark und Schweden mit ihren höheren, aber seit über zwanzig Jahren
nicht mehr steigenden Frauenlöhnen (knapp 90 % der Männerlöhne) scheinen
anzuzeigen, daß völlige Gleichheit vorläufig nicht erreichbar ist. Direkte Diskriminierung kann vielleicht abgebaut werden, die geschlechtsspezifische Segregation des Arbeitsmarkts ist offenbar jedoch sehr zäh. Frauen sind überwiegend im Dienstleistungssektor beschäftigt und dort in bestimmten Sparten wie
dem Sorgebereich. Sowie Frauen die Mehrheit der Beschäftigten bilden, tritt
ein Mechanismus in Kraft, der den betreffenden Berufen den Stempel von "Frauenberufen" aufdrückt und zu schlechterer Bezahlung führt. Zudem ist Teilzeitarbeit ein Hindernis auf dem Weg in die höheren Einkommensgruppen. Frauen
haben den Großteil der Teilzeitanstellungen inne, und dies verstärkt die vertikale Segregation des Arbeitsmarkts. Da die Niederlande Weltmeister der weiblichen Teilzeitbeschäftigung sind, ist anzunehmen, daß dieser Mechanismus dort
sehr stark spielt. Tatsächlich hat sich erwiesen, daß die vertikale Segregation,
zumindest in der Phase 1977–1985, noch zugenommen hat (SCP 1998a, 217).

Nun könnte man denken, daß viele niederländische Frauen eine Vollzeitstelle bevorzugen würden. Einem Bericht des *Economist* (vom 2.5.1998) zufolge ist dies jedoch nicht so. Nur etwas mehr als ein Zehntel der, überwiegend weiblichen, niederländischen Teilzeitbeschäftigten hat diesen Wunsch. In Dänemark und Schweden, wo die weibliche Teilzeitrate auch hoch ist und wo es ebenfalls eine Grundrente gibt, sind es dagegen ca. 30 bzw. 40 %. Wenn aber plusminus 90 % der teilzeitbeschäftigten niederländischen Frauen sich mit ihren Teilzeitstellen bescheiden, dann ist der Drang nach wirtschaftlicher Unabhängigkeit und nach Veränderung der traditionellen Geschlechterrollen offenbar weniger stark als der in Tabelle 4 präsentierte *Eurobarometer* suggeriert. Zumal ein Großteil dieser 90 % keine Kinder (im sorgebedürftigen Alter) hat.

Die Vorsitzende des Niederländischen Familienrates sagt denn auch: "Die Niederlande sind viel traditioneller als angenommen wird" und fügt hinzu, daß es (oft) einer Art politischer Korrektheit entspricht, wenn egalitäre Werte befürwortet werden (*NRC Handelsblad*, 17.4.1999). Traditionell sind auch viele Facetten des Alltagsbildes der niederländischen Familie. Wenn die "Peuterklas" (2–4jähriger Kinder) um 12.00 Uhr endet, dann sind es ganz überwiegend die Mütter, die die Kinder abholen, und die, auch in der Reklame beschworene, niederländische Geselligkeit ist zentriert um die Rolle der Frau, die sich um Kaffee und Gebäck kümmert. 81 % ihrer Arbeitszeit, weit mehr als die Frauen in vergleichbaren Ländern, sagen niederländische Frauen im und um den Haushalt zu verbringen, nur 19 % im Berufsleben (Doorne-Huiskes 1997, 216).[4]

Die Möglichkeiten der Realisierung eines Wunsches haben wahrscheinlich auch Einfluß auf dessen Artikulation. Insofern kann der niedrige Prozentsatz niederländischer Frauen, die eine Vollzeitstelle wünschen, auch teilweise zusammenhängen mit der geringen Anzahl von Kinderbetreuungsplätzen. Für Kinder bis zu vier Jahren gibt es 7,5 Plätze pro 100 und für vier- bis dreizehnjährige gibt es nicht einmal einen Platz (*NRC Handelsblad*, 29.10.1998; spezielle Beilage zum Thema; vgl Veil 1997). Damit gehören die Niederlande zu den Schlußlichtern in Europa. In Skandinavien gibt es dagegen Betreuungsplätze für ca. 50 % der bis zu zehnjährigen Kinder (ibid.; Nordic Council 1994, 13). Zumindest *in puncto* Frauenbeschäftigung und deren Bedingungen können die Niederlande kaum als Modell bezeichnet werden.

1.4 Der gestutzte, aber immer noch generöse Sozialstaat

In der Summe kann man den Sozialstaat auffassen als ein Bündel von politischen Maßnahmen und Regelungen, die Marktrisiken abfedern und dem freien Spiel des Marktes durch u.a. das Steuer- und Bildungssystem sowie Beschäftigungspolitik entgegenwirken sollen. Unterscheidet man zwischen passivem und

---

[4] Die niederländischen Männer verbringen allerdings auch mehr Arbeitszeit in und um den Haushalt als ihre Geschlechtsgenossen in anderen Ländern (ibid.).

Tabelle 5: Ausgaben für passive und aktive Arbeitsmarktpolitik in Prozent des BIP pro Kopf in ausgewählten Ländern 1986, 1990 und 1995

	Passiv			Aktiv		
	1986	1990	1995	1986	1990	1995
Dänemark	130,02	93,67	128,17	27,60	19,54	52,28
Deutschland	36,18	37,29	53,79	19,19	27,21	25,64
Großbrit.	36,97	31,81	36,67	12,50	23,68	12,74
Niederlande	72,02	63,17	99,74	10,12	12,17	16,95
Schweden	62,24	73,10	67,61	99,44	94,80	58,03
Schweiz	58,15	49,08	69,69	20,22	30,20	15,05
USA	16,55	16,36	12,44	7,01	7,27	5,68

Quelle: Empter/Esche 1997, 182 und 184

aktivem Sozialstaat, wobei letzterer sich auszeichnet durch die Förderung der Beschäftigung und ihrer sozialen Vorraussetzungen, dann nähern sich die Niederlande eher ersterem Typus an. Staatliche Beschäftigungsprogramme schwedischen Stils hat es nie gegeben. Wie aus Tabelle 5 hervorgeht, gehören die Niederlande, zusammen mit der Schweiz, immer noch zu den Ländern mit den geringsten Ausgaben für aktive Arbeitmarktpolitik.

Unterscheidet man Wohlfahrtsstaaten umfassender nach:
- liberalen, ökonomische Selbständigkeit vorrausetzenden und ein minimales soziales Netz bereitstellenden,
- sozialdemokratischen, auf Absicherung und Gleichheit abzielenden,
- sowie paternalistischen, auf die Unterstützung der sozial "Schwachen" oder Benachteiligten angelegten Typen[5],

dann stellt das niederländische soziale System gegenwärtig eine Mischung von Elementen aller genannten Typen dar. In den ersten beiden Nachkriegsjahrzehnten waren zunächst, ganz im Einklang mit der überwiegend christlichen Kultur des Landes, paternalistische Züge dominant. In der Tradition der guten Obrigkeit wurde der Sozialstaat als "Verzorgingsstaat" konzipiert, in dem soziale Harmonie und die traditionelle Arbeitsteilung der Geschlechter durch Ersatzleistungen auf hohem Niveau gewährleistet werden sollten. Das Arbeitslosengeld für Ernährer wurde bereits 1947 auf 80 % des letztverdienten Lohnes festgesetzt (von 1964 an galt dieser Satz für alle Arbeitslosen), und in den 50er Jahren wurden das Kindergeld und Grundrente (1957) eingeführt. Von den 60er Jahren an wurde der Paternalismus dann überlagert von, teilweise von

---

[5] Diese Unterscheidungen sind der mittlerweile klassischen Typologie von Esping-Andersen (1990) angelehnt. Im drittgenannten Typus weichen sie von dieser ab. Erschöpfend ist diese Typologie übrigens nicht. Siehe Becker (2000) zu einer ausführlicheren Begründung.

christlich-liberalen Regierungen realisierten, sozialdemokratischen Zielsetzungen sozialer und politischer Gleichheit (auch der Geschlechter). Diese Zeit brachte die Feststellung eines gesetzlichen Mindestlohnes (1967) sowie die Bindung aller minimalen Ersatzleistungen an diesen Mindestlohn. Mit der Ölkrise um 1980 begann dann die seit beinahe zwei Jahrzehnten andauernde Anpassungsphase des Sozialstaats an veränderte demographische und weltwirtschaftliche Bedingungen unter liberalem Vorzeichen. Kürzungen von Sozialleistungen und die Erschwerung ihres Zugangs waren die Folge. Der sozialdemokratisierte paternalistische Bodensatz blieb aber erhalten.[6]

Den Hintergrund der jüngsten Veränderungen bilden, wie in allen westlichen Ländern, die zugenommene internationale Konkurrenz und die demographische Überalterung und der damit verbundene (und noch zu erwartende), gegen Ende der 70er Jahre einsetzende, Anstieg der Sozialausgaben in beinahe allen Bereichen, aber insbesondere für die Renten und Gesundheitsfürsorge älterer Menschen. Aufgrund dieser Entwicklungen fand auf dem Gebiet der sozialen Sicherheit auch in den Niederlanden eine Neuorientierung in liberaler Richtung statt. Eigenverantwortung steht höher im Kurs, und der Nachdruck im sozialen System hat sich, zumal bei der gegenwärtigen sozial-liberalen Regierungskoalition, von sozialen Rechten auf die Kombination von Rechten und Pflichten verlagert. Dies erklärt einen Teil der Veränderungen.

Wichtiger als die ideologische Neuorientierung scheint aber die Priorität gewesen zu sein, die der Reduzierung des zu Beginn der 80er Jahre hoch aufgelaufenen und teilweise auf gestiegene Sozialausgaben zurückzuführenden Haushaltsdefizits (1983 mehr als 10 %) beigemessen wurde. Der Weg, dieses Defizit durch Steuererhöhungen zu stopfen, war im Kontext von liberalem Klima und gewerkschaftlicher Lohnzurückhaltung kaum begehbar. Im Gegenteil, die Gewerkschaften waren zu dieser Zurückhaltung nur zu bewegen, wenn ihr Steuererleichterungen (z.B. durch Erhöhungen des steuerfreien Grundbetrags) gegenüberstanden. Der Zwang zur Sparsamkeit der öffentlichen Haushalte verstärkte sich also. Tatsächlich wurde die gesamte Sozialstaatsdiskussion beherrscht von finanziellen Erwägungen (vgl. Vendrik 1995).

Besonders stark zeigte sich dies bei der Neuregelung der Arbeitsinvalidenrente (WAO), deren Empfängerzahl 1990 auf beinahe eine Million angestiegen war. Der damalige Premierminister Lubbers bestempelte das Land daraufhin als "krank", und ohne prinzipielle Diskussion wurde festgestellt, daß die WAO zu teuer ist. In den folgenden Jahren wurde die Arbeitsinvalidität neu definiert und, gegen den Widerstand von Gewerkschaften und den oppositionellen Sozialdemomkraten, die maximale Bezugsdauer der WAO begrenzt. Für junge Arbeitnehmer, die tatsächlich ein Opfer von Arbeitsinvalidität werden, hat

---

[6] Diese kurze Zusammenfassung basiert auf Becker/van Kersbergen (1986) sowie auf Hemerijk/van Kersbergen (1997).

die Neuregelung zur Folge, daß sie nach einigen Jahren auf das Niveau der Sozialhilfe fallen werden. Damit stehen sie schlechter da als die Arbeitsinvaliden, die unter das erste entsprechende Gesetz von 1901 fielen (Vuijsje 1997, 136). Die Anzahl der WAO-Empfänger wurde von dieser Neuregelung übrigens nur zeitweise gesenkt. Sie fiel auf 700'000, aber mittlerweile hat sie die Grenze von 900'000 schon wieder überschritten.

Die wichtigsten sozialstaatlichen Veränderungen während der letzten anderthalb Jahrzehnte können punktweise zusammengefaßt werden:

- Kürzungen der Ersatzleistungen bei Arbeitslosigkeit und Krankheit von 80 % auf 70 %.
- Verschärfung der Bedingungen des Erhalts dieser Leistungen.
- Einfrierung des Mindestlohnes über mehrere Jahre.
- Einführung neuer Bedarfsprüfungselemente bei Sozialhilfe und Arbeitslosenunterstützung (Hausbesitz, Einkommen des eventuellen Partners).
- Bedingter Arbeitszwang für Sozialhilfeempfänger bei Stellenangebot.
- Neuregelung der Invalidenversicherung und Kürzung der Leistungen.
- Kürzungen bei Kindergeld und Studienbeihilfe.

Es gab allerdings nicht nur Kürzungen, sondern auch einige Verbesserungen. Nennenswert sind die Gleichstellung von Beamten (jeder öffentlich Bedienstete ist Beamter) im Bereich der Steuern und Sozialabgaben und der Beginn der Individualisierung des Steuersystems.[7] "Ernährer", in der Regel Familienväter, verloren einen Teil ihrer Steuervorteile zugunsten von Zweitverdienern und Alleinstehenden. Der Teilzeitbeschäftigung von Ehefrauen war dies förderlich. Ähnliches gilt für die vollständige Einbindung der Teilzeitarbeit – inklusive der Minimalbeschäftigungen – in das System der sozialen Sicherung im Jahre 1993. Und für "Flexarbeiter" (Abrufkräfte und Beschäftigte mit Kurzzeitverträgen) wurde 1997, im Tausch gegen eine vereinfachte Entlassungsprozedur, geregelt, daß sie nach zweijähriger Beschäftigung ebenfalls ins Sozialversicherungsnetz aufgenommen werden (Visser/Hemerijk 1997, 43f.).

Nach den Einschnitten und Veränderungen der vergangenen Jahre haben die Basiselemente des niederländischen Systems sozialer Sicherung folgendes Aussehen: Die Grundrente, die Sozialhilfe sowie die Mindestsätze der Leistungen bei Krankheit, Arbeitslosigkeit und Invalidität sind allesamt orientiert am Mindestlohn. Für das Jahr 2000 ist dieser festgesetzt auf einen Bruttobetrag von 2406 Gulden.[8] Der Höchstbetrag der Sozialhilfe (für Ehepaare oder Zusam-

---

[7] 1990 wurden auch die Steuersätze verändert. Nach dieser Reform gibt es die 3 Steuerklassen von ca. 37, 50 und 60 %, wobei die erste Klasse (bis zu ca. 48'000 Gulden) zu mehr als der Hälfte auseinkommensunabhängigen Sozialabgaben besteht und die höchste Klasse (vordem 72 %) bei ca. 110'000 Gulden Jahreseinkommen einsetzt. Im Jahr 2001 steht die nächste Steuerreform an. Der Spitzensatz wird dann auf 49 % fallen.

[8] Ein schweizer Franken hat den Wert von ca. 1,40 Gulden. Die Kaufkraft des Guldens entspricht allerdings beinahe der des Frankens.

menlebende) entspricht mit 2056 Gulden in etwa dem Netto-Mindestlohn von Einverdienerhaushalten, die Grundrente entspricht ungefähr dem Brutto-Mindestlohn. Bei anderen Haushaltszusammensetzungen gelten Sätze von 70 % bzw. 50 % mit einer maximalen Zuschlagmöglichkeit von 20 %. Die zeitlich begrenzte Arbeitslosen- und Invalidenunterstützung beträgt 70 % des letztverdienten Bruttolohns, darf aber den Mindestlohn nicht unterschreiten. Diese Regelung gilt auch für das gesetzliche Krankengeld, wo tarifvertraglich aber auch 100 % vereinbart werden können.

Alles in allem haben Kürzungen sowie vergleichbare Maßnahmen bewirkt, daß der Mindestlohn von ca. 75 Pozent des Durchschnittslohns im Jahre 1983 auf aktuell ca. 50 % (OECD 1997a, 13) gefallen ist, daß in der Folge auch der

Tabelle 6: Basisdaten ausgewählter westlicher Sozialsysteme in den neunziger Jahren (die Lohnersatzleistungen gelten für "average production workers", APW) [9]

	CH	D	DK	F	GB	I	NL	S	USA
Gesetzliche Grundrente	+	-	+	-	-	-	+	+	-
Allgemeine Sozialhilfe	+	+	+	+	+	-	+	-	-
Gesetzlicher Mindestlohn	-	-	-	+	+	-	+	-	+
(Beinahe) universalistisches Gesundheitssystem	-	-	+	+	+	+	+	+	N
Niveau des Basissystems	D	D	H	D	N	N	H	H	N
Netto Lohnersatz (%) eines Arbeitslosen, SF, 1. Monat	78	78	83	80	77	47	84	89	68
"Netto Lohnersatz", SF, 60. Monat, inkl. Wohngeld	64	71	83	65	77	11	80	99	17

Erklärung: + = gegeben; - = nicht gegeben; H = (relativ) hoch; D = Durchschnitt; N = (relativ) niedrig; SF = Standardfamilie mit 2 Kindern
Quellen: Becker 1999, Kap. 7, für die Schweiz Empter/Esche 1997, 114; Lohnersatzleistungen: OECD 1996, 31; für die Schweizer Daten Empter/Esche 1997, 183.

---

[9] Diese Tabelle bedarf einiger Erläuterungen. So hat Italien zwar seit 1983 ein universelles, für jeden Bürger gratis zugängliches Gesundheitssystem, aber mittlerweile sind die Eigenbeiträge zu bestimmten Leistungen derart hoch, daß dieses System kaum mehr den skandinavischen oder britischen vergleichbar ist. Frankreich dagegen hat keine gesetzlich geregelte universalistische medizinische Versorgung, aber *de facto* ist sie beinahe gegeben. Zu Großbritannien ist zu sagen, daß die hohen, in Tabelle 7 präsentierten Armutszahlen kaum begreiflich sind, wenn man die Höhe der Lohnersatzzahlungen bei Arbeitslosigkeit in Tabelle 6 sieht. Die Standardfamilie ist jedoch nicht die Standardsituation, und für Alleinstehende oder Paare ohne Kinder sind die Ersatzleistungen niedriger. Außerdem müssen in diesem Land viele Bedarfsprüfungen durchgestanden werden, bevor man eventuell für den Höchstsatz eines Sozialleistungspakets in Anmerkung kommt. So kommt es denn auch, daß die Armutsrate der Arbeitslosen 1988 45,5 % betrug (Eurostat 1996, 213; in Dänemark ist die entsprechende Rate nur 2,7 %). Den britischen Mindestlohn gibt es übrigens erst seit 1998. Eine Arbeitslosenunterstützung von ca. 35 % des BIP pro Kopf – der OECD-Durchschnitt ist 60 % (vgl. Empter/Esche 1997, 63) – ist daher als ein realistischerer Wert als der in der Tabelle aufgeführte anzusehen.

Mindestbetrag des Arbeitslosengeldes und die Sozialhilfe gesunken sind und daß das durchschnittliche Einkommen von Haushalten, die von Renten und Sozialleistungen leben, sich von 92 % des durchschnittlichen Haushaltseinkommens im Jahre 1977 auf 79 % im Jahre 1995 verringert hat (SCP 1998a, 12). Ohne Berücksichtigung der Zusatzrenten wäre der Rückgang noch größer, so daß man durchaus von erheblichen Einschnitten sprechen kann. Aber da das Ausgangsniveau das eines sehr generösen Sozialstaats war, ist das Resultat der Einschnitte ein immer noch verhältnismäßig großzügiges System sozialer Sicherheit. Aussagen wie: "they're showing Europe how to shrink the welfare state" (*Business Week*, 7.10.1996), sind daher wenig sachgerecht, denn wie Tabelle 6 zeigt, kann sich außerhalb Skandinaviens kaum ein europäischer Sozialstaat mit dem niederländischen messen.

Wie die nächste Tabelle zeigt, gehören die Niederlande zu den Ländern mit der geringsten Armut und Ungleichheit – wenngleich sich der Prozentsatz der Armen, ausgehend vom in Tabelle 7 gebrauchten Maßstab, in den vergangenen zwanzig Jahren verdoppelt hat und auch die Ungleichheit gestiegen ist. Diese Entwicklung scheint größtenteils vom relativ gesunkenen Mindestlohn und den gefallenen Sozialleistungen herzurühren, während die Schadensbegrenzung ihre Ursache in der gestiegenen Anzahl der Haushalte mit mehr als nur einem Einkommen haben dürfte. Allerdings sollte erwähnt werden, daß nur die Hälfte derer, die der Statistik zufolge arm sind, sich auch subjektiv arm fühlen (SCP

Tabelle 7: Armut und Einkommensungleichheit in den 80er und 90er Jahren in Prozent

	Armut, gemäß der OECD-Definition (<50 % des medianen, individualisierten Haushaltseinkommens)		Ungleichheit der Netto-Haushaltseinkommen anhand des Gini-Koeffizienten
Dänemark	1994	5,0	21,7
	1983–1994	- 2,0	- 4,9
(W.)Deutschland	1994	9,1	28,2
	1984–1994	+ 2,9	+ 6,4
Frankreich	1990	6,8	29,1?
	1979–1990	- 1,5	- 1,7
Italien	1993	14,2	34,5
	1984–1993	+ 3,9	+12,7
Niederlande	1994	6,1	25,3
	1977–1994	+ 3,7	+11,8
Schweden	1994	6,7	23,4
	1975–1994	–	+ 0,9
USA	1995	17,1	34,4
	1974–1995	+ 1,6	+10,0

Quelle: OECD 1997a, 51-54; der französische Gini-Koeffizient ist mit einem Fragezeichen versehen, weil bei seiner Berechnung nur steuerfinanzierte Umverteilungstranfers berücksichtigt wurden, nicht aber jene, die aus Sozialbeiträgen finanziert werden.

1998c, 11). Unter anderem zeigt sich darin die Fragwürdigkeit der statistischen "Schnappschußarmut". Nimmt man die Langzeitarmut (5 Jahre oder länger), dann war die Armut anhand des Kriteriums der Tabelle in der Periode 1985–89 nur 2,1 % (in den USA dagegen 16,5 %; vgl. Headey u.a. 1997, 342f.). Ist das Kriterium 60 % des medianen Einkommens, dann ist die Rate von 2,5 % in der Periode 1986–90 auf 7 % in der Periode 1991–95 angestiegen (Muffels u.a. 1999, 296).

Zum Anstieg der Einkommensungleichheit ist noch zu sagen, daß er nicht ca. 12 %, sondern 30 % ist, wenn man anstelle des Gini-Koeffizienten (0 bedeutete völlige Gleichheit) die "mean log deviation" nimmt (SCP 1998a, 109; bei den anderen Ländern würde das jedoch auch abweichende Veränderungen aufzeigen). Im übrigen zeigt die Tabelle, daß die Ungleichheit bis auf Dänemark (zur Schweiz legt die OECD keider keine Daten vor) überall gestiegen ist. Zusammen mit den sozialdemokratischen skandinavischen Ländern verzeichnen die Niederlande immer noch die geringste Ungleichheit. Die nur schwache feudale Vergangenheit und christlicher Egalitarismus liegen dem zugrunde. Gleichzeitig ist die verglichen mit Skandinavien relativ große Ungleichheit zwischen den Geschlechtern auch als Folge christlichen Konservatismus zu sehen.

2. Erklärungen des Beschäftigungsschubs

2.1 Sozialstaatskürzungen, Flexibilität, Arbeitsmarktpolitik

Daß die Beschäftigung gestiegen ist, es aber bei der Arbeitslosigkeit seit 1983 beinahe nur Verlagerungen von der einen Form in die andere gegeben hat und der Ausstrom in die Beschäftigung nur sehr gering ist, sagt beinahe schon alles. Die Niederlande haben sich keineswegs dem Dilemma entzogen, das da lautet: Entweder hat ein Land ein großzügiges System sozialer Sicherheit und daher Schwierigkeiten, "Billigjobs" für wenig qualifizierte Arbeitslose zu kreieren, oder es hat, wie die USA, ein nur residuales System sozialer Sicherheit und große Einkommensunterschiede und schafft diese Arbeitsplätze zum Preis einer wachsenden Gruppe von "working poor".

Die Frage ist, wo sozialstaatliche Einschnitte in den Niederlanden der Beschäftigung dennoch förderlich gewesen sein könnten. Aufgrund seiner wiederholten Einfrierung käme der relativ gefallene Mindestlohn in Anmerkung. Zu Mindestlohnbedingungen arbeiten jedoch nur ungefähr 2 % der Berufstätigen, und dieser Prozentsatz hat sich über die Jahre kaum verändert. Der relative Umfang der Vollzeitstellen zu 2/3 des medianen Lohnes, also nahe dem Mindestlohn, ist auch stabil geblieben. Bleiben die Teilzeitstellen, die pro Stunde 14 % schlechter als Vollzeitstellen bezahlt werden. Zu Billigjobs im großen Teilzeitsektor gibt es allerdings keine genauen Daten, so daß auch das *Sociale en Culturele Planbureau* (SCP 1998a, 375f.) nur vermuten kann, daß gerade in diesem Bereich ein überdurchschnittliches Beschäftigungswachstum stattgefunden hat.

Die neuen Stellen sind dann aber nicht in erster Linie den Arbeitslosen, sondern den den Arbeitsmarkt erstmals betretenden Frauen zugute gekommen. Von der Qualifikation her sind sie den Arbeitslosen (aller Art) oftmals überlegen, und letztere sind zudem konfrontiert mit der sogenannten Armutsfalle, die beinhaltet, daß Einkommenszuwächse durch 10 bis 20 % oberhalb des Mindestlohnes liegende Löhne durch den möglichen Wegfall von Mietzuschüssen und anderen Vergünstigungen wieder zunichte gemacht werden. Den Arbeitslosigkeit abbauenden Effekt der Herabsetzung von Mindestlöhnen sollte man daher nicht überschätzen. Länder mit einem Mindestlohn auf niederländischem Niveau wie Frankreich und Länder ohne Mindestlohn wie Deutschland belegen dies mit ihrer hohen Arbeitslosigkeit.

Glaubt man der öffentlichen Meinung, der Regierung, der Mehrheit der Ökonomen, den Gewerkschaften und Unternehmern sowie ausländischen Beobachtern, dann ist der niederländische Beschäftigungszuwachs außer der Ausweitung der Teilzeitbeschäftigung und der immer wieder beschworenen Lohnmäßigung im Zusammenwirken von Arbeit und Kapital, der Flexibilisierung des Arbeitsmarkts und der Stutzung der sozialstaatlichen Leistungen zu verdanken. Von direkter und erfolgreicher staatlicher Beschäftigungspolitik ist kaum die Rede. Tatsächlich ist der Zuwachs keinem zusammenhängenden Plan entsprungen.

Die enorme Ausweitung der Teilzeitstellen wurde seit Ende der siebziger Jahre zwar stimuliert von Appellen der Regierung, der vormalige Premier Den Uyl wollte 1981 als Minister für "Beschäftigung und Soziales" der kurzlebigen schwarz-roten Koalition einmal 300'000 Teilzeitstellen schaffen (Wolinetz 1989, 91), aber im wesentlichen war sie eine Entwicklung "von unten". "It just came our way", wird ein Beamter dieses Ministerium immer wieder zitiert (Schmitter und Grohe 1997, 539). Sie wurde zunächst vor allem von öffentlichen Arbeitgebern wie Schulen und Krankenhäusern initiiert und griff dann über auf andere Bereiche der Wirtschaft.

Die Lohnmäßigung ist da schon eher als Aspekt der Wirtschaftpolitik zu betrachten. Sie hat eine lange Tradition in den Niederlanden. In den fünfziger Jahren war sie das Instrument *par excellence* zur Erlangung von Konkurrenzvorteilen, und im hier behandelten Zeitraum wurde sie von jeder Regierung mit Nachdruck empfohlen und mit der wiederholten Drohung von Lohnstopps auch gefördert. Aber in erster Linie war sie eine Sache des Zusammenwirkens von Arbeit und Kapital in den korporatistischen Institutionen der Niederlande wie dem *Sozialökonomischen Rat* und der *Stiftung der Arbeit*. Ein spezieller Aspekt der Lohnmäßigung war die zeitweilige Einfrierung der Beamtengehälter (jeder öffentlich Bedienstete ist Beamter), wodurch in den achtziger Jahren die Beschäftigung im Gesundheitssektor ohne Mehrkosten erhöht werden konnte (Hannemann 1997, 170f.). In der zweiten Hälfte dieses Jahrzehnts wurde jedoch ein drastischer Sparkurs eingeschlagen, so daß diese Route abgeschnitten wurde.

Dieser Sparkurs wird ansich kaum zum Beschäftigungwachstum beigetragen haben. 1983 war nicht nur ein Jahr der Rekordarbeitslosigkeit, sondern gleichzeitig eines, in dem das steigende Haushaltsdefizit die Marke von 10 % (gegenwärtig ist das Defizit so gut wie bereinigt) überschritt. Von diesem Zeitpunkt an war die Sanierung des Haushalts die alles überragende politische Zielsetzung. Zunächst war man wenig erfolgreich in ihrer Umsetzung, aber seit Ende der achtziger Jahre begann die Austeritätspolitik effektiv zu werden und wurde auch der Anteil der Staatsausgaben am BIP schrittweise von 60 auf 50 % reduziert. Begleitet wurde der Sparkurs von Steuererleichterungen, einerseits durch die Verminderung des Spitzensteuersatzes von 72 auf 60 % und andererseits in der Form der Anhebung des steuerfreien Grundbetrages. Im tripartiten Korporatismus des Landes war dies der Beitrag des Staates, die Akzeptanz der Lohnmäßigung zu erleichtern. Die niedrigeren Steuern erhöhten den Druck zur Sparsamkeit jedoch weiter (Visser und Hemerijk 1997, 18).

In diesem Kontext war die finanzielle Basis für Arbeitsbeschaffungsmaßnahmen schmal, wenngleich Arbeitsmarktpolitik skandinavischen Zuschnitts in den Niederlanden auch vor und nach der Phase drastischen Sparen niemals praktiziert wurde. Erst jüngst ist eine Steigerung zu verzeichnen. Zu nennen sind insbesondere Beschäftigungsprogramme, z.B. in der Form von Arbeitsplatzsubventionen für Langzeitarbeitslose, Jugendliche und ethnische Minderheiten. 1997 hatten insgesamt 3 % der Beschäftigten einen diesen Maßnahmen entsprungenen Arbeitsplatz (SCP 1998a, 392). 1983, zur Zeit höchster Arbeitslosigkeit, waren es allerdings auch schon 2 % (Visser und Hemerijk 1997, 174). Beide Daten sind nicht außergewöhnlich. Und bezüglich der (versteckten) Langzeitarbeitslosen und Arbeitslosigkeit ethnischer Minderheiten muß auch von einer wenig erfolgreichen Politik gesprochen werden.

Zur Flexibilität können wir kurz sein, denn diese ist nicht überdurchschnittlich. Einer Untersuchung der Europäischen Kommission zufolge (vgl. Smulders und Klein Hesselink 1997) nehmen die Niederlande in der EU nur bei der Teilzeitarbeit den Spitzenplatz ein und gibt es dort überdurchschnittliche Möglichkeiten der "Flex-Arbeit", während bei anderen Kriterien wie z.B. Nacht-, Wochenend-, oder Heimarbeit und Überstunden unterdurchschnittliche Werte zu verzeichnen sind. Des weiteren ist der Kündigungsschutz weit weniger lax als z.B. in den USA. Laut dem "Competitiveness Report" des *World Economic Forum* wurde für den niederländischen Kündigungsschutz auf einer Skala von 0 (sehr rigide) bis 10 (sehr flexibel) in den Jahren 1994–96 ein Wert von 3,47 ermittelt (Empter und Esche 1997, 193; Deutschland 4,02; USA 6,97; Großbritannien 7,34; Schweiz 7,94; Dänemark 8,08).[10] Schließlich sollte nicht vergessen werden, daß die Lohnflexibilität in den Niederlanden aufgrund des relativ hohen Mindestlohns beschränkter ist. Und der Deckungsgrad der Tarifverträge ist mit 80 % eher hoch (OECD 1997a, 71), obwohl die Einzelbetriebe die Möglichkeit einer eigenen Lohnpolitik innerhalb des tariflichen Rahmens haben. Auf einem anderem Blatt steht, wie wichtig die Lohnflexibilität ist. Immerhin ist aus Tabelle 2 ersichtlich, daß es in den flexiblen USA eine relativ hohe Arbeitslosigkeit von Jugendlichen und wenig Qualifizierten gibt.

2.2 Lohnmäßigung in korporatistischem Konsensus?

Die prominenteste und für Liberale wie auch Unternehmerverbände ideologisch attraktivste Erklärung der positiven Beschäftigungsentwicklung ist die Lohnzurückhaltung der Gewerkschaften im korporatistischen Rahmen des niederländischen Arbeitsmarkts. Die Leitidee dieses Szenarios ist, daß moderates Lohnwachstum die Profitabilität der Unternehmen fördert, sie konkurrenzfähiger macht und damit Investitionen und neue Arbeitsplätze herbeiführt. Dieses Szenario ist auch der Referenzrahmen des oft zitierten (und auch ins Deutsche übersetzten) Buches, "A Dutch Miracle", von Visser und Hemerijk (1997). Ihnen zufolge (Kapitel 2) begriffen die Gewerkschaften in den frühen Achtzigern, daß Profitabilität die Grundbedingung wirtschaftlicher Entwicklung ist und läuteten mit diesem "Lernprozeß" die Wende auf dem niederländischen Arbeitsmarkt ein. Das korporatistische Abkommen von Wassenaar gilt als Symbol dieser Wende.

"Wassenaar 1982" hat zwar hohen Mythosgehalt, aber die These des Lernprozesses sollte kurz diskutiert werden. In dem Zusammenhang können auch die Eigenheiten des niederländischen Korporatismus erörtert werden. Als generelle Wesensmerkmale des Korporatismus werden institutionalisierte Verhandlungen gesellschaftlicher Großgruppen und deren Interessenverbände sowie Konsensus angesehen; nicht die Durchsetzung einseitiger Interessen, sondern die Orientierung an gemeinsamen Nennern oder gar an einem wie auch immer definierten Gemeinwohl. Die Gefahr ist jedoch, daß man von der idyllischen Definition des Korporatismus auf eine idyllische Realität schließt. Daher muß man fragen, ob nicht dort, wo Konsensus vorzuherrschen scheint, in Wirklich-

---

[10] Die Werte gründen auf Managermeinungen. Aufgrund der Gesetzgebung ist die Reihenfolge der Länder einer OECD-Untersuchung von 1989 zufolge ähnlich. Der wesentliche Unterschied ist, daß jetzt die Bundesrepublik den bei weitem rigidesten Kündigungsschutz hat (1,58 gegenüber 9,75 in den USA und 8,77 in der Schweiz; 4,91 in den Niederlanden). Im Jahre 1989 waren jedoch beinahe alle Wirtschaftsdaten der Bundesrepublik günstiger als die der USA. Eine Untersuchung von Prof. Blanchard vom MIT legt übrigens nahe, daß der Kündigungsschutz einen nur geringen Einfluß auf die Beschäftigung hat (*The Economist*, 5.6.1999). Zu demselben Schluß kommt auch der "Employment Outlook 1999" der OECD (1999, 47). Da dies vielen Politikern der OECD-Länder nicht in den Kram paßt, rief der diesjährige "Outlook" ideologische Tumulte hervor (vgl. *NRC Handelsblad*, 10.7.1999).

keit oftmals subtile Machtverhältnisse bestimmte Teilnehmer am korporatistischen Spiel in die Lage versetzen, ihre Partikularinteressen auf Kosten anderer durchzusetzen.

Ohne Konsensuskultur sind korporatistische Institutionen nur formelle Hülsen. In den Niederlanden hat diese Kultur eine lange Tradition. Sie beinhaltet nicht, daß über alle strittigen Fragen tatsächlich Konsens erreicht wird und ebensowenig, daß es keinen politischen Streit oder keine gewerkschaftlichen Streiks gibt. Ihr Kern sind die generelle Bereitschaft über alle möglichen Streitpunkte zu verhandeln, sowie eine Haltung, in der auf deutliche, von vornherein verkündete Standpunkte verzichtet wird und Kompromißfähigkeit herausgekehrt wird. Zudem gilt die Spielregel, daß ein Gewinner von Verhandlungen dem Unterlegenen die Möglichkeit gibt, sich ebenfalls als Gewinner zu präsentieren.[11] Es ist die Kultur einer politisch gesehen relativ friedfertigen, oft wegen Positionslosigkeit und unendlicher Abtasterei der Gegenspieler sogar langweiligen Gesellschaft.

Das Repertoire dieser Kultur bildete sich in mehr als fünfzig Jahren von Regierungen der Mitte, die nach links und rechts vermitteln konnten, sowie in der noch viel älteren Tradition der konföderalistischen niederländischen Republik des 17. und 18. Jahrhunderts, in der Beschlüsse nur einstimmig genommen werden konnten. Die Interessen der beinahe autonomen Provinzen und Städte mußten unter einen Hut gebracht werden, und religiöse Gegensätze versuchte man über Toleranz und Verhandlungen zu befrieden. Ähnliches gilt für die Phase der "Versäulung" in diesem Jahrhundert, während der bis in die sechziger Jahre Protestanten, Katholiken und Säkularisierte weitgehend isoliert voneinander lebten. Und schließlich wird immer wieder gesagt, daß die Konsensuskultur die einer alten Handelsnation angemessene Kultur ist.

Eine lange Tradition hat jedoch nicht nur die Konsensuskultur, sondern auch ihre Verbindung mit staatlichem Elitismus. Dadurch ist eine Instanz gegeben, die ein verbindliches Gemeinwohl umschreiben kann. Der Elitismus ist kein Spezifikum der Niederlande, aber die Tatsache, daß die die alte Republik kennzeichnende "Regentenherrschaft" (vgl. Daalder 1974), der politische Klüngel einiger weniger, in veränderter Form bis in die sechziger Jahre dieses Jahrhunderts transformiert und nie ernsthaft in Frage gestellt wurde, ist sehr wohl eine Besonderheit. Obwohl die Niederlande die älteste bürgerliche Gesellschaft Europas sind und der Parlamentarismus bereits 1848 (anläßlich der Revolutionen in anderen Ländern) installiert wurde, war die Idee der Volkssouveränität lange Zeit unterentwickelt (vgl. Kennedy 1995, 18, 150). Wohl gab es die Traditi-

---

[11] Im niederländischen müßte man von "overlegcultuur" anstelle von "consensuscultuur" sprechen. Beratschlagungskultur wäre eine annähernd zutreffende Übersetzung: beratschlagen, sich miteinander "überlegen", wie etwas gemacht werden soll. Aspekte dieses Verfahrens werden verstreut behandelt in den Buch von Han van der Horst (1995) über die niederländische Kultur.

on der gütigen Obrigkeit, die nach 1945 auch im Aufbau des generösen,
"Verzorgingsstaat" genannten, Sozialstaats zum Ausdruck kam.
Die Dominanz der christlichen Parteien, die mit dem allgemeinen Wahlrecht
von 1917/19 einsetzte und ihnen bis 1963 immer zur absoluten Mehrheit sowie bis 1994 zu permanenter Regierungsbeteiligung verhalf, verstärkte den
Elitismus: Die Regierung ist von Gott, dient dem Allgemeinwohl, und die Untertanen mit ihren partikularistischen Interessen haben sich dem anzupassen
(vgl. Lijphart 1990, 130–140). Der christdemokratischen Dominanz, in der
Nachkriegszeit vor allem des katholischem Flügels, ist auch die herausragende
Rolle des niederländischen Korporatismus zu verdanken. Das dazu gehörige
Credo war, daß die Gesellschaft eine natürliche hierarchische Ordnung ist, deren Teile in Harmonie miteinander zu leben haben und daß insbesondere Arbeit und Kapital miteinander, aber nicht gegeneinander, an der wirtschaftlichen
Zukunft des Landes zu arbeiten haben.
Dies war der Hintergrund nicht nur der Errichtung korporatistischer Institutionen wie der *Stiftung der Arbeit* und des *Sozialökonomischen Rats*, sondern
auch der gewerkschaftlichen Lohnmäßigung und Unterordnung unter staatlich
vorgegebene Ziele bis 1962 (vgl. Windmuller und De Galan 1979). Erst als die
Diskrepanz zwischen Gewinnen und Löhnen selbst den passiven niederländischen Arbeitnehmern unakzeptabel wurde, kam es 1962 zu einem Bruch der
Entwicklung: 1963 bis 1965 stiegen die Löhne um mehr als 40 % (V. Empel
1997, 15f.). Mit der Gesamtgesellschaft radikalisierten sich in der Folge auch
die Gewerkschaften, und Übereinkünfte mit den Unternehmerverbänden wurden immer schwieriger, oft sogar unmöglich.
Ende der siebziger, anfang der achtziger Jahre schienen dann, unter Einfluß der
wirtschaftlichen Krisenerscheinungen, gewisse Aspekte des "Geistes der fünfziger
Jahre" wieder zurückzukehren. Die Phase der Radikalisierung näherte sich ihrem Ende, und die Gewerkschaften akzeptierten mehr und mehr die von den
christdemokratisch dominierten Regierungen und den Unternehmern geforderte Lohnmäßigung. War dies das Resultat eines Lernprozesses?
Warum sollten Gewerkschaften sich mit bescheidenen Lohnforderungen begnügen, wenn es jahrelang keine empirische Basis für die Vernünftigkeit dieser
Haltung gibt? Lohnmäßigung ist "gut für unsere Konkurrenzposition, für den
Export, für die Gewinne, für unseren Standort sowie das Investitionsklima und
daher für die Beschäftigung", sagt der Direktor des "Zentralen Planungsbüros",
Don (*NRC Handelsblad*, 26.11.1999). Die angebotstheoretische Kette: Lohnmäßigung – höhere Gewinne – verbesserte Konkurrenzposition und steigende
Investitionen – zunehmende Exporte – höheres Wirtschaftswachtum – mehr
Arbeitsplätze findet jedoch kaum eine Entsprechung in der niederländischen
Realität. Betrachtet man die Elemente der Kette, dann ergibt sich folgendes
Bild:

- Die Lohnentwicklung war tatsächlich bescheiden (siehe Tabelle 5), und das Kapitaleinkommen stieg 1983–1990 von 10 % auf ca. 20 % des BIP und verharrt seitdem bei ungefähr 17 %.
- Die Investitionen (in Prozent des BIP) stiegen im Jahresdurchschnitt dieser Periode jedoch überhaupt nicht (Kool u.a. 1998, 319), und das Wachstum des Exports blieb bis 1995 hinter dem des EU-Durchschnitts zurück (Salverda 1999, 225).
- Neue Arbeitsplätze wurden nicht geschaffen in der internationaler Konkurrenz ausgesetzten Industrie, sondern im davon abgeschirmteren Dienstleistungssektor (SCP 1998a, 362f.).
- Das Wirtschaftswachstum der Niederlande überschritt den EU-Durchschnitt erst in den neunziger Jahren (OECD 1997b, 2), und dies auch nur leicht sowie ohne Berücksichtigung des überdurchschnittlichen Bevölkerungswachstums in den Niederlanden.

Dem sollte hinzugefügt werden, daß die großen Unternehmen, insbesondere die Banken, einige spektakuläre Akquisitionen im Ausland vorgenommen haben. Einer Untersuchung der ABN-Amro Bank zufolge wissen 4 von 10 Großunternehmen nicht einmal, was sie mit ihren Gewinnen anfangen sollen (*de Volkskrant*, 25.2.1999). Manchmal bezahlen sie, wie Unilever – eines der größten europäischen Unternehmen mit einem Umsatz von ca. 80 Milliarden DM – ihren Aktionären riesige Dividenden. Nach der Bekanntgabe der Superdividende von insgesamt 16 Milliarden Gulden sagte der Chef von Unilever: "Wir brauchen das Geld nicht" (*de Volkskrant*, 24.2.1999). Ist das der Kontext um zu lernen, daß die Gewinne durch Lohnzurückhaltung erhöht werden müssen?
Vielleicht trügt ja das Bild. Man kann auch sagen, daß die Gewerkschaften derartig schwach und eingebunden in bestimmte niederländische Traditionen waren, daß ihnen gar keine andere Wahl blieb, als der Lohnmäßigung über so viele Jahre zuzustimmen. Umstände, die die Position der Gewerkschaften nach 1980 verschlechtert haben, waren z.B. ihr Mitgliederschwund, eine elektoral geschwächte Sozialdemokratie, die von 1977 bis 1994, abgesehen von einem Intermezzo 1981–82, von der Regierungsbeteiligung ausgeschlossen war, die zunehmende internationale Konkurrenz sowie der allgemeine westliche Trend in Richtung einer liberalen Hegemonie in Politik und Wirtschaftswissenschaft. Dazu kamen die Niederlage in einem 6wöchigem Streik der öffentlich Bediensteten im Herbst 1982 (also kurz vor "Wassenaar") und die besonderen Traditionen von Lohnmäßigung und gewerkschaftlicher Gemeinwohlverpflichtung. Letztere drängte in dem Moment zu neuerlicher Zurückhaltung, in dem Lohnmäßigung im herrschenden Diskurs als dem Gemeinwohl dienlich definiert wurde.
In dieser Konstellation ist die gewerkschaftliche Akzeptanz des neo-liberalen Kurses auch ohne prinzipielle Einsicht möglich; Akzeptanz mit Zähneknirschen.

Als "eisig" und von keinem hohem Maß des Konsensus gekennzeichnet beschreibt Wolinetz (1989, 93f.) die Beziehung von Arbeit und Kapital in den achtziger Jahren. Wenn einige Jahre später dennoch das Bild eines aus Einsicht und dem Austausch von Argumenten geborenen Konsensus entstehen konnte – in einer Sendung des ARD-Fernsehmagazins *Fakt* im ersten Halbjahr 1998 präsentierten die Vorsitzenden von Gewerkschaft und Unternehmerverband sich als eine Art Brautpaar –, dann möglicherweise nur deswegen, weil die Gewerkschaften die Lohnmäßigung jetzt im Zuge der verbesserten Beschäftigungssituation umarmten und so ihre Niederlage als Erfolg verkaufen konnten. Im Einklang mit der Tradition, daß Verlierern ein "Anteil" gelassen wird, konnte dieser "Erfolg" den Gewerkschaften überlassen werden. Denn damit waren sie vorläufig fest eingebunden in die neo-liberale Strategie. 1999 waren die Lohnabschlüsse wieder sehr moderat (nominal 2,7 % im Durchschnitt), und für das Jahr 2000 haben die Gewerkschaften bereits versprochen sich den sinkenden Wachstumserwartungen anzupassen (*NRC Handelblad*, 11.6. und 26.6.1999). Diese Interpretation ist wahrscheinlich zu ingenieus für reale, meist widersprüchliche, gesellschaftliche Prozesse. Dennoch ist sie untersuchenswert, und sie beleuchtet Aspekte, die der harmonischen, Machtverhältnisse ignorierenden, Konsensusinterpretation entgehen. Den politischen und kulturellen Gesamtzusammenhang, aus dem die Haltung der Gewerkschaften resultierte, kann man auf einigen wenigen Seiten nicht analysieren.

2.3 Zum Erklärungswert der Lohnmäßigung im internationalen Vergleich

Betrachtet man die niederländischen Daten zu Gewinnentwicklung, Investitionen und Exporten, dann sind Zweifel an der Formel "Beschäftigungszuwachs durch Lohnmäßigung" angebracht. Es ist aber auch lehrreich, diese Formel einem komparativen Test zu unterziehen. Die Tabellen 8 (mit detaillierten Angaben) und 9 (zum groben Vergleich, basierend auf den Tabellen 1, 2 und 8 sowie OECD-Daten zu den darin nicht erfaßten Jahren) ergeben kein eindeutiges Bild. Eine deutliche Koinzidenz langsamen Lohnanstiegs und wachsender Beschäftigung in den zehn bis fünfzehn vorangehenden Jahren gibt es nur in den Niederlanden, Neuseeland und den USA (obwohl im Unterschied zur Beschäftigung die Erwerbstätigkeit in Relation zum Bevölkerungswachstum in den USA kaum gestiegen ist)[12]. Ein umgekehrter, die Formel der Lohnmäßigung ebenfalls unterstützender Fall ist Frankreich (Belgien könnte auch genannt werden). Hier gibt es eine Koinzidenz von steigender Arbeitslosigkeit, (leicht) rück-

---

[12] In den USA war das Bevölkerungswachstum seit 1980 ca. doppelt so hoch wie in der EU (World Bank 1999, 194). Das bedeutet auch, daß die Differenz des wirtschaftlichen Wachstums pro Kopf der Bevölkerung zum in Tabelle 8 angegebenen allgemeinen Wachstum in den USA größer ist als in den EU-Ländern. Und in den Niederlanden ist sie größer als beispielsweise in der Bundesrepublik. Insgesamt ist das westliche Bevölkerungswachstum jedoch gering, so daß erhebliche Verschiebungen der Daten nicht auftreten würden.

Tabelle 8: Wirtschaftswachstum und Lohnkosten der Niederlande im Vergleich

	Reales Wachstum BIP Jahresdurchschnitt			Lohnkostenent-[1] wicklung		Relative Lohnstückkosten[2]
	1986-96	1997	1998	1985-94	1990-94	1996
Australien	3,4	3,6	5,1	- 1,9*	4,4*	120
Dänemark	1,8	3,1	2,9	9,6+	5,3+	200
Deutschland	2,6	2,2	2,8	14,1	4,1	150
Frankreich	2,0	2,3	3,2	10,2	5,8	150
Großbritan.	2,3	3,5	2,1	15,7++	5,1++	160
Italien	1,8	1,4	1,4	20,1+	10,3+	90
Niederlande	2,6	3,6	3,8	7,3*	3,9	110
Neuseeland	1,8	3,0	-0,8	1,5	- 3,4	
Österreich	2,5	2,5	3,3	17,9**	5,5**	
Schweden	1,3	1,8	2,9	15,1	1,5	140
Schweiz	1,1	1,7	2,1	15,1++	3,3++	
USA	2,5	3,9	3,9	2,2**	0,9**	100

[1]) real und inkl. Lohnnebenkosten; [2]) indiziert in Relation zu den USA (= 100); +) 1984- bzw. 1989-193; ++) 1987- bzw. 1992-96; *) 1987-94; **) 1986- bzw.1991-95.
Quellen: OECD 1999, 16; OECD 1997b, 2, 5, 7; letzte Kolumne: *The Economist* vom 19.12.1998.

läufiger Beschäftigung und Lohnzuwächsen in Höhe des wirtschaftlichen Wachstums.

Deutschland ist ein schwierigerer Fall. Ohne signifikante Lohnmäßigung stieg dort nach 1983 die Beschäftigung und verringerte sich die Arbeitslosigkeit. In den Neunzigern geschah das Umgekehrte: Mäßigung, stagnierende Erwerbstätigkeit, leicht rückläufige Beschäftigung und steigende Arbeitslosigkeit fielen zusammen. Möglicherweise sind die deutschen Probleme jedoch Konsequenzen der achtziger Jahre, und vielleicht ist auch ein längerer Zeitraum der Lohnmäßigung erforderlich. Darum wird Deutschland in Tabelle 9 als hybrider Fall klassifiziert. Australien gehört ebenso zu dieser Kategorie. Trotz strenger Lohnmäßigung waren die positiven Beschäftigungseffekte dort nur gering.

Dänemark, Großbritannnien und Österreich (für die Schweiz mit dem hohen Wechelkurs des Franken, aber wegen fehlender relativer Lohnstückkosten nicht in Tabelle 9 aufgenommen, gilt ähnliches) sind die negativen Fälle, die die Lohnmäßigungsthese nicht unterstützen. Der Lohnzuwachs entsprach ungefähr dem Wirtschaftswachstum, aber die Arbeitslosigkeit verringerte sich dennoch oder blieb zumindest, wie in Österreich, stabil auf niedrigem Niveau. Die Beschäftigung stieg in diesem Land und blieb stabil in den beiden anderen, in Dänemark selbst auf sehr hohem Niveau. Unterstützt würde die These im übrigen auch nicht von den USA in den siebziger Jahren. Niedrige Lohnzuwächse hatten dort damals noch keine positiven Beschäftigungseffekte.

Tabelle 9: Beschäftigungswachstum durch Lohnmäßigung? Ein Vergleich

	Positive Fälle				Hybriden		Negative Fälle			
	NL	NZ	USA	F	AUS	GER	A	DK	GB	I
Arbeitslosigkeit 1998	N	N	N	H	M	H	N	N	M/N	H
Arbeitslosigkeit 1983–98	A	A	S/A	Z	S/A	A-Z	S	A	A	U
Beschäftigung 1983–98	Z	Z	S/Z	S	S/Z	S/Z	Z	S	S	D
Lohnzuwachs 1985/87–1994/96 kleiner als das Wirtschaftswachstum?	+	+	+	-	+	-	-	-	-	-
Lohnstückkosten	N	N	N	H	N/M	H		H	H	N

Erklärung: + = gegeben; - = nicht gegeben; H = relativ hoch; N= relativ niedrig; M = Mittelwert; S = relativ stabil; A = Abnahme; Z = Zunahme.

Betrachtet man sich die Lohnstückkosten, dann ist das Bild noch komplizierter. Australien und die Niederlande nähern sich dem US-Niveau an, aber Italien verbindet hohe Lohnzuwächse und hohe Arbeitslosigkeit mit den niedrigsten Lohnstückkosten aller aufgeführten Länder (und übrigens einer armseligen Arbeitslosenunterstützung; Ferrera 1996). Warum ist die Arbeitslosigkeit in diesem Lande so hoch? In Großbritannien dagegen fallen hohe Lohnstückkosten zusammen mit durchschnittlicher Erwerbstätigkeit und Arbeitslosigkeit. Ebenso "abweichend" wie Italien, aber diesmal in entgegengesetzter Richtung, ist Dänemark, wo die höchsten Lohnstückkosten positiven Beschäftigungsdaten offenbar nicht im Wege stehen. In Deutschland schließlich gingen seit 1996 abnehmende Lohnstückkosten einher mit Produktivitätssteigerungen, aber eben nicht mit wachsender Beschäftigung – ganz im Gegensatz zu Großbritannien (vgl. *The Economist*, 5.12.1998).

Diese komparativen Betrachtungen legen nahe, daß Lohnmäßigung nicht derart wichtig für die Beschäftigungsbilanz eines Landes ist wie "supply-sider" behaupten – zumindest nicht isoliert von anderen Prozessen. Man sollte ebenso schauen nach den Gütern, die ein Land produziert (von welchen "Stücken" ist bei den Lohnstückkosten die Rede?), nach seiner Beschäftigungsstruktur und eventuellen komparativen Kostenvorteilen und ob arbeits- oder kapitalintensive Investitionen präferiert werden. In vergleichender Perspektive liegt eine solche Untersuchung nicht vor. Dem *Economisch Planbureau* der Niederlande zufolge erklärt die Lohnmäßigung die Hälfte des dortigen Beschäftigungszuwachses der vergangenen 15 Jahre (Visser und Hemerijk 1997, 113). Die Frage ist, woher diese Instanz das weiß – außer eben aufgrund angebotstheoretischer Voraussetzungen, die operationalisiert in den Computer eingegeben werden. Darüberhinaus fällt auf, daß die gesamte Diskussion sich um Preiskonkurrenz dreht. Oftmals sind Preise jedoch nur ein Faktor unter vielen, die ökonomische Entscheidungen bestimmen. Bevorzugt man dänisches Bier, dann hat man dafür mehr zu zahlen als für niederländische oder deutsche Marken. Dänisches oder italienisches Design, Schweizer Uhren und Amerikanische Jeans haben auch ihren speziellen Preis. Trotzdem sind sie "Renner". Und deutsche Autos wie die kleineren BMWs und Mercedesse werden trotz ihres weit höheren Preises viel besser verkauft als die Wagen von Lancia und Alfa Romeo. Sie haben das Image der Solidität, und sie sind, gerade wegen ihres hohen Preises, "positionelle Güter". Um den Stempel "Made in Germany" attraktiv zu halten, wäre es kontra-produktiv, so Haucap u.a. (1997), die Industrielöhne auf italienisches oder amerikanisches Niveau herunter zu mäßigen. Kurz: Wettbewerb ist nicht nur Preiskonkurrenz, sondern auch eine um Images und Ideen.

2.4 Zum niederländischen Hypothek-Keynesianismus der neunziger Jahre

Diese kritischen Bemerkungen besagen nicht, daß Lohnmäßigung unter keinerlei Umständen zu Beschäftigungszuwachs führt, sondern lediglich, daß ein genereller Kausalzusammenhang zwischen diesen beiden Größen nicht festgestellt werden kann und daß dieser Zusammenhang in den Niederlanden zumindest sehr fragwürdig ist. Eine naturwissenschaftliche, "harte", Prüfung ist allerdings nicht möglich. In den Sozialwissenschaften, zu denen auch die Ökonomie zählt, kann nur auf interpretativem, durch Vergleiche hinterfragtem, Wege versucht werden, plausibel zu machen, welche koexistierenden Faktoren und Geschehnisse kausal zusammenhängen.

Die Lohnmäßigung geht lädiert aus dem Ländervergleich hervor. Überdies wird sie in den Niederlanden schon seit zwei Jahrzehnten betrieben, während die Arbeitsmarktentwicklung der sehr weltmarktoffenen niederländischen Wirtschaft (ca. 60 % des BIP werden exportiert/importiert) sich erst in den neunziger Jahren vom allgemeinen Trend abhob. Für die Zeit danach müßten landesspezifische Faktoren gefunden werden, die das Beschäftigungswachstum plausibel machen können. Ein Kandidat ist der enorme Anstieg der Häuserpreise im Zusammenhang mit den in den Niederlanden gegebenen Möglichkeiten der steuerlichen Verrechnung von Hypothekzinsen. Ein noch stets andauernder, von der Kursentwicklung an der Börse verstärkter Nachfrageschub ist die Folge hiervon. Vielleicht kann man sogar sagen, daß in den Niederlanden, ähnlich wie in Japan vor mehr als einem Jahrzehnt, eine "bubble economy" entstanden ist, die bei fallenden Häuserpreisen und steigenden Zinsen einzustürzen droht. Ähnliches gab es ja schon einmal in Japan am Ende der 80er Jahre. Ebenso wird gegenwärtig in den USA zuweilen von einer "bubble economy" geredet. Auch dort steigen die Häuserpreise stark und sind die Hypothekzinsen vollständig von der Steuer absetzbar. Vor allem aber steigen die Börsenkurse, insbesondere die der Technologiebörse *Nasdaq*. Bei der im Vergleich zum europäischen Durchschnitt weit größeren Zahl der Anleger führt dies zu einen "Reichtumseffekt", der die Konsumenten verleitet, in zunehmendem Maße auf

Pump zu kaufen – jedenfalls einigen Ökonomen (wie E. Phelps; vgl. *The Economist*, 16.1.1999) und der amerikanischen Zentralbank zufolge (vgl. www.federal-reserve.gov/boarddocs/). Diese befürchtet eine die Kapazität des Angebots überschreitende Nachfrage, die auf die Dauer nur inflationsfördernd wirken kann. Außerdem müssen die in den Kursen bereits verdiskontierten Gewinnerwartungen erst einmal realisiert werden. Geschieht dies nicht, dann fallen die Kurse und werden die Schulden vom Aktienvermögen nicht mehr gedeckt.

Zurück zu den Niederlanden: Seit 1990 hat sich der durchschnittliche Hauspreis nominell verdoppelt (*de Volkskrant*, 17.6.1999). Von der "Tigerökonomie" Irland abgesehen hat sich in keinem europäischen Land eine derartige Entwicklung vollzogen (*The Economist*, 29.5.1999). Auf den ersten Blick scheint diese Entwicklung nur zusammenzufallen mit dem Beschäftigungsanstieg. Der Zusammen*hang* entsteht erst durch das Steuersystem. Einzigartig in der Europäischen Union (Haffner 1998, 171) können Niederländer ihre Hypothekzinsen vollständig von der Steuer absetzen. Aber nicht nur dies. Sie können zudem Hypotheken auf den "Überwert" ihrer Häuser aufnehmen, und auch in diesem Fall sind die Zinsen vollständig von der Steuer absetzbar (wenngleich sich dies im Jahre 2001 ändern wird).

Hat ein Haus einen höheren Wert als den der darauf lastenden Hypothek, dann kann man bis zu 70 % dieses "Überwerts" mit einer weiteren Hyphothek belasten. In den vergangenen zehn Jahren explodierender Häuserpreise sind beinahe alle Hausbesitzer in eine solche Überwert-Situation gelangt, und viele haben die sich bietende Gelegenheit genutzt (ungefähr die Hälfte alle Wohnungen/ Häuser sind Eigenheime). Ermutigt wurde dies Verhalten von den bis zur Mitte letzten Jahres auf ca. 5 % fallenden Hypothekzinsen.[13] Wenn man, wie die Gruppe der meisten Hausbesitzer, 50 % Einkommenssteuer zu entrichten hat (dieser Satz gilt von einem Jahreseinkommen von ca. 50'000.- Gulden an), dann bezahlt man nominell nur 2,5 bzw. gegenwärtig wieder 3 % Zinsen und real, bei einer von 1,5 auf 2 % gestiegenen Inflation, lediglich 1 %.

Wichtig ist, daß die steuerliche Absetzbarkeit von Zinsen auf "Überwerthypotheken" bis einschließlich 1997 völlig ungebunden war – seitdem gibt es eine gewisse Beschränkungen – und man diese Hypotheken außer zu Hauserweiterungen und -umbauten zur Finanzierung von beispielsweise Autos oder anderen langlebigen Konsumgütern, Lebensversicherungen, Ferienreisen oder auch Aktien verwenden konnte. Dem *Centraal Bureau voor de Statistiek* zufol-

---

[13] Vielleicht ist es wissenswert, daß Hypotheken in den Niederlanden in den seltensten Fällen linear "abbezahlt" werden. Überwiegend werden Sparhypotheken aufgenommen, oder sogenannte Annuitätenhypotheken, bei denen der Abtrag in den ersten Jahren sehr gering ist. Wachsender Popularität erfreuen sich auch unbefristete "Durchlaufhypotheken", bei denen nichts weiter als Zinsen zu zahlen sind und man nach eigenem Gutdünken Teile oder auch den gesamten Betrag der Hypothek zu einem selbst gewählten Zeitpunkt abtragen kann.

ge pumpten die niederländischen Haushalte auf diese Weise allein 1996 und 1997 fünfzig Milliarden Gulden in ihre Wirtschaft. Dieser Betrag übersteigt den durch die Lohnmäßigung erlittenen relativen Kaufkraftverlust, welcher für den Zeitraum von 1992 bis 1997 auf 27 Milliarden Gulden veranschlagt wird (*NRC Handelsblad*, 8.9. 1998), bei weitem. Für 1999, wo der *Nederlandse Bank* zufolge 18 Milliarden Hypothekgelder in den Konsum flossen (*NRC Handelsblad*, 22.2.2000), gilt ähnliches. "Wir konsumieren Hypotheken" zitiert *de Volkskrant* (31.8.1999) einen Sprecher der niederländischen Zentralbank.

Man könnte hier, wie auch bezüglich der USA, von "Hypothek-Keynesianismus" sprechen, denn schließlich fließt subventioniertes Einkommen in den Konsum. Der Staat entschuldet, die Bürger verschulden sich. Die Frage ist, wie wichtig dieses zusätzliche Einkommen für die Expansion des Arbeitsmarkts gewesen ist. Es wäre der Mühe wert, dies näher zu untersuchen. Dasselbe gilt für die Frage nach dem Effekt des stark gestiegenen Wertes der Aktien sowie der zugenommenen Anzahl der Aktienbesitzer auf den Arbeitsmarkt. Beide haben sich von 1996 bis 1998 verdoppelt (*NRC Handelsblad*, 14.8.1998). Hinzu kommt, daß das neu an der Börse angelegte Geld teilweise hypothekären Anleihen entspringt. Und auffallend ist, daß die in den neunziger Jahren kreierten neuen Arbeitsplätze vor allem in den Bereichen der finanziellen und geschäftlichen Dienstleistungen sowie der Versicherungen zu finden sind (SCP 1998a, 362f.). Wahrscheinlich ist das durch gestiegene Häuser- und Aktienpreise sowie durch die positive wirtschaftliche Gesamtentwicklung entstandene Gefühl des Reichtums zu einer selbsttragenden Kraft dieser Entwicklung geworden. Die Löhne steigen zwar nur moderat, aber die Bevölkerung befindet sich im Kaufrausch (*de Volkskrant*, 29.5.1999). Nur selten werden das ökonomische Wohlbefinden und die weiter oben bereits angesprochene Selbstzufriedenheit von kritischen Stimmen gestört. Kurzzeitig flackerte allerdings eine kritische Diskussion des "Deltamodells" auf, als die OECD im Mai 1999 erklärte, die niederländische Konjunktur könnte ernsthaft bedroht werden von steigenden Zinsen (vgl. *de Volkskrant*, 19.5.1999). Wie zuletzt am 21.2.2000 meldet auch die *Nederlandse Bank* von Zeit zu Zeit ihre Bedenken an. Während diese Zentralbank eine um 1,5 % rückläufige Wirtschaftsentwicklung für möglich erachtet, schließt W. Buiter, Mitglied des britischen Zentralbankrates, sogar einen 15 %igen Einbruch nicht aus, falls die Börsenkurse und die Häuserpreise aufgrund steigender Zinsen um jeweils 20 % fallen würden (*de Volkskrant*, 17.6.1999). Wie kaum anders zu erwarten war, sehen die am Verkauf von Hypotheken interessierten niederländischen Banken noch keine Probleme (*NRC Handelsblad*, 13.7.1999). Eines ist jedoch beinahe sicher: Beim nächsten konjunkturellen Einbruch werden Politik und Wirtschaft verstärkt nach maßvollen Tarifabschlüssen rufen.

Schluß

Die vergangenen anderthalb Jahrzehnte waren in den Niederlanden bis auf die registrierte Arbeitslosigkeit in beinahe jeder Hinsicht ein Zeitraum des Wachstums auf und im Zusammenhang mit dem Arbeitsmarkt. Ganz zurecht ist dieses Land damit in den Mittelpunkt internationaler wirtschaftspolitischer Diskussionen gerückt. Und im Lande selbst sind die Menschen zufriedener denn je mit sich, der Wirtschaft und der Politik. Die Beurteilung seines oder ihres Glücks muß man jedem selbst überlassen, aber die gegenwärtige Neigung, Schattenseiten wie die hohe Ausländer- und (faktische) Langzeitarbeitslosigkeit zu übersehen, muß zumindest benannt werden. Ähnliches gilt für die relativ große Lücke zwischen normativem Anspruch und Realität, wie sie sich in der Arbeitsteilung zwischen den Geschlechtern und wiederum in der Arbeitslosigkeit ethnischer Minderheiten zeigt. Auch sollte beachtet werden, daß die sozialen Kürzungen trotz aller positiven Seiten des niederländischen Sozialstaats die Armut und die Ungleichheit erhöht haben.

Ein Modell für andere Länder sind die Niederlande nur bedingt. Die Erfolgsgeschichte der korporatistischen Lohnmäßigung hat politisch-kulturelle Ursprünge, ist nicht kopierbar und hat vor allem anderen einen hohen ideologischen Gehalt. Wenn Vollzeitstellen-Vollbeschäftigung vorläufig nicht mehr realisierbar ist, jedenfalls nicht im Zusammenhang mit einem Sozialstaat, der Armut zu verhindern sucht, dann sind allerdings die Grundrente sowie die Einbindung geringfügig Beschäftigter in das System der Sozialleistungen Elemente, in denen die Niederlande durchaus als Modell dienen können. Zu "lösen" ist das Dilemma von sozialer Sicherheit und Beschäftigung nur, wenn erstere derart reduziert wird, daß sie ihren Namen nicht mehr verdient.

Literatur

Becker, U. 1999, Europese Democratieën. Vrijheid, gelijkheid, solidariteit en soevereiniteit in praktijk, Amsterdam (Het Spinhuis).

Becker, U. 2000, "Welfare State Development and Employment in the Netherlands in Comparative Perspective", in: Journal of European Social Policy, Jg. 10, Nr. 3.

Becker, U. und K. v. Kersbergen 1986, "Der christliche Wohlfahrtstaat der Niederlande", in: Politische Vierteljahresschrift, Jg. 27, Nr.1.

Bruyn-Hundt, M. de 1988, Vrouwen op de arbeidsmarkt. De Nederlandse situatie in de jaren tachtig en negentig, Amsterdam (Het Spectrum).

Daalder, H. 1974, Leiding en lijdelijkheid in de Nederlandse politiek, Assen (Van Gorcum).

Doorne-Huiskes, A. van 1997, "The Unpaid Work of Mothers and Housewives in Different Types of Welfare States", in: P. Koslowski und A. Follesdal (eds.), Restructuring the Welfare State. Theory and Reformof Social Policy, Heidelberg-Berlin (Springer).

Einerhand, M. et al. 1995, Sociale zekerheid: stelsels en regelingen in enkele Europese landen, Den Haag (Vuga/Ministerie van Sociale Zaken en Werkgelegenheid).

Empel, F. van 1997, The Dutch Model. The Power of Consultation in the Netherlands, Den Haag (Stichting van de Arbeid).

Empter, S. und A. Esche (Hg.) 1997, Eigenverantwortung und Solidarität. Neue Wege in der Sozial- und Tarifpolitik, Gütersloh (Bertelsmann).

Esping-Andersen, G. 1990, The Three Worlds of Welfare Capitalism, Cambridge (Polity Press).

Eurobarometer 42, 1995, Luxemburg (Office for Official Publications of the European Communities).

Eurobarometer 48, 1998, Luxemburg (Office for Official Publications of the European Communities).

Eurostat 1996, Social Portrait of Europe, Luxemburg (Office for Official Publications of the European Communities).

Ferrera, M. 1996, "The Southern Model of Welfare in Social Europe", in: Journal of European Social Policy, vol. 6, no. 1.

Fortuijn, P. 1985, Omde toekomst van de werkgelegenheid, Kampen (Kok Agora)

George, V. 1996, "Elite Opinion in Europe on Employment and Benefit Politics", in: Journal of European Social Policy, vol. 6, no. 3.

Haffner, M. 1998, "Woningbelastingen in Europa", in: Economisch-Statistische Berichten, 27.2.1998.

Hannemann, N. 1997, "Niederlande: Industrieller Aufstieg und tertiärer Niedergang?", in: H.-J. Bieling und F. Deppe (Hg.), Arbeitslosigkeit und Wohlfahrtsstaat in Westeuropa. Neun Länder im Vergleich, Opladen (Leske & Budrich).

Haucap, J. u.a. 1997, "Location Choice as a Signal for Product Quality: The Economics of ,Made in Germany'", in: Journal of Institutional and Theoretical Economics, Jg. 15, Nr. 3.

Headey, B., R. E. Goodin, R. Muffels, H.-J. Dirven 1997, "Welfare over Time: Three Worlds of Welfare Capitalism in Panel Perspective", in: Journal of Public Policy, vol. 17, no. 3.

Hemerijk, A. und K. van Kersbergen 1997, "A Miraculous Model? Explaining the New Politics of the Welfare State in the Netherlands, in: Acta Politica, Nr. 3.

Horst, H. v.d. 1995, The Low Sky. Understanding the Dutch, Amsterdam (Nuffic, Scriptum).

ILO 1992, Yearbook of Labour Statistics 1992, Genf (International Labour Office).

Kennedy, J. C. 1995, Nieuw Babylon in aanbouw. Nederland in de jaren zestig, Amsterdam/Meppel (Boom).

Kool, C. J. M. et al. 1998, "Nederland investeert! Of toch niet?", in: Economisch-Statistische Berichten vom 17. April.

Lijphart, A. 1990^8, Verzuiling, pacificatie en kentering in de Nederlandse politiek, Haarlem (Becht; ursprünglich A. Lijphart, The Politics of Accomodation. Pluralism and Democracy in the Netherlands, Berkeley, University of California Press 1968).

Maier, F. 1997, "Entwicklung der Frauenerwerbstätigkeit in der Europäischen Union", in: Aus Politik und Zeitgeschichte, B 52.

Muffels, R. u.a. 1999, "Langdurige, hardnekkige armoede", in: Economisch-Statistische Berichten vom 16.4.1999.

Nordic Council 1994, Women and Men in the Nirdic Countries. Facts on equal opportunities yesterday, today and tomorrow, Kopenhagen/Stockholm (Nordic Council of Ministers).

OECD 1996, Employment Outlook 1996, Paris (Organization for Economic Cooperation and Development).

OECD 1997a, Employment Outlook 1997, Paris (Organization for Economic Cooperation and Development).

OECD 1997b, Economic Outlook 62, Paris (Organization for Economic Cooperation and Development).

OECD 1998, Employment Outlook 1998, Paris (Organization for Economic Cooperation and Development).

OECD 1999, Employment Outlook 1999, Paris (Organization for Economic Cooperation and Development).

O'Reilly, J., S. Bothfeld 1996, "Labour Market Transitions and Part-time Work", in: Employment Observatory, Policies, Nr. 54, Berlin (European Commission, MISEP).

Salverda, W. 1999, "Polderblijheid, polderblindheid", in: Economisch-Statistische Berichten vom 26.3.1999.

Schmid, G. 1997, "The Dutch Employment Miracle? A Comparison of Employment Systems in the Netherlands and Germany", Discussion Paper FS I 97–202, Wissenschaftszentrum Berlin für Sozialforschung.

Schmitter, P. C., J. R. Grohe 1997, Der korporatistische Sisyphus: Vergangenheit, Gegenwart und Zukunft, in: Politische Vierteljahresschrift, Jg. 38, Nr. 3.

SCP 1994, Secularization in the Nederlands, 1966–1991, Rijswijk (Sociaal en Cultureel Planbureau).

SCP 1998a, Sociaal en Cultureel Rapport 1998, Rijswijk (Sociaal en Cultureel Planbureau).

SCP 1998b, Sociaal-culturele verkenningen 1998, Rijswijk (Sociaal en Cultureel Planbureau).

SCP 1998c, SCP Werkbericht 1998/1, Rijswijk (Sociaal en Cultureel Planbureau).

SCP 1999, Sociaal-culturele verkenningen 1999, Rijswijk (Sociaal en Cultureel Planbureau).

Smulders, P. und J. Klein Hesselink 1997, "Nederland lang geen koploper flexibilisering", in: Economisch-Statistische Berichten vom 19.11. 1997.

Therborn, G., W. Koole 1989, "De Casablanca-solution voorbij. De merkwaardige dood van het keynesianisme en de relatieve verpaupering van Nederland", in: P. Fortuijn und S. Stuurman (red.), Socialisten in No Nonsense tijd, Nijmegen (SUN).

Veil, M. 1997, "Zwischen Wunsch und Wirklichkeit: Frauen im Sozialstaat", in: Aus Politik und Zeitgeschichte, B 52.

Vendrik, K. 1995, "De kunst van het publieke debat", in: K. v. Kersbergen und I. M. A. M. Pröpper (red.), Publiek debat en democratie. Den Haag (SDU).

Visser, J., A. Hemerijk 1997, " A Dutch Miracle". Job Growth, Welfare Reform and Corporatism in the Netherlands, Amsterdam (Amsterdam University Press).

Vuijsje, H. 1997, Correct. Weldenkend Nederland sinds de jaren zestig, Amsterdam/Antwerpen (Contact).

Windmuller, J. P., C. de Galan 1979³, Arbeidsverhoudingen in Nederland, 2 Bände, Utrecht/Antwerpen (Het Spectrum; ursprünglich J. P. Windmuller, Labour Relations in the Netherlands, Ithaca, Cornell University Press 1969).

Witteloostuijn et al. 1998, "Hoera, het gaat goed", in: Economisch Statistische Berichten, 17.4.1998.

Wolinetz, S. 1989, "Socio-Economic Bargaining in the Netherlands: Redefining the Post-War Policy Coalition", in: West European Politics, Jg. 12, Nr.1.

World Bank 1999, World Development Report 1998/99, Oxford (Oxford University Press).

11

Arbeitszeitverkürzung und Arbeitszeitgestaltung – Gesetzliche Rahmenbedingungen und betriebliche Projekte in Frankreich

1. Die arbeitszeitrechtlichen Rahmenbedingungen in Frankreich[1]

Zwei Gesetze spielen in der Diskussion um das Thema Arbeitszeit in Frankreich ab Ende der 90er Jahre eine wichtige Rolle: Die "Loi de Robien" und die "Loi Aubry" (synonym: "Loi-35-heures"). Die "Loi de Robien" wurde vom konservativen Politiker Gilles de Robien zur Senkung der Arbeitslosenquote initiiert. Es trat im November 1996 in Kraft. Die Loi-35-heures wurde am 13. Juni 1998 von der französischen Arbeitsministerin Martine Aubry ("Loi Aubry") mit dem gleichen Ziel erlassen und zum Jahresbeginn 2000 in Kraft gesetzt. Die Loi Aubry löste somit die Loi de Robien ab. Bestehende Abkommen behielten jedoch ihre Gültigkeit bis zum Vertragsende. Vorläufer dieser beiden Gesetze war die "Loi quinquennale" vom 20.12.1993, die sich auf Arbeit, Beschäftigung und Ausbildung bezog. Sie betonte die Wichtigkeit der Verschränkung von Arbeitszeitverkürzungen mit Flexibilisierungsmassnahmen, um sowohl der wachsenden Arbeitslosigkeit als auch den wirtschaftlichen Anforderungen und der zunehmenden internationalen Konkurrenz begegnen zu können. Sowohl die Loi de Robien als auch die Loi Aubry sehen eine offensive und eine defensive Anwendung vor. Die offensive Anwendung meint die Schaffung neuer Arbeitsplätze, d.h. die Erhöhung der Quote der Beschäftigten. Die defensive Anwendung zielt dagegen auf die Sicherung bereits bestehender Arbeitsplätze ab, d.h. auf die Vermeidung betriebsbedingter Kündigungen.

---

[1] Beim vorliegenden Beitrag handelt es sich um eine überarbeitete und erweiterte Fassung des Beitrags von Soll, Schüpbach & Zölch (2000) in der *Zeitschrift für Arbeitswissenschaft*.

1.1 Die Loi de Robien

Die Loi de Robien besagt für den Fall der offensiven Anwendung, dass ein Unternehmen, das die Arbeitszeit um 10 % reduziert und für mindestens 2 Jahre 10 % mehr Beschäftigte neu einstellt, während sieben Jahren eine staatliche Unterstützung bei der Finanzierung der Sozialabgaben erhält. Im ersten Jahr beträgt die Entlastung 40 % des Arbeitgeberanteils, in den folgenden Jahren 30 %. Nach Schätzungen subventioniert der Staat dadurch jeden Arbeitsplatz mit rund DM 23'700. Bei der defensiven Anwendung stehen einem Unternehmen, das ein Abkommen zur Arbeitszeitverkürzung eingeht, für eine Dauer von drei Jahren ebenfalls Senkungen der Sozialabgaben zu. Die Anwendung der Loi de Robien war für die Unternehmen nicht bindend, sondern freiwillig. Ihre Durchsetzung erfolgte somit primär anreizorientiert in Form von finanziellen Vergünstigungen. Die einzelnen Betriebe mussten dafür ein Abkommen mit dem Staat treffen, in dem sie die Umsetzung zusicherten. Das Gesetz beinhaltete ausserdem die Verpflichtung, den höheren Personalbestand mindestens zwei Jahre lang zu erhalten. Erreichten die Beschäftigungsquote bzw. die vermiedenen Kündigungen sogar 15 %, wurden die vom Arbeitgeber zu zahlenden Sozialabgaben um weitere 10 % gesenkt.

1.2 Die Loi Aubry

Grundlage der 35-Stunden-Woche sind einerseits die "Loi Aubry sur les 35 heures", die am 13. Juni 1998 von der französischen Nationalversammlung verabschiedet wurde, andererseits die Durchführungsverordnungen vom 22. Juni 1998. Zu Beginn schrieb das Gesetz lediglich die Rahmenbedingungen zur Arbeitszeitverkürzung fest. Erst ein zweites Gesetzespaket (am 19. Januar 2000 verabschiedet) legte die Ausführungsbestimmungen definitiv fest.
Die Loi Aubry schreibt für alle Unternehmen mit mehr als 20 Mitarbeitern vor, ab dem 01. Januar 2000 die wöchentliche Arbeitszeit auf 35 (von bisher 39) Stunden zu senken. Für Betriebe mit weniger als 20 Angestellten gilt dieses Gesetz erst ab dem 01.01.2002. Die 35 Stunden pro Woche bilden die Grenze, ab der ein Überstundenzuschlag zu zahlen ist. Es wird empfohlen, die Arbeitszeitreduktion bei vollem Lohnausgleich vorzunehmen. Die Unternehmen sind nicht verpflichtet, neue Mitarbeiter einzustellen. Erklärt sich jedoch ein Unternehmen bereit, mindestens 6 % neue Mitarbeiter zu beschäftigen, reduziert der Staat die Sozialkosten im ersten Jahr durch eine Beihilfe von ca. DM 3'000 (9'000 FF) pro Kopf. In den folgenden Jahren sinkt diese Beihilfe um ca. DM 300 pro Jahr. Für Unternehmen, die ihre Arbeitszeit um 15 % kürzen (z.B. auf 32 Stunden), fällt die Beihilfe höher aus. Unternehmen, die noch vor dem Jahr 2000 die Arbeitszeit um 10 % senkten und 6 % neue Mitarbeiter einstellten, bekamen vom Staat pro Jahr und Arbeitnehmer einen Nachlass der Arbeitgeberbeiträge. Der höchste Betrag steht Unternehmen zu, die noch vor dem 30.06.1999

einen Vertrag unterschrieben. Wird die Vereinbarung über die 35-Stunden-Woche zur Schaffung neuer Arbeitsplätze geschlossen (offensive Anwendung), zahlt der Staat eine finanzielle Unterstützung während fünf Jahren. Ist die Vereinbarung defensiv angelegt, d.h. zum Erhalt bestehender Arbeitsplätze, wird der finanzielle Nachlass für drei Jahre gewährt.

1.2.1 Neudefinition der 'effektiven Arbeitszeit'

Die Loi Aubry bezieht sich auf eine Verkürzung der sogenannten 'effektiven Arbeitszeit', für die im Rahmen der Gesetzgebung eine Neudefinition vorgenommen wurde. Im bislang gesetzlich vorgegebenen Arbeitszeitrahmen von 39 Stunden waren u.a. auch Pausen- und Nebenzeiten inbegriffen. Mit dem neuen Gesetz versteht man unter 'effektiver Arbeitszeit' nur noch die Arbeitszeit, während der die Arbeitnehmer dem Arbeitgeber uneingeschränkt zur Verfügung stehen, d.h. ohne jede Pausen oder andere Nebenzeiten (vgl. MES, 1999a, S. 22). Unter Berücksichtigung dieser Neudefinition wird die wöchentliche Arbeitszeit im Sinne der 'Anwesenheit im Betrieb' faktisch um weit weniger als vier Stunden verkürzt. Vielmehr handelt es sich eigentlich um eine Verdichtung der Arbeitsleistung. Diese Neubestimmung der Arbeitszeit führte zu teils heftiger Opposition der Betroffenen und der Gewerkschaften sowie zu verbreiteten Widerständen gegen die Umsetzung der Loi Aubry.

1.2.2 Gesetzlich ermöglichte Formen der Arbeitszeitgestaltung

Unterschieden wird zwischen Arbeitszeitstrukturierung (Aménagement du temps de travail, ATT) und Arbeitszeitreduktion (Réduction du temps de travail, RTT; Pépin, 1998). Die Kombination dieser beiden Formen der Arbeitszeitgestaltung wird als Arbeitszeitorganisation (Organisation du temps de travail, OTT) bezeichnet. Dazu gehören folgende Aspekte:
(a) Die generell geltenden Prinzipien für die Festlegung der Regelarbeitszeit (principes collectifs, z.B. Arbeitszeit- und Personaleinsatzpläne, Dauer und Verteilung der täglichen, wöchentlichen und monatlichen Arbeitszeit, Rotationsprinzipien usw.)
(b) Die Festlegung von Schwankungsbreiten für die Arbeitszeitflexibilisierung (règles de variabilité, z.B. saisonale Regelungen, Fristen für die Vorankündigung, maximale Geltungsdauern etc.)
(c) Die Spielräume für die individuelle Arbeitszeitgestaltung (z.B. Teilzeit, Job-Sharing)
(d) Das Zusammenwirken der unterschiedlichen betriebsinternen Arbeitszeiten (cohérence interne), z.B. in Produktion, Vetrieb und Verwaltung.

Bezüglich der konkreten Ausgestaltung der 35-Stunden-Woche lässt das Gesetz eine breite Palette von Möglichkeiten offen. Denkbar sind (vgl. MES, 1999a), nebst einer Reduktion der täglichen Arbeitszeit, beispielsweise die Einführung einer 4,5-Tage-Woche, eines zweiwöchentlichen Wechsels zwischen 4- und 5-Tage-Wochen oder noch längerer Zyklen bis hin zu einem Jahr (annualisation; Jahresarbeitszeitvertrag), um beispielsweise saisonale Schwankungen auszugleichen. Dabei müssen allerdings festgelegte Ruhezeiten eingehalten werden. Diese unterschiedlichen Zyklen für die Regelarbeitszeit lassen sich durch die Kombination mit einem Bandbreitenmodell (modulation) zusätzlich flexibilisieren. Ausdrücklich gefördert werden darüber hinaus individuelle Formen der Arbeitszeitverkürzung wie Teilzeit- oder Jahresarbeitszeitverträge sowie Job-Sharing.

Trotz oder vielleicht wegen dieser Vielfalt an Gestaltungsmöglichkeiten bleiben, sowohl aus Arbeitgeber- als auch aus Arbeitnehmersicht, bis zur definitiven Regelung viele Fragen offen. Einige davon, z.B. die Bestimmungen zur Teilzeitarbeit und die exakte Festlegung der Bandbreiten für das Über- und Unterschreiten der Regelarbeitszeit, sind eher technischer Art und dürften relativ leicht zu regeln sein. Andere dagegen betreffen Grundsatzfragen und sind deshalb heftig umstritten. Eine davon ist die Begrenzung der Überstunden. Die Überführung des Überstundenbergs in neue Beschäftigungsverhältnisse gehört zu den erklärten Zielen der Gesetzgeberin. Der Anreiz für die Unternehmen besteht in der Einsparung der hohen Überstundenzuschläge durch die Flexibilisierung der Arbeitszeit und die Erweiterung der regulären Betriebszeiten. Die Arbeitnehmer befürchten dagegen, dass diese Massnahmen einseitig die Verfügungsrechte der Unternehmen erhöhen, somit ihre eigene Zeitsouveränität schmälern – obwohl sie zusätzlich den Verlust der Überstundenzuschläge in Kauf zu nehmen haben. Dagegen regte sich von Arbeitnehmerseite Opposition, die von den Gewerkschaften massiv unterstützt wurde. Festgelegt werden müssen ferner die Bestimmungen, die für die Bezieher des gesetzlichen Mindestlohnes (SMIC) gelten sollen. Nicht geklärt sind schliesslich die Arbeitszeitregelungen für Führungskräfte und höhere Angestellte (modalités spécifiques pour les cadres). Diese monieren, dass die regulären Arbeitszeiten, sei es formell oder informell, für sie ohnehin nicht gelten und die mit der Arbeitszeitreduktion verbundenen Auswirkungen auf die Gehaltsentwicklung somit voll zu ihren Lasten gehen.

1.2.3 Aushandlung spezifischer Vereinbarungen (négociation des accords)

Die Loi Aubry versteht sich lediglich als Rahmen zur Erarbeitung praxis- und betriebsgerechter Lösungen auf Branchen- bzw. Unternehmensebene. Die Neuregelung der Arbeitszeit muss somit für den jeweiligen Fall durch spezifische Vereinbarungen (accords) festgelegt werden. In den meisten Fällen werden die Vereinbarungen in den Betrieben zwischen Vertretern des Unternehmens und der Gewerkschaften (syndicats) ausgehandelt. Da viele kleine und mittelständische Unternehmen keine Gewerkschaftsvertretung haben, kann eine Gewerkschaft einen oder mehrere Arbeitnehmer aus dem Betrieb als ihre(n) Vertreter zur Verhandlung einer Tarifvereinbarung mandatieren. Das ausgehandelte Abkommen muss abschliessend unterzeichnet werden von der Geschäftsleitung, von den gewerkschaftlichen Mandatsträgern im Unternehmen und von einem Funktionär des Arbeitsministeriums, der als Inspekteur die Konformität mit dem Arbeitsgesetz (code du travail) zu gewährleisten hat. Wenn die gesetzlichen Auflagen erfüllt, der Vertrag an den Betriebsrat ausgehändigt, im Unternehmen öffentlich ausgehängt und bei der *Direction départementale du Travail, de l'Emploi et de la Formation Professionnelle* (DDTEFP) eingegangen ist, sind die Voraussetzungen für den Bezug der finanziellen Vergünstigungen gegeben. Die Feststellung, dass in vielen französischen Betrieben keine Gewerkschaftsvertreter für die Verhandlungen zur Verfügung stehen, mag aus deutscher Sicht erstaunen. Der gewerkschaftliche Organisationsgrad in Frankreich liegt jedoch lediglich bei 2 bis 10 % und ist damit der niedrigste aller OECD-Länder (Hamandia, 1999). Der Abschluss von Vereinbarungen auf betrieblicher Ebene ist somit für französische Verhältnisse ungewöhnlich und in der betrieblichen Praxis ungewohnt. Das Aushandeln (négotiation) der Betriebsvereinbarungen, unter Beteiligung möglichst vieler Betroffener, d.h. die Anregung des innerbetrieblichen Dialogs, gehört deshalb zu den ausdrücklichen Intentionen der Gesetzgeberin: "Dans un pays où le dialogue social est insuffisamment développé, la loi sur la réduction du temps de travail privilégie la négociation sociale. En redonnant l'initiative aux acteurs, au plus près du terrain, elle rend possible un équilibre où l'intérêt de chaque partie est pris en compte"[2] (MES, 1999a, S.1). Damit wird deutlich, dass die Absichten der Gesetzgeberin weit über die Verordnung formeller Arbeitszeitregelungen 'von oben' hinaus reichen. Dies macht die Loi Aubry aus arbeitswissenschaftlicher, speziell auch aus arbeitspsychologischer Sicht, besonders interessant. Allerdings wird zu fragen sein, ob der innerbetriebliche Dialog im Zuge der Diskussion neuer Arbeitszeitregelungen tatsächlich auf breiter Basis initiiert wird und ob dabei tatsächlich Fragen der Beschäftigungswirksamkeit im Sinne von 'Bündnissen für Arbeit im Kleinen' im Vordergrund der Diskussion stehen.

1.2.4 Der Einsatz von Unternehmensberatern (dispositif d'appui-conseil)

Um die Entwicklung neuer Arbeitszeitregelungen in Form von breit angelegten betrieblichen Projekten zu unterstützen, hat die Regierung Betrieben mit bis zu 500 Mitarbeitern den Beizug externer, speziell qualifizierter Unternehmensbe-

---

[2] In einem Land, in dem der soziale Dialog ungenügend entwickelt ist, fördert das Gesetz zur Reduktion der Arbeitszeit die sozialen Aushandlungsprozesse. Indem es die Initiative an die Akteure vor Ort abgibt, ermöglicht es ein Gleichgewicht, bei dem die Interessen jeder Partei berücksichtigt sind.

rater (appui-conseil) ermöglicht und finanziell unterstützt. Den Beratern kommen folgende Aufgaben zu (Pépin, 1998):

(a) Beratung und Unterstützung der Verhandlungspartner bei der Durchführung von Betriebsanalysen und bei der Aufdeckung von Schwachstellen und Gestaltungsmöglichkeiten. Dabei sollen folgende Themenbereiche geklärt werden: Ökonomische Aspekte (enjeux économiques), Beschaffung und Einsatz der personellen Ressourcen, Aufgabenteilung und -gestaltung, Abstimmung von Arbeits- und Privatleben sowie sozialer Dynamik (dynamique sociale) der innerbetrieblichen Verhandlungen. Geklärt werden sollen dabei die ökonomische und soziale Machbarkeit.

(b) Beratung und Unterstützung der Verhandlungspartner bei der Entwicklung eines Pflichtenheftes (cahier de charges) für die Konzeption und Umsetzung von Szenarien zur Arbeitszeitstrukturierung (scénarios d'organisation du temps de travail). Als Kompromiss zwischen ökonomischer und sozialer Machbarkeit sollen dabei Aspekte wie die Maximaldauer und die Schwankungsbreiten der Arbeitszeit, der Umgang mit ausserplanmässigen Arbeitszeiten (Nacht, Wochenende), die Entscheidungsmodalitäten der Personaleinsatzplanung etc. festgelegt werden (Pépin, 1998, p. 45).

(c) Begleitung und Moderation der Verhandlungssitzungen.

Die Berater sind verpflichtet, sich an die von der *Agence Nationale pour l'Amélioration des Conditions de Travail* (ANACT) vorgegebenen Rahmenbedingungen zu halten.

Bei einem Tagessatz von maximal 5'500 Francs werden die Kosten für die ersten fünf Beratungstage von der Regierung voll getragen. Ab dem fünften Tag werden Unternehmen mit weniger als 200 Mitarbeitern zu 70 % und solche mit einer Mitarbeiteranzahl zwischen 200 und 500 zu 50 % unterstützt.

2. Die öffentlich-politische Diskussion und die betriebliche Umsetzung beschäftigungsorientierter Formen der Arbeitszeitgestaltung – Ergebnisse einer Vergleichsstudie

Projekte zur Neustrukturierung der kollektiven und individuellen Arbeitszeit wurden lange vor dem Erlass des Gesetzes zur 35-Stunden-Woche in Betrieben in Frankreich und Deutschland durchgeführt. Fragen der Beschäftigungssicherung bzw. der Schaffung neuer Stellen standen dabei kaum im Vordergrund. Mit der Loi Aubry wurde jetzt eine Bedingung der Arbeitzeitstrukturierung geschaffen, die einerseits von der (internationalen) öffentlich-politischen Diskussion um Ansätze zur Bekämpfung der Arbeitslosigkeit bzw. zur Sicherung von Arbeitsplätzen mit Vehemenz aufgenommen wurde, andererseits auch von den Beteiligten an bzw. Betroffenen von Arbeitszeitprojekten in den (französischen) Betrieben nicht ignoriert werden konnte. Es erhebt sich somit die Frage, ob und in welcher Form die Schaffung neuer und die Sicherung vorhandener Stellen von den Vertretern der unterschiedlichen Interessengruppen (Arbeitgeber, Arbeitnehmer, Führungskräfte, Frauen und Männer usw.) als Argumente für oder gegen bestimmte Massnahmen und Formen der Arbeitszeitgestaltung vorgebracht werden.

Zu dieser Fragestellung wurde von der Arbeitsgruppe Arbeits- und Organisationspsychologie am Psychologischen Institut der Universität Freiburg eine Vergleichsstudie mit einer Laufzeit von Februar bis September 1999 durchgeführt (vgl. Soll, Schüpbach & Zölch, 1999). Untersucht wurde im einzelnen:

(a) Wie wird die Einführung der 35-Stunden-Woche in Frankreich von der (internationalen) öffentlich-politischen Diskussion aufgenommen? Welche Chancen werden darin für die Bekämpfung der Arbeitslosigkeit und die Sicherung von Arbeitsplätzen gesehen?

(b) Welche Rolle spielen die Bekämpfung der Arbeitslosigkeit und die Sicherung von Arbeitsplätzen in betrieblichen Projekten zur Neustrukturierung der Arbeitszeit? Gibt es in deutschen Betrieben, auch ohne gesetzliche Auflagen, "Bündnisse für Arbeit im Kleinen"? Für wie wichtig werden die Bekämpfung der Arbeitslosigkeit und die Sicherung von Arbeitsplätzen im Verhältnis zu anderen Argumenten für die Neustrukturierung der Arbeitszeit gehalten? Wer vertritt diese Anliegen in welcher Form?

2.2 Die öffentlich-politische Diskussion beschäftigungsorientierter Formen der Arbeitszeitgestaltung

Zu Beginn der Studie wurden Kontakte mit französischen Regierungsstellen und staatlichen Einrichtungen aufgenommen, mit der Bitte um Zusendung von Informationsmaterial und Stellungnahmen. Diese wurden ergänzt durch eine systematische Presserecherche, die deutsch-, französisch- und englischsprachige Zeitungen des Jahres 1998 und 1999 (bis einschliesslich März) umfasste (vgl. Soll, Schüpbach & Zölch, 1999).

2.1.1 Die politisch-volkswirtschaftliche Argumentation der französischen Regierung

Die französische Regierung unternimmt sehr viel, um in Broschüren und Informationsblättern (vgl. z.B. MES, 1999a, 1999b; Charreau, 1998) sowie im Internet[3] über das neue Gesetz aufzuklären und um Akzeptanz zu werben, indem sie dessen Vorteile für Arbeitgeber und Arbeitnehmer sowie für Frankreich herausstellt. Als wesentliche Vorteile für die Arbeitgeber werden die Möglichkeit zu anpassungsfähigeren Arbeitszeitmodellen, z.B. auf Basis der Jahres-

---

[3] www.35h.travail.gouv.fr

arbeitszeit, die Gelegenheit zu einer Neuverhandlung der firmeninternen Vereinbarungen und zur Neukalkulation der mittelfristigen Kosten sowie reduzierte Soziallasten aufgeführt. Mit Bezug auf die Arbeitnehmer werden eine höhere Lebensqualität, familienfreundliche Arbeitszeiten, eine höhere Motivation und ein stärkeres Engagement am Arbeitsplatz sowie mehr Arbeitsplatzangebote herausgestellt. Vorteile für den Staat werden in der Verringerung der Soziallasten durch die Senkung der Staatskosten der Arbeitslosigkeit gesehen, was wiederum dem Ausbau der wirtschaftlichen Infrastruktur zugute kommen soll. Die insgesamt positiv gesehene ökonomische Argumentation wird folgendermassen geführt (Pépin, 1998; vgl. Abb. 1):

(1) Durch flexiblere, besser an Schwankungen und den Wunsch nach längeren Betriebszeiten anpassbare Arbeitszeitregelungen (z.B. Jahresarbeitszeitmodelle und neue Überstundenregelungen) können Produktivitätsgewinne erzielt bzw. zumindest die erhöhten Einbussen ausgeglichen werden (MES, 1999b, p. 13).
(2) Die bisherige Lohnentwicklung, die bereits in den letzten Jahren sehr moderat war, kann oder muss wie erwartet weitergeführt werden.
(3) Der Staat reduziert die Soziallasten für die Arbeitgeber.

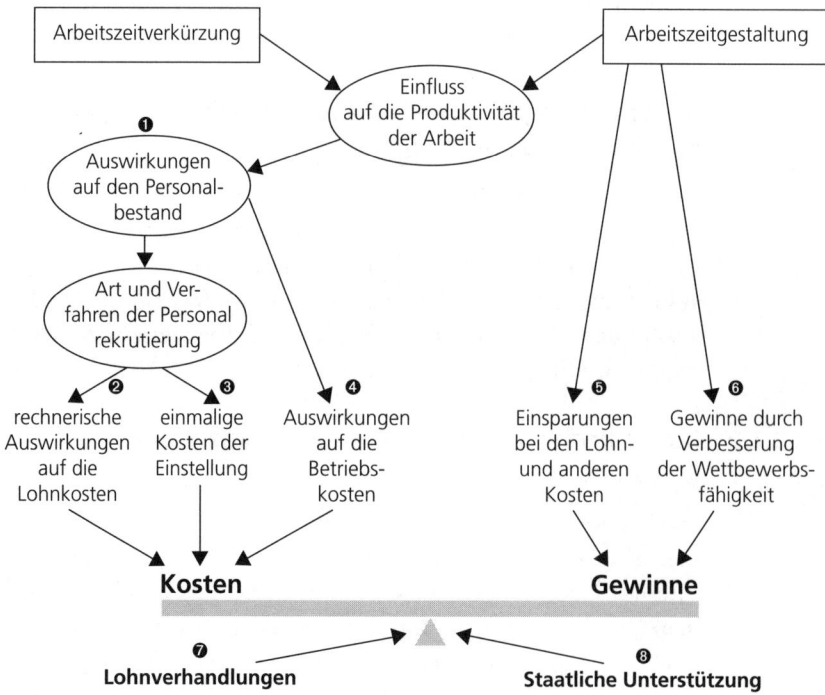

Abb. 1: Der ökonomische Ausgleich der Arbeitszeitverkürzung und -gestaltung (nach: Pépin, 1998, S. 38ff.).

Erläuterungen:

Zu 1: Die Arbeitszeitverkürzung und -gestaltung beeinflussen die Produktivität und der Arbeit und wirken sich somit auf den erforderlichen Personalbestand aus. Die Arbeitszeitverkürzung verursacht zwar primär personelle Kosten, die sich jedoch durch die Nutzung der erweiterten Spielräume zur Arbeitszeitgestaltung (z.B. durch die Flexibilisierung der Arbeitszeit oder die verringerte Belastung) reduzieren lassen.

Zu 2: Die rein rechnerischen Auswirkungen der Arbeitszeitverkürzung auf die Lohnsumme werden modifiziert durch die Art der gesuchten Qualifikation, die Wahl zwischen Neueinstellung und Umwandlung befristeter Arbeitsverhältnisse sowie die Gehaltsgruppierung der Neueingestellten.

Zu 3 und 4: Die durch Neueinstellung und Einarbeitung anfallenden Kosten und die organisationsbedingten Kosten (z.B. Einrichtung und Ausstattung zusätzlicher Arbeitsplätze) müssen berücksichtigt werden.

Zu 5: Zunächst sind die direkt verursachten, berechenbaren Gewinne zu bewerten, nämlich die nicht erforderlichen Investitionen, die verringerten Kosten der Lagerhaltung sowie die verringerte Anzahl an Überstunden und an Unterbeschäftigung durch flexibilisierte Arbeitszeit.

Zu 6: Indirekte Auswirkungen auf die Wettbewerbsfähigkeit des Unternehmens entstehen durch eine höhere Servicebereitschaft und Reaktionsfähigkeit dank der Erweiterung der Betriebszeiten und der Flexibilisierung der Arbeitszeit.
Der Vergleich von Kosten und Gewinnen ist meist zu Lasten von Mehrkosten unausgeglichen. Um dieses Defizit auszugleichen, gibt es zwei Möglichkeiten:

Zu 7: Lohnverhandlungen, z.B. Verhandlungen über die künftige Lohnentwicklung, die Überstunden sowie allfällige Zulagen und

Zu 8: Staatliche und regionale finanzielle Hilfen werden unter bestimmten Voraussetzungen gewährt.
Die Wirtschaftlichkeitsrechnungen der Arbeitszeitverkürzung und -gestaltung müssen sich über mehrere Jahre erstrecken, da bestimmte Effekte erst in der Zukunft feststellbar sind, manche Kosten nur einmalig anfallen (z.B. bei der Personaleinstellung) und die finanziellen Hilfen zur Arbeitszeitverkürzung degressiv sind.

Inzwischen haben verschiedene Regierungsstellen Evaluationsstudien in Auftrag gegeben, die diese Argumentation stützen sollen. Aus diesen geht zusammenfassend hervor (MES, 1999b), dass in einem ersten offiziellen Bilanzierungszeitraum vom 13. Juni 1998 bis zum 5. Mai 1999 4076 Betriebs- und 69 Branchenvereinbarungen abgeschlossen wurden, die ingesamt mehr als eine Million Beschäftigte betrafen und durch die mehr als 56'000 neu geschaffene bzw. erhaltene Arbeitsplätze ausgewiesen wurden. Für Ende März 2000 lauten die offiziellen, dem Internet unter der Adresse http://www.35h.travail.gouv.fr/actualité/depeche/texte.htm entnommenen Daten: Über 3,1 Millionen Beschäftigte in ca. 28'000 Betrieben sind bereits von neuen Arbeitszeitregelungen betroffen, womit 179'430 Arbeitsplätze geschaffen oder erhalten wurden. Die Frage nach der Stichhaltigkeit dieser Daten wird allerdings sehr kontrovers diskutiert. Gesicherte Aussagen erscheinen allein aus methodischen Gründen sehr schwierig. Die vorfindbaren Zahlen gelten, insbesondere was den Erhalt von Arbeitsplätzen anbelangt (defensive Anwendung), eher als rechnerische Ableitungen aus den Vereinbarungen denn als empirisch erhobene und statistisch gesicherte Daten.

2.1.2 Die Darstellung der 35-Stunden-Woche in der internationalen Presse

Die Analyse der Pressebeiträge aus deutsch-, französisch- und englischsprachigen Zeitungen von 1998 bis einschliesslich März 1999 bezog sich insbesondere auf Kommentare, in welchen die gesetzlichen Regelungen der Loi Aubry diskutiert und hinsichtlich ihrer Auswirkungen analysiert wurden. In einer quantifizierenden Zusammenfassung muss vorab festgestellt werden, dass die Analysen, Einschätzungen und Schlussfolgerungen nahezu einhellig sehr kritisch bis klar negativ und ablehnend ausfielen. Dies wird bereits aus einer zufälligen Auswahl von Überschriften in deutschsprachigen Pressebeiträgen deutlich: "Frankreichs Irrweg zu mehr Arbeit" (Süddeutsche Zeitung); "Magere Bilanz für 35-Stunden-Woche" (Wirtschaftswoche); "Milliarden verpuffen wirkungslos" (Handelsblatt); "Jospin zwischen Wort und Wirklichkeit" (Frankfurter Allgemeine Zeitung); "Mit mehr Überstunden bleibt alles beim Alten" (Die Welt). Als wesentliche Kritikpunkte einer gesetzlich verordneten Arbeitszeitverkürzung werden in der Presse folgende Argumente vorgebracht:

- Die Reduzierung der Arbeitszeit führt langfristig zu einem Rationalisierungsdruck, da Arbeit teurer wird. Die Verteuerung der Arbeit entsteht zum einem aus den zu zahlenden Überstundenzuschlägen bei Mehrarbeit und zum anderen aus den anfallenden Lohnkosten für neu eingestellte Mitarbeiter.
- Bei kleinen Unternehmen ist die Umsetzung des Gesetzes problematisch, da hier eine Arbeitszeitverkürzung die ohnehin schwierige Kapazitätsplanung und Einhaltung der Arbeitszeiten zusätzlich erschwert.
- Die Lohnkosten werden, umgerechnet auf die Verkürzung der Arbeitszeit, um ca. 11 % ansteigen. Dies führt zu einer Erhöhung der Lohnstückkosten. Dadurch wird die Wettbewerbsfähigkeit beeinträchtigt und fremde Investoren werden ferngehalten.
- Der finanzielle Ausgleich ist relativ niedrig und kommt nur Arbeitsplätzen in Niedriglohngruppen zugute. Zudem profitieren davon in erster Linie arbeitsintensive Unternehmen und Branchen (beispielsweise Kleinbetriebe mit einem niedrigen technologischen Standard in Branchen wie beispielsweise der Textilindustrie). Für diese wird jedoch prognostiziert, dass sie in Europa keine Zukunft haben.
- Der persönliche Wert der neu gewonnenen Familien- und Freizeit kann die Lohneinbussen nicht wettmachen.

Insgesamt klaffen somit die Darstellungen und Einschätzungen der Loi Aubry in der Öffentlichkeit weit auseinander. Während die Regierung und andere staatliche Stellen sich um eine nahezu ausschliesslich positive Darstellung bemühen, konzentrieren sich die Medien und die Darstellungen von Interessengruppen darauf, zu befürchtende negative Auswirkungen herauszustreichen. Diese Feststellung kann und soll hier nicht gewertet werden. Allerdings stellt sich die Frage, wie sich diese Auseinandersetzung als Rahmenbedingung auf die betrieblichen Arbeitsstrukturierungsprojekte niederschlägt.

2.2 Betriebliche Umsetzung beschäftigungsorientierter Formen der Arbeitszeitgestaltung

2.2.1 Eine regionale Vergleichsstudie zwischen elsässischen und südbadischen Betrieben

2.2.1.1 Methodische Grundlagen

Welche Rolle spielen die Bekämpfung der Arbeitslosigkeit und die Sicherung von Arbeitsplätzen in betrieblichen Projekten zur Neustrukturierung der Arbeitszeit? Gibt es in deutschen Betrieben, auch ohne gesetzliche Auflagen, "Bündnisse für Arbeit im Kleinen"? Für wie wichtig werden die Bekämpfung der Arbeitslosigkeit und die Sicherung von Arbeitsplätzen im Verhältnis zu anderen Argumenten für die Neustrukturierung der Arbeitszeit gehalten? Wer vertritt diese Anliegen in welcher Form? Welche anderen Interessen werden von den verschiedenen Parteien vertreten? Zur Klärung dieses zweiten Teils der Fragestellung wurden im Rahmen von Fallstudien Personalverantwortliche in elsässischen Betrieben zur Einführung der 35-Stunden-Woche und in südbadischen Betrieben zu beschäftigungsorientierten Formen der Arbeitszeitgestaltung befragt.

Die Befragungen wurden in Form von halbstandardisierten Interviews, meist direkt vor Ort in den Betrieben, in einigen Fällen telefonisch oder in schriftlicher Form, durchgeführt (vgl. Tab. 1). Angesprochen wurden folgende Themenbereiche:

(a) Konzepte und Formen der bisherigen und der geplanten Arbeitszeitstrukturen,
(b) Ursachen bzw. Begründungen für den Wechsel,
(c) Beteiligung und Verlauf der innerbetrieblichen Diskussion,
(d) Einführung der neuen Arbeitszeitregelungen und Akzeptanz bei den Betroffenen sowie
(e) Auswirkungen auf den Betrieb.

Tabelle 1 : Befragte Unternehmen in Frankreich und in Deutschland. Zeitraum: April bis September 1999. PI = Persönliches Interview mit dem Personalverantwortlichen; TI = Telefoninterview; SchB = schriftliche Befragung.

Land / Betriebs-Nummer	Art der Befragung	Branche	Anzahl Mitarbeiter
F1	PI	Möbel-/Holzindustrie	1000
F2	PI	Verlag/Druckerei	600
F3	PI	Metallindustrie/Automobilzulieferer	2800
F4	TI	Druckerei	180
F5	PI	Steuerungs- und Messtechnik	250
F6	PI	Elektronik und Prozesssteuerung	4300
D1	PI	Verlag/Druckerei	250
D2	PI	Pralinenproduktion	400
D3	PI	Elektronik-/und Medizintechnik	300
D4	PI	Sensortechnologie	1000
D5	PI	Pharmaindustrie	1900
D6	PI	Verlag/Druckerei	970
D7	PI	Zeitungsdruckerei und -vertrieb	70
D8	PI	Steuerungs- und Messtechnik	500
D9	PI	Antriebs- und Steuerungstechnik	450
D10	PI	Automobilindustrie und Nutzfahrzeugherstellung	8740
D11	TI	Molkerei	250
D12	TI	Energieunternehmen	300
D13	SchB	Metallindustrie/Automobilzulieferer	6500
D14	SchB	Holzindustrie	95

Bei allen Fragen lag, um die Äusserung von Lippenbekenntnissen zu vermeiden, der Bezug nicht lediglich auf den Meinungen und "Motiven" der Befragten zur beschäftigungsorientierten Arbeitszeitgestaltung, sondern auf der Beschreibung konkreter betrieblicher Projekte und Massnahmen sowie deren Begründung. Die Auswertung erfolgte in Form der inhaltlichen Strukturierung nach Mayring (1995). Eine ausführliche Darstellung des methodischen Vorgehens und der befragten Betriebe findet sich in Soll, Schüpbach und Zölch (1999). Sichergestellt wurde die Vergleichbarkeit der Ergebnisse hinsichtlich der wirtschaftlichen Parameter Arbeitslosigkeit und Wirtschaftsleistung. Für beide Regionen gilt allerdings, dass sie bezüglich beider Parameter weit besser abschneiden als der Landesdurchschnitt in Frankreich bzw. Deutschland, so dass die Ergebnisse sich nur beschränkt verallgemeinern lassen. In den nachfolgenden Abschnitten wird vorab die Umsetzung der 35-Stunden-Woche in den elsässischen Betrieben, dann der Vergleich mit Arbeitszeitstrukturierungsprojekten in Südbaden dargestellt.

2.2.1.2 Die Umsetzung der 35-Stunden-Woche in den elsässischen Betrieben

Die im Elsass befragten Betriebe stammen aus den Branchen Verlag/Druck, Elektronik und Prozesssteuerung, Möbel/Holz, Metall sowie Steuerungs- und Messtechnik (vgl. Tab. 1). Drei davon haben sowohl in Deutschland als auch in Frankreich Niederlassungen. Die Belegschaftsgrösse schwankt zwischen 180 und 4'300 Mitarbeitern.

Es zeigte sich, dass nur in zwei der befragten Unternehmen ernsthaft über eine Umsetzung der Loi Aubry im Sinne der Reduktion der Arbeitszeit (réduction du temps de travail, RTT) zur Schaffung bzw. zum Erhalt von Arbeitsplätzen nachgedacht wurde (vgl. Tab. 2; F2, F3). In den anderen vier Betrieben stand die Nutzung der Möglichkeiten zur Flexibilisierung der Arbeitszeit (aménagement du temps de travail, ATT) im Vordergrund. Zwei dieser vier Betriebe hatten davon bereits im Rahmen einer Vereinbarung zur Loi de Robien Gebrauch gemacht. Der Versuch, die eigentliche Intention der Loi Aubry zu umgehen, wurde unterschiedlich begründet. Zwei Betriebe hatten schon vor längerer Zeit die wöchentliche Arbeitszeit auf unter 35 Stunden reduziert; der eine im Zuge der Neugestaltung der Schichtpläne (F4), der andere anlässlich der Anwendung der Loi de Robien. Zwei weitere Betriebe gaben an, auf eine Reduzierung der Arbeitszeit vorläufig verzichten und statt dessen die Bezahlung der hohen Überstundenzuschlägen in Kauf nehmen zu wollen.

Die beiden Betriebe, die die Loi Aubry anzuwenden gedenken, planen jeweils eine Einführung vor dem offiziellen Beginn. In beiden Fällen will man damit in den Genuss der maximalen staatlichen Zuschüsse kommen. Ausserdem soll in den Monaten vor der offiziellen Einführung ausreichend Zeit zur Verfügung stehen, um die neuen Regelungen zu erproben und zu verbessern.

a) Die Formen der Arbeitszeitstrukturierung

Aus den Ergebnissen der Befragungen geht deutlich hervor, dass die in den Betrieben auf der Basis der Loi Aubry getroffenen Massnahmen nicht primär auf eine Arbeitszeitverkürzung (RTT) abzielen, sondern die Möglichkeiten zur Arbeitszeitstrukturierung im Sinne der Flexibilisierung nutzen (ATT; vgl. Tab. 2). In allen Fällen wurden flexibilisierte Modelle in Form von Jahresarbeitszeit oder flexibilisierten Bandbreitenmodellen entwickelt. In einem Unternehmen wurde ein rotierendes Arbeitszeitsystem eingeführt, in dem sich eine Viertagemit einer Fünftagewoche abwechseln. Ähnlich wie in den deutschen Unternehmen wurden auch in den befragten französischen Betrieben zur Diskussion um die Loi Aubry eigene Projektgruppen gebildet. Die direkt betroffenen Mitarbeiter waren jedoch lediglich in einem Betrieb in das Projekt im Sinne einer direkten Partizipation involviert (F1). In allen anderen wurden sie lediglich durch den oder die vorgeschriebenen Vertreter oder Mandatierten der Gewerkschaften vertreten. Nur ein Betrieb hat die Unterstützung durch einen externen Unternehmensberater in Anspruch genommen (F5).

Tabelle 2: Zusammenfassung der Ergebnisse (Erläuterungen im Text). Legende: • = *Schwergewicht der Argumentation, Gesamturteil (negativ oder positiv);* (•) *wurde als Argument erwähnt; RTT = Réduction du temps de travail (Arbeitszeitredukion); ATT = Aménagement du temps de travail (Arbeitszeitstrukturierung); TZ = Teilzeitarbeit (einschl. Job-Sharing); PG = Projektgruppe; Part = Partizipation; Besch.-orient. = Beschäftigungsorientierung: off = offensiv (Stellen schaffen); def = défensif (Stellen erhalten).*

Betrieb	Arbeitszeitmodell	Einführg.-strategie	Besch. orient.	Positive Argumente	Negative Argumente
F1	(RTT), ATT, TZ	PG, (Part)	-	Flexibilität, Reorganisation	• Produktivitätseinbussen, Aufwand
F2	RTT, ATT, TZ	PG	off/def	Kostenneutralität	• Überwachung, Führungsstil
F3	RTT, ATT, TZ	PG	off	Kostenneutralität, längere Betriebszeiten, Überstunden, Flexibilität	• Produktivitätseinbussen
F4	Schicht, (TZ)	PG	-	Maschinenlaufzeiten	(•) pauschale Ablehnung
F5	(RTT), ATT, (TZ)	PG, eB	-		• Produktivitäts-/ Lohneinbussen
F6	(RTT), ATT	PG	-		• Produktivitäts-/ Lohneinbussen
D1	Flexibilisierung	PG, (Part)	(X)	• Flexibilität, Attraktivität der Arbeitsplätze	Koordinierbarkeit
D2	Flexibilisierung	PG	(X)	• Flexibilität	
D3	Flexibilisierung, TZ	PG	(X)	• Flexibilität, Zufriedenheit	Aufwand
D4	Flexibilisierung, TZ	PG		• Flexibilität	
D5	Flexibilisierung, TZ	PG		• Flexibilität	
D6	Flexibilisierung, TZ	PG	X	(•) Flexibilität	Aufwand
D7	Schicht, (Flexibilisierung, TZ)	PG	X	(•) Flexibilität, Kosteneinsparung	Aufwand, Lohneinbussen
D8	Flexibilisierung, TZ	PG		• Flexibilität	
D9	Flexibilisierung, TZ	PG		• Flexibilität, Mitarbeiterinteressen	Koordinationsaufwand
D10	Flexibilisierung, TZ	PG, (Part)	(X)	• Flexibilität	Gefährdung von Arbeitsplätzen
D11	Flexibilisierung, (TZ)	PG		• Flexibilität	
D12	Flexibilisierung	PG		• Flexibilität	
D13	Schicht, (Flexibilisierung, TZ)	PG, Part	X	• Flexibilität, Maschinenauslastung, Servicebereitschaft	Sonntagsschicht, Lohneinbussen
D14	Flexibilisierung, (TZ)	PG	X	• Flexibilität	Lohneinbussen

b) Begründungen

Die wichtigsten positiven Argumente der beiden Betriebe, die die Loi Aubry vollumfänglich umsetzen werden, sind die betriebswirtschaftlichen Effekte, die man vor allem in der Erhöhung des Flexibilisierungsgrades und der Erweiterung der Öffnungszeiten sieht. Ausserdem wird erwartet, dass die durch die Reduktion der Arbeitszeit bedingte Erhöhung der Lohnstückkosten im Gegenzug durch die Reduktion der Überstunden mindestens weitgehend aufgefangen werden kann. Das Unternehmen, das umfassend die Loi de Robien umsetzte, wollte von der finanziellen Unterstützung des Staates profitieren und an Attraktivität auf dem Arbeitsmarkt gewinnen.

Die betriebswirtschaftlichen Auswirkungen sowie die mangelnde finanzielle Attraktivität waren jedoch insgesamt die gewichtigsten Einwände gegen die Loi Aubry, die in nahezu jedem Interview vorgebracht wurden. Ausserdem wurde darauf hingewiesen, dass die Flexibilisierung und Individualisierung einen höheren Aufwand für die Kontrolle der Arbeitszeiten und für die Koordinationsaufgaben der Führungskräfte mit sich bringt – mit befürchteten negativen Auswirkungen auf den Führungsstil (vgl. F2). In einigen Fällen wurde mit Schwierigkeiten bei der Suche nach qualifizierten Arbeitskräften, als Folge davon mit einem hohen Einarbeitungsaufwand gerechnet.

c) Erwartete Veränderungen und Auswirkungen
Sowohl hinsichtlich der betriebs- als auch der volkswirtschaftlichen Effektivität waren die Einschätzungen der Personalverantwortlichen sehr kritisch. Mehrfach wurde darauf hingewiesen, dass die Loi Aubry nicht finanzierbar sei und daher auch nicht zu den erhofften Neueinstellungen führen werde. Es wird damit gerechnet, dass wegen ökonomischer Probleme der Aspekt der Beschäftigungssicherung zunehmend in den Hintergrund gedrängt und damit das Ziel, dazu einen breit angelegten innerbetrieblichen Dialog zu initiieren, auf der Strecke bleiben wird. Ausserdem werden der dogmatische Charakter des Gesetzes und die mangelnden Absprachen mit der Industrie kritisiert. Mehrfach wurde angemerkt, dass das Gesetz trotz seiner Spielräume branchen- oder unternehmensspezifische Gegebenheiten zu wenig berücksichtige und dass die Einführung des Arbeitszeitgesetzes für den einzelnen Mitarbeiter wegen der Neudefinition der effektiven Arbeitszeit faktisch kaum eine Arbeitszeitverkürzung im Sinne einer Reduktion der Aufenthaltsdauer im Betrieb bedeuten werde.

2.2.1.3 Beschäftigungswirksame Arbeitszeitgestaltung im deutsch-französischen Vergleich

Im nachfolgenden Vergleich der Ergebnisse der Befragung von Personalverantwortlichen in südbadischen Betrieben mit den berichteten Ergebnissen aus dem Elsass wird davon ausgegangen, dass den unterschiedlichen arbeitszeitgesetzlichen Rahmenbedingungen ein wesentlicher Einfluss auf die innerbetrieblichen Arbeitszeitprojekte zukommt. Im Gegensatz zu Frankreich werden in Deutschland zwar auf bundespolitischer Ebene Diskussionsforen wie das "Bündnis für Arbeit" geschaffen, um die unterschiedlichen Interessenparteien zusammenzuführen und gemeinsame Lösungen zum Abbau der Arbeitslosigkeit zu suchen. Dabei werden auch beschäftigungssichernde Formen der Arbeitszeitgestaltung wie flexible Arbeitszeiten, der Abbau von Überstunden sowie die Förderung von Teilzeitarbeit angesprochen. Es bleibt jedoch bei Empfehlungen. Die konkrete Ausformulierung und Ausgestaltung wird den Tarifparteien überlassen. Für alle befragten südbadischen Betriebe, mit einer Ausnahme (Tab. 2, D1), heisst dies, dass der Stellenwert der Arbeitszeitreduzierung mit der Beschäftigungsorientierung als Begründung in den innerbetrieblichen Diskussionen und Auseinandersetzungen um Massnahmen der Arbeitszeitgestaltung insgesamt eher niedrig gehalten wurde. Als zentraler Aspekt der Neustrukturierung der Arbeitszeit wurde durchgängig die Flexibilisierung genannt (vgl. Tab. 2) und diese primär als unumgängliche Voraussetzung für den Erhalt der internationalen Wettbewerbsfähigkeit gesehen. Der Aspekt der Beschäftigungssicherung spielte dabei eine lediglich indirekte Rolle mit dem Verweis auf den Zusammenhang zwischen Wettbewerbsfähigkeit und sicheren Arbeitsplätzen. Die Positionen und Argumentationen der verschiedenen innerbetrieblichen Interessenparteien weisen gemäss den Aussagen der Personalverantwortlichen sowohl Unterschiede als auch Übereinstimmungen auf. So fokussiert beispielsweise die Geschäftsleitung in den meisten Betrieben die Flexibilisierung und die Steigerung der Produktivität, in einigen Fällen auch die Steigerung der Attraktivität der Arbeitsplätze und die Zufriedenheit der Mitarbeiter. Bei den Betriebsräten wird dagegen vermutet, dass sie einerseits flexibilisierte Arbeitszeitmodelle befürworten, weil sie sich davon die Vermeidung von betriebsbedingten Kündigungen und Kurzarbeit versprechen, andererseits flexiblen Regelungen ablehnend gegenüberstehen, weil sie befürchten, dass dadurch, im Sinne einer Arbeitsverdichtung und Produktivitätssteigerung, Neueinstellungen eher verhindert werden.

Sehr unterschiedlich sind die Einstellungen, die zu betriebsbedingten Kündigungen angegeben wurden. In einigen wenigen Unternehmen wird die Strategie darin gesehen, durch Arbeitszeitgestaltungsmassnahmen Entlassungen zu vermeiden. In diesen Betrieben wird die Beschäftigungssicherung im Zusammenhang mit der Arbeitszeitstrukturierung bewusst zu einem Thema gemacht, das alle betrifft und beschäftigt. In den meisten Betrieben werden dagegen gezielte Kündigungen einzelner Mitarbeiter eindeutig bevorzugt. Arbeitszeitstrukturierungsmassnahmen sollen auf diese Weise von Fragen der Beschäftigungssicherung bewusst abgekoppelt werden. Begründet wurde dies damit, dass Kündigungen zwar für die Betroffenen hart seien, eine Ausweitung der Diskussion auf den gesamten Betrieb sowie die Verbreitung von Unruhe und Verunsicherung in der gesamten Belegschaft auf diese Weise jedoch vermieden werden könne.

Häufig wurde auf die engen Rahmenbedingungen der Arbeitszeitgestaltung in Deutschland hingewiesen. Dazu wurden sowohl die Tarifverträge als auch beispielsweise die knappen und starren Öffnungszeiten der Kindergärten und Schulen gezählt. Insbesondere mit Bezug auf berufstätige Mütter wurden damit die Vorteile von flexibilisierten Arbeitszeitregelungen erheblich relativiert. In diesem Zusammenhang wurde auch immer wieder betont, dass eine rein quantitativ an der Dauer orientierte Betrachtung der Arbeitszeitgestaltung mit neueren, aufgabenorientierten Führungskonzepten, wie etwa dem Führen durch Zielvereinbarung, nicht zu vereinbaren sei. In einigen elsässischen Betrieben (vgl. 2.2.2b) wurde auf den höheren Aufwand für die Erfassung der Arbeitszeit und die Verwaltung der Arbeitszeitkonten aufmerksam gemacht. In zwei Betrieben gaben allerdings die Befragten an, auf eine Erfassung der Arbeitszeit trotz Flexibilisierung und Individualisierung gänzlich verzichten zu wollen, um die bewährte projektorientierte Arbeitsweise und die Selbstverantwortung der Mitarbeiter nicht zu beeinträchtigen. Bezüglich der Einschätzung der Flexibilisierung aus der Sicht der betroffenen Mitarbeiter sind die Erfahrungen der Befragten unterschiedlich. Während in einigen Betrieben die neu gewonnene Freizeit und die flexiblere Anpassbarkeit der Arbeitszeiten an die privaten Interessen offenbar begrüsst werden, wird aus anderen von Skepsis und Ablehnung berichtet, weil die Flexibilität primär für den Ausgleich der Schwankungen im personellen Kapazitätsbedarf und nicht für die Erhöhung der Zeitsouveränität der Mitarbeiter genutzt werde und dies bisweilen sogar mit zeitlichen Restriktionen im Privatleben verbunden sein könne.

Für deutsche und französische Tochtergesellschaften wurde einheitlich festgestellt, dass die Frage der Arbeitszeit in allen Fällen dezentral geregelt werde und dass Diskussionen jeweils nur innerhalb der Niederlassungen geführt, nicht aber als übergeordnete Aufgabe des gesamten Unternehmens oder Konzerns verstanden werden.

Im Vergleich zwischen elsässischen und südbadischen Betrieben am eindrücklichsten ist die insgesamt einhellige Ablehnung der Loi Aubry, d.h. die Arbeitszeitverkürzung zur Schaffung von Arbeitsplätzen, in sämtlichen befragten französischen Betrieben bei gleichzeitig ebenso einhellig positiver Einschätzung von Projekten zur Arbeitszeitflexibilisierung in Unternehmen (vgl. Abb. 2). Mit der angesichts der schmalen Datenbasis gebotenen Vorsicht lässt sich daraus der Schluss ziehen, dass in den französischen Unternehmen primär der generelle Zwang, die Arbeitszeit (bei Gewährung des Lohnausgleichs) zu reduzieren (RTT), auf Ablehnung stösst, während die gebotenen Freiräume zur Flexibilisierung und Individualisierung der Arbeitszeit (ATT) positiv gewertet und auch intensiv genutzt werden. Betrachtet man die Bilanz der Massnahmen in den befragten französischen Betrieben, muss festgestellt werden, dass letztere die ersteren nach Anzahl und Schwergewicht eindeutig überwiegen. Dies steht im Gegensatz zu den Darstellungen staatlicher Institutionen, die sehr viel unternehmen, um über erfolgreiche betriebliche Projekte, die die Loi Aubry bereits umgesetzt haben zu berichten und hierüber versuchen, die öffentliche und betriebliche Diskussion zu beleben (vgl. Charreau, 1998; Dalvai, 1999; MES, 1999a; 1999b sowie Veröffentlichungen im Internet bspw. unter http://www.35h.travail.gouv.fr/). Insgesamt wird eine positive Gesamtbilanz gezogen. Sowohl die Ergebnisse bezüglich der betrieblichen Kennzahlen als auch die Ergebnisse der Befragung von Betroffenen fallen in diesen Studien insgesamt sehr positiv aus.

Charreau (1998) publiziert die Ergebnisse einer Studie[4], die er als Unternehmensberater in sieben elsässischen Unternehmen nach einem Jahr Erfahrung mit der Loi de Robien durchgeführt hat. Von den 176 Befragten schätzten 87 % die neuen Arbeitszeitregelungen positiv oder sehr positiv ein. Über 80 % der Betroffenen und ihrer Angehörigen werteten insbesondere die Auswirkungen auf das Privatleben positiv. 78 % gaben an, am Arbeitsplatz eine Leistungsverdichtung (un changement des rythmes et cadences) festgestellt zu haben. Nur 20 % meinten jedoch, damit gehe eine Erhöhung von Belastung und Stress einher. Zu den negativen Einschätzungen gehört, dass 93 % der Befragten keine Verbesserung der Kommunikation zwischen den Hierarchiestufen, 78 % auch nicht unter den Kollegen feststellten. Wo gegeben, wird der Einkommensverlust durch den Wegfall von Überstundenzuschlägen als empfindlich spürbar bezeichnet. 87 % gaben zum Schluss an, nach einem Jahr Erfahrung nicht mehr zu den alten Regelungen zurückkehren zu wollen und fügten hinzu, dass sie zu dieser Einschätzung erst im Verlaufe der Zeit, d.h. nach ca. einem halben Jahr, gekommen seien. Dieses Ergebnisse werden von der Studie von Dalvai (1998; S. 18; vgl. 2.2.2.1) bestätigt.

Zwei interessante Feststellungen am Rande seien vermerkt: Charreau (1998) weist erstens darauf hin, und dies wird in anderen Quellen mehrfach bestätigt, dass im Bereich der Qualifizierung eine eindeutige Erhöhung der Polyvalenz (polyvalence) festzustellen sei. Zweitens stellt er fest, dass Unternehmen mit einem nach ISO 9000+ zertifizierten Qualitätssicherungssystem die Umstellungen besser bewältigt zu haben scheinen: "Il semble, qu'elles ont acquis lors de la construction de leur système qualité une méthodologie et une culture du changement et de l'adaptation" (S. 11). In diesem Zusammenhang stellt sich die Frage, ob dies nicht auch für Arbeitszeitprojekte gelten kann, d.h., ob nicht auch mit arbeitswissenschaftlich bewährten Methoden durchgeführte Arbeitszeitprojekte als nicht zu unterschätzenden Nebeneffekt die Innovationsfähigkeit eines Betriebes fördern können. Charreau (1998, S. 10; vgl. auch Dalvai, 1998) jedenfalls meint dazu: "L'organisation du travail doit précéder ou accompagner l'aménagement du temps de travail". Eine IPSOS-Studie im Auftrag des französischen Ministeriums für Beschäftigung und Solidarität (Ministère

---

[4] Im Auftrag der Direction règionale du travail, de l'emploi et de la formation professionnelle d'Alsace.

de l'emploi et de la solidarité) (vgl. MES, 1999b) anhand einer repräsentativen Stichprobe mit 478 Befragten kommt zu ähnlichen Ergebnissen wie Charreau (1998). 66 % der Befragten gaben an, dass die Betriebsvereinbarungen für sie mehr Vorteile als Nachteile bringe, lediglich 16 % sehen dieses Verhältnis umgekehrt. Am ausgeprägtesten (86 % zu 4 %) gilt dies für das Privat- und Familienleben, am wenigsten ausgeprägt für die individuelle Arbeitsorganisation (49 % zu 28 %) und für die Auswirkungen auf den Lohn (37 % zu 32 %).

2.2.2 Betriebliche Fallstudien

Die folgenden Fallstudien wurden im Rahmen einer vergleichenden Untersuchung im Elsass und in Südbaden erhoben (vgl. Soll, Schüpbach, Zölch, 1999). Anhand von drei ausgewählten betrieblichen Fallbeispielen wird exemplarisch aufgezeigt, wie unterschiedlich die betrieblichen Voraussetzungen und Rahmenbedingungen sein können, auf welche die Loi de Robien bzw. die Loi Aubry treffen kann, wie in der Folge die Gesetze in der innerbetrieblichen Diskussion jeweils aufgenommen und auf welch unterschiedliche Weise das ein und/oder andere schliesslich ausgestaltet und eingeführt wird.

2.2.2.1 Fallbeispiel 1: Arbeitszeitverkürzung und -gestaltung zur Ausweitung und Flexibilisierung der Schichtarbeit[5] in einem elsässischen Automobilzulieferbetrieb

In der Produktion eines Zulieferbetriebs der Automobilindustrie mit einem Personalbestand von 2800 Mitarbeitern, Tochter eines deutschen Konzerns im nördlichen Elsass, wurde 1998 mit einer Betriebsvereinbarung auf der Grundlage der *Loi de Robien* das System der Schichtarbeit ausgeweitet und flexibilisiert. Der Hauptgrund dafür war der enorme Anstieg des Auftragsvolumens – eine Verachtfachung von 200 Mio. FF im Jahr 1980 auf knapp 1600 Mio FF im Jahr 1998.

a) Die Ausweitung und Flexibilisierung des Schichtsystems
Das bisherige Schichtsystem basierte auf einer wöchentlichen Arbeitszeit von 38,5 Stunden. Die betriebliche Arbeitswoche bestand aus fünf Arbeitstagen zu je drei Schichten (teilkontinuierliche Wechselschicht; vgl. Baillod 1989, S. 200ff.), beginnend mit der Frühschicht am Montag und endend mit der Nachtschicht am Freitag. Gearbeitet wurde in drei Schichtgruppen, die die Schicht wöchentlich wechselten, und zwar von Früh- auf Spät- auf Nachtschicht.
Das neue Schichtsystem wurde im Januar 1998 auf der Grundlage der Loi de Robien eingeführt. Damit verkürzte sich die wöchentliche Arbeitszeit auf 34,5

---

[5] Alle Angaben basieren auf den Ergebnissen eines Interviews mit dem Personalverantwortlichen vor Ort sowie der Evaluationsstudie von Dalvai (1999).

Stunden. Die betriebliche Arbeitswoche wurde auf sechs Arbeitstage erweitert, beginnend mit der Nachtschicht von Sonntag auf Montag und endend mit der Spätschicht am Samstag. Eine Option auf eine vollkontinuierliche Wechselschicht einschliesslich Sonntag ist im Falle einer zunehmend angespannten Auftragslage in der Vereinbarung vorgesehen. Die drei Schichtgruppen wurden um eine vierte erweitert. Die Schicht wird neu alle zwei Arbeitstage gewechselt, und zwar weiterhin von Früh- auf Spät- auf Nachtschicht. Die vierte Schichtgruppe verbringt zwei Arbeitstage zu Hause. Dieses System der Schichtwechsel sowie auch eine geringfügige Anpassung der täglichen Schichtwechselzeiten wurde in Absprache mit dem betriebsärztlichen Dienst vorgenommen, der damit wesentliche Postulate des Gesundheitsschutzes realisiert sieht (Dalvai 1998, S. 17ff.).

b) Begründungen und Argumente für und gegen die Vereinbarungen
Die Gründe für die Einführung des neuen Schichtsystems sind in erster Linie in der enormen Zunahme des Auftragsvolumens zu sehen. Die Produktion sah sich mit kaum mehr zu bewältigenden Rückständen konfrontiert. Diese führten zu weitreichenden und aufwendigen internen Rückwirkungen wie der Einrichtung von Zusatz-, v. a. Wochenendschichten mit den entsprechenden Überstunden und Zulagen sowie der Schaffung vieler zeitlich befristeter Arbeitsverhältnisse. Externe Rückwirkungen drohten aus den in der Automobilindustrie häufig geforderten Just-in-time-Lieferverpflichtungen mit hohen Konventionalstrafen bei Nicht-Einhaltung. Das Unternehmen sah sich somit vor die Alternative gestellt, eine Erhöhung der Kapazitäten entweder durch hohe Investitionen oder aber durch eine Erweiterung der Nutzung der vorhandenen Produktionseinrichtungen zu realisieren. Innerhalb des Unternehmens bestand Einigkeit darüber, dass der zweiten Möglichkeit Vorrang eingeräumt werden sollte.
Daran anknüpfend wurden Überlegungen zu Fragen der Arbeits- und Betriebsorganisation angestellt. Dabei wurde an den Stand der Entwicklung der vor wenigen Jahren technisch modernisierten und auf eine Inselorganisation (Unités de production; vgl. Dalvai 1999, S. 21ff.) umgestellten Produktion angeknüpft. Bereits damals war vorgesehen worden, die Produktionszeiten in die Wochenenden hinein zu erweitern. Es war allerdings klar, dass allein diese Massnahme nicht ohne eine starke Erhöhung der Personalkapazitäten zu realisieren war. Im Unternehmen wurde deshalb entschieden, gleichzeitig mit der Erweiterung der Arbeitszeit auf Betriebsebene die individuelle Arbeitszeit auf 34,5 Wochenstunden zu reduzieren. Es war klar, dass damit innerhalb kurzer Zeit noch mehr Arbeitskräfte gesucht, eingestellt und eingearbeitet werden mussten. Man wollte jedoch die Personalbeschaffung vorzugsweise in einem einzigen "Grossprojekt" bewältigen und nicht auf mehrere kleinere Projekte aufteilen. Der Auftritt auf dem Arbeitsmarkt sollte möglichst rasch erfolgen, da man wusste, dass aufgrund der anhaltend guten Branchenkonjunktur qualifizierte jüngere Arbeits-

kräfte bald sehr gesucht sein würden. Mit Massnahmen zur Arbeitszeitgestaltung sollten die angebotenen Arbeitsplätze attraktiver gemacht und besser an arbeitsmedizinische Forderungen angepasst werden (vgl. dazu Baillod, 1989, S. 215ff.).

Für den Arbeitgeber auch ausschlaggebend für die Unterzeichnung einer Betriebsvereinbarung zu Beginn des Jahres 1998 auf der Grundlage der Loi de Robien war die finanzielle Unterstützung durch den Staat. Als Argumente seitens des Arbeitgebers gegen die Unterzeichnung der Vereinbarung wurden der Verlust an Arbeitszeit pro Arbeitnehmer, Qualifizierungskosten für und anfängliche Produktivitäts- und Qualitätseinbussen bei den Neueingestellten, ein Anstieg der fixen Gehaltskosten sowie Probleme für die Führungskräfte vorgebracht.

Für die Gewerkschaften (syndicats) stand die Schaffung von Arbeitsplätzen, die Verkürzung der Arbeitszeit an und für sich sowie weniger Überstunden im Vordergrund ihres Votums *für* eine Vereinbarung. Ein Punkt, der in der Diskussion hervorgehoben wurde, und der in Frankreich insgesamt eine wichtige Rolle zu spielen scheint, ist die Umwandlung von befristeten Arbeitsverträgen (contrats à durée déterminée, CDD) in unbefristete (contrats à durée indéterminée, CDI; vgl. auch Pépin, 1998). Dies wurde vom Unternehmen zugesichert. Negativ wurde die Ausweitung der Wochenendarbeit gesehen. Für die Gewerkschaften und auch für die Beschäftigten entscheidend für das relativ rasche Übereinkommen war die Zusicherung des Arbeitgebers, dass es keine Einbussen, sondern im Gegenteil moderate Erhöhungen bei den Grundlöhnen geben werde. Zudem wurde vereinbart, auf die Festsetzung eines Bandbreitensystems mit Jahrespensum (annualisation) zu verzichten und die Nachtarbeit für die Frauen auf eine freiwillige Basis zu stellen.

Von den Beschäftigten wurde die (sehr kurzfristige) Ankündigung der Betriebsvereinbarung zur Loi de Robien nach Angaben der Personalleitung nach massiven anfänglichen Befürchtungen relativ rasch zwar unterschiedlich, insgesamt jedoch positiv aufgenommen. Widerstand regte sich gegen den Verlust der teilweise erheblichen Überstunden- und Schichtzulagen, teilweise gegen die Umstellung der Schichtwechsel alle zwei Tage sowie die Umstellung der Schichtgruppen. Generell ablehnend standen der Vereinbarung die Mitarbeiter der mittleren und unteren Führungsebene in der Produktion gegenüber, die befürchteten, dass der Hauptaufwand für die Umstellung sowie der Mehraufwand für die Produktionsplanung und -steuerung auf ihnen lasten würde, ohne dass sie von den Vorzügen der Vereinbarung würden profitieren können.

Mit Bekanntwerden der Rahmenbedingungen der Loi Aubry wurde von der Geschäftsleitung entschieden, nach Ablauf der Vereinbarung zur Loi de Robien mit einer Gültigkeit von sieben Jahren zunächst keine neue Vereinbarung zur Loi Aubry abzuschliessen, da man darin keine gleichwertigen wirtschaftlichen

Vorteile mehr sah. Dass damit wieder vermehrt Überstunden geleistet und mit hohen Zulagen vergütet werden müssen, wird in Kauf genommen.

c) Aushandlung und Umsetzung der Vereinbarung

Da die Verhandlungen wegen der akuten Engpässe unter Zeitdruck standen, dauerte die Verhandlungsphase nur kurz. Betriebsweite Analysen oder Befragungen wurden nicht durchgeführt.

An den Verhandlungen waren der Personalleiter als Vertreter der Geschäftsleitung und die vorgeschriebenen Gewerkschaften als Vertreter der Belegschaft beteiligt. Ein direkter und breit abgestützter Diskurs unter Beteiligung aller Betroffenen wurde vermieden, da man keine Unruhe stiften und Ängste schüren wollte. Beschäftigungseffekte wurden überwiegend unter Kapazitätsgesichtspunkten gesehen, gesellschaftliche Aspekte der Verringerung von Arbeitslosigkeit wurden nicht explizit berücksichtigt. Es handelte sich um eine ausschliesslich offensive Anwendung der Loi de Robien, gefährdete Arbeitsplätze, die erhalten werden sollten (defensive Anwendung), gab es nicht. Dies dürfte auch einer der Gründe dafür gewesen sein, dass die Aushandlung der Vereinbarung insgesamt reibungslos verlief und im wesentlichen innerhalb einer Woche abgeschlossen werden konnte. Von einer Anregung des innerbetrieblichen Dialogs und des partizipativen Aushandelns der Betriebsvereinbarung auf breiter Basis kann somit in diesem Unternehmen, stellvertretend für viele andere, nicht gesprochen weren. Auch Dalvai, der dieser Frage einen eigenen Abschnitt widmet, spricht von "communication interne: un défi difficile à relever"[6] (S. 28).

Die Umstellung vom alten auf das neue Arbeitszeitsystem verlief nach den Angaben des Personalleiters, in Übereinstimmung mit dem Bericht von Dalvai (1999), ohne Probleme. Anfängliche Widerstände oder Skepsis seien bald einer pragmatischen Bereitschaft zur Umstellung auf die neuen Gegebenheiten gewichen. Spezifiziert für unterschiedliche Personengruppen gibt Dalvai (1999) an, dass sich die jüngeren Mitarbeiter insgesamt zu den Veränderungen sehr positiv äusserten. Von den Frauen wurde die Freiwilligkeit der Nachtarbeit besonders geschätzt. Insgesamt wurde anerkannt, dass bei den individuellen Festlegungen so weit wie möglich auf die Wünsche der Betroffenen eingegangen worden sei. Unzufriedenheit wurde am ehesten von Seiten der älteren Mitarbeiter sowie von denjenigen geäussert, denen die Verlängerung der Arbeitszeit in die Wochenenden und/oder der Verlust der Zulagen Schwierigkeiten bereitete.

d) Auswirkungen

Im Verlaufe des Jahres 1998 wurden 600 Mitarbeiter neu eingestellt bzw. auf einen unbefristeten Arbeitsvertrag umgestellt. Betriebsinternen Berechnungen

---

[6] "... der internen Kommunikation als einer schwierigen Herausforderung, die anzunehmen ist."

zufolge waren 400 davon auf die Ausweitung der Betriebszeit und 200 auf die Kürzung der individuellen Arbeitszeit im Sinne der Betriebsvereinbarung zurückzuführen. Mit der Abwicklung der Neueinstellungen war ein hohes Mass an Aufwand verbunden, da es sich als schwierig erwies, qualifizierte Bewerberinnen und Bewerber in ausreichender Anzahl zu rekrutieren. Hinzu kamen die Aufwendungen für die Einarbeitung und Qualifizierung, die sich nach Schätzungen des Unternehmens auf ca. 10'000 FF pro Neueinstellung beliefen.

Wie vorhergesehen, mussten in der ersten Zeit nach der Umstellung Einbussen bei der Produktivität verzeichnet werden, die sich primär in Form einer Zunahme der Schwankungen und Störungen äusserten und die auf die Einarbeitungsdefizite der Neueingestellten zurückgeführt wurden. Es bestätigte sich, dass in der Umstellungsphase die Führungskräfte der mittleren und unteren Ebene sehr stark gefordert waren und sich als diejenigen sahen, die die Hauptlast der Umstellung zu tragen hatten, ohne davon auch profitieren zu können. Die Auswirkungen der Umstellung auf diese Führungskräfte gilt zum Zeitpunkt der Befragung als noch offenes und ungelöstes Problem. Von betriebswirtschaftlicher Seite besteht die Einschätzung, dass die Bilanzierung von Aufwendungen und Nutzen insgesamt positiv ausfällt. Eine ähnliche Bilanz wird auch für den Bereich der nichtmonetären Kriterien gezogen. Hervorgehoben wird, dass sich das Betriebsklima innerhalb kurzer Zeit wieder stabilisiert hat und tendenziell sogar besser geworden ist und dass die bisherigen Rückmeldungen aus der Belegschaft darauf schliessen lassen, dass sich die Umstellung auf die persönliche Situation der Betroffenen insgesamt positiv oder zumindest nicht negativ ausgewirkt hat.

e) "Bündnis für Arbeit" im deutschen Stammbetrieb der elsässischen Tochter
Im Juni 1997 wurde im deutschen Stammbetrieb der elsässischen Tochter mit Sitz in Oberbayern (6'500 Mitarbeiter) im Rahmen einer Betriebsvereinbarung ein internes "Bündnis für Arbeit" geschlossen. Zwar wird von Seiten der Betriebsleitung betont, dass Fragen der Betriebs- und der Arbeitszeitorganisation in den Betrieben unabhängig voneinander diskutiert bzw. Lösungen unabhängig voneinander gesucht würden. Dennoch sind weitreichende Parallelen unübersehbar.

Bezüglich der Ausgangssituation befand sich der Stammbetrieb in einer ähnlichen Situation wie das Tochterunternehmen im Elsass: Die Auftragslage war sehr gut, es bestanden Kapazitätsengpässe, die auch entweder durch Investitionen in neue Anlagen oder durch eine bessere Auslastung der vorhandenen Anlagen beseitigt werden mussten. Als Lösung wurde, wie im Elsass, die teilkontinuierliche Produktion im Oktober 1997 auf sechs Arbeitstage ausgeweitet (Nachtschicht von Sonntag auf Montag bis Spätschicht am Samstag). Die bisherigen drei Schichtgruppen, die sich im wöchentlichen Wechsel von Früh-

auf Spät- auf Nachtschicht ablösten, wurden ebenfalls um eine vierte erweitert. Die Rotation erfolgte jedoch wie bis anhin im Wochenrhythmus. Es gilt die 35-Stunden-Woche, die durch einen hausinternen Tarifvertrag abgesichert ist.
Ziel des betriebsinternen "Bündnisses für Arbeit" war explizit die Sicherung der (allerdings zur Zeit nicht akut gefährdeten) Arbeitsplätze durch eine Beschäftigungsgarantie bis Ende des Jahres 2000 sowie die Schaffung neuer Arbeitsplätze im Rahmen der Kapazitätserweiterung durch die vierte Schichtgruppe.
Zwar liess sich der Initiator des Bündnisses nicht mehr eindeutig benennen. Als sehr interessiert und kooperativ zeigte sich jedoch die Geschäftsleitung. Auf einer Betriebsversammlung wurden die Betroffenen informiert und die unterschiedlichen Modellalternativen zur Diskussion gestellt. An der Aushandlung der Betriebsvereinbarung waren die Geschäftsleitung, die Personalleitung, der Betriebsrat und eine Vertretung der IG Metall beteiligt. Mit den Schichtgruppen wurden Abschlussbesprechungen im Beisein der Personalabteilung und des Betriebsrates geführt. Auf Abteilungsversammlungen und Lernstattsitzungen wurden die Betroffenen auf die konkreten Regelungen der Arbeitszeit und die sich daraus ergebenden Änderungen vorbereitet.
Bezüglich der rechtlichen Rahmenbedingungen wurde darauf hingewiesen, dass man in Deutschland ebenso wie in Frankreich einer gesetzlich vorgeschriebenen Reduzierung der Arbeitszeit ablehnend gegenüber stünde. Allerdings seien auch in Deutschland die gesetzlichen Regelungen der Arbeitszeit eher starr und unflexibel.
Insgesamt sind die Auswirkungen mit denjenigen im elsässischen Betrieb vergleichbar. Es gab kaum Schwierigkeiten bei der Umsetzung. Zu Beginn der Einführung gab es zwar keinen offen erkennbaren Widerstand der Betroffenen, die Akzeptanz galt allerdings als nicht sehr hoch, insbesondere im Hinblick auf die Einbusse der Überstundenzuschläge für die Wochenendschichten. Hingewiesen wurde auf überbetrieblichen Regelungsbedarf wie z.B. die Anpassung an die Fahrpläne der öffentlichen Verkehrsmittel, die Umstellung von Fahrgemeinschaften sowie die Installation von Versorgungsautomaten für das Wochenende wegen des Wegfalls der Verpflegungsmöglichkeiten. Ein Grossteil der betroffenen Mitarbeiter habe sich inzwischen arrangiert, da die betriebliche Notwendigkeit der Neuregelungen eingesehen werde und der Verzicht auf die neu gewonnenen Freizeitblöcke vielen bereits schwerfallen würde. Insgesamt werden die Auswirkungen als eher undramatisch, im Ausmass als unproblematisch bis günstig eingeschätzt.

2.2.2.2 Fallbeispiel 2: Arbeitszeitverkürzung und -gestaltung zur Flexibilisierung der Arbeitszeit in einem elsässischen Verlagsunternehmen

Bei dieser Fallstudie handelt es sich um ein Verlagsunternehmen mit 600 Mitarbeitern, in dem Presseerzeugnisse hergestellt werden. 300 Mitarbeiter arbeiten in der Produktion und im Vertrieb, 150 sind Angestellte und 150 Journalisten. Insgesamt sind in dem Verlagsunternehmen fünf Gewerkschaften vertreten, davon drei für die Journalisten. Die Arbeitszeit in der Produktion wurde bereits 1970 auf Druck der Gewerkschaften auf 34,5 Wochenstunden reduziert. Für die Angestellten gilt bislang offiziell die 39-Stunden-Woche. Aufgrund einer betriebsinternen Vereinbarung beträgt die effektive wöchentliche Arbeitszeit jedoch nur 38 Stunden. Für die Journalisten wurde 1997 auf der Basis der Loi de Robien die Arbeitszeit auf 35 Stunden pro Woche verkürzt. Aufgrund der bereits bestehenden Arbeitszeitverhältnisse soll die Loi Aubry in ihrer offensiven Anwendung nur für den Bereich der Angestellten umgesetzt werden.

a) Die Umsetzung der Loi de Robien
Das Verlagsunternehmen war das erste in Frankreich, das die Loi de Robien umsetzte. Die neue Arbeitszeitregelung für die Gruppe der Journalisten bestand darin, abwechselnd in einer 5- und 4-Tage-Woche zu arbeiten. In der 5-Tage-Woche werden 38 Stunden gearbeitet und in der 4-Tage-Woche 31 Stunden. Durch diese Regelung konnte die Anzahl der Mitarbeiter von 130 auf 143 (um 10 %) erhöht werden. Vorgeschlagen wurde die Einführung der Loi Robien von der Geschäftsleitung. In einer Arbeitsgruppe bestehend aus drei Repräsentanten der Direktion (Personalleiter, Chefredakteur und Vorstand) und aus Journalisten der verschiedenen Bereiche wurde über die Umsetzung der Loi de Robien beraten. Die Arbeitsgruppe bestand aus 7 bis 8 Personen und traf sich 1 bis 2 mal pro Monat. Es wurde ein Jahr lang mit den Gewerkschaften diskutiert. Vereinbart wurde auch, dass der Lohn in den nächsten drei Jahren nicht erhöht wird. In einer Abstimmung unter allen Journalisten sprachen sich 95 % für den Abschluss der Vereinbarung aus.

Trotz einiger Streitpunkte und Befürchtungen (siehe Abschnitt b) überwiegen insgesamt die positiven Erfahrungen. Die Journalisten geniessen das Mehr an Freizeit und die grössere Flexibilität. Dies zeigte sich auch in den Ergebnissen der Befragungen zur Mitarbeiterzufriedenheit, die zur Evaluation der Loi de Robien durchgeführt wurden. Sowohl die älteren als auch die neu eingestellten Journalisten waren mit der neuen Regelung zufrieden. Die Angestellten haben die Journalisten um ihr Arbeitszeitmodell beneidet. Allerdings wird eine Umsetzung der 4-Tage-Woche bei den Angestellten als problematischer angesehen.

b) Begründungen und Argumente für und gegen die Umsetzung der Loi Robien
Gründe *für* die Umsetzung der Loi de Robien, die die innerbetriebliche Diskussion bewegten, bestanden darin, dass man auf der Suche nach neuen Formen der Arbeitsorganisation war und nach Möglichkeiten Ausschau hielt, auch im Bereich der Journalisten die Arbeitszeit zu verkürzen. Ökonomische Gründe wurden vor allem in einer Stabilisierung der Gehälter gesehen. Zudem wollte

man das erste Verlagsunternehmen sein, das an dieser Gesetzesinitiative teilnimmt. Als weiteres Pro-Argument wurde die Möglichkeit angeführt, neue Mitarbeiter einzustellen, wobei man sich hierüber neue Ideen sowie eine Verjüngung der journalistischen Mitarbeitergruppe versprach.
Gründe, die *gegen* die Umsetzung der Loi de Robien sprachen, wurden von zwei Gewerkschaften und vor allem von den älteren Mitarbeitern vertreten. Letztere machten bei der anschliessenden Abstimmung 5 % aus. Von diesen Interessengruppen bzw. der Personengruppe der älteren Journalisten wurden sowohl die Erhöhung der Polyvalenz unter den Journalisten als auch eine 4-Tage-Woche als problematisch angesehen. In bezug auf letztere wurde befürchtet, während der drei freien Tage den Kontakt zum Verlag sowie den Anschluss zum aktuellen Geschehen zu verlieren. Jedoch kann in diesen Befürchtungen auch ein Generationenkonflikt zum Vorschein kommen. Umstritten war auch die Übernahme der Organisation der Arbeitszeit durch die Beschäftigen.

c) Die Umsetzung der Loi Aubry

Die Loi Aubry wird in dem vorgestellten Verlagsunternehmen vollumfänglich, d.h. in seiner *offensiven Anwendung* nur im Bereich der Verwaltung eingeführt. Angestrebt ist eine Reduzierung der Arbeitszeit um 10 %, d.h. von 38 Stunden auf 34,2 Stunden bei gleichzeitigen Neueinstellungen von 6 %, d.h. einer Erweiterung des Verwaltungspersonals um ca. 10 Personen.
Im Bereich Produktion ist demgegenüber eine *defensive Anwendung* der Loi Aubry vorgesehen, um den betrieblichen und technischen Wandel zu begleiten und zu ermöglichen. Zur Sicherung der bestehenden Arbeitsplätze für die nächsten zwei Jahre soll die Arbeitszeit in der Produktion um 10 %, d.h. von 34,5 Stunden auf 31 Stunden gesenkt werden. Der Grund hierfür ist ein weiterer Automatisierungsschritt in der Produktion, in dessen Folge weniger Arbeitskräfte benötigt werden.
Zum Erhebungszeitpunkt dauerte die Diskussion zwischen Direktion und Gewerkschaften um die Art und Weise der Umsetzung und um die Vereinbarung der genauen Wochenstundenzahl noch an. In sechs Arbeitsgruppen wurde die Umsetzung des Gesetzes für die einzelnen Bereiche bearbeitet, wobei man für alle Personengruppen individuelle Lösungen finden möchte. Im Management könnte die Umsetzung der Loi Aubry beispielsweise über freie Tage gelöst werden, im Bereich der Angestellten über eine Reduzierung der täglichen Arbeitszeit.
Als besonders schwierig in der Umsetzung scheint sich das Ansinnen herauszustellen, *sowohl* die offensive *als auch* die defensive Variante *in einem Betrieb* zu realisieren. Bei den Inspekteuren der Regierung stösst dies auf Unverständnis. Dahinter verbirgt sich die Vorstellung, dass man die Arbeitskräfte ja innerhalb des Betriebes (auch zwischen unterschiedlichen Bereichen wie Produktion und

Verwaltung) austauschen könne. Aufgrund gänzlich unterschiedlicher Berufsbilder und -ausbildung in Produktion und Verwaltung ist diese Vorstellung jedoch äusserst unrealistisch.

d) Die innerbetriebliche Diskussion um die Loi Aubry
Trotz des ökonomischen Vorteils, den man sich von der Stabilisierung der Löhne verspricht, gilt die Vereinbarung auf der Basis der Loi Aubry in dem Verlagsunternehmen – gegenüber derjenigen, die auf der Basis der Loi de Robien abgeschlossen wurde, als wesentlich weniger interessant. Zwar garantiert die Loi Aubry sieben Jahre lang finanzielle Hilfe, wenn man sich verpflichtet, neue Mitarbeiter einzustellen und diese zwei Jahre zu behalten. Jedoch ist die finanzielle Hilfe fix und nicht prozentual den Lohnkosten angemessen wie es bei der Loi de Robien der Fall ist. Dadurch ist die Loi Aubry nur für niedrige Gehalts-/Lohngruppen interessant. Als mögliches Problem wurde diskutiert, dass es bisher keine Kontrolle der Arbeitszeit gab, da Führung auf Zielvereinbarung und Projektorientierung basierte. Sollte zukünftig vorgesehen sein, die effektive Arbeitszeit zu erfassen, könnte dies negative Auswirkungen auf den bisherigen Führungsstil haben.

Insgesamt wird befürchtet, dass die Loi Aubry nicht finanzierbar ist und deshalb – aufgrund ökonomischer Probleme der Aspekt der Beschäftigungssicherung – zunehmend in den Hintergrund tritt. Um mehr Personal flexibler einstellen zu können, wird eine Senkung der Lohnnebenkosten als sinnvoller angesehen.

Trotz dieser kritischen Haltung gegenüber möglichen positiven beschäftigungswirksamen Effekten plant das Verlagsunternehmen eine vorgezogene Umsetzung der Loi Aubry. Begründet wird dies damit, dass ab dem 1.1.2000 alle Stunden über 35 als Überstunden zu vergüten sind, d.h. bei Nicht-Umsetzung des Gesetzes die Arbeit wesentlich teurer würde. Indem das Verlagsunternehmen bereits am 1. 9. 1999 die betriebliche Stundenzahl auf 35 Stunden reduziert, möchte sie allfälligen Problemen bei der Umstellung rechtzeitig begegnen, um so ab dem 1.1.2000 einen reibungslosen Ablauf zu garantieren und zusätzliche Kosten zu vermeiden.

2.2.2.3 Fallbeispiel 3: Arbeitszeitverkürzung und -gestaltung zur Flexibilisierung der Arbeitszeit bei einem elsässischen Hersteller von Büromöbeln

Beim dritten Fallbeispiel handelt es sich um einen Hersteller von Büromöbeln in Strassburg mit 800 Mitarbeitern, der zu einer amerikanischen Firmengruppe gehört. Ausser in Strassburg gibt es französische Niederlassungen in Marlenheim und Saarburg. Die Personalabteilung für gesamt Europa hat ihren Sitz in Strassburg. Die Umsetzung der Loi Aubry geschieht jedoch dezentral in den französischen Niederlassungen. In Saarburg wird die Loi Aubry seit November 1998 umgesetzt, in Marlenheim wird man damit ab dem 1. Juli 1999 und in

Strassburg ab dem 1. September 1999 beginnen. Als Gründe für die vorgezogene Umsetzung des Gesetzes wurde angegeben, dass man bei der Einführung der 35-Stunden-Woche einige Probleme erwarte und deshalb frühzeitig mit der Planung und Organisation beginnen wolle, um genügend Zeit für mögliche Verbesserungen und organisatorische Anpassungen zu haben. Auch von Seiten der Mitarbeiter wurde Druck ausgeübt, die Loi Aubry möglichst rasch einzuführen.

Arbeitszeitmodelle, die im Rahmen der Loi Aubry umgesetzt werden sollen, sehen eine durchschnittliche Wochenarbeitszeit von 35 Stunden vor und beinhalten für den Bereich der Produktion ein Jahresarbeitszeitmodell, für den Bereich der Verwaltung flexibilisierte Arbeitszeitmodelle. Für die Führungskräfte sollen besondere Regelungen erarbeitet werden, da hier eine Reduzierung auf 35 Stunden pro Woche als eher schwierig angesehen wird. Eventuell soll hier eine Lösung über besondere Urlaubsregelungen gefunden werden. Insgesamt erhofft man sich durch die Umsetzung der Loi Aubry die Einstellung von 75 neuen Mitarbeitern.

a) Vorbereitungen zur Umsetzung der Loi Aubry

Den Vorschlag, die Loi Aubry in der Niederlassung Strassburg einzuführen, machte die Geschäftsleitung. Später kam verstärkter Druck zur Umsetzung auch von Seiten der Mitarbeiter. Vorbereitet und diskutiert wurde die Loi Aubry im Rahmen einer Arbeitsgruppe, welche sich zu diesem Thema bereits seit Anfang 1998 regelmässig traf. Die Arbeitsgruppe setzte sich zusammen aus der Geschäftsleitung, Vertretern von drei Gewerkschaften, Mitarbeitern der Personalabteilung und einer Praktikantin, welche für organisatorische Belange zuständig war. Vertreter eines Arbeitgeberverbandes nahmen nicht teil. In den ersten Treffen (von mindestens 10) wurde über die Inhalte und Bestimmungen des Gesetzes informiert und aufgeklärt sowie zentrale Begriffe (z.B. effektive Arbeitszeit) definiert. Diese Phase – auch als "pädagogische Arbeit" bezeichnet – stellte sich als sehr mühsam, aber auch als sehr wichtig dar, da mit der Veränderung von Arbeitszeitmodellen viele weitere Fragen und Themen verbunden waren. Die Ergebnisse der Arbeitsgruppe zur Loi Aubry wurden nach jeder Sitzung öffentlich ausgehängt. Insgesamt wurde viel Wert auf eine umfassende Vorbereitung der Mitarbeiter gelegt. Es wurden betrieblicherseits Informationsveranstaltungen organisiert sowie Aufklärung der Mitarbeiter auch durch die Gewerkschaften betrieben. Dadurch konnte der soziale Dialog im Betrieb angeregt werden. Das anfänglich gute Diskussionsklima verschärfte sich jedoch zunehmend, als Fragen von Lohn und Zuschlägen ausgehandelt wurden. Dies führte zu einer Politisierung der Diskussion und schliesslich zu Streiks. Die Führungskräfte und das Management fühlten sich zunächst nicht durch das Gesetz angesprochen und zeigten sich eher desinteressiert. Erst durch die Streiks (siehe unten) wuchs beim Management die Ernsthaftigkeit in der Diskussion. Die Angestellten zeigten sich hingegen von Anfang an interessiert an dem Thema und waren bereit, teilzunehmen.

b) Innerbetriebliche Diskussion und Aushandlungsprozess

Pro- und Contra-Argumente für oder gegen die Loi Aubry wurden nicht sehr ausgiebig diskutiert, da deren Umsetzung als gesetzlicher Zwang angesehen wurde. Die wesentlichen Gründe, die für die Umsetzung der Loi Aubry vorgebracht wurden, waren wirtschaftlicher Art. So wollte man versuchen, die Flexibilität zu erhöhen, um dem internationalen Konkurrenzdruck standhalten zu können. Demgegenüber wurde befürchtet, dass sich der Organisationsaufwand erhöhe und die angestrebte Flexibilisierung (z.B. die Einführung von Samstagsarbeit) – da nun verpflichtend – nicht immer mit den Wünschen der Mitarbeiter vereinbar sei. Zudem wurde vor einer zu schnellen und überstürzten Umsetzung der Loi Aubry gewarnt.

Im Vordergrund der Diskussion standen vielmehr die Art der Umsetzung sowie eine günstige und vorteilhafte Ausgestaltung des gesetzlichen Rahmens und die damit einhergehenden Aushandlungsprozesse zur Durchsetzung unterschiedlicher Interessen. Gestaltungsvorschläge zur Umsetzung des Gesetzes – so wurde berichtet – kamen fast ausschliesslich von Seiten der Geschäftsleitung sowie den Führungskräften und nicht von Seiten der Gewerkschaften. Die Gewerkschaften sahen ihre Aufgabe vor allem darin, sich für den Erhalt der bisherigen Arbeitsbedingungen (Pausen, Zuschläge, usw.) einzusetzen, wobei sie der Schaffung neuer Arbeitsplätze keinen vorrangigen Stellenwert beimassen.

Besonders kritisch waren im Rahmen dieses Aushandlungsprozesses Fragen, die Veränderungen der Gehälter betrafen. Der problematischste und strittigste Punkt war die Beibehaltung der Zuschlagsregelungen. Bisher wurden ab 20 Uhr Nachtzuschläge gezahlt, mit der neuen Regelung erst ab 21.30 Uhr. Auch die Zuschläge für Mitarbeiter, die schon lange im Unternehmen tätig sind, sollten wegfallen. Die Beibehaltung dieser Zuschläge wurde von den Gewerkschaften gefordert, und es kam – als die Arbeitgeber nicht auf diese Forderungen eingingen – schliesslich zum Streik. Nach den Streikverhandlungen wurden die Zuschläge für langjährige Mitarbeiter beibehalten. Allerdings dauert es durch die Arbeitszeitverkürzung nun etwas länger, bis man auf diese Anspruch hat. In bezug auf Lohnveränderungen wurde schliesslich ausgehandelt, dass das Grundgehalt gleich bleibt, es in den nächsten zwei Jahren jedoch keine Erhöhung der Gehälter geben wird.

c) Folgen der Diskussion und erwartete Effekte der Loi Aubry

Vor dem Hintergrund der Erfahrungen, die man bereits früher mit Modellen der Arbeitszeitflexibilisierung gemacht hat, erwartete man keine allzu grossen

Umwälzungen von der Umsetzung der Loi Aubry. Einschränkend ist allerdings zu sagen, dass die Teilnahme an solchen Vorläufermodellen der Arbeitszeitflexibilisierung freiwillig und mit besserer Bezahlung verbunden war. Als kritisch wird die Einführung der effektiven Arbeitszeit bewertet, welche in ihrer Umsetzung für den einzelnen Mitarbeiter deutlich mehr als 35 Stunden Anwesenheit im Betrieb bedeutet. Auch zeigt sich die Geschäftsleitung des Möbelherstellers im Hinblick auf beschäftigungsfördernde Effekte der Loi Aubry äusserst skeptisch. Hinzu kommt, dass die geplante Zahl der Neueinstellungen im Werk Saarburg bislang nicht erfüllt werden konnte. Als positive Erfahrung der bisherigen Diskussion und Umsetzungsbestrebungen wurde gewertet, dass der soziale Dialog angeregt und der ganze Betrieb und seine Organisation noch einmal durchdacht wurden.

3. Diskussion und Ausblick

Insgesamt präsentiert sich das Bild der beschäftigungsorientierten Arbeitszeitgestaltung in Frankreich sehr heterogen und stark von den jeweiligen Interessenstandpunkten geprägt. Es wird wohl noch einige Zeit dauern, bis empirisch verwertbare Daten einigermassen gesicherte Aussagen zulassen, die zu mehr Ausgewogenheit in der Argumentationen sowie zu einer Versachlichung der Diskussion beizutragen vermögen. Die gegenwärtige wirtschaftliche Situation mit hohen Wachstumsraten bzw. hohen betrieblichen Auftragsbeständen erweist sich für die Loi Aubry als günstig, da die den Unternehmen quasi zur Kompensation der Nachteile der Arbeitszeitverkürzung angebotenen Gestaltungsmöglichkeiten voll genutzt werden können. Obwohl angesichts der Vielfalt der Gestaltungsmöglichkeiten und der Diversität der Ausgangsbedingungen kaum je einheitliche Einschätzungen zu den Auswirkungen der Loi de Robien und der Loi Aubry möglich sein werden, zeichnen sich einige Aspekte ab, die sich insbesondere im deutsch-französischen Vergleich als wesentlich herauskristallisieren und aus arbeits- und organisationspsychologischer Perspektive wichtige Forschungs- und Gestaltungsfragen aufwerfen.

Sowohl in Frankreich wie in Deutschland liegt das Schwergewicht bei der Arbeitszeitgestaltung eindeutig auf der *Flexibilisierung*. Seit dem sog. "Leber-Kompromiss", d.h. der Verknüpfung von Verkürzungen der Wochenarbeitszeit mit verbesserten Möglichkeiten zur Flexibilisierung, hat sich in Deutschland der Spielraum für Flexibilisierung auf betrieblicher und individueller Ebene verbessert (Linnenkohl, 1995). Waren bislang in Deutschland tariflich vereinbarte Arbeitszeitverkürzungen verbindlich für alle Betriebe und Beschäftigten des Tarifbereichs, gibt es neuerdings eine Vielzahl von Regelungen zur beschäftigungssichernden Arbeitszeitverkürzung mit lediglich optionalem Charakter. Auch in Frankreich zeichnet sich die Tendenz ab, Fragen der Arbeitszeitregelungen in die Betriebe zu verlegen und einzelvertraglich zu vereinbaren. Damit bekommen Unternehmen in beiden Ländern immer mehr Möglichkeiten, die Arbeitszeiten den betrieblichen Anforderungen anzupassen und dabei von gesetzlichen und/oder tariflichen Bestimmungen abzuweichen. Gesetzesinitiativen wie die Loi Aubry in Frankreich mit einer staatlichen "Verordnung" von Arbeitszeitverkürzungen für *alle* Unternehmen – scheinen hierzu in Widerspruch zu stehen, insbesondere wenn man die unterschiedlichen Voraussetzungen und Rahmenbedingungen in den französischen Unternehmen berücksichtigt. So können Modelle der Arbeitszeitverkürzung und -flexibilisierung bereits in den zurückliegenden Jahren realisiert worden sein, und entsprechend profitieren Unternehmen in Abhängigkeit vom bereits erreichten Stand in sehr unterschiedlichem Ausmass von den staatlichen Vergünstigungen. Und auch innerhalb eines Unternehmens können – wie in den Fallbeispielen deutlich wurde – je nach Bereich oder Abteilung unterschiedliche Voraussetzungen in bezug auf die Länge der Arbeitszeit und die zum Einsatz kommenden Flexibilisierungsmodelle vorliegen. Unternehmen oder gar einzelne Unternehmensbereiche sind – was Fragen der Arbeitszeitverkürzung und Arbeitszeitflexibilisierung betrifft – folglich an sehr unterschiedlichen Stellen abzuholen. Es zeigt sich hierbei, wie wichtig eine ***differentielle und dynamische Arbeitszeitgestaltung*** im Sinne von Ulich (2001) auch auf betrieblicher Ebene bzw. auf Ebene einzelner Unternehmensbereiche ist.

Zentral für die Umsetzung von Prinzipien der differentiellen und dynamischen Arbeits*zeit*gestaltung ist die Implementationsstrategie. Grawert (1995) unterscheidet eine Vorgehensweise bei der die Entwicklung und Inkraftsetzung von Massnahmen "schlagartig und unwiderruflich" erfolgt (a.a.O., S. 16), von einer Beteiligung der Betroffenen von den ersten Planungsüberlegungen an. Angesprochen ist damit die mit der Umsetzung der Loi Aubry angestrebte Förderung des innerbetrieblichen Dialogs (vgl. 1.2.3) sowie die aus arbeits- und organisationspsychologischer Sicht wichtige Frage der ***Partizipation.*** In keinem der in die Vergleichsstudie einbezogenen französichen Unternehmen spielte dies eine wichtige Rolle. Laut Freyburger (1999) entspricht dies der Tradition und der Logik des französischen Modells der Partizipation als Führungsinstrument: "In Frankreich werden die diversen Formen der Partizipation vor allem als ein preisgünstiges Mittel angesehen, das eingesetzt werden kann, um Dysfunktionen jeglicher Art im Bereich der Produktion zu vermeiden" (Freyburger 1999, S. 117). Darüber hinaus bietet auch die im Vergleich zu Deutschland grössere Instabilität des Systems der Arbeitsbeziehungen der verschiedenen Interessenparteien einen Erklärungsansatz für die unzureichende Ausgestaltung des innerbetrieblichen Dialogs. Während in Deutschland ein von den Beschäftigten gewählter Betriebs- resp. Personalrat aufgrund der gesetzlich verankerten Mitbestimmungspflicht auch für Regelungen zur Lage und Verteilung der Arbeitszeit eine markante Stellung erhält, sind die gewerkschaftlichen Interessenvertreter in Frankreich, welche per Gesetz ermächtigt sind, Firmenverträge auszuhandeln, nicht direkt durch die Beschäftigten gewählt, sondern durch entsprechende betriebliche oder sogar ausserbetriebliche gewerkschaftliche Organisationen ernannt. Nach Hamandia (1999) versucht der französische Staat diese strukturelle Schwäche des französischen Verhandlungssystems durch seine Interventionen zu kompensieren. Paradoxerweise schwächt jedoch gerade die starke Rolle des Staates, welche darauf abzielt, Verhandlungen über Arbeitszeit zu fördern, das System der Arbeitszeitverhandlungen. Unter den beschriebenen Voraussetzungen erscheint eine Partizipation im Sinne einer (gewerkschaftlich unterstützten) Förderung der Mitdiskussion und der Solidarisierung auf breiter Front somit aus französischer Sicht als eher schwierig und scheint auch durch die Loi Aubry nicht ohne weiteres entwickelt werden zu können.

Trotz dieser Einschränkungen wird von den bislang durch die französischen Gesetzesinitiativen betroffenen Beschäftigten eine generelle **Zufriedenheit** mit den neuen Arbeitszeitregelungen festgestellt (Charreau, 1998; Dalvai, 1998). Dies stimmt mit den Ergebnissen von Promberger et al. (1997) überein, die die Auswirkungen der beschäftigungssichernden Arbeitszeitverkürzungen bei VW und bei der Ruhrkohle AG in Deutschland untersuchten. Sie stellten fest, dass sich rund 20 % der Betroffenen vor allem mit den Einkommenseinbussen schwer taten, dass jedoch die Akzeptanz der Massnahmen nicht vorrangig davon abhing, sondern "von verschiedenen betrieblichen und auch ausserbetrieblichen (etwa durch die jeweiligen Lebenszusammenhänge und -entwürfe bestimmten) Faktoren beeinflusst" (a.a.O., S. 195). Dazu gehörten der Grad des subjektiven Gefühls der Arbeitsplatzbedrohung, die Form der Arbeitszeitverteilung, d.h. die veränderte Lage und Verteilung von Freizeit und Arbeitszeit, die Möglichkeit, über die zusätzliche Zeit nach den eigenen subjektiven Bedarfsstrukturen verfügen zu können, die Veränderung der Arbeitssituation, insbesondere die Spürbarkeit der Leistungsverdichtung sowie individuelle Zeit/Geld-Präferenzen. Ebenso bewertet Priess (1995) aus der Sicht des Betriebsrats die Erfahrungen mit flexibilisierten und individualisierten Arbeitszeiten positiv und stellt fest, dass damit in dem von ihm vertretenen Betrieb "eine ausgewogene Berücksichtigung von betrieblichen Notwendigkeiten und Mitarbeiterbelangen gelebt wird und dass ein wirklicher Ausgleich der Interessen erfolgt" (a.a.O., S. 95).

Auch in diesen Ergebnissen zeigt sich die Bedeutung einer differentiellen und dynamischen Arbeitszeitgestaltung (vgl. Ulich, 2001) dieses Mal jedoch aus der Perspektive der Beschäftigten. Um persönliche Bedürfnisse und Interessen angemessen zu berücksichtigen, ist eine rechtzeitige partizipative Einbindung aller betroffenen Beschäftigten erforderlich. Denn eine Flexibilisierung von Arbeitszeiten zum Ausgleich von Schwankungen, zur Verlängerung von Öffnungszeiten oder zur Auslastung von Maschinen stellt zunächst die Unternehmensbedürfnisse in den Vordergrund und nicht die *Zeitsouveränität* (vgl. Ulich, 1998) der Beschäftigten.[7] Gerade vor dem Hintergrund des geringen Partizipationsgrades in französischen Unternehmen wäre es im Rahmen eines interkulturellen Vergleichs lohnenswert, sich eingehender damit zu beschäftigen, auf welche Weise die Bedürfnisse und Interessen der Beschäftigten dort Eingang in Arbeitszeitgestaltungsmassnahmen finden bzw. welchen Stellenwert Partizipation für die Zufriedenheit mit diesen einnimmt. In bezug auf die Interpretation der oben genannten Ergebnisse zur Zufriedenheit stellt sich zudem die Frage, ob eine Verringerung der Zeitsouveränität hinsichtlich der Lage der Arbeitszeit in Folge von Flexibilisierungsmassnahmen durch die Vergrösserung der Zeitsouveränität hinsichtlich der Dauer in Anbetracht der Arbeitszeitverkürzungen im subjektiven Erleben der Beschäftigten kompensiert wird.

Abschliessend bleibt noch auf einen Problembereich hinzuweisen. Es handelt sich um die Umsetzung von Arbeitszeitflexibilisierung und Arbeitszeitverkürzung im *Führungsbereich*, die sowohl in Frankreich als auch in Deutschland noch in den Kinderschuhen stecken. So sind in Deutschland Teilzeitmodelle im Führungsbereich trotz zahlreicher Förderinitiativen nur in Ausnahmefällen anzutreffen, und die gängige Vorstellung lautet, dass Führungsaufgaben nicht teilbar sind. In Frankreich, wo man im Rahmen der Loi Aubry nun explizit aufgefordert ist, sich auch für den Führungsbereich Massnahmen der Arbeitszeitreduzierung und -flexibilisierung zu überlegen, geht man diese Aufgabe aufgrund antizipierter potentieller Probleme nur sehr zögerlich an bzw. schiebt deren Erledigung hinaus. Geäusserte Befürchtungen beziehen sich z.B. auf einen erhöhten Koordinationsaufwand für die Führungskräfte und erforderliche Veränderungen des Führungsstils. Gerade was die Gestaltung von Arbeitszeitmodellen im Führungsbereich betrifft, scheinen die Unternehmen besonderer Unterstützung zu bedürfen. Hier tut sich sowohl ein wichtiges Praxis- als auch Forschungsfeld auf, in dem noch viele offene Fragen zu beantworten sind (vgl. hierzu die Beiträge von Baillod sowie Melchers & Zölch in diesem Band).

Danksagung
Unsere Recherche erforderte es, sich in die gesetzlichen Regelungen einzuarbeiten sowie in die gesellschaftlichen Diskurse in Frankreich sowie in die innerbetrieblichen Diskurse in französischen Betrieben einzudenken. Hierbei haben uns Kolleginnen und Kollegen mit ihren fachlichen und sprachlichen Kenntnissen unterstützt und geholfen. Bedanken möchten wir uns an dieser Stelle bei Dr. Didier Raffin, Louis Pasteur Université, Dr. Eric Davoine, Université de Haute Alsace, Mulhouse sowie Caroline Läufer und Corinne Nal, Freiburg.

---

[7] Als in extremen Masse die Zeitsouveränität einschränkend ist hier das Modell der kapazitätsorientierten variablen Arbeitszeiten (KAPOVAZ) zu nennen, in dem die Unternehmensbedürfnisse in besonderer Weise Berücksichtigung finden (Ulich, 2001).

Literatur

Baillod, J. (1989) (Hrsg.). *Handbuch Arbeitszeit.* Zürich: vdf.

Bergmann, M. (1998). Arbeitsleben oder Lebensarbeit? Ergebnisse einer vergleichenden Analyse von Arbeitswerten in Frankreich und Deutschland. *Sozialwissenschaften und Berufspraxis,* 21/1, 48–72.

Blum, A. & Zaugg, R.J. (1998). *Beschäftigung durch neue Arbeitszeitmodelle* (Hrsg.: Bundesamt für Wirtschaft und Arbeit). Bern: EDMZ.

Bundesarbeitsministerium für Arbeit und Sozialordnung (Hrsg.) (1996). *Mobilzeit. Ein Leitfaden für Arbeitnehmer und Arbeitgeber.*

Charreau, A. (1998). *Analyse de la mise en oeuvre de la réduction du temps de travail par des entreprises alsaciennes ayant opté pour la loi de Robien.* Strasbourg: Direction régionale du travail, de l'emploi et de la formation professionnelle d'Alsace.

Dalvai, J.-F. (1999). *La R.T.T: Ça roule pour I.N.A. Mémoire de stage en entreprise.* Marcy-l'Etoile: INTEFP.

Deutsche Gesellschaft für Personalführung (DGFP) (1998). *Bündnisse für Arbeit im Betrieb.* Köln: Wirtschaftsverlag Bachem.

Donges, J. B., Eeckhoff, J., Möschel, W., Neumann, M., Sievert, O. (1999). *Arbeitszeiten und soziale Sicherung flexibler gestalten.* Köln: informedia-Stiftung.

Freyburger, R. (1999). Die direkte Mitarbeiterpartizipation: Politische Ansätze des Managements und der Gewerkschaften. In H.-J. Brink, E. Davoine & H. Schwengel (Hrsg.), *Management und Organisation im deutsch-französischen Vergleich* (S. 103–120). Berlin: Berlin Verlag Arno Spitz.

Grawert, A. (1995). Implementation flexibler und individueller Arbeitszeiten. In D. Wagner (Hrsg.), *Arbeitszeitmodelle – Flexibilisierung und Individualisierung* (S. 15–31). Göttingen: VAP.

Hamandia, A. (1999). Ausgestaltung der Arbeitszeit im Wandel: Ein deutsch-französischer Vergleich. *Industrielle Beziehungen,* 2 (6. Jg.), 190–213.

Linnenkohl, K. (1995). *Entscheidungsrahmen für flexible unde individuelle Arbeitszeiten. In D. Wagner (Hrsg.), Arbeitszeitmodelle – Flexibilisierung und Individualisierung* (S. 33–48). Göttingen: VAP

Mayring, P. (1995, 5. Aufl.). *Qualitative Inhaltsanalyse. Grundlagen und Techniken.* Weinheim: Deutscher Studienverlag.

Ministère de l'emploi et de la solidarité (MES) (Hrsg.)(1999a). *35h – Mode d'emploi. Les idées nettes pour négocier.* Paris: Direction des journaux officiels.

Ministère de l'emploi et de la solidarité (MES) (Hrsg.)(1999b). *35h – Première étape – Premier bilan de la loi 13 juin 1998 – 5 mai 1999.* Paris: Direction des journaux officiels.

Ministerium für Arbeit, Gesundheit, Familie und Frauen (Hrsg.) (1992). *Flexible Arbeitszeiten im Trend.* Forschungsbericht des IAO Stuttgart.

Noguera, F. (1999). *Contribution d'outils de management á la réussite d'un projet d'aménagement – réduction du temps de travail* (Mémoire pour le diplome d'etudes approfondies de gestion socio-economique des entreprises et des organisations). Lyon: Institut de Socio-Economie des Entreprises et des Organisations (ISEOR).

Pépin, M. (Ed.)(1998). *Agir sur l'organisation du temps de travail.* Paris: Edition Liaisons.

Priess, J. (1995). Flexibilisierung und Individualisierung der Arbeitszeit aus der Sicht des Betriebsrats. In D. Wagner (Hrsg.), *Arbeitszeitmodelle – Flexibilisierung und Individualisierung* (S. 93–99). Göttingen: VAP.

Promberger, M., Rosdücher, J., Seifert, H. & Trinczek, R. (1996). *Beschäftigungssicherung durch Arbeitszeitverkürzung.* Berlin: Edition Sigma

Promberger, M., Rosdücher, J., Seifert, H. & Trinczek, R. (1997). *Weniger Geld, kürzere Arbeitszeit, sichere Jobs?* Berlin: Edition Sigma

Soll, K., Schüpbach, H. & Zölch, M. (1999). *Beschäftigungsorientierte Arbeitszeitgestaltung – Ergebnisse einer vergleichenden Recherche in Südbaden und im Elsass* (unveröff. Projektbericht). Freiburg i.Br.: Psychologisches Institut.

Soll, K., Schüpbach, H. & Zölch, M. (2000). Beschäftigungsorientierte Arbeitszeitgestaltung in Frankreich. *Zeitschrift für Arbeitswissenschaft, 2*, 1–9.

Ulich, E. (2001). Arbeitspsychologie. 5. Auflage. Stuttgart: Schäffer-Poeschel, Zürich: vdf Hochschulverlag.

12

Teilzeitarbeit und Job Sharing in Führungspositionen

Teilzeitarbeit und Job Sharing in Führungspositionen stellen Ansätze der Arbeitszeitgestaltung und der Arbeitsorganisation mit erheblichem Zukunftspotenzial dar. Die beiden Ansätze vereinigen viele Widersprüche in sich, die sie für ArbeitswissenschaftlerInnen besonders reizvoll machen, die aber bei betrieblichen PraktikerInnen auch einigen Widerstand auslösen können und deshalb einer massenhaften Verbreitung im Wege stehen.

Besonders interessant erscheint mir die Tatsache, dass bei diesem Thema eine typische Frauendomäne – die Teilzeitarbeit – und eine typische Männerdomäne – die Vorgesetztentätigkeit – aufeinandertreffen. Es ist unbestritten, dass Teilzeitarbeit vorwiegend von Frauen geleistet wird, dass sie unter der heute herrschenden Rollenverteilung zwischen Männern und Frauen eine Möglichkeit darstellt, Erwerbs- und Familienarbeit unter einen Hut zu bringen. Gleichzeitig wissen wir auch, dass Vorgesetztenstellen überwiegend von Männern besetzt werden. Zwar ist in den letzten Jahren ein Anstieg des Frauenanteils in Kaderpositionen zu verzeichnen, doch liegen die Zahlen nach wie vor weit unter dem Anteil erwerbstätiger Frauen insgesamt. Damit stellt sich die Frage, welche Entwicklung an diesem Schnittpunkt unterschiedlicher Interessen zu beobachten sein wird.

Ebenfalls bekannt ist das erhebliche Beschäftigungspotential, das mit individuellen Arbeitszeitverkürzungen in Form von Teilzeitarbeit oder Job Sharing verbunden ist. Mit einer weiteren Verbreitung von Teilzeitarbeit im Kaderbereich ergibt sich ein beträchtliches zusätzliches Umverteilungspotenzial, und zwar auf der Ebene hochqualifizierter Tätigkeiten. Eine solche Umverteilung – gerade auf dieser Ebene – hat nicht nur zahlenmässige Auswirkungen: Vielmehr ist auch mit erheblichen Auswirkungen auf die Organisation der Arbeit und die Kultur der Zusammenarbeit in den beteiligten Unternehmen zu rechnen.

Der vorliegende Artikel basiert auf einer Literaturstudie, die im Rahmen des vom Eidgenössischen Büro für die Gleichstellung von Frau und Mann finanzierten und vom Verein Netzwerk Arbeitsgesellschaft getragenen Projekts "Topsharing" erarbeitet wurde. Er beschäftigt sich zunächst mit dem Phänomen *Job Sharing* generell, anschliessend mit Voraussetzungen, Möglichkeiten und Grenzen von *Teilzeitarbeit in Führungsfunktionen* und zum Schluss mit der Frage, ob *Job Sharing im Führungsbereich* zukunftsweisend sei oder nicht.

1. Job Sharing

1.1 Begriffliche Abgrenzungen

Job Sharing ist ein aus den USA stammender Begriff, der – obwohl noch nicht sehr alt – in der Bevölkerung bereits recht gut verankert ist.[1] In vielen Medien ist Job Sharing immer wieder ein Thema. Im öffentlichen Sprachgebrauch wird er in seiner ganzen vorstellbaren Breite verwendet: sehr allgemein als Synonym für Teilzeitarbeit schlechthin, als generelles Synonym für Arbeitsplatzteilung oder sehr spezifisch als Begriff für eine Arbeitsplatzteilung mit klar definierten rechtlichen Bedingungen (Neumann, 1985).

In der Literatur wird der Begriff ebenfalls sehr unterschiedlich verwendet. Insbesondere die Fragen nach der gemeinsamen Verantwortung und dem Ausmass der Stellvertretungspflicht werden uneinheitlich gelöst.[2]

1.1.1 Die ursprüngliche Definition: Freiwillige Aufteilung einer Vollzeitstelle mit gemeinsamer Verantwortung

Die ursprüngliche Definition stammt aus den Vereinigten Staaten von Barney Olmsted (1977, vgl. auch Olmsted, 1979). Er bezeichnet Job Sharing als "a voluntary work arrangement in which two people hold responsibility for what was formerly one full-time position" (Olmsted, 1977, S. 78).

Mit seiner Definition betont er also

- die Freiwilligkeit,
- die gemeinsame Verantwortung und
- die Aufteilung einer Vollzeitstelle auf zwei Personen.

---

[1] Deutschsprachige Ausdrücke wie "Arbeitszeit-Partnerschaft", "Tandem-Arbeitsplatz" oder "Partner-Teilzeitarbeit" haben sich demgegenüber nicht durchgesetzt.

[2] Es ist nicht einfach, eine Entscheidung zu fällen, mit welcher Vorstellung von Job Sharing gearbeitet werden soll. Mit einer engen Begriffsbestimmung gelingt es uns zwar, das Phänomen präzise zu bestimmen, wir laufen aber Gefahr, in der alltagssprachlichen Kommunikation Missverständnisse beziehungsweise Unverständnis hervorzurufen. Auf der anderen Seite erschwert uns eine weite Begriffsverwendung eine Differenzierung unterschiedlicher Job Sharing-Varianten.

In Abgrenzung zu "normaler" Teilzeitarbeit (auch für Führungspositionen) ist die Tatsache, dass bei der Einführung eines Job Sharing-Arrangements die Stelle als *Vollzeitstelle* bestehen bleibt, obwohl die Job Sharing-PartnerInnen *teilzeitig* arbeiten, von zentraler Bedeutung (vgl. Neumann, 1985): "Job sharing provides the security of full-time work with the flexibility of part-time work." (http://www.cpaonline.com.au/recruitment/marketwatch/pg_970801.htm).
Diese Vorstellung hat allerdings zur Konsequenz, dass bei einem Stellenwechsel eines Job Sharing-Partners die verbleibende Person nicht automatisch mit dem bestehenden Beschäftigungsgrad weiterarbeiten kann. Entweder wird ein neuer Partner oder eine neue Partnerin gefunden, so dass mit einem neuen Job Sharing-Arrangement weitergearbeitet werden kann, oder die Person (bzw. eine andere) füllt die Stelle vollzeitig aus.[3] Dieses Problem wird in der Praxis unterschiedlich gehandhabt.

1.1.2 Job Sharing aus arbeitspsychologischer Sicht: ein arbeitsorganisatorisches Modell zur Humanisierung der Arbeit

In der deutschsprachigen Arbeitspsychologie und Betriebswirtschaftslehre wurde Job Sharing in der Folge als Modell zur Humanisierung der Arbeit begrüsst und vor allem die Verbindung von zeitlichen mit arbeitsorganisatorischen Möglichkeiten hervorgehoben (vgl. insbesondere Seiwert, 1982, Rosenstiel, 1982, Baillod, 1986).
Zu den Grundprinzipien des Job Sharing – als Idealtyp – gehören in dieser Perspektive einerseits die Verbindung zeitlicher Elemente mit arbeitsinhaltlichen und arbeitsorganisatorischen und andererseits die gemeinsame Übernahme der Verantwortung für ihre Aufgaben. In dieser Perspektive beschränkt sich Job Sharing nicht darauf, eine Arbeit zeitlich aufzuteilen, sondern auch inhaltlich. "Vielfach wird nicht ausreichend genug berücksichtigt, dass Job Sharing Arbeitsinhalte ausweiten und Handlungsspielräume erweitern kann und somit die Arbeitsstruktur verändert, wenn es nicht als reine Arbeitsplatzteilung praktiziert wird." (Seiwert, 1982, S. 234). Die Job SharerInnen "übernehmen gemeinsam die Verantwortung für die Erledigung ihrer Arbeitsaufgabe und verteilen sie nach ihren persönlichen Fähigkeiten, Erfahrungen, Kenntnissen, Stärken und Schwächen" (Baillod, 1986, S. 159). Mit der Möglichkeit der inhaltlichen Aufteilung der Arbeit überwindet Job Sharing eine qualitative Schwäche von traditioneller Teilzeitarbeit, die sich meist auf relativ unqualifizierte,

---

[3] Eine eigenwillige Definition von Job Sharing wird von der Saskatchewan Public Service Commission vorgenommen (vgl. http://www.gov.sk.ca/psc/hr_manual/PS710.html): "The voluntary sharing of a permanent position in a structured manner by 2 persons, one of whom is the permanent incumbent of the position." Nach dieser Auffassung darf lediglich der oder die InhaberIn einer Stelle einen Antrag auf die Einführung eines Job Sharing-Arrangements stellen. Die Dauer des Job Sharing beträgt zwischen drei Monaten und einem Jahr, kann allerdings mit der selben Prozedur wie zu Beginn jeweils um ein Jahr verlängert werden.

routinemässig zu erledigende und zeitlich gut aufteilbare Tätigkeiten beschränkt (vgl. z.B. Baillod, 1993b).

Seiwert (1982, S. 243) bezeichnet Job Sharing deshalb – immer noch idealtypisch betrachtet – nicht in erster Linie als Arbeitszeitmodell, sondern darüber hinausgehend als "arbeitsorganisatorisches Modell zur Humanisierung der Arbeitswelt". Mit der gemeinsamen Verantwortung und der Verpflichtung, eine intensive Kommunikation innerhalb des Job Sharing-Teams aufzubauen, ergeben sich einige zusätzliche Anforderungen, die zu einer "aufgabenorientierten Kompetenzentwicklung" (Baillod, 1986) beitragen können.

Rosenstiel fasst die damals vorliegenden psychologischen Ergebnisse wie folgt zusammen: "Fast alle Job Sharer waren sich darin einig, dass die Kooperation mit dem Partner ein ungewöhnlich intensives 'learning on the job' darstellt, dass man von den Stärken des anderen, vom Austausch bei der Arbeit viel lernen kann und auch lernt" (1982, S. 292).

1.1.3 Job Sharing als Sammelbegriff für verschiedene Varianten der Aufteilung von Arbeitszeit und Arbeitsaufgaben

Neuere deutschsprachige Definitionen nehmen die Definition von Olmsted auf, erweitern und präzisieren sie. So bedeutet Job Sharing beispielsweise nach Ley (1993b, S. 111) "die Aufteilung eines Arbeitsplatzes auf mindestens zwei Personen (oder von drei Arbeitsplätzen auf fünf Personen usw.). Die beteiligten Arbeitnehmer/innen erfüllen ihre Aufgabe zeitlich und inhaltlich nach Absprache. Sie sind gemeinsam für die Erfüllung ihrer Aufgabe verantwortlich."

An anderer Stelle bezeichnet sie Job Sharing als "Sammelbegriff für unterschiedliche Varianten der (prinzipiell selbstorganisierten) Aufteilung von Arbeitszeit und Arbeitsaufgaben eines Arbeitsplatzes auf zwei oder mehrere Arbeitnehmer/innen" (Ley, 1993a, S. 101).

Mit der ersten Definition nimmt Ley eine *relativ enge Bestimmung von Job Sharing* vor. Sie beschreibt quasi den Idealtyp, zu dem
- die (prinzipiell selbstorganisierte) *zeitliche Aufteilung* eines (oder mehrerer) Vollzeitarbeitsplätze auf mehrere Teilzeitbeschäftigte
- die (prinzipiell selbstorganisierte) *inhaltliche Aufteilung* der Arbeitsaufgaben und Pflichten und
- die *gemeinsame Verantwortung* für die Erfüllung der Aufgaben

gehören (vgl. auch Schanz, 1993, Ladwig 1999).

Aus arbeitsrechtlicher Sicht präzisiert Rehbinder (1993, S. 145): "Während das Weisungsrecht des Arbeitgebers auch die Festsetzung der Lage der individuellen Arbeitszeit umfasst, soweit sich die Parteien nicht vertraglich über diese in den Grenzen des Arbeitsschutzes geeinigt haben oder kollektivrechtliche Regelungen erfolgt sind, soll diese Befugnis beim Job Sharing auf den Arbeitnehmer überge-

hen. Die beteiligten Arbeitnehmer sollen – allenfalls innerhalb eines vorgegebenen Rahmens – darüber frei entscheiden dürfen. Ferner kann vorgesehen sein, dass die Arbeitnehmer auch über die individuell zu leistenden Arbeitspensen, d.h. über ihren jeweiligen Arbeitszeitanteil sollen entscheiden dürfen. (...)
Abgesehen von Länge und Lage der Arbeitszeit bleibt (...) dem Arbeitgeber das arbeitsrechtliche Weisungsrecht erhalten. Die beteiligten Arbeitnehmer müssen sich wie in jedem anderen Arbeitsverhältnis hinsichtlich Art und Ausführung der einzelnen Dienstleistungen, insbesondere in den organisatorischen Fragen der Eingliederung ihrer Dienstleistung in das Betriebsgeschehen, Weisungen im üblichen Umgang gefallen lassen."
Mit der zweiten Definition öffnet Ley (1993a) die Perspektive und integriert auch Modelle unter dem Begriff "Job Sharing", die *nicht alle Definitionsmerkmale erfüllen*, zum Beispiel, indem keine gemeinsame Verantwortung für die Aufgabenerfüllung übernommen wird.
Neumann (1985) fragt sich prinzipiell, "inwieweit das Urmodell des Job-Sharing nicht in der Tat zu eng bzw. weit gefasst ist, will man zu der jeweils besten Lösung des Ausgangsproblems kommen, nämlich Teilzeitmöglichkeiten an Arbeitsplätzen zu schaffen, die an sich ganztägig besetzt sein müssen. (...) In manchen Fällen ist bereits die Tatsache, dass Teilzeitarbeit überhaupt möglich wird, eine befriedigende Lösung für den Arbeitnehmer" (S. 292).

1.1.4 Die Knackpunkte: Das Ausmass gemeinsamer Verantwortung und die Stellvertretungspflicht

Das Ausmass *gemeinsamer Verantwortung* stellt einen der kritischen Punkte des Konstrukts "Job Sharing" dar (Neumann, 1985, Müller, 1990). Es wird in der Praxis auch sehr unterschiedlich gehandhabt. Die zwei Extrempositionen wurden bereits von Olmsted (1977) als *Job Splitting* und *Job Pairing* definiert (vgl. auch Ley, 1993a, Rehbinder, 1993).
- Beim *Job Splitting* werden die mit einer Stelle verbundenen Aufgaben und Pflichten von den PartnerInnen gemeinsam aufgeteilt. Nach erfolgter Aufteilung ist jede Person nur für den ihr zugeteilten Teil der Aufgaben verantwortlich. Beim Job Splitting werden konventionelle Einzelarbeitsverträge abgeschlossen.
- Beim *Job Pairing* übernehmen die PartnerInnen gemeinsam die Verantwortung für die Planung und Erfüllung der Gesamtaufgabe. Job Pairing stellt in diesem Sinne die hinsichtlich gemeinsamer Verantwortung weitestgehende Variante aller Job Sharing-Formen dar. Es erfüllt sämtliche Definitionsmerkmale des Idealtyps von Job Sharing.

Die Frage, ob bei einer gemeinsamen Verantwortung auch eine *Stellvertretungspflicht* verbunden ist, wird widersprüchlich beantwortet. Auch in der Schweiz ist die beim Job Sharing mögliche, für die Unternehmen allenfalls wichtige gegenseitige *Stellvertretungspflicht* juristisch umstritten. Rehbinder (1993, S. 145) lehnt sie als Definitionsmerkmal von Job Sharing eindeutig ab: "Weil Job Sharer dem Arbeitgeber die volle Besetzung der Arbeitsstelle versprechen, könnten sie nach dem Sinn des Vertrages verpflichtet sein, einander zu vertreten, wenn der ursprünglich für eine bestimmte Arbeitszeit vorgesehene Partner verhindert ist. Daher wurde gelegentlich die Vertretungspflicht zum Begriffsmerkmal des Job Sharing erklärt. Dies widerspricht dem herrschenden Sprachgebrauch sowohl in den USA als auch im deutschsprachigen Raum. Als Job Sharing wird die Teilung eines Arbeitsplatzes auch dann bezeichnet, wenn eine Stellvertretungspflicht nicht besteht."

Die Stellvertretungspflicht kann *unbeschränkt, beschränkt* (z.B. zeitlich oder auf vorhersehbare Absenzen) oder *überhaupt nicht* gefordert sein (Neumann, 1985, Müller, 1990, Rehbinder, 1993). In der Praxis überwiegen Modelle mit beschränkter Stellvertretungspflicht.

1.1.5 Spezialfälle: Split level-Sharing, Stafetten- und Generationenmodelle

Eine weitere definitorische Unterscheidung betrifft das Qualifikationsniveau der PartnerInnen. Beim *Split level-Sharing* als einer Variante des Job Sharing wird bewusst von einem *unterschiedlichen Qualifikationsniveau der PartnerInnen* ausgegangen (Ley, 1993a, S. 102). Das heisst, das die mit einer Stelle verbundenen Aufgaben und Pflichten bewusst unterschiedlich aufgeteilt werden. Dies kann beispielsweise der Fall sein, wenn eine Person neu eingearbeitet werden muss.

Besonders sinnvoll ist eine solche Aufteilung bei den sogenannten *Staffetten-* oder *Generationenmodellen* (vgl. z.B. Keese, 1996, Ulich, 1997), bei denen Personen ihre Stelle in der letzten Phase vor der Pensionierung mit einer oder einem LehrabgängerIn teilen, was eine Kombination langjähriger Erfahrung mit dem neuesten Stand theoretischen Wissens ermöglicht.

1.2 Verbreitung von Job Sharing

In der Schweiz weiss man relativ viel über die Verbreitung von Teilzeitarbeit (vgl. beispielsweise Straumann, Hirt & Müller, 1996, Baillod & Bogenstätter, 1997), aber kaum etwas über die Verbreitung von Job Sharing. Es existieren lediglich *zwei aktuelle Firmenbefragungen*, die sich zum Ziel setzten zu analysieren, welche Verbreitung verschiedene flexible Arbeitszeitmodelle in der Schweiz haben.[4]

---

[4] Durch die Unschärfe des Begriffs Job Sharing muss die Verlässlichkeit der vorhandenen Daten über die Verbreitung dieser Arbeitszeitform allerdings in Frage gestellt werden.

Nach der repräsentativen Untersuchung von Davatz (1997) in 400 Schweizer Firmen mit mehr als 50 Beschäftigten (ohne öffentliche Verwaltungen, öffentliche und gemischtwirtschaftliche Betriebe) *bieten insgesamt 29 % der Unternehmen Job Sharing an.* Damit gehört diese Arbeitszeitform zu den am wenigsten verbreiteten.[5]

Die Zahl der Personen, die Job Sharing nutzen, ist allerdings sehr viel kleiner. Lediglich *1 % der Beschäftigten arbeiten in einem Job Sharing-Verhältnis.* Das bedeutet, dass innerhalb der Unternehmen jeweils lediglich vereinzelte Personen als Job SharerInnen tätig sind. Dies trifft sich mit der Alltagserfahrung, wonach Job Sharing keine Arbeitszeitform darstellt, die für ganze Beschäftigtengruppen Gültigkeit hat, sondern eine Lösung für ganz konkrete Bedürfnisse von einzelnen Personen.

In der Studie von Blum (1999) in über 900 Schweizer Firmen mit über 20 Beschäftigten geben insgesamt *20,4 % der Unternehmen an, Job Sharing anzuwenden oder in Planung zu haben.*

Job Sharing wird dabei überdurchschnittlich häufig in *Grossbetrieben* (43,3 %) sowie in *Dienstleistungsunternehmen* (29,9 %) angeboten. Differenziert nach Funktionsbereichen dominiert ganz eindeutig die *Verwaltung* mit 63,0 % Verbreitung.[6] Entsprechend können auch *Angestellte* am häufigsten von dieser Arbeitszeitform profitieren (74,6 %).

Bei den *Führungskräften* wird eine Verbreitung von 16,2 % angegeben. Das heisst konkret, dass in 16,2 % der befragten Unternehmen im Führungsbereich Job Sharing angewandt oder geplant ist. Selbstverständlich sind davon viel weniger Führungskräfte betroffen.

Aufgrund vereinzelter Hinweise ist der Schluss zulässig, dass die Verbreitung von Job Sharing in anglo-amerikanischen Ländern bereits weiter fortgeschritten ist als in deutschsprachigen. So ergab sich beispielsweise in einer amerikanischen Untersuchung, durchgeführt von Hewitt Associates bei 1050 Grossfirmen, ein Job Sharing-Angebot bei 36 % der Unternehmungen (http://www.rab.com/rst/980226.html).

Englische Befunde gehen davon aus, dass in einer Firma bei der Eröffnung einer Option für Job Sharing ungefähr 0,3 % der Vollzeitstellen davon profitieren (http://www.equalops.ed.ac.uk/policy/jbshrsam.htm). Sie verweisen darauf, dass die meisten Job Sharing-Stellen nach einer gewissen Zeit wieder in Vollzeitstellen zurückverwandelt werden.

Die relativ geringe Verbreitung von Job Sharing hängt nach Ley (1993b, S. 114) "unter anderem damit zusammen, dass im Bereich qualifizierter und dis-

---

[5] So bieten beispielsweise 87 % der Unternehmen Teilzeitarbeit an, 72 % Arbeit auf Abruf und 63 % gleitende Arbeitszeit.

[6] Deutlich unterdurchschnittlich sind demgegenüber die Funktionsbereiche Forschung und Entwicklung sowie Einkauf mit je 3,7 %. In den Bereichen Produktion (26,7 %) und Absatz (11,9 %) sind die Abweichungen vom Durchschnitt nicht signifikant.

positiver Tätigkeiten, wo Job Sharing am geeignetsten wäre, zum einen die Aufgaben mit dem höchsten Teilungsrisiko liegen, zum anderen an diesen Stellen eine Überbetonung fachlicher und eine Geringschätzung sozialer menschlicher Aspekte häufig vorkommen".

1.3 Potentielle Vor- und Nachteile von Job Sharing für Unternehmen und ArbeitnehmerInnen

Vor dem Hintergrund der geringen Verbreitung von Job Sharing kann es nicht überraschen, dass kaum systematische empirische Studien zum Thema "Job Sharing" existieren. Die vorhandenen Analysen sind fast ausschliesslich Fallstudien, die einzelne Job Sharing-Paare unter die Lupe nehmen. Aus diesem Grund kennen wir zwar einzelne Situationen sehr genau, können aber kaum zuverlässige Generalisierungen vornehmen.

Die in den folgenden Abschnitten aus verschiedenen Perspektiven erläuterten Vor- und Nachteile, Kosten- und Nutzenabwägungen gründen vorwiegend auf Einzelerfahrungen oder sind logische Ableitungen aus den Ausgangsbedingungen, basieren jedoch nur selten auf systematischen empirischen Untersuchungen (zu den Vor- und Nachteilen vgl. Olmsted, 1977, die verschiedenen Beiträge in Heymann & Seiwert, 1982, Neumann, 1985, Müller, 1990, Ley, 1993b, Olmsted & Smith, o.J. sowie die im Anhang angegebenen englischsprachigen Internet-Links). Eine Ausnahme bildet der Artikel von Rosenstiel (1982), der die breiten empirischen Ergebnisse der Gruppe "New Ways to Work" (Meier, 1979, New Ways to Work, 1981) zusammenfasst.

Die folgenden Vor- und Nachteile sind zum Teil nicht absolut gültig, sondern lediglich in Abhängigkeit der konkreten Ausgestaltung der Job Sharing-Verträge, der Arbeits- und Organisationsbedingungen sowie der beteiligten Job Sharing-PartnerInnen, ihren Vorgesetzten, KollegInnen und KundInnen.

1.3.1 Vorteile von Job Sharing für die Unternehmen

- **Bewahrung von betrieblichem Know how**

Mit dem Angebot von Job Sharing-Stellen können Unternehmen hochqualifizierte MitarbeiterInnen, die nicht mehr vollzeitig weiterarbeiten können oder wollen, im Unternehmen halten. Sie bewahren sich damit wertvolles Know how über Arbeitsabläufe, über Eigenschaften von Produktionsmitteln und Instrumenten, Materialien, KundInnen usw.

- **Verringerung von Fluktuationskosten**

Mit der Möglichkeit, hochqualifizierte Beschäftigte in der Firma halten zu können, reduzieren sich die – meist nach wie vor massiv unterschätzten – Fluktuationskosten (Kosten für Rekrutierung, Einarbeitung, Ausbildung, Produktivitätsverluste usw.).

- **Erweiterung des Erfahrungsschatzes, der Kompetenzen und der Ideen**

Vier Augen sehen mehr als zwei: Mit einem Job Sharing-Arrangement können durch die Verbindung unterschiedlicher Erfahrungen, unterschiedlicher Fähigkeiten, Fertigkeiten und unterschiedlichen Wissens und die Mitverantwortung mehrerer Personen kreativere Lösungen und eine höhere betriebliche Effizienz erreicht werden.

- **Verbesserte Stellvertretungsmöglichkeiten bei Krankheit, Ferien usw.**

Je nach Ausgestaltung des Job Sharing-Vertrags bieten sich optimale Stellvertretungsmöglichkeiten für Abwesenheiten infolge von Ferien, Militärdienst, Mutterschaft, Krankheit usw. Auch wenn keine Stellvertretung vorgesehen ist, bleibt zumindest ein Teil der Stelle (durch die verbleibende Person) besetzt.

- **Erhöhte Motivation und Verbundenheit mit dem Unternehmen, weniger Fehlzeiten, weniger Überstunden, bessere Leistung**

Job Sharing enthält vielfältige Potentiale zur Erhöhung von Motivation und Leistung. So beinhaltet Job Sharing nach Rosenstiel (1982, S. 283) "potentiell die Möglichkeit zur fähigkeits- und fertigkeitsbedingten und zur motivationsbedingten Leistungssteigerung. Die für den einzelnen in der Woche kürzere Arbeitszeit lässt eine relativ geringe Ermüdung und entsprechend grössere Leistungsfähigkeit pro Stunde (...) erwarten. Die Kooperation mit einem Partner, der seine Stärken auf anderen, für die Aufgabenerfüllung ebenfalls wichtigen Gebieten hat, verspricht Trainingseffekte; die Möglichkeit, dass sich jeder jene Bestandteile der Aufgabe, die ihm besonders liegen, auswählen kann, lässt stärkere Aktivierung und höhere Motivation wahrscheinlich werden; die Arbeit gemeinsam mit anderen kann zu sozialer Erleichterung (...) und – bei entsprechender Aufgabenstruktur – zu erhöhter Leistung (...) führen." Trotz allfälliger Reibungsverluste innerhalb des Teams, schlechtem Informationsfluss, Konflikten usw. ist nach Rosenstiel die "Möglichkeit, Job Sharing auch als Mittel zur Leistungssteigerung und kostengünstigeren Leistungserstellung zu nutzen, (...) gegeben und zum Teil auch belegt" (1982, S. 283).

Laut einem aktuellen Bericht aus der Universität Edinburgh berichten viele Unternehmer aus Grossbritannien, dass das Commitment von Job Sharing-Paaren mit dem Unternehmen höher ist als von einzelnen Vollzeitbeschäftigten. "Research has shown that job-sharers are so keen to make the arrangement work that they will often make extra efforts to ensure that is does" (http://www.equalops.ed.ac.uk/ policy/jbshrsam.htm).

Auch Ley (1993b, S. 112) erwähnt die selben Aspekte: "Es hat sich gezeigt, dass mit Job Sharing ein Rückgang der Fehlzeiten, eine flexiblere Aufgabenerledigung, weniger Notwendigkeit zu Überstunden und eine allgemeine Leistungssteigerung verbunden sind."

- **Möglichkeit der Aufteilung von Führungspositionen**
Mit Job Sharing ergibt sich für die Unternehmen prinzipiell die Möglichkeit, Arbeitsplätze, die als typische Vollzeitstellen gelten (hoch qualifiziert, Notwendigkeit einer dauernden Besetzung) als Vollzeitstellen zu behalten (das heisst zum Beispiel dauernd besetzt) und doch mit zwei oder mehreren Teilzeitbeschäftigten zu besetzen. Dies gilt insbesondere für Führungspositionen (vgl. dazu differenziert Kapitel 3).
- **Möglichkeit der Einarbeitung eines Nachfolgers bzw. einer Nachfolgerin**
Mit bestimmten Job Sharing-Arrangements (Split level-Sharing, Stafettenmodell, Generationenmodell) bietet sich eine optimale Möglichkeit der Einarbeitung eines Nachfolgers oder einer Nachfolgerin an einem bestimmten Arbeitsplatz. Mit einer solchen Lösung können ein Erfahrungsaustausch und ein fliessender Übergang gewährleistet werden.
- **Erhöhte Flexibilität der Arbeitszeit**
Durch die Besetzung einer Stelle mit zwei oder mehreren Personen kann die Arbeitszeitflexibilität enorm erhöht werden. So können beispielsweise Ansprechzeiten, aber auch das Ausmass der Überlappung der Arbeitszeiten der Job Sharing-PartnerInnen gemäss den Bedürfnissen der (externen oder internen) KundInnen festgelegt werden. "Job-Sharing bietet die Möglichkeit, ohne Rücksicht auf die Betriebszeit oder die Normalarbeitszeit im Unternehmen Arbeitsplätze zu besetzen" (Keese, 1996, S. 30).
- **Zusätzliches Reservepotential bei Spitzenbelastungen**
Durch die Aufteilung einer Vollzeitstelle in zwei Teilzeitstellen ergibt sich für Ausnahmesituationen ein gegenüber konventionellen Vollzeitstellen wesentlich erhöhtes Reservepotential.
- **Erhöhte Attraktivität auf dem Arbeitsmarkt**
Mit dem Angebot innovativer Arbeitszeitmodelle kann sich ein Unternehmen einen guten Ruf auf dem Arbeitsmarkt schaffen. Mit einer erhöhten Attraktivität als Arbeitgeber verbessern sich die Chancen, hoch qualifizierte und motivierte MitarbeiterInnen zu gewinnen.

1.3.2 Nachteile von Job Sharing für die Unternehmen

- **Höhere Kosten für Personalrekrutierung, Einarbeitung, Arbeitsplatz und Sozialleistungen**
Der Firma erwachsen in verschiedenen Zusammenhängen zusätzliche Kosten. So erhöhen sich beispielsweise die Ausgaben für die Personalrekrutierung (aufwendigerer Prozess). Je nach Organisation der Arbeitstätigkeit und nach dem Ausmass der zeitlichen Überlappung der Job Sharing-Stellen sind ein zusätzlicher Arbeitsplatz beziehungsweise zusätzliche Arbeitsmaterialien (Telefon, Computer usw.) erforderlich.

- **Erhöhte Führungsanforderungen**

Die Anforderungen an die Vorgesetztenfunktion des Job Sharing-Paares erhöhen sich, indem jede einzelne Person als Individuum plus die beiden Personen als Paar geführt werden müssen. Insbesondere die sozialen Anforderungen steigen. Es besteht die Möglichkeit, dass interne Kommunikationsschwierigkeiten oder Abstimmungsprobleme durch den Vorgesetzten oder die Vorgesetzte überwunden werden müssen.

- **Erfordernis der Umgestaltung von Arbeitsabläufen**

Je nach Arbeitsaufgaben, Organisationsabläufen, Kommunikationserfordernissen, Qualifikationen der Beteiligten usw. ergibt sich allenfalls die Erfordernis, gewisse Arbeitsabläufe umzugestalten.[7]

- **Probleme bei Weiterbildungsveranstaltungen, Kongressen, Zusammenkünften usw.**

In Job Sharing-Arrangements ergeben sich immer wieder Situationen, in denen entschieden werden muss, ob eine oder beide PartnerInnen an einem bestimmten Anlass teilnehmen sollen. Falls nur eine Person partizipieren soll, muss entschieden werden, wer dies ist, falls beide teilnehmen sollen, ergeben sich zusätzliche Kosten (doppelte Kosten plus doppelter Zeitbedarf).

- **Probleme bei internen Kommunikationsschwierigkeiten**

Falls die beiden PartnerInnen nicht angemessen miteinander kommunizieren, kann es zu Problemen kommen, indem beispielsweise Entscheide zweimal oder widersprüchlich gefällt werden.

1.3.3 Vorteile von Job Sharing für die ArbeitnehmerInnen

- **Möglichkeit der Kombination von Erwerbs- und Familienarbeit**

Mit dem Angebot von Job Sharing-Stellen kann ein Angebot zur *Förderung der Chancengleichheit* gemacht werden. Mit Job Sharing-Stellen ergibt sich (heute insbesondere für *Frauen*) die Möglichkeit, private und berufliche Anforderungen unter einen Hut zu bringen. "Workers with family commitments can job-share to assist them phase back to work after parental leave, work fewer hours while their children are at school, study, care for relatives or simply have more free time" (http://www.doplar.wa.gov.au/w&f/ffwp/fam4.html).

Mit Job Sharing ergibt sich die Chance, Familien- und Erwerbsarbeit parallel zu erfüllen. Das heisst, dass auch bei der Gründung einer Familie nicht zwangsläufig eine längere Erwerbsunterbrechung notwendig ist und somit die beruflichen Qualifikationen aufrecht erhalten beziehungsweise weiter entwickelt werden können. "Der wesentliche Nutzen des Job Sharing für die daran beteiligten Frauen liegt zunächst natürlich darin, dass sie als qualifizierte Kräfte hier eine

---

[7] Dies kann selbstverständlich auch als Chance für eine organisationale Weiterentwicklung begriffen werden.

Möglichkeit zur Teilzeitarbeit erhalten, die – konzeptspezifisch – noch dazu flexiblen Regelungen zugänglich ist (...). Sie erhalten damit eine sozusagen *doppelte Entlastungschance*, nämlich einerseits – im Fall der sonst gewählten Alternative, trotz Kind weiter zu arbeiten – von den hohen Belastungen des Doppelrollenkonfliktes, und andererseits – sofern die vorläufige Aufgabe des Berufs gewählt worden wäre – die Entlastung von den mit diesem Verzicht verbundenen Frustrationen" (Friedel-Howe, 1982, S. 375, Hervorhebung im Original).

Nach amerikanischen Erfahrungen können die Erwartungen in diese Richtung meist auch erfüllt werden: "Viele Job Sharer geben an, dass nur so qualifizierte berufliche Arbeit für sie ermöglicht wurde, bzw. dass sie jetzt eine Chance hätten, wieder zu sich selbst zu finden" (Rosenstiel, 1982, S. 292).

Job Sharing stellt eine attraktive Arbeitszeitform für *Wiedereinsteigerinnen* dar. Besonders hilfreich ist, dass bei fachlichen Unsicherheiten auf die Unterstützung eines Partners oder einer Partnerin gezählt werden kann.

Job Sharing erleichtert aber nicht nur die Kombination von Erwerbs- und Familienarbeit für Frauen, sondern ermöglicht auch *Männern*, vermehrt Familien- und Erziehungspflichten zu übernehmen. Damit ist eine entscheidende Voraussetzung für die Verwirklichung von Chancengleichheit angesprochen (Schär Moser, Baillod & Amiet, 2000).

- **Möglichkeit der Kombination von Erwerbsarbeit und ausserberuflichen Tätigkeiten**

Für Personen mit besonders zeitintensiven kulturellen, politischen, sportlichen, sozialen usw. Engagements besteht mit einer Job Sharing-Stelle die Möglichkeit, eine Erwerbstätigkeit auf gut qualifizierter Stufe fortzusetzen, ohne auf das Hobby oder die ausserberufliche Tätigkeit verzichten zu müssen. Weiter bieten Job Sharing-Arrangements auch gute Voraussetzungen für eine Fort- oder Weiterbildung.

- **Möglichkeit eines gleitenden Ausstiegs aus dem Erwerbsleben bzw. eines gleitenden Einstiegs in das Erwerbsleben**

Job Sharing bietet sich weiter als Möglichkeit eines sanften Übergangs zwischen Erwerbsarbeit und Ruhestand beziehungsweise zwischen Ausbildung und Erwerbsarbeit an (Stafettenmodell bzw. Generationenmodell). Dies kann nicht nur als Instrument zur Vermeidung eines Pensionierungsschocks sinnvoll sein. Insbesondere am Ende eines Studiums kann die Verbindung von Theorie und Praxis auch für den oder die BerufseinsteigerIn sehr befruchtend sein.

- **Verbesserte Möglichkeit von qualifizierter Teilzeitarbeit**

Mit der Beibehaltung von Job Sharing-Stellen als Vollzeitstellen ergeben sich verbesserte Möglichkeiten, auch in hoch qualifizierten Positionen und auch in Positionen, die dauernd besetzt sein sollten, Teilzeitarbeit zu leisten (vgl. dazu kritisch Heider, 1982).

- **Möglichkeit der Wahl von Aufgabenbestandteilen nach eigenen Fähigkeiten und Bedürfnissen**

Bei einem Job Sharing-Arrangement, das sich nicht auf eine zeitliche Teilung der Aufgaben beschränkt, ergibt sich die Möglichkeit, eine Auswahl jener Aufgabenbestandteile vorzunehmen, die den eigenen Kompetenzen und Bedürfnissen am besten entsprechen. Dabei können durchaus auch Aufgaben ergriffen werden, die im Moment noch nicht zu den persönlichen Stärken gehören. Mit der Unterstützung der erfahreneren Person sind so vielfältige Lern- und Entwicklungsmöglichkeiten gegeben.

- **Möglichkeit der Rückkehr auf eine Vollzeitstelle nach Ablauf der Job Sharing-Periode**

Oft wird ein Job Sharing-Stelle zeitlich befristet angeboten. Der oder die vormalige InhaberIn der Stelle erhält somit die Möglichkeit, nach Abschluss dieser Phase dieselbe Stelle wiederum in Vollzeit zu besetzen und somit die berufliche Laufbahn nach den privaten Bedürfnissen optimal zu gestalten. Nicht gelöst ist damit jedoch die Zukunft des Job Sharing-Partners bzw. der Job Sharing-Partnerin.[8]

- **Möglichkeit der Förderung der sozialen Kompetenzen**

Durch die Erfordernis einer intensiven Kommunikation ist ein Mindestmass sozialer Kompetenzen einerseits Voraussetzung für das optimale Funktionieren eines Job Sharings, andererseits bietet diese Arbeitsform auch ein ideales Lernfeld zur weiteren Förderung solcher Kompetenzen (Konfliktfähigkeit, Toleranz, Durchsetzungsvermögen usw.).

- **Möglichkeit der Wahl des eigenen Arbeitspartners bzw. der Arbeitspartnerin**

Beim Angebot von Job Sharing-Stellen besteht die Möglichkeit, dass man sich zu zweit auf eine interessierende Stelle bewirbt und so mit einem bevorzugten Arbeitspartner oder einer Arbeitspartnerin gemeinsam eine Tätigkeit ausüben kann.

1.3.4 Nachteile von Job Sharing für die ArbeitnehmerInnen

- **Geringere persönliche Profilierungsmöglichkeiten und Aufstiegschancen**

Durch das gemeinsame Auftreten und die gemeinsame Verantwortung für die Erledigung der Aufgaben (zumindest in bestimmten Job Sharing-Formen) vermindern sich die persönlichen Profilierungsmöglichkeiten und Karrierechancen (vgl. Maier 1982, Heider, 1982). Ein gemeinsamer Aufstieg ist oft nicht möglich. Besonders karriereorientierte Menschen können sich durch Job Sharing in

---

[8] Diese Betrachtungsweise geht davon aus, dass die Job Sharing-PartnerInnen nicht gleichberechtigt sind, sondern dass der oder die InhaberIn einer Stelle für eine befristete Zeit eineN PartnerIn sucht.

ihrem Aufstiegsdrang eingeschränkt sehen.[9] Eine ähnliche Wertung "als vermutlicher Nachteil des Job Sharing" nimmt auch Friedel-Howe (1982, S. 375f.) vor, "der vor dem Hintergrund der derzeitigen Situation allerdings nur als 'relativer' zu bezeichnen wäre, indem es nämlich fraglich erscheint, ob dieses Arbeitskonzept eine '*karrierefähige Dauerlösung*' darstellen kann." Nach ihr dürfte Job Sharing zwar geeignet sein, Frauen in qualifizierten Berufen den Verbleib im Berufsleben zu erleichtern, es dürfte aber "unter der speziellen Zielsetzung einer Erhöhung der Aufstiegschancen für Frauen wahrscheinlich eher als *Übergangslösung* – gleichsam zur Aufrechterhaltung der Option – zu betrachten" sein (1982, S. 376, Hervorhebungen im Original).

In eine ähnliche Richtung fasst Rosenstiel Erfahrungen aus den USA zusammen: "Arbeiten nach dem Prinzip des Job Sharing reduziert zwar die Karrierechancen nicht im gleichen Masse wie Teilzeitarbeit, senkt sie aber im Vergleich zu Vollzeitarbeit" (1982, S. 292).

- **Abhängigkeit vom Partner bzw. von der Partnerin und erhöhtes Konfliktpotential**

Die enge Kooperation zwischen den Job Sharing-PartnerInnen hat einerseits eine starke gegenseitige Abhängigkeit zur Folge, andererseits kann die Art der Aufteilung der Aufgaben, eine unterschiedliche Leistungsfähigkeit, ein unterschiedliches Ausmass von Überstunden usw. zu Konflikten führen. Überdies besteht die Gefahr, von Vorgesetzten, KollegInnen oder KundInnen gegenseitig ausgespielt zu werden (vgl. Marr, 1982).

- **(Informelle) Vertretungspflicht**

Je nach Ausgestaltung des Job Sharing-Vertrags kann eine formelle oder zumindest eine informelle Vertretungspflicht bestehen. Insbesondere unplanbare Vertretungen etwa bei Krankheit oder Unfall können zu grossen Problemen mit der ausserberuflichen Welt (Familie, Ausbildung, Ehrenämter usw.) führen.

- **Geringeres Einkommen**

Wie bei allen anderen Formen von Teilzeitarbeit ist auch beim Job Sharing mit der Reduktion des Beschäftigungsgrades ein Einkommensverlust (mit den zusätzlichen Konsequenzen für Sozialversicherungen usw.) verbunden. Zusätzlich kommt der aufgrund amerikanischer Studien belegte Effekt, dass "nicht wenige (Job SharerInnen glauben, J. B.) – gemessen an ihrem Zeit- und Energieeinsatz – unterbezahlt zu sein. Probleme ergeben sich aus der Teilung des Gehalts mit dem Partner, da keineswegs immer die Qualifikation und die Arbeitszeit der beiden gleich ist" (Rosenstiel, 1982, S. 289).

---

[9] Zum Teil wird auch das Gegenteil als besonderer Vorteil von Job Sharing betrachtet: Job Sharing als qualitativ hochstehende Teilzeitarbeit, bei der die Karrierechancen nicht eingeschränkt sind: "Job-sharing improves the quality and quantity of part-time work for people wishing to work fewer hours without wishing to sacrifice their existing careers or limit progression opportunities" (http://www.doplar.wa. gov.au/w&f/ffwp/fam4.html).

- **Intensivierung der Arbeit**

Durch Job Sharing entsteht wie bei allen Formen der Teilzeitarbeit das Problem der Intensivierung der Arbeit. Durch die kürzere Arbeitszeit und die erhöhte Motivation erhöht sich auch die Effektivität der Leistung. Teilzeitbeschäftigte verzichten zum Teil auf ihre Pausen, richten ihre Arbeitszeit stärker nach dem Arbeitsanfall, sind zu besserer Planung gezwungen, legen Arztbesuche systematisch ausserhalb der Arbeitszeit usw. (vgl. Melchers, 1999). Diese Intensivierung ist allerdings nur dann negativ zu beurteilen, wenn das Ausgangsniveau der Belastungen bereits hoch ist.

- **Einhaltung der Arbeitszeit**

Rosenstiel (1982, S. 288) schildert die Erfahrungen amerikanischer Job SharerInnen in diesem Zusammenhang wie folgt: "Obwohl die verkürzte Arbeitszeit von den meisten Job Sharern erhofft wird, ist ihre Realisierung häufig ein Problem. Es fällt – gerade bei komplexen Aufgaben – schwer, sie ‚mit einem Glockenschlag' zu verlassen, um so mehr, als die Anwesenheit der Kollegen, die nicht nach dem Job Sharing arbeiten, eine Art Gruppendruck darstellt, der zum längeren Verbleiben am Arbeitsplatz führt." Weiter ist anzunehmen, dass die Motivation, eine beinahe beendete Arbeit noch vollständig abzuschliessen, statt den Stand der Dinge mit aufwendigen Kommunikationsmitteln dem oder der PartnerIn mitzuteilen, diesen Effekt noch verstärken dürfte.

1.4 Voraussetzungen für einen erfolgreichen Einsatz von Job Sharing

In diesem Abschnitt sollen die wichtigsten gesellschaftlichen, organisatorischen und qualifikationsbezogenen Voraussetzungen aufgelistet und kurz kommentiert werden (für detailliertere Angaben vgl. insbesondere Müller, 1990 und Räber, 1998, aber auch die verschiedenen Beiträge in Heymann & Seiwert, 1982, Neumann, 1985, Ley, 1993b, Rehbinder, 1993, Keese, 1996, Olmsted & Smith, o.J., http://www.uq.edu.au/uqfamilies/job.html, http://www.shrm.org/hrmagazine/articles/0196sample.html,http://www.doplar.wa.gov.au/w&f/ffwp/fam4.html, http://www.gov.ab.ca/pao/programs/hrbest/jobshare/job-share-in-the-aps.htm, http://www. Equalops.ed.ac.uk/policy/jbshrsam.htm, http://www.co.san-joaquin.ca.us/hr/Policies/jobshar/htm, http://www.bpsce.org/Admin/G/GCGCRJ^1.HTM, http://198.166.215.10/resources /hrpolicies/hr-js.html).

1.4.1 Gesellschaftliche Voraussetzungen

- **Unterstützung der Förderung der Chancengleichheit**

Damit Job Sharing auf breiter Ebene eingeführt werden kann, benötigt es einen gesellschaftlichen Minimalkonsens, das Postulat der Chancengleichheit zu unterstützen. Nur wenn es gelingt, einerseits den Frauen neben der Familienarbeit verbesserte Möglichkeiten in der Erwerbsarbeit zu schaffen und andererseits den Männern neben der Erwerbsarbeit verbesserte Möglichkeiten für die Familienarbeit zu eröffnen, ist Chancengleichheit längerfristig erreichbar (Schär Moser et al., 2000).

- **Positive Einstellung der Öffentlichkeit zu Arbeitszeitflexibilisierung und Teilzeitarbeit**

Eine weitere wichtige Voraussetzung ist eine positive Einstellung und Akzeptanz von flexiblen Arbeitszeitmodellen in der Öffentlichkeit. Die Abkehr von linearen beruflichen Laufbahnen bei Männern, die Möglichkeit, auf einen Teil des Einkommens zugunsten von mehr erwerbsarbeitsfreier Zeit zu verzichten oder zusätzlich zur Erziehung kleiner Kinder berufstätig zu sein, sind Vorstellungen, die in der Öffentlichkeit ihren Platz finden müssen, wenn innovative Arbeitszeitmodelle wie Job Sharing Erfolg haben sollen.[10] Auch der Beschäftigungswirksamkeit dieser Arbeitszeitmodelle auf der Ebene hochqualifizierter Tätigkeiten sollte mehr Bedeutung beigemessen werden.

- **Positive Einstellung und Unterstützung von Job Sharing durch die Sozialpartner**

Bislang hat das Konzept des Job Sharing weder von Arbeitgeberseite noch von Seiten der Gewerkschaften und Personalverbände eine klare Unterstützung erhalten. Während die ArbeitgebervertreterInnen bislang eher zurückhaltend agierten, sind die Meinungen innerhalb der Gewerkschaften geteilt. Sowohl klare WidersacherInnen (Stichworte: Individuelle Arbeitszeitverkürzung ohne Lohnausgleich, Intensivierung der Arbeit, geringe Aufstiegschancen usw.) als auch klare BefürworterInnen (Förderung der Chancengleichheit, Schaffung von Arbeitsplätzen usw.) melden sich zu Wort. In letzter Zeit dürften in der Schweiz die BefürworterInnen an Gewicht gewonnen haben.

1.4.2 Organisatorische Voraussetzungen

- **Unterstützung durch das Management, geeignete Unternehmenskultur, Organisationsstruktur, Führungsstil usw.**

Wichtige Voraussetzungen für eine optimale Implementation von Job Sharing sind eine offene Unternehmenskultur, eine positive Grundhaltung des Managements gegenüber innovativen arbeitsorganisatorischen Ansätzen, dezentrale Entscheidungsstrukturen, ein verbreiteter partizipativer Führungsstil usw. Zentral ist die konkrete Unterstützung des Anliegens durch eine offene und umfassende *Informationspolitik*.

---

[10] Diese positive Einstellung scheint zumindest in Teilbereichen der Bevölkerung durchaus vorhanden zu sein. In einer Untersuchung mit 1'058 Angestellten des Kantons Bern unterstützten 72,5 % einen "Ausbau von Job Sharing-Möglichkeiten" (Baillod, 1999). Besonders gross war die Unterstützung bei den Frauen, den Personen, die bereits Teilzeitarbeit leisten sowie den Personen unter vierzig Jahren.

- **Hohe fachliche und soziale Kompetenzen der direkten Vorgesetzten**

Die Anforderungen an die Führungsqualitäten eines oder einer Vorgesetzten sind erhöht (vgl. dazu Müller, 1982, Marr, 1982). Wie bereits beschrieben, müssen Vorgesetzte von Job Sharing-Paaren nicht nur jede Person als Individuum, sondern zusätzlich die beiden Personen als Paar (inklusive der Schlichtung möglicher interner Konflikte) führen. Durch allenfalls wechselnde PartnerInnen ist eine hohe Flexibilität und Anpassungsfähigkeit notwendig. Nach amerikanischen Erfahrungen sind diese Voraussetzungen bei den Vorgesetzten oft nicht gegeben: "Einige Probleme ergeben sich häufig aus der Zusammenarbeit der Job Sharer mit dem Vorgesetzten. Häufig kann sich der Vorgesetzte nicht daran gewöhnen, dass der Mitarbeiter nicht 40 oder mehr Stunden in der Woche zur Verfügung steht. Er ruft ihn zu Hause an, statt sich an den anderen Partner zu wenden. Gelegentlich akzeptiert er auch die Gleichberechtigung der beiden nicht, sondern sieht den einen als Gesprächspartner, den anderen als Hilfskraft. Nicht selten 'regiert' er in die autonom ausgehandelte Zeit- und Arbeitsteilung der Job Sharer hinein" (Rosenstiel, 1982, S. 291).

- **Positive Einstellungen der MitarbeiterInnen zu Job Sharing**

Positive Einstellungen und Erwartungen der Kolleginnen und Kollegen an das Job Sharing sind weitere wichtige Voraussetzungen für das Gelingen. Diese Einstellungen und Erwartungen können durch das Unternehmen mit einer umfassenden und positiven Informationspolitik gefördert werden. Nach amerikanischen Ergebnissen ist diese Voraussetzung bei den ArbeitskollegInnen bei weitem nicht immer erfüllt. Es ergeben sich vor allem zwei Probleme: informelle Herabsetzung der Job SharerInnen als Teilzeitbeschäftigte und Neid auf die Möglichkeit flexibler Arbeitszeiten (Rosenstiel, 1982, S. 290).

- **Einsatz neuer Informationstechnologien**

"Der Einsatz neuer Büroautomatik und neuer Informationstechnologie (Fax, Linkworks, e-mail, Natel, Voice-mail, Laptop, Pager) ermöglicht es, die negativen Auswirkungen der Abwesenheiten zu überbrücken und zu minimieren." (Arbeitsgruppe Neue Arbeitszeitmodelle, 1997, S. 18).

- **Regelung organisatorischer Bedingungen**

In Abhängigkeit der Organisationsstruktur, der Aufgaben, der Qualifikationen und Bedürfnisse der JobSharerInnen usw. sind zusätzlich zu den üblichen Bedingungen (Lohn, Ferien, Versicherungen usw., vgl. Rehbinder, 1993) vielfältige "technische" Parameter zu planen und zu entscheiden (vgl. insbesondere Müller, 1990, aber auch Neumann, 1985 sowie Räber, 1998).

- *Aufteilung der Arbeitsaufgaben (zeitlich, inhaltlich) nach den Kompetenzen und Wünschen der Job Sharing-PartnerInnen*

  Sowohl bei einer zeitlichen als auch bei einer inhaltlichen Aufteilung steht eine beinahe unbegrenzte Zahl von Möglichkeiten der Verteilung der individuellen Arbeitszeiten nach Dauer (Beschäftigungsgrade) und Lage offen. Insbesondere ist auch eine *Erweiterung der Betriebszeiten* möglich. Bei der inhaltlichen Aufteilung sind in Abhängigkeit der Qualifikationsprofile sowohl eine deckungsgleiche (identische) als auch eine komplementäre Verteilung der Aufgaben möglich.

- *Wechselrhythmen der Job SharerInnen* (halbtags, täglich, wöchentlich, unregelmässig usw.)
- *Übergabezeiten bei Arbeitsplatzwechsel* (ja oder nein, Dauer)
- *Verteilung von Entscheidungsbefugnissen* (Einzel- versus Teamentscheidungen)
- *Verteilung von Weisungsbefugnissen* (Einzel- versus Teambefugnisse)
- *Regelung der Aufgabenerfüllung* (zeitlich, inhaltlich, räumlich)
- *Regelung der teaminternen Kommunikation* (Menge, Inhalt, Genauigkeit, Form usw.)
- *Regelung der Kommunikation mit Vorgesetzten, MitarbeiterInnen und KundInnen*
- *Regelung der Stellvertretung* (vollständige oder beschränkte Stellvertretungspflicht, Stellvertretungsrecht)
- *Regelung der Dokumentation des Aufgabenerfüllungsprozesses* (Tages-, Wochenprotokolle, Gesprächsprotokolle, Protokolle von Telefonaten usw.)
- *Regelung von Einarbeitung, Versuchsperiode, Evaluation*
- *Regelung der Weiterbildung*
- *Regelung der Rekrutierung und des Ersatzes von Job SharerInnen*
- *Regelung der zeitlichen Dauer des Job Sharings*
- *Regelung der Rückkehr an eine Vollzeitstelle*
- *Regelung des Einführungsprozesses von neuen Job Sharing-Stellen* (Verantwortlichkeiten von Job SharerInnen, Vorgesetzten, Personalabteilung)

1.4.3 Voraussetzungen der Arbeitsaufgabe

- **Teilbarkeit der Arbeitsstelle**

Eine der wesentlichsten – und umstrittensten – Voraussetzungen für die Einführung eines Job Sharing-Arrangements stellt die prinzipielle Teilbarkeit einer Arbeitsstelle dar (vgl. Müller, 1990, Ley, 1993c, Habegger-Zumbühl, Pedergnana & Spring, 1996). Wenn Arbeitsaufgaben nicht zumindest zeitlich, idealerweise aber auch inhaltlich, aufteilbar sind, ist kein Job Sharing möglich.

Nach Müller (1990, S. 160) sind die folgenden sechs Punkte für die Teilbarkeit eines Arbeitsplatzes entscheidend

- *Komplexität der Aufgabe*
- *Wiederholungshäufigkeit einzelner Tätigkeiten*
- *Anteil dispositiver Tätigkeit* (Planung, Organisation, Kontrolle) *an der Gesamtaufgabe*
- *Ausmass der Arbeitsplatzstrukturierung*

- *Verflechtungsgrad der Arbeitsplätze untereinander*
- *Interaktionsbeziehungen mit internen PartnerInnen.*

Nach der Darlegung verschiedener theoretischer Erwägungen und empirischer Untersuchungen, die hier nicht im Detail nachvollzogen werden können, kommt Müller (1990, S. 170) zu folgendem *Fazit*: "Zusammenfassend kann darauf hingewiesen werden, dass unter organisationstheoretischer Sichtweise und – wie die angeführten Untersuchungen belegen – auch seitens der Praxis ein grosser Teil aller in einer Unternehmung zu erfüllenden Aufgaben aufteilbar sind. (...) In dem Masse jedoch, wie die Teilaufgaben eines Arbeitsplatzes nicht exakt gegeneinander abgrenzbar sind (Gefahr von Kompetenzüberlagerungen), eine geringe Zyklizität aufweisen, einen hohen dispositiven Anteil enthalten, einen geringen Definitionsgrad besitzen oder durch einen starken Verflechtungsgrad gekennzeichnet sind, wird sich die organisatorische Gestaltung von Job Sharing-Arbeitsplätzen – zwar in geringerem Mass als bei herkömmlicher Teilzeitarbeit – als schwierig erweisen."

1.4.4 Voraussetzungen der Job Sharing-PartnerInnen

- **Hohe soziale und persönliche Kompetenzen**

Während sich die fachlichen Kompetenzen von jenen einer Vollzeitstelle nicht prinzipiell unterscheiden (es sind ja dieselben Aufgaben zu erfüllen), stellen sich beim Job Sharing besondere Anforderungen an die sozialen und persönlichen Kompetenzen (vgl. z.B. Berthel & Koch, 1982, Müller, 1982, Paschen, 1982, Müller, 1990):

- *Kooperationsfähigkeit und Kooperationsbereitschaft,*
- *Fähigkeit und Bereitschaft zu Kommunikation und Information*
- *Fähigkeit und Bereitschaft zur Austragung von Konflikten*
- *Organisationsfähigkeiten*
- *hohes Verantwortungsbewusstsein.*

Je höher qualifiziert und komplexer eine Tätigkeit ist, desto ausgeprägter sollten diese Kompetenzen vorhanden sein. Berthel & Koch (1982, S. 342) dazu: "Durch Job Sharing verändern sich die Ansprüche an die Informationsaufnahme, -verarbeitung und -abgabe von Arbeitsplatzinhabern im Sinne einer zunehmenden Häufigkeit, Wichtigkeit und Geschwindigkeit. Des weiteren wandeln sich durch Job Sharing die arbeitsplatzrelevanten Beziehungen, das heisst die Kommunikationsformen (Verhandeln, um Übereinstimmung zu erzielen, Überzeugen, Unterrichten, Befragen, Austausch von Informationen, Schreiben zur Weitergabe von Informationen, Benutzen codierter Kommunikation, Kommunikation durch Telefon u.ä.), der Umfang persönlicher Kontakte mit dem Partner. Möglicherweise steigt auch das Konfliktpotential, dadurch erhöhen sich die Ansprüche an Konsens- und Kompromissbereitschaft (-fähigkeit). Insgesamt wird eine hohe Teambereitschaft (-fähigkeit) der Job Sharing-Partner erforderlich."

- **Hohe Motivation**

Job Sharing ist bis heute keine alltägliche Angelegenheit, die Unternehmen quasi als Normalfall anbieten. Meist muss für die Einführung eines Job Sharings ziemlich gekämpft werden und es müssen einige Hindernisse und Widerstände überwunden werden. Nach der Einführung erfolgt die Phase der Bestätigung. Nicht selten steht man unter besonderer Beobachtung. Um diese Anfangsstadien durchzustehen, benötigt es eine ausgeprägte Bereitschaft, dieses Experiment zu starten und durchzuziehen.

- **Positive Grundstimmung zwischen den Job Sharing-PartnerInnen**

Das Konzept des Job Sharing setzt eine gewisse Sympathie zwischen den PartnerInnen voraus. Es ist also wenig erfolgversprechend, wenn zwei (oder mehrere) Personen eine Stelle teilen wollen, die sich nicht kennen oder ein eher reserviertes oder gespanntes Verhältnis zueinander haben.

Diese Voraussetzung ist nach amerikanischen Ergebnissen meist gut erfüllt. Die Kooperation "bereitet nur in Ausnahmefällen Schwierigkeiten, sie wird im Gegenteil als Bereicherung, persönliche Befriedigung und Chance zur wechselseitigen Anregung und Qualifikation angesehen" (Rosenstiel, 1982, S. 290).

2. Teilzeitarbeit in Führungspositionen

Die Gegenstandsbereiche "Job Sharing" und "Teilzeitarbeit in Führungspositionen" weisen eine ganze Reihe von Gemeinsamkeiten, aber auch einige Unterschiede auf. In diesem Kapitel wird deshalb das Problemfeld "Teilzeitarbeit in Führungsfunktionen" nicht nochmals von Grund auf aufgerollt. Nach der eher summarischen Darstellung von Gemeinsamkeiten und Unterschieden liegt das Schwergewicht dieses Kapitels auf der Frage, ob Führungsfunktionen in Teilzeit effizient und für alle Beteiligten in einer befriedigenden Form gelöst werden können.

Beim Begriff "Teilzeitarbeit in der Führung" wird wie bei "klassischer" Teilzeitarbeit meist von einer regelmässig verkürzten Wochenarbeitszeit ausgegangen. Gerade aus gleichstellungspolitischer Sicht ist es auch wichtig, diese Option beizubehalten beziehungsweise zu fördern. Tatsächlich ist das Spektrum aber auch in diesem Zusammenhang viel breiter. Es beinhaltet reduzierte Arbeitsstunden pro Tag, Woche, Monat oder Jahr, reduzierte Arbeitstage pro Woche, Monat oder Jahr, reduzierte Arbeitswochen pro Jahr (Keese, 1996, vgl. auch Domsch et al., 1994, Dellekönig, 1995, Bujok & Bielenski, 1998) sowie Reduktionsmöglichkeiten auf der Ebene der gesamten Erwerbsbiografie (vgl. Baillod, 1998).

Nach Dellekönig (1995) ist eine Abkehr von den Vorstellungen traditioneller Teilzeitarbeit gerade für den Bereich "Führung" dringend notwendig. "Wenn Führungskräfte eine begrenzte Anzahl freier Tage pro Woche, Monat oder Jahr festlegen können, Jahresstundenverträge abschliessen, ihre Arbeitszeiten den Auftragsschwankungen anpassen, selbstverständlich in dringenden Fällen auch ausserhalb ihres vereinbarten Arbeitszeitrahmens arbeiten oder je nach Lebensphase unterschiedliche Arbeitszeitformen praktizieren, dann handelt es sich um wirklich flexible Modelle" (S. 41).

2.1 Gemeinsamkeiten von Job Sharing und Teilzeitarbeit in Führungspositionen

- **Das Prinzip: Individuelle Teilzeitarbeit auf (meist) gut qualifiziertem beruflichen Niveau**

Sowohl Job Sharing-Stellen als auch Teilzeitarbeit bei Führungskräften beziehen sich auf *individuelle Teilzeitstellen*, die meist auf einem *gut qualifizierten beruflichen Niveau* stattfinden.[11]

- **Schwache Verbreitung**

Beide Ansätze sind momentan noch schwach verbreitet. So sind beispielsweise nach der Untersuchung von Straumann et al. (1996) von den 53'165 analysierten Stellen in der Nordwestschweiz lediglich 3,9 % aller "qualifizierten" Stellen Teilzeitstellen. Der Anteil von Teilzeitstellen im unteren Kader beträgt 3,9 %, im mittleren Kader 2,2 % und im oberen Kader 0,5 % (vgl. auch Ladwig, 1999).

- **Förderung der Chancengleichheit von Frauen**

Aus *gesellschaftlicher Warte* ist beiden Ansätzen gemeinsam, dass sie Beiträge zur *Chancengleichheit von Frauen und Männern* (vgl. z.B. Kilchenmann, 1993, Straumann et al. 1996, Allmendinger et al., 1997) leisten können. "Das Normalarbeitsverhältnis gilt als überholt, für Frauen hat es allerdings nie gegolten. Unübersichtliche Kombinationen von Dauer, Lage und Verteilung der Arbeitszeit sind für Frauen schon immer selbstverständlich, eine kontinuierliche Vollzeitbeschäftigung war und ist die Ausnahme. In gewisser Weise könnte *diesbezüglich* also von einer Annäherung männlicher an traditionell weibliche Arbeitsverhältnisse gesprochen werden, eine potentiell wichtige Entwicklung hin zu grösserer Chancengleichheit auf dem Arbeitsmarkt.

Das Modell 'Teilzeitarbeit in Führungspositionen' spielt gerade unter diesen Gesichtspunkten eine grosse, zukunftsweisende Rolle: Es verfolgt das Ziel, Teilzeitarbeit aus dem Nischendasein der unterbezahlten, perspektivlosen Frauenarbeit in hierarchisch niedrigen Positionen zu befreien. Teilzeitarbeit in Führungspositionen ist eine für Frauen machbare Arbeitsform mit Positions- und Karrierechancen; es ist auch eine Arbeitsform, die Männern den Schritt zu ei-

---

[11] Bei Job Sharing und insbesondere Job Splitting ist dies allerdings nicht zwingend der Fall.

nem Abbau der Arbeitszeit erleichtern könnte, da mit der Arbeitszeit nicht auch Karriereoptionen reduziert, Qualifikationen entwertet und Prestige- wie Statusverluste manifestiert werden" (Allmendinger et al., 1997, S.1, Hervorhebung im Original).

- **Schaffung von Arbeitsstellen**

Durch die individuelle Verkürzung der Arbeitszeit stellen beide Modelle potentiell Ansätze zur *Schaffung beziehungsweise Erhaltung von neuen Arbeitsstellen* (vgl. z.B. Domsch & Strasse, 1995 Hablützel, Schwaar & Kuhn, 1995; Ulich, 1997 sowie verschiedene Beiträge in diesem Band) dar.

- **Personal- und betriebswirtschaftliches Zukunftspotential**

Aus der *Sicht der Unternehmen* wird mit beiden Modellen ein beachtliches *personal- und betriebswirtschaftliches Zukunftspotential* verbunden (vgl. Neumann, 1985, Domsch, Kleiminger, Ladwig & Strasse, 1994, Dellekönig, 1995, Keese, 1996, Straumann et al. 1996, Allmendinger, Fuchs, Schönfeld, Stebut & Zerger, 1997, Gutscher & Wiederkehr-Steiger, 1997, Bujok & Bielenski, 1998, Melchers, 1999, Kohn & Breisig, 1999), zum Beispiel:

- Bewahrung von betrieblichem Know how (Bindung von qualifizierten Beschäftigten ans Unternehmen)
- Verringerung der Fluktuationskosten
- Erhöhte Motivation und Leistungsfähigkeit
- Verringerung der Fehlzeiten
- Erhöhte Flexibilität der Arbeitszeit[12]
- Erhöhte Attraktivität des Unternehmens auf dem Arbeitsmarkt.

- **Erhöhte Kosten**

Ebenfalls gemeinsam sind den beiden Modellen teilweise *erhöhte Kosten* (Arbeitsplatz- und Infrastrukturkosten) (vgl. z.B. Gutscher & Wiederkehr-Steiger, 1997).

- **Problem der Teilbarkeit der Aufgaben**

Bei beiden Ansätzen stellt sich prinzipiell die Frage, ob die Aufgabenstruktur einer Arbeitsstelle geeignet ist, um sie im Job Sharing oder in Teilzeitarbeit zu erfüllen (vgl. detaillierter Kap. 2.3).

- **Verbesserte Kombinationsmöglichkeiten von Erwerbsarbeit und ausserberuflichen Tätigkeiten**

Aus der *Sicht der Beschäftigten* liegen die wichtigsten Gemeinsamkeiten der beiden Ansätzen darin, dass sie ihnen eine *verbesserte Kombination der Erwerbsarbeit mit Familienarbeit, ausserberuflichen Tätigkeiten oder Weiterbildung* ermöglichen (Straumann et al., 1996, Allmendinger et al., 1997).

---

[12] Das Flexibilisierungspotential von Job Sharing ist gegenüber Teilzeitarbeit erhöht, da zusätzlich zu den individuellen Flexibilisierungsmöglichkeiten noch die Möglichkeit unterschiedlicher Kombinationen zweier oder mehrerer Arbeitspensen kommt.

- **Hohe Attraktivität**

Insgesamt sind sowohl Job SharerInnen als auch Teilzeitführungskräfte mit ihrer Arbeitszeitsituation meist sehr zufrieden.[13] Ladwig (1999, S. 890f.) gibt auch empirische Belege an, die zeigen, dass flexible Arbeitszeitsysteme als Auswahlkriterium für den Einstieg in ein Unternehmen für weibliche und männliche Führungsnachwuchskräfte gleich hinter Gehaltsniveau, Karrierechancen und Personalentwicklungsmöglichkeiten rangieren.

- **Einkommenseinbussen und beeinträchtigte Aufstiegsmöglichkeiten**

Als negative Konsequenzen für die Beschäftigten stehen ein *geringeres Einkommen* und *beeinträchtigte Aufstiegsmöglichkeiten* im Vordergrund (Neumann, 1985, Domsch et al., 1994, Dellekönig, 1995, Straumann et al., 1996, Allmendinger et al., 1997, Lippl, 1997, Kohn & Breisig, 1999, Melchers, 1999). Die beeinträchtigten Karrieremöglichkeiten sind denn auch einer der zentralen Hinderungsgründe für eine stärkere Verbreitung: Ladwig (1999, S. 892) zitiert eine Untersuchung, nach der "knapp 60 % der weiblichen und 30 % der männlichen Führungs(nachwuchs)kräfte gerne Teilzeit arbeiten (würden), allerdings nur, wenn sich dies nicht nachteilig auf die Karrierechancen auswirken würde".

- **Mehrarbeit und Arbeitsintensivierung**

Als arbeitszeitbezogene Belastungen ist beiden Modellen gemeinsam, dass die tatsächlichen Arbeitszeiten meist deutlich *über den festgelegten Arbeitszeiten liegt* und die *Arbeit intensiviert* wird (Neumann, 1985, Domsch et al., 1994, Dellekönig, 1995, Straumann et al., 1996, Allmendinger et al., 1997[14], Kohn & Breisig, 1999[15]), Melchers, 1999).

Im Zusammenhang mit der *Intensivierung der Arbeit* liefert liefert Melchers (1999) zwei interessante Hinweise:

"Bezüglich der Verdichtung der Arbeitszeit erscheint es sinnvoll, zwischen den Effekten der Arbeitszeitreduzierung und der Stellenteilung zu unterteilen, denn einige Führungskräfte im Job Sharing berichteten zwar, dass sich die Arbeit durch die Reduktion verdichte, dass sich aber *gerade* bei einem hohen Zeitdruck die Stellenteilung bewähre. Dadurch entstünden Möglichkeiten der gegenseitigen Unterstützung" (S. 112).

---

[13] So sind beispielsweise in der Studie von Allmendinger et al. (1997) die teilzeitbeschäftigten Führungskräfte mit ihrer Arbeitszeitsituation hochsignifikant zufriedener als ihre vollzeitbeschäftigten Kollegen. Innerhalb der Teilzeitführungskräfte ergeben sich zudem Unterschiede, indem die Personen mit "hohen" Arbeitszeiten (31–35 Stunden) noch zufriedener waren als Personen mit geringeren Beschäftigungsgraden.

[14] Zusätzlich zu den beim Job Sharing angeführten Gründen kommt bei Teilzeitarbeit in Führungspositionen zum Teil das Problem hinzu, dass mit der Senkung des Beschäftigungsgrads die verbliebenen Stellenprozente gestrichen werden, ohne dass die Arbeit genügend umverteilt wird.

[15] Kohn & Breisig (1999, S. 165) zitieren eine Studie von Müller-Böling (1990), die eine positive Beziehung zwischen Hierarchiestufen und Arbeitszeit aufzeigt.

"Die arbeitspsychologische Forschung weist bezüglich der Arbeitsintensität auf den emotional belastenden Zeitdruck und bei längerer Dauer z.B. auf die Gefahr der Vernachlässigung mittelfristig wichtiger Kommunikation, das Gefühl der Überforderung und eine Verschlechterung der Arbeitsqualität hin. Die eigenen Ergebnisse bestätigen, dass diese Gefahren von den Beteiligten gesehen *und* dass ihnen aktiv vorgebeugt wurde.
Einerseits ermöglicht die Arbeitszeitreduzierung schon für sich genommen mehr Zeit für Regeneration. Andererseits sorgen die Führungskräfte aktiv dafür, Überstunden zu beschränken und eher an die Randstunden als mitten in die freien (Halb-)Tage zu legen. (...) Dass gemeinsame Pausen und informelle Gespräche trotz eingeschränkter Zeit in fast allen Arbeitssystemen – wenn auch eingeschränkt – stattfanden, kann m.E. als aktives Bemühen zur Stärkung des Zusammenhalts und zur gegenseitigen sozialen Unterstützung verstanden werden" (S. 113f., Hervorhebungen im Original).

2.2 Unterschiede zwischen Job Sharing und Teilzeitarbeit in Führungspositionen

Job Sharing und Teilzeitarbeit in Führungspositionen unterscheiden sich hauptsächlich in drei Punkten:
- **Aus individueller Sicht: Einzelarbeitsplatz statt Partnerschaft oder Team**

Im Gegensatz zu Job Sharing handelt es sich bei Teilzeitstellen in der Führung um *Einzelarbeitsplätze*. Die vielfältigen Vor- und auch Nachteile, die beim Job Sharing aus den Kooperations- und Kommunikationserfordernissen erwachsen (auf der einen Seite die Förderung der Sozialkompetenzen, auf der anderen Seite Abhängigkeiten und geringere Profilierungsmöglichkeiten), fallen bei normaler Teilzeitarbeit im Führungsbereich weg. Auch die vereinfachte *Stellvertretung* ist bei Teilzeitarbeit in der Führung nicht gegeben.
- **Aus betrieblicher Sicht: Teilzeit- statt Vollzeitstelle**

Bei Teilzeitarbeit in der Führung handelt es sich aus unternehmerischer Sicht nicht mehr um eine Vollzeitposition. Konkret wird eine Führungsstelle also von einer Vollzeit- in eine Teilzeitstelle umgewandelt oder es werden neu eine (oder mehrere) Teilzeitstelle(n) geschaffen.
Es besteht somit die Möglichkeit, den *Beschäftigungsgrad* exakt dem Umfang der vorhandenen Aufgaben anzupassen und durch die Reduktion des Beschäftigungsgrads *Lohnkosten einzusparen*. Auf der anderen Seite hat Teilzeitarbeit zur Folge, dass die permanente *Ansprechbarkeit* der Funktion nicht gewährleistet ist, dass sich damit der *Informationsfluss erschwert* und der *Planungs- und Kontrollaufwand für Vorgesetzte erhöht* und die *Belastung für KollegInnen und MitarbeiterInnen allenfalls zunimmt* (vgl. dazu Baillod, 1993a, Straumann et al., 1996, Melchers, 1999).

Melchers (1999, S. 116) spricht im Zusammenhang mit Teilzeitarbeit in Führungspositionen treffend von einem "gesteigerten Kommunikationsbedarf bei gleichzeitig verringerten Kommunikationsmöglichkeiten". Sie hält aufgrund ihrer Fallstudien allerdings fest: "Ein Teil der Mitarbeiter/innen sah keine teilzeitbedingten Einschränkungen in der Erreichbarkeit der Führungskräfte. Im Gegenteil hatte sich für einige von ihnen im Vergleich zu früheren Vorgesetzten oder mit den gegenseitigen Stellvertretungsregel im Job Sharing die Erreichbarkeit sogar verbessert. Die Erreichbarkeit war hingegen erschwert, wenn die Arbeitszeiten der Führungskräfte nicht parallel zu Arbeitszeiten der Mitarbeiter/innen lagen, sich die (gegenseitigen) Stellvertretungen nicht bewährten und bei einer blockweisen Verteilung der Arbeitszeiten der Stellenpartner/innen keine telefonischen Kontakte zwischen Mitarbeiter/innen und Führungskräften stattfanden" (S. 116).

Die zusätzliche Belastung der MitarbeiterInnen durch die Teilzeitarbeit des Vorgesetzten muss allerdings nicht unbedingt negativ wahrgenommen werden – im Gegenteil: "Bezüglich qualitativer Anforderungen durch die delegierten Aufgaben, Vertretungsaufgaben und das selbständige Arbeiten äusserten sich die Mitarbeiter/innen überwiegend positiv und schätzten ihre Lern- und Entwicklungsaufgaben als grösser ein. Die Vielfalt ihrer Aufgaben, den Verantwortungsbereich und den eigenen Entscheidungsspielraum beurteilten sie als ‚geringfügig grösser'. Ebenfalls schätzten es die Mitarbeiter/innen, von den Führungskräften in ihrer Selbständigkeit gefordert und unterstützt zu werden" (Melchers, 1999, S. 114f.).

- **Stelle mit Führungsfunktionen**

Als dritter wesentlicher Unterschied gegenüber dem Job Sharing in der bisher behandelten Form sind die expliziten Führungsfunktionen festzuhalten. Während Job Sharing prinzipiell auf allen hierarchischen Stufen möglich ist, liegt in diesem Kapitel das Interesse bei der Verbindung von Teilzeitarbeit mit den spezifischen Führungsaspekten (vgl. dazu detailliert den folgenden Abschnitt).

2.3 Zur Möglichkeit der Erfüllung von Führungsaufgaben in Teilzeit

Allmendinger et al. (1997, S. 30) bezeichnen die Aussage *"Führung ist unteilbar"* als den *vielleicht grössten Mythos der deutschen Arbeitswelt*.[16] Die Frage, ob Führungsaufgaben in Teilzeit befriedigend erfüllt werden können, stellt einen zentralen Bestimmungspunkt für das Thema dieser Literaturstudie dar.

In Abschnitt 1.4.3 wurden bereits erste Hinweise auf die Teilbarkeit von Arbeitsstellen gemacht. Dabei wurde ein Schwergewicht auf die fachlichen Aspekte

---

[16] Allerdings widerlegen sie ihre Aussage später mit ihren eigenen empirischen Ergebnissen, die bei verschiedenen Gruppen von Vorgesetzten und MitarbeiterInnen insgesamt eine ambivalente (und also nicht ablehnende) Haltung zeigen. Immerhin gibt es in der untersuchten Stichprobe in München keine Personengruppe, die Teilzeitarbeit in Führungspositionen mehrheitlich als undurchführbar betrachtet.

(Komplexitätsgrad einer Aufgabe, Wiederholungshäufigkeit usw.) gelegt. In diesem Abschnitt sollen die *spezifisch führungsbezogenen Aspekte* in Hinblick auf ihre *"Teilzeitfähigkeit"* diskutiert werden. Zu diesem Zweck werden verschiedene theoretische Ansätze und Forschungsergebnisse angeführt.

Nach Friedel-Howe (1993) gehören zu den Führungsaufgaben neben den *fachlichen Aufgaben* (Planung, Problemlösung, Entscheidung, Kontrolle) und der *Vertretung des eigenen Arbeitssystems nach aussen* (Verhandeln, Repräsentieren usw.) die *Führung von MitarbeiterInnen* (Planung/Zielsetzung, Motivation/Unterstützung, Kontrolle/Feedback, MitarbeiterInnen-Förderung) sowie die *Förderung der Integration der MitarbeiterInnen in die Organisation*.

Im Rahmen der Diskussion der Frage, ob Führungsfunktionen in Teilzeitarbeit erfüllt werden können, geht es nach Friedel-Howe (1993) darum, zu analysieren, ob eine Funktion auch während der Abwesenheit der Führungskraft ohne Effizienzverlust erfüllt werden kann. Sie sieht die folgenden Aspekte als Voraussetzungen für eine *"Substituierbarkeit"* (S. 420):

- *Hohes Qualifikations- und Erfahrungsniveau der MitarbeiterInnen*
- *Professionalisierung der MitarbeiterInnen*
- *Hohe Selbstmanagementkompetenz der MitarbeiterInnen*
- *Eng integrierte (kohäsive) Arbeitsgruppen mit Selbststeuerung*
- *Stark routinisierte Aufgaben (Standardisierung, Maschinentakt, usw.)*
- *(Potentiell) intrinsisch befriedigende Arbeitsinhalte*
- *Hoher Formalisierungsgrad bei Aufgaben (Stellenbeschreibungen) und Verfahren*
- *Leitsätze, sonstige Unternehmensselbstdarstellungen.*[17]

Battis (1990, zit. n. Melchers, 1999) konnte empirisch nachweisen, dass Arbeitsklima und Arbeitsqualität bei Vorgesetzten mit Teilzeitarbeit nur dann *nicht* litten, wenn Vorgesetzte und MitarbeiterInnen zusätzlich zu ihrer eigenen Arbeit *keine Vertretungsaufgaben übernehmen mussten*. Das heisst, dass im Fall einer Reduktion des Beschäftigungsgrades zwingend ein Teil der Aufgaben übertragen und die dafür notwendige Zeit zur Verfügung gestellt werden muss.

---

[17] Selbstverständlich ist die Erfüllung einer Führungsfunktion leichter, wenn die Qualifikationen der MitarbeiterInnen hoch sind. Dies ist auch empirisch belegt (Domsch et al., 1994). Dies gilt allerdings nicht nur für Arbeitssysteme, in denen die Führungsperson teilzeitlich arbeitet. Unter Berücksichtigung der Erkenntnis, dass Führungsfunktionen gerade dadurch definiert sind, dass die Führungsperson einschreitet, wenn einerseits die formalen Planungen, Regelungen usw. und andererseits die Qualifikationen der MitarbeiterInnen zur Lösung einer Aufgabe nicht ausreichen, sind die Ansätze, die auf die Qualifikationen der MitarbeiterInnen abstellen, etwas kurz gegriffen. Auch eine Erhöhung der Formalisierung und Standardisierung der Aufgaben (wie sie auch von Domsch et al. (1994) vorgeschlagen werden) sind aus organisationstheoretischer Sicht kritisch zu hinterfragen. Ausgangspunkt der Organisation von Arbeitsabläufen sollte immer die zu erledigende Aufgabe sein (Hacker, 1986). Der umgekehrte Vorgang mit dem Teilzeitwunsch des oder Vorgesetzten als Basis für die Arbeitsgestaltung der MitarbeiterInnen heisst, das Pferd am Schwanz aufzuzäumen.

Gutscher & Wiederkehr-Steiger (1997, S. 46) kommen aufgrund ihrer Machbarkeitsstudie in einem Informatikunternehmen zu folgendem Schluss: "Teilzeitarbeit im Führungsbereich lässt sich verwirklichen. Die Machbarkeitsstudie zeigt aber deutlich, dass es für eine Arbeitsteilung in diesem sensiblen Bereich keine Standardrezepte gibt. Eine erfolgversprechende Lösung muss der spezifischen Situation der Unternehmung und den beteiligten Personen entsprechen." Britzke (1997) zeigte, dass Entscheidungen bei Abwesenheit von Teilzeitführungskräften eher nach oben delegiert werden als bei Abwesenheit von Vollzeitführungskräften.

In der Studie von Straumann et al. (1996) sahen sowohl die befragten Teilzeitbeschäftigten als auch die Unternehmen eine gute *Teilzeiteignung* für Führungspositionen bei "kreativen" Stellen, in der Forschung sowie in der EDV, während sie für Stellen, in denen "Entscheidungsbereitschaft" gefordert ist, sowie für Stellen mit Führungsaufgaben oder Kundenkontakt skeptisch sind. Die Unternehmen beurteilten die Teilzeitfähigkeit durchwegs skeptischer als die Teilzeitbeschäftigten.

Nur 3,9 % der Unternehmen und 5,8 % der Vollzeitangestellten halten Stellen mit Führungsaufgaben für teilzeitgeeignet. Bei den Teilzeitangestellten sind immerhin 20,2 % der Meinung, dass qualifizierte Teilzeitarbeit in Führungspositionen gut möglich sei. "Es wurden viele Gründe für diese Unverträglichkeit genannt, die hauptsächlich im *allgemeinen Verständnis von Führung und im Selbstverständnis der Führungskräfte* wurzeln. Deutlich wurde aber auch, dass dieses Verständnis an Selbstverständlichkeit zu verlieren beginnt und zunehmend *in Frage gestellt* wird" (Straumann et al., 1996, S. 131).

Als Aspekte dieses *Führungsverständnisses* wurden genannt (vgl. Straumann et al., 1996, S. 131ff.):
- *Volle Verfügbarkeit, Zugänglichkeit und Handlungsbereitschaft* von Vorgesetzten
- *Vorbildfunktion* von Vorgesetzten
- *Symbolische Präsenz von Vorgesetzten auch bei Abwesenheit* (d.h. wenn Führungspersonen physisch nicht anwesend sind, sind sie in übertragenem Sinne für die MitarbeiterInnen und das Unternehmen trotzdem präsent, da sie für das Unternehmen ausser Haus tätig sind)
- *Teilzeitarbeit und Engagement bei Vorgesetzten als Widerspruch*
- *Verantwortungsübernahme, Überblick und Kontrolle als zentrale Führungsfunktion*
- *Unentbehrlichkeit*
- *Erhaltung von Einfluss, Status und Prestige.*

Die Arbeitsgruppe Neue Arbeitszeiten des Personalamts Basel-Stadt kommt zu folgendem optimistischen Schluss: "Reduzierte Arbeitszeiten bei einer Kaderstelle bedingen meist eine neue Aufgabenzuteilung und eine klare Stellvertretung. Sie verlangen zudem ein Überdenken der Arbeitsabläufe sowie der Kommunikations- und Informationswege. Diese Neuorganisation kann eine Chance sein. So können Strukturen effektiver und effizienter ausgestaltet werden: zum Beispiel weniger oder kürzere Sitzungen, vermehrte Delegation und klar umschriebene Aufgabenbereiche" (1997, S. 17).

3. Job Sharing in Führungspositionen

3.1 Erfahrungen mit Job Sharing in Führungspositionen

Zum Thema Job Sharing in Führungspositionen existieren nochmals deutlich weniger Erfahrungen als zum Bereich Teilzeitarbeit in Führungpositionen. Das empirische Wissen konzentriert sich auf einige Einzelfallstudien sowie auf Spezialauswertungen von Studien zu Teilzeitarbeit im Führungsbereich, in deren Rahmen auch Job Sharing-Paare mitanalysiert wurden.

Auch die *Verbreitung von Job Sharing im Führungsbereich* ist gegenüber Teilzeitarbeit nochmals eingeschränkt. Ladwig (1999) erwähnt eine Studie, die belegt, dass Führungskräfte zwar auch von Teilzeitmöglichkeiten, aber insbesondere im Bereich Job Sharing von deutlich weniger Angeboten profitieren können. Hamburgische Unternehmen bieten "nur 26,4 % der Führungskräfte eine Verkürzung der Arbeitszeit an allen Tagen an im Vergleich zu 78,8 % der tariflichen Fachkräfte. In bezug auf Job Sharing sind die Zahlen noch deutlicher. Nur 6,9 % der Führungskräfte erhalten die Möglichkeiten Job Sharing in Anspruch zu nehmen, gegenüber immerhin 43,2 % der tariflichen Fachkräfte" (S. 892).

Die umfassendsten Abklärungen der Auswirkungen von Job Sharing auf Managementebene und der Teilbarkeit von Führungsfunktionen stammen von der Hamburger Forschungsgruppe um Michael Domsch (Domsch, Kleiminger, Ladwig & Strasse, 1994, vgl. auch die Zusammenfassungen in Domsch & Kleiminger, 1995, Domsch & Strasse, 1995, Domsch, Kleiminger, Ladwig & Strasse, 1998). Die Forschungsgruppe hatte den Auftrag, bestehende Job Sharing-Arbeitsplätze im Managementbereich zu evaluieren, einen Kriterienkatalog für die Teilbarkeit von Führungspositionen zu erstellen sowie ein Konzept zur Akzeptanzerhöhung von Teilzeitarbeit für Managementpositionen zu entwickeln.[18]

---

[18] Im Rahmen dieses Auftrags analysierten sie sieben bestehende Job Sharing-Partnerschaften und interviewten zwanzig StelleninhaberInnen von ungeteilten Stellen in Hinblick auf die Teilbarkeit der Funktionen.

Obwohl auch für sie klar ist, dass "administrative, routinisierte Tätigkeiten leichter teilbar sind als Managementpositionen mit entsprechend höheren dispositiven Aufgabenanteilen", konnten die in der Literatur aufgeführten Probleme in ihren Arbeitsanalysen *nicht bestätigt* werden. "Im Gegenteil: Die Ergebnisse fielen – auch für das Forschungsteam überraschend – positiv aus" (Domsch et al., 1998, S. 96). Sie fassen ihre Ergebnisse wie folgt zusammen:

- *Teilung von Führungspositionen*
  "Die Aufgaben konnten trotz teilungskritischer Ausprägung – d.h. Aufgaben mit hohen dispositiven Tätigkeitsanteilen – gesplittet werden, ohne dass Aufgabenteile unbearbeitet blieben oder doppelt bearbeitet wurden. (...)
- *Wahrung der einheitlichen Aufgabenerfüllung*
  Die Wahrung der einheitlichen Aufgabenerfüllung wurde vor allem durch eine inhaltliche (statt zeitliche) Teilung der Aufgabengebiete mit gleichzeitiger gegenseitiger Stellvertretung und gutem Informationsaustausch bei Abwesenheitszeiten gewährleistet.
- *Auswirkungen auf den Führungsprozess für die Vorgesetzten von Job Sharern*
  Der Führungsprozess für die Vorgesetzten der Teilzeitkräfte wurde zwar – aufgrund der automatischen Erhöhung der Leitungsspanne – quantitativ (d.h. zeitlich) durch zusätzlichen Koordinationsaufwand umfangreicher und stellte qualitativ höhere Ansprüche, da zwei Personen unterschiedlicher Persönlichkeitsausprägung, Leistungsschwerpunkte etc. zu betreuen waren. Dieser negative Effekt wurde jedoch nach Meinung der meisten Vorgesetzten durch den 'Zwang zur stärkeren Reflexion des eigenen Handelns' und teambedingte Synergieeffekte (z.B. Ergänzung der Qualifikationen) zumindest ausgeglichen.
- *Auswirkungen des Job Sharing auf das 'Innenverhältnis'* (Teilzeitpartner untereinander)
  Im 'Innenverhältnis' konnten weder Profilierungsstreben auf Kosten des Teilzeitpartners noch Machtkämpfe um Arbeitszeit oder Aufteilung der Arbeitszeit festgestellt werden. Dies kann zum einen darauf zurückgeführt werden, dass die Positionen ausser in einem Fall inhaltlich geteilt waren, so dass es kaum bzw. keine Berührungspunkte zwischen den Aufgabengebieten gab. Zum anderen war das Verhältnis zwischen den Teilzeitpartnern offensichtlich ausgesprochen gut.
- *Auswirkungen des Job Sharing auf das 'Aussenverhältnis'* (insbesondere Mitarbeiter)
  In zwei Fällen traten im 'Aussenverhältnis' in der Anfangsphase Versuche eines 'Gegeneinander-Ausspielens' der Teilzeitpartner durch Ausnutzung unterschiedlicher Anwesenheitszeiten auf" (S. 96). Dank dem Einsatz der Vorgesetzten und der guten Harmonie zwischen den TeilzeitpartnerInnen schlugen diese Versuche aber fehl.

"Zudem wurde die Arbeit der Führungskräfte durch die Teilzeitarbeit positiv beeinflusst. Selbst der Zeitbedarf zur Funktionserfüllung erhöhte sich trotz Abstimmungsbedarfs nur geringfügig und wurde nach Aussagen der Arbeitsfamilie (Teilzeitführungskräfte sowie deren Vorgesetzte und Mitarbeiter) durch höhere Effizienz, Arbeitsqualität und Stabilität der Arbeitsleistung in Teilzeit im Vergleich zu Vollzeit zumindest ausgeglichen.

Die guten Erfahrungen, die insgesamt mit dem Job Sharing gemacht wurden, wirkten sich meist auch positiv auf die Akzeptanz von Teilzeitarbeit im Führungskräftebereich aus. Vorurteile konnten abgebaut werden. Zumindest würden rund 93 % der Mitglieder der Arbeitsfamilien die Einführung von Job Sharing auf den untersuchten Positionen erneut befürworten" (S. 96).

3.2 Zur Teilbarkeit von Führungspositionen

Im Zusammenhang mit der Frage der Teilbarkeit von Führungsfunktionen[19] ergibt sich in der Literatur eine *widersprüchliche Einschätzung*.

Müller (1990) beurteilt insbesondere den *hohen dispositiven Anteil*, den *geringen Wiederholungsfaktor* sowie die *Möglichkeit der individuellen Selbstentfaltung* bei Führungsfunktionen als problematisch. Einen weiteren Problemaspekt sieht er dann, wenn "die reibungslose Funktionserfüllung auf einem Arbeitsplatz von der *personellen Identität des Stelleninhabers* abhängig ist (z.B. in der Personalführung) (...). Dies würde es nämlich erforderlich machen, in allen Persönlichkeitsmerkmalen weitgehend übereinstimmende und damit quasi deckungsgleiche Mitarbeiter auszuwählen." (S. 239). Nach der Diskussion weiterer Schwierigkeiten (z.B. Verteilungskonflikte, Machtkämpfe, Karriereproblematik kommt er zu folgendem *vorsichtigen Fazit*: "Die bisher aufgezeigten Schwierigkeiten eines Einsatzes von Job Sharing auf Führungspositionen lassen die Ansicht als begründet erscheinen, die Praktikabilität des Job Sharing lasse mit zunehmender Hierarchiestufe und wachsender Komplexität der Aufgabenstellung nach. (...) Daraus lässt sich jedoch nicht ableiten, dass Job Sharing für höher qualifizierte Tätigkeiten generell ungeeignet ist, vielmehr soll dadurch die Tendenz zu einer aufwendigeren Implementierung angedeutet werden. Methodisch organisiert, sollte das Job Sharing-Konzept zumindest für einen Teil von Führungsaufgaben einsetzbar sein" (1990, S. 242, Hervorhebung im Original).

An anderer Stelle hält er mögliche Konsequenzen für die Beteiligten fest: "Bei einem Job Sharing auf höherer Hierarchiestufe müssen sich die Teammitglieder allerdings darüber im klaren sein, dass dieser Einsatz eine flexiblere Handhabung der zeitlichen Arbeitsaufteilung erfordert als bei minderqualifizierten Stel-

---

[19] Die folgenden Ausführungen beziehen sich auf Funktionen, die Führungsaufgaben beinhalten. Dies ist von anderen hochqualifizierten Stellen, zum Beispiel im Stabsbereich, abzugrenzen.

len. So wird es teilweise notwendig sein, dass beide Teammitglieder gleichzeitig am Arbeitsplatz sind, um z.B. wichtigen Konferenzen beizuwohnen oder wichtige Entscheidungen zu treffen. Mit zunehmender Komplexität der Tätigkeit wächst weiterhin der Abstimmungs- und Koordinationsaufwand zwischen den Job Sharern und damit im Regelfall ihre unbezahlte Arbeitszeit" (S. 247).

Friedel-Howe (1993) setzt als Bedingung für die Teilbarkeit einer Funktion, "wenn ihre Ausübung personneutral möglich erscheint, d.h. keine Effizienzeinbussen durch die Tatsache zu erwarten sind, dass ein und dieselbe Funktion (als Bestandteil einer bestimmten Führungsstelle) zeitraumweise von verschiedenen Personen wahrgenommen wird" (S. 419).

Diese "*Personneutralität*" muss nach ihrer Auffassung unter zwei Bedingungen erfüllt sein:

- *Minimaler Unterschied der Qualität der Funktionserfüllung zwischen den beteiligten Führungskräften*
"Diese Bedingung ist umso eher gegeben, je stärker die betreffende Funktion standardisiert bzw. routinisiert ist bzw. je geringer die Bedeutung des persönlichen Handlungsspielraums des Managers dabei erscheint. Sie ist ferner umso eher gewährleistet, je weniger die Funktionserfüllung an soziale Interaktion gebunden ist, da aus Sicht der Interaktionspartner (z.B. Kunden) wechselnde Bezugspersonen selbst bei scheinbar 'gleichem' Funktionsverhalten noch unterschiedliche soziale Stimuli verkörpern" (S. 419).
- *Gleicher Zeitbedarf der Funktionserfüllung auch bei Mehrfachbesetzung*
"Die Bedingung ist umso eher realisiert, je unkomplizierter der bei Funktionsteilung erforderliche interpersonale Informationstransfer durchführbar ist" (S. 419).

Wenn man diese Kriterien (Routineaufgaben mit möglichst wenig sozialer Interaktion sowie geringe teaminterne Kommunikationserfordernisse) einer Beurteilung zugrunde legt, kommt man zwangsläufig zu einem ernüchternden Resultat. Führungaufgaben weisen meist weitgehende Handlungs- und Entscheidungsspielräume auf und sind stark sozial geprägt ("Führen als soziales Handeln"). Zudem können Missverständnisse in der teaminternen Kommunikation auf verschiedenen Ebenen weitreichende Folgen haben. *Führungsaufgaben können demnach nicht personneutral erfüllt werden.*[20]

---

[20] Immerhin verweist Friedel-Howe (1993) auch noch auf einige interessante sozialpsychologische Details, die zu Gunsten einer Teilung sprechen. So führt sie an, dass ihre Überlegungen eine 'Optimalität' einer individuellen Funktionswahrnehmung unterstellen. "Denkbar ist jedoch, dass der aus einem Mehrpersonenarrangement sich ergebende 'Zwang' zur stärkeren Reflexion und Objektivierung des eigenen Handelns sowie das Moment der Fremdkontrolle zu einer qualitativen Verbesserung der Funktionserfüllung führt. Eine Flexibilisierung wäre dann ein Vorteil" (S. 422). Im Weiteren verweist sie darauf, dass auch weitere günstige Wirkungen vorstellbar sind, "z.B. wenn eine inkompetente 'Allein-Führungskraft' durch ihren kompetenteren 'Teilhaber' wenigstens partiell neutralisiert wird" (S. 422).

Aufgrund der prinzipiell nicht klar geregelten und regelbaren "Kompetenz- und Verantwortungsabgrenzung" äussert sich Hess (1988, S. 250) gleichzeitig sehr knapp und sehr dezidiert gegen Job Sharing für Führungskräfte: "Job Sharing ist ein bei Schweizer Führungskräften *unbrauchbares Arbeitszeitsystem*. Eine weitere Besprechung erübrigt sich."

Etwas weniger radikal, aber ebenfalls kritisch beurteilt Ladwig (1999) die Teilbarkeit eines Arbeitsplatzes mit Führungsfunktionen. Nach ihr ist "nahezu jeder Arbeitsplatz für qualifizierte Fach- und Führungskräfte mobilzeitfähig und zumindest jeder vierte Arbeitsplatz auch teilbar" (S. 890).

Auf der Basis ihrer Interviews erarbeiteten Domsch et al. (1994) einen *Kriterienkatalog zur Teilbarkeit von Führungspositionen*. Er besteht aus fünf Gruppen, von denen sich zwei direkt auf die betroffenen Personen (PositionsinhaberInnen und Positionsumfeld) und drei auf Arbeitsinhalte, Arbeitsabläufe und Arbeitsstrukturen beziehen (vgl. z.B. Domsch et al. 1998, S. 96f.).

- *"Positionsinhaberbezogene Kriterien*
  Positionsinhaberbezogene Kriterien unterteilen sich in allgemeine und formale Qualifikationen. Die soziale Kompetenz aus der Kriteriengruppe der allgemeinen Qualifikationen beinhaltet vor allem Kommunikationsfähigkeit, Teamfähigkeit und Kooperationsbereitschaft sowie Delegationsfähigkeit und -bereitschaft. Die Flexibilität ist nicht nur in zeitlicher, sondern auch in inhaltlicher und organisatorischer Hinsicht notwendig. Die Arbeitseinstellung bezieht sich vor allem auf die Sicherstellung der Aufgabenerfüllung. Je stärker diese Kriterien ausgeprägt sind, desto besser funktioniert die Teilzeitarbeit. Für die formalen Qualifikationen gilt, dass sich hohe und gleiche fachliche Qualifikationen der Job Sharer positiv auf die Teilzeitarbeit auswirken. Ähnliche formale Qualifikationen der Teilzeitpartner sind für eine gegenseitige Stellvertretung und damit eine kontinuierliche Aufgabenerfüllung vorteilhaft. Es ist anzunehmen, dass selbst bei guten Voraussetzungen bezüglich der übrigen Kriterien die qualifikatorische Verschiedenartigkeit der Teilzeitpartner um so problematischer sein wird, je komplexer die Qualifikationsanforderungen einer Stelle sind. Vorteilhaft ist in diesem Zusammenhang die vorherige Ausübung derselben oder einer ähnliche Funktion in Vollzeit.

- *Positionsumfeldbezogene Kriterien*
  Positionsumfeldbezogene Kriterien unterteilen sich in formale und soziale Qualifikationen. So ist eine im Vergleich zu den Teilzeitpartnern hohe formale Qualifikation der Mitarbeiter vorteilhaft, da sie zum einen förderlich für deren selbständiges Arbeiten und damit die Kontrollfunktion der Teilzeitvorgesetzten sein kann, zum anderen von den Mitarbeitern evtl. Stellvertreteraufgaben übernommen werden können. Eine hohe soziale Qualifikation des Arbeitsumfelds ist u.a. zur Verhinderung von 'Ausspielungstendenzen' von seiten der Mitarbeiter erforderlich.

- *Aufgabenbezogene Kriterien*
  Die aufgabenbezogenen Kriterien unterteilen sich in Sach- und Personalfunktionen. Hier kommt es nicht auf die Anzahl der Mitarbeiter an, sondern auf die inhaltlich sinnvolle Zuordnung zu bestimmten Aufgabenbereichen. Aufgabeninhalte sind vor allem für die Art der Teilung relevant, während Aufgabencharakteristika (Standardisierungsgrad und Vernetzung mit anderen Stellen) auch etwas über die Teilungsmöglichkeiten aussagen.
- *Prozessbezogene Kriterien*
  Die prozessbezogenen Kriterien beziehen sich auf die Vorhersehbarkeit, Termindruck und die Notwendigkeit persönlicher Anwesenheit sowie die zeitliche Geschlossenheit und Vertretungsregelungen zwischen den Teilzeitpartnern. Sie sind vor allem für die Ablauforganisation bei einer Teilung zu beachten.
- *Strukturbezogene Kriterien*
  Strukturbezogene Kriterien (insbesondere Aufbau- und Arbeitsorganisationsstruktur) stellen – gering beeinflussbare – Rahmenbedingungen für die Teilung von Positionen dar, die teilungskritisch sein können. Dies kann bis zur Verhinderung von Teilzeitarbeit führen. Hier sind unter Umständen umfassende Organisationsentwicklungskonzepte notwendig. Informationsstrukturen dagegen sind – Bereitschaft vorausgesetzt – günstig zu beeinflussen."

Domsch und seine Forschungsgruppe betrachten das *Vorhandensein der sozialen und formalen Qualifikationen sowohl der Job SharerInnen als auch des Arbeitsumfelds als absolut notwendig für eine erfolgreiche Teilung einer Führungsfunktion*. Eventuelle teilungskritische Ausprägungen bei aufgaben-, prozess- und strukturbezogenen Kriterien können dadurch abgeschwächt beziehungsweise ausgeglichen werden.

3.2.1 Zeitliche Teilung

Als zentrales Kriterium der Teilbarkeit von Arbeitsstellen ergibt sich die Unterscheidung zwischen zeitlicher und inhaltlicher Teilung. "Bei der rein *zeitlichen Arbeitsteilung* wird der Arbeitsplatz alternierend besetzt. Die TZP (Teilzeit-PartnerInnen, J. B.) sind – in welcher Ausgestaltungsform auch immer – gemeinsam für die MitarbeiterInnen (*Führungsteilung im engeren Sinne*) und die Erfüllung aller Aufgaben verantwortlich" (Domsch et al., 1994, S. 47, vgl. auch Müller, 1990, sämtliche Hervorhebungen im Original).
Domsch et al. (1998, S. 98f.) geben eine ganze Reihe von Hinweisen für eine leistungsgünstige Ausprägung. Es lohnt sich, auch dies wörtlich wiederzugeben.

"Allgemeine Herausforderungen
- *Hohe Anzahl zeitlich fixierter Sitzungen* (Abteilungsbesprechungen etc.): Eine hohe Anzahl festgelegter Sitzungen, die in einer Vollzeit-Position 30 % der Arbeitszeit beanspruchen, *können* bei einer zeitlichen Teilung zu einer Verdoppelung des Zeitaufwandes führen, wenn beide Teilzeitpartner bei allen Sitzungen anwesend sein müssen. Die Notwendigkeit der Anwesenheit beider Teilzeitpartner in allen Sitzungen ist allerdings genau zu prüfen.
- *Anwesenheitszeiten:* Die Anwesenheitszeiten im Rahmen einer zeitlichen Teilung von Positionen müssen genau auf den Zeitplan der anfallenden Aufgaben abgestimmt werden. Die Fähigkeit zur effizienten Arbeitsorganisation muss daher sowohl bei den Job Sharern als auch beim Arbeitsumfeld vorhanden sein.

Kriterienausprägung bei zeitlicher Teilung
- Bei einer *schlechten Vorhersehbarkeit* der Aufgaben ist eine zeitliche Teilung gegenüber einer inhaltlichen Teilung vorteilhaft, weil eine ganztägige Besetzung der Position gewährleistet werden kann. Die unvorhersehbaren Aufgaben können immer von dem gerade anwesenden Teilzeitpartner erledigt werden. Gleiches gilt für Aufgaben mit *hohem Termindruck*. Hier ist jedoch zu prüfen, inwieweit der Termindruck sachlich bedingt ist und inwieweit er durch suboptimale Arbeitsorganisation der Position selbst oder kooperierender Positionen bedingt ist.
- Ist *personelle Verfügbarkeit* für alle Aufgaben *notwendig*, kann nur zeitlich geteilt werden. Da dies bei fast allen Positionen nur für bestimmte Aufgaben der Fall ist, muss hier im konkreten Fall differenziert werden.
- *Hochkomplexe Aufgabenstellungen* sind nur unter erheblichem zusätzlichem Zeitaufwand für den Informationsaustausch realisierbar. Bei Positionen mit sehr komplexen und vor allem interdependenten Aufgaben ist daher von einer zeitlichen Teilung abzuraten. Nachteilig bei einer zeitlichen Teilung ist immer der anteilig höhere Bedarf an Kommunikations- und Informationsaustausch zwischen den beiden Teilzeitpartnern. Die entscheidende Frage ist daher, wie hoch dafür der zeitliche Aufwand in Abhängigkeit von der Aufgabenstruktur ist. Bei geringen Interdependenzen von Aufgaben untereinander ist eine kurzzyklische zeitliche Teilung (z.B. Partnerwechsel vor-, nachmittags) unproblematisch. Sind die Interdependenzen stärker, empfiehlt sich eine längerzyklische zeitliche Teilung (z.B. Partnerwechsel nach jeweils 2,5 Arbeitstagen). Hier ist auch der Zeithorizont der Aufgaben zu berücksichtigen. Hochkomplexe Aufgaben, die sich auf einen begrenzten Zeithorizont beziehen, sind recht gut in einem entsprechenden zeitlichen Wechselrhythmus zu teilen" (S. 98, sämtliche Hervorhebungen im Original).

3.2.2 Inhaltliche Teilung

Bei der inhaltlichen Teilung unterscheiden Domsch et al. (1994, S. 47) zwischen einer "horizontal-inhaltlichen" und einer "vertikal-inhaltlichen Teilung". "Bei der *horizontal-inhaltlichen Teilung (Führungsteilung im weiteren Sinne)* werden die Aufgaben der Vollzeitstelle inhaltlich auf die PartnerInnen zu zeitlich gleichen Teilen aufgeteilt. Es kann zwischen der Teilung nach komplementären und identischen Qualifikationsprofilen der TZP bezüglich des Anforderungsprofils der Stelle unterschieden werden" (S. 48, sämtliche Hervorhebungen im Original).

"Die *vertikal-inhaltliche Teilung (keine Führungsteilung)* stellt (...) auf komplementäre Qualifikationsprofile ab, unterscheidet bei zwei PartnerInnen aber ein unterschiedliches Qualifikationsniveau. (...) Diese Form der Teilung stellt strenggenommen keine Teilung einer Leitungsposition dar, da die Leitung in vollem Umfang einer Person zuzuordnen ist" (S. 49, Hervorhebung im Original).

Auch bezüglich der inhaltlichen Teilung geben Domsch et al. (1998, S. 98f.) Hinweise für eine leistungsgünstige Ausprägung:

"*Allgemeine Herausforderungen*

- Bei einer inhaltlichen Teilung ist zunächst die *Stellvertretung* zu regeln. Vom Ansatz her wird in dieser Studie die gegenseitige Stellvertretung der beiden Teilzeitpartner favorisiert. Belastungen für andere Stellen werden dadurch vermieden. Da die Teilzeitpartner in dem Fall auch bei einer inhaltlichen Teilung eng miteinander kooperieren müssen, sind Überlappungen der Arbeitszeiten sinnvoll bzw. müssen Abstimmungsmeetings fest eingeplant werden.
- Ein weiterer zu beachtender Faktor ist im Zusammenhang mit Stellvertretungsfragen die *formale* Qualifikation *der Mitarbeiter*. Von ihr sind nicht zuletzt mögliche Informationsregelungen abhängig.
    - In Bereichen, in denen die Qualifikationsunterschiede zwischen den Teilzeitpartnern und Mitarbeitern sehr gross sind, können die Mitarbeiter meist weniger selbständig arbeiten und brauchen mehr fachliche Führung.
    - Bei hochqualifizierten Mitarbeitern könnte eine begrenzte Delegation von Arbeitsaufgaben jedoch sehr positive Effizienzaspekte aufweisen, da Mitarbeiter in Fachgebiete häufig besser eingearbeitet sind. Die Doppelbearbeitung von Themen könnte dadurch vermieden werden. Gleichzeitig bietet die Delegation mancher Aufgaben Chancen zur Qualifizierung der Mitarbeiter und stellt daher eine Personalentwicklungsmassnahme dar.
- Die *Mitarbeiterführung* kann grundsätzlich wie bei der zeitlichen Teilung gemeinschaftlich erfolgen oder auch durch eine Aufteilung und Zuordnung der Mitarbeiter entsprechend der Aufgabenteilung.

- Das Ausmass der trotz inhaltlicher Teilung ggf. *gemeinsam wahrzunehmender Aufgaben oder Termine* (z.B. Abteilungssitzungen) ist zwischen den Teilzeitpartnern abzustimmen.
- *Block-Arbeitszeiten*, denen grössere Freizeitblöcke folgen, können bei inhaltlicher Teilung zumindest in Leitungspositionen zu Schwierigkeiten führen. Die Kontinuität der Arbeitsleistung sowie negative Auswirkungen auf die zu führenden Mitarbeiter (Informationsfluss, Autoritätsverlust etc.) könnten die Folge sein. Diesem Problem kann aber durch den Aufgaben angemessene Arbeitszeitregelungen begegnet werden.
- Bei einer 50 %igen inhaltlichen Teilung kann eine sinnvolle Aufteilung der Aufgaben mit einer genau 50 %igen zeitlichen Belastung für beide Teilzeitpartner problematisch sein. Dies gilt insbesondere, wenn der Arbeitsanfall sehr unterschiedlich und schlecht planbar ist. Gelingt dies nicht, ist ein Teilzeitpartner überlastet, was zu Unzufriedenheit führen kann und die Kooperation zwischen den beiden Teilzeitpartnern stören kann. Ein anderer Problembereich ist in diesem Zusammenhang das Entstehen unterschiedlich anspruchsvoller Aufgabengebiete, was zu einer Änderung der Stellenbewertung führen kann.

Kriterienausprägung bei inhaltlicher Teilung
- Bei Aufgaben mit einem *geringen Grad an Standardisierung* ist eine inhaltliche Teilung der zeitlichen Teilung vorzuziehen, weil der Anstieg des Abstimmungs- und Informationsbedarfs zwischen den Teilzeitpartnern geringer ausfällt.
- Bei einer *mittleren bis guten Vorhersehbarkeit von Aufgaben* ist es möglich, die Anwesenheitszeiten und den Arbeitsanfall zu planen. Daher ist im Falle dieser Ausprägung eine inhaltliche Teilung gut möglich.
- Bei *geringem Termindruck* ist eine inhaltliche Teilung mit Blockarbeitszeiten (2,5 Tage hintereinander) möglich. Bei hohem Termindruck muss eine Teilzeitkraft täglich anwesend sein.
- Ist die *Notwendigkeit einer persönlichen Verfügbarkeit* niedrig ausgeprägt, ist eine inhaltliche Teilung unproblematisch. Im Falle der Notwendigkeit einer häufigen persönlichen Verfügbarkeit muss der Teilzeitpartner jeden Tag am Arbeitsplatz erreichbar sein. Es ist dann allerdings zu prüfen, inwieweit eine persönliche Anwesenheit nicht teilweise durch telefonische Erreichbarkeit ersetzt werden kann.
- Bei *Positionen mit hohen Interdependenzen* bzgl. ihrer Arbeitsstrukturen ist eine inhaltliche Teilung schwierig. Treten Interdependenzen innerhalb der abgegrenzten Aufgabengebiete auf und existieren geringe Interdependenzen zwischen den Arbeitsgebieten, ist eine inhaltliche Teilung unproblematisch" (S. 98f., sämtliche Hervorhebungen im Original).

Zusammenfassend referieren Domsch & Kleiminger (1995, S. 36), "*dass rein sach-rationale Gründe nicht gegen eine prinzipielle Teilungsfähigkeit von Führungspositionen angeführt werden können. Vielmehr dürfte ein wesentlicher Grund für die mangelnde Verbreitung von Teilzeitarbeit in Managementpositionen auf sozio-emotionale Faktoren zurückzuführen sein.*" Damit eine Abkehr von "Vorurteilen" und "Ideologien wie 'Führung ist nicht teilbar'" (Domsch et al., 1998, S. 99) möglich wird, sind nach der Forschungsgruppe um Domsch weitere Studien und Massnahmen notwendig. "Denn nur über eine grössere Verbreitung von Management-Teilzeit kann über einen Multiplikatoreffekt insgesamt eine höhere Akzeptanz im beruflichen und sozialen Umfeld erreicht werden" (S. 100).

Fazit

Die in der Literatur wiedergegebenen Erfahrungen und daraus abgeleiteten Schlussfolgerungen machen die Vielschichtigkeit und Komplexität des Themas deutlich. Sie verweisen auf die vielfältigen Chancen und Gefahren, auf die notwendigen Voraussetzungen und Rahmenbedingungen. Auf der Basis dieses Wissens ist es nicht möglich, Teilzeitarbeit oder Job Sharing im Führungsbereich ohne Einschränkungen zu propagieren.

Ich bin allerdings davon überzeugt, dass die Möglichkeit der Erfüllung von Führungsfunktionen in einem Job Sharing-Arrangement sowohl für eine Organisation als gesamtes System als auch für die direkt und indirekt beteiligten Personen eine *grosse Chance* darstellt.

Die Nutzung dieser Chance stellt allerdings *hohe Anforderungen* an die beteiligten Personen und Organisationen. So sind, um nur die zentralsten Elemente aufzuzählen, hohe fachliche und soziale Kompetenzen sowohl der Job SharerInnen als auch der direkten Vorgesetzten, eine geeignete Organisationsstruktur und Unternehmenskultur, geeignete Arbeitsaufgaben (Teilbarkeit) sowie systematische Regelungen technischer Parameter für den Erfolg dieses Ansatzes sehr förderlich wenn nicht sogar unabdingbar.

Als besonders wichtige Chance für Unternehmen und Beteiligte erachte ich die Möglichkeit, von dem unsere Arbeitskultur prägenden "Präsenzdenken" wegzukommen. Obwohl überall Leistung und Effizienz propagiert werden, ist es eine unbestreitbare Tatsache, dass der Status und die Wertschätzung einer Person (und damit beispielsweise auch die Chance, befördert zu werden) in der Praxis sehr stark über ihre Präsenz definiert wird.

Mit Präsenz kann zwar die Zentralität der Arbeit im persönlichen Wertesystem sichtbar gemacht werden, es kann markiert werden, wie ausgeprägt die Bereitschaft ist, sich für seinen Arbeitgeber zu verausgaben (nämlich bis zur Erschöpfung), aber Präsenz ist sicherlich kein guter Indikator für Leistung und schon gar nicht für Effizienz. Mit Job Sharing – und auch mit "normalen" Teilzeitstellen – im Führungsbereich ergibt sich somit die Herausforderung und die Chance zu beweisen, dass hervorragende Arbeit auch auf eine andere Weise geleistet werden kann und dass es möglich ist, gute Leistungen auch dann zu erbringen, wenn Arbeit nicht den einzigen zentralen Lebensinhalt darstellt.

Auf diesen Aspekt gehen auch Straumann et al. (1996, S. 149) ein. "Eine entscheidende Schlüsselposition im Geschäftsgeschehen einzunehmen und damit eine verantwortungsvolle, wichtige Stelle zu besetzen sind berufliche Ziele, die eine beträchtliche gesellschaftliche Anerkennung erfahren. (...) Die dazu notwendigen Attribute (Macht, Kontrolle, Status, Prestige) lassen sich bei genauerem Hinsehen nur im Rahmen vorherrschender, insbesondere 'männlicher' Führungsverständnisse auf funktionale Notwendigkeiten in den Unternehmungen zurückführen. Sie werden den Inhabern/-innen dieser Positionen aufgrund ihrer Repräsentanz und ihrer Sichtbarkeit gesellschaftlich zugeschrieben, was wiederum weitgehende Präsenz voraussetzt. (...) Sie ist verbunden mit dem Gefühl, im Unternehmen unentbehrlich und wertvoll zu sein.

Teilzeitangestellte müssen in der Lage sein zu akzeptieren, dass das Geschäft ohne ihre permanente Präsenz nicht zusammenbricht und dass mit Teilzeitpositionen weniger Macht und Prestige einhergehen. Die meisten der an unseren Diskussionen teilnehmenden Frauen und alle Teilzeitmänner vertreten allerdings ein Führungsverständnis, in welchem Themen wie Kontrolle, Einfluss und Prestige weniger prominent vorkommen. Sie suchen ihre Befriedigung in der Tätigkeit selber, betrachten die Notwendigkeit von Präsenz tendenziell unter direkt funktionalen, aufgabenbezogenen Aspekten und versuchen diese Notwendigkeit zu reduzieren. Sie verwenden sich entsprechend dafür, Mitarbeiter/innen mit Kompetenzen zu versehen und zwar durch gezielte Förderung und die Gewährung von Handlungsspielräumen[21] und Selbstkontrolle, gerade um sich im Interesse anderer Lebensbereiche partiell entbehrlich zu machen."

Allmendinger et al. (1997) ziehen aus ihrer Untersuchung den Schluss, dass viele gängige *Vorurteile* über die Defizite von Teilzeitarbeit in Führungspositionen im Grossen und Ganzen *widerlegt* und eine *hohe Akzeptanz* erreicht werden konnten. Sowohl bei den Teilzeitführungskräften als auch ihrem Umfeld war eine offene und *positive Grundhaltung* erkennbar. Die nach wie vor bestehenden Vorurteile wurden bezeichnenderweise gerade von jenen Personen geäussert, die von den befragten Teilzeitführungspersonen *relativ weit entfernt arbeiten* und daher *keine persönlichen Erfahrungen* aufweisen. Damit zeigt sich auch in dieser Studie der immer wieder angesprochene Sachverhalt, wonach im Zusammenhang mit Arbeitszeitfragen ideologischen Standpunkten eine besondere Bedeutung zukommt.

---

[21] Dies steht allerdings im Gegensatz du den Daten von Britzke (1997), der hinsichtlich Handlungsspielräumen von MitarbeiterInnen keine Unterschiede feststellt.

Auf der Basis einer insgesamt positiven Würdigung verweisen Allmendinger et al. (1997) auf einige Spannungsfelder, die zum Teil von hoher *praktischer Relevanz* sind. Ein *erstes Spannungsfeld* betrifft die Frage, ob Teilzeit in Führungspositionen vor allem als Frauenförderungsmassnahme betrachtet oder ob sie für alle propagiert werden sollte: "Das Potential von Teilzeitarbeit in Führungspositionen liegt in der Frauenförderung: Frauen bekommen die Möglichkeit, trotz Familienpflichten den beruflichen Anschluss zu behalten, sich zu qualifizieren und zu profilieren. Dies ist ein wichtiger Schritt für die langfristige Integration von Frauen in qualifizierte Berufe. Gleichzeitig bleibt Teilzeit als allgemein durchgesetztes Arbeitszeitmodell gefährdet, solange es nicht auf Männer ausgedehnt wird" (S. 71f.). Die AutorInnen ziehen aus ihren Überlegungen den Schluss, das Thema "Teilzeitarbeit in Führungspositionen" stärker an Männer zu adressieren.

Ein *zweiter Problembereich* ergibt sich aus der Erkenntnis, dass die beteiligten Personen praktisch ausnahmslos hoch motivierte Menschen sind, wahre ArbeitszeitpionierInnen, die ein ausserordentlich hohes Interesse an ihrem Arbeitszeitmodell aufweisen und daher bereit sind, auftretende Probleme sehr engagiert aus eigener Initiative zu lösen. Nicht selten wird deshalb einerseits der Erfolg nicht dem Modell "Teilzeitarbeit in Führungspositionen", sondern den beteiligten Personen zugeschrieben, andererseits werden individuelle Problemlösestrategien als selbstverständlich erachtet. "Hier ist stärkere Unterstützung und Hilfestellung durch die Institution erforderlich. (...) Ein wichtiges Kriterium für den dauerhaften Erfolg von Teilzeitarbeit in Führungspositionen wird also die Frage sein, inwieweit es gelingen wird, Teilzeitführungspersonen in ihrer spezifischen Situation zu entlasten und ihnen Möglichkeiten zu geben, auf Unterstützung zugreifen zu können" (Allmendinger et al., 1997, S. 73f.).

Kohn & Breisig (1999) betonen in ihren Schlussfolgerungen die Bedeutung der Arbeitsorganisation und der Führungsprinzipien. "Flexible Teilzeitkonzepte unter Einbeziehung der Führungskräfte greifen besser bei 'kompatiblen' Strukturen und vor allem auch Denk- und Verhaltensweisen der Organisationsmitglieder auf allen Ebenen. Ein idealisiertes Teilzeitmodell hätte in dem Unternehmen (in dem sie ihre Fallstudie durchführten, J. B.) reichlich 'aufgepfropft' gewirkt und wäre wohl wegen der Unstimmigkeiten mit den Umfeldbedingungen nur mit einem hohen planerischen Aufwand zu betreiben, der zentral gesteuert werden müsste. Wesentlich eleganter könnte ein solches Modell funktionieren, wenn es einher ginge mit der *Schaffung dezentraler teilautonomer Strukturen, teamartiger Formen der Arbeitsorganisation mit einem hohen Mass an Selbststeuerung der MitarbeiterInnen* sowie einer veränderten *kooperativen Führungskultur*" (S. 176).

Aus der *Sicht der MitarbeiterInnen* ist das Fazit von Kohn & Breisig (1999) ebenfalls recht kritisch. Sie halten fest, dass mehr Zeitsouveränität und bessere

Vereinbarkeit von Familie und Beruf "nicht kostenlos zu haben sind. Die erheblich höhere Produktivität der Teilzeit-Führungskräfte verweist darauf, dass der Preis für die kürzere Arbeitszeit in einer ungleich höheren Arbeits- und Leistungsintensität liegt. Von den Betroffenen werden demnach nicht nur Einkommenseinbussen, sondern eine bis zur Selbstausbeutung heranreichende Arbeitsverdichtung erwartet. Um die Legitimität ihres Teilzeitwunsches aufrecht zu halten, sind die meisten Führungskräfte wohl auch dazu bereit. Gleichwohl wird dadurch die vielbeschworene Chance auf Entlastung und Zeitsouveränität erheblich relativiert, wenn nicht konterkariert" (S. 176).

In dieselbe Richtung, aber mit optimistischerer Grundnote, fassen Domsch & Strasse (1995) ihre Studie zusammen. Aufgrund ihrer Erfahrungen ist eine flexible Teilzeitarbeit auf weitaus *mehr Positionen möglich, als bislang praktiziert* wird. Sie sehen die notwendigen organisatorischen Anpassungsleistungen weniger als Belastung, denn als Chance für eine optimierte Arbeitsorganisation, "was eine Effizienzsteigerung sowie möglicherweise eine Einsparung von Ressourcen, von Arbeitskraft und -zeit zur Folge hat. Dieser Aspekt ist gerade für vielbeschäftigte Führungskräfte relevant, da sie durch Teilzeitarbeit nicht nur Beruf und Familie besser vereinbaren, sondern auch ihre Arbeitszeit effizienter nutzen könnten" (S. 106).

Literaturliste

Allmendinger, J., Fuchs, S., Schönfeld, S., Stebut, J. v. & Zerger, F. (1997). Teilzeitarbeit in Führungspositionen. Erweiterter Ergebnisbericht. Ludwig-Maximilians-Universität München.

Arbeitsgruppe Neue Arbeitszeitmodelle des Personalamts Basel-Stadt (1997) (Hrsg.), Wer teilt, gewinnt! Basel: Personalamt Basel-Stadt.

Baillod, J. (1986). Arbeitszeit – Humanisierung der Arbeit durch Arbeitszeitgestaltung. Unterägeri: Wirtschaft und Handels-Verlag sowie Stuttgart: Poeschel.

Baillod, J. (1993a). Erfahrungen mit Teilzeitarbeit. Die Perspektive der direkten Vorgesetzten. Bericht aus dem Institut für Psychologie der Universität Bern.

Baillod, J. (1993b). Problematische Aspekte von Teilzeitarbeit. Sozialarbeit, 3, 15–20.

Baillod, J. & Bogenstätter, Y. (1997). Part-Time Work in Switzerland: Structure, Development and Perspectives. In M. Klein (Ed.), Part-Time Work in Europe – Gender, Jobs, and Opportunities. Frankfurt: Campus (p. 195–212).

Baillod, J. (1998). Lebensarbeitszeit: Biographie im Blickfeld. persorama, 2, 12–17.

Baillod, J. (1999). Arbeitszeit in der kantonalen Verwaltung: Zufriedenheit und Wünsche. Bern: Personalamt des Kantons Bern: Unveröffentlichtes Manuskript.

Berthel, J. & Koch, H.-E. (1982). Job Sharing und die Strukturen von Arbeitsplatz-Anforderungen und Mitarbeiter-Qualifikationen. In H. H. Heymann & L. J. Seiwert. (Hrsg.), Job sharing. Stuttgart: Expert (S. 336–350).

Blum, A. (1999). Integriertes Arbeitszeitmanagement. Ausgewählte personalwirtschaftliche Massnahmen zur Entwicklung und Umsetzung flexibler Arbeitszeitsysteme. Bern: Haupt.

Britzke, A. (1997). Delegation wohin? Veränderungen in der Verteilung der Aufgaben im Arbeitsumfeld von Teilzeitführungspersonen. In J. Allmendinger u.a. (Hrsg.). Teilzeitarbeit in Führungspositionen. Erweiterter Ergebnisbericht. Ludwig-Maximilians-Universität München (S. 100–113).

Bujok, E. & Bielenski, H. (1998). Mobilzeit für Fach- und Führungskräfte lohnt sich. Vorteile von Mobilzeit für Betriebe (hrsg. vom Bundesministerium für Familie, Senioren, Frauen und Jugend). Braunschweig: Lange Lüdecke.

Davatz, F. (1997). Verbreitung von Arbeitszeitmodellen in der Schweiz. In J. Baillod, F. Davatz, C. Luchsinger, M. Stamatiadis & E. Ulich (Hrsg.), Zeitwende Arbeitszeit. Wie Unternehmen die Arbeitszeit flexibilisieren. Schriftenreihe Mensch, Technik, Organisation (Hrsg. E. Ulich), Band 17. Zürich: vdf (S. 207–237).

Dellekönig, C. (1995). Der Teilzeit-Manager. Argumente und erprobte Modelle für innovative Arbeitszeitregelungen. Frankfurt: Campus.

Domsch, M. E., Kleiminger, K., Ladwig, D. H. & Strasse, C. (1994). Teilzeitarbeit für Führungskräfte. Eine empirische Analyse am Beispiel des hamburgischen öffentlichen Dienstes. München Mering: Hampp.

Domsch, M. E. & Kleiminger, K. (1995). Teilzeitarbeit für Führungskräfte. Personalführung, 1, 32–37.

Domsch, M. E. & Strasse, C. (1995). Teilzeitarbeit für Führungskräfte. io-management, 64, 104–106.

Domsch, M. E., Kleiminger, K., Ladwig, D. H. & Strasse, C. (1998): Job Sharing für Führungskräfte. zfo, 2, 95–100.

Ergenzinger, R. (1993). Arbeitszeitflexibilisierung – Konsequenzen für das Management. Bern: Haupt.

Friedel-Howe, H. (1982). Möglichkeiten und Grenzen des Einsatzes von Job Sharing zur Verbesserung der Beschäftigungs- und Aufstiegssituation beruflich (hoch) qualifizierter Frauen. In H. H. Heymann & L. J. Seiwert. (Hrsg.), Job sharing. Stuttgart: Expert (S. 365–377).

Friedel-Howe, H. (1993). Arbeitszeitflexibilisierung bei Führungskräften. In R. Marr (Hrsg.), Arbeitszeitmanagement: Grundlagen und Perspektiven der Gestaltung flexibler Arbeitszeitsysteme. Berlin: Schmidt (S. 413–424).

Gutscher, U. & Wiederkehr-Steiger, E. (1997). Auch der Chef darf kürzertreten. Machbarkeitsstudie zeigt, dass Teilzeitarbeit bei Führungskräften möglich ist. io-management, 6, 46–51.

Habegger-Zumbühl, C., Pedergnana, M. & Spring, K. (1996). Zweitweise – Familien- und Erwerbsarbeit teilen. Leitfaden für Unternehmen, Frauen und Männer. Luzern: Büro für die Gleichstellung von Frau und Mann des Kantons Luzern.

Hablützel, P., Schwaar, K. & Kuhn, T. (1995). Flexibilisierung und Individualisierung der Arbeitszeit in der schweizerischen Bundesverwaltung. In R. Wunderer & T. Kuhn (Hrsg.), Innovatives Personalmanagement. Neuwied: Luchterhand (S. 286–305).

Hacker, W. (1986). Arbeitspsychologie. Bern: Huber.

Heider. E. (1982), Job Sharing. Eine neue Möglichkeit auch für höher und hoch qualifizierte Tätigkeiten? In H. H. Heymann & L. J. Seiwert. (Hrsg.), Job sharing. Stuttgart: Expert (S. 154–161).

Hess, M. (1988). Grundlagen der Gestaltung individueller Arbeitszeitsysteme für Führungskräfte. Grüsch: Rüegger.

Heymann, H. H. & Seiwert, L. J. (1982) (Hrsg.), Job Sharing. Stuttgart: Expert.

Hummel, T. R. (1995). Flexibilisierung und Individualisierung der Arbeitszeit aus der Sicht der Führungskräfte. In D. Wagner (Hrsg.), Arbeitszeitmodelle. Göttingen: Hogrefe (S. 101–110).

Keese, G. (1996). Neue Arbeitszeiten für Fach- und Führungskräfte. Mainz: Ministerium für Wirtschaft und Verkehr, Landwirtschaft und Weinbau Rheinland-Pfalz.

Kilchenmann, U. (1993). Chancen und Fallen der Teilzeitarbeit für Frauen. Das Beispiel der Schweiz. In M. Klein (Hrsg.), Nicht immer, aber immer öfter. Flexible Beschäftigung und ungeschützte Arbeitsverhältnisse. Marburg: Schüren (S. 124–138).

Kohn, S. & Breisig, T. (1999). Teilzeitarbeit für Führungskräfte? Erkenntnisse aus einer Fallstudie. Arbeit, 8, 2, 162–178.

Ladwig, D. H. (1999). Mobilzeit – Möglichkeiten der Arbeitszeitflexibilisierung für Führungskräfte. In L. von Rosenstiel, E. Regnet & M. E. Domsch (Hrsg.), Führung von Mitarbeitern – Handbuch für erfolgreiches Personalmanagement. Stuttgart: Schäffer-Poeschel (S. 889–902).

Ley, K. (1993a). Teilzeitarbeit. In J. Baillod u.a. (Hrsg.), Handbuch Arbeitszeit – Perspektiven, Probleme, Praxisbeispiele. Zürich: Verlag der Fachvereine (S. 97–106).

Ley, K. (1993b). Job Sharing – eine spezielle Form von Teilzeitarbeit. In J. Baillod u.a. (Hrsg.), Handbuch Arbeitszeit – Perspektiven, Probleme, Praxisbeispiele. Zürich: Verlag der Fachvereine (S. 111–116).

Ley, K. (1993c). Zur Teilbarkeit von Arbeitsplätzen. In J. Baillod u.a. (Hrsg.), Handbuch Arbeitszeit – Perspektiven, Probleme, Praxisbeispiele. Zürich: Verlag der Fachvereine (S. 117–123).

Lippl, B. (1997). Karrierebremse Teilzeit? Zur Einschätzung der Aufstiegs- und Fortbildungsmöglichkeiten von Führungspersonen in Teilzeit in der 'Stadt München'. In J. Allmendinger u.a. (Hrsg.). Teilzeitarbeit in Führungspositionen. Erweiterter Ergebnisbericht. Ludwig-Maximilians-Universität München (S. 88–99).

Maier, K.-D. (1982). Job Sharing und organisationale Karriereplanung. In H. H. Heymann & L. J. Seiwert. (Hrsg.), Job sharing. Stuttgart: Expert (S. 351–364).

Marr, R. (1982). Konfliktaspekte des Job Sharing. In H. H. Heymann & L. J. Seiwert. (Hrsg.), Job sharing. Stuttgart: Expert (S. 304–313).

Melchers, F. (1999). Teilzeitarbeit für Führungskräfte. Auswirkungen auf Kommunikation und Kooperation, Aufgaben und Beschäftigung. Freiburg: Diplomarbeit am Psychologischen Institut der Albert-Ludwigs-Universität.

Müller, C. (1990). Organisatorische Gestaltung des Job Sharing in der Unternehmung. Ein Konzept zur Strukturierung von Job-Sharing-Arbeitsplätzen in der Bundesrepublik Deutschland. Köln: Müller-Botermann.

Müller, K.-D. (1982). Job Sharing und Personalführung. In H. H. Heymann & L. J. Seiwert. (Hrsg.), Job sharing. Stuttgart: Expert (S. 423–439).

Neumann, K.-H. (1985). Arbeitsplatzteilung – insbesondere bei Führungskräften und qualifizierten Arbeitnehmern. In Bielenski, H. & Hegner, F. (Hrsg.), Flexible Arbeitszeiten. Frankfurt: Campus (S. 287–396).

Olmsted, B. (1977). Job Sharing – A New Way to Work. Personnel Journal, 78–81.

Olmsted, B. (1979). Job sharing: an emerging work-style. International Labour Review, 118, 3, 283–297.

Olmsted, B. & Smith, S. (o.J.). The Job Sharing Handbook. San Francisco: New Ways to Work.

Paschen, K. (1982). Job Sharing und Personalentwicklung. In H. H. Heymann & L. J. Seiwert. (Hrsg.), Job sharing. Stuttgart: Expert (S. 391–401).

Räber, F. (1998). Jobsharing im Management und in höheren Stabsstellen in der Staatskanzlei des Kantons Bern. Bern: Dipomarbeit HWV.

Rehbinder, M. (1993). Rechtsfragen des Job Sharing. In J. Baillod u.a. (Hrsg.), Handbuch Arbeitszeit – Perspektiven, Probleme, Praxisbeispiele. Zürich: vdf Verlag der Fachvereine (S. 145–150).

Rosenstiel, L. von (1982). Job sharing – In psychologischer Perspektive. In H. H. Heymann & L. J. Seiwert. (Hrsg.), Job sharing. Stuttgart: Expert (S. 282–294).

Schanz, G. (1993). Personalwirtschaftslehre. Lebendige Arbeit in verhaltenswissenschaftlicher Perspektive. München: Vahlen.

Schär Moser, M., Baillod, J. & Amiet, B. (2000). Chancen für die Chancengleichheit. Zürich: vdf.

Seiwert, L. J. (1982). Job Sharing als arbeitsorganisatorisches Modell zur Humanisierung der Arbeit. In H. H. Heymann & L. J. Seiwert. (Hrsg.), Job sharing. Stuttgart: Expert (S. 231–251).

Straumann, L., Hirt, M. & Müller, W. (1996). Teilzeitarbeit in der Führung. Zürich: vdf.

Teriet, B. (1977). Job Sharing – eine neue Form der Arbeitsvertragsgestaltung. Personal, 214–217.

Teriet, B. (1980). Vom Work-Sharing zum Job-Sharing. Zeitschrift für Arbeitswissenschaft, 34, 6, 84–88.

Ulich, E. (1997). Flexibilisierung und Verkürzung von Arbeitszeiten – ein Beitrag zur Beschäftigungssicherung? In J. Baillod, F. Davatz, C. Luchsinger, M. Stamatiadis & E. Ulich (Hrsg.), Zeitenwende Arbeitszeit. Wie Unternehmen die Arbeitszeit flexibilisieren. Schriftenreihe Mensch, Technik, Organisation (Hrsg. E. Ulich), Band 17. Zürich: vdf (S. 15–28).

Ausgewählte Links im Internet

Adresse	Titel	Inhalt
http://www.workoptions.com/jschall.htm	WorkOptions.com – The Working Mother's Guide to Negotiating Flexible Work	Vielfältige Hinweise und persönliche Erfahrungen unter anderem zu Job Sharing
http://www.jobsharing.com	Auf Job Sharing-Positionen spezialisierte Arbeitsvermittlungsstelle	Aufzählung verschiedener Vorteile eines Unternehmens bei der Einführung von Job Sharing usw.
http://www.uq.edu.au/uqfamilies/job.html	The University of Queensland: Family Support for Work and Study: Job Sharing	Vielfältige Hinweise zum Umgang mit Job Sharing (Vor- und Nachteile für Beteiligte und Unternehmen, Voraussetzungen, Einschränkungen usw.)
http://www.gov.sk.ca/psc/hr_manual/PS710.html	Saskatchewan Public Service Commission: Human Resource Manual: Job Sharing Agreement	Vielfältige Hinweise, insbesondere auf Vorgehen bei der Einführung von Job Sharing
http://www.rab.com/rst/980226.html	Radio Sales Today: Job Sharing Gains Popularity	Verschiedene Erfahrungen mit Job Sharing
http://www.cpaonline.com.au/recruiment/marketwatch/pg_970801.htm	Marketwatch: Job Sharing leads the way	Ergebnisse einer australischen Befragung
http://www.shrm.org/hrmagazine/articles/0196sample.html	Society for Human Resource Management: Job Sharing: A Sample Agreement	Vereinbarung zweier "branch managers" für ihr Job Sharing
http://www.doplar.wa.gov.au/w&f/ffwp/fam4.html	Department of Productivity and Labor Relations: Family Friendly Work Practices	Hinweise für Job Sharing-Vereinbarung, Vor- und Nachteile für Unternehmer und ArbeitnehmerInnen, Organisation, Zusatzkosten, Checkliste
http://www.gov.ab.ca/pao/programs/hrbest/jobshare/job-share-in-the-aps.htm	Job Sharing in the Alberta Public Service	Verschiedene Hinweise zu Job Sharing (Definition, Wirkungsweise, Vorteile usw.)
http://www.equalops.ed.ac.uk/policy/jbshrsam.htm	Guidelines on Job-Sharing	Differenzierte Wegleitung der Universität von Edinburgh
http://www.co.san-joaquin.ca.us/hr/Policies/jobshar/htm	San Joaquin County: Human Resources: Job Sharing	Konzept und Bedingungen für Job Sharing
http://www.nww.org	New Ways to Work	Vielfältige Hinweise von New Ways to Work zu Job Sharing
http://www.bpsce.org/Admin/G/GCGCRJ^1.HTM	Job Sharing in Professional Staff Positions Regulation GCGC-R	Voraussetzungen und Anmeldeformular für Job Sharing von Lehrkräften
http://198.166.215.10/resources/hrpolicies/hr-js.html	Job Sharing Policy	Musterreglement für Job Sharing-Politik

13

Führungskräfte in Teilzeitarbeit: Beweggründe, Arbeitsorganisation, Kommunikation

Zusammenfassung

Der vorliegende Beitrag führt in die Thematik der Teilzeitarbeit im Führungsbereich ein und beschreibt eine empirische Vergleichsstudie, in der Teilzeitarbeit bei Führungskräften in insgesamt neun Abteilungen einer schweizerischen kantonalen Verwaltung und einer deutschen Stadtverwaltung untersucht wurde. Diese beiden öffentlichen Verwaltungen bieten seit 1998 neue Arbeitszeitmodelle an, mit denen unter anderem die Erhöhung der Teilzeitquote auf Führungspositionen angestrebt wird. Teilzeitarbeit für Führungskräfte ist ungewöhnlich und wird kontrovers diskutiert. Aus arbeits- und organisationspsychologischer Perspektive stellt sich die Frage, wie sie im Arbeitsalltag umgesetzt werden kann, d.h. welche Konsequenzen sich für die Gestaltung der Aufgaben und Arbeitsbeziehungen ergeben. So ist umstritten, inwieweit Führungskräfte ihre Vorgesetztenfunktionen gegenüber ihren direkt unterstellten Mitarbeitern unter Teilzeitbedingungen ausreichend wahrnehmen können und wie sie die Zusammenarbeit mit ihnen gestalten. Diesen Fragen galt das zentrale Forschungsinteresse der empirischen Studie. Darüber hinaus wurden individuelle Gründe der Entscheidung für Teilzeitarbeit, verwaltungsinterne Rahmenbedingungen sowie potentielle Beschäftigungseffekte verkürzter Arbeitszeiten im Führungsbereich untersucht. An der Untersuchung nahmen 12 Führungskräfte (drei Paare im Job Sharing, sechs Stelleninhaber ohne Job Sharing) und 18 Mitarbeiter teil, die den Führungskräften direkt unterstellt waren. Als Erhebungsinstrumente kamen Dokumentenanalysen und Leitfadeninterviews zum Einsatz, die inhaltsanalytisch ausgewertet wurden. Es zeigte sich, dass die Führungskräfte Aufgaben an ihre Mitarbeiter delegierten und dass die Interviewteilnehmer funktionierende Stellvertretungsregelungen als sehr bedeutsam einstuften. Die Tätigkeit einiger Mitarbeiter wurde durch die Umverteilung von Aufgaben und Delegation qualitativ anspruchsvoller. Die arbeitsbezogene Kommunikation erforderte vermehrte Planung, jedoch waren die Führungskräfte aus der Perspektive der Mitarbeiter in fast allen Fällen ausreichend verfügbar. Als Anlass für die Teilzeitarbeit stand in den meisten Fällen die familiäre Situation im Vordergrund. In bezug auf die betriebliche Realisierung des Wunsches nach Teilzeitarbeit wurde der Zustimmung der eigenen Vorgesetzten die größte Bedeutung beigemessen. Bezüglich der Beschäftigungswirksamkeit verkürzter Arbeitszeiten zeigte sich, dass die Arbeitszeitreduktion einer Vielzahl von Beschäftigten beider Verwaltungen innerhalb der letzten 10 Jahre den Abbau von Stellen verringern bzw. auffangen konnte. Neue Stellen wurden in den Verwaltungen insgesamt nicht geschaffen. Auch in den untersuchten Arbeitssystemen fand in den vergangenen fünf Jahren insgesamt ein Stellenabbau statt. Die Stellenprozente, die bei den Führungskräften der Studie eingespart wurden, wurden jedoch in fast allen Fällen innerhalb der Arbeitssysteme für andere Beschäftigungsverhältnisse eingesetzt. Die Teilzeitarbeit der Führungskräfte verringerte also nicht die Arbeitszeit, die den jeweiligen Arbeitssystemen insgesamt zur Verfügung stand.

1. Einleitung

Als Führungskraft verkürzt arbeiten? Oder sogar mit mehreren Personen eine Führungsposition teilen? Die spontane Reaktion auf diese Fragen ist in aller Regel geprägt von Skepsis oder Ablehnung. Bei Führungskräften denkt man eher an überdurchschnittlich lange Arbeitszeiten, und empirische Studien bestätigen dieses Bild. Ramme (1990) fand, dass sich Führungskräfte im Schnitt 50 oder mehr Stunden pro Woche ihrem Job widmen. Selbst im öffentlichen Dienst mit seiner relativ hohen Teilzeitquote sind verkürzte Arbeitszeiten auf höheren Positionen sehr selten (Allmendinger, Fuchs, Schönfeld, Stebut & Zerger, 1997; Domsch, Kleiminger, Ladwig & Strasse, 1994a; Schimany, 1991). Das Angebot an Teilzeitstellen beschränkt sich in der Regel auf untere und mittlere Hierarchieebenen und damit auf Positionen, die im Vergleich zu Führungspositionen weniger Qualifizierungspotential beinhalten, schlechter bezahlt sind und ein geringeres Ansehen genießen (Bauer, Groß & Schilling, 1996; Herbers, 1999; Kilchenmann, 1993). Teilzeitarbeit ist vor allem unter Frauen verbreitet, deren Anteil in höheren beruflichen Positionen relativ gering ist (Pietschmann, 1997; Straumann, Hirt & Müller, 1996).

Trotz alledem gibt es Führungskräfte, die ihre Arbeitszeit reduzieren und die sich Stellen teilen. Diesen Personen galt die Neugier und das Interesse dieser Studie. Wie schaffen sie es, ihre Arbeit zu organisieren und wie gestalten sie ihre Arbeitsbeziehungen? Wie kommt es, dass sie verkürzt arbeiten? Und darüber hinaus, welche Auswirkungen hat die Teilzeitarbeit der Führungskräfte auf die Gesamtzahl der Beschäftigungsverhältnisse in den Arbeitssystemen, in denen sie tätig sind? Um Antworten auf diese Fragen zu erhalten, wurden Führungskräfte einer schweizerischen und einer deutschen öffentlichen Verwaltung sowie direkt unterstellte Mitarbeiter mittels leitfadengestützter Interviews befragt. Zur Einführung in die Thematik werden zunächst die zentralen Begriffe erläutert und ein Überblick über die kontroverse Diskussion zu Teilzeitarbeit im Führungsbereich gegeben. Anschließend wird die Studie beschrieben und die Ergebnisse werden diskutiert. Den Abschluss des Kapitels bildet ein Ausblick auf zukünftige Forschungsthemen, die sich aus den gewonnenen Erkenntnissen ergeben.

Der Begriff Führungskraft wird unterschiedlich verwendet. In einem Teil der vorliegenden empirischen Studien zur Teilzeitarbeit umfasst er Personen, die für eine mehr oder weniger große Anzahl an unterstellten Mitarbeitern als Vorgesetzte fungieren und ihnen gegenüber Personalverantwortung tragen (z.B. Domsch et al., 1994a; Allmendinger et al., 1997). Andere Studien verwenden ihn für Beschäftigte, die *entweder* Führungsverantwortung haben *oder* das Unternehmen nach außen vertreten *oder* für die Ausübung ihrer Tätigkeit hoher fachlicher Qualifikationen bedürfen (vgl. Battis, 1990; Neumann, 1985; Straumann et al., 1997). In der eigenen Studie wurde die erste Definition verwendet.

Mit Teilzeitarbeit ist eine Arbeitszeit unterhalb der täglichen, wöchentlichen oder jährlichen Normalarbeitszeiten bei vollzeitiger Tätigkeit gemeint (Ley, 1993; Teriet, 1990). Dabei wird zwischen einseitiger Arbeitszeitverkürzung und Stellenteilung bzw. Job Sharing unterschieden (siehe Abbildung 1). Bei einer einseitigen Stellenreduzierung verringert nur eine Person ihre Arbeitszeit, nur eine Person gibt also Stellenprozente ab. Die Stellenprozente bzw. die Personalkosten, die dadurch frei werden, können mit dem Ziel der Rationalisierung gestrichen oder für die Finanzierung anderer Beschäftigungsverhältnisse genutzt werden. Beim Job Sharing hingegen reduzieren zwei oder mehrere Personen ihre Arbeitszeit und teilen sich eine geringere Anzahl von Vollzeitarbeitsplätzen. Im Vergleich zu einseitiger Reduzierung bleibt der Arbeitsplatz ganztägig besetzt und die Stellenpartner haben meistens größere Spielräume bei der Festlegung der Lage der individuellen Arbeitszeiten. Dafür müssen sie arbeitsinhaltliche und -organisatorische Aspekte stärker berücksichtigen (Schanz, 1993), denn Stellen können sowohl zeitlich als auch nach inhaltlichen Kriterien geteilt werden. Bei der zeitlichen Teilung wird die Gesamtaufgabe des Arbeitsplatzes lediglich in zeitliche Arbeitsblöcke geteilt, so dass ein Stellenpartner jeweils alle Aufgaben übernimmt, die während seiner Arbeitszeit anfallen (Teriet, 1990). Bei einer inhaltlichen Teilung dagegen trennen die Stellenpartner die Gesamtaufgabe in verschiedene eigenständige und inhaltlich unterschiedliche Teilaufgaben. Jeder übernimmt während seiner Arbeitszeit überwiegend die Aufgaben, die in seinen Teilbereich fallen.

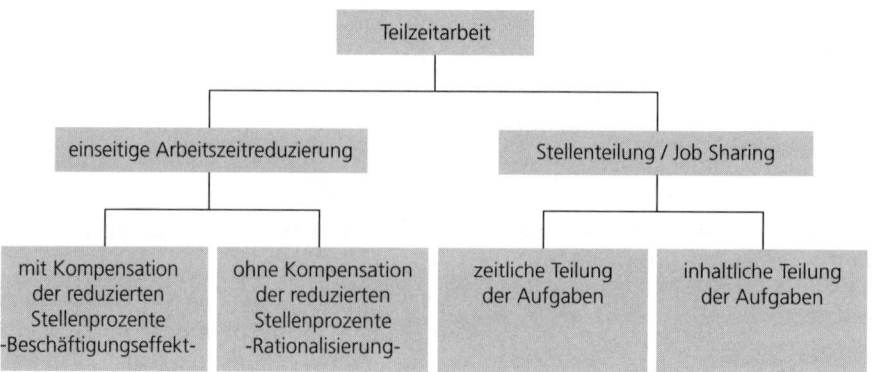

Abbildung 1: Formen der Teilzeitarbeit

Diese Gegenüberstellung verdeutlicht, dass die Führungskräfte und ihre Mitarbeiter in unterschiedlicher Weise durch die beiden Teilzeitformen gefordert werden. Beispielsweise stellt sich bei der einseitigen Stellenreduzierung die Frage nach der Stellvertretung und gegebenenfalls nach der dauerhaften Delegation von Aufgaben, während sich beim Job Sharing die Stellenpartner unter Umständen auch gegenseitig vertreten können. Eine Besonderheit des Job Sharing ist dagegen die Zusammenarbeit der Stellenpartner, die wechselseitige Information und Abstimmung erforderlich macht (Gutscher & Wiederkehr-Steiger, 1997).

2. Die Diskussion über Teilzeitarbeit bei Führungskräften

Wer gegenüber Teilzeitarbeit im Führungsbereich skeptisch ist, hat dafür Gründe. Häufige Argumente gegen diese Arbeitszeitform werden im Folgenden erläutert und empirischen Ergebnissen gegenübergestellt. Im zweiten Abschnitt wird dagegen die Argumentation für die Einführung von Teilzeitarbeit dargelegt. Es wird deutlich, dass die Diskussion nicht nur von positiven und negativen Erfahrungen, sondern auch von gesellschaftlich geprägten Wertvorstellungen über die Bedeutung von Arbeit und die Bedeutung der Arbeitsdauer bestimmt wird.

2.1 Befürchtungen und Vorbehalte

Die überdurchschnittlichen Arbeitszeiten von Führungskräften und die Feststellung, dass Teilzeitarbeit meistens auf niedriger qualifizierte und weniger stark vernetzte Arbeitsplätze (Quack, 1993) beschränkt bleibt, beschreiben nicht nur den Status Quo. Sie nähren auch die Befürchtung, mit der Reduzierung der Arbeitszeit eine 'typische Teilzeitstelle' mit den beschriebenen Merkmalen und damit einen weniger attraktiven Job zu bekommen (Bürsch, 1997; Vedder, 1999). Für die Fortführung der Vollzeitarbeit sprechen aus der Perspektive vollzeitlich angestellter Personen in qualifizierten Stellen auch die Freude am Beruf, bessere Aufstiegschancen und finanzielle Gründe. Sie befürchten, Verantwortung zu verlieren und ihr Arbeitspensum nicht entsprechend reduzieren zu können, wenn sie ihre Arbeitszeit verkürzen (Straumann et al., 1996).

Führungskräfte, die in Teilzeitmodellen arbeiten, bestätigen einen Großteil dieser Befürchtungen. Eine deutliche Mehrheit der Betroffenen in der Studie von Straumann et al. (1996) hält die eigenen Aufstiegschancen für geringer. Ebenso klar stimmen sie der Aussage zu, dass sich der Umfang ihrer Aufgaben nicht proportional zur Arbeitszeit reduziert. Sie erleben ihre Arbeit als intensiviert oder verdichtet (Straumann et al., 1996, siehe auch Allmendinger et al., 1997; Domsch et al., 1994a; Kohn & Breisig, 1999; Neumann, 1985). Die Ursachen dafür liegen in der Streichung der reduzierten Stellenprozente, aber auch in fehlender Umverteilung der Arbeit, im erhöhten Abstimmungsbedarf und darin, dass beim Job Sharing das gemeinsame Aufgabenspektrum häufig größer ist als das einer Einzelperson (Bürsch, 1997; Domsch et al., 1994a; Straumann et al., 1996). Als Konsequenz dieser Verdichtung beschreibt Battis (1990), dass der psychische Druck steigt. Demgegenüber fanden Hörning, Gerhard & Michailow (1990), dass Betroffene die Mehrbelastung nicht unbedingt als Höherbelastung empfinden. Sie würde durch die Vorteile der Teilzeitarbeit kompensiert. Die Befürchtung, dass sich der Verantwortungsspielraum verringert, bestätigt bei Straumann et al. (1996) nur knapp die Hälfte der Beschäftigten. Die andere Hälfte nimmt keine Einschränkungen wahr.

Neben den individuellen Aspekten der Arbeitsgestaltung spielt bei der Einführung reduzierter Arbeitszeiten die Zusammenarbeit mit anderen Personen eine wichtige Rolle. Geht man wie Alioth (1980) und Frei, Hugentobler, Alioth, Duell & Ruch (1993) davon aus, dass Führungskräfte an wichtigen Schnittstellen arbeiten, weil sie einerseits ihre Abteilung nach außen vertreten und andererseits die Aufgaben innerhalb der eigenen Abteilung koordinieren und regulieren, dann stellt sich die Frage, wie sie diese Schnittstellenfunktionen mit reduzierter Arbeitszeit wahrnehmen können. Hier herrscht Skepsis. Führungstätigkeiten werden selten für teilbar oder reduzierbar gehalten. Führungskräfte, so wird argumentiert, müssen den ganzen Tag für ihre Mitarbeiter ansprechbar sein (Battis, 1990; Dellekönig, 1995; Domsch, Hadler & Krüger, 1994b; Kohn & Breisig, 1999). Bei einer einseitigen Arbeitszeitverkürzung würden vollbeschäftigte Mitarbeiter und Kollegen durch Vertretungsaufgaben zusätzlich belastet (Epping & Meuter, 1977). Beim Job Sharing besteht die Befürchtung, dass es zu Konflikten zwischen den Stellenpartnern und mit Dritten kommt und dass die Teilung der Aufgaben bzw. ihre einheitliche Erfüllung sich schwierig gestaltet (Domsch et al., 1994a).

Die empirischen Befunde zur Schnittstellengestaltung sind uneinheitlich. Sie weisen jedoch auch Lösungsmöglichkeiten für die vermuteten Probleme auf. Wenn es darum geht, die Arbeitszeitreduzierung einer Führungskraft durch eine neue Aufgabenverteilung zu kompensieren, sind hohe Qualifikationen der Abteilungsmitarbeiter von Bedeutung (Domsch et al., 1994a; Epping & Meuter, 1977; Kohn & Breisig, 1999). Unter dieser Voraussetzung können Aufgaben delegiert werden. Die Präsenz der Führungskraft ist als Folge davon in geringerem Ausmaß notwendig. Zudem ist es vorteilhaft, wenn innerhalb der Abteilung auch die reduzierten Stellenprozente kompensiert werden. Dies zeigte sich auch in einer empirischen Untersuchung von Battis (1990). Er fand, dass das Arbeitsklima und die Qualität der Arbeit litten, wenn aufgrund fehlender personeller und organisatorischer Unterstützung Personen aus dem Arbeitsumfeld Vertretungsaufgaben übernahmen. Das war nicht so, wenn der reduzierte Arbeitsanteil der Führungskräfte personell aufgefangen wurde. Hess (1988) und Straumann et al. (1996) stellen jedoch klar, dass es nicht ausreicht, die Möglichkeit zur Delegation nur bezüglich der verfügbaren fachlichen und zeitlichen Ressourcen zu beurteilen. Mindestens ebenso wichtig scheint es zu sein, dass Führungskräfte ihre eigene Funktion und Legitimation durch Delegation nicht bedroht sehen und ihre Mitarbeiter für selbständig und mündig halten. Darüber, wie Führungskräfte im Job Sharing die Aufgabenteilung gestalten, liegen bisher kaum empirische Daten vor. Die Fallstudie von Domsch et al. (1997) zeigt, dass die Klärung dieser Frage einige Zeit in Anspruch nimmt und externe Beratung dabei hilfreich sein kann.

Die Auswirkungen der Teilzeitarbeit auf die Kommunikation werden unterschiedlich bewertet. Während Battis (1990) bei Teilzeitkräften im Vergleich zu Vollzeitkräften eine höhere Unzufriedenheit mit dem betrieblichen Informationsstand feststellte, fanden Allmendinger et al. (1997) keine Kommunikationsprobleme und Schwierigkeiten in der Erreichbarkeit der Teilzeitführungskräfte. Eindeutig ist jedoch, dass die verringerten Arbeitszeiten einen erhöhten Aufwand für die aufgabenbezogene Kommunikation und für die Koordination der Aufgabenverteilung und Arbeitsabläufe erfordern (Allmendinger et al., 1997; Domsch et al., 1994a; Straumann et al., 1996;). Die Arbeitszeitreduzierung wirkt sich auch auf die informelle Kommunikation aus. Pausengespräche, private Gespräche zwischendurch und die Teilnahme an informellen Anlässen werden eingeschränkt, um die Arbeit in der reduzierten Zeit bewältigen zu können (z.B. Hörning et al., 1990; Straumann et al., 1996). Neben der Gefahr der sozialen Isolation entsteht dadurch auch die Gefahr, wichtige Informationsquellen zu verlieren (Domsch et al., 1994a; Kohn & Breisig, 1999; Straumann et al., 1996). Allmendinger et al. (1997) fanden jedoch, dass von einem Ausschluss der Teilzeitführungspersonen aus dem beruflichen Umfeld nicht die Rede sein könne.

Um zu verstehen, warum bisher nur wenige Führungskräfte mit reduzierter Zeit arbeiten, sind also einerseits individuelle Konsequenzen, andererseits schnittstellenbezogene Auswirkungen von Bedeutung. Die Skepsis gegenüber Teilzeitarbeit im Führungsbereich wird darüber hinaus von impliziten Annahmen genährt, z.B. dass Führungsverantwortung nicht teilbar sei und dass die Mitarbeiter nicht ohne die Führungskraft auskämen (s.o.). Zudem werden lange Arbeitszeiten häufig als Zeichen der Leistungsbereitschaft und Loyalität (miss-) verstanden (Ergenzinger, 1993; Hörning et al., 1990; Straumann et al., 1996). Aus dieser Perspektive stehen kürzere Arbeitszeiten und berufliches Engagement in einem deutlichen Widerspruch zueinander, da oft kein Unterschied zwischen der zeitlichen *Ausdehnung* von Präsenz und der *Qualität und Intensität* dieser Präsenz gemacht wird (Straumann et al., 1996).

2.2 Argumente für Teilzeitarbeit auch auf höheren Positionen

Die Vorbehalte und Schwierigkeiten werfen die Frage auf, warum sich trotzdem einige Führungskräfte für Teilzeitarbeit entscheiden und welche Gründe es für Unternehmen geben kann, diese Option zu eröffnen oder sie sogar aktiv zu fördern.

Es wurde bereits oben dargestellt, dass sich nicht alle Befürchtungen bestätigen und dass insbesondere an der Schnittstelle zwischen Führungskräften und Mitarbeitern Gestaltungsmöglichkeiten bestehen. Die empirischen Studien zeigen aber auch unmittelbare Vorteile im beruflichen und privaten Bereich. Zu den Vorteilen im beruflichen Bereich gehört für die Beteiligten, dass sie sich in Teilzeitarbeit leistungsfähiger und engagierter erleben und mit mehr Freude, Konzentration und Ruhe arbeiten (Neumann, 1985; Straumann et al., 1996). Im privaten Bereich stellen die vermehrte Zeit für Kinderbetreuung, Freizeitaktivitäten, Nebentätigkeiten und Weiterbildung, aber auch gesundheitliche Aspekte und die Erweiterung des individuellen Zeitspielraums die wichtigsten Vorzüge dar (Battis, 1990; Hörning et al., 1990; Straumann et al., 1996). Die individuellen Vorteile kompensieren zum Teil die Schattenseiten der Teilzeitarbeit. Eine ähnliche Umbewertung nehmen einige Führungskräfte mit reduzierter Arbeitszeit hinsichtlich ihrer Karrierechancen vor: Herkömmlicherweise mit Karriere verbundene Attribute wie Macht und Prestige werden in Frage gestellt. Statt dessen wird es wichtig, die Arbeit interessant, abwechslungsreich und sinngebend gestalten zu können (Straumann et al., 1996).

Unternehmen, die ihren Führungskräften verkürzte Arbeitszeiten anbieten, sehen als Vorteile eine höhere Attraktivität des Unternehmens, mehr Flexibilität bei der Gestaltung des Arbeitseinsatzes sowie eine bessere Leistungsfähigkeit der Teilzeitbeschäftigten (Domsch et al., 1994a; Kohn & Breisig, 1999; Straumann et al., 1996). Durch eine reduzierte Arbeitszeit wird der Wiedereinstieg nach einer Berufsunterbrechung erleichtert, und die Fluktuation kann sich verringern, wenn für qualifizierte und eingearbeitete Mitarbeiter, die nicht (mehr) vollzeitig arbeiten möchten, eine Teilzeitoption besteht.

Wenn sich das Teilzeitangebot nicht nur auf wenig anspruchsvolle und attraktive Arbeitsplätze beschränkt, kann sie zur Chancengleichheit von Frauen und Männern beitragen, weil sie auch Frauen, die sich um ihre Familien kümmern, den Aufstieg in gehobene Positionen eröffnet (Lankau-Herrmann, Lankau, Weinert & Nejedlo, 1983; Kilchenmann, 1993; Straumann et al., 1996).

Für Unternehmen besteht darüber hinaus die Möglichkeit, über Arbeitszeitverkürzungen das vorhandene Arbeitsvolumen auf mehr Mitarbeiter zu verteilen. Wenn eine Vielzahl von Beschäftigten sich beteiligen, können Unternehmen aus den eingesparten Stellenprozenten neue Stellen schaffen und damit Beschäftigung *fördern* (vgl. Domsch & Ladwig, 1995; Meixner, 1990; Ulich, 1997). Bei einem Abbau von Stellen ist die Sicherung von Beschäftigungsverhältnissen möglich, indem der Stellenabbau auf viele Personen verteilt wird (Promberger, Rosdücher, Seifert & Trinczek, 1997). Auch die Wirksamkeit einer individuellen Arbeitszeitreduktion für die Schaffung neuer Stellen ist davon abhängig, in welchem Umfang die reduzierten Stellenprozente erhalten bleiben und für neue Beschäftigungsverhältnisse eingesetzt werden (Meixner, 1990; Hinrichs, 1993). Neuere Studien belegen, dass innerhalb der schweizerischen und deutschen öffentlichen Verwaltung über Teilzeitarbeit die Entlastung des Arbeitsmarktes angestrebt wird (Allmendinger et al., 1997; Domsch et al., 1994a) bzw. aus Arbeitnehmersicht der Stellenabbau verringert werden kann (Habluetzel, Schwaar & Kuhn, 1995). Allerdings haben Beschäftigungseffekte nicht generell Priorität, im Gegenteil: Teilzeitarbeit dient auch im öffentlichen Dienst häufig vor allem der Senkung von Personalkosten (Bürsch, 1997; Schimany, 1991).

Zusammenfassend lässt sich festhalten, dass trotz etlicher Schattenseiten der Teilzeitarbeit bei Führungskräften auch Vorzüge wahrgenommen werden. Dass mittlerweile in diesem Bereich erste empirische Studien entstanden und Ministerien Informationsbroschüren bereitstellen (Bujok & Bielenski, 1998; Keese, 1996) bezeugt, dass ein Prozess der Neubewertung in Gang gekommen ist. Bisher wurde jedoch kaum untersucht, wie in Teilzeit arbeitende Führungskräfte und ihre Mitarbeiter die konkreten Anforderungen tatsächlich bewältigen und beurteilen.

3. Methodisches Vorgehen

3.1 Fragestellungen

Auf der Basis der bisherigen Ergebnisse wurden in einer eigenen Studie (Melchers, 1999) die folgenden Fragestellungen empirisch untersucht:

Schnittstellengestaltung und Arbeitsorganisation

Frage 1: Welche besonderen Anforderungen bestehen für Führungskräfte und ihre Mitarbeiter durch die Teilzeitarbeit der Führungskräfte? Und mit welchen Ressourcen gestalten sie die Aufgabenteilung und die Kommunikation im Arbeitssystem sowie die Arbeitsbeziehungen zu Personen aus anderen Arbeitssystemen?

Inanspruchnahme von Teilzeitarbeit

Frage 2: Welche individuellen Argumente führen Führungskräfte für die Inanspruchnahme von Teilzeitarbeit an, und welche Personen und Rahmenbedingungen innerhalb der eigenen Verwaltung fördern diese Wahl?

Frage 3: Worauf führen verkürzt arbeitende Führungskräfte und ihre Mitarbeiter die geringe Inanspruchnahme von Teilzeitarbeit bei Führungskräften im untersuchten Feld zurück?

Betriebliche Rahmenbedingungen und Beschäftigungspolitik

Frage 4: Inwieweit werden im schriftlichen Material, in dem die untersuchten Behörden ihre Arbeitszeitmodelle darlegen, mögliche Beschäftigungseffekte thematisiert?

Frage 5: Führt die Teilzeitarbeit in den untersuchten Fällen zu mehr Beschäftigung oder sichert sie bestehende Beschäftigungsverhältnisse?

3.2 Untersuchungsteilnehmer

Die folgend beschriebene empirische Studie fand in einer schweizerischen kantonalen Verwaltung und einer deutschen Stadtverwaltung statt. Beide Verwaltungen bieten seit 1998 neue Arbeitszeitmodelle an, mit denen unter anderem die Erhöhung der Teilzeitquote auf Führungspositionen angestrebt wird. Zwölf teilzeitlich arbeitende Führungskräfte mit Personalverantwortung und 18 direkt unterstellte Mitarbeiter nahmen an der Untersuchung teil. Sie stammten aus verschiedenen Verwaltungseinheiten der schweizerischen und der deutschen Verwaltung. Es wurden Führungskräfte ausgewählt, die möglichst hohe Positionen in der Verwaltungshierarchie innehatten. Bei hohen Führungspositionen ist nach Meixner (1990) der Anteil der Aufgaben, die die Mitarbeiterführung und Koordination betreffen, im Verhältnis zu eigenen Fachaufgaben höher als auf hierarchisch niedrigen Positionen.

Die Untersuchungsteilnehmer stammten aus neun Arbeitssystemen (Abteilungen oder Ämtern). In sechs Arbeitssystemen hatten die Führungskräfte ihre

Arbeitszeit einseitig auf 80 % bis 66 % reduziert. Sie verteilten ihre Arbeitszeiten so über die Woche, dass sie jeden Tag verkürzt arbeiteten (ein Fall), einen Tag nicht da waren (zwei Fälle), an zwei halben Tagen nicht da waren (zwei Fälle) oder eineinhalb Tage frei hatten (ein Fall). Wenn die freien Zeiten auf mehrere Tage verteilt waren, lagen diese nicht hintereinander. In den anderen drei Arbeitssystemen arbeiteten jeweils zwei Führungskräfte im Job Sharing. Sie waren in zwei Fällen jeweils zu 50 % tätig, in einem Fall hatten beide Stellenpartner 80 %-Stellen inne. Die Stellenpartner mit 50 % arbeiteten jeweils zweieinhalb Tage am Stück mit einer mehrstündigen gemeinsamen Präsenzzeit. Die Stellenpartner mit 80 % arbeiteten jede Woche 90 % und nahmen dafür mehr Urlaub. Ein Paar teilte sich die Arbeit nur zeitlich, die anderen beiden Paare hatten auch eine inhaltliche Teilung vorgenommen. Pro Arbeitssystem nahmen im Schnitt zwei Mitarbeiter, die den Führungskräften direkt unterstellt waren, an der Untersuchung teil.

Fünf Arbeitssysteme entfielen auf eine schweizerische kantonale Verwaltung und vier auf eine deutsche Kommunalverwaltung. Vier Führungskräfte der schweizerischen Stichprobe gehörten dem oberen, zwei dem mittleren Kader an. In der deutschen Stichprobe befanden sich drei Führungskräfte im höheren, drei im gehobenen Dienst. Jeweils $2/3$ der Führungskräfte und der Mitarbeiter waren weiblich, $1/3$ männlich.

3.3 Datenerhebung und Auswertung

Für die Fragestellungen 1, 2, 3 und 5 wurden als Erhebungsmethode Interviews eingesetzt, für die Fragestellung 4 Dokumentenanalysen. Die Interviews orientierten sich an einem eigens entwickelten halbstrukturierten Leitfaden. Er enthielt aufgrund des explorativen Charakters der Studie überwiegend offene Fragen, die durch geschlossene Fragen mit quantifizierbaren Antwortalternativen (Ratingskalen und Rangskalen) ergänzt wurden. In der Entwicklung des Leitfadens wurde ein Teil der Fragen aus dem 'Interviewleitfaden zur Analyse von Arbeitssystemen' (Strohm & Ulich, 1997) und dem Verfahren 'Kontrastive Aufgabenanalyse im Büro' (Dunckel, Volpert, Zölch, Kreutner, Pleiss, Hennes, 1993) entnommen und – sofern erforderlich – angepasst.

Übersicht 1 gibt einen Überblick über die Themen des Leitfadens. Die Erhebung wurde in jedem Arbeitssystem in drei Abschnitten durchgeführt. Beim ersten Termin wurden den Führungspersonen die Fragestellungen vorgestellt und wesentliche Daten über das jeweilige Arbeitssystem und das gewählte Teilzeitmodell erhoben (Teil A). Beim zweiten Termin wurden die Führungskräfte zu den zentralen Themen interviewt (Teil B), beim dritten die Mitarbeiter (Teil C). Insgesamt fanden in den neun Arbeitssystemen 32 Interviews statt (9 mal Teil A, 11 mal Teil B, 12 mal Teil C). Bei den Führungskräften im Job Sharing nahmen in Teil A in einem Interview beide Stellenpartner teil, in den anderen beiden Fällen nur eine Person. Im Teil B wurden mit Ausnahme eines Paares im Job Sharing alle Führungskräfte einzeln interviewt. Die Mitarbeiter jeweils eines Arbeitssystems nahmen an Gruppeninterviews teil, in drei Arbeitssystemen wurden sie auf eigenen Wunsch einzeln interviewt. Die Interviews wurden an den Arbeitsplätzen der Teilnehmer durchgeführt. Sie dauerten bei den Führungskräften durchschnittlich 70 Minuten, bei den Mitarbeitern 60 Minuten.

Der Interview-Leitfaden

Teil A (Führungskräfte)	
• Überblick über das Arbeitssystem • Rahmendaten zum gewählten Teilzeit-Modell	

Teil B (Führungskräfte)	Teil C (Mitarbeiter)
• Argumente für Teilzeitarbeit / Unterstützung für Teilzeitarbeit (2)	
• Kommunikation und Kooperation (1)	• Kommunikation und Kooperation (1)
• Bewertung der Einflüsse der Teilzeitarbeit auf die Arbeitsbedingungen (1)	• Bewertung Einflüsse der Teilzeitarbeit der Führungskräfte auf die Arbeitsbedingungen (1)
• Beurteilung des Zeitdrucks (1)	
• Beschäftigungseffekte (5)	
• Verbreitung der Teilzeitarbeit in Führungspositionen (3)	• Verbreitung der Teilzeitarbeit in Führungspositionen (3)
• Angaben zur Person	• Angaben zur Person

Übersicht 1: Überblick über die Themen des Interview-Leitfadens. In Klammern die Fragestellung, auf die sich der jeweilige Punkt bezieht.

Für die Dokumentenanalyse stellten die Personalämter der Verwaltungen schriftliches Material zu den neuen Arbeitszeitmodellen, Konzepte zur Gleichstellung von Frauen und Männern sowie Statistiken zur Verbreitung der Arbeitszeitformen und zur Beschäftigungsentwicklung zur Verfügung. Die Führungskräfte wurden um Stellenbeschreibungen der eigenen Stellen und – sofern aktualisiert – um Organigramme der Arbeitssysteme gebeten.
Die Interviews wurden mit Tonband sowie schriftlich protokolliert und mit dem Verfahren der 'Inhaltlichen Strukturierung', einer Unterform der 'Qualitativen Inhaltsanalyse' nach Mayring (1997), ausgewertet. Das Ziel der 'Inhaltlichen Strukturierung' ist es, Informationen zu vorher festgelegten Themen aus dem Datenmaterial herauszufiltern. Dazu wurde auf der Datenbasis der Interviewtranskripte stufenweise ein Kategoriensystem entwickelt. In dessen erster Version dienten die in den Fragestellungen enthaltenen Themen als übergeordnete Kategorien. Dieses System wurde mit mehreren Interviews getestet. Dabei fand eine Ergänzung um Themen statt, die im Leitfaden nicht enthalten

waren, aber von den Untersuchungsteilnehmern eingebracht wurden. Zudem wurde das Kategoriensystem hierarchisch strukturiert, so dass auch komplexere Themen abgebildet werden konnten.

4. Ergebnisse und inhaltliche Diskussion

Die Ergebnisse werden im Folgenden in der Reihenfolge der Fragestellungen dargestellt. Zunächst werden Auswirkungen der Teilzeitarbeit der Führungskräfte auf die Arbeitsorganisation und die Zusammenarbeit mit den Mitarbeitern beschrieben, anschließend die Ergebnisse zur Inanspruchnahme von Teilzeitarbeit durch die Führungskräfte. Den Abschluss bilden die betrieblichen Rahmenbedingungen, wobei die Beschäftigungspolitik in den Mittelpunkt rückt. Die Diskussion dieser Themenblöcke schließt sich jeweils unmittelbar an die Ergebnisdarstellung an.

4.1 Arbeitsorganisation und Zusammenarbeit mit den Mitarbeitern

Die Teilzeitarbeit brachte für die Führungskräfte eine Intensivierung der Arbeit mit sich, die sich z.B. in Überstunden, konzentrierterem Arbeiten, verringerten informellen Kontakten und teilweise in der Einschränkung von Fortbildungen zeigte. Sie machten für den Zeitdruck jedoch nicht nur die reduzierte Arbeitszeit verantwortlich, sondern vor allem den allgemein gestiegenen Arbeitsumfang (s.u.). Im Durchschnitt arbeiteten sie 11 % mehr als vertraglich festgelegt. Ihre Überstunden legten sie dabei vorwiegend an die Randzeiten der Arbeitszeit und nicht in die freien (Halb-) Tage.

Im Hinblick auf die Aufgabenverteilung zwischen Führungskräften und Mitarbeitern zeigte sich, dass die Führungskräfte in der Mehrzahl Fachaufgaben delegierten, d.h. dauerhaft auf Mitarbeiter übertrugen. Aus der Perspektive einiger Interviewpartner, d.h. sowohl Führungskräfte als auch Mitarbeiter, macht die Teilzeitarbeit Delegation nötig. Gleichzeitig konnten in einigen Fällen die Personalressourcen auf dem früheren Stand gehalten werden, indem die durch die Teilzeitarbeit freigewordenen Stellenprozente auf Mitarbeiter übertragen wurden. Die Mehrheit der Interviewpartner, die sich zur Delegation äußerten, führte diese allerdings nicht auf die reduzierte Arbeitszeit, sondern auf die Führungsperson(en) und deren Verständnis von Führung zurück. Förderlich schien ein Führungsverständnis zu sein, in dem Führungsaufgaben wie die fachliche Förderung der Mitarbeiter, interne und externe Koordination sowie langfristige Planung Priorität erhalten vor der eigenen Sachbearbeitung. Allerdings zeigte sich auch, dass dieses Führungsverständnis nicht unbedingt eine Voraussetzung für Delegation und damit auch vorteilhaft für Reduzierung der Arbeitszeit ist, sondern auch deren Folge sein kann: In einigen Fällen berichteten Führungskräfte davon, dass die Erfordernis, mit verringerter Arbeitszeit ihre

Führungsfunktionen wahrzunehmen und die Aufgabenbearbeitung innerhalb des Arbeitssystems zu gewährleisten, sie dazu gebracht hätte, die Aufgabenverteilung im Arbeitssystem und ihr Führungsverständnis zu überdenken. Neben der dauerhaften Übertragung von Aufgaben hielten insbesondere die Mitarbeiter funktionierende Stellvertretungsregelungen und damit die befristete Aufgabenübertragung für wichtig, um Verzögerungen in der Bearbeitung von Aufgaben und Anfragen zu verhindern.

Für einige Mitarbeiter hatte die reduzierte Arbeitszeit ihrer Vorgesetzten den Effekt, dass sie geringfügig mehr Arbeit zu bewältigen hatten. Jedoch bemühten sich die Führungskräfte in einigen Fällen aktiv darum, den Vertretungsaufwand gering zu halten. So erledigten sie beispielsweise ihre Arbeit vor den freien Zeitblöcken, kamen in Ausnahmefällen außerhalb ihrer üblichen Zeiten und gaben auch gegenüber anderen Abteilungen und Ämtern ihre Anwesenheitszeiten bekannt. Sie unterstützen in den meisten Fällen die Unabhängigkeit ihrer Mitarbeiter, z.B. durch umfassende Information, interne Fortbildungen, Fallbesprechungen und indem sie ihnen Selbständigkeit zutrauten. Somit verbesserten sie aktiv die Rahmenbedingungen für eigene Abwesenheiten. Die Mitarbeiter begrüßten fachlich herausfordernde Aufgaben, größere Entscheidungsspielräume, mehr Verantwortung und größere Selbständigkeit, die für sie durch delegierte Aufgaben und Vertretungstätigkeiten entstanden. Sie stellten ihre Tätigkeit als qualitativ aufgewertet dar und sahen erhöhte Lern- und Entwicklungsmöglichkeiten für sich selbst.

Die kurzfristigen Planungserfordernisse für die eigene Arbeit beschrieben die Mitarbeiter als erhöht. Beispielsweise mussten sie für die Übergabe von Schriftstücken und Kurzbesprechungen die Präsenzzeiten der Führungskräfte mit einplanen. Sie stellten dies aber in den meisten Fällen nicht als Problem dar und führten als Begründung an, dass die Führungskräfte mit einseitiger Reduzierung ihre Arbeit so verteilten, dass sie maximal einen Tag 'am Stück' nicht da waren, dass vieles einen Tag warten konnte und dass es kompetente Stellvertretungen gebe. Für Mitarbeiter von Führungskräften im Job Sharing hing der Planungsbedarf wesentlich von den Kommunikationsmöglichkeiten ab.

Der Kommunikation mit den Mitarbeitern maßen die Führungskräfte einen hohen Stellenwert bei, der sich in fast allen Fällen in ihren Handlungen widerspiegelte und den auch die Mitarbeiter wahrnahmen. Die Mehrheit der Mitarbeiter sah keine Schwierigkeiten, sich bei Bedarf mit den Führungskräften auszutauschen. Für einige hatten sich die Kommunikationsmöglichkeiten im Vergleich zu anderen Vorgesetzten, die vollzeitig beschäftigt waren und mit denen sie früher zusammengearbeitet hatten, sogar verbessert! Etliche Interviewpartner bezweifelten daher, dass die Erreichbarkeit der Führungskräfte für die Mitarbeiter durch die Teilzeitarbeit *überhaupt* beeinflußt wird. Sie nahmen an, dass sie sich auch bei voller Arbeitszeit nicht erhöhen würde, da die momentan freien Zeiten dann mit externen Terminen belegt wären. Die Teilzeitarbeit war aus dieser Perspektive, wenn überhaupt, nur *ein* Faktor, der neben den räumlichen Gegebenheiten, dem Führungsverständnis und der Menge der Außentermine die Erreichbarkeit der Führungskräfte beeinflusste.

Bezüglich der langfristigen Abstimmung der Arbeitszeiten waren parallele Präsenzzeiten der Führungskraft und der teilzeitlich angestellten Mitarbeiter günstig. Mitarbeiter, die selbst in Teilzeit arbeiteten und deren freie Zeiten sich nicht mit denen ihrer Vorgesetzten deckten, fanden die Erreichbarkeit eingeschränkt und den Planungsbedarf z.B. für Kurzbesprechungen oder Unterschriften erhöht.

Hinsichtlich der Gestaltung der Kommunikationsformen hoben v.a. Mitarbeiter die Bedeutung regelmäßiger Sitzungen als sichere Gesprächstermine hervor. Auch regelmäßige Gespräche unter vier Augen, gemeinsame Pausen, telefonische Kontakte und Kommunikation über interne Computernetze wurden positiv erwähnt. Beim Job Sharing war es für die Mitarbeiter leichter, mit den Führungspersonen Rücksprache zu halten, wenn deren gegenseitige Stellvertretung sich bewährte, zusätzliche telefonische Kontakte stattfanden, wenn die Stellenpartner Entscheidungen auch alleine trafen und ihre Arbeitszeit nur geringfügig reduziert hatten.

Minderungen in der Häufigkeit informeller Kontakte wurden neben der Teilzeitarbeit auf eine Vielzahl von weiteren Gründen zurückgeführt (ungünstige Räumlichkeiten, Arbeitsdruck, Anzahl der Außentermine). Insbesondere die Mitarbeiter sahen bei den informellen Kontakten keinen wesentlichen Einfluß der Teilzeitarbeit, während einige Führungskräfte angaben, dass sich die Möglichkeit zu informellen Kontakten und damit auch der Zugang zu informellem Wissen verringerte.

Auch Personen aus anderen Arbeitssystemen mußten sich erst an die Teilzeitarbeit der Führungskräfte gewöhnen, beispielsweise an deren eingeschränkte Verfügbarkeit, an zwei Ansprechpartner, an Stellvertreter und an Mitarbeiter, die ihre Arbeitsgebiete selbst nach außen vertreten. Das gestaltete sich nicht in allen Fällen problemlos, z.B. wenn die eigenen Vorgesetzten der Führungskräfte eine vollzeitige Ansprechbarkeit bevorzugt hätten. Jedoch wurde nur aus zwei Arbeitssystemen berichtet, dass es tatsächlich zu Verzögerungen kam. Es zeigte sich allerdings, dass bei der Mehrheit der Führungskräfte Termine mit externen Personen manchmal außerhalb der Arbeitszeiten lagen.

Diskussion der bisher dargestellten Ergebnisse
(1) Die Ergebnisse bestätigen die früheren Befunde zur Arbeitsintensivierung bei Teilzeitarbeit. Sie zeigen aber auch, dass die Führungskräfte möglichen langfristigen negativen Folgen (Vernachlässigung mittelfristig wichtiger Kommunikation, Überforderungsgefühl, Minderung der Arbeitsqualität) aktiv

vorbeugen: Sie räumen der Kommunikation mit den Mitarbeitern einen hohen Stellenwert ein und legen Überstunden so, dass sie ihre freien Zeitblöcke nicht zerschneiden.

(2) Die Ergebnisse erhärten die Annahme, dass für Delegation nicht nur zeitliche und fachliche Ressourcen auf der Seite der Mitarbeiter vorteilhaft sind, sondern dass auch das Verständnis der Führungskräfte über die eigenen Aufgaben das Delegationsverhalten beeinflusst. Interessant ist dabei, dass ein delegationsförderliches Aufgabenverständnis sich auch durch das Arbeiten mit verkürzter Arbeitszeit entwickeln kann. Dies ist ein deutlicher Hinweis auf die Lern- und Entwicklungspotenziale, die sich erst durch das Handeln ergeben (in diesem Fall das Handeln unter der Bedingung 'verkürzte Arbeitszeit') und die nur teilweise vorweg genommen werden können.

(3) Bezüglich der Kommunikationsmöglichkeiten spielte die flexible Anpassung der geregelten Kommunikationsmöglichkeiten (Sitzungen, Besprechungen) und der Kommunikationsformen (mündlich, schriftlich, E-mail, Telefon) an die Bedürfnisse von Mitarbeitern und Führungskräften die entscheidende Rolle. Daraus läßt sich die Forderung nach angemessener kommunikationstechnischer Ausstattung und Qualifizierung ableiten. Zentral war aber, dass Kommunikationsmöglichkeiten maßgeblich geprägt waren durch die Bereitschaft der Führungskräfte, sich auf die Bedürfnisse ihrer Mitarbeiter einzulassen und der Kommunikation einen hohen Stellenwert einzuräumen. Dass weniger die Dauer der Arbeitszeit, sondern eher das Führungsverständnis für die Kommunikation im Arbeitssystem entscheidend ist, zeigte sich auch daran, dass einige Mitarbeiter die Kommunikationsmöglichkeiten mit teilzeitlich beschäftigten Führungskräften besser bewerteten als mit früheren, vollzeitig beschäftigten Vorgesetzten.

(4) Aus den Punkten 1. bis 3. lässt sich ableiten, dass es sowohl für die Kommunikation unter der Bedingung 'Teilzeitarbeit der Führungsperson(en)' als auch für die Aufgabenverteilung bei Abwesenheit der Führungsperson(en) entscheidend ist, Schwierigkeiten nicht vorschnell auf die Teilzeitarbeit zurückzuführen, sondern weitere Rahmenbedingungen ebenfalls zu berücksichtigen (Führungsverständnis, Fachkompetenz der Mitarbeiter, Arbeitszeiten der Mitarbeiter, Ausstattung mit Kommunikationstechnik).

4.2 Die Inanspruchnahme von Teilzeitarbeit bei Führungskräften

Bei der Entscheidung für die Teilzeitarbeit standen für die meisten Führungskräfte familiäre Gründe im Vordergrund, insbesondere die Betreuung von Kindern. Ihren Familien schrieben sie auch das größte Unterstützungspotential für die Entscheidung zur Teilzeitarbeit und deren Umsetzung im Alltag zu. Innerbetrieblich hielten sie die Unterstützung durch die eigenen Vorgesetzten für geringfügig wichtiger als die ihrer Mitarbeiter, denn ohne die Zustimmung der

Vorgesetzten sei es nicht möglich, Teilzeitstellen einzurichten. Mit den Vorgesetzten waren die Erfahrungen überwiegend gut. In jeweils einem Fall pro Verwaltung hatte es jedoch Mühe gekostet, sie zu überzeugen. Den Mitarbeitern wurde bezüglich der Entscheidung zur Teilzeitarbeit eine mittlere Bedeutung beigemessen. Unterstützend für die Entscheidung war die Offenheit der Mitarbeiter für die Teilzeitarbeit und in einem Fall die Bereitschaft eines Mitarbeiters, durch eigene Arbeitszeitreduktion zur Finanzierung einer neuen Stelle beizutragen. Jedoch bewerteten auch Führungskräfte, die bei ihren Mitarbeitern eher Zurückhaltung oder Bedenken wahrnahmen, dies nicht als hinderlich. Einige betonten, dass die alltägliche Unterstützung der Mitarbeiter bei der Umsetzung der Teilzeitarbeit wichtiger sei als deren Unterstützung bei der Entscheidung für die Einrichtung einer Teilzeitstelle.

Die insgesamt geringe Verbreitung der Teilzeitarbeit bei Führungskräften führten die Interviewpartner zurück auf Vorbehalte gegenüber Teilzeitarbeit bei Führungskräften (Teilzeitarbeit ist Frauenarbeit, Führung ist nur in Vollzeit möglich), ungünstigere Arbeitsbedingungen (Einkommensverlust, Mehrarbeit, 'innere' Vollzeitbeschäftigung), Schwierigkeiten mit der Arbeitsteilung, mangelndes Interesse, Verlustängste und mangelnde Unterstützung der Vorgesetzten.

Dass Führungskräfte in Teilzeit arbeiten, scheint für die Verbreitung reduzierter Arbeitszeiten förderlich zu sei. Einerseits berichteten einige Mitarbeiter, dass die teilzeitlich arbeitenden Führungskräfte ein höheres Verständnis für die Teilzeitwünsche der Mitarbeiter hätten und andererseits schienen sich in einigen Fällen auch andere Führungskräfte durch die Beispiele anregen zu lassen.

Diskussion der Ergebnisse zur Inanspruchnahme
(1) Die Annahmen der Interviewpartner über die geringe Verbreitung der Teilzeitarbeit im Führungsbereich entsprechen weitgehend den aus der Literatur bekannten Argumentationslinien. Neu ist dagegen der positive Effekt, den die Teilzeitarbeit von Führungskräften auf die Verbreitung verkürzter Arbeitszeiten insgesamt haben kann. Er wurde in den früheren Studien nur wenig betont.

(2) Zusammenfassend entsteht folgendes Bild: Die Gründe, weswegen Führungskräfte in Teilzeit arbeiten wollen, hängen überwiegend mit der privaten Lebenssituation zusammen. Bei der Implementierung sind jedoch innerbetriebliche Bedingungen entscheidend. Dabei spielen sowohl Überlegungen zur konkreten Arbeitsgestaltung bei verkürzter Arbeitszeit (Unterstützung durch die Mitarbeiter und Arbeitsorganisation) als auch die Frage der Durchsetzung der Teilzeitarbeit (Unterstützung durch die eigenen Vorgesetzten) eine Rolle.

4.3 Betriebliche Rahmenbedingungen und Beschäftigungspolitik

Beide Verwaltungen formulieren in ihren Informationsmaterialien zu den neuen Arbeitszeitmodellen das Ziel, über Teilzeitarbeit die Anzahl der Beschäftigten zu steigern. In der schweizerischen Verwaltung wurde dieses Ziel besonders hervorgehoben, da die Arbeitslosenquote des Kantons für schweizerische Verhältnisse sehr hoch war, als das Modell entwickelt wurde.

Das Ziel der Beschäftigungsförderung steht in beiden Verwaltungen in einem klaren Kontrast zur tatsächlichen Beschäftigungsentwicklung der letzten 10 Jahre. Bezogen auf die Gesamtzahl der Beschäftigten hat die Teilzeitarbeit zwar Arbeitsplätze *gesichert*, indem der Stellenabbau, der in beiden Verwaltungen stattfand, durch vermehrte Teilzeitarbeit auf viele Personen verteilt wurde. In der deutschen Stadtverwaltung konnte dadurch die Gesamtzahl der Beschäftigten konstant gehalten werden. In der schweizerischen kantonalen Verwaltung konnte die Gesamtzahl zwar nicht konstant gehalten werden, aber durch vermehrte Teilzeitarbeit wurde der Stellenabbau abgefedert. Neue Stellen entstanden nicht, es gab also in den beiden Verwaltungen insgesamt keine beschäftigungs*förderlichen* Effekte durch die Teilzeitarbeit. Andere Ziele, die die neuen Modelle ebenfalls anstreben, standen offensichtlich im Vordergrund, insbesondere das Ziel, Personalkosten zu senken.

Anders sah es bei den durch die Teilzeitarbeit freigewordenen Stellenprozenten der untersuchten Führungskräfte aus. Hier fand nur in einem Fall eine Rationalisierung statt. In den anderen Fällen wurden die Stellenprozente bzw. Personalkosten eingesetzt, um die Stellenpartner im Job Sharing oder Mitarbeiter mitzufinanzieren. Es fand also eine Umverteilung von Stellenprozenten statt. Allerdings waren in vier der neun Arbeitssysteme in den vergangenen fünf Jahren Stellen (-prozente) abgebaut worden, und in drei weiteren Abteilungen waren Aufgabenbereiche dazugekommen, die ohne Stellenzuwachs aufgefangen werden mussten. Dadurch hatte sich die Stellensituation in den Arbeitssystemen insgesamt verschlechtert, obwohl die von den Führungskräften reduzierten Stellenprozente innerhalb der Arbeitssystemen erhalten wurden.

Diskussion der betrieblichen Rahmenbedingungen und der Beschäftigungspolitik

(1) Es zeigt sich, dass die Arbeitsintensität einzelner Führungskräfte nicht nur mit ihrer Arbeitszeit und der Aufgabenverteilung innerhalb der Arbeitssysteme zu erklären ist, sondern dass sie auch von der Beschäftigungsentwicklung im Arbeitsumfeld und Unternehmen beeinflusst wird. Die Umverteilung der freigewordenen Stellenprozente innerhalb der Arbeitssysteme kann dazu beitragen, die Arbeitsintensität der Führungskräfte unter Teilzeit-Bedingungen nicht zu vergrößern (s.o.). In den meisten der untersuchten Arbeitssysteme wirkte der allgemeine Stellenabbau dem jedoch

entgegen. Auch dies spricht dafür, die Effekte der Arbeitszeitverkürzung nicht isoliert zu betrachten.

(2) In beiden Verwaltungen wird angestrebt, mittels Teilzeitarbeit die Personalkosten zu senken. So ist z.B. in der schweizerischen Verwaltung eine frühzeitige Pensionierung unter günstigeren Lohnkonditionen möglich, wenn die Stelle anschließend gestrichen wird. Zusammen mit der Beschäftigungsentwicklung macht das die Skepsis der Beschäftigten gegenüber flexiblen und kürzeren Arbeitszeiten verständlich. Auch wenn das Ziel der Beschäftigungsförderung ernsthaft verfolgt wird, ist deshalb von Seiten der Beschäftigten mit einer zunächst eher ablehnenden Haltung zu rechnen. Ihr kann begegnet werden, indem die Beschäftigten umfassend über das Verhältnis möglicher Einsparungen von Personalkosten zu Möglichkeiten der Beschäftigungsförderung informiert und die Beschäftigten an der Entwicklung und Umsetzung von Teilzeitmodellen beteiligt werden.

5. Fazit und Ausblick

Die beschriebene Studie kann einen Teil der Vorbehalte gegenüber Teilzeitarbeit bei Führungspersonal entkräften und bietet Gestaltungsansätze für die Arbeitsorganisation in der alltäglichen Zusammenarbeit zwischen Führungskräften und Mitarbeitern. Um bei verkürzter Arbeitszeit der Führungskräfte einen ausreichenden Kommunikationsfluss zu gewährleisten, sind regelmäßige Sitzungen, die Nutzung moderner Kommunikationstechnik, die Bekanntgabe von Präsenzzeiten und vor allem Flexibilität bei der bedarfsgerechten Gestaltung der Kommunikationsmöglichkeiten nötig. Delegation und funktionierende Stellvertretungsregelungen ermöglichen geringere Präsenzzeiten der Führungskräfte, und es ist hilfreich, langfristig die Arbeitszeiten von Führungskräften und reduziert arbeitenden Mitarbeitern aufeinander abzustimmen. Bei Job Sharing im Führungskräftebereich scheinen bei einer zeitlichen Teilung eine einheitliche Linie der Führungskräfte und deren Möglichkeit, auch alleine zu entscheiden, besonders wichtig für die Zusammenarbeit mit den direkt unterstellten Mitarbeitern zu sein. Bei sehr komplexen Tätigkeiten dürfte dagegen eine inhaltliche Teilung zumindest für einen Teil der Aufgaben einfacher zu organisieren sein.

Trotz dieser Gestaltungsmöglichkeiten resultieren aus Teilzeit-Bedingungen auch zusätzliche Anforderungen für die Bewältigung der individuellen Arbeit. Diese muss stärker geplant und strukturiert werden. Insgesamt verdichtet sie sich, was zumindest teilweise auf die Arbeitszeitreduzierung zurückgeführt wird. Ob es sich lohnt, diese Anforderungen zu akzeptieren, bleibt eine individuelle Entscheidung, die von den Lebensbedingungen außerhalb der Arbeit und von der Unterstützung durch den eigenen Vorgesetzten und die Mitarbeiter beeinflusst wird.

Aus Perspektive von Forschung und Praxis ergeben sich weiterführende Fragen, deren Beantwortung zur Klärung der Durchsetzbarkeit und Umsetzbarkeit von Teilzeitarbeit im Führungsbereich beitragen könnte. Der Frage nach der Teilbarkeit und dem Delegieren von Führungsaufgaben dürfte hierbei ein zentraler Stellenwert zukommen. Dies erfordert zum einen eine arbeitspsychologisch begründete bedingungsbezogene Analyse von Potenzialen und Hindernissen der Teilbarkeit von Führungsaufgaben. Dabei stellt sich zum einen die Herausforderung der Analyse von Führungstätigkeiten, für die bislang keine angemessenen Lösungen vorliegen (vgl. Mohr, 1999). Zum anderen ist hinsichtlich der Frage nach dem Delegationsverhalten von Führungskräften sowie den subjektiven Teilbarkeitsvorstellungen von Führungskräften, deren Vorgesetzten und Mitarbeitern weitere Forschung nötig (vgl. Zölch, in Vorbereitung). Fasst man das organisatorische Umfeld stärker in den Blick, wäre zudem eingehender zu untersuchen, welche Auswirkungen die Teilzeitarbeit von Führungskräften auf deren Kooperation mit anderen Abteilungen und Organisationen hat, mit welchen Ressourcen diese bewältigt werden können und welche mikropolitischen Strategien zum Einsatz kommen. Damit wird deutlich, dass noch viel Pionierarbeit in Forschung und Praxis nötig ist, um die empirische Grundlage der Diskussion über Chancen und Grenzen der Teilzeitarbeit im Führungsbereich zu festigen.

Literatur

Alioth, A. (1980). *Entwicklung und Einführung alternativer Arbeitsformen*. Schriften zur Arbeitspsychologie, (Hrsg. E. Ulich), Nr. 27. Bern: Huber.

Allmendinger, J., Fuchs, S., Schönfeld, S., Stebut, J. v. & Zerger, F. (1997). *Teilzeitarbeit in Führungspositionen. Eine Untersuchung im Auftrag des Personal- und Organisationsreferates der Landeshauptstadt München. Erweiterter Ergebnisbericht*. Unveröffentlichter Forschungsbericht, Ludwig-Maximilians-Universität München.

Battis, U. (1990). *Teilzeitbeschäftigung auf höherqualifizierten Dienstposten im öffentlichen Dienst*. Schriftenreihe des Bundesministeriums des Innern, Bd. 21. Stuttgart: Kohlhammer.

Bauer, F., Groß, H. & Schilling, G. (1996). *Arbeitszeit '95. Arbeitszeitstrukturen, Arbeitszeitwünsche und Zeitverwendung der abhängig Beschäftigten in West- und Ostdeutschland*. Düsseldorf: Ministerium für Arbeit, Gesundheit und Soziales des Landes Nordrhein-Westfalen.

Bujok, E. & Bielenski, H. (1998). *Mobilzeit für Fach- und Führungskräfte lohnt sich. Vorteile von Mobilzeit für Betriebe* (Herausgegeben vom Bundesministerium für Familie, Senioren, Frauen und Jugend) [Broschüre]. Braunschweig: Lange Lüddecke.

Bürsch, M. (1997). Mehr Flexiblität durch Teilzeitarbeit. *Verwaltung, Organisation, Personal, 8*, 35–38.

Delleköning, C. (1995). *Der Teilzeit-Manager. Argumente und erprobte Modelle für innovative Arbeitszeitregelungen*. Frankfurt: Campus.

Domsch, M., Kleiminger, K., Ladwig, D. H. & Strasse, C. (1994a). *Teilzeitarbeit für Führungskräfte. Eine empirische Analyse am Beispiel des hamburgischen öffentlichen Dienstes* (Herausgeben vom Senatsamt für die Gleichstellung). München/Mering: Hampp.

Domsch, M., Hadler, A. & Krüger, D. (1994b). *Personalmanagement und Chancengleichheit. Betriebliche Maßnahmen zur Verbesserung beruflicher Chancen von Frauen in Hamburg* (Herausgegeben vom Senatsamt für die Gleichstellung). München/Mering: Hampp.

Domsch, M. & Ladwig, D. H. (1995). Arbeitszeitflexibilisierung für Führungskräfte. In L. v. Rosenstiel. (Hrsg.). *Führung von Mitarbeitern: Handbuch für erfolgreiches Personalmanagement* (3., überarb. u. erw. Aufl.) (S. 837–849). Stuttgart: Schäffer-Poeschel.

Domsch, M., Kleiminger, K. (1997). *Modellversuch: Teilung einer Leitungsposition im Ortsamt Wilhelmsburg. Dartellung und Dokumentation der Vorgehensweise.* Hamburg: Senatsamt für Gleichstellung (Hrsg.).

Dunckel, H., Volpert, W., Zölch, M., Kreutner, U., Pleiss, C. & Hennes, K. (1992). *Kontrastive Aufgabenanalyse im Büro. Der KABA-Leitfaden, Grundlagen, Manual und Arbeitsblätter.* Zürich: vdf.

Epping, R. & Meuter, G. (1977). *Teilzeitarbeit bei Beamtinnen. Eine Untersuchung zur Förderung der Teilzeitarbeit im öffentlichen Dienst.* Stuttgart: Kohlhammer.

Ergenzinger, R. (1993). *Arbeitszeitflexibilisierung. Konsequenzen für das Management.* Bern: Haupt.

Frei, F., Hugentobler, M., Alioth, A., Duell, W. & Ruch, L. (1993). *Die kompetente Organisation. Qualifizierende Arbeitsgestaltung – die europäische Alternative.* Zürich: vdf.

Gutscher, U. & Wiederkehr-Steiger, E. (1997). Auch der Chef darf kürzertreten. *io-management, 6,* 46–51.

Habluetzel, P., Schwaar, K. & Kuhn, T. (1995). Flexibilisierung und Individualisierung der Arbeitszeit in der schweizerischen Bundesverwaltung. In R. Wunderer & T. Kuhn (Hrsg.), *Innovatives Personalmanagment* (S. 286–305). Neuwied: Luchterhand.

Herbers, M.-T. (1999). Das Angebot an hochqualifizierten Teilzeitposten. *Personal, 1,* 26–27.

Hess, M. (1988). *Individuelle Arbeitszeitsysteme für Führungskräfte.* Grüsch: Rüegger.

Hörning, K. H., Gerhard, A. & Michailow, M. (1990). *Zeitpioniere: Flexible Arbeitzeiten – Neuer Lebensstil.* Frankfurt: Suhrkamp.

Keese, G. (1996). *Neue Arbeitszeiten für Fach- und Führungskräfte. Anregungen aus der betrieblichen Praxis* [Broschüre]. Mainz: Ministerium für Wirtschaft, Verkehr, Landwirtschaft und Weinbau Rheinland Pfalz.

Kilchenmann, U. (1993). Chancen und Fallen der Teilzeitarbeit für Frauen. Das Beispiel der Schweiz. In M. Klein (Hrsg.), *Nicht immer, aber immer öfter. Flexible Beschäftigung und ungeschützte Arbeitsverhältnisse* (S. 124–138). Marburg: Schüren.

Kohn, S. & Breisig, Th. (1999). Teilzeitarbeit für Führungskräfte? Erkenntnisse aus einer Fallstudie. *Arbeit, 2,* Jg. 8, 162–178.

Lankau-Herrmann, M., Lankau, J., Weinert, R. & Nejedlo, R. (1983). *Frauen im öffentlichen Dienst.* Bonn: Neue Gesellschaft.

Ley, K. (1993). Teilzeitarbeit. In J. Baillod, T. Holenweger, K. Ley & P. Saxenhofer (Hrsg.), *Handbuch Arbeitszeit. Perspektiven, Probleme, Praxisbeispiele* (2., unveränd. Aufl.) (S. 97–167). Zürich: vdf.

Mayring, P. (1997). *Qualitative Inhaltsanalyse. Grundformen und Techniken* (6., durchgesehene Aufl.). Weinheim: Beltz.

Meixner, H.-E. (1990). *Flexible Arbeitszeitmodelle und Teilzeitarbeit. Eine Herausforderung für die öffentliche Verwaltung.* Bonn: Deutscher Beamtenverlag.

Melchers, F. (1999). *Teilzeitarbeit für Führungskräfte. Auswirkungen auf Kommunikation und Kooperation, Aufgaben und Beschäftigung.* Unveröffentlichte Diplomarbeit, Albert-Ludwigs-Universität Freiburg im Breisgau.

Mohr, G. (1999). Theoretische Konzepte und Instrumente zur Erfassung von Managementaufgaben: traditionelle Ansätze und neuere Konzepte. In W. Hacker & M. Rinck (Hrsg.). *Zukunft gestalten. Bericht über den 41. Kongreß der DGP in Dresden 1998* (S. 416–432). Lengerich: Pabst.

Neumann, K.-H. (1985). Arbeitsplatzteilung – insbesondere bei Führungskräften und qualifizierten Arbeitnehmern. In H. Bielenski (Hrsg.), *Flexible Arbeitszeiten. Erfahrungen aus der Praxis* (S. 287–397). Frankfurt: Campus.

Pietschmann, B.P. (1997). Möglichkeiten und Grenzen der Teilzeit für Führungskräfte. *Personal*, 7, 349–353.

Promberger, M., Rosdücher, J., Seifert, H. & Trinczek, R. (1997). *Weniger Geld, kürzere Arbeitszeit, sichere Jobs? Soziale und ökonomische Folgen beschäftigungssichernder Arbeitszeitverkürzungen.* Berlin: Edition Sigma.

Quack, S. (1993). *Dynamik der Teilzeitarbeit. Implikationen für die soziale Sicherheit von Frauen.* Berlin: Edition Sigma.

Ramme, I. (1990). *Die Arbeit von Führungskräften: Konzepte und empirische Ergebnisse.* Bergisch Gladbach: Eul.

Schanz, G. (1993). *Personalwirtschaftslehre. Lebendige Arbeit in verhaltenswissenschaftlicher Perspektive* (2., neu bearb. Aufl.). München: Vahlen.

Schimany, P. (1991). *Teilzeitarbeit im Geschlechterverhältnis.* Nürnberg: GFP.

Straumann, L.D., Hirt, M. & Müller, W. (1996). *Teilzeitarbeit in der Führung. Perspektiven für Frauen und Männer in qualifizierten Berufen.* Zürich: vdf.

Strohm, O. & Ulich, E. (1997). Interviewleitfaden zur Analyse von Arbeitssystemen. In O. Strohm & E. Ulich (Hrsg.), *Unternehmen arbeitspsychologisch bewerten. Ein Mehr-Ebenen-Ansatz unter Berücksichtigung von Mensch, Technik und Organisation* (Anhang). Schriftenreihe Mensch, Technik, Organisation (Hrsg. E. Ulich), Band 10. Zürich: vdf.

Teriet, B. (1990). Die Teilzeitarbeit als Instrument des Arbeits- und Betriebszeitmanagements. In K.F. Ackermann & M. Hofmann (Hrsg.), *Innovatives Arbeitszeit- und Betriebszeitmanagement* (S. 105–114). Frankfurt: Campus.

Ulich, E. (1997). Flexibilisierung und Verkürzung von Arbeitszeiten – ein Beitrag zur Beschäftigungssicherung? In J. Baillod, F. Davatz, C. Luchsinger, M. Stammatiadis & E. Ulich (Hrsg.). *Zeitenwende Arbeitszeit. Wie Unternehmen die Arbeitszeit flexibilisieren* (S.15–28). Schriftenreihe Mensch, Technik, Organisation (Hrsg. E. Ulich), Band 17. Zürich: vdf.

Vedder, G. (1999). Teilzeitarbeit bei Fach- und Führungskräften. Empirische Befunde. *Personal*, 1, 21–25.

Zölch, M. (in Vorbereitung). *Teilen und Delegieren von Führungsaufgaben. Methodische Überlegungen zur Analyse von Führungstätigkeiten.* Albert-Ludwigs-Universität: Freiburg i. Brsg.

14

Topsharing in Schweizer Institutionen

"Jobsharing ist eine gute Sache – in meiner Position aber unmöglich realisierbar."
Diese und ähnliche Aussagen haben wir im letzten Jahr zuhauf zu hören bekommen. Eine Jobsharing-Partnerin äusserte sich hingegen so: "Hört auf zu weinen. Wenn ihr etwas erreichen wollt, braucht ihr die richtige Einstellung und den Willen zum Erreichen des Zieles."

Die vorliegende Beschreibung von Jobsharing auf Führungsebene basiert auf einer empirischen Untersuchung, die wir im Rahmen unserer Lizenziatsarbeit an der Universität Bern durchgeführt haben.
Es soll aufgezeigt werden, weshalb hoch qualifizierte Personen die spezielle Arbeitsform Jobsharing wählen und welches die Motivation und Gründe der Arbeitgeber sind, diese zu unterstützen. Beschrieben werden Merkmale sowohl der Jobsharing-Partner als auch ihrer Stellen und das jeweils sehr individuelle Zusammenspiel zwischen den Ansprüchen der einzelnen Personen und den Anforderungen der Stellen.

Mit dieser Beschreibung soll nicht zuletzt folgendes deutlich werden:
Jobsharings werden in der Schweiz
- auf allen Hierarchiestufen,
- in allen Funktionen und
- in allen Branchen

gefordert, realisiert und zum Teil sogar gefördert.

---

[1] Die Lizenziatsarbeit wird von Prof. Dr. Norbert Semmer betreut.

1. Methodisches Vorgehen und die Jobsharing-Partner

Da wir für unsere Untersuchung eine ausreichend grosse Anzahl von Topsharings befragen wollten, haben wir bei den Personalabteilungen der 100 grössten Firmen der Schweiz telefonisch nachgefragt, ob dieses Modell in ihrer Unternehmung umgesetzt werde. Zusätzlich erkundigten wir uns bei einem grossen Teil der Mitglieder der schweizerischen Gesellschaft für Arbeits- und Organisationspsychologie (SGAOP) per E-mail nach ihnen bekannten Topsharings. Als Ergebnis dieser zeitintensiven Suche haben wir 31 Jobsharings in Führungspositionen entdeckt, welche wir in die Studie einbezogen. Im Laufe der Interviews haben wir durch die GesprächspartnerInnen selber von weiteren 32 Jobsharing-Teams erfahren. Somit sind uns 63 Jobsharings auf Führungsebene in der Deutschschweiz bekannt.

Wir befragten sowohl die Jobsharing-Partner als auch – falls es möglich war – eine Schnittstellenperson (5-mal den Vorgesetzten, 14-mal einen Mitarbeiter und einmal einen internen Kunden) an ihrem Arbeitsplatz. Die mit einem halbstandardisierten Interviewleitfaden durchgeführte Befragung dauerte, wenn wir mit den JobsharerInnen einzeln sprachen, je 60 bis 90 Minuten, mit den Schnittstellenpersonen etwa 30 Minuten. In den drei Fällen, in denen wir auf Wunsch der JobsharerInnen das Interview mit beiden Partnern gemeinsam durchführten, benötigten wir bis zu 150 Minuten. Da wir in unserer Untersuchung eine möglichst ganzheitliche Bestandsaufnahme der Jobsharing-Situationen anstrebten, besprachen wir mit den beiden JobsharerInnen unterschiedliche Themengebiete (z.B. Planung des Jobsharings, Entscheidungsfindung, oder Mitarbeiterführung), wobei wir uns im vorliegenden Beitrag auf die besprochenen motivationalen und organisationalen Aspekte konzentrieren.

Grundsätzlich entsprechen die von uns untersuchten Jobsharings den drei wichtigsten Kriterien (vgl. Baillod in diesem Band):
- die prinzipiell selbstorganisierte zeitliche Aufteilung einer oder mehrerer Vollzeitstellen auf zwei oder mehr Teilzeitbeschäftigte,
- die prinzipiell selbstorganisierte inhaltliche Aufteilung der Arbeitsaufgaben und Pflichten und
- die gemeinsame Verantwortung für die Erfüllung der Aufgaben.

2. Merkmale der Jobsharing-Partner und der Stellen: die zwei Passungen

Tabelle 1 gibt einen Überblick über die in unsere Untersuchung einbezogenen Jobsharings.

Tabelle 1: Merkmale der in die Untersuchung einbezogenen Jobsharings

	Institution	Funktion	Ausbildung bzw. Abschluss		Geschlecht		Anzahl direkt unterstellte Personen (ca.)	Dauer des Jobsharings (in Jahren)
			A	B	A	B		
1	Altersheim	Heimleitung	Heimleiterin	Techn. Beruf	w	m (verheiratet)	60	7
2	Altersheim	Heimleitung	Krankenschwester/ Erwachsenenbildnerin	Heimleiter	w	m (verheiratet)	50	22
3	Altersheim	Hauswirtschaftliche Betriebsleitung	Hauswirtschaftliche Betriebsleiterin	Hauswirtschaftliche Betriebsleiterin	w	w	20	6
4	Altersheim	Hauswirtschaftliche Betriebsleitung	Hauswirtschaftliche Betriebsleiterin	Hauswirtschaftliche Betriebsleiterin	w	w	16	7
5	Spital	Stationsleitung	Dr. med.	Dr. med.	w	w	0	1.5
6	Spital	Fachbereichsleitung Chirurgie	Dr. med.	Dr. med.	w	m	0	6
7	Spital	Stationsleitung	Dr. med.	Dr. med.	w	w	8	1
8	Spital	Querschnittsfunktion	Dr. med	Dr. med.	w	w	0	4.5
9	Staatsarchiv	Stellvertretende Archivleitung	Historikerin	Historikerin	w	w	14	0.25
10	Rechtsamt	Amtsvorstand	Juristin	Juristin	w	w	12	0.75
11	Justiz- und Kirchendepartement	Stellvertretung Generalsekretariat	Juristin	Jurist	w	m	1	0.5
12	Arbeitsamt	Amtsleitung	Jurist	Ökonomin	m	w	7	2.5
13	Gesundheitsdirektion	Leitung juristisches Sekretariat	Juristin	Jurist	w	m	4	0.3
14	Amt für Berufsbildung	Amtsvorstand Stab und Rechtswesen	Juristin	Ökonomin	w	w	7	3
15	Bau-, Verkehr- und Energiedirektion	Generalsekretariat	Ökonomin	Jurist	w	m	30	4.25
16	Vormundschaftsamt	Amtsleitung	Juristin	Pädagoge	w	m	10	5
17	Gleichstellungsbüro		Pädagogin	Juristin	w	w	1	2

Institution	Funktion	Ausbildung bzw. Abschluss		Geschlecht		Anzahl direkt unterstellte Personen (ca.)	Dauer des Jobsharings (in Jahren)
		A	B	A	B		
18 Gericht	Richter	Jurist	Juristin	m	w	12	2
19 Rektorat	Rektorat	Kindergärtnerin Erwachsenenbildnerin	Lehrerin und Heilpädagogin	w, w, w,		290	4
20 Bundesarchiv	Archivleitung	Historikerin	Historiker	w	m	8	7
21 Museum	Museumsleitung	Kunsthistorikerin	Fachpädagoge	w	m	13	1
22 Universität Zürich	Leitung Grundstudium	Prof. Dr. oec.	Prof. Dr. oec.	w	w	5–7	6
23 Bank	Projektleitung	Ökonomin	Ökonomin	w	w	5	0.3
24 Bank	Direktion	Ökonomin	Ökonomin	w	w	1–5	0.75
25 Architekturbüro	Abteilungsleitung	Architektin	Raumplaner	w	m	35	1.5
26 Architekturbüro	Geschäftsleitung	Architekt	Architekt	m	m	19	1
27 Versicherung	Personalleitung	Psychologin	Personalfachfrau	w	w	1	0.25
28 Öffentlicher Verkehr	Leitung Servicecenter Management- und OE	Arbeitspsychologe	Ökonom	m	m	13	1
29 Verlag	Ressortleitung	Journalistin	Kauffrau	w	w	variabel	0.25
30 Stiftung	Bereichsleitung	Kauffrau	Kauffrau	w	w	4	2.5
31 Unternehmensberatung	Geschäftsleitung	Arbeitspsychologe	Juristin	m (verheiratet)	w	2	10

Im Jobsharing Beschäftigte weisen charakteristische Merkmale bezüglich ihrer Erfahrungen, Qualifikationen und beruflichen sowie privaten Lebenssituationen auf. Auch die Stellen, die Vorgesetzen und die Unternehmungen, welche die Möglichkeit eines Jobsharings bieten, zeigen individuelle Merkmale.

Aus der Kombination der Eigenarten der beiden Jobsharing-Partner und derjenigen der Stelle entstehen Jobsharings, die sich auf den ersten Blick kaum miteinander vergleichen lassen. Es scheint, als sei der Prozess der Implementierung und der Aufrechterhaltung der Jobsharings ein steter Lösungsfindungsprozess, der durch die unterschiedlichen Ressourcen von Mensch und Unternehmen zu bestimmten Lösungen führt. Alle JobsharerInnen und Unternehmen finden immer von Neuem die für ihre Bedürfnisse richtige Form der Teilung von Arbeit und Zeit.

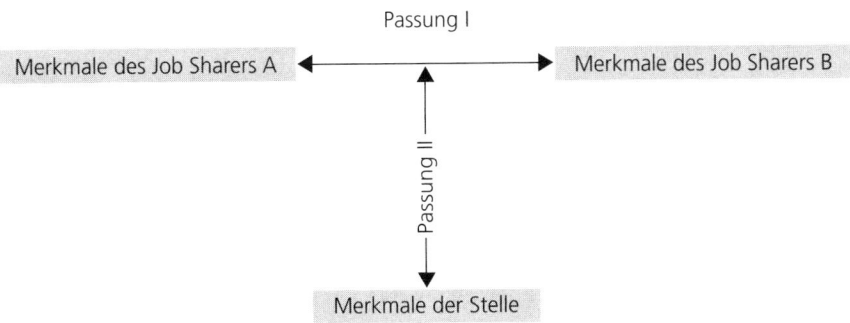

Abbildung 1: Merkmale eines Jobsharings und dessen Schnittstellen

Das Konstrukt Jobsharing hat zwei Schnittstellen, die zugleich Basis der Organisation und Herd aller Konflikte dieser Arbeitsform darstellen. Sie sind in Abbildung 1 als Passung I und II zu erkennen.

Erste potenzielle Konflikte liegen bei den beiden JobsharerInnen (Passung I). Hier muss eine erste Annäherung aneinander stattfinden. Alle von uns Befragten betonten, dass diese Passung für den Erfolg eines Jobsharings essenziell ist. Das wichtigste sei, dass "die Chemie" zwischen ihnen stimme. Natürlich meint Passung mehr als das. Hier spielen Ausbildungen, Alter, beruflicher Werdegang, private Lebenssituation, Einstellungen und vieles mehr eine wichtige Rolle. Neben den persönlichen Merkmalen ist jedoch auch das Zusammenspiel zwischen den JobsharerInnen und der Stelle (inkl. Arbeitsinhalt, Vorgesetzte und Unternehmenskultur) ausschlaggebend und kann risikobehaftet sein. Deshalb müssen die Merkmale der Personen und die der Stellen in adäquater Form aufeinander abgestimmt werden (Passung II). Den Erfolg des individuellen Jobsharings bestimmt somit die Qualität dieser zwei Konfliktfelder.

In den zwei Formen der Passung liegt unserer Ansicht nach auch eine mögliche Antwort auf die Frage, weshalb von Unternehmungen ausgeschriebene Jobsharing-Stellen enttäuschend selten auf positive Reaktionen gestossen sind. Wir vernahmen, dass in der Vergangenheit Bemühungen unternommen worden seien, Jobsharing-Stellen auf Führungsebene zu schaffen, diese Angebote seien aber kaum genutzt worden. Damit stellte sich die Frage, ob dieses Arbeitsmodell in der Realität gar nicht gefragt sei. Wir behaupten, dass dies nicht so ist. Die Tatsache, dass vorhandene Angebote nicht genutzt wurden, hat nach unseren Erkenntnissen eher damit zu tun, dass ein Jobsharing aus einem Konglomerat sehr spezifischer Gegebenheiten erwächst und nicht als normiertes Modell realisierbar ist.

Nachdem uns die verschiedenen Entstehungsgeschichten von Jobsharings in Führungspositionen berichtet worden sind, können wir ahnen, dass es für den

Erfolg wichtiger ist, generell eine Kultur der Offenheit gegenüber neuen Arbeitszeitmodellen zu etablieren und sich möglichen Konfliktfeldern bewusst zu sein, als Jobsharing-Stellen "blind" auszuschreiben.

Im Folgenden werden wir zunächst die Merkmale der JobsharerInnen beschreiben und auf die Passung I eingehen. Der daran anschliessende Abschnitt befasst sich mit den Eigenschaften der Jobsharing-Stellen und der Passung II.

3. Merkmale der Jobsharing-Partner: die Passung I

Im Folgenden werden einige relevante Merkmale der befragten JobsharerInnen dargestellt. Es wird auf deren Ausbildungen, berufliche Hintergründe, Altersunterschiede und Gründe, im Jobsharing zu arbeiten, eingegangen.

Die von uns interviewten JobsharerInnen sind auf dem Arbeitsmarkt in höchstem Masse gefragte Arbeitskräfte. In Tabelle 2 sind die ursprünglichen Ausbildungen der JobsharerInnen aufgelistet.

Natürlich haben sich einige der Befragten während ihres beruflichen Werdeganges weitergebildet und sich mehr oder weniger vom ursprünglichen Beruf entfernt.

Tabelle 2: Ausbildungen von 63 an Jobsharing beteiligten Personen

Ausbildungen		Anzahl
HochschulabsolventInnen	Rechtswissenschaften	14
	Betriebswirtschaftslehre	10
	Medizin	8
	Geschichte	4
	Architektur	3
	Arbeitspsychologie	2
	Pädagogik	2
	Kunstgeschichte	1
	Sekundarlehramt und Erwachsenenbildung	1
	Raumplanung	1
		46
Fachausbildungen	Hauswirtschaftliche Betriebsleitung	4
	Kaufmännische Ausbildung	2
	Heimleitung	2
	Kindergartenseminar	2
	Journalismus	2
	Krankenpflege und Erwachsenenbildung	1
	Personalfach	1
	KV/Psychologie	1
	Fachpädagogik	1
	Techn. Beruf	1
		17

In den Ausbildungen findet sich ein erster Grund dafür, dass die 31 Jobsharings so unterschiedlich realisiert werden. Haben die JobsharerInnen gleiche oder ähnliche Ausbildungen, teilen sie ihre Aufgaben entweder gar nicht, nach Interesse oder per Zufall auf. Sind ihre Ausbildungen jedoch unterschiedlich, teilen sie die inhaltlichen Aufgaben grösstenteils entsprechend ihren beruflichen Qualifikationen auf.

So finden sich bei den untersuchten Jobsharings die verschiedensten Konstellationen. 18 Paare haben die gleiche Ausbildung absolviert. In 13 Fällen war das Jobsharing mit unterschiedlich ausgebildeten Personen besetzt. Bei den gemischtberuflichen war die häufigste Kombination Jurist/Juristin und eine andere Berufsgruppe. So arbeitet auf einem Amt eine Juristin mit einer Betriebswirtschafterin, in einem privaten Betrieb ein Jurist mit einem Arbeits- und Organisationspsychologen und in einem Gleichstellungsbüro eine Juristin mit einer Pädagogin zusammen. Ebenfalls unterschiedliche berufliche Hintergründe zeigen sich bei drei Ehepaaren, die jeweils zusammen im Jobsharing arbeiten. In allen drei Fällen haben die beiden Gatten unterschiedliche Berufe. Zweimal handelt es sich um eine Altersheimleitung, bei denen der eine Partner die Heimleiterschule besucht hat und der andere eine für eine Altersheimleitung sehr nützliche Ergänzung mitbringt. In einem Falle ist die Ehefrau Krankenschwester und Erwachsenenbildnerin und im anderen Fall kommt der Ehemann aus dem technischen Bereich. Das dritte Ehepaar hat ein eigenes Dienstleistungsunternehmen gegründet. Ihre beiden Ausbildungen, Arbeitspsychologie und Jura, ergänzen sich dafür offensichtlich in sinnvoller Weise.

Ein interessantes Phänomen, dem wir unerwarteterweise erst im Laufe der Interviews begegnet sind, sind die beträchtlichen Altersunterschiede bei einigen Jobsharing-Teams. Leider haben wir die JobsharerInnen nicht nach ihrem Alter gefragt. Einige sprachen dieses Thema aber als wichtigen Aspekt ihres Jobsharings selber an. Sie beschrieben ihre Situation als eine Art Experten-Novizen-Beziehung, welche allen Beteiligten Vorteile bietet. Der Jüngere kann auf die Erfahrungen des Jobsharing-Partners zurückgreifen. Für den älteren Teil und das Unternehmen ist das Jobsharing eine interessante Form des Wissensmanagement.

Ein illustrierendes Beispiel:

> "Wir haben miteinander diskutiert, was es für Möglichkeiten gibt. Sie hat grosse Erfahrungen, da sie das auch schon einige Jahre macht. (...) Das ist eben auch aufgrund ihrer langjährigen Erfahrung. Und von dem her gesehen ist es am Anfang gut gewesen, dass ich alles mit ihr besprechen konnte."

Die Kombination verschiedenaltriger Personen birgt jedoch auch Risiken. Ältere JobsharerInnen könnten sich neuen Ideen gegenüber skeptisch oder ablehnend verhalten.

Ein Beispiel einer Konfliktsituation:

> "Sie war älter, da hatte ich einen gewissen Respekt. Ich dachte, ich kann da nicht als Junge dreinreden und alles ändern wollen. Sie hatte auch einen gewissen Vorsprung, indem sie das Haus kannte. Da brauchte ich gewisse Zeit, bis ich merkte, wo ich eingreifen kann."
>
> Kann da der Altersunterschied ein Problem gewesen sein?
>
> "Ja. Es hat sich sehr viel geändert im Bereich X und wir sahen es nicht gleich. Von ihrer Seite fehlte die Offenheit für Neues."

4. Gründe für eine Beteiligung am Jobsharing und deren Auswirkungen auf das Unternehmen

Im Folgenden werden Gründe dafür beschrieben, dass Jobsharing in Führungspositionen überhaupt praktiziert wird. Dazu ist zunächst festzustellen, dass nicht nur bei Frauen, sondern auch bei Männern eine Nachfrage nach neuen Arbeitszeitmodellen besteht! Dies zeigt sich bei unserer Studie deutlich: 18 am Jobsharing Beteiligte, also mehr als ein Viertel der 63 Befragten, sind Männer. In 16 Fällen arbeiten die Männer mit einer Frau zusammen. Zwei Stellen sind mit zwei Männern besetzt. Die nach dem gemischten Team knapp häufigste Konstellation jedoch ist das Frauenteam: 14 Jobsharings werden von zwei Frauen besetzt, eines sogar von drei.

Dass Jobsharing eine attraktive Möglichkeit für beruflich gut qualifizierte Mütter ist, ist bekannt. Tatsächlich ist für die Hälfte der Frauen die Familie einer der Gründe, weshalb sie im Moment im Jobsharing arbeiten. Auch für 46 Prozent der Männer ist die Familie ein wichtiger Grund, nicht 100 Prozent arbeiten zu wollen. Hierzu ein Zitat eines männlichen Jobsharers:

> "Es war auch ein Teil der familiären Abmachung, dass meine Frau arbeiten will und dass wir uns das alles ein bisschen aufteilen."

Wie aus Tabelle 3 ersichtlich, gibt es noch eine Vielzahl weiterer Gründe, im Jobsharing zu arbeiten.

Vor allem für Männer scheint das "Patchworking" eine interessante Alternative und karriereförderliche Perspektive zu sein. Mindestens sieben der 18 Männer haben neben ihrer Arbeit im Jobsharing noch andere berufliche oder politische Verpflichtungen. Ein Beispiel hierfür ist ein interner Berater, der für 70 Prozent bei einer sehr grossen Unternehmung angestellt ist. Nebenbei ist er noch als selbständiger Berater tätig, was er sowohl für seine persönliche berufliche Entwicklung als auch für die Unternehmung als sehr nützlich bezeichnet. Er erhalte dauernd Inputs von aussen, die er stets intern weiter verwenden könne. Andere TopsharerInnen widmen sich nebenbei noch der Wissenschaft und/

Tabelle 3: Gründe, im Jobsharing zu arbeiten, nach Angaben von 62 an Jobsharing beteiligten Personen (Mehrfachnennungen möglich)

Gründe für Jobsharing	Anzahl Nennungen
Familie	37
Andere berufliche Tätigkeiten	20
Führungsfunktion und Teilzeitarbeit	9
Teamarbeit	7
Ausserberufliche Tätigkeiten	6
Berufliche Gründe	4
Flexibles Arbeiten	2
Reduktion der emotionalen Belastung durch die Arbeit	2
Führungsverantwortung im Team	3
Andere Einzelangaben	22
	112

oder der Lehre. Sie sind dem Unternehmen insofern speziell nützlich, als sie immer über den neuesten Stand des Wissens verfügen. Des Weiteren haben sechs JobsharerInnen zusätzlich zu ihrer Jobsharing-Funktion eine zweite Anstellung im selben Betrieb, die in den meisten Fällen gänzlich andere Inhalte bietet.

Führung und Teilzeitarbeit ist ein Thema, das vor allem Frauen beschäftigt. Meist führte ein Glücksfall dazu, dass eine Frau, die aus familiären Gründen schon längere Zeit nicht mehr 100 Prozent arbeiten konnte, durch das Angebot einer Jobsharing-Stelle in eine Führungsposition aufsteigen konnte Der "Glücksfall" besteht darin, dass entweder für eine schon vorhandene Jobsharing Stelle eine Ersatzperson gesucht wurde oder dass eine Stelle mit einem solch hohen Anforderungsprofil ausgeschrieben wurde, dass nur zwei Personen mit verschiedenen Ausbildungen dieses erfüllen konnten. Wenn sich dann die zwei Personen gemeinsam auf diese Stelle bewarben, überzeugten sie eventuell anfangs skeptische Vorgesetzte durch ihre sich ergänzenden Qualifikationen.

Verhältnismässig viele Männer, aber auch einige Frauen schätzen Teamarbeit und die damit verbundene Möglichkeit, sich mit einer gleich gesinnten Person austauschen zu können. Diese Personen haben schon während eines grossen Teils ihrer beruflichen Laufbahn in Teams gearbeitet.

Bei der Ausübung von psychisch belastenden Funktionen ist die Reduktion des Arbeitspensums hilfreich. Bei einer von uns untersuchten Stelle hat das Jobsharing eine wichtige psychohygienische Funktion:

> "Wir betreuen v.a. Patientinnen mit Krebs für stationäre Chemotherapien, bis zu ihrem Tod. Das ist enorm belastend. Es ist einfacher, wenn man das zu 50 Prozent macht."

Der Vorteil des Jobsharings im Gegensatz zu einer normalen Teilzeitstelle ist dabei der rege Austausch zwischen den JobsharerInnen, was wiederum hilft, die emotionale Belastung zu kontrollieren.

Andere Gründe, im Jobsharing zu arbeiten, haben oft mit unterschiedlichen Lebens- und Arbeitseinstellungen zu tun.

Zwei Personen verwenden die durch die Teilzeitarbeit gewonnene Zeit nicht für andere fest eingeplante Tätigkeiten, sondern zum aktiven Geniessen der freien Zeit.

Für einen anderen Jobsharer – den Mann, der in unserer Stichprobe mit über 20 Jahren schon am längsten im Jobsharing arbeitet – war das Jobsharing zusammen mit seiner Ehefrau sein persönlicher Beitrag zur Frauenbewegung in den 70er Jahren.

Es gibt aber auch Fälle, in welchen eine Person sich einfach nur durch diese Form des Arbeitens herausgefordert fühlte. Ein anderes Jobsharing entstand dadurch, dass der Vorgesetzte davon "träumte", auf hoher Hierarchiestufe ein Jobsharing zu realisieren und die künftigen JobsharerInnen fast ein wenig dazu überredete.

Anschliessend an die Gründe der JobsharerInnen für eine Beteiligung am Jobsharing werden dessen Auswirkungen auf das Unternehmen erwähnt. Sie lassen sich wie folgt zusammenfassen:

- stetige – für das Unternehmen kostenlose – Weiterbildung durch die Ausübung von nebenberuflichen, ergänzenden Tätigkeiten.
- erholtere, effizientere Führungskräfte, da sie ihre Tätigkeit nicht mit ständiger Mehrarbeit ausführen.
- keine Einsamkeit der Spitze und eine permanente Intervision am Arbeitsplatz durch den Jobsharing-Partner.
- motivierte Mitarbeiter, weil sie noch Zeit haben, sich ausserberuflichen Tätigkeiten zu widmen und sich die Arbeitszeiten flexibel einteilen können.
- kein Burnout bei psychisch belastenden Funktionen.
- Mitarbeiter, die elaborierte und weniger fehlerbehaftete Führungsentscheide fällen, da sie durch die Teilung der Führungsverantwortung und die damit verbundenen stetigen Diskussionen einen kognitiven und kreativen Vorsprung haben.

Im folgenden Abschnitt werden die Merkmale der Stellen beschrieben, welche im Jobsharing besetzt sind. Darunter fallen die Branche, die Funktionen, die Anzahl unterstellter MitarbeiterInnen, die Unternehmenskultur und die Unterstützung durch die Vorgesetzten.

5. Merkmale der Jobsharing-Stellen und Unterstützung im Unternehmen: die Passung II

Im folgenden Teil werden wir die Arbeitsstellen beschreiben, an denen Jobsharings praktiziert werden. Es muss betont werden, dass es Funktionen gibt, die sich eher für ein Jobsharing eignen (wie Stabsstellen), dass aber unter den richtigen Umständen jede Führungsfunktion geteilt werden kann. Zu diesem Schluss kommen wir nach der Betrachtung der Funktionen und Eigenarten der Jobsharing-Stellen, die wir untersucht haben. Wie man aus den heterogenen Berufsgruppen der Jobsharer erkennen kann, handelt es sich um sehr unterschiedliche Arbeitstätigkeiten, Funktionen und Hierarchiestufen innerhalb der Führungsebene.

Nicht erstaunlich ist, dass wir hauptsächlich in der Verwaltung auf Topsharings gestossen sind. Vor allem die Verwaltungen der Kantone Bern und Basel und die der Stadt Winterthur scheinen sich sehr zu bemühen, neben anderen flexiblen Arbeitsmodellen auch das Jobsharing in allen Funktionen zu fördern. Gleichwohl konnten wir 16 Jobsharings in der Privatwirtschaft finden, wovon wir neun in unsere Studie einbezogen. Die restlichen untersuchten Jobsharings sind im Gesundheitswesen anzutreffen.

Die in unserer Untersuchung einbezogenen Jobsharings finden sich in den unterschiedlichsten *Funktionen* (vgl. Tabelle 4). In der Verwaltung reicht das Spek-

Tabelle 4: JobsharerInnen Verteilung von 31 Jobsharings nach Branchen, Institutionen und wahrgenommenen Funktionen

Branche		Anzahl Fälle	Funktionen
Gesundheitswesen	Spital	4	Stationsleitung
	Alters- und Pflegeheim	4	Heimleitung, Hauswirtschaftliche Betriebsleitung
Verwaltung	Kantonale Verwaltung und Stadtverwaltung	12	Amtsvorstand, Generalsekretariat, Rektorat, Richteramt, Museumsleitung
	Bundesverwaltung	1	Archivleitung
	Universität	1	Professur
Privatwirtschaft	Bank	2	Projektleitung PersonalchefIn
	Architekturbüro	2	Unternehmensleitung, Abteilungsleitung
	Unternehmensberatung	1	Unternehmensleitung
	Versicherung	1	PersonalchefIn
	Öffentlicher Verkehr	1	Zentralbereichsleitung
	Verlag	1	Ressortleitung
	Stiftung	1	Bereichsleitung

trum vom Richteramt über Amtsvorsteherinnen, ein Rektorat, Generalsekretärinnen bis zur Leitung eines Archivs oder eines universitären Institutes. Auch in der Privatwirtschaft lässt das Jobsharing kaum eine Funktion oder hierarchische Stufe aus: wir trafen es bei einer Projektleitung, einer Bereichsleitung, Direktionsmitgliedern (Bereich Human Ressources) und sogar bei mehreren Unternehmensleitungen an. Die restlichen untersuchten Jobsharings finden sich im Gesundheitswesen, hauptsächlich im Spitalbereich und in Alters- und Pflegeheimen.

Fast alle Jobsharing-Teams sind hierarchisch und lohnmässig gleichgestellt, wir fanden jedoch auch einige Ausnahmen. Zwei JobsharerInnen sind sich hierarchisch nicht gleichgestellt, da sich die eine PartnerIn noch in der Ausbildung befindet. Bei einem zweiten Team unterscheidet sich die Lohnklasse, da die eine Jobsharerin zur Zeit der Lohnanpassungsdiskussion im Schwangerschaftsurlaub war und somit von der Lohnerhöhung ausgeschlossen wurde. Solidarisch hat sich in diesem Fall der Partner gegen diese Diskriminierung gewehrt. Zum Zeitpunkt des Interviews mit den beiden Jobsharern war diese Unstimmigkeit mit den Vorgesetzten noch nicht geklärt. Uns gegenüber aber betonte die Benachteiligte, falls es nicht zur lohnmässigen Gleichstellung komme, werde sie kündigen.

Skepsis gegenüber Jobsharing herrscht vor allem dort, wo die Jobsharer nicht nur inhaltliche Aufgaben teilen, sondern auch eine Führungsverantwortung. Verständlich ist dies, weil Führungspersonen auf den Erfolg des Unternehmens und auf die Güte der Betreuung der Mitarbeiter grossen Einfluss haben. Somit wird das Risiko, das man mit der Einführung eines neuen Arbeitsmodells eingeht, besonders sorgfältig kalkuliert. Immerhin gibt es in der Schweiz mehrere Unternehmen, die sich auf dieses Risiko einliessen. 25 der in unserer Untersuchung einbezogenen 31 Jobsharing-Funktionen beinhalten die Führung von 2 bis über 100 MitarbeiterInnen. In drei weiteren Fällen handelt es sich um Managementfunktionen im Stab. Sie beinhalten zwar sehr anspruchsvolle Aufgaben, jedoch explizit nur die Führung von einer Sekretärin. In drei Fällen beschränkt sich die Führungsaufgabe auf die fachliche Führung. Das heisst, in einem Spital haben je zwei Oberärztinnen keine direkt unterstellten AssistenzärztInnen, vielmehr betreuen sie AssistenzärztInnen nur in Bezug auf ihr Spezialgebiet. Dasselbe gilt für das Pflegepersonal. Dieses ist hierarchisch einer Person aus dem Bereich der Pflege unterstellt, fachliche Anweisungen von den Oberärztinnen gelten aber als verbindlich.

Neben der Motivation und Eigeninitiative der einzelnen JobsharerInnen stellt die *Unternehmenskultur* – falls sie eine derartige Form der Arbeitsteilung überhaupt zulässt – einen wichtigen Faktor dar, der ein Jobsharing erfolgreich oder eben nicht erfolgreich werden lassen kann. Dabei stellt sich uns die Frage, was es für ein Jobsharing bedeutet, ob es in eine teilzeitfreundliche Kultur eingebettet ist. Wir haben versucht, den Aspekt der Teilzeitfreundlichkeit und der Jobsharing-Freundlichkeit sowohl durch die Interviews mit den JobsharerInnen und den Vorgesetzten als auch mittels Analyse der Unternehmensportraits zu erfassen. Eng mit der Unternehmenskultur verknüpft ist die Unterstützung der JobsharerInnen, welche im Folgenden im Zusammenhang mit der Unternehmenskultur angesprochen werden wird.

Die Unternehmen, welche an unserer Untersuchung beteiligt waren, können grundsätzlich in teilzeitfreundliche und nicht teilzeitfreundliche Unternehmen eingeteilt werden (vgl. Abbildung 2). Dabei ist wichtig zu beachten, dass die Vorgesetzen bei dieser Kategorisierung eine zentrale Rolle spielen. Denn im Bezug auf die Unterstützung eines Jobsharings kann eine einzelne Unternehmenseinheit als teilzeitfreundlich bezeichnet werden, auch wenn die Teilzeitorientierung kein Bestandteil des Unternehmensportraits ist. Dies kommt vor, wenn der direkte Vorgesetzte unabhängig vom Unternehmensleitbild Teilzeitarbeit oder Jobsharing unterstützt und fördert. Bei einer Arbeitnehmerin zeigte sich die Teilzeitfreundlichkeit folgendermassen:

> "Ich wollte nicht mehr als 60 Prozent arbeiten. Ich habe dann hier im Departement X etwas gesucht, wo ich trotzdem eine Führungsfunktion inne haben kann. In dem Zusammenhang hat man mir diese Funktion als Projektleiterin angeboten, welche ich nun mit einer ehemaligen Arbeitskollegin besetze."

Im Gegensatz dazu hört sich eine Jobsharerin, die das Gefühl hat, Teilzeit wird im Unternehmen zu wenig gefördert, so an:

> "Wenn das Unternehmen die Wahl gehabt hätte zwischen einem 100-Prozenter und zwei 50-Prozentern, hätte man wahrscheinlich die 100-Prozent-Person genommen."

Weiter kann bei teilzeitfreundlichen Unternehmen zwischen Jobsharing-freundlichen und nicht Jobsharing-freundlichen Unternehmen unterschieden werden (vgl. Abbildung 2).

Die Jobsharing-freundlichen Unternehmen haben meist zwei Motive für ihre positive Einstellung gegenüber diesem Modell. Ein Grund, Jobsharing zu fördern, ist der Wunsch, ein an den Bedürfnissen der MitarbeiterInnen orientiertes Unternehmen zu sein. Diese Unternehmen oder Vorgesetzten wissen, dass das Angebot derartiger Arbeitsmodelle vor allem für Mütter ein sehr wichtiges Argument bei der Wahl ihrer Arbeitsstelle ist. Für mindestens zwei der befragten Vorgesetzten war es ganz klar, dass sie es sich nicht leisten konnten, eine für ihre Stelle äusserst qualifizierte Führungsfrau zu verlieren, als diese nach der Geburt ihres ersten Kindes nicht mehr 100 Prozent arbeiten wollte und/oder konnte. Sie machten aus der Not eine Tugend und unterstützten die Idee eines Jobsharings. Somit wurde diese Idee zu einem internen Personalmarketing-

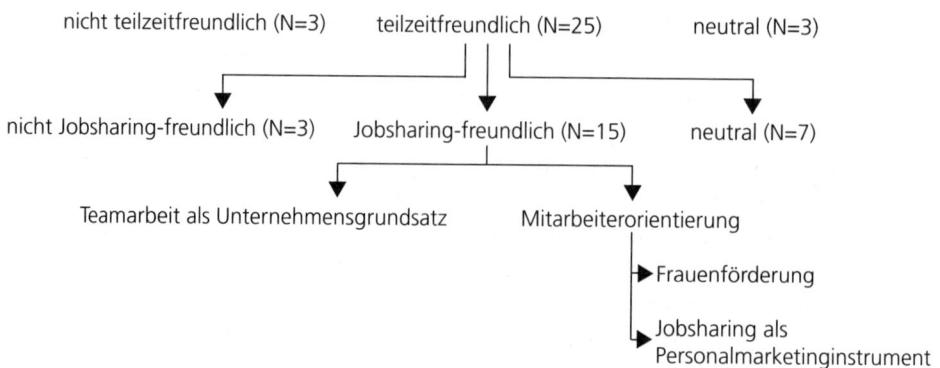

Abbildung 2: Teilzeit- und Jobsharing-Freundlichkeit der Unternehmen

instrument. Andere Führungspersonen und Unternehmen sehen das Jobsharing generell als eine Möglichkeit zur Förderung der Frauen. Sie geben ihnen die Möglichkeit, trotz Teilzeitanstellung eine Führungsfunktion ausüben zu können. Genau dies ist entspricht, wie wir schon gesehen haben, vielfach der Motivation von Frauen, im Jobsharing zu arbeiten.

Dazu einige Zitate von befragten JobsharerInnen:

> "Sie verstehen sich hier als fortschrittliche Verwaltung, die versucht, auch gute Arbeitsbedingungen zu schaffen."
>
> "Der Personalchef wollte bewusst neue Arbeitszeitmodelle und neue Führungsmodelle – auch die Frauen in der Führung – stärker fördern."
>
> "X ist ein fortschrittliches Unternehmen, will dies bewusst sein. Es will den Mitarbeitern, die sich in verschiedensten Situationen befinden, diverse Sachen anbieten. Es will auch die Frauen fördern, in dem Sinn, dass man ihnen wirklich die Möglichkeit gibt, Familienleben mit Berufsleben zu verbinden."

Für andere Unternehmen steht nicht die Frauenförderung im Vordergrund, sondern die Überzeugung von den Vorteilen der Teamarbeit. Teamarbeit gehört zum Leitbild dieser Unternehmen. Ein Beispiel dafür ist die Firma Metron, bei der jede Führungsposition mit zwei Personen besetzt ist. Die eine Person wird von der Geschäftsleitung berufen, die andere von der Mitarbeiterversammlung. Allen Mitarbeitern bis hin zur Geschäftsleitung steht es zusätzlich frei, Voll- oder Teilzeit zu arbeiten.

In dieser Untersuchung zeigte sich, dass die Mehrheit der Unternehmen (80 Prozent), welche Positionen im Jobsharing anbieten, grundsätzlich teilzeitfreundlich eingestellt ist. Drei Unternehmen beurteilen wir als eher teilzeitunfreundlich. Innerhalb der teilzeitfreundlichen Unternehmen zeigen 58 Prozent eine Jobsharing-freundliche Kultur.

Im Zusammenhang mit der Jobsharing-Freundlichkeit der Unternehmen ist es interessant, danach zu fragen, wer die Jobsharings überhaupt initiiert hat. Wie in der Einleitung schon angesprochen, entsteht ein Jobsharing keineswegs nur aufgrund der aktiven Initiative von Seiten des Unternehmens. Von den untersuchten Jobsharing-Stellen wurden nur sieben öffentlich ausgeschrieben. Besonders klein scheint diese Zahl, wenn man bedenkt, dass sechs von diesen sieben Ausschreibungen nur die Suche nach einer Ersatzperson für einen abgehenden Jobsharer beinhaltete. Nur in einem Falle ist eine ganz neue Jobsharing-Stelle generiert worden.

In vier anderen Fällen spielte aber der Vorgesetzte eine zentrale Rolle. Aus Gründen der Personalerhaltung oder des Personalmarketings suchte er, zum Teil gemeinsam mit einer der zukünftigen JobsharerInnen, nach einer Lösung für das Problem einer sich verändernden privaten oder beruflichen Situation und unterstützte damit die Idee des Jobsharing. Aber auch in den üblichen Situationen, in denen das Jobsharing durch die Eigeninitiative eines oder beider Jobsharer entstand, fanden die zukünftigen JobsharerInnen zumindest eine mittlere Unterstützung beim Vorgesetzten.

Auf drei Positionen mussten die TopsharerInnen jedoch – zumindest anfänglich – mit wenig bis gar keiner Unterstützung durch den Vorgesetzten auskommen. Ein Vorgesetzter, der sich mit gemischten Gefühlen auf diese für ihn neue Form des Arbeitens einliess, beschreibt die Situation wie folgt:

> "Und so sind wir in das Jobsharing hineingeschlittert, ohne dass wir es eigentlich wollten. Das ist im Prinzip Goodwill einer Mitarbeiterin gegenüber gewesen, damit wir nicht sagen mussten, 'nein, das geht nicht, Sie müssen kündigen.'" So hat es angefangen. Ich hatte noch keine Erfahrung damals, also konnte ich nicht weiss was für welche Vorurteile haben. Ich habe einfach die Bedingung gestellt, dass es im Betrieb so reibungslos wie bisher weiterlaufen soll."

Wichtig ist natürlich nicht nur die Unterstützung bei der Einführung des Jobsharings, sondern auch die während des Jobsharings. Vorgesetzte, die das Jobsharing zu Beginn unterstützten, machten dies fast ausnahmslos auch später noch. Dass sich aber zu Beginn kritische Vorgesetzte mit der Zeit vom Jobsharing positiv überzeugen lassen, zeigt das nächste Zitat:

> "Seine ursprüngliche Meinung, dass das Jobsharing etwas konfliktträchtig ist, musste er ändern. Zumindest in unserem Fall. Er sah, dass es gut funktioniert und dass man uns Frauen offensichtlich brauchen kann."

Zumindest einmal haben wir allerdings auch von einer enttäuschten Jobsharerin gehört, dass sie bis zum heutigen Tag keinerlei Unterstützung erhalte. Da ihr Vorgesetzter jedoch auch seinen anderen MitarbeiterInnen kaum Unterstützung anbietet, stellt sich das Jobsharing als Glücksfall heraus. Die zwei JobsharerInnen können sich wenigstens gegenseitig unterstützen.

6. Einunddreissig individuelle Jobsharings

Die verschiedenen Kombinationen der Arbeitspensen, der Aufteilung von Aufgaben und Führung und der zeitlichen Teilung der Stelle zeigen erneut, wie individuell die unterschiedlichen Jobsharings gestaltet sind. Auffallend an Tabelle 6, welche sich mit der Verteilung der Arbeitspensen befasst, ist, dass in vielen Fällen die JobsharerInnen zusammen zu mehr als 100 Prozent angestellt sind. Darauf werden wir später eingehen.

Zu Tabelle 5 ist hinzuzufügen, dass dasjenige Jobsharing, das auf der ersten Zeile in der Tabelle erscheint und zu je 20 Prozent ausgeführt wird, nur einen Teil einer 100 Prozent-Anstellung im Betrieb betrifft. Dies sind Personen in der Geschäftsleitung der Firma Metron, welche wir schon oben erwähnt haben. Neben der Funktion als Geschäftsleiter arbeiten die zwei Jobsharer noch als Architekt und Raumplaner im selben Betrieb.

Das "klassische" Jobsharing, die Teilung einer 100 Prozent-Stelle in 50 Prozent je JobsharerIn, ist 13 mal vertreten. Es muss jedoch ergänzt werden, dass innerhalb dieser Jobsharings bezüglich der Präsenz wiederum erhebliche Unterschiede bestehen. Es gibt mehrere Personen, die regelmässig in ihrer "Freizeit" am Arbeitsplatz präsent sind. Entweder, weil sie noch eine andere Funktion im Betrieb ausüben, oder weil sie den Arbeitsplatz für ihre ausserberuflichen Tätigkeiten nutzen.

Tab. 5 : Verteilung der Arbeitspensen

Arbeitspensen	Insgesamt	Anzahl Fälle
20 %/20 %	40 %	1
50 %/50 %	100 %	13
60 %/50 %	110 %	2
60 %/60 %	120 %	5
70 %/70 %	140 %	1
80 %/60 %	140 %	1
100 %/40 %	140 %	1
80 %/70 %	150 %	1
75 %/75 %	150 %	1
100 %/60 %	160 %	1
80 %/80 %	160 %	1
80 %/90 %	170 %	1
75 %/75 %/75 %	225 %	1
Worksharing (4*50 %)	200 %	1

Mögliche Arten des Entstehens von Jobsharings mit einem Stellenumfang von mehr als einhundert Prozent verdeutlichen die beiden folgenden Zitate:

> "Ich arbeite 60 Prozent und sie 50 Prozent."
>
> Ist das wegen des Jobsharings?
>
> "Nein es war so, dass ich sagte, ich will 60 Prozent, bei mir ist das finanziell. Ich wollte daneben nichts mehr arbeiten. Und A sagte, sie wolle mindestens 50 Prozent arbeiten. Da ist man uns einfach so entgegengekommen. Ich nehme an, man war einfach zufrieden mit uns. Man hatte das Gefühl, das ist eine gute Lösung. Es ist von 80 Prozent aufgestockt worden auf 110 Prozent. Aber man wollte uns, und dann fand man, das müsse möglich sein."
>
> Wäre diese Stelle auch möglich gewesen, wenn beide 50 Prozent gearbeitet hätten?
>
> "Ja, das wäre nicht das Problem gewesen. Wir wollten einfach beide gerne 60 Prozent arbeiten und so wieder in den Beruf einsteigen. (...) Beide wollten drei Tage arbeiten und dann hat man halt einfach eine Stelle mit 120 Prozent besetzt. Also, das ist gar nicht gross zur Diskussion gekommen."

Bei diesen Interviews zeigt sich zudem wieder konkret der Aspekt der Personalerhaltung.

Auch die seltene Dreierkombination von je 75 Prozent entstand aus einer Erhöhung der Stellenprozente. Dieselben Aufgaben wurden zuvor von einer einzigen Person zu 100 Prozent ausgeführt, wobei viele Überstunden nötig waren, um die Menge an Aufgaben zu bewältigen.

Ein frappantes Gegenbeispiel dazu zeigt sich bei einem neu eingeführten Jobsharing, bei welchem der Aufgabenkomplex der Stelle aufgrund der Zweierbesetzung ausgeweitet wurde, obwohl die Arbeitszeit weiterhin 100 Prozent beträgt. Diese Festsetzung des Arbeitspensums resultierte wohl daraus, dass der Vorgesetzte vordergründig zwei Personen sah, sich aber nicht bewusst machte, dass diese zusammen auch nicht mehr als 100 Prozent Zeit zur Verfügung haben.

Grundsätzlich kann festgehalten werden, dass durch einen Antrag auf Jobsharing eine bestehende 100-Prozent-Stelle meist inhaltlich und zeitlich neu definiert wurde und somit oft Stellen mit einem Umfang von mehr als 100 Prozent (siehe Tabelle 5) entstanden. Dies heisst aber nicht, dass Jobsharing-Stellen automatisch aufgestockt werden müssen. Ursache dafür ist eher eine Reorganisation der Arbeitsinhalte und ein Überdenken der Arbeitsverteilung bei der Einführung des Jobsharings.

Ein ähnlich facettenreiches Bild ergibt sich bei der Betrachtung der Arbeitszeitrhythmen der JobsharerInnen auf Führungsebene (Tabelle 6). Ausschlaggebend für den Zyklus der Rotationen ist die Anzahl der aufeinander folgenden Arbeitstage der PartnerInnen. Dies wiederum ist abhängig vom Arbeitsinhalt. Das

Tabelle 6: Verteilung der Arbeitsrhythmen bei 31 Jobsharings

Arbeitsrhythmus	Anzahl Fälle
Halbtageweise wechselnd	0
Tageweise wechselnd	3
Halbwochenweise wechselnd	13
Wochenweise wechselnd	2
Monatsweise wechselnd	1
Unregelmässig/flexibel	9
Beide meist gleichzeitig anwesend	3
	31

grosse Anliegen besteht darin, eine Kontinuität in der Arbeit zu gewährleisten, was sich in den unterschiedlichsten Formen äussert.
Sobald der Arbeitsinhalt das Betreuen von KundInnen oder PatientInnen betrifft, erhält dieses Anliegen eine grössere Wichtigkeit, was bei Berufen im Spital besonders deutlich sichtbar wird. Die Absicht der Kontinuität in der Betreuung der PatientInnen verfolgen z.B. ein Chirurg und eine Chirurgin, indem sie sich monatsweise organisieren und die PatientInnen somit meist gar nicht merken, dass dieselbe Stelle von zwei Personen besetzt ist. Zwei Psychiaterinnen haben die selben Beweggründe für die Organisation ihrer Präsenzzeiten. Doch die Umsetzung unterscheidet sich markant. Sie organisieren sich tageweise, d. h. eine Ärztin ist nie länger als einen Tag abwesend, denn für psychisch kranke Menschen ist die längere Abwesenheit einer Bezugsperson unangenehm. Ebenso verfolgt ein Jobsharing-Team mit dem tageweisen Wechsel das Ziel, Absenzen für Kunden so unauffällig wie möglich zu gestalten. Den Kunden soll damit das Gefühl vermittelt werden, sie wären jeweils nur kurzfristig abwesend. Eine weitere Möglichkeit für zwei Ärztinnen ist der Zweitagesrhythmus. Dieser ist wiederum abgestimmt auf die Bedürfnisse ihrer Patientinnen, denn deren Aufenthaltsdauer beträgt im Normalfall zwei Tage. Somit werden sie während ihres Aufenthaltes im Spital stets von derselben Ärztin betreut. Diese Regelung hat jedoch Auswirkungen auf die Organisation der Therapien. So kann nur zweimal pro Woche, montags und mittwochs, mit der zweitägigen Therapie begonnen werden.
Bei den JobsharerInnen, welche unregelmässig flexibel arbeiten, steht der Grundsatz der Gewährleistung der zeitlichen Abdeckung im Vordergrund, welche Arbeitskraft wann arbeitet ist jedoch sekundär. Hier kommt ganz klar der Gedanke der Stellvertretung und der personellen Austauschbarkeit zum Ausdruck. Fünf der dreizehn 50 Prozent/50 Prozent-JobsharerInnen institutionalisierten einen gemeinsamen halben Tag pro Woche zur Informationsübergabe und zum allgemeinen Austausch, an einem weiteren halben Tag sind beide gleichzeitig abwesend.

Fünf andere 50 Prozent/50 Prozent-JobsharerInnen und ein 60 Prozent/60 Prozent-SharerInnen-Team benötigen keine gemeinsamen Präsenzzeiten, da die Informationsübergabe telefonisch und/oder per E-mail erfolgt. Die restlichen 50 Prozent-SharerInnen arbeiten so unabhängig voneinander, dass der Austausch auf ein Minimum reduziert werden konnte.

Zu Passung II sind noch folgende zwei wichtigen, zum Teil kritischen Themen zu behandeln. Erstes Thema sind die Aufgabeninhalte. Diese können – im Sinne des Jobsplittings – den einzelnen JobsharerInnen mehr oder weniger zugeordnet werden, was oft auch Sinn macht. Als zweites kann auch die Führung der unterstellten MitarbeiterInnen innerhalb des Jobsharing-Teams aufgeteilt werden, wobei es sich hier meist um die Führung im engeren Sinne, also um die Personalführung, handelt.

Aufgaben, welche die TopsharerInnen untereinander meist nicht aufteilen, sind die strategische Planung ihrer Arbeit und ihre Selbstorganisation. Das gemeinsame Auftreten bei wichtigen Entscheidungen oder die Zusammenarbeit bei brisanten Fragen, die Teilnahme an Weiterbildungen und Öffentlichkeitsarbeit gehören ausserdem zu den Arbeitsinhalten, welche meist von beiden JobsharerInnen gleichermassen erfüllt werden.

Die *Aufteilung der inhaltlichen Aufgaben* nach den Kriterien Ausbildung (8-mal), Erfahrung und Wissen (4-mal) oder Interesse (3-mal) ist naheliegend und meist schon zu Beginn ausschlaggebend für die Gestaltung des Jobsharings.

Zweimal kam die inhaltliche Teilung der Arbeitsaufgaben aufgrund der Dauer der Betriebszugehörigkeit zustande. Hier kam klar zum Ausdruck, dass diejenige Person, welche die Funktion bis anhin zu 100 Prozent bekleidet hatte, im Vorteil war. Sie bestimmte selbst, welche Aufgabe sie beibehalten und welche sie an ihre neue Jobsharing-Partnerin abgeben möchte.

Wir begegneten jedoch auch JobsharerInnen, welche als Ersatz in ein bestehendes Jobsharing eintraten und die bestehende Teilung nicht übernehmen wollten. Die Aufgaben wurden deshalb nochmals neu definiert und verteilt.

In zwei weiteren Jobsharing Teams kam das Kriterium des Geschlechts bei der inhaltlichen Teilung der Aufgaben zum tragen. Hier wurden der Frau vor allem emotionsbehaftete oder soziale Arbeitsinhalte zugeordnet.

Bei der inhaltlichen Zuordnung der Aufgaben sind meist mehrere Argumente gemeinsam wirksam, doch in zehn Fällen zeigte sich eine fallbezogene inhaltliche Aufteilung. Das heisst, der Arbeitsinhalt wird nach PatientInnen, KundInnen (auch interne KundInnen), Fällen (z.B. Beschwerdefälle), Projekten u. ä. aufgeteilt.

In acht Fällen ist die zeitliche Präsenz ein Kriterium, nach welchem die Aufgabeninhalte zugeteilt werden. Das kann sich so äussern, dass bestimmte Arbeitsaufgaben, welche wöchentlich immer am selben Tag anfallen, immer von der Person erfüllt werden, welche am diesem Tag arbeitet. Das zeigt sich z.B. bei interviewten OberärztInnen in Bezug auf die Operationsplanung, die jeweils mittwochs stattfindet und darum immer von derselben Person erfüllt wird. Die zeitliche Aufteilung kann auch so gestaltet sein, dass die eingehenden Aufträge von der anwesenden Person entgegengenommen, ausgeführt und beendet werden. Diese ursprünglich zeitliche Aufteilung führte so zu einer inhaltlichen Teilung.

Die meist festgelegte inhaltliche Teilung der Arbeitsaufgaben nach unterschiedlichen Kriterien wird jedoch im Alltag zum Teil durch Kriterien der Dringlichkeit und Auslastung beeinflusst. Dies kommt im folgenden Zitat deutlich zum Ausdruck:

> "Wenn wir einen Auftrag kriegen, meldet sich diejenige, die gerade Kapazität frei hat."

Nicht nur die Aufteilung der inhaltlichen Aufgaben erfolgt aufgrund unterschiedlichster Gegebenheiten, sondern auch die Zuteilung der Verantwortung über die MitarbeiterInnen und deren Führung. Der Normalfall sieht so aus, dass zwar beide JobsharerInnen gemeinsam die Personalverantwortung tragen, die zu Führenden aber operativ aufteilen. Als zweites gibt es die Möglichkeit, dass man die Führungsverantwortung klar trennt. In diesem Fall haben die Mitarbeiter auch nur eine Ansprechperson. Die letzte Möglichkeit besteht darin, alle Mitarbeiter nur einem Partner zu unterstellen.

Zwischen den beiden JobsharerInnen aufgeteilt werden die MitarbeiterInnen bei einem Drittel der untersuchten Jobsharings.

Gründe, weshalb und wie die Mitarbeiter verteilt wurden, gehen aus folgendem Zitat hervor:

> "Die Mitarbeiter haben wir im dem Sinn aufgeteilt, dass wir direkte Vorgesetztenfunktionen haben. Das ist nicht reglementiert. Wir haben die Personalverantwortung gemeinsam. Gegen aussen sind wir beide verantwortlich und wenn die eine in den Ferien ist, kann die andere voll Entscheidungen treffen. Wir kennen alle Mitarbeiter recht gut persönlich, v.a. die, wo wir direkte Vorgesetztenfunktionen haben."

Weshalb haben Sie die Mitarbeiter aufgeteilt?

> "Damit die MitarbeiterInnen eine direkte Ansprechperson haben. V.a. im Mitarbeitergespräch, das kann nicht immer wechseln, wie auch zwischendurch, wenn irgend ein Anliegen kommt. Dann ist man ein wenig näher bei der Abteilung und man weiss, worum es geht."

In drei Fällen ist das Kriterium der Zuordnung der unterstellten MitarbeiterInnen die Dauer der Betriebszugehörigkeit. Wem welche Mitarbeiter zugeteilt wurden, beeinflusst die Kontinuität der Mitarbeiterbetreuung somit stark. Hat man sich Jobsharing-intern auf eine getrennte Führungsverantwortung geeinigt, ist auch das Mitarbeitergespräch Sache der verantwortlichen Person. Dieses wird

aber immer gemeinsam vorbereitet, da es selten so ist, dass ein/e JobsharerIn im Alltag nur mit den ihr zugeteilten Mitarbeitern inhaltlich zusammenarbeitet, sondern teilweise auch mit den dem Jobsharing-Partner zugeteilten MitarbeiterInnen. So kann sie den Eindruck, den sie aus der Zusammenarbeit mit ihnen hat, auch in die Mitarbeitergespräche einbringen. Diese Beurteilungen erhalten dadurch eine Steigerung der Objektivität und Qualität.
Man darf nicht übersehen, dass die oben besprochene Zuordnung der MitarbeiterInnen ausschliesslich auf deren Führung im engeren Sinne bezogen ist. Denn die Vorgesetzten erledigen, wie erwähnt, oft mit allen MitarbeiterInnen inhaltliche Aufgaben. Dass dies Sinn macht, zeigt folgendes Zitat:

> "Die Mitarbeiter sind inhaltlich nicht zugeordnet, da sich das überschneidet. Wir haben probiert, es so zu machen, und es ist letztlich nicht machbar. Das wird viel zu kompliziert. Und man schränkt die Mitarbeiter viel zu stark ein. Wenn man sagt, wenn du bei mir bist, dann darfst du nur in meinem Bereich arbeiten. Das ist viel zu unflexibel. Wir schauen schon darauf, aber das lässt sich nicht durchhalten."

Nur wenn sich die inhaltlichen Gebiete der TopsharerInnen stark unterscheiden, entspricht die führungsbezogene Zuordnung auch einer arbeitsbezogenen Zuteilung der unterstellten MitarbeiterInnen, wobei man in diesem Falle eher von einem Jobsplitting sprechen sollte.
Tatsächlich wurde die führungsbezogene Zuordnung der Mitarbeitenden zum Teil erst im Verlaufe des Jobsharings eingeführt, nachdem die Nachteile einer gemeinsamen Betreuung aller Mitarbeiter und der gemeinsamen Teilnahme an den Mitarbeitergesprächen sichtbar wurde. Dazu ein konkretes Beispiel:

> "In der Anfangsphase haben wir alle Gespräche zu zweit geführt, also wir sind zu zweit da gesessen, als Jobsharing Team und der/die MitarbeiterIn. Und das ist mehr oder weniger gut gegangen, je nachdem. Wenn es eine gute Beurteilung gewesen ist, dann ist es sowieso kein Problem gewesen, dann haben beide gelobt und die Person war zufrieden. Wenn es aber eine Konfliktsituation gewesen ist, dann ist es heikler geworden, dann haben zwei Vorgesetzte da gesessen. Die eine hat die Federführung im Gespräch gehabt, das ist klar, denn eine Person hat immer mehr Kontakt gehabt. Die andere ist als Zuhörerin, als ergänzende Person da gewesen. Dann kam aber das Echo. Vor allem von den Leuten, die mehr Probleme hatten. Man werde erdrückt in dieser Situation. Das sei unfair. Sie seien alleine und müssten nach Argumenten suchen und das Führungsteam sei zu zweit. Die eine rede, die andere denke. Und sie würden fast erdrückt von den zwei Vorgesetzten in dieser heiklen Situation. Und aufgrund dessen haben wir das angepasst. Wir ordneten die MitarbeiterInnen einer Person zu. Die eine Person ist für diese und die andere für jene Gruppe von Personen verantwortlich. Aber wir haben trotz-

dem immer wieder Kontakt, wir haben das dann auch so gesteuert mit den Dossiers, die sie bearbeitet haben. Und dann hat sich das weitgehend entschärft."

Auch die Lebensdauer eines Jobsharings auf Führungsebene ist erwähnenswert. Die in unserer Stichprobe untersuchten Jobsharings dauerten bis zum Zeitpunkt der Erhebung zwischen 3 Monaten und 22 Jahren. 8 Jobsharings befanden sich noch in der Startphase, 15 dauerten bisher zwischen einem und 5 Jahren und 8 Topsharings sind älter als 5 Jahre.
In diesem Zusammenhang soll nicht unerwähnt bleiben, dass sowohl JobsharerInnen als auch Jobsharing-Stellen als solche oft weiterleben. So kam es nicht selten vor, dass ein/e JobsharerIn an einem anderen Arbeitsplatz ein neues Jobsharing aufbaute. Andererseits gibt es auch quasi unverwüstliche Jobsharingstellen. Wir sind einigen Stellen begegnet, die in der dritten oder vierten Generation von JobsharerInnen besetzt war.

8. Zusammenfassende Betrachtung

Dem Vorhaben, Jobsharings auf Führungsebene zu untersuchen, wurde mit Vorbehalt und Skepsis begegnet, da man nicht damit rechnete, dass für eine wissenschaftliche Untersuchung eine ausreichende Anzahl an Untersuchungsobjekten existieren. Auch wir waren überrascht, dass wir schliesslich über 60 Jobsharings auf Führungsstufe fanden.
Aus dieser Arbeit geht hervor, wo die grundlegenden Unterschiede der individuellen Jobsharings liegen. Es kann ein Zusammenspiel von Merkmalen der JobsharerInnen und solchen der spezifischen Stellen festgestellt werden. Die Kombination von Ausbildung, beruflichem Hintergrund, Alter und Gründen, im Jobsharing arbeiten zu wollen, führt zu einer speziellen Jobsharingsituation, in der sich zwei Personen wiederfinden. Genauso bestimmen die Branche und die Funktion, in denen die Jobsharings angesiedelt sind, zu einem grossen Teil, auf welche Art das Jobsharing realisiert werden kann. Somit wirken sich alle Merkmale der JobsharerInnen und der Stelle auf die Organisation des Jobsharings aus. Das heisst, sie bestimmen, wie Arbeitspensen und Arbeitsrhythmen gestaltet und wie Aufgabeninhalte und Mitarbeiter zugeteilt werden.
Bevor der oft gehörte Satz "Jobsharing ist eine gute Sache – in meiner Position aber unmöglich realisierbar." ausgesprochen wird, sollten die tatsächlichen Möglichkeiten anhand der unterschiedlichen Kriterien sorgfältig geprüft werden. Allen voran die Motivation der einzelnen JobsharerInnen. Es hat sich gezeigt, dass es derzeit noch immer noch eine ausgeprägte Ausdauer und viel Standvermögen braucht, um dieses Modell in der Arbeitswelt durchsetzen zu können. Ein weiteres ausschlaggebendes Kriterium liegt in der idealen Kombi-

nation der zwei JobsharerInnen, seien es nun Personen mit ähnlichen oder sich ergänzenden Voraussetzungen (Ausbildung, Arbeitserfahrung etc.). Es hat sich erwiesen, dass es vorteilhaft ist, wenn sich die zwei JobsharerInnen vor der Zusammenarbeit schon kennen. Ein weiterer wichtiger Aspekt ist die Partizipation der Mitarbeitenden bei der Auswahl des Jobsharing-Partners. Da 100-Prozent-Stellen häufig aufgrund einer Arbeitszeitreduktion der bisherigen Stelleninhaberin geteilt werden, empfiehlt es sich, dass diese Person bei der Auswahl ihrer zukünftigen Teamkollegin oder ihres zukünftigen Teamkollegen ein Mitspracherecht hat.

Wie oben beschrieben stellen auch die Merkmale der Stelle eine wichtige Komponente des Jobsharings dar. Die Verteilung der in die Untersuchung einbezogenen Stellen über Branchen und Funktionen ist so breit, dass das Fazit gezogen werden kann, es gibt zwar geeignetere und weniger geeignete Arbeitsinhalte, um eine Stelle im Jobsharing zu besetzen, aber auch im Fall einer zunächst für Jobsharing weniger geeignet erscheinenden Stelle kann durch individuelle Ausgestaltung des Jobsharings eine für alle Beteiligten befriedigende Lösung erreicht werden. Da die Organisation des Jobsharings autonom erfolgen sollte, ergeben sich so situativ angepasste, aber auch stark personenbezogene individuelle Arbeitsformen.

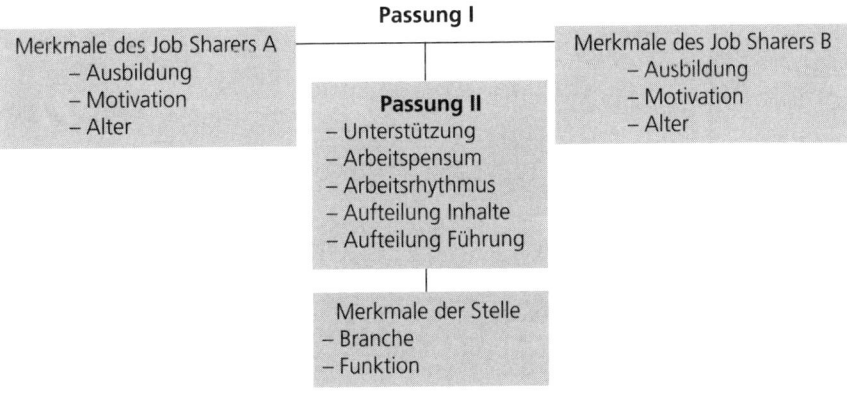

Abbildung 3: Merkmale eines Jobsharings und dessen Schnittstellen

Der Kreativität der beteiligten JobsharerInnen sind somit keine Grenzen gesetzt. Zur Zeit beinhaltet die Gestaltung eines Jobsharings meist ein 'learning by doing'. Dieses prozessorientierte Lernen und die ständige Optimierung der Ausgestaltung des Jobsharings erwies sich als sehr charakteristisch für die Teams, welchen wir begegnen durften. Trotzdem fühlen sich diese Personen oft allein gelassen. Nicht nur, dass die Unterstützung seitens der Mitarbeitenden, Unterstellten oder Vorgesetzten oft noch minimal ist. Auch sind Vorbilder rar, und genauso spärlich gesät ist die Literatur, welche als Grundlage für die Gestaltung eines Jobsharings dienen könnte. Es zeigt sich ein Bedürfnis nach Austausch, und wir erachten es als ausserordentlich wichtig, die gegenwärtigen Jobsharings ausführlich zu dokumentieren. Ziel unserer Arbeit ist, den Stand der Entwicklung in der Schweiz darzustellen, um den Arbeitnehmern und Arbeitgebern Hilfestellung bei der zukünftigen Realisation eines Jobsharings zu bieten. Wir gehen sogar noch ein wenig weiter und versuchen herauszufinden, welche Strategien JobsharerInnen anwenden, um ihr Jobsharing erfolgreich zu machen.[2]

---

[2] Lizenziatsarbeit Nathalie Portmann und Corina Stofer

Schriftenreihe "Mensch – Technik – Organisation"

herausgegeben von Eberhard Ulich

Band 14: Heiner Dunckel (Hrsg.)
Handbuch psychologischer Arbeitsanalyseverfahren
1999, 592 Seiten, gebunden, ISBN 3 7281 2238 6

Band 18: Toni Wäfler, Anna Windischer, Cornelia Ryser, Steffen Weik, Gudela Grote
Wie sich Mensch und Technik sinnvoll ergänzen
Die Gestaltung automatisierter Produktionssysteme mit KOMPASS
1999, 212 Seiten, Engl. Broschur, ISBN 3 7281 2574 1

Band 19: Gudela Grote, Toni Wäfler, Cornelia Ryser, Steffen Weik, Martina Zölch, Anna Windischer
Wie sich Mensch und Technik sinnvoll ergänzen
Die Analyse automatisierter Produktionssysteme mit KOMPASS
1999, 216 Seiten, mit CD-ROM, broschiert, ISBN 3 7281 2387 0

Band 20: Marianne Resch
Arbeitsanalyse im Haushalt
Erhebung und Bewertung von Tätigkeiten ausserhalb
der Erwerbstätigkeit mit dem AVAH-Verfahren
1998, 256 Seiten, broschiert, ISBN 3 7281 2643 8

Band 21: Bärbel Bergmann
Training für den Arbeitsprozess
Entwicklung und Evaluation aufgaben- und
zielgruppenspezifischer Trainingsprogramme
1998, 336 Seiten, broschiert, ISBN 3 7281 2644 6

Band 22: Pierre Sachse, Adrian Specker (Hrsg.)
Design Thinking
Analyse und Unterstützung konstruktiver Entwurfstätigkeiten
1999, 268 Seiten, broschiert, ISBN 3 7281 2701 9

Band 23: Martina Zölch, Wolfgang C. Weber, Loni Leder (Hrsg.)
Praxis und Gestaltung kooperativer Arbeit
1999, 224 Seiten, broschiert, ISBN 3 7281 2687 x

Band 24: Walter Hebeisen
F. W. Taylor und der Taylorismus
Über das Wirken und die Lehre Taylors und die Kritik am Taylorismus
1999, 196 Seiten, broschiert, ISBN 3 7281 2521 0

v/d/f vdf Hochschulverlag AG an der ETH Zürich, ETH Zentrum,
CH-8092 Zürich, Tel. 0041 (0)1 632 42 42, Fax 0041 (0)1 632 12 32
e-mail: verlag@vdf.ethz.ch, Internet: www.vdf.ethz.ch

Schriftenreihe "Mensch – Technik – Organisation"

herausgegeben von Eberhard Ulich

Band 25: Antje Ducki
Diagnose gesundheitsförderlicher Arbeit
Eine Gesamtstrategie zur betrieblichen Gesundheitsanalyse
2000, 240 Seiten, broschiert, ISBN 3 7281 2705 1

Band 26: Ralph Balmer, Simone Inversini, Annina von Planta, Norbert Semmer
Innovation im Unternehmen
Leitfaden zur Selbstbewertung für KMU
2000, 304 Seiten, Ringbuch-Ordner, ISBN 3 7281 2710 8

Band 27: Kristina Lauche
Qualitätshandeln in der Produktentwicklung
Theoretisches Modell, Analyseverfahren
und Ergebnisse zu Förderungsmöglichkeiten
2001, ca. 312 Seiten, broschiert, ISBN 3 7281 2781 7

Band 28: Eberhard Ulich (Hrsg.)
Mobile Arbeit in der Schweiz
2001, ca. 120 Seiten, broschiert, ISBN 3 7281 2767 1

Band 29: Eberhard Ulich (Hrsg.)
Beschäftigungswirksame Arbeitszeitmodelle
2001, ca. 384 Seiten, gebunden, ISBN 3 7281 2768 X

v/df vdf Hochschulverlag AG an der ETH Zürich, ETH Zentrum,
CH-8092 Zürich, Tel. 0041 (0)1 632 42 42, Fax 0041 (0)1 632 12 32
e-mail: verlag@vdf.ethz.ch, Internet: www.vdf.ethz.ch